CW01638136

LA VIE D'ARTISTE AU XIXe SIÈCLE

DU MÊME AUTEUR

Chez le même éditeur :

La Bourgeoise. Femme au temps de Paul Bourget, coll. « Pluriel », 2007.

Les Romantiques. Figures de l'artiste, 1820-1848, coll. « La Vie quotidienne », 1998.

La Vie quotidienne de Louis-Philippe et de sa famille. 1830-1848, coll. « La Vie quotidienne », 1992.

Chez d'autres éditeurs :

La Place des bonnes. La domesticité féminine à Paris en 1900, coll. « Tempus », Perrin, 2004.

Les Salons de la IIIe République. Art, littérature, politique, coll. « Pour l'histoire », Perrin, 2003.

Les Exils de la Princesse, avec Jean-Paul Martin-Fugier, Perrin, 2002.

Comédienne. De Mlle Mars à Sarah Bernhardt, Seuil, 2001.

La Vie élégante ou la Formation du Tout-Paris. 1815-1848, Fayard, 1990 ; coll. « Points », Seuil, 1993.

Les Indépendantes, Grasset, 1985.

Le Visage de ma mère, avec Jean-Paul Martin-Fugier, Grasset, 1984.

ANNE MARTIN-FUGIER

LA VIE D'ARTISTE AU XIXe SIÈCLE

HACHETTE
Littératures

Collection fondée par Georges Liébert
et dirigée par Joël Roman

ISBN : 978-2-01-279397-2

© Éditions Louis Audibert, 2007.

Introduction

Vers 1840, un Breton, Jean-Louis Hamon, arriva à Paris pour étudier la peinture. Il avait entendu parler du musée du Luxembourg : « C'est là que sont les peintres vivants », lui avait-on dit. Aussi le jeune homme s'y était-il précipité, avec l'espoir d'y rencontrer des confrères. Il fut fort déçu de n'y trouver que des tableaux. Histoire apocryphe ? Peut-être. Tel est en tout cas le récit que, des années plus tard, le peintre faisait de ses débuts dans la capitale[1]. Un musée consacré aux artistes vivants avait de quoi faire rêver un artiste en herbe, celui du Luxembourg était le premier au monde à avoir cette spécificité. C'est en effet au XIXe siècle que se manifesta clairement l'intérêt pour l'art contemporain (on l'appelait alors *moderne*), à la fois dans l'institution et dans les collections privées. À partir du milieu du siècle, on trouve des collections particulières exclusivement composées de toiles contemporaines, même si, jusqu'en 1914, leur proportion reste faible[2].

Le musée du Luxembourg fut inauguré le 24 avril 1818 par le roi Louis XVIII, qui avait choisi pour les solennités artistiques le jour anniversaire de son retour sur le sol français. Après la chute de l'Empire, le musée du Louvre avait dû rendre aux puissances

1. Charles Moreau-Vauthier, *Gérôme, peintre et sculpteur : l'homme et l'artiste, d'après sa correspondance, ses notes, les souvenirs de ses élèves et de ses amis*, Paris, Librairie Hachette et Cie, 1906, p. 32.

2. Krzysztof Pomian, « L'art vivant, les collectionneurs et les musées », et Chantal Georgel, « Il est un temps pour conserver et un temps pour rejeter... », in *Passions privées. Collections particulières d'art moderne et contemporain en France*, Paris, Paris-Musées, 1995, p. 34 et 39. Pomian rappelle qu'à Venise au XVIIIe siècle il y avait des collectionneurs de peinture contemporaine, de Canaletto, de Tiepolo, etc.

alliées le butin des armées napoléoniennes. Et le palais du Luxembourg, naguère siège du Sénat impérial et désormais affecté à la Chambre des pairs, dut se séparer de la majorité des tableaux de sa galerie pour combler les vides du Louvre dépouillé. Lorsqu'on constitua le musée du Luxembourg, on décida d'y accrocher exclusivement des œuvres d'artistes français contemporains. Et, comme tel, il ne pouvait être qu'un lieu transitoire, sorte d'antichambre du musée du Louvre, où une œuvre n'entrerait que dix ans après la mort de l'artiste. Cette institution était un événement patriotique : « C'est l'acte d'une confiance bien grande dans nos propres forces que de nous parer ainsi de nos seules richesses et d'oser croire qu'un Musée purement français, un Musée de nos maîtres vivants obtiendra de vifs applaudissements de tous les hommes éclairés[1]... » Mais elle avait surtout une mission pédagogique : former le goût à la fois du public et des jeunes artistes, en leur proposant des œuvres de qualité. Elle devait enfin créer une émulation profitable chez les artistes : « Si l'honneur d'être admis dans ce Musée n'est accordé qu'à des talents transcendants, quel maître n'attendra avec impatience le moment d'y voir consacrer son nom[2] ? »

Le Luxembourg avait le même directeur que le Louvre, le comte de Forbin, directeur des Musées royaux, et le même règlement ; les artistes pouvaient, en particulier, copier les tableaux comme au Louvre. Les collections étaient composées d'œuvres appartenant à l'État (réserves du Louvre, résidences royales, hôtels des ministères), d'œuvres achetées au Salon par la liste civile, ou de prêts d'artistes et de collectionneurs[3]. On y voyait des peintres consacrés, David, Girodet, Gérard, Guérin, Prud'hon..., mais aussi des débutants comme Delacroix, dont la première toile

---

1. *Moniteur universel*, vendredi 22 mai 1818, n° 142, p. 632.

2. *Ibid.*

3. *Le Musée du Luxembourg à Paris*, texte de Pascal Bonafoux, Paris, Skira, 2005, p. 33. Fonctionner seulement avec des dons posa problème à la longue, car le conservateur était tenu d'accepter ce qu'on lui proposait et n'avait pas les moyens de compléter les collections. Sous le second Empire, les artistes sollicitaient beaucoup le Luxembourg pour y déposer leurs tableaux et l'administration n'osait pas refuser (*Le Musée du Luxembourg en 1874*, Paris, Éd. des Musées nationaux, 1974, p. 8-9).

présentée au Salon, *La Barque de Dante*, fut achetée et exposée en 1822. Ne nous y trompons pas, ne confondons pas la nouveauté que représentait l'existence d'un musée destiné à accueillir des tableaux d'artistes vivants avec une quelconque modernité des sujets de ces tableaux. La majorité des artistes peignait d'abord des sujets antiques, quelquefois des paysages et des portraits, mais pas l'actualité. Cependant, même s'ils peignaient l'Antiquité, la reconnaissance officielle de l'art contemporain a été importante pour les créateurs, elle l'a été également pour les amateurs. Si les œuvres des artistes vivants avaient, tout autant que les œuvres anciennes, le droit d'être accrochées dans un musée et montrées au public, c'est qu'elles avaient une valeur esthétique et par là même une valeur marchande : les collectionneurs étaient donc doublement incités à s'y intéresser.

Le XIXe siècle fut le siècle des collectionneurs. Edmond de Goncourt parle de *bricabracomanie*, et explique cette passion que partageait l'ensemble de la population par un désir de jouissance immédiate, d'« oubli du moment dans l'assouvissement artistique[1] ». L'analyse récente que Dominique Pety a faite de cette pratique a bien montré son évolution, depuis la marginalité de la première moitié du siècle (c'est Balzac qui fixe le personnage du collectionneur *excentrique*, en 1847, avec *Le Cousin Pons*) jusqu'à la mode de la fin du siècle (tout le monde collectionne, le collectionneur a bonne presse, il incarne l'homme moderne)[2]. La décennie 1850-1860 a changé l'image du collectionneur à cause de la flambée des prix dans les ventes publiques : de marginal, il est devenu un homme sérieux, capable d'investir dans les œuvres d'art. Mais, marginal ou sérieux, cet homme achète pêle-mêle de l'art ancien et de l'art contemporain et il est difficile de faire la part du contemporain dans ses acquisitions. Le *Grand Dictionnaire universel*, qui cite une soixantaine de collections particulières à Paris, parmi plus de trois cents recensées en 1867, ne détaille pas,

1. Edmond de Goncourt, *La Maison d'un artiste*, Paris, G. Charpentier, 1881, t. I, p. 8-9.
2. Dominique Pety, *Les Goncourt et la Collection. De l'objet d'art à l'art d'écrire*, Genève, Droz, 2003, chap. II.

pour la plupart, ce qu'elles contiennent[1]. On apprend seulement que les collections de lord Hertford, de MM. Rothschild, Pereire, Seillière, Duchâtel, Delessert, de l'impératrice Eugénie, de la princesse Mathilde et du prince Napoléon contiennent des tableaux contemporains en plus de tableaux anciens. Les différents annuaires d'amateurs, eux, ne mentionnent pas forcément si ceux qu'ils répertorient collectionnent des œuvres contemporaines. En 1898, par exemple, l'*Annuaire artistique des collectionneurs* indique pour Ernest May ses collections d'« objets d'art » ; pour Charles Ephrussi, « meubles, bijoux et orfèvrerie, émaux, tapisseries de Flandres du XVIe siècle, variété de céramiques ». Or, tous deux achètent des toiles impressionnistes depuis 1875 et Jules Laforgue, secrétaire d'Ephrussi, fait l'éloge, dans une lettre du 5 décembre 1881, de ses tableaux de Renoir, Manet et Monet[2]. Ajoutons une remarque préalable importante. À cause des impressionnistes, nous avons tendance, quand nous disons « contemporains », à penser aux peintres non académiques, incarnant la modernité, en rupture avec ceux qui les ont précédés. C'est évidemment absurde : il y a toujours eu du contemporain académique, et on pouvait fort bien en acquérir parallèlement à un genre plus nouveau de peinture. Ainsi Charles Ephrussi, en même temps qu'il achetait les impressionnistes, continua à acheter des peintres vivants académiques comme Paul Baudry, Léon Bonnat, Louise Abbéma et Madeleine Lemaire.

Au Salon de 1798 était exposé le premier tableau représentant un groupe d'artistes dans un atelier, *Réunion d'artistes dans l'atelier d'Isabey*, de Louis Boilly. Les tableaux de groupes vont jalonner le XIXe siècle, groupes informels de camarades réunis dans les ateliers la plupart du temps, mais parfois mis en scène autour d'un tableau, pour un hommage, comme dans *L'Hommage à Delacroix* de Fantin-Latour en 1864 ou *L'Hommage à Cézanne* de Maurice

1. Art. « Collection ».

2. Véronique Long, *Mécènes des deux mondes. Les collectionneurs-donateurs du musée du Louvre et de l'Art Institute de Chicago, 1879-1940*, thèse de doctorat sous la direction de Christophe Charle, université de Paris I, 2003, p. 477.

Denis en 1900 (Delacroix étant représenté par son portrait, Cézanne par un tableau, la *Nature morte au compotier*), proclamant l'importance des familles d'esprit. Raphaël avait peint autrefois *L'École d'Athènes*, cinquante philosophes autour de Platon et d'Aristote (une copie de l'œuvre qui se trouve au Vatican, par Balze, a été installée dans le vestibule de la bibliothèque Sainte-Geneviève). Dans les tableaux de groupes du XIXe siècle, les philosophes antiques sont remplacés par les artistes contemporains, affirmant ainsi l'égalité des modernes et des anciens. On est contemporain seulement depuis le XIXe siècle. Jusque-là, la référence temporelle restait l'Antiquité. Au XIXe siècle, la référence devient le présent d'un individu : « Ce siècle avait deux ans... », écrit Victor Hugo, comme si le monde était né avec lui[1]. La vraie vie n'est plus ni à Athènes ni à Rome, mais ici et maintenant. Cet intérêt pour le présent a évidemment à voir avec ce qui est peint : la peinture historique va peu à peu s'effacer devant la représentation de la nature et de la société contemporaine. Mais l'histoire de l'art n'est pas mon propos, je ne parlerai donc qu'en passant des écoles, des sujets des tableaux ou de la question obsessionnelle de la modernité. Je ne parlerai pas davantage de ce qui est pourtant au cœur de tout, la création, l'ambition de l'artiste, son insatisfaction fondamentale, sa solitude face à l'œuvre, tout ce que peuvent nous faire toucher du doigt les écrits privés et, plus encore, les romans.

Mon propos est de faire une histoire sociale du monde de l'art au XIXe siècle, avec ses différents acteurs, les artistes vivants et leurs interlocuteurs, marchands, collectionneurs, critiques. Artistes vivants, qu'ils soient restés obscurs, devenus célèbres, ou bien encore tombés dans une obscurité relative, connus aujourd'hui des seuls spécialistes après avoir été célèbres en leur temps. La vie d'artiste comporte deux volets : la réalité concrète et sa représentation. Comme toute vie, me dira-t-on. Pas tout à fait, car, dans la première moitié du XIXe siècle, à l'époque romantique, s'est constituée une représentation du personnage de l'artiste, de son style de vie et de son rapport à la société, si puissante qu'elle est passée

1. Je reprends ici le développement d'Alain Rustenholz, *Paris des avant-gardes*, Paris, Éd. Parigramme/Compagnie parisienne du livre, 2004, p. 10.

à l'état de lieu commun et qu'elle a conservé sa force au cours du temps[1]. Cette représentation de l'artiste victime de la société bourgeoise et en lutte contre elle reste extrêmement prégnante ; l'exposition à la National Gallery de Londres en 2006, *Rebelles et martyrs, l'image de l'artiste au* XIX*e siècle*, en fait foi.

Comment devient-on artiste professionnel ? Le chemin est long qui mène du goût et de l'exercice du dessin jusqu'à la première exposition. Pas seulement parce qu'il faut des années pour se former, mais aussi parce que, bourgeois ou prolétaires, les jeunes gens ont besoin de temps pour faire accepter à leur famille leur désir de se consacrer à l'art. Nous les suivrons à travers les écoles municipales de dessin, les ateliers, l'École des beaux-arts et les académies privées, avec les professeurs, les camarades, les modèles, en allant jusqu'au prix de Rome et au séjour à la Villa Médicis. Quant aux filles, leur formation artistique reste privée tout au long du siècle – en famille, dans des cours particuliers ou des académies libres –, c'est seulement en 1900 qu'un atelier de peinture et de sculpture s'ouvre pour elles à l'École des beaux-arts.

Comment les artistes montrent-ils leurs productions, comment trouvent-ils des clients ? Pendant des décennies, le Salon officiel annuel a été le seul lieu dont ils disposaient pour exposer leurs œuvres et les vendre. Même si, sous la Restauration, la diffusion des œuvres d'art a changé d'échelle avec l'essor de la lithographie. L'un des marchands importants dès cette époque était Adolphe Goupil, un fabricant d'estampes et de gravures. Mais les galeries ne s'établirent que lentement : c'est souvent des marchands de couleurs et de matériel pour peintres et des encadreurs, comme Alphonse Giroux, Jean-Marie Durand-Ruel ou les Haro, qui se mirent à louer ou à vendre des tableaux. Or le Salon posait de plus en plus de problèmes d'organisation : les peintres refusés protestaient violemment, contestaient la composition du jury, c'était à qui proposerait des réformes. Dès les années 1870, ils fondèrent une Société anonyme des peintres et des sculpteurs qui monta les expositions impressionnistes. Et, après que l'État eut finalement renoncé, en 1880, à organiser le Salon officiel, les

1. Anne Martin-Fugier, *Les Romantiques. Figures de l'artiste, 1820-1848*, Paris, Hachette Littératures, 1998.

artistes s'associèrent pour créer des salons annuels : la Société des artistes français, les Indépendants, la Nationale, le Salon d'automne.

Après 1850, les lieux d'exposition et de vente commencèrent à se diversifier : ouverture de l'hôtel Drouot en 1852, expositions permanentes de Louis Martinet au début des années 1860, expositions personnelles organisées par des artistes (Courbet et Manet), expositions des associations artistiques (le Cercle des Mirlitons ou le Cercle Volney). Les galeries, de leur côté, ne se développèrent vraiment qu'à cette époque-là et, à la fin du second Empire, se regroupèrent autour de la rue Laffitte, ce qui dura jusqu'à la Première Guerre. Par ailleurs, des marchands comme Paul Durand-Ruel, le fils de Jean-Marie, prirent de gros risques financiers pour soutenir les artistes qu'ils exposaient et vendaient, les exporter, et même ouvrir des galeries à l'étranger. Ces marchands-là furent de véritables partenaires pour les artistes, comme le fut un peu plus tard Kahnweiler. Bien que le marché de l'art ancien ait été florissant, depuis les tableaux hollandais du XVIIe siècle jusqu'aux estampes japonaises en passant par le XVIIIe siècle français, je ne l'évoquerai qu'accidentellement, à titre de comparaison. Ce qui m'intéresse, je le répète, c'est l'art contemporain et la sorte d'engagement personnel qu'il requiert.

Parmi les collectionneurs de contemporain, on trouve, comme aux siècles précédents, les princes mécènes, protecteurs des artistes, le duc d'Orléans, fils aîné de Louis-Philippe, ou la princesse Mathilde, cousine de Napoléon III ; on trouve aussi les grands-bourgeois de la finance et de l'industrie, ou leurs héritiers, comme Alfred Bruyas, Henri Rouart, François Depeaux ou Auguste Pellerin. Mais le XIXe siècle a vu naître une nouvelle race de collectionneurs, incarnée par Victor Chocquet, ne disposant pas de beaucoup d'argent mais très impliqués dans leurs rapports à l'art et aux artistes. Les relations des artistes, des marchands et des collectionneurs sont complexes. Et tout autant au XXIe siècle qu'au XIXe. Des rapports passionnels régissent ce monde. Les artistes accusent les marchands de les exploiter et en veulent aux collectionneurs de ne pas s'intéresser assez exclusivement à leur œuvre ; les marchands et les collectionneurs se plaignent de l'ego démesuré des artistes qu'ils sont obligés de subir… Déceptions et reproches sont à la mesure des désirs, des exigences et des attentes, qui sont immenses.

La société en voie de démocratisation va de pair avec une consommation plus importante en matière d'art et donc un désir d'art qui se répand : multiplication des salons, des galeries, de la critique artistique. Au cours du XIXe siècle, on voit se transformer les identités dans le monde artistique, celle du créateur et celle de l'amateur. Que deviennent la figure de l'artiste et le couple bourgeois/bohème élaborés au temps du romantisme, dans une société où se constituent les structures du marché de l'art telles qu'elles sont restées jusqu'à la fin du XXe siècle ?

CHAPITRE I

Vocation et formation

Par quels chemins arrive-t-on à une carrière artistique ? La vocation est une notion délicate à manier. Pour la saisir, on ne dispose que du témoignage des artistes eux-mêmes. Et, tout en sachant combien sont fragiles les témoignages (qui n'a pas, consciemment ou non, donné au récit de son passé un parfum de légende ?), on est bien obligé de les croire. Rodin se serait mis en tête de faire de la sculpture en lisant un gros livre sur Michel-Ange à la bibliothèque Sainte-Geneviève ; l'envie de peindre serait venue à Matisse à l'hôpital, en voyant son voisin de lit peindre des paysages ; Bonnard aurait surtout été séduit par un style de vie non conventionnel : « Ce qui m'attirait, ce n'était pas tellement l'art mais plutôt la vie d'artiste avec tout ce qu'elle comportait dans mon idée de fantaisie, de libre disposition de soi-même. Certes depuis longtemps j'étais attiré par la peinture et par le dessin mais sans que cela fût une passion irrésistible ; tandis que je voulais à tout prix échapper à la vie monotone[1]. »

Il faut du temps pour prendre conscience de sa vocation, du temps aussi pour la faire accepter à sa famille. Ce qui est difficile à un jeune célibataire l'est bien davantage à un homme marié et pourvu d'enfants, comme l'était Paul Gauguin lorsqu'il prétendit devenir peintre professionnel plutôt que travailler dans la finance tout en collectionnant des tableaux. Vocation et formation n'allaient donc pas forcément de pair, à cause des réticences familiales. Réticences dues parfois à des difficultés financières mais plus souvent, même chez les prolétaires, à l'idée qu'on se faisait du métier d'artiste. Être artiste avait mauvaise presse. Pouvait-on

1. Antoine Terrasse, *Bonnard « la couleur agit »*, Paris, Gallimard, coll. « Découvertes », 1999, p. 13.

gagner sa vie ainsi ? Était-ce un métier sérieux ? Pouvait-on devenir autre chose qu'un miséreux ? Ces inquiétudes à propos d'une vie jugée *a priori* irrégulière expliquent la variété des voies empruntées par les futurs artistes : études classiques puis École des beaux-arts, études classiques sans École des beaux-arts, études primaires et apprentissage, etc. Sans parler de ceux qui se découvraient une vocation artistique sur le tard et se formaient tout en ayant un travail alimentaire. Dans tous les cas, au commencement étaient souvent les écoles de dessin.

Le rôle des écoles municipales de dessin

Au cours du XVIIIᵉ siècle, les villes s'étaient peu à peu dotées d'écoles municipales de dessin qui organisaient des cours gratuits. Ces cours étaient suivis par les enfants de familles modestes qui manifestaient un goût pour le dessin, mais aussi par des jeunes gens qui, obligés de gagner leur vie, désiraient poursuivre des études artistiques. François Bonvin, à onze ans, en 1828, dut travailler avec son père, garde champêtre chargé de remettre en valeur l'ancienne ferme du château de Montrouge. Mais ses dispositions pour le dessin furent repérées par l'adjoint au maire de Montrouge, un ancien surveillant à l'école de dessin de la rue de l'École-de-Médecine[1]. Celui-ci convainquit le père Bonvin d'y faire admettre son fils et paya son inscription et ses fournitures (boîte à compas, carton, crayons). François Bonvin suivit donc, pendant deux ans, deux heures de cours par jour. Bien qu'ayant obtenu un premier accessit au concours annuel de l'école en 1830, il ne put continuer, car son père le fit entrer comme factotum à la mairie de Vaugirard : « Je me croyais sur le chemin des Beaux-Arts, écrit-il, et mon père projetait de me faire domestique[2]. »

1. Fondée en 1767 par Louis XV et destinée à former des artisans et des praticiens pour les arts appliqués, elle était appelée « Petite École » pour la distinguer de la « Grande », l'École des beaux-arts. Elle allait devenir plus tard l'École des arts décoratifs.

2. Étienne Moreau-Nélaton, *Bonvin raconté par lui-même*, Paris, Henri Laurens, 1927, p. 16.

Pour ne pas abandonner l'art, la seule solution était de poursuivre des études tout en gagnant sa vie. Bonvin se fit ouvrier typographe et retourna le soir dessiner à son école ; il suivit ensuite les cours gratuits de la Manufacture nationale des Gobelins, avant de fréquenter l'académie Suisse dont nous parlerons plus loin.

Les écoles municipales de dessin proposaient des études gratuites, avec des horaires souples, certains cours étant fixés tôt le matin et tard le soir. William Bouguereau avait dû abandonner ses études à dix-sept ans, en 1842, car son père, qui vendait de l'huile d'olive, l'avait réquisitionné pour tenir sa comptabilité. Parallèlement à ce travail, le jeune homme s'inscrivit à l'école municipale de dessin et de peinture de Bordeaux, sous la direction de Jean-Paul Alaux. Il suivit le cours du petit matin, entre 6 heures et 8 heures, et, en 1844, remporta la première place au concours de figure peinte. Il dit alors à son père qu'il voulait devenir peintre et alla gagner sa vie ailleurs, en faisant des portraits, avant d'entrer à Paris dans l'atelier de François Picot.

Jusqu'à son séjour à l'hôpital, en 1890, qui décida de sa vocation, Henri Matisse avait dessiné mais « sans idée de peinture[1] ». Fils de commerçants de Saint-Quentin, il avait fait des études de droit et était devenu, à vingt ans, en 1889, clerc chez un avoué. Sa mère lui offrit une boîte de peintures et il acheta un manuel populaire à l'usage de ceux qui voulaient apprendre sans maître, le *Manuel général et complet de la peinture à l'huile* de Frédéric Goupil[2]. Tout en reprenant son travail à l'étude, le jeune homme s'inscrivit à l'école municipale de dessin[3], où les cours avaient lieu le matin, entre 6 heures et 8 heures, et le soir, entre 19 heures 30 et 22 heures. Mais, l'école ayant été déchirée par des contestations internes, Matisse voulut aller à Paris et obtint de sa famille 100 francs[4] de

1. Pierre Schneider, *Matisse*, Paris, Flammarion, 1984, p. 718.

2. Apparenté à Goupil, le marchand d'art, Frédéric Goupil était chargé de cours à l'académie Julian.

3. Elle avait été créée par Quentin de La Tour en 1782 pour former des tisserands pauvres.

4. C'était à peu près le salaire d'un ouvrier qualifié (payé à la journée, 4 francs par jour, six jours par semaine) ; à titre de comparaison, les gages d'une bonne étaient d'environ 40 francs par mois.

pension par mois pendant un an[1]. Une fois installé, il continua à fréquenter, à côté d'académies privées, les cours du soir de sculpture à l'école d'art municipale de la rue Étienne-Marcel, tandis que, pour vivre, il travaillait, sous les ordres du décorateur Jambon, aux frises qui devaient orner le Grand Palais à l'occasion de l'Exposition universelle de 1900[2].

Les écoles municipales de dessin permettaient donc aux jeunes gens d'acquérir une formation à bon compte. Pour les élèves libres de leur temps, les cours avaient lieu toute la matinée, de 8 heures à midi l'hiver et de 7 heures 30 à midi l'été, six jours par semaine. On enseignait le dessin (figures et animaux, fleurs et ornements ; les modèles vivants pour le dessin ne firent leur apparition qu'en 1858), les mathématiques, l'architecture, la sculpture, le modelage… Les professeurs, qui recevaient un traitement de 100 francs par mois, pouvaient le compléter en donnant des cours privés l'après-midi dans leur atelier[3]. Le danger de cet enseignement, c'était qu'on le considère comme une formation au rabais. François Bonvin souligne que ses condisciples, à de rares exceptions près, « ne donnaient aucune suite à ce commencement d'études ou embrassaient une carrière industrielle de dernier ordre ». Mais, mieux dirigée, à la génération suivante, l'école de la rue de l'École-de-Médecine obtint de brillants résultats : « Toutes les sommités de la pléiade de 1848 sortirent de là : Carpeaux entre autres[4]. » Les élèves des écoles municipales pouvaient en effet se présenter au concours d'entrée à l'École des beaux-arts et rejoindre la filière de formation classique des artistes. Ainsi Edmond Aman-

1. Hilary Spurling, *Matisse*, t. I, *1869-1908*, Paris, Éd. du Seuil, 2001, p. 59.

2. P. Schneider, *Matisse*, *op. cit.*, p. 725.

3. C'était par exemple le cas du peintre Horace Lecoq de Boisbaudran. Professeur de dessin titulaire à la Petite École à partir de 1841 et même, pendant une brève période, directeur de cette école, il donnait des cours privés, les après-midi, 39, quai des Grands-Augustins, à des élèves comme Fantin-Latour, Legros, Cazin, Tissot…

4. É. Moreau-Nélaton, *Bonvin raconté par lui-même*, *op. cit.*, p. 14. Le sculpteur Henri-Michel-Antoine Chapu venant, lui aussi, de l'école de la rue de l'École-de-Médecine, entra à l'École des beaux-arts à dix-sept ans, en 1850, et obtint le prix de Rome cinq ans plus tard.

Jean et Georges Seurat, tous deux élèves, en 1877, à l'école municipale de dessin de la rue des Petits-Hôtels à Paris, furent présentés à l'École des beaux-arts par leur professeur, le sculpteur Justin Lequien, et admis en août 1878 dans l'atelier d'Henri Lehmann.

Ce n'est pas à partir d'écoles municipales qu'Auguste Renoir et Eugène Carrière entrèrent à l'École des beaux-arts. Pourtant, autour de 1855, ils fréquentèrent chacun une école municipale, le premier rue des Petits-Carreaux à Paris, dirigée par le sculpteur Callouette, le second à Strasbourg, et cela parallèlement à leur apprentissage, le premier chez un peintre en porcelaine, le second chez un lithographe. Tous deux commencèrent ensuite à gagner leur vie, Renoir en peignant des éventails, coloriant des armoiries et décorant des stores, Carrière en composant, pour les commerçants et les industriels, des en-têtes de factures et des vignettes publicitaires[1]. Puis Renoir, à vingt ans, en 1861, s'inscrivit à l'atelier de Charles Gleyre pour préparer le concours d'entrée à l'École des beaux-arts où il fut admis le 1er avril 1862[2]. Carrière aurait suivi le même chemin sans la guerre, puisqu'en 1870 – il avait vingt et un ans –, malgré l'opposition de son père, il vint travailler à Paris tout en suivant les cours de l'École des beaux-arts. Mais, la guerre déclarée, il s'engagea, fut fait prisonnier et ne put retrouver l'atelier de Cabanel qu'au bout de ces péripéties.

Quant à Auguste Rodin, qui suivit jusqu'à l'âge de dix-sept ans, en 1857, les cours de la rue de l'École-de-Médecine – l'institution s'appelait, sous le second Empire, École impériale de dessin et de mathématiques – et assistait, en outre, aux leçons gratuites de dessin et de sculpture animaliers données par Barye au Museum, il échoua trois fois au concours d'entrée à l'École des beaux-arts[3]. Il dut alors trouver un emploi rémunéré et exerça pendant des années deux activités parallèles : employé la journée – par exemple comme figuriste chez le sculpteur Carrier-Belleuse de 1863 à

1. Gabriel Séailles, *Eugène Carrière*, Paris, Librairie Armand Colin, 1911, p. 9.

2. *Renoir*, Paris, Éd. de la Réunion des musées nationaux, 1985, p. 14. Renoir a, semble-t-il, continué à travailler comme peintre décorateur parallèlement à ses études artistiques jusqu'en 1865 environ.

3. À l'école de dessin, Rodin croisa Jean-Baptiste Carpeaux, ancien élève venant de remporter le prix de Rome, qui était devenu répétiteur en attendant de partir pour la Villa Médicis.

1870 –, il était artiste la nuit et les dimanches. De 17 heures à 20 heures, six jours par semaine, il assistait aux cours de dessin gratuits donnés à la Manufacture nationale des Gobelins.

Gagner le droit de se consacrer à l'art : le cas des jeunes bourgeois

« Je suis peintre, je le crois, je le sens, on me l'affirme. Pourquoi, mon Dieu, me contraindre à n'être pas ce que je puis être ? » C'est Eugène Fromentin, vingt-cinq ans, qui écrivait cela à sa mère, le 30 avril 1845. Fils d'un médecin de La Rochelle qui pratiquait la peinture en amateur, le jeune homme était venu à Paris en 1839 pour étudier le droit. Il avait obtenu sa licence en février 1843 et, parallèlement, composait des poèmes et faisait de la peinture – il passa l'été de 1843 à peindre en compagnie d'Émile Augier qui, lui aussi, avait plusieurs cordes à son arc. Mais, en juin 1844, Eugène échoua à son examen de doctorat et sa mère le mit en garde : « On devine où tu veux en venir mais tu ne le dis pas. Sans doute ton intention est d'abandonner tout à fait tes travaux de doctorat pour te lancer à corps perdu dans la peinture et en faire ta profession ; je crois que ton père ne consentira jamais à cela[1]. » L'année suivante, Eugène tenta encore de mener de front le droit et la peinture : il suivit les conférences du stage des avocats et entra dans l'atelier du paysagiste Louis Cabat. Le 18 juin 1845, cependant, il répète à sa mère : « Je ne vis plus que par et pour la peinture. » La peinture l'emporta et, en 1846, il emménagea dans un petit atelier, 40, rue de la Tour-d'Auvergne. En mars 1847, il participa pour la première fois au Salon et vendit 350 francs l'un des trois tableaux exposés. Au Salon de 1849, avec cinq toiles reçues, il obtint une médaille de deuxième classe.

Le parcours de Fromentin est emblématique. Il illustre un schéma très répandu : un jeune bourgeois tenté par la peinture ou la littérature ne pouvait imposer d'emblée son choix à sa famille,

1. Eugène Fromentin, *Œuvres complètes*, Paris, Gallimard, coll. « Bibliothèque de la Pléiade », 1984, p. XXVI.

il devait d'abord donner des gages de sérieux, faire des études, de droit ou de médecine. Après quoi, si ses aspirations artistiques duraient, il négociait avec ses parents une pension dont il avait forcément besoin pour survivre au début de sa carrière et il devait rendre des comptes. Ainsi, Fromentin écrit le 29 décembre 1851 : « J'ai vécu à peu près de la modeste pension que vous m'avez faite, me privant de tout et faisant passer dans mon travail tout l'argent distrait de mes dépenses de bouche[1]. » Enfin, l'artiste en herbe devait montrer rapidement ses capacités en se faisant admettre au Salon.

Mais, d'un autre côté, le parcours de Fromentin est spécifique à cause de sa double réussite picturale et littéraire. Non que des jeunes gens n'aient été doués de talents multiples sans savoir *a priori* lequel privilégier, à l'époque romantique surtout, mais ils finissaient en général par se spécialiser. Certains balançaient entre littérature et peinture. Étienne Delécluze, avant de devenir écrivain et critique, avait été l'élève de David et avait commencé une carrière de peintre d'histoire en exposant au Salon de 1808 à 1814[2]. Prosper Mérimée était déjà l'auteur du *Théâtre de Clara Gazul* lorsque, entre 1825 et 1830, il fréquenta l'atelier du peintre Jules-Robert Auguste où il rencontrait Delacroix, Paul Huet, Bonington et David d'Angers. Comme J.-R. Auguste, Mérimée était féru d'aquarelles et curieux de couleur locale exotique, comme lui il copiait les chefs-d'œuvre italiens, espagnols, flamands, et dessinait d'après l'antique, ce qui amenait son père – qui pourtant avait été secrétaire de l'École des beaux-arts – à s'inquiéter : comment, sans avoir de revenus, se consacrer aux beaux-arts et à la littérature[3] ? Alfred de Musset, en 1827, copiait des tableaux au Louvre et Théophile Gautier, en 1829, passa quelques mois à l'atelier de Louis-Édouard Rioult, rue Saint-Antoine, proche du lycée

1. *Ibid.*, p. XXIX.

2. Ayant renoncé à une carrière officielle après la chute de l'Empire, Delécluze fit pour la première fois la critique du Salon en 1819 dans *Le Lycée français*, avant d'être pendant quarante ans feuilletoniste au *Journal des débats*, du 25 novembre 1822 jusqu'au 8 juin 1863, un mois avant sa mort – il traitait aussi bien de littérature et de musique que d'art.

3. Pierre Trahard, *La Jeunesse de Prosper Mérimée, 1803-1834*, 2 vol., Paris, Librairie ancienne Édouard Champion, 1925, t. I, p. 243.

Charlemagne où il faisait ses études[1]. D'autres jeunes gens oscillaient entre musique et peinture. Camille de Vos, qui devait plus tard diriger la revue *La France chorale*, commença par être rapin[2] dans l'atelier de Paul Delaroche tout en jouant du piano et en composant des romances[3]. Quant à Charles Gounod, il adorait dessiner et se déclarait convaincu que, s'il n'avait pas, très jeune, perdu son père (professeur de dessin), il serait devenu peintre.

Parmi les jeunes gens qui mirent plusieurs années à obtenir l'autorisation paternelle d'étudier la peinture, citons-en trois qui se sont ensuite fait un nom : Meissonier, Cézanne et Bazille. Fils de commerçant parisien, Ernest Meissonier fut mis en apprentissage en 1832, à l'âge de dix-sept ans, chez un droguiste de la rue des Lombards. Ayant depuis toujours du goût pour le dessin, il s'y adonnait le soir, en cachette. Il finit par obtenir de son père la permission de faire des études artistiques à condition qu'un artiste se porterait garant de ses capacités. Au vu des croquis de l'adolescent, un peintre-lithographe, Julien Potier, consentit à donner sa garantie. Le jeune Meissonier eut alors le droit de fréquenter les ateliers, avec une pension mensuelle de 15 francs. Le peintre se rappelle la lettre qu'il avait adressée à son père : « Donne-moi 300 francs et tu n'entendras plus parler de moi que plus tard... » À ce père qui lui demandait : « Que vas-tu faire ? », Ernest répondit : « Aller à Naples, où je vivrai comme les lazzarone [fainéants], et je trouverai bien là quelque peintre qui me prendra à son service[4]. » En 1834, le jeune homme exposa au Salon et fit un portrait tellement

1. À l'inverse, Eugène Devéria, qui gagnait sa vie comme peintre, s'adonnait à sa vocation de poète dans son *Journal* : « Mon métier est la peinture, ma fantaisie est la poésie », écrit-il, tout en se moquant de sa « pauvre disposition à rimailler » (*Eugène Devéria, 1805-1865*, Paris, Éd. de la Réunion des musées nationaux, 2005, p. 150).

2. Voir la définition p. 27.

3. Alexandre Schanne, qui lui-même travaillait la peinture chez Frédéric-Henri Schopin et Léon Cogniet avant de devenir musicien, évoque son éblouissement lorsque son ami de Vos lui joua une romance qu'il avait composée sur un texte d'Henry Murger (Alexandre Schanne, *Souvenirs de Schaunard*, Paris, Charpentier et Cie, 1887, p. 238-239).

4. *Jean-Louis-Ernest Meissonier, ses Souvenirs, ses Entretiens, précédés d'une étude sur sa vie et son œuvre par M.O. Gréard*, Paris, Librairie Hachette et Cie, 1897, p. 168.

réussi d'un pharmacien ami de sa famille que son père l'envoya à Rome avec une pension de 100 francs par mois[1]. Lorsque, beaucoup plus tard, Meissonier dressa le bilan de sa carrière, il revint sur ce que lui avait coûté l'opposition de son père à sa vocation : « Non, non, c'est une erreur de penser que la misère est nécessaire aux vocations ; la difficulté matérielle de bien des années d'existence, par la résistance de mon père à la mienne, m'a jeté, quoi qu'on en dise, en dehors de ma voie, et m'a fait perdre un temps précieux qui a mis en retard toute ma vie[2]. »

Bachelier en novembre 1858, Cézanne se résigna à commencer son droit l'année suivante mais il assista parallèlement aux cours de l'école de dessin d'Aix-en-Provence. C'est en avril 1861 que son père, exportateur en chapeaux de feutre devenu banquier, consentit à le laisser partir pour Paris, afin d'y travailler la peinture, en lui octroyant une pension mensuelle de 125 francs. Il avait vingt-deux ans.

La légende veut que Frédéric Bazille, à dix-huit ans, en 1859, étudiant en médecine à Montpellier, ait eu la révélation de la peinture en face des *Femmes d'Alger dans leur intérieur* de Delacroix chez Alfred Bruyas, qui habitait l'hôtel particulier voisin. Parallèlement à la médecine, Bazille travaillait le dessin avec un vieux sculpteur, Joseph Baussan[3]. Il réussit son examen de deuxième année en septembre 1861, celui de troisième année en août 1862 et, même lorsqu'il obtint, à l'automne 1862, de venir étudier la peinture à Paris, il n'abandonna pas tout de suite la médecine. Il faut dire que, dans son milieu familial, la haute société protestante, tout prédisposait le jeune homme à occuper la position du collectionneur Bruyas plutôt que celle du peintre Courbet[4].

1. Mais, à cause du choléra, il n'atteignit jamais l'Italie. Léonce Bénédite, *Meissonier*, Paris, Librairie Renouard, Henri Laurens, s.d., p. 15.

2. *Jean-Louis-Ernest Meissonier…*, *op. cit.*, p. 196.

3. Valérie Bajou, *Frédéric Bazille*, Aix-en-Provence, Édisud, 1993, p. 16.

4. La famille de Bazille, installée à Montpellier depuis le XIIIe siècle au moins, avait été composée d'artisans, maîtres serruriers, maîtres arquebusiers, maîtres orfèvres. Son arrière-grand-père avait acheté des biens nationaux ; son père avait abandonné le barreau pour exploiter le domaine de son beau-père, Saint-Sauveur. Siégeant au Conseil supérieur de l'agriculture, il était conseiller municipal et adjoint au maire. Marc, le frère de Frédéric, était banquier-agriculteur.

Il fallait sans doute que son père fût mort l'année précédente pour que Paul Signac, âgé de dix-huit ans en 1881, jusque-là très bon élève au collège Rollin, refuse de passer le baccalauréat et déclare à sa mère qu'il allait « faire de la peinture impressionniste ». Il s'était enthousiasmé pour les impressionnistes lors de la quatrième exposition du groupe, en 1879, s'était abonné dès les premiers numéros à *La Vie moderne*, journal créé par Georges Charpentier cette année-là, mais c'est en voyant l'exposition de Claude Monet, dans les locaux de *La Vie moderne*, en juin 1880, qu'il avait éprouvé le choc décisif. Vouloir « faire de la peinture impressionniste » signifiait devenir peintre sans passer par le carcan de l'École des beaux-arts et travailler librement, en plein air[1]. Mme Signac vendit le commerce familial de sellerie-harnacherie, passage des Panoramas, et se retira à Asnières. Paul se partagea entre Asnières, où Caillebotte le remarqua, peignant au bord de l'eau, et son petit atelier à Montmartre.

La formation la plus classique : l'École des beaux-arts

L'École des beaux-arts, établissement d'enseignement gratuit et laïc qui comprenait trois sections, architecture, peinture et sculpture, s'installa en 1819 dans les bâtiments de l'ancien musée des Monuments français, rue Bonaparte. Elle dépendait directement de l'Académie des beaux-arts, quatrième classe de l'Institut. Académie et École des beaux-arts avaient été instituées en 1648 par Louis XIV pour l'enseignement de la peinture et de la sculpture[2].

Accès

Un jeune homme qui voulait devenir élève à l'École des beaux-arts – un *aspirant* – devait avoir moins de trente ans, fournir un certificat de bonne conduite et une attestation constatant le

1. Françoise Cachin, *Paul Signac*, Paris, Bibliothèque des Arts, 1971, p. 11.

2. L'Académie des beaux-arts avait été dissoute en 1792, puis avait reparu en 1795, sous la forme d'une section du nouvel Institut, fondé pour remplacer les académies d'Ancien Régime. Elle avait enfin été reconstituée en Académie des beaux-arts par une ordonnance royale de 1816 (Nadeije Laneyrie-Dagen, *Lire la peinture*, t. II, *Dans le secret des ateliers*, Paris, Larousse, 2004, p. 149).

degré de son instruction, et passer le concours d'admission, ou *concours des places*. Ce concours se préparait dans les écoles municipales de dessin ou, plus souvent, dans les ateliers privés, ce qui signifiait que le futur étudiant des Beaux-Arts avait déjà acquis un niveau convenable de formation. Il avait lieu deux fois par an, en mars et en septembre (il disparut en 1938 après avoir été réduit à la seule session de printemps en 1919). L'épreuve consistait à dessiner ou à modeler d'après nature une académie en six séances de deux heures dans les salles de l'École (on disait : « en loge »)[1]. Sous la IIIe République, le nombre des candidats augmentant, la sélection se fit plus sévère. L'*aspirant* devait subir une première série d'épreuves, éliminatoire : l'exécution en loge d'un dessin d'anatomie en deux heures et d'une épure de perspective en quatre heures ; en 1875 fut ajoutée une épreuve d'histoire, écrite ou orale, au choix. Si le jeune homme obtenait une note suffisante dans les trois matières, il lui était permis d'affronter une seconde série d'épreuves, où il pouvait montrer davantage ses qualités artistiques : celui qui se destinait à la peinture devait réaliser en loge un dessin d'après nature ou d'après l'antique, en douze heures ; pour celui qui se destinait à la sculpture, c'était un modelage. Tous devaient produire en six heures une étude élémentaire d'architecture. Le classement intervenait à l'issue de cette seconde série[2].

L'*aspirant* classé dans les quinze premiers était considéré comme élève « définitif », sa place n'était pas remise en cause et il avait le droit d'assister à tous les cours. Dans les rangs suivants, les élèves étaient « temporaires », c'est-à-dire admis seulement pour six mois, et ils devaient se représenter au concours d'entrée suivant. Ceux, enfin, qui occupaient les vingt derniers rangs étaient « supplémentaires », ils n'avaient le droit de suivre les cours qu'en fonction des places laissées disponibles par les deux

1. Pierre Larousse, *Grand Dictionnaire universel*, Paris, 1866-1877, art. « École des beaux-arts » ; Philippe Grunchec, *Le Grand Prix de peinture. Les concours des prix de Rome de 1797 à 1863*, Paris, ENSBA, 1983, p. 90 (et *Les Concours des prix de Rome, 1797-1863*, catalogue de l'exposition organisée par Grunchec en 1986 à l'ENSBA).

2. Monique Segré, *L'École des Beaux-Arts, XIXe et XXe siècles*, Paris, L'Harmattan, 1998, p. 53.

catégories précédentes. Au début de chaque cours, le surveillant faisait l'appel : selon le nombre d'absents, les élèves « supplémentaires » pouvaient ou non faire partie de l'assistance[1]. Ces « supplémentaires » étaient aussi appelés « antiquaires », parce que, pendant six mois, ils pouvaient aller travailler dans la salle des Antiques[2].

Mais, dans la première moitié du XIXe siècle, on pouvait, même sans concours d'entrée, suivre les cours de l'École des beaux-arts, il suffisait pour cela de faire partie d'un atelier connu et d'être recommandé par un patron sérieux, surtout s'il était membre de l'Institut. C'est ce qui permettait au célèbre modèle Dubosc d'affirmer qu'en 1845 l'École des beaux-arts « ne fabriquait pas d'artistes, elle recevait des ateliers les élèves de choix » et que ce mécanisme simple évitait l'encombrement de la carrière et la misère pour les incapables[3]. Jusqu'à la réforme de 1863, l'École était moins un lieu de formation (on considérait que les étudiants maîtrisaient déjà leur art) qu'un lieu où les jeunes gens venaient passer une série de concours qui menaient jusqu'au prix de Rome.

Enseignement

En 1819, Louis XVIII approuva le règlement qui régit l'École des beaux-arts jusqu'aux réformes de 1863. L'École jouissait de grandes prérogatives : elle s'administrait elle-même, recrutait ses membres par cooptation parmi les membres de l'Académie des beaux-arts et dirigeait l'enseignement comme elle l'entendait – elle ne demandait l'approbation ministérielle que pour la forme. Les professeurs étaient au nombre de douze, sept peintres et cinq sculpteurs, chargés de l'enseignement journalier – le dessin –, auxquels s'ajoutaient trois enseignants chargés de cours spéciaux – perspective, anatomie, histoire et antiquité. Ils devaient avoir plus de trente ans et moins de soixante et percevaient un traite-

1. *Ibid.*, p. 52.
2. Alexis Lemaistre, *L'École des Beaux-Arts dessinée et racontée par un élève*, Paris, Librairie Firmin-Didot et Cie, 1889, p. 52.
3. *Soixante ans dans les ateliers des artistes. Dubosc modèle*, Paris, Calmann-Lévy, 1900, p. 126.

ment annuel de 2 400 francs[1]. Chacun d'eux était responsable pendant un mois de l'enseignement ; en revanche, ils présidaient ensemble au processus de sélection à l'issue duquel les plus brillants élèves concouraient pour le grand prix de Rome.

Même si le terme « ateliers » est parfois employé pour désigner les séances de travail des élèves, précisons tout de suite que, jusqu'en 1863, les ateliers de peinture et sculpture n'existaient pas à l'École des beaux-arts. Les apprentis peintres et sculpteurs allaient pratiquer leur art dans des ateliers privés. L'enseignement à l'École des beaux-arts était, répétons-le, uniquement fondé sur une pratique très contraignante du dessin. L'année scolaire était divisée en deux semestres. L'été, du 1er avril au 1er octobre, les jeunes gens travaillaient à la lumière naturelle et l'hiver, du 1er octobre au 1er avril, à la lumière des lampes. Ils dessinaient, au cours de séances qui duraient deux heures, d'après des modèles vivants ou des plâtres – dans ce dernier cas, on disait : « d'après la bosse » ou « d'après le relief ». Le patron venait corriger leurs travaux et sa visite était d'autant plus importante qu'il ne venait pas tous les jours. Les élèves nouveaux venus (comme dans les ateliers privés et les académies) s'appelaient des *rapins*. Ce terme est d'origine obscure : le *Grand Dictionnaire universel* de Pierre Larousse suggère qu'il est peut-être mis pour *raspin*, râpeur ou broyeur de couleurs, ou qu'il vient du nom *rapine* – en 1824, un rapin est un « petit maraudeur ». Il désignait les élèves qui n'en étaient qu'à copier des dessins ou qui dessinaient « d'après le relief »[2]. Les étudiants élisaient un *massier*, chargé de gérer *la masse*, c'est-à-dire les cotisations qu'ils versaient, destinées, entre autres, à payer les modèles. Le *massier* était l'homme de confiance à la fois pour ses camarades et pour le patron.

Dubosc, qui fut modèle pendant quarante ans, évoque pour son biographe tous les professeurs qu'il a connus. Ingres, sous une

1. Ce traitement, longtemps stable, fut porté à 4 000 francs sous la IIIe République.

2. Le rapin était un peu le domestique jusqu'à ce qu'un autre novice le relaie. Étienne-Jean Delécluze, *Louis David, son école et son temps*, Paris, Macula, 1983, p. 86, écrit qu'au début du XIXe siècle le rapin « était une espèce de vassal, d'esclave même » de celui qui se servait déjà de la palette et de l'appui-main. Le terme *rapin* a fini par désigner un artiste raté.

modestie affichée, était un passionné autoritaire qui répétait à ses élèves : « En regardant la nature, pensez à l'antique… là est le salut[1] ! » Horace Vernet avait un style militaire : « Quelquefois il venait, revêtu de son uniforme d'officier d'état-major de la garde nationale, constellé de décorations ; pendant qu'il nous corrigeait, un cavalier tenait son cheval à la porte, ce qui n'était pas sans nous éblouir. » Heim était d'un abord facile, « tout simple bonhomme, une silhouette de modeste bureaucrate ». Paul Delaroche, à l'inverse, suscitait l'éloignement : « Sa froideur un peu cassante ne lui gagnait pas la sympathie des jeunes gens, au premier abord ; il se faisait une tête à la Napoléon Ier, une mèche traversait son front, et il avait pris l'habitude de froncer le sourcil… » En sculpture, à côté de Nanteuil et Pradier, il y avait Ramey, « bon et classique professeur » mais c'est à David d'Angers que revenait la palme de l'enseignement : « … une telle perspicacité dans l'examen, tant de clarté dans la démonstration… » Pour Dubosc, la diversité des professeurs était une richesse : « Il n'y avait pas d'élève qui ne trouvât dans l'enseignement de l'un de ces professeurs l'impulsion convenant à son tempérament ; le contrôle même des autres lui servait de correctif et de comparaison. »

Avant l'ultime compétition pour le prix de Rome, l'École des beaux-arts proposait douze concours d'après nature ou d'après l'antique et divers concours spéciaux : de perspective ; de composition historique (créé en 1816, sur proposition de François Gérard) ; de paysage historique (créé en 1822 à l'instigation de Pierre-Narcisse Guérin, et supprimé en 1863) ; de la tête d'expression (créé en 1760 par le comte de Caylus) ; de la demi-figure peinte, souvent appelé *concours de torse* (créé à la fin du XVIIIe siècle par Maurice Quentin de La Tour)[2]. À titre d'exemple, Renoir, admis, nous l'avons vu, à l'École des beaux-arts le 1er avril 1862 (68e sur 80), fut reçu, le 18 avril, au concours de perspective (5e sur 27), et, le 16 août, au concours de composition pour l'admission au concours de la figure peinte et modelée – son esquisse fut la dernière des dix retenues. En 1863, il fut reçu, le

1. *Soixante ans dans les ateliers des artistes. Dubosc modèle*, *op. cit.*, p. 128.

2. P. Grunchec, *Le Grand Prix de peinture*, *op. cit.*, p. 92.

21 mars, au concours de figures dessinées (20e sur 80) ; le 14 août, au concours de composition pour l'admission au concours de la figure peinte et modelée (9e sur 12) ; le 7 octobre, au jugement du concours des places au semestre d'hiver (28e sur 80). En 1864, enfin, il fut admis, le 5 avril, au concours des places pour les dessinateurs et les sculpteurs (10e sur 106)[1].

La réforme de 1863. Création des ateliers publics

Le décret du 13 novembre 1863, qui modifia l'organisation de l'École des beaux-arts et des concours pour le prix de Rome, fut pris à la suite d'un rapport du surintendant des Beaux-Arts, le comte de Nieuwerkerke. Ce rapport dénonçait le mode de fonctionnement de l'École : « Par une étrange interversion des rôles, l'assemblée des professeurs exerce les attributions ministérielles, et le ministre, qui est responsable devant l'Empereur de la gestion de l'École, est dépourvu des moyens de lui imprimer sa direction et de faire même pénétrer dans le Conseil un seul représentant de ses idées. Qu'un corps savant se recrute lui-même et par l'élection, c'est là un fait normal, une règle acceptée par tous ; mais l'École impériale des beaux-arts n'est pas un corps savant, c'est un service de l'État, c'est, comme le Conservatoire de musique, un établissement public dont la direction et la surveillance sont placées dans les attributions d'un département ministériel, et qui doit être, en conséquence, régi et administré d'après les mêmes principes[2]... » Cette cooptation des professeurs entraînait la perpétuation de doctrines anciennes, contraire à l'attente d'un public ouvert aux nouveautés : « ... le public, n'ayant point de système, point de parti pris, comprend tout et juge tout, sans prévention, heureux quand il trouve un mérite quelconque dans les tentatives les plus audacieuses. » Nieuwerkerke mettait également en cause l'enseignement, qui se réduisait au dessin : « N'est-il pas extraordinaire que, dans une École où les peintres sont en majorité, il n'y ait point de professeur de peinture ? »

1. *Renoir*, Éd. de la Réunion des musées nationaux, *op. cit.*
2. *Gazette des Beaux-Arts*, 1er décembre 1863, vol. XV, p. 564.

Le décret de 1863 concernait d'abord l'administration de l'École des beaux-arts. C'est l'État qui allait dorénavant la diriger, nommer le directeur – pour cinq années consécutives – et les professeurs. Un Conseil supérieur, composé de ce directeur et d'artistes choisis par le ministre – deux peintres, deux sculpteurs, deux architectes et un graveur – et présidé par le surintendant des Beaux-Arts, était appelé à donner au ministre des avis consultatifs sur l'organisation de l'École et sur l'enseignement. Une telle décision avait pour but de retirer à l'Académie le monopole de la direction de l'enseignement et de limiter le pouvoir des professeurs, mais il en alla autrement. Le Conseil supérieur était en principe renouvelable par tiers tous les quatre ans, mais les mesures destinées à permettre son renouvellement ne furent pas appliquées et les artistes, une fois nommés au Conseil, y demeurèrent jusqu'à leur mort. Les académiciens ou les artistes proches de l'Académie qui le composaient ne proposèrent comme professeurs que des hommes partageant leur vision en matière esthétique. Ainsi, stable et homogène, le Conseil supérieur devint le bastion de l'art académique[1]. Officiellement, la cooptation avait disparu ; dans les faits, elle demeura.

La réforme de 1863 concernait aussi l'enseignement. Un programme obligatoire fut établi pour les professeurs, qui comprenait l'histoire de l'art, l'archéologie, l'esthétique, l'anatomie, la perspective[2]. Mais la principale nouveauté fut la création d'ateliers au sein même de l'École, ateliers publics, financés par l'État et gratuits pour les élèves : trois ateliers de peinture qui eurent à leur tête Jean-Léon Gérôme (jusqu'en 1902), Isidore Pils et Alexandre Cabanel, trois de sculpture (dirigés par Guillaume, Dumont et Jouffroy) et deux de gravure – en taille-douce et en médailles et pierres fines. S'y ajoutèrent en 1883 un atelier de sculpture sur pierre, en 1900 un atelier de peinture réservé aux femmes, en 1906 un atelier de lithographie, gravure sur bois et gravure en eau-forte,

1. M. Segré, *L'École des Beaux-Arts, XIXe et XXe siècles*, *op. cit.*, p. 42.

2. Les cours de dessin et de sculpture avaient lieu tous les jours, de 14 heures à 16 heures ; ceux d'anatomie et de perspective deux fois par semaine, ceux d'histoire et archéologie et ceux d'esthétique et histoire de l'art une fois par semaine.

en 1919, enfin, un atelier de fresque. La création d'ateliers publics mettait fin au monopole des ateliers privés où les étudiants qui se préparaient au concours pour le prix de Rome allaient jusque-là travailler. L'Académie des beaux-arts protesta contre le décret et Ingres s'indigna contre cette réforme qui créait « un enseignement de fantaisie et d'aventure, des juges incompétents, et une direction fausse dans les études[1] ».

Bien que situés dans les locaux de l'École des beaux-arts, les ateliers fonctionnaient tout à fait indépendamment[2]. Ils étaient ouverts le matin seulement, à partir de 8 heures, et n'étaient pas surveillés car l'administration ne disposait pas d'un personnel suffisant. Aussi les étudiants étaient-ils responsables de l'ordre, de la discipline, du matériel, et plus particulièrement le massier, élu par ses camarades. Chacun versait à la masse une cotisation de 35 francs, à quoi s'ajoutaient 15 francs de bienvenue, 7 francs de chevalet et 5 francs pour les tabourets, une soixantaine de francs au total pour l'année. Les jeunes gens passaient une semaine par mois à copier les moulages antiques et trois semaines à travailler sur le modèle vivant. Le lundi matin, le massier introduisait dans l'atelier les modèles qui attendaient devant la porte de l'École, les étudiants en choisissaient un et votaient à main levée pour déterminer la pose qu'il devrait prendre pendant la semaine. Autorisés en 1863, les modèles féminins furent interdits en 1873. Cependant, leur présence était tolérée une semaine par mois, à la condition que le professeur soit présent pendant la pose, pour empêcher le chahut[3]. En 1900, comme les ateliers étaient désertés pendant la semaine de copie des moulages, Fernand Cormon, l'un des enseignants, demanda au Conseil de supprimer cet exercice-là au profit du modèle vivant, sans succès.

Si l'on n'entrait à l'École qu'après avoir réussi au concours d'admission, le simple avis favorable d'un chef d'atelier suffisait

1. Pierre Larousse, *Grand Dictionnaire universel*, *op. cit.*

2. Les ateliers furent installés de façon provisoire dans la longue salle d'exposition pour les prix de Rome, à la suite de la bibliothèque, qui avait été divisée en trois. En 1890, quand l'hôtel de Chimay fut joint à l'École des beaux-arts, on y transporta les ateliers.

3. M. Segré, *L'École des Beaux-Arts, XIXe et XXe siècles*, *op. cit.*, p. 132.

à un jeune artiste pour fréquenter cet atelier, où il n'était soumis à aucune espèce d'obligation. Dans ces ateliers publics et gratuits, qui comptaient chacun environ quatre-vingts élèves, les professeurs accueillaient leurs anciens élèves privés et les étudiants de leur choix, titulaires ou non de l'École, et ils décidaient en toute liberté de leur pédagogie, de la discipline à imposer, du travail à exiger. L'autonomie dont jouissaient les ateliers irrita bientôt les représentants de l'État, qui ne disposaient d'aucun moyen de contrôle ni sur les professeurs ni sur les élèves. De plus, ateliers et École des beaux-arts en vinrent rapidement à se confondre dans l'esprit du public, si bien qu'au début de la IIIe République certains jeunes gens admis dans un atelier de l'École se croyaient de bonne foi élèves de l'École. L'État tenta d'intervenir à plusieurs reprises. En 1881, Antonin Proust, titulaire du portefeuille des Beaux-Arts, décida de fermer les ateliers à échéance d'un an. Gérôme, Cabanel et Humbert s'élevèrent contre cette mesure. L'année suivante, Jules Ferry étant devenu ministre des Beaux-Arts et de l'Instruction publique, il ne fut plus question de fermer les ateliers mais d'en réserver l'accès aux seuls élèves de l'École, c'est-à-dire de le subordonner au succès au concours d'entrée. Cependant, en 1890, le Conseil supérieur fut contraint de réviser ses principes de sélection, car la limitation faisait perdre de sa vitalité à l'enseignement dispensé dans les ateliers et, sans ces ateliers, l'École des beaux-arts n'aurait été qu'« une machine à concours[1] ». Les élèves libres furent bientôt plus nombreux que les titulaires dans les ateliers.

Atmosphère

Encore fallait-il, pour faire ses études à l'École des beaux-arts, pouvoir en supporter l'atmosphère. L'enseignement qui menait au prix de Rome était une organisation profondément démocratique : il était ouvert à tous, grâce à une quasi-gratuité, et il y avait égalité parfaite entre les concurrents. D'ailleurs, au XIXe siècle, l'École des

1. Pierre Vaisse, *La Troisième République et les Peintres*, Paris, Flammarion, 1995, p. 77.

beaux-arts attirait plus de fils d'ouvriers ou de paysans que d'aristocrates ou de grands bourgeois. Ce qui fait que l'atmosphère était assez « peuple » et les mœurs plutôt brutales. Des jeunes gens raffinés pouvaient être choqués par les comportements grossiers et mal supporter la promiscuité. Sans doute des dandys comme Géricault et Delacroix se trouvaient-ils mal à l'aise à l'École des beaux-arts, « ce qui suffirait par soi seul à expliquer qu'ils n'aient pas poursuivi jusqu'au prix de Rome[1] »... C'est peut-être aussi pour la même raison que Degas, reçu au printemps de 1855, s'en alla dès l'automne, renonçant ainsi à toute carrière officielle. Quant à George Moore, le jeune Anglais accepté dans l'atelier de Cabanel, découragé par la vie « rude et grossière » qu'on y menait, il quitta l'École des beaux-arts pour l'académie Julian[2].

La joyeuse atmosphère des ateliers est une légende. Ils pouvaient être le lieu de conflits et même de brutalités. Ainsi un élève de l'atelier Bonnat se retrouva-t-il à l'hôpital parce qu'il avait refusé de payer la masse : par représailles, ses compagnons l'empêchèrent de travailler en lui masquant le modèle, il se rebella, une bousculade s'ensuivit, il y eut des coups et des brûlures[3]... Mais, sans aller jusqu'à de telles violences, on pouvait être malheureux à l'École à cause d'un professeur. Ce fut le cas d'Odilon Redon, qui se rappelait son incompatibilité absolue avec Gérôme. Tandis que Gérôme « dessinait avec force une pierre, un fût de colonne, une table, une chaise, un accessoire inanimé, un roc et toute la nature inorganique », lui, Redon, « ne voyait que l'expression, que l'expansion du sentiment triomphant des formes ». Et de conclure : « Peu d'artistes ont dû souffrir ce que j'ai vraiment souffert dans la suite, doucement, patiemment, sans révolte, pour me ranger, ainsi que les autres, dans la lignée ordinaire[4]. » Dès son adolescence, Redon s'était enthousiasmé pour la peinture de Delacroix, cette passion-là ne trouvait pas son compte auprès de Gérôme.

---

1. Jacques Thuillier, *in* P. Grunchec, *Le Grand Prix de peinture*, *op. cit.*, p. 79.
2. George Moore, *Confessions d'un jeune Anglais*, Paris, Albert Savine, 1889, p. 18.
3. M. Segré, *L'École des Beaux-Arts, XIXe et XXe siècles*, *op. cit.*, p. 134.
4. Odilon Redon, *À soi-même*, Paris, José Corti, 1979, p. 22.

Tout aussi rebutés par l'enseignement furent Edmond Aman-Jean et Georges Seurat, admis en 1878 dans l'atelier d'Henri Lehmann. Les étudiants, qui supportaient mal les manières autoritaires du maître, chantaient : « Courbet, Manet, tous ceux qu'ont du génie/N'ont pas la croix, ça dégoûte de la vie. » Lehmann, lui, avait la croix depuis 1847... Ces jeunes insolents osèrent lui demander sa démission, puis, devant son refus, allèrent prier le directeur de l'École, le sculpteur Guillaume, de leur permettre d'abandonner l'atelier de Lehmann et d'entrer chez Cabanel ou chez Gérôme. Écœurés par un second refus, ils rêvèrent d'ouvrir un atelier libre sous la direction de Manet. Ils écrivirent au peintre qu'ils admiraient tant, mais il se refusait à enseigner[1]. Aman-Jean et Seurat prirent alors leur indépendance, en louant un atelier, 32, rue de l'Arbalète, où ils s'installèrent avec un de leurs condisciples, Ernest Laurent, pour peindre des natures mortes ou les modèles qu'ils faisaient venir de l'École[2]. L'année suivante, Aman-Jean et Laurent ne fréquentèrent quasiment plus l'École ; quant à Seurat, il était parti faire son service militaire à Brest. Les trois jeunes peintres allaient se retrouver en 1883 dans l'atelier d'un maître qui leur convenait davantage, Puvis de Chavannes[3]. Tous trois participèrent à la mise au carreau du *Bois sacré*, qui triompha au Salon de 1884. Mais, tout en en contestant l'enseignement, Aman-Jean reconnaissait à l'École des beaux-arts des avantages pratiques : il y avait appris une discipline qui lui permettait d'exécuter un portrait à l'huile ou au pastel sans s'appuyer sur une esquisse ; il y avait eu accès à la bibliothèque et à la collection de gravures ; enfin il avait pu y étudier les copies de fresques de Piero della Francesca qui ornaient la chapelle. D'autres élèves, pourtant, appréciaient la qualité de certains pédagogues. Henri Gervex, entré en 1871 à l'École des beaux-arts, dans l'atelier de Cabanel, y resta cinq ans et rendit justice à son maître : « Cabanel était un professeur merveilleux. [...] Il avait l'intelligence large, et, bien que peintre officiel de l'Empire, il n'avait pas, comme on

1. Georges Rivière, *Renoir et ses amis*, Paris, H. Floury, 1921, p. 56.

2. *Songes de femmes. Edmond Aman-Jean, 1858-1936*, Lectoure, Le Capucin, 2003, p. 63.

3. Son *Pauvre Pêcheur* avait été l'événement du Salon en 1881.

l'a prétendu à tort, ce dédain et cette animosité envers les jeunes ou les représentants des autres écoles qu'on lui a tant reprochés[1]. » L'atelier de Cabanel était tellement recherché que les jeunes gens s'ingéniaient à se procurer des recommandations pour y entrer : Édouard Detaille se fit présenter dans ce but à Meissonier... qui, après avoir vu quelques croquis du peintre en herbe, le garda auprès de lui (Meissonier ne voulait pas diriger d'atelier, il n'avait que trois ou quatre élèves particuliers[2]).

C'est Gustave Moreau qui connut auprès des étudiants la plus grande popularité. Il venait d'être élu à l'Académie, en 1888, lorsque Paul Dubois, le directeur de l'École des beaux-arts, lui proposa un poste de professeur à l'école du soir, poste d'enseignement du dessin partagé entre quatre artistes, qui passait pour être l'antichambre à l'un des postes de professeur-chef d'atelier lors d'une vacance[3]. Malgré l'insistance de son ami Élie Delaunay, Moreau refusa, car c'était plutôt le tour de Bouguereau, depuis longtemps membre de l'Institut, mais à la mort de Delaunay, en septembre 1891, il se fit un devoir posthume de le remplacer et fut officiellement nommé professeur-chef d'atelier le 1er janvier 1892. Henri Matisse, qui avait échoué au concours des places à plusieurs reprises entre 1892 et 1894, fut d'abord son élève libre à la fin de 1893. Ayant enfin été reçu en février 1895, il fut officiellement admis à l'atelier Moreau le 1er mai 1895. Moreau allait à l'École des beaux-arts le mercredi et le samedi et accompagnait ses étudiants au Louvre l'après-midi, après la séance de correction du matin (alors que les élèves de Gérôme et de Bonnat copiaient des plâtres). Très proche de ses élèves, simple et chaleureux, il les recevait chez lui, dans sa chambre ou son salon, jamais dans son atelier, par discrétion. Les jeunes gens qui allaient constituer le noyau du groupe fauve, Henri Matisse, Albert Marquet, Henri Manguin, Charles Camoin, se lièrent d'une amitié durable dans l'atelier de Gustave Moreau, mais, plus largement, tous ceux qui avaient fréquenté cet atelier formèrent comme une confrérie grâce à la personnalité charismatique du

1. *Henri Gervex, 1852-1929*, Paris, Paris-Musées, 1992, p. 26.
2. Marius Vachon, *Detaille*, Paris, A. Lahure, 1898, p. 11.
3. Pierre-Louis Mathieu, *Gustave Moreau*, Paris, ACR Édition internationale, 1998, p. 100.

maître[1]. Le peintre Henri Evenepoel a laissé sur Moreau un témoignage émouvant, le récit de sa visite à Matisse, le 11 mars 1896. Moreau, âgé de soixante-dix ans, souffrait de violentes douleurs dans les bras et marchait très difficilement (il devait mourir deux ans plus tard). Il n'hésita pourtant pas à gravir les étages qui menaient à l'atelier de Matisse, 19, quai Saint-Michel : « Moreau me dit : "Nous sommes le jury". Il s'assied dans un fauteuil, moi à côté de lui, et alors, nous passons une heure exquise. Il nous dit le pourquoi et le parce que de ses amours et de ses antipathies. Matisse montre son envoi au Champ-de-Mars, une dizaine de toiles [...] et c'est le point de départ de dissertations en toutes les choses de l'art, y compris la musique. Il est resté d'une jeunesse étonnante, ce n'est pas un professeur, pas l'ombre d'un pédantisme, c'est un ami[2]. »

La vie des apprentis artistes à Paris

On peut se faire une idée de l'existence des apprentis artistes d'après les lettres que les jeunes provinciaux venus étudier dans la capitale écrivaient à leur famille restée en province. Lorsqu'on était provincial, Paris était source de désir et de rêves, mais aussi de nombreux frais. L'idéal était évidemment d'obtenir une bourse de sa ville natale. C'est ce qui arriva à Jean-François Millet, en 1837, boursier de la ville de Cherbourg, à Alexandre Cabanel qui remporta, en 1840, le prix de pensionnaire de la ville de Montpellier[3], au sculpteur Chapu, pensionnaire de la ville de Melun de

1. P. Schneider, *Matisse*, *op. cit.*, p. 721. Jules Flandrin écrit, le 13 décembre 1898 : « À l'atelier, l'insipidité des professeurs successifs de ces cinq derniers mois (Blanc, Thirion, Aimé Morot, François Flameng !!) serait un vrai supplice si l'intérêt, pour quelques-uns de nous, ne tenait d'une communauté de sentiments. C'est assez drôle que ce soit dans le groupe impressionniste de l'atelier (six ou huit) que sont restées les dernières parcelles de souvenir et de regret pour le père Moreau. »

2. P.-L. Mathieu, *Gustave Moreau*, *op. cit.*, p. 110.

3. Jean-Jacques Henner, *Notice sur M. Cabanel*, Paris, Firmin-Didot et Cie, 1890, p. 4. Cabanel était l'élève de M. Matet à l'école de dessin de Montpellier tout en gagnant sa vie en copiant les œuvres du musée.

1850 à 1855[1], ou encore à Jules Flandrin, qui quitta Grenoble en 1893 avec une bourse de la municipalité pour s'inscrire à l'École des arts décoratifs et préparer son entrée à l'École des beaux-arts. Mais, même en disposant d'un peu d'argent, les conditions de vie à Paris étaient difficiles, comme en témoignent deux exemples précis.

Charles Gleyre

Paris, 1825. Charles Gleyre a dix-neuf ans. Il a quitté Lyon où son oncle (il a perdu ses parents) l'avait placé dans un atelier avec l'idée d'en faire un dessinateur de fabrique. Mais le jeune homme voulait devenir peintre et il est venu dans la capitale en compagnie d'un de ses camarades d'atelier qui poursuivait le même but, Sébastien Cornu. Tandis que ce dernier entrait dans l'atelier d'Ingres, Gleyre s'est inscrit dans celui d'Hersent.

Il vit très pauvrement dans une mansarde, 21, quai des Augustins. Son oncle lui envoie de temps en temps de petites sommes que le jeune homme est obligé de lui réclamer. Il doit même justifier ses dépenses, par exemple dans une lettre récapitulative du 20 mai 1825, fort précieuse pour nous qui cherchons à nous représenter concrètement la vie d'un élève-artiste[2]. Le voyage de Lyon à Paris lui a coûté « 25 francs au conducteur, port de malle, ma nourriture tout le long de la route et ce qu'on leur donne ». L'atelier lui revient à 31 francs 50 par mois : 18 francs à Hersent, 5 francs de masse pour payer les modèles, 2 francs 50 pour les chaises, 6 francs pour le bois. Au début, il a dû ajouter 6 francs pour les bosses [les modèles en plâtre] et « la bonne venue qu'il faut que les nouveaux paient, à ce qu'ils disent », mais dont il ne précise pas le montant. Son installation lui revient à 80 francs de meubles, « sans compter chandelier, cruche, pot à eau, cuvette, pot, etc., des chandelles, de l'encre, des plumes… ». Il a eu besoin

---

1. Sa bourse passa, par augmentations successives, de 200 à 1 000 francs (Octave Fidière, *Chapu, sa vie, son œuvre*, Paris, E. Plon, Nourrit et Cie, 1894, p. 8).

2. Charles Clément, *Gleyre. Étude biographique et critique avec catalogue raisonné de l'œuvre du maître*, Paris, Librairie académique, Didier et Cie, 1878, p. 12-14.

de souliers (7 francs 40), d'un parapluie (19 francs), de livres (14 francs). Il ne mentionne pas le loyer de sa chambre mais on apprend dans une autre lettre qu'il doit acquitter son terme : 37 francs. Il dîne « par cachets », 16 francs 50 les quinze. Il précise qu'à son arrivée dans la capitale il est resté dix jours à l'hôtel « à 2 francs par jour sans manger ni boire ».

Et puis la colère le prend, il énumère pêle-mêle : « portefeuille, un cartable, un chevalet, des brosses pour les habits, les souliers ; un petit miroir, chose extraordinaire, un peigne, un briquet, 2 francs d'arrhes pour le loyer de ma chambre, mouchettes, du papier à dessiner, des crayons, quelques pinceaux, des couleurs, quelques cruches de bière… » Il est excédé par les mises en garde : « Vous me dites de me souvenir que je ne suis pas à Paris pour m'amuser. Je crois que personne ne doit mieux le savoir que moi. Je le voudrais que je n'aurais pas le temps. Je vais à l'atelier à 6 h du matin et j'en sors à 5 pour aller à l'académie jusqu'à 7. De là, je vais dîner et, après, je suis bien aise de me coucher… » L'hiver est pire encore. Il écrit le 28 décembre 1825 : « Le froid commence bien à m'ennuyer. S'il fallait me chauffer dans ma chambre, ça me ruinerait. J'ai voulu faire du feu pour travailler dimanche ; j'ai brûlé pour 25 sous de bois. Aussi, je me suis bien promis de ne plus me chauffer[1]. »

Gleyre fréquenta l'atelier d'Hersent pendant onze mois seulement, sans doute par raison d'économie. Puis il étudia librement, suivit les cours de l'École des beaux-arts, copia des tableaux au Louvre, fit de l'aquarelle l'après-midi chez Bonington et, le soir, travailla à l'académie Suisse. Au bout de trois ans, il s'en retourna à Lyon, toujours avec Sébastien Cornu, avant de partir à pied pour Rome.

Gustave Courbet

Gustave Courbet arriva à Paris à la fin de 1839, sous le prétexte de faire des études de droit, dira-t-il plus tard, mais en ajoutant : « C'est à partir de ce moment que, complètement indépendant, je

1. *Ibid.*, p. 15.

me livrai exclusivement à la peinture[1]. » Fils d'un riche propriétaire terrien de Franche-Comté, âgé de vingt ans, il avait quitté, un an auparavant, le collège royal de Besançon, mais avait continué à suivre les cours que son professeur de dessin au collège dispensait également à l'école municipale de dessin. Il écrivait régulièrement à sa famille, à Flagey et à Ornans, où il retournait passer plusieurs mois chaque année.

Il fréquenta l'atelier du peintre d'histoire Charles de Steuben : « Je travaille toujours, écrit-il le 28 décembre 1839, chez M. Steuben qui ne soigne pas beaucoup ses élèves car il ne fait que paraître tous les matins. Il est content de moi. Je suis, je crois, le plus fort de son atelier. Nous ne sommes que trois, quatre[2]. » Steuben étant professeur à l'École polytechnique et pas à l'École des beaux-arts, Courbet tournait le dos à la voie royale qui menait à la Villa Médicis[3]. Il resta d'ailleurs peu de temps chez Steuben, d'après une lettre d'avril 1840 : « Depuis qu'il fait beau pour peindre d'après nature, j'ai quitté mon maître pour un instant car l'exposition, les cours de modèles me prennent tout mon temps mais je vais m'y remettre. Je ne sais si je retournerai chez M. Steuben, je crois que j'irai chez Picot. Ce qui me retient d'aller chez celui-ci, c'est que Pouchon [son condisciple à Ornans] y est maintenant et je ne serais pas flatté le moins du monde d'être lié avec cet individu-là. Ce n'est pas que ce soit un mauvais garçon, au contraire, mais il faudrait toujours être au café, ce qui ne m'arrange pas, vu que je n'y suis allé que trois fois depuis que je suis à Paris. » Courbet se rendit aussi parfois chez un autre peintre d'histoire, Auguste Hesse, le maître de son ami Adolphe Marlet qui s'intéressait à son travail[4].

Par ailleurs, le jeune peintre choisit de fréquenter des ateliers où l'on pouvait s'exercer en toute liberté : l'académie Suisse, où il travaillait sur le modèle vivant sans que personne ne vînt lui

1. Valérie Bajou, *Courbet*, Paris, Adam Biro, 2003, p. 27.

2. Toutes les citations sont tirées de la *Correspondance de Courbet*, Paris, Flammarion, 1996.

3. V. Bajou, *Courbet*, *op. cit.*, p. 28.

4. Après avoir fréquenté l'atelier d'Auguste Hesse, Adolphe Marlet se consacra à des études de droit.

expliquer comment dessiner ou peindre, ou encore l'atelier du père Lapin. Il donne dans ses lettres des précisions sur son emploi du temps. Ainsi le 29 mai 1840 : « Je travaille toujours, je suis un cours de modèles le matin depuis 5 h 1/2 jusqu'à 11 h [sans doute chez Suisse]. De plus je suis un cours d'anatomie le soir et aussitôt que le Salon sera ouvert j'irai copier un ou deux tableaux pour emporter. » Et le 25 janvier 1841 : « Voici comment s'organise ma journée : le matin à 8 h je vais peindre d'après l'académie jusqu'à 1 h de l'après-midi. Seulement à 10 h je viens manger une assiette de soupe que ma portière me fait, car mon hôtel touche mon académie. Ensuite je vais au musée du Luxembourg copier des tableaux depuis 1 h jusqu'à 5 h. À 5 h je vais dîner chez Mme Laithier, la petite Mourotte, où nous sommes très bien pour le prix de vingt-cinq sous le repas. C'est de la cuisine comme chez nous, ce qui m'arrange beaucoup, car je ne puis pas digérer quand je vais au restaurant. Puis après le dîner je m'en vais donc à mon cours de dessin, ce qui fait que jusqu'ici j'ai déjà travaillé douze heures par jour et j'espère continuer. »

Les premières années, Courbet logeait à l'hôtel et n'avait pas d'atelier. Lorsqu'il revint à Paris, après un long séjour en Franche-Comté, avec ses deux camarades, son premier souci fut de se loger. Le 25 janvier 1841 : « Nous avons cherché des chambres pendant deux jours et nous n'avons pu en trouver que de très chères dans un hôtel où nous sommes très bien du reste, c'est rue Saint-Germain-des-Prés n° 4. Adolphe [Marlet] et Urbain [Cuenot] ont des chambres de chacun quarante francs par mois qui sont au premier, la mienne est de vingt-cinq francs au second. » En janvier 1842, il habitait à nouveau le Quartier latin, au 28, rue de Buci : « ... j'ai une chambre où il ne faut monter que cent quatre marches pour y arriver. Je la paye vingt francs par mois. Nous sommes dans le même hôtel tous trois. Nous mangeons dans une pension semblable à celle de chez Laithier, seulement ça revient à trois sous de plus par repas. Je n'en fais qu'un à 5 h. Le matin je mange du pain dans ma chambre. » Trois ans plus tard, Courbet a organisé son ravitaillement, de manière à réaliser des économies : « Ce système consiste à dire à un laitier des environs de Paris de vous apporter chaque matin pour quatre sous de lait. [...] Ensuite mon portier qui est un charmant petit bossu, ainsi que sa femme, m'apporte en même temps pour trois sous de café, une portion du leur qu'ils font tous les matins. Avec ça, deux sous de pain et un sou de sucre, ça fait que je déjeune chez moi pour dix sous par jour. »

En décembre 1842, Courbet s'installa à l'année : « J'ai enfin découvert un atelier que j'ai loué, rue de la Harpe, n° 89 [il y restera jusqu'en 1848, où il déménagera, toujours au Quartier latin, 32, rue Hautefeuille]. C'était l'ancienne chapelle du collège Narbonne qui a été arrangée en atelier pour M. Gatti de Gamond, peintre connu, et qui sert actuellement de salle de musique à M. Habeneck, maître d'orchestre à l'Opéra. Je l'ai loué à raison de deux cent quatre-vingts francs par an ou vingt-trois francs par mois. Maintenant il me reste à acheter des meubles qui se composeront d'un lit, une commode, une table et une table de nuit et quelques chaises. Le tout me coûtera une quarantaine de francs ou cinquante à la bourse. Ce qui m'embarrasse c'est un matelas et une paillasse mais en cherchant bien je crois que je trouverai à louer cela, si non à acheter. Maintenant il faut que vous m'envoyiez de suite soit par Adolphe s'il n'est pas parti, soit par la poste, deux paires de draps, une couverte, des linges pour se laver et essuie-mains… » Cependant, quelques jours après, Courbet regrettait de n'avoir pas demandé aussi qu'on lui envoyât un matelas, car il était obligé de débourser 50 ou 60 francs pour en acheter un. Il est vrai que, une fois cet investissement réalisé, il allait être « supérieurement logé pour pouvoir travailler. Car c'est une grande maison superbe, très tranquille. L'atelier qui est au premier sur la cour a une fenêtre au toit et une autre donnant sur la cour. Comme la maison n'est pas un hôtel garni, Adolphe pourra prendre une chambre dans ma rue et venir travailler dans mon atelier ». Le peintre ne disposait que d'un vieux poêle qui chauffait mal, mais, deux ans plus tard, il s'en acheta un d'occasion, en faïence, au prix de 10 francs (13 décembre 1844). Début 1847, il s'agrandit : « J'ai maintenant une petite chambre de plus qui me coûte cent francs par an, à la porte de mon atelier, c'est vis-à-vis, c'est fort commode, je suis mieux que l'an passé. »

Durant les premières années de son séjour à Paris, le père de Gustave lui envoyait de l'argent par l'entremise d'un Franc-Comtois, Panier, propriétaire d'une boutique de fournitures pour peintres située d'abord 75, rue Vieille-du-Temple, pour lequel le jeune artiste effectuait des copies de tableaux. Courbet était obligé de réclamer à son père, en lui dressant la liste de ses dettes et de ses besoins : « On doit cent quarante francs à Panier qu'il m'a donnés depuis il y a de cela un mois et demi. Je dépense le moins que je peux, je ne dépense presque rien pour la nourriture, aussi la graisse ne m'embarrasse pas. Je dois à mon tailleur deux cents francs, cent trente francs d'habit et pantalon noir et soixante-dix de vieille date. Je dois à mon propriétaire le mois passé et dans quinze jours je lui en devrai deux, ce qui me fera quatre-vingt-dix francs ou quarante-cinq par mois, vingt-cinq francs de chambre et vingt francs de déjeuner. Car il est bon de vous dire que je déjeune dans ma chambre et que c'est lui qui me fournit. On grille déjà à Paris, ce qui veut dire qu'il faut des habits d'été. Je vais acheter un paletot avec deux pantalons et un gilet et des bottes. Je n'ai plus que cinq francs pour jusqu'à ce que je reçoive des nouvelles » (avril 1840). Un mois plus tard, il n'avait toujours pas reçu de subsides, ses dettes avaient augmenté, il ne pouvait s'acheter des vêtements d'été : « C'est au point que je me rends ridicule auprès de ceux qui m'entourent. Je suis toujours si dépourvu d'argent que je ne puis les suivre nulle part dans leurs petites parties de plaisir et à Paris vous pouvez croire que c'est dur. »

L'habit noir a été une des premières revendications du jeune homme. En effet, à Paris, il avait de la famille. C'est la grande différence avec l'existence uniquement laborieuse de Charles Gleyre. Courbet était reçu tous les samedis et parfois pendant la semaine chez son cousin, fils du frère de son grand-père, Julien-François Oudot, professeur à l'École de droit, et chez la sœur de celui-ci, Eliza Jovinet. Et ses cousins l'emmenaient dans le monde. Dès le 26 décembre 1839, il affirmait à ses parents : « Je vous le répète, un habit est, je crois, indispensable si je veux continuer à aller en société. » Sortir revenait cher, comme il l'écrit en avril 1840 : « … les soirées sont finies, ce dont je ne suis pas fâché. À la fin j'allais tous les soirs dans les différentes maisons où allait mon cousin et la plupart du temps j'allais dans sa voiture avec Mme Oudot et Mlle Clotilde [fille aînée des Oudot], quand même je ne payais pas de voiture. Il ne faut pas croire pour cela que les soirées ne me coûtaient rien car j'en suis pour plus de vingt francs de gants blancs et je suis été [*sic*] forcé de faire un habit et un pantalon noir. Chacun me le faisait sentir, il n'y a pas jusqu'aux enfants de mon cousin qui me demandaient pourquoi je n'avais pas un habit comme tout chacun ». Il précise que « les gants blancs ne se portent qu'une fois et coûtent vingt-cinq sous. Madame Oudot me disait un jour qu'ils en étaient pour cinq cents francs par an tous les trois ».

Et Courbet d'évoquer les soirées chez les Oudot : un dîner où il a beaucoup amusé les convives « par vingt-cinq charges comiques que j'avais faites au crayon sur des cartes, où chacun devait se reconnaître », des bals masqués de deux à trois cents personnes, où il a obtenu un grand succès habillé en femme, « décolleté jusque plus bas que les épaules, les cheveux retroussés avec des nattes derrière la tête, puis des fleurs, un corset de velours noir et de grands volants dans le bas de ma robe en mousseline ». Ainsi harnaché, il a dû danser avec les messieurs de la société... Les Oudot l'ont emmené à d'autres bals masqués, de sept à huit cents personnes. En 1841, Courbet n'allait plus en soirée car il avait un cours de dessin de 18 heures à 22 heures. Par la suite, bien qu'il eût réduit sa sociabilité et par là même ses dépenses, ses soucis d'argent étaient constants, particulièrement en période d'étrennes : « Que le diable emporte le jour de l'an, je n'ai jamais su m'en tirer à moins de vingt-cinq francs, chacun demande, c'est insupportable » (10 janvier 1846). Même si Courbet trouvait plus de soutien que Gleyre du côté familial, on voit combien il était difficile, pour un jeune peintre, de subsister à Paris.

Ateliers privés

Qu'on y prépare le concours d'admission à l'École des beaux-arts ou le concours menant au prix de Rome, ou qu'on s'y exerce simplement à peindre – et souvent parallèlement à la formation de l'École des beaux-arts –, ateliers privés et académies libres étaient des lieux d'apprentissage et de sociabilité. L'enseignement ne se distinguait pas essentiellement de l'enseignement officiel puisqu'il était dispensé par les mêmes professeurs, en majorité membres de l'Académie des beaux-arts[1], et dans les mêmes conditions. Après

1. Avant 1863, tous les patrons des grands ateliers privés étaient membres de l'Académie des beaux-arts, sauf Gleyre et Couture.

1863, nombreux étaient les professeurs qui dirigeaient à la fois un atelier privé et un atelier à l'École des beaux-arts, et leurs visites n'étaient ni plus fréquentes ni plus longues dans le premier que dans le second.

Sans doute, si l'on était au courant, choisissait-on un atelier selon la réputation de l'artiste qui le dirigeait ou l'affinité qu'on avait avec son œuvre. Mais c'était parfois pur hasard, par le jeu des relations. Lorsque, en 1825, Amaury-Duval, âgé de vingt ans, voulut étudier la peinture, il pensa à s'inscrire chez Gros ; mais un ami de l'un de ses cousins l'en dissuada – Gros était vieux et ne s'occupait plus de ses élèves – et lui conseilla d'entrer chez Ingres, qui allait ouvrir un atelier. Ernest Hébert arriva à Paris en 1834, à dix-sept ans, avec le projet d'entrer à l'École des beaux-arts, mais il n'avait aucune relation dans le milieu artistique. Son père, notaire à Grenoble, connaissait un commissaire de police du quartier des Tuileries qui, à son tour, connaissait un peintre nommé Monvoisin. Celui-ci, n'ayant pas d'atelier, ne pouvait prendre le jeune homme comme élève. Mais il le recommanda au sculpteur David d'Angers qui, lui, dirigeait un atelier où il accueillait aussi bien des peintres que des sculpteurs. Hébert se plut dans l'atelier de David d'Angers. S'il le quitta, quatre ans plus tard, ce fut pour des raisons stratégiques et sur son conseil même, nous le verrons plus loin.

On pouvait aussi être guidé dans son choix par quelqu'un du monde de l'art, artiste ou collectionneur. C'est le baron Gérard, rencontré chez des parents, qui conseilla à Henri Lehmann, arrivant à Paris en juillet 1831, d'entrer dans l'atelier d'Ingres. C'est sans doute par l'entremise de Léon Cogniet, un de ses professeurs de dessin au lycée Louis-le-Grand, que Degas entra, en 1853, dans l'atelier d'un élève de Cogniet, Félix Barrias (premier grand prix de Rome en 1844). Deux ans plus tard, Degas quitta Barrias pour Louis Lamothe, qui avait travaillé dans la mouvance d'Ingres, conseillé cette fois-ci, semble-t-il, par Édouard Valpinçon, père de son camarade Paul, ami et collectionneur d'Ingres[1].

Adolescent, au Havre, Claude Monet, après avoir abandonné ses études, gagna de l'argent avec ses caricatures. Il rencontra

1. Henri Loyrette, *Degas*, Paris, Fayard, 1991, p. 43.

Eugène Boudin qui l'emmena peindre avec lui en plein air et le poussa à aller étudier à Paris. Âgé de dix-neuf ans, le jeune homme vint à Paris en 1859, pour visiter le Salon et pour avoir l'avis d'un artiste sur son travail. Comme il avait admiré les toiles de Constant Troyon, il se présenta chez lui. Troyon lui conseilla d'entreprendre des études sérieuses dans un atelier, le meilleur lui paraissant celui de Thomas Couture. La famille Monet consentit, à condition que le jeune peintre préparerait l'École des beaux-arts. Sans doute Couture ne lui fit-il pas bon accueil, si l'on en juge par la lettre du 20 février 1860 : « En fait de nouvelles, j'ai à vous dire que Couture, ce *rageur*, a totalement abandonné la peinture. Ce n'est pas dommage ; il a à cette exposition des tableaux qui sont bien mauvais[1]. » Monet s'inscrivit alors à l'académie Suisse et ne prépara pas l'École des beaux-arts.

Quant à Émile Bernard, dont le père, représentant en tissus, aurait voulu qu'il entrât dans le négoce, c'est un peintre russe ami de la famille, Michel de Wyllie, qui proposa de le recommander à Cormon. Mais, accepté par Cormon dans son atelier très fréquenté du boulevard de Clichy, à l'automne 1884, Émile Bernard fut renvoyé un an plus tard, pour insubordination : il avait osé rayer de larges traits rouges la toile de fond qui servait aux modèles pour les poses[2]. Il avait malgré tout eu le temps, chez Cormon, de se lier avec Louis Anquetin et Henri de Toulouse-Lautrec. Il ne fréquenta pas un autre atelier mais, avec l'accord paternel, alla peindre en Bretagne, où il rencontra Émile Schuffenecker et Paul Gauguin.

Avant d'en venir aux ateliers de solide réputation, signalons la pittoresque entreprise de Courbet, 83, rue Notre-Dame-des-Champs. Bien que courte, de décembre 1861 jusqu'en avril 1862, elle fit beaucoup parler d'elle dans la presse. Courbet avait accédé à la demande de jeunes peintres qui l'admiraient d'ouvrir un atelier. Mais, désirant que cet atelier soit vraiment réaliste, il choisit comme modèles des animaux : un poney, un chevreuil ou encore

1. Daniel Wildenstein, *Monet ou le triomphe de l'impressionnisme*, Cologne, Taschen, 2003, p. 25.

2. Jean-Jacques Luthi et Armand Israël, *Émile Bernard, 1868-1941 : de l'instigateur du groupe de Pont-Aven au peintre philosophe*, Paris, Éd. de l'Amateur, 2003, p. 35.

un bœuf, lié par les cornes à un anneau de fer scellé dans le mur, qui labourait le plancher[1].

Quelques grands ateliers

Ingres accueillait ses élèves dans un atelier voisin de celui où il peignait, situé dans une maison à deux entrées, rue des Marais-Saint-Germain (aujourd'hui rue Visconti) et rue des Beaux-Arts. Les séances à l'atelier, avec modèle, avaient lieu le matin, de 7 heures à midi en été, de 8 heures à 13 heures en hiver, avec un quart d'heure de repos toutes les heures. L'après-midi, les élèves pouvaient aller copier des tableaux au Louvre – même si les copies n'étaient pas du goût d'Ingres – ou suivre les cours de l'École des beaux-arts.

L'urbanité qui régnait chez Ingres était exceptionnelle, les nouveaux venus n'y étaient pas victimes des plaisanteries habituelles, les élèves prenaient la peine de se saluer le matin et, tout en dessinant, ils causaient, le plus souvent du dernier opéra qu'ils avaient entendu. Et, comme chacun se mettait à entonner son air préféré, ils finissaient par chanter l'opéra d'un bout à l'autre[2]. Ingres lui-même veillait à la tenue du langage. Par exemple, il défendait qu'on dise dans son atelier « faire son bonhomme » pour « étudier le modèle vivant », car il jugeait l'expression « offensante pour la dignité de l'être humain et celle de l'Art[3] ». Le peintre était proche de certains de ses élèves, qu'il invitait chez lui, lorsqu'il avait terminé un tableau, pour le leur montrer. Mais il n'acceptait pas la critique ni la contradiction. Toute conversation avec lui était impossible, comme l'explique Amaury-Duval : « Cet homme tout d'instinct et d'inspiration, de passion surtout, avec une parole imagée, et souvent éloquente, manquait absolument de logique ; pour peu qu'on lui tînt tête, comme cela lui est arrivé quelquefois devant moi, il s'arrêtait tout à coup comme un

1. V. Bajou, *Courbet*, *op. cit.*, p. 221.
2. Amaury-Duval, *L'Atelier d'Ingres*, Paris, Arthena, 1993, p. 142.
3. Jules Laurens, *La Légende des ateliers. Fragments et notes d'un artiste peintre (de 1842 à 1900)*, Carpentras, J. Brun et Cie, 1901, p. 255.

homme qui ne comprend plus. Il pouvait prêcher, il était incapable de discuter[1]. » Ingres se fâchait par exemple si on lui disait qu'il avait idéalisé son modèle, car il avait la prétention de « copier la nature ». Et, ajoute Amaury-Duval avec humour : « Il croyait nous faire copier la nature en nous la faisant copier comme il la voyait. » La susceptibilité d'Ingres en faisait la cible idéale pour les plaisanteries de jeunes gens inscrits dans d'autres ateliers. Ainsi Jean-Louis Hamon, rapin chez Delaroche, passait son temps à se moquer d'Ingres… y compris à Rome. Ayant vu sur la porte d'un musée le mot *Ingresso*, il affecta une violente colère : « *Ingres est sot !* Ces Italiens ne respectent rien… Jalousie, pure jalousie ! Assurément, ils crèvent de jalousie[2] ! »

Paul Delaroche, professeur à l'École des beaux-arts depuis 1832, reprit en 1835 l'atelier du baron Gros, après le suicide de celui-ci. Cet atelier prestigieux, précédemment tenu par David et logé dans les bâtiments mêmes du Louvre, était alors situé rue Mazarine, au n° 3 dans la cour de l'Institut[3]. Selon Jules Laurens, qui y entra en 1842, l'atelier de Delaroche n'avait que deux rivaux, ceux de Drolling et de Picot. Paul Delaroche qui, sous des dehors froids, était « honnête et serviable et courtois par excellence », recevait ses étudiants – il en eut jusqu'à quatre-vingt-cinq – par séries le dimanche matin, chez lui, dans son hôtel rue de la Tour-des-Dames : il examinait certains de leurs travaux privés de la semaine et leur montrait ses dernières productions[4].

Charles Dubosc, qui posait chez Delaroche pour Hébert, Jalabert, Yvon, Gérôme, Gustave Boulanger, raconte le drame qui

1. Amaury-Duval, *L'Atelier d'Ingres*, *op. cit.*, p. 171.

2. C. Moreau-Vauthier, *Gérôme, peintre et sculpteur*, *op. cit.*, p. 100.

3. Un peintre anonyme a réuni sur un tableau, vers 1840, les visages de quarante-cinq élèves de l'atelier de Paul Delaroche (*Peintures romantiques du musée du Petit Palais*, Paris, Paris-Musées, 1997, p. 4). Ce peintre s'inscrivait dans une tradition inaugurée par Louis Boilly qui, vers 1820, dessina au fusain rehaussé de gouache les vingt-cinq élèves de l'atelier du baron Gros (*Louis Boilly. Cinquantenaire du musée Marmottan*, Paris, Bibliothèque des Arts, 1984, p. 93-94).

4. J. Laurens, *La Légende des ateliers*, *op. cit.*, p. 296 ; *Paul Delaroche, un peintre dans l'Histoire*, Paris, Éd. de la Réunion des musées nationaux, 1999, p. 253.

entraîna la fermeture brutale de l'atelier en 1843. Un bizutage trop poussé entraîna la mort d'un élève[1] : « Le *nouveau* était un pauvre diable, arrivant de sa province, ignorant des coutumes d'atelier, et d'une candeur évidemment exceptionnelle. Ayant un jour involontairement heurté le chevalet du jeune de Noë (plus tard Cham, le fameux caricaturiste), il prit au sérieux la provocation burlesque de ce grave plaisant qui refusa ses excuses d'une voix terrible. Une *charge* en règle fut vite organisée, on prit jour pour la réparation par les armes ; le terrain choisi au-delà du Père-Lachaise, on traversa le cimetière en montrant à l'innocent camarade les tombes des victimes de son noble adversaire. Au déjeuner qui précéda l'*affaire*, on fit boire le pauvre garçon ; cette demi-ivresse, mêlée à une terreur croissante, acheva de lui faire perdre l'esprit. Lorsqu'il vit les apprêts du combat, les pistolets chargés, son état mental devint tel que les impitoyables farceurs comprirent qu'ils avaient été trop loin ; ils reconduisirent leur souffre-douleur à son domicile, où il mourut pendant la nuit, d'un accès de fièvre chaude. M. Delaroche, profondément impressionné, congédia tous ses élèves et alla passer une année en Italie[2]. »

Les jeunes gens qui arrivaient à Paris se faisaient rapidement une opinion sur le mérite des ateliers. Nous avons vu le jeune Courbet projeter de laisser Steuben pour Picot. C'est chez Picot que se rendit William Bouguereau, sur la recommandation de Jean-Paul Alaux, en mars 1846. Ses condisciples y furent Jean-Jacques Henner, Jules-Eugène Lenepveu, Gustave Moreau et les deux frères Pils, Édouard et Isidore ; quant à Alexandre Cabanel, ayant obtenu le second grand prix de Rome en 1845, il était parti pour l'Italie. Isidore Pils, qui, à la mort de Picot, allait lui succéder à l'Académie des beaux-arts, rappelle sa scrupuleuse discrétion :

1. La plupart des bizutages consistaient plutôt dans de grosses blagues du genre de celle que rapporte André Salmon, *Souvenirs sans fin, 1903-1940*, Paris, Gallimard, 2004, p. 446 : à l'académie Julian, on disait au nouveau que, pour être bien vu de Jean-Paul Laurens, l'un des chefs d'atelier, il fallait lui glisser un cigare dans la main lorsqu'il viendrait corriger – ce que le malheureux bizut s'empressait de faire !

2. *Soixante ans dans les ateliers des artistes. Dubosc modèle*, *op. cit.*, p. 147-148.

« … mon cher maître était excellent professeur, tout en étant sobre de paroles et sans démonstrations manuelles. […] Il ne prenait jamais le crayon ni le pinceau, arrêté, comme dans la parole, par la crainte de ne pouvoir s'exprimer complètement. Il laissait deviner et faisait réfléchir ; c'est pourquoi ses leçons, plutôt théoriques que pratiques, n'imposaient aucune exécution particulière, laissant à ses élèves une plus grande latitude d'interprétation[1] ». Picot savait mettre en condition ses étudiants en organisant dans son atelier des concours qui les préparaient au concours d'entrée à l'École des beaux-arts : « Tous les mois on réunissait les figures peintes et les esquisses. On choisissait les cinq meilleures des unes et des autres pour un jugement final qui avait lieu tous les trois mois ; la meilleure figure des quinze et la meilleure composition obtenaient une médaille d'argent qu'il avait fait frapper dans ce but. Les œuvres récompensées, exposées dans l'atelier, formaient un petit musée intéressant pour les anciens, et pour les nouveaux, un excitant pour l'émulation. Le jury était composé du maître et de cinq élèves parmi ceux qui n'avaient rien au concours. » Bouguereau et Moreau furent admis à l'École des beaux-arts en 1846 (Bouguereau de justesse : il était 99e sur 100), Jean-Jacques Henner en 1851. La réputation de Picot rassurait. Le père de Camille Pissarro, qui désirait en 1855 que son fils s'inscrivît à l'École des beaux-arts alors que le jeune homme rechignait, accepta qu'il fréquentât des ateliers privés à condition qu'ils fussent dirigés par des professeurs de l'École, à commencer par celui de François Picot.

Au Salon de 1847, Thomas Couture reçut un accueil triomphal avec *L'Orgie romaine ou Les Romains de la décadence*. Il ouvrit cette année-là un atelier privé, à l'angle des rues de Laval et Pigalle, où il accueillit des élèves jusqu'en 1862. Il en avait entre vingt-cinq et trente, dont il venait, le mercredi et le samedi, corriger les travaux. Parmi eux figurèrent Manet, de 1850 à 1856 (il fréquentait en même temps l'académie Suisse), Puvis de Chavannes, Monginot, Armand Dumaresq, Henri Hoffer et de nombreux étrangers, en particulier des Allemands, envoyés par le directeur de

1. *William Bouguereau, 1825-1905*, Paris, Musée des Beaux-Arts de Montréal, Ville de Paris et Wadsworth Atheneum de Hartford, 1984, p. 41.

l'École des beaux-arts de Munich. Ainsi Anselm Feuerbach, qui écrivait à sa mère en novembre 1852 : « Finalement, je sens qu'il est le seul et véritable maître dont j'ai eu la nostalgie toute ma vie, simplement parce qu'en dépit de ses remarques sévères, on travaille chez lui avec joie et amour[1]... » Couture avait gardé un souvenir ému de Gros, son premier maître, mais de mauvais du second, Delaroche, qu'il trouvait trop directif. Albert Wolff, langue de vipère, prétend que Couture trônait comme un dieu dans son atelier : « En dehors de ce groupe de jeunes gens prosternés devant son génie, rien n'existe plus pour lui[2]. » C'est peut-être seulement que le peintre avait le goût de la pédagogie, comme le prouve *Méthode et entretiens d'atelier*, qu'il publia en 1867. Il était arrivé à Couture une jolie aventure à ses débuts : vers 1842, dans son premier atelier, passage du Bois-de-Boulogne, il lui était tombé du ciel un rapin millionnaire. Un homme mal vêtu était un jour venu lui demander des leçons. Couture se borna à l'engager, par pitié, comme rapin. Mais, au lieu d'attendre quelques sous, celui-ci proposa au maître... de lui verser 75 francs par mois et l'emmena au restaurant, au concert et dans les salles des ventes. Après quoi il partit sans plus donner de nouvelles. Couture le retrouva plus tard, par hasard, à Rouen : c'était le fils de l'homme le plus riche de la ville, grand collectionneur [l'un des frères Dutuit, futurs donateurs du Petit Palais], qui avait caché son identité parce qu'il voulait « avoir des conseils sincères »[3].

Au départ d'un professeur, c'étaient parfois les étudiants eux-mêmes qui sollicitaient un remplaçant. Au 74, rue d'Enfer, David d'Angers, très aimé de ses élèves – Auguste Ottin, Hippolyte Maindron, Louis Auvray, Aimé Millet, Jules Cavelier, Pierre-Alexandre Schoenewerk... –, avait dirigé un atelier jusqu'en 1842. Les apprentis sculpteurs écrivirent alors à Rude une lettre

1. *Thomas Couture (1815-1879). Sa vie. Son œuvre. Son caractère. Ses idées. Sa méthode*, par lui-même et par son petit-fils, Paris, Le Garrec, 1932, p. 38.

2. Albert Wolff, *La Capitale de l'Art*, Paris, Victor-Havard éditeur, 1886, p. 207-208.

3. Thomas Couture, *Méthode et entretiens d'atelier*, Paris, rue Vintimille n° 22, avec la signature de l'auteur, 1867, p. 112-123.

collective pour lui demander de succéder à leur maître[1]. Rude, homme austère à la longue barbe blanche, était, comme David d'Angers, un républicain convaincu. D'origine prolétaire, désintéressé et généreux, il vivait simplement et, pendant les pauses, faisait volontiers, devant la porte de l'atelier, dans la rue très solitaire, une partie de bouchon avec ses élèves, Paul Cabet, Emmanuel Frémiet, Charles-Henri Christofle, Jean-Baptiste Carpeaux, Just Becquet..., voire avec le concierge de la maison.

En octobre 1843, Paul Delaroche étant parti pour l'Italie, les jeunes gens qui avaient travaillé sous ses ordres prièrent Charles Gleyre de devenir leur professeur. Gleyre répondit : « J'accepte, mais à une condition : c'est que vous ne me donnerez pas un sou. Je me souviens du temps où j'étais bien souvent forcé de me passer de dîner pour économiser les 25 ou 30 francs que je devais donner chaque mois au massier de M. Hersent. Je ne veux pas que, par ma faute, vous connaissiez ces misères. Louez un atelier, organisez-le à frais communs, et j'irai deux fois par semaine, suivant l'usage, examiner vos travaux et vous donner mes conseils[2]. » Anker, l'un de ses plus anciens élèves, témoigne de la délicatesse de Gleyre : « Il entrait à l'atelier doucement, et commençait à faire la tournée en s'arrêtant auprès de chaque élève. Il s'adressait à celui-là seulement qu'il corrigeait et parlait bas, si bas que le voisin entendait à peine ce qu'il disait. Jamais il ne faisait de discours général comme Paul Delaroche, qui à l'École des beaux-arts se plantait là et parlait tellement haut qu'on comprenait bien ses paroles dans les deux salles. Il s'en allait de même bien tranquillement après avoir allumé sa cigarette[3]. » Pour Gleyre, le dessin était la base de tout, l'important à ses yeux était de s'exercer longtemps à rendre le modèle le plus fidèlement possible avant de se mettre à peindre. Et d'avertir ses élèves : « Cette satanée couleur va vous tourner la tête[4]. » Gleyre allait diriger pendant vingt ans son atelier, où passèrent entre cinq cents et six cents artistes.

Jean-Léon Gérôme, qui avait accompagné en Italie son maître Delaroche en 1843, travailla pendant trois mois à son retour,

---

1. *Soixante ans dans les ateliers des artistes. Dubosc modèle*, *op. cit.*, p. 108.
2. Hélène Lafont-Couturier, *Gérôme*, Paris, Herscher, 1998, p. 13.
3. C. Clément, *Gleyre. Étude biographique et critique...*, *op. cit.*, p. 174.
4. *Ibid.*, p. 176.

l'année suivante, dans l'atelier de Charles Gleyre (avant de devenir l'assistant de Delaroche lorsque celui-ci revint à Paris), auprès de ses camarades Jean-Louis Hamon, Henri-Pierre Picou et Gustave Boulanger. Ensemble chez Gleyre, ils vivaient également ensemble 27, rue de Fleurus : « La maison que nous habitions se composait d'ateliers de sculpteurs et de peintres, une espèce de phalanstère d'artistes. C'était le rendez-vous de tous les camarades et il y avait aussi des musiciens, non des moindres : c'était Membrée, Jacquard, Armingault, Lalo[1]. » Nous reviendrons dans le chapitre suivant sur cette vie communautaire.

À l'automne 1862, quatre des futurs impressionnistes se côtoyèrent à l'atelier de Gleyre : Monet (vingt-deux ans), Renoir et Bazille (vingt et un ans), Sisley (vingt-trois ans). Sisley, fils d'un commerçant anglais, était entré en octobre 1862. Frédéric Bazille, arrivé à Paris début novembre, nous l'avons vu, s'inscrivit chez Gleyre sur le conseil de son cousin, Eugène Castelnau. Monet, très malade pendant son service militaire en Algérie, avait été rapatrié en été 1862, sa tante l'avait « racheté » et, sa famille lui ayant permis de revenir à Paris pour travailler sérieusement la peinture, il fut recommandé à Gleyre par un élève de l'atelier, son cousin par alliance, Auguste Toulmouche. Bazille rend des comptes à sa famille, le 10 novembre : il a versé 15 francs pour la « bienvenue », 30 francs pour la « masse » et 30 francs pour trois mois de cours d'avance (10 francs par mois, c'est également ce que précisera plus tard Renoir). Il est à l'atelier à 8 heures du matin tous les jours – mais seulement quatre jours par semaine par les grands froids de l'hiver 1862-1863. Vers midi, les élèves avalent pour 15 sous (75 centimes) « le repas du rapin », une tasse de bouillon bourrée de pain et une côtelette. L'après-midi, nouvelle séance de travail que Bazille interrompt vers 3 ou 4 heures, lorsqu'il doit se rendre à ses cours de médecine. Au début, le jeune homme s'exerçait seulement à dessiner ; à la fin de février 1863, il n'avait pas encore touché à la couleur. Le « patron » venait deux fois par semaine, dont le lundi.

Un seul des élèves de Gleyre travaillait en blouse blanche d'ouvrier peintre, ce qui lui valait les railleries des autres, c'était

1. H. Lafont-Couturier, *Gérôme*, *op. cit.*, p. 13.

Auguste Renoir, qui était entré à l'atelier en 1861. Mais leurs moqueries le laissaient indifférent, car, apprenti dès l'adolescence, il était trop heureux de fréquenter enfin une école de peinture [1]. Gleyre, en regardant leurs études d'après le modèle, pouvait faire à ses élèves des réflexions peu amènes. Ainsi à Monet : « Pas mal, pas mal du tout cette affaire-là, mais c'est trop dans le caractère du modèle. Vous avez un bonhomme trapu : vous le peignez trapu. Il a des pieds énormes : vous les rendez tels quels. C'est très laid, tout ça. Rappelez-vous donc, jeune homme, que, quand on exécute une figure, on doit toujours penser à l'antique. La nature, mon ami, c'est très bien comme élément d'étude, mais ça n'offre pas d'intérêt. Le style, voyez-vous, il n'y a que ça [2] ! » Ou à Renoir : « C'est sans doute pour vous amuser que vous faites de la peinture ? » Et Renoir de répondre : « Mais certainement et si ça ne m'amusait pas, je vous prie de croire que je n'en ferais pas ! » Gleyre était cependant modeste et indulgent, il n'aimait pas endoctriner et prenait rarement un pinceau pour corriger le travail d'un élève. Renoir disait qu'il avait eu au moins le mérite de laisser ses élèves tranquilles... Gleyre était par ailleurs sans rancœur : lorsqu'il fut membre du jury d'admission au Salon, il aida Monet qui, pourtant, contrairement à Bazille et Renoir, refusa toujours de s'inscrire au Salon comme son élève. Quand il ne fut plus que suppléant, les toiles de Monet furent refusées [3]. Longtemps après, en 1921, Monet se montre encore impitoyable vis-à-vis de Gleyre, en travestissant d'ailleurs la réalité, puisqu'il raconte à un journaliste d'*Excelsior* qu'il a quitté l'atelier de Gleyre au bout de quinze jours, en entraînant ses camarades : « Et bien nous en prit, car je ne sache pas qu'aucun des forts en thème de l'atelier ait rien fait qui vaille [4]... »

1. François-Bernard Michel, *Frédéric Bazille : réflexions sur la peinture, la médecine, le paysage et le portrait, les origines de l'impressionnisme*, Paris, Grasset, 1992, p. 69.

2. John Rewald, *Histoire de l'impressionnisme*, Paris, Albin Michel, 1986, p. 57.

3. D. Wildenstein, *Monet ou le triomphe de l'impressionnisme*, *op. cit.*, p. 62-63.

4. Gustave Geffroy, *Alfred Sisley*, n°s 13-14 des *Cahiers d'aujourd'hui* [1923], La Rochelle, Rumeur des Âges, 2002, p. 12.

La correspondance de Bazille nous renseigne sur l'atelier et sur ses camarades. Le 23 janvier 1863, ils jouent *La Tour de Nesle* en présence de nombreux artistes, dont Gérôme venu en voisin. Ils font la quête en faveur des ouvriers sans travail de la Seine-Inférieure. Bazille joue un petit rôle et trouve place dans une caricature de Félix Régamey publiée par *Le Boulevard* du 8 février. C'est seulement le 22 mars 1863 que Bazille mentionne Monet, dont il deviendra très proche. Le dimanche de Pâques, 5 avril, tous deux vont peindre à Chailly. Mais, tandis que Bazille rentre à Paris, Monet reste à Chailly et y réside toujours fin mai. Bazille et Monet passent l'été dans leurs familles respectives et se retrouvent en octobre chez Gleyre. Cependant, l'atelier, qui connaît des problèmes d'argent, interrompt son activité en juillet 1864. Bazille et Renoir sont restés présents jusqu'au bout, tandis que Monet, comme l'année précédente, peint en Normandie depuis le mois de mai[1].

En mars 1918, Renoir, interrogé sur la naissance du groupe impressionniste, la situe dans l'atelier de Gleyre et, réécrivant l'histoire, met l'accent sur leur misère à tous : « Il y avait à Paris un nommé Gleyre, un Suisse, qui avait un cours de dessin très bon marché, dix francs par mois. Je n'avais pas le sou, c'est ce qui m'y conduisit. J'y rencontrais Monet, Sisley, Bazille. C'est notre pauvreté commune qui nous réunit, et c'est elle qui nous permit ainsi, nous ayant groupés, de faire naître l'école impressionniste. Chacun de notre côté, nous n'aurions jamais eu la force, ou le courage, ni même l'idée. En plus de notre misère, l'école impressionniste eut pour origine notre amitié et nos discussions. Nous eûmes vite à lutter et à nous soutenir. En 1872, Berthe Morisot s'était jointe à nous, et pour nous procurer quelque argent, tous ensemble nous fîmes une vente à l'hôtel Drouot [24 mars 1875] d'où résulta une émeute[2]. »

1. Bazille s'est présenté à la deuxième session d'un examen de médecine et a encore échoué.

2. René Gimpel, *Journal d'un collectionneur marchand de tableaux*, Paris, Calmann-Lévy, 1963, p. 28.

Académies libres

On pouvait fréquenter les académies, répétons-le, à la place ou en plus de l'École des beaux-arts[1]. Par rapport aux ateliers publics ou privés, leur mérite résidait dans l'absence de contraintes et de directives. On y trouvait des modèles vivants, de quoi dessiner et peindre, mais les académies ne proposaient aucune notation, aucun concours, et il n'y avait pas de prix de Rome à l'horizon. Certaines ne proposaient même pas de corrections, ce qui explique le faible coût de l'inscription. Les académies convenaient aux esprits réfractaires à l'institution officielle. Être ou non réfractaire n'était pas une affaire d'origine sociale, mais de caractère, puisque deux amis, tous deux de famille bourgeoise, pouvaient faire des choix opposés : Albert Besnard se sentait comme un poisson dans l'eau dans l'atelier de Cabanel, à l'École des beaux-arts, tandis qu'Henry Lerolle montrait sa « tournure d'esprit anti-académique et anti-officielle » en allant s'exercer à l'académie Suisse après avoir, dans un premier temps, fréquenté l'atelier privé de Louis Lamothe[2].

Académie Suisse

Plusieurs académies furent créées par des hommes qui connaissaient bien la question des études artistiques pour avoir d'abord été modèles ou peintres. Charles Suisse, ancien modèle de David, peintre lui-même, se mit, sous la monarchie de Juillet, à recevoir des élèves dans son atelier à l'angle du boulevard du Palais et du quai des Orfèvres, dans un immeuble où logeaient, au rez-de-chaussée, un marchand de vins, un fabricant de baromètres et un

1. Au XVIIIe siècle existaient des académies particulières, sociétés composées de jeunes gens qui se réunissaient une fois par semaine pour dessiner sous la conduite de professeurs de l'Académie. En 1776, trois académies particulières fonctionnaient à Paris, dont une chez le comte et la comtesse de Rohan-Chabot (Jean Chatelus, *Peindre à Paris au XVIIIe siècle*, Nîmes, Jacqueline Chambon, 1991, p. 114).

2. Maurice Denis, *Henry Lerolle et ses amis*, Paris, Imprimerie Duranton, 1932, p. 13.

potier d'étain. L'appartement de Suisse était situé au deuxième étage, à droite, et son atelier était à mi-étage, éclairé par deux fenêtres, une sur la cour et une sur le quai. À partir de 1863, l'appartement de gauche au deuxième étage fut occupé par Sabra fils, « dentiste sans diplôme », dont les patients, se trompant parfois, se trouvaient nez à nez avec des modèles nus ! L'académie Suisse était ouverte dès 6 heures du matin et jusqu'à 10 heures du soir. Pour 7 francs par mois – plus tard 10 francs –, on pouvait y dessiner un modèle masculin pendant trois semaines, puis un modèle féminin la quatrième semaine. On y était libre parce que personne ne corrigeait et que chacun pouvait travailler comme il l'entendait, au crayon, au pinceau ou au couteau à palette, et dans n'importe quel ordre. Contrairement à l'atelier traditionnel où l'élève était autorisé à aborder la peinture seulement lorsqu'il maîtrisait parfaitement le dessin et où il avait l'obligation de dessiner dans l'ordre, d'après gravure, puis d'après le plâtre (*la bosse*) et enfin d'après le modèle vivant (*la nature*).

L'académie Suisse fut très fréquentée par des gens qui allaient devenir célèbres, comme Delacroix, Bonington, Isabey, Gigoux, Corot, Courbet – qui fit en 1861 le portrait de Charles Suisse –, Bonvin, Manet. En 1860, Camille Pissarro, qui y travaillait le soir (la journée, il peignait ailleurs ou copiait des tableaux au Louvre), y rencontra Claude Monet, de dix ans son cadet[1]. En 1861 arriva Paul Cézanne. Mais, comme il avait échoué à l'examen d'entrée à l'École des beaux-arts, il dut rentrer à Aix-en-Provence en septembre. Il revint à Paris en novembre 1862 et, pendant trois ans, retourna à l'académie Suisse (mais, comme Courbet, il passait ses étés dans la propriété familiale – au Jas de Bouffan, près d'Aix). Il s'y lia avec Antoine Guillemet, Francisco Oller, Frédéric Bazille et Armand Guillaumin, par l'intermédiaire duquel il fit la connaissance de Sisley et Monet.

1. Ralph E. Shikes et Paula Harper, *Pissarro*, Paris, Flammarion, 1981, p. 58-59.

Académies Camillo, Colarossi, Ranson

Vers 1900 existait, cour du Vieux-Colombier, une académie dirigée par un Italien, lui aussi ancien modèle, Giuseppe di Camillo. Matisse, qui avait quitté l'École des beaux-arts en 1899, chassé par Cormon, fréquentait l'académie Camillo le matin, ainsi que Chabaud, Biette, Jean Puy... Âgé de trente ans, il s'y lia avec Derain, qui en avait dix-huit. Ils avaient la possibilité de travailler d'après un modèle et de bénéficier, une ou deux fois par semaine, selon les fonds, des corrections d'Eugène Carrière. Carrière était alors considéré comme un des prophètes du renouveau de l'art. C'était un utopiste, qui croyait à un avenir de liberté et d'égalité pour l'humanité. Il venait de fonder l'École de la Rue, une école gratuite qui se donnait pour but d'enseigner le dessin en faisant une grande place « à des promenades dans la rue, les usines, ateliers, paysages, enfin au spectacle de la vie[1] ». Carrière avait pris la succession de Gustave Moreau chez Camillo à partir de 1898. En décembre 1899, il envoya une lettre de démission au directeur : « Une académie de peinture peut être une affaire pour le propriétaire de l'académie – elle ne saurait l'être pour le Professeur. Vous savez que je n'ai aucun intérêt qui me guide que celui d'être utile aux jeunes artistes. Je vous ai expliqué vendredi dernier pourquoi il était nécessaire qu'il y ait des élèves forts dans un atelier, et qu'avoir une seule élève gratuitement n'était pas une affaire. Colorasi [*sic*] le fait, vous pourriez le faire. Vous ne le voulez pas, c'est votre droit. En renvoyant cet[te] élève, vous avez affirmé que vous n'aviez pas plus de générosité pour les jeunes artistes que de considération pour l'opinion que je vous avais exprimée. Il m'est impossible dans ces conditions de continuer à venir chez vous[2]. » Il resta pourtant jusqu'en 1903. Cette académie Colarossi citée par Carrière, Matisse allait y dessiner, le soir, de 5 heures à 7 heures – le modèle, raconte-t-il, changeait de pose tous les quarts d'heure pendant qu'un pianiste jouait du Chopin

1. G. Séailles, *Eugène Carrière*, *op. cit.*, p. 141.
2. Valérie Bajou, *Eugène Carrière*, Lausanne, Sylvie Acatos, 1998, p. 209.

et du Beethoven[1]. Après le dîner, il fréquentait une troisième académie, la Grande Chaumière, où il dessinait dans l'atelier dirigé par Antoine Bourdelle, l'assistant principal de Rodin, dont il avait fait la connaissance par l'intermédiaire de Carrière[2].

D'autres académies ont été fondées par des peintres : l'académie Bin, par un ancien prix de Rome[3], l'académie Ranson par le groupe des nabis[4], et la plus connue, l'académie Julian, par Rodolphe Julian. C'est en 1907 que les nabis, sous la pression de Ker-Xavier Roussel, envisagèrent la création d'une académie de peinture dont la direction serait confiée à Paul Ranson et à sa femme – Ranson était malade et sa famille connaissait de graves difficultés financières. Cette académie ouvrit ses portes en octobre 1908, 11, rue Henri-Monnier. Tous les amis des Ranson avaient accepté d'y enseigner, Vallotton, Van Rysselberghe, Maillol, Ibels… Le nombre d'élèves inscrits au cours des premiers mois était très encourageant mais, le 20 février 1909, Paul Ranson fut emporté par la typhoïde. France, son épouse, décida de continuer. À l'été 1911, l'académie déménagea rue Joseph-Bara. Maurice Denis, Sérusier et Vallotton y furent professeurs jusqu'à la fin de la guerre. France Ranson dirigea l'académie jusqu'à l'âge de soixante-huit ans, en 1932. L'académie Ranson allait fermer ses portes au début de la guerre de 1939[5].

Académie Julian

Né en 1839, Rodolphe Julian, fils d'un instituteur d'une école de village du Vaucluse, fut d'abord commis dans une librairie de Marseille avant de venir à Paris étudier la peinture, dans les ate-

1. Les droits à l'académie Colarossi étaient de 16 francs pour un homme, 20 francs pour une femme ; Cormon y enseignait, ainsi que Girardot et Raphaël Collin (V. Long, *Mécènes des deux mondes*, *op. cit.*, p. 270).

2. P. Schneider, *Matisse*, *op. cit.*, p. 725.

3. Dans les années 1880, le père Tanguy venait vendre ses couleurs aux élèves de l'académie Bin. C'est là que, grâce à Tanguy, Paul Signac découvrit l'existence de Cézanne, dont il convainquit sa mère d'acheter le *Paysage à Auvers* (F. Cachin, *Paul Signac*, *op. cit.*, p. 11).

4. *Nabis* signifie « prophètes » en hébreu.

5. *Paul Ranson, 1861-1909*, Paris, Somogy éditions d'art/Musée de Valence, 2004, p. 171.

liers de Coignet et de Cabanel. Ayant compris que Paris manquait d'ateliers libres, Julian ouvrit sa première académie dans un ancien cours de danse au 27, passage des Panoramas, en 1868. L'académie était ouverte tous les jours sauf le dimanche, de 8 heures du matin à la nuit. L'inscription était de 700 francs pour l'année, à raison de huit heures de cours par jour, et 400 francs pour la seule demi-journée. Pour les cours du soir, on pouvait payer à la séance, en achetant 40 francs les dix cachets – un cachet représentait quatre heures[1].

D'autres lieux s'ajoutèrent au premier : le 48, rue du Faubourg-Saint-Denis, vers 1880, et le 5, rue Fromentin, vers 1888 ; le 51, rue Vivienne, puis le 3, rue de Berri étaient réservés aux filles[2]. En 1890, l'académie franchit la Seine et vint s'installer rue du Dragon, tout en gardant ses anciens locaux. Par ailleurs, l'entrepreneur Rodolphe Julian eut l'idée d'instituer un atelier fonctionnant les deux derniers jours de la semaine et consacré à l'étude de l'illustration pour l'affiche et les journaux. Un prix de 25 francs décerné tous les mois récompensait les meilleures compositions et Julian se préoccupait de placer chez des industriels les enseignes et les affiches réalisées par ses élèves. En 1906, Julian créa un cours pour enfants de dix à quinze ans, rue du Dragon, ouvert de 13 heures 30 à 16 heures 30 tous les jours, puis un cours semblable, rue du Cherche-Midi, réservé aux petites filles[3].

Les élèves travaillaient librement sous la direction d'artistes célèbres que Julian engageait dans le but d'attirer la clientèle étrangère : Jules Lefebvre, Tony Robert-Fleury, William Bouguereau, Jean-Paul Laurens, Gabriel Ferrier, Jean-Joseph Benjamin-Constant, Gustave Boulanger, Léopold Flameng, Carrier-Belleuse… Ils corrigeaient par périodes d'un mois en alternance. Vers 1890, l'académie comptait environ six cents élèves, répartis entre les

1. Victorine Meurent, le célèbre modèle de Manet, était inscrite à ces cours du soir en 1875-1876 (Emmanuel Laurent, *Mademoiselle V.*, Paris, La Différence, 2003, p. 215).

2. John Milner, *The Studios of Paris. The Capital of Art in the Late Nineteenth Century*, New Haven et Londres, Yale University Press, 1988, p. 238 (traduction française en 1990 aux éditions du May).

3. Martine Hérold, *L'académie Julian a cent ans, 1868-1968*, Académie Julian, 31, rue du Dragon, Paris 6e, plaquette non paginée.

différents ateliers dans Paris. Les étrangers y étaient nombreux, comme l'Anglais George Moore, le Suisse Félix Vallotton ou l'Allemand Lovis Corinth. George Moore s'était inscrit à l'académie Julian à cause de Jules Lefebvre. En effet, lorsque, déçu par l'atmosphère, Moore avait quitté l'École des beaux-arts, il était allé demander à Lefebvre, dont il admirait les tableaux, de le prendre comme élève particulier. Celui-ci avait préféré lui donner l'adresse de l'atelier Julian où il dispensait ses leçons le mardi matin. Moore raconte qu'il y avait alors chez Julian dix-huit à vingt jeunes gens et huit à neuf jeunes Anglaises[1]. Quant à Vallotton, arrivé à Paris à dix-sept ans, en 1882, bien que reçu en 1883 au concours d'entrée à l'École des beaux-arts, il choisit de rester à l'académie Julian. Deux ans plus tard, il exposa pour la première fois au Salon des artistes français[2]. Lovis Corinth, qui travailla chez Julian de 1884 à 1887, en gardait un souvenir malodorant : « Dans la rue du Faubourg-Saint-Denis, des hommes et des femmes offraient des fruits et des légumes, la viande était suspendue aux portes et aux devantures des boucheries, des charrettes pleines étaient tirées par un ou deux chevaux énormes, attelés l'un derrière l'autre. L'ensemble répandait une odeur de chaleur peu agréable, qui vous prenait le nez. De plus, au premier étage de la maison où se trouvait l'académie Julian, un magasin de gros oiseaux morts et empaillés répandait une odeur de camphre et d'arsenic, qui ne rendait pas l'air particulièrement léger[3]… »

William Bouguereau dirigeait alors l'un des ateliers en alternance avec Tony Robert-Fleury, l'autre atelier étant conduit en alternance par Jules Lefebvre et Gustave Boulanger[4]. Alfred Nettement, qui étudiait dans l'atelier de la rue du Dragon, se rappelait le sérieux et la mansuétude de Bouguereau : « Le mercredi et le samedi, Bouguereau arrivait souvent avant les élèves, et s'enfermait avec son ami M. Julian, pour l'interroger sur le travail des

1. G. Moore, *Confessions d'un jeune Anglais*, *op. cit.*, p. 20.

2. *Le Très Singulier Vallotton*, Paris, Éd. de la Réunion des musées nationaux, 2001, p. 208.

3. *William Bouguereau, 1825-1905*, *op. cit.*, p. 55.

4. Parallèlement, Bouguereau commença à enseigner à l'École des beaux-arts à partir de 1888, en corrigeant le dessin une semaine par mois au cours du soir, à la place de Léon Bonnat devenu chef d'atelier.

élèves, sur leur zèle, leurs efforts, les progrès accomplis, les conseils et les encouragements à leur donner. Puis on passait à la correction. Bouguereau s'arrêtait devant chaque chevalet, critiquait le dessin, modifiait la palette et ne finissait jamais sans un encouragement : *Mon bon ami, nous verrons cela samedi*[1]. » Henri Matisse gardait du maître un souvenir différent. Arrivant à Paris à la fin de 1890 ou au début de 1891, il était allé se présenter à Bouguereau qui lui avait suggéré une période de formation chez Julian. Mais le professeur finit par expulser le jeune peintre après lui avoir asséné des critiques telles que : « Vous effacez votre fusain avec votre doigt. Cela dénote un homme sans soin… » ; ou encore : « Vous avez grand besoin d'apprendre la perspective… mais d'abord il faudrait pouvoir tenir un crayon. Vous ne saurez jamais dessiner[2]. » Parmi les élèves de l'académie Julian, on trouvait, entre 1886 et 1890, les nabis Ker-Xavier Roussel, Édouard Vuillard, Pierre Bonnard, Paul Ranson et Paul Sérusier[3] ; en 1903, Roger de La Fresnaye, Dunoyer de Segonzac et Luc-Albert Moreau ; en 1904 et 1905, Marcel Duchamp et son frère Raymond Duchamp-Villon[4].

Des concours intérieurs aux ateliers récompensaient chaque mois les meilleurs élèves. Le rang était important, car il déterminait les places occupées pour les poses du mois suivant. Ces concours étaient parfois dotés de prix originaux par des mécènes. Ainsi M. Oznobichine, lieutenant-colonel d'état-major russe, officier d'ordonnance du grand-duc Georges, offrit-il au premier prix un tricycle à pétrole avec sa voiturette[5] ! Au début du XXe siècle, les élèves de Julian eurent le droit de se présenter au concours pour le prix de Rome, car l'académie, tout en étant un atelier libre, était considérée comme faisant partie du cadre de l'École des beaux-arts. Plusieurs années de suite, les grands prix de Rome

1. *William Bouguereau, 1825-1905*, *op. cit.*, p. 56.

2. *Ibid.*, p. 58.

3. C'est Paul Sérusier qui, à l'automne 1888, rapporta de Pont-Aven une œuvre qu'il avait exécutée sous la direction de Gauguin, le *Paysage du Bois d'amour*, qui posait les principes de la peinture des nabis.

4. Philippe Dagen, *L'Art français. Le XXe siècle*, Paris, Flammarion, 1998, p. 45.

5. M. Hérold, *L'académie Julian a cent ans*, *op. cit.*

revinrent à des élèves de Julian. L'année 1903 fut particulièrement triomphale : parmi les dix logistes, sept étaient des « Julian », qui obtinrent finalement le premier grand prix, les deux premiers seconds grands prix, le prix de torse homme et le prix d'expression[1].

La grande nouveauté de l'académie Julian résidait dans l'ouverture des ateliers aux jeunes filles. En 1876, Rodolphe Julian tenta même d'instaurer la mixité : garçons et filles cohabitaient dans les cours. Mais, dès l'année suivante, ils étaient à nouveau séparés, pour répondre aux protestations des familles. La succursale destinée aux filles était située 51, rue Vivienne, à deux pas du passage des Panoramas. Marie Bashkirtseff, qui n'avait pas dix-sept ans (elle mourra en 1884), y entra le 26 septembre 1877. Elle note dans son *Journal*, le 6 octobre : « À l'atelier tout disparaît, on n'a ni nom, ni famille, on n'est plus la fille de sa mère, on est soi-même, on est un individu et on a devant soi l'Art, et rien d'autre. On se sent si content, si libre, si fier[2]. » Le 9 octobre : « J'ai dessiné ma chanteuse de tout près et en raccourci. J'ai la plus mauvaise place de l'atelier pour cette semaine, étant venue tard lundi. » Le 15 octobre s'ouvrent les cours du soir, de 8 heures à 10 heures : « Voyons, combien étions-nous ce soir ? Moi, la Polonaise, Forchhammer, une Française, Amélie (l'Espagnole) et une Américaine. Et puis le maître. [...] C'est si intéressant ! La lumière frappe si bien sur le modèle, les ombres sont si simples. » Marie plaisante avec M. Julian sur la politique : « Les actualités sont facilement piquantes. Mais comme il ne voulait pas dire son opinion, je lui ai joué *La Marseillaise*... » Le 14 novembre : « Ma mère est horrifiée de me voir dans une boutique où on voit des choses... oh ! des choses. Des *Paysans nus*. Bourgeoise[3] ! » Celle que Marie Bashkirtseff appelle « l'Espagnole », Amélie Baury-Sorel, en réalité d'origine catalane, épousa Rodolphe Julian, qui lui confia la direction des ateliers de femmes, mais, même avant son mariage, elle tenait, semble-t-il, un rôle important dans la bonne marche de l'atelier.

1. *Ibid.*

2. Marie Bashkirtseff, *Mon journal*, t. XI, Montesson, Cercle des amis de Marie Bashkirtseff, 2003, p. 18.

3. *Ibid.*, p. 59.

Les encouragements de Rodolphe Julian étaient précieux pour les jeunes filles, comme le raconte à Rosa Bonheur sa jeune amie américaine, Anna Klumpke, qui, en 1895, s'inscrivit pour la seconde fois à l'académie. Elle lui parle « de M. Julian et de l'ambition qu'il avait pour ses élèves-femmes de les voir disputer aux hommes les premières places dans les concours, des conseils qu'il leur donnait de savoir écouter sans larmes les observations des professeurs, et de marcher autant qu'elles le pourraient sur les traces de leurs glorieuses aînées, les Mme Lebrun, les Angelica Kauffmann, les Rosa Bonheur, ces héroïnes de l'art, dont leur sexe devait se montrer fier[1] ». Les étudiantes avaient un véritable culte pour Bouguereau, si l'on en croit Alfred Nettement : « Jamais on ne se fera une idée des reliques que les Américaines envoyèrent dans leur pays, et la plus précieuse était un morceau d'allumette qui avait servi au grand homme ; les dames s'arrachaient la cigarette qu'il avait poliment jetée avant d'entrer chez elles, en remettant son chapeau et son paletot à Léontine, la bonne[2]. »

Après la mort de Rodolphe Julian, en 1907, son épouse continua à assurer la gestion des ateliers de femmes et confia à son neveu Jacques Dupuis, âgé de vingt-cinq ans, l'atelier de la rue du Dragon. Celui-ci conserva l'équipe des professeurs, puis, après la nomination de Jean-Paul Laurens comme professeur à l'École des beaux-arts, le remplaça par ses fils, Jean-Pierre et Paul-Albert. Jacques Dupuis mourut à la guerre de 1914 et son frère Gilbert lui succéda, de 1919 à 1938 – il était à la fois administrateur et professeur de dessin pour les débutants.

L'académie Julian connaissait un grand succès mais elle était chère. Si bien que certains idéalistes tentèrent de créer une autre structure à destination des élèves sérieux mais pauvres. C'est le but généreux que poursuivait le peintre Alfred Roll lorsqu'il fonda, en 1885, l'académie La Palette, rue Verniquet, avec un peintre amateur, Pierre Lagarde, et un journaliste, Henri Waller, de *L'Épatant*. Henri Gervex et Ferdinand Humbert y enseignèrent, ainsi que Puvis de Chavannes et Eugène Carrière. Gervex eut

1. Anna Klumpke, *Rosa Bonheur, sa vie, son œuvre*, Paris, Ernest Flammarion, 1908, p. 66.
2. *William Bouguereau, 1825-1905*, *op. cit.*, p. 56.

même pour élève le prince Eugène, fils du roi de Suède, qui allait travailler incognito à La Palette[1]. Un jeune homme qui n'était pas précisément dans le besoin.

Formation artistique des filles

C'est seulement en 1897 que les filles obtinrent le droit d'entrer à l'École des beaux-arts. Jusque-là, il n'existait pas de formation artistique officielle pour elles. Celles qui voulaient apprendre à dessiner, à peindre ou à sculpter avaient le choix entre les cours particuliers et les ateliers privés qui leur étaient réservés.

En famille

Les cours pouvaient leur être dispensés en famille, par un père artiste[2]. Ainsi Rosa Bonheur, dès l'enfance, dessinait sans arrêt, mais son père, professeur de dessin, n'accepta pas tout de suite sa vocation. Après la mort de sa femme, en 1833, il fit entrer ses deux fils dans la pension où il enseignait, mais mit sa fille en apprentissage – chez une couturière puis chez un couple de coloristes –, ce qui ne dura pas. Placée ensuite dans une institution de la rue de Reuilly, comme elle passait son temps à caricaturer les religieuses et à dessiner les animaux de l'arche de Noé, elle fut mise à la porte[3]. En 1835, enfin, Raimond Bonheur se résigna à la vocation de sa fille, la prit à ses côtés en même temps que ses fils dans son atelier de la rue des Tournelles et lui donna des modèles en plâtre à copier. Un jour, tout surpris par des cerises qu'elle avait peintes, il la félicita et l'installa au Louvre où elle copia des tableaux. À partir de ce moment-là, il ne cessa d'encourager Rosa en lui proposant pour modèle Mme Vigée-Lebrun : « Elle

1. *Henri Gervex, 1852-1929*, *op. cit.*, p. 42.

2. C'était l'usage aux siècles précédents pour les garçons dans les dynasties d'artistes. Ainsi, Horace Vernet eut comme premier maître son père Carle, tout comme Carle avait eu autrefois pour premier maître son père Joseph.

3. Il faut dire qu'en plus elle avait massacré toutes les roses trémières du pensionnat en se prenant pour un chevalier…

est, comme toi, la fille d'un peintre, et elle a si bien fait qu'à 28 ans elle fut admise à l'Académie royale et qu'elle est aujourd'hui membre de l'Académie de Rome, de celles de Saint-Pétersbourg et de Berlin[1]. » Rosa Bonheur montra ses toiles au Salon à partir de 1841 et reçut une médaille d'or en 1848, année où son père et ses frères exposaient en même temps qu'elle. Raimond Bonheur mourut en 1849, mais Rosa Bonheur garda de sa formation familiale des habitudes de travail en équipe. Il était pour elle légitime de faire peindre par ses proches certaines parties des tableaux qu'elle signait, comme c'était le cas dans les ateliers autrefois[2].

Dans les ateliers privés et les académies libres

Balzac, en 1830, met en scène dans une nouvelle le peintre Servin, qui eut, le premier, l'idée d'ouvrir un atelier réservé aux jeunes filles. Les mères accompagnèrent d'abord leurs filles chez l'artiste, puis, convaincues de son sérieux, les laissèrent y aller seules. Servin n'acceptait que des jeunes filles du monde et refusait celles qui voulaient devenir artistes, car il aurait fallu leur apprendre à dessiner et à peindre des nus et cela aurait nui à la réputation de son atelier. Et Balzac de conclure ironiquement : « Servin devint donc pour la peinture féminine une spécialité, comme Herbault pour les chapeaux, Leroy pour les modes et Chevet pour les comestibles. Il était reconnu qu'une jeune femme qui avait pris des leçons chez Servin pouvait juger en dernier ressort les tableaux du Musée, faire supérieurement un portrait, copier une toile et peindre son tableau de genre. Cet artiste suffisait ainsi à tous les besoins de l'aristocratie[3]. »

De tels cours, réservés aux jeunes filles du monde, ont existé tout au long du siècle. Ainsi ceux de Mme Thoret et de Mlle Valentino. Henri Gervex, qui enseigna chez cette dernière jusqu'en 1897, y rencontra, en 1890, la jeune fille qu'il allait

1. A. Klumpke, *Rosa Bonheur, sa vie, son œuvre*, *op. cit.*, p. 164.

2. *Rosa Bonheur, 1822-1899*, Bordeaux, Musée des beaux-arts de Bordeaux/William Blake & Co, 1997, p. 104.

3. Balzac, *La Vendetta*, Paris, Le Livre de Poche, 1970, p. 177-178.

épouser trois ans plus tard, Henriette Fauche, de seize ans sa cadette[1]. Plusieurs peintres recevaient des élèves, hommes et femmes séparément, dans leur atelier personnel, comme Abel de Pujol sous la Restauration, Léon Cogniet sous la monarchie de Juillet ou Carolus-Duran sous la IIIe République[2]. Ce dernier dirigeait un atelier réputé, 11, passage Stanislas (aujourd'hui rue Jules-Chaplain), avec deux entrées, 58-60, rue Notre-Dame-des-Champs et 81, boulevard du Montparnasse[3]. Il n'accueillait pas seulement des jeunes filles du monde, il formait des artistes professionnelles, par exemple, entre 1878 et 1901, six Suédoises – l'habitude de parachever ses études artistiques à Paris était une tradition nordique[4]. De son côté, Alfred Stevens, très lancé dans le monde parisien, avait créé des cours pour dames qui se tinrent d'abord boulevard de Rochechouart, puis avenue Frochot. Les élèves – parmi lesquelles Sarah Bernhardt parfois – travaillaient toute la journée à leur guise dans un atelier situé juste au-dessous de celui du maître, qui descendait voir leur travail en fin d'après-midi quatre ou cinq fois par semaine[5]. Le guide *Paris-Parisien* de 1898 indique encore d'autres ateliers pour dames et jeunes filles du monde, comme Courtois, 73, boulevard Bineau à Neuilly, pour lequel il précise « études relativement sérieuses ».

Dans des cours particuliers

Les trois sœurs Morisot, filles d'un préfet devenu conseiller référendaire à la Cour des comptes, Yves, née en 1838, Edma en 1839 et Berthe en 1841, prenaient des leçons de dessin avec un

1. *Henri Gervex, 1852-1929*, *op. cit.*, p. 42.

2. En 1822, Marie-Louise Grandpierre-Deverzy présente au Salon un *Intérieur d'atelier de peinture*, où elle met en scène son mari Abel de Pujol donnant une leçon à des dames dans son atelier (*Louis Boilly. Cinquantenaire du musée Marmottan*, *op. cit.*, p. 10 ; *Léon Cogniet, 1794-1880*, Musée des beaux-arts d'Orléans, 1990, p. 34).

3. Les droits étaient de 100 francs pour les femmes, contre 30 francs pour les hommes (V. Long, *Mécènes des deux mondes*, *op. cit.*, p. 270).

4. *Carolus-Duran, 1837-1917*, Paris, Éd. de la Réunion des musées nationaux, 2003, p. 47-48.

5. François Boucher, *Alfred Stevens*, Paris, Rieder, 1930, p. 31.

nommé Chocarne. Elles auraient pu s'en tenir à ces cours pour amateurs. Mais Berthe et Edma avaient des ambitions plus sérieuses et réclamèrent un professeur plus compétent : ce fut Joseph Guichard, qui les emmena au Louvre. Elles prirent leur première inscription comme copistes le 19 mars 1858. En 1860, comme elles voulaient peindre en plein air, Guichard les confia à son ami Corot avec lequel elles allèrent travailler au bord de l'Oise. La famille Morisot était ouverte aux entreprises des deux sœurs puisque, chaque jeudi soir, Corot dînait chez ses élèves.

Les deux jeunes filles se créèrent bientôt une sociabilité professionnelle. Au Louvre, en 1859, elles firent la connaissance d'un autre élève de Guichard, Félix Bracquemond, dont la femme Marie, peintre également, avait le même âge que Berthe. Bracquemond leur présenta Henri Fantin-Latour, qui allait à son tour, en 1868, leur présenter Édouard Manet. Elles se lièrent aussi avec Carolus-Duran et Alfred Stevens. Elles devinrent peu à peu des artistes professionnelles. Chaque été, elles peignaient en plein air, à Ville-d'Avray, dans les Pyrénées, en Normandie… En 1863, Corot, trop occupé, les dirigea vers Oudinot, qui les présenta à Daubigny, à Daumier et à un jeune paysagiste, Antoine Guillemet. En 1864, elles envoyèrent des toiles au Salon et, en 1865, se firent construire un atelier dans le jardin de la maison familiale, rue Franklin. En 1868, dix ans après leur première inscription comme copistes, Edma et Berthe fréquentaient encore le Louvre, chaperonnées par leur mère[1].

À l'École des beaux-arts

L'entrée des femmes à l'École des beaux-arts fut le résultat d'une lutte. En mars 1890, Mme Bertaux, présidente du Congrès des institutions féminines, qui présidait aussi l'Union des femmes peintres et graveurs, adressa une pétition au ministre Fallières et au directeur de l'École des beaux-arts, Paul Dubois. Elle demandait qu'un local fût réservé aux femmes dans l'École afin qu'elles

1. Anne Higonnet, *Berthe Morisot, une biographie*, Paris, Adam Biro, 1989, p. 44.

pussent se préparer au concours pour le prix de Rome. En mai, le Conseil supérieur reconnut aux femmes le droit de recevoir une formation artistique à l'École des beaux-arts et, par huit voix contre deux, décida que l'administration devait trouver un local indépendant mais attenant à l'École, où les jeunes filles bénéficieraient d'ateliers dirigés par les professeurs de l'institution, et devait accorder un budget spécial à cette mesure. Mais il fallut attendre 1897 pour qu'il fût permis aux filles de participer au concours d'entrée et de travailler dans les galeries de l'École, et 1900 pour que fût ouvert un atelier de peinture et de sculpture destiné aux étudiantes, dirigé par Ferdinand Humbert et Marqueste. En 1903, les filles furent autorisées à concourir pour le prix de Rome : le ministre fit droit à leur demande sans consulter l'Académie. En 1909, une femme obtint le premier prix. C'était de haute lutte, car la *question du caleçon* avait fait couler autant d'encre, d'après les journaux, que la Question d'Orient ! Les élèves femmes luttaient pour l'égalité des chances dans les concours en demandant la suppression du caleçon pour le modèle vivant : en effet, puisque les hommes dessinaient le modèle nu, l'anonymat des candidats n'était pas respecté. Après plusieurs sessions houleuses, le Conseil supérieur décida que le modèle serait nu mais que, pour satisfaire la bienséance, les femmes le dessineraient *après* les hommes[1].

Aller à Rome, avec ou sans prix de Rome

Amaury-Duval dit de l'École des beaux-arts qu'elle est « la seule voie économique et agréable pour aller à Rome, du moins pour tenter d'y aller ». Mais il fallait d'abord obtenir le prix de Rome. Le lauréat du premier grand prix était récompensé par un séjour de cinq ans (quatre ans, après 1863) payé par l'État, à Rome, à la Villa Médicis. L'élite des jeunes artistes était censée se perfectionner au contact des chefs-d'œuvre italiens. Courbet plai-

1. Marina Sauer, *L'Entrée des femmes à l'École des beaux-arts, 1880-1923*, Paris, École nationale supérieure des beaux-arts, 1990, p. 48.

santait sur le séjour à Rome : « Pourquoi envoie-t-on ces pauvres bougres là-bas ?… Ils ne sont donc nés nulle part[1] ? »

Le prix de Rome dépendait directement de l'Académie des beaux-arts. Le concours consistait en trois épreuves qui permettaient de sélectionner un nombre de plus en plus restreint de candidats âgés de trente ans au maximum. Le sujet de la première épreuve, qui avait trait à la mythologie, était tiré au sort le matin même, parmi les propositions des membres de l'Institut. Les candidats avaient trente-six heures pour présenter une esquisse peinte et le jugement de cette première épreuve était annoncé quelques jours plus tard. On pouvait retenir jusqu'à vingt artistes. La seconde épreuve se déroulait quinze jours après. Il s'agissait d'une étude de figure nue d'après un modèle vivant (masculin, bien entendu). À l'issue de ce second jugement, on retenait au maximum dix jeunes gens. Le concours définitif avait lieu environ une semaine plus tard. Les candidats passaient douze heures en loge pour fixer sur une feuille les traits de la composition du grand tableau qu'ils allaient ensuite exécuter. Disposant de soixante et onze jours pour réaliser leur tableau, ils travaillaient en loge tous les jours sauf les dimanches et les jours fériés. Jusqu'à la réforme de 1863, il y avait un ordre dans les récompenses : premier grand prix, second grand prix, deuxième second grand prix et des mentions honorables. Un artiste qui avait remporté un second grand prix ne pouvait ultérieurement obtenir qu'un premier grand prix, sans prétendre à aucune distinction inférieure. Il arrivait qu'on bousculât l'ordre habituel des récompenses. En septembre 1850, Paul Baudry obtint le premier grand prix de Rome. Mais, comme une place était vacante à la Villa Médicis, car aucun premier grand prix n'avait été décerné en 1848, l'Académie décida de décerner un second premier grand prix et l'accorda à Bouguereau.

Bien entendu, certains patronages étaient plus efficaces que d'autres pour décrocher un prix de Rome. Ernest Hébert, élève de

1. Cité par Octave Mirbeau dans *L'Aurore* du 18 avril 1903 (Jean-François Nivet et Pierre Michel, *Octave Mirbeau*, Paris, Librairie Séguier, 1990, p. 105). L'École française d'Athènes ayant été créée en 1845, le séjour en Grèce, à partir de cette date, constitua, pour les prix de Rome d'architecture, le complément du séjour italien.

David d'Angers, entendit son maître lui dire : « Loyalement, vous pouvez concourir. Mais, auprès de mes collègues de l'Institut, je suis mal vu, à cause de mes opinions peut-être, et mes élèves pâtissent et payent souvent pour moi. Allez donc chez Delaroche. Il est très aimé de ses confrères, il est très chaud pour ses élèves. Il a l'oreille de l'Académie. Il sera plus utile pour votre avenir que moi[1]. » Muni d'une lettre de recommandation de David d'Angers, à quelques mois du concours, en 1839, Hébert se présenta donc chez Delaroche et obtint le grand prix de Rome. Lors de la remise du prix, le jeune homme était très ennuyé, car le nom de David d'Angers n'apparaissait pas à côté de son nom mais seulement celui de Delaroche. Et il fut reconnaissant à ce dernier de lui dépêcher un huissier, qui lui glissa à l'oreille au moment où le président allait appeler les grands prix : « M. Delaroche vous fait dire d'aller embrasser M. David d'Angers le premier. »

Être inscrit dans l'atelier de Paul Delaroche était un atout dans le concours. Cet atout coûtait cher, 25 francs par mois en 1837, mais Delaroche, qui tenait à sa réputation de faiseur de prix de Rome, était prêt à des arrangements. Ainsi, lorsque Jean-François Millet eut raté le prix de Rome en 1838, Delaroche le convoqua. Millet, qui vivait chichement avec une bourse allouée par la ville de Cherbourg, avait en effet abandonné son atelier, où il était entré en janvier 1837, pour une académie moins onéreuse – 8 francs par mois. Delaroche proposa au jeune homme de redevenir son élève à titre gratuit. Mais, en 1839, il l'avertit qu'il lui faudrait attendre un an encore, il avait un autre candidat à faire passer avant lui. La patience manqua à Millet, qui abandonna[2]. C'est aussi la lassitude qui l'emporta chez Charles-François Daubigny. Il avait, en 1841, des chances de remporter le prix de Rome. Mais, la veille de l'entrée en loge, il ne se dérangea pas pour venir chercher le programme de la composition, qu'il pensait se procurer le lendemain matin, et il fut éliminé. Delaroche l'engagea à fréquenter désormais son atelier sans rétribution, mais le grand prix de paysage

1. René Patris d'Uckermann, *Ernest Hébert, 1817-1908*, Paris, Éd. de la Réunion des musées nationaux, 1982, p. 23.

2. Étienne Moreau-Nélaton, *Millet raconté par lui-même*, 3 vol., Paris, Henri Laurens, 1921, t. I, p. 28-30.

historique ne s'octroyait que tous les quatre ans et Daubigny renonça[1].

Le décret du 13 novembre 1863 modifia l'organisation des concours pour le prix de Rome. Il abaissa l'âge limite pour concourir de trente à vingt-cinq ans, supprima les seconds prix et limita à quatre ans la durée de la pension (les lauréats étaient tenus de passer deux ans à Rome ; pendant les deux autres années, ils pouvaient voyager, à condition de prévenir l'administration de leurs intentions). Surtout, le décret enleva à l'Académie ses fonctions de jury du prix de Rome. Les jurés devraient dorénavant être tirés au sort sur une liste établie par le Conseil supérieur et arrêtée par le ministre ; d'autre part, le Conseil choisirait lui-même les programmes des concours. L'Académie était également dessaisie au profit du ministre de sa prérogative de nommer le directeur de l'Académie impériale de Rome. Les académiciens luttèrent pendant des années contre ces mesures et gagnèrent. Le 13 décembre 1871, un décret rendit à l'Institut le jugement du prix de Rome et la direction artistique de la Villa Médicis. Charles Blanc, artisan de ce décret républicain, avait trouvé là une manière de se concilier des personnalités dont la plupart n'avaient aucune sympathie pour le nouveau régime[2]. Mais, en 1883, un autre décret précisa que le jury du prix de Rome comprendrait par moitié des artistes extérieurs à l'Académie[3].

Sous la IIIe République, le prix de Rome avait perdu de son prestige aussi bien auprès des artistes qu'auprès du public. Jules Flandrin, élève à l'École des beaux-arts, dans une lettre à sa sœur Adèle en novembre 1894, dit pourquoi il n'est nullement tenté par le prix de Rome : « Cette peinture-là est si loin de celle que j'aime et que je cherche à rendre, celle que tu aimes aussi, parce que tu aimeras toujours mieux ton soleil de Corenc, ou la douce figure de ta maman, que telle Phrynée de chez Gérôme, que tel Job de Bonnat ou Prométhée de chez Moreau. Moi aussi. Et quand, pour arriver à ce septième ciel du bourgeois, il ne serait pas besoin de dix

1. Frédéric Henriet, *C. Daubigny et son œuvre gravée*, Paris, A. Lévy, 1875, p. 25-26.

2. P. Vaisse, *La Troisième République et les Peintres*, *op. cit.*, p. 73-74.

3. M. Segré, *L'École des Beaux-Arts, XIXe et XXe siècles*, *op. cit.*, p. 39.

ans de servitude intellectuelle et picturale, quand il n'y aurait pas cela, il resterait encore les quatre ans de Rome, loin de tout ce qu'on voudrait sentir et exprimer, obligé au devoir selon la formule de chaque année (un personnage d'abord, deux la seconde fois avec animaux, trois la troisième, etc.). Pour bien comprendre cela, il faut avoir vu des jeunes gens très studieux et habiles sur certains points écoutant religieusement le patron (Gustave Moreau) causer de sujets à faire, leur dire de chercher un peu par eux-mêmes une émotion personnelle, puis ajouter : "Pour moi, je trouve dans ce sujet de la fille de Jephté des sentiments admirables à développer, à étudier." Le samedi, qu'avaient-ils retenu ? De chercher un peu par eux-mêmes ? Point du tout ! Ils arrivaient tous une fille de Jephté à la main[1] ! » Travailler en vue du prix de Rome risquait de tarir toute inspiration personnelle et de vous dégoûter de la peinture ; séjourner quatre ans à Rome risquait de vous faire perdre du temps et de compromettre une carrière bien commencée. Quant à la solidarité des anciens Romains (appelés *paloignons* ou *marrons rôtis*[2]), elle ne jouait un rôle que dans les élections à l'Académie des beaux-arts. Le prix de Rome n'était même pas nécessaire pour faire carrière : si l'on considère les peintres les mieux placés officiellement à la fin du siècle, Puvis de Chavannes, Jean-Paul Laurens, Cormon, Alfred Roll, Henri Martin, Benjamin-Constant, seul Albert Besnard était passé par la Villa Médicis[3].

Les pensionnaires de la Villa Médicis recevaient, vers le milieu du siècle, une bourse de 100 francs par mois sur lesquels on prélevait 25 francs pour constituer le pécule qui leur était remis en fin de séjour. Selon le règlement, ils devaient être célibataires et perdaient leur bourse s'ils se mariaient en cours de séjour. Les voyages étaient interdits, surtout en France. En échange de leur séjour, les artistes

1. Georges Flandrin et François Roussier, *Jules Flandrin, 1871-1947*, La Tronche, Éd. de l'Association Flandrin Deloras, 1992, p. 28.

2. En 1818, le sculpteur Cortot avait fondé la *Société cipollésienne,* une sorte de société secrète de Romains. Ils se réunissaient pour un dîner mensuel qui comportait toujours une soupe à l'oignon, *cipolla* en italien, d'où les *paloignons* (Gérard Hubert, « Autour de la soupe à l'oignon », in *À travers l'art français*, t. XXV, Paris, F. de Nobele, coll. « Archives de l'art français », 1978, p. 263-289).

3. P. Vaisse, *La Troisième République et les Peintres*, *op. cit.*, p. 84.

devaient à l'État un nombre d'œuvres déterminé, copies et originaux. Chacun des points du règlement fut l'objet, pendant tout le siècle, des protestations des pensionnaires : les envois (délais de rigueur, programme imposé), l'interdiction de voyager hors d'Italie centrale, la discipline intérieure, le célibat. Pour satisfaire leurs revendications, les pressions parlementaires durent imposer des réformes à l'Académie des beaux-arts. Ce qu'on appelait « le système des Beaux-Arts » – École des beaux-arts, prix de Rome et Villa Médicis – fut par ailleurs contesté dans de nombreux pamphlets. Gustave Coquiot, par exemple, précise le but qu'il a poursuivi en écrivant *Les Indépendants 1884-1920* : « C'est chercher un nouveau cric pour aider à soulever cette odieuse métairie de la rue Bonaparte, et la laisser ensuite retomber avec entrain dans le désir qu'elle ensevelisse sous ses ruines cent ans de sottise – et cette Villa Médicis, à Rome, qui est bien l'immeuble le plus coûteusement vain qui soit ! Car, certainement, il n'y a nulle raison valable pour qu'on entretienne sur notre poil les ridicules nigauds qui, là-bas, se battent les flancs pour ne jamais nous donner une émotion et nous arracher un cri. Songez même qu'il y a au Pincio des dadais âgés de trente ans et plus ; alors est-ce vraiment utile de maintenir au budget des Beaux-Arts le moindre crédit affecté à cette Villa de chapons ? Et enfin, quel fastueux gala si l'on pouvait voir un jour l'École des beaux-arts à Paris et l'Académie de France à Rome engloutir en s'effondrant ces deux vieux danseurs : Luc-Olivier Merson de l'âge de fer-blanc et Cormon de l'âge de plâtre[1] ! »

Un jeune artiste pouvait se lasser de concourir pour le prix de Rome sans pour autant renoncer au séjour à Rome. En 1848, Gustave Moreau fut reçu 15e sur 20 au premier essai pour le grand prix de Rome de peinture historique mais échoua au second essai. Il concourut à nouveau en 1849, fut admis 17e sur 20 au premier essai, et 9e sur 10 au second. Mais c'est Gustave Boulanger qui obtint le grand prix. Moreau quitta alors l'École des beaux-arts. Et, comme il en avait les moyens financiers, il fit quelques années plus tard un séjour en Italie de presque deux ans (Rome, Florence, Venise, Naples), d'octobre 1857 à septembre 1859. Si, en revanche, on ne disposait pas de subsides suffisants, il fallait trouver une

1. G. Flandrin et F. Roussier, *Jules Flandrin, 1871-1947*, *op. cit.*, p. 54.

bourse. Antoine Étex, après plusieurs échecs au concours, obtint du ministre Guizot, en octobre 1830, une bourse annuelle de 1 500 francs pendant deux ans pour aller à Rome étudier la sculpture. Quant à Debat-Ponsan, qui venait d'échouer pour la sixième fois au concours en 1877, il reçut de l'Académie des beaux-arts une somme de 4 000 francs, qui restait inemployée parce que le premier grand prix de composition musicale n'avait pas été attribué, et put ainsi aller étudier un an en Italie[1].

Il est évident que tous les artistes français séjournant à Rome se côtoyaient, quelle que fût leur situation. Étex, qui s'était installé provisoirement dans une chambre d'hôtel, dînait le soir au Lepri, via Condotti, à la table des artistes français, où il retrouvait des camarades de l'École des beaux-arts de Paris. Il raconte la juxtaposition des mondes : « … en 1831-1832, il y avait à Rome une table d'en haut et une table d'en bas. La table d'en haut était celle des pensionnaires de la Villa Médicis. Celle d'en bas était ordinairement occupée par des artistes plus indépendants et en général mieux élevés que ceux de la première table, lesquels artistes pensionnaires avaient, à part architectes et peintres, peu d'éducation, pour la plupart, et appartenaient en général à des familles peu distinguées. […] Mme Horace Vernet, quand je lui présentai la lettre de Paul Delaroche, me témoigna le regret de ne pas m'avoir pour pensionnaire à la place de certains dont elle ne me fit pas l'éloge[2]. » Paul Flandrin qui, comme Étex, avait échoué au concours pour le prix de Rome, avait un bon prétexte pour aller en Italie : il rejoignit, en janvier 1834, son frère Hippolyte, grand prix de Rome en 1832. Il ne fut pas logé à la Villa mais il en devint l'un des habitués et partagea le loisir des pensionnaires amis de son frère, les compositeurs Ernest Boulanger et Ambroise Thomas, l'architecte Victor Baltard, le sculpteur Eugène-André Oudiné, les peintres Émile Signol et Alexandre Desgoffe. Ce dernier constituait une exception, puisque, bien que n'étant pas pensionnaire de l'École de Rome, il habitait la Villa Médicis avec sa femme et sa fille, future épouse de Paul Flandrin.

1. Paul Ruffié, *Debat-Ponsan, 1847-1913*, Toulouse, Privat, 2005, p. 37.
2. Antoine Étex, *Les Souvenirs d'un artiste*, Paris, E. Dentu, 1877, p. 116-118.

Carolus-Duran, lui, séjourna à Rome grâce au prix Wicar dont il fut le lauréat en février 1862. Le peintre Jean-Baptiste Wicar, né à Lille en 1762, élève de David, avait vécu à Naples et à Rome. Il était mort en 1834 après avoir fait à la Société des sciences, de l'agriculture et des arts de sa ville natale une donation, l'« œuvre pie Wicar », pour permettre à trois jeunes artistes d'aller étudier quatre ans à Rome en étant logés gratuitement – dans l'un des appartements de la grande demeure de Wicar, via del Vantaggio, près de la Piazza del Popolo – et en recevant une bourse annuelle de 2 400 francs – les fonds venant de la location des autres appartements de cette résidence[1].

Mais on pouvait aussi aller à Rome en aventurier, sans fortune personnelle ni bourse, et même à pied. Ainsi Daubigny, afin de mener à bien son projet de séjour italien, mit de côté de l'argent pendant un an dans une cachette-tirelire ménagée dans le mur de sa chambre. Il peignait des panneaux décoratifs pour un architecte-entrepreneur et des ornements pour plusieurs salles du musée de Versailles. Il logeait avec un ami peintre, Henri Mignan, qui, lui aussi, rêvait d'Italie et participait à la constitution de la cagnotte[2]. Étant parvenus à épargner 1 400 francs, les deux jeunes gens prirent la diligence pour Lyon, le 20 février 1836. Ils descendirent ensuite le Rhône en bateau, puis, une fois à Avignon, firent à pied la route jusqu'à Toulon, où ils s'embarquèrent pour Gênes. Ils arrivèrent à Rome le 2 avril. Après avoir passé l'été à peindre dans un petit bourg près de Rome, ils repartirent à pied et sac au dos. Fin novembre, ils étaient de retour à Paris[3]. Gleyre, de son côté, quitta Lyon à pied avec deux camarades et gagna l'Italie où il allait rester environ quatre ans. Il vécut de ses dessins, comme il l'écrit à l'été de 1833 : « Je vends mes dessins 100 francs et quelquefois 200 francs. Je paie mes dettes ou même une partie de mes dettes. Il ne me reste rien, je suis bien forcé d'en faire d'autres jusqu'à une

1. *Voyage à Rome. Les artistes de la fondation Wicar de 1991 à 2000*, Ville de Lille, 2001, p. 14. L'œuvre pie Wicar existe toujours, mais on ne peut plus octroyer de bourse.

2. Henri Mignan allait se marier en août 1837 et abandonner la peinture pour un métier plus lucratif.

3. Madeleine Fidell-Beaufort et Janine Bailly-Herzberg, *Charles F. Daubigny : la vie et l'œuvre*, Paris, Éd. Geoffroy-Dechaume, 1975, p. 34-35.

nouvelle commande, et ainsi de suite[1]. » Très bien reçu par Horace Vernet, Gleyre fréquentait volontiers la Villa Médicis, d'autant qu'il était tombé amoureux de la fille de Vernet, Louise. Mais il était trop pauvre pour songer au mariage et se moquait de lui-même en caricaturant la demande en mariage qu'il aurait faite : « M. Horace, comme on disait alors, à demi couché sur un divan, frise du pouce et de l'index sa moustache légendaire ; il tient la tête levée et regarde en faisant une grimace de mauvais augure l'audacieux qui se tient là debout et tout penaud. Mlle Vernet, les yeux pudiquement baissés, les mains jointes sur les genoux, est assise auprès de son terrible père[2]. » Louise Vernet allait épouser Paul Delaroche à Rome, en janvier 1835.

Les jeunes gens qui allaient à Rome sans bourse ne s'en tenaient en général pas là. Qu'ils aient emporté de l'argent avec eux ou gagné leur vie sur place, ils étaient plus indépendants et plus mobiles que les pensionnaires de l'Académie de France en Italie. Ils voyageaient au moins dans toute la Péninsule, comme Amaury-Duval, parti en 1834, qui quitta Rome pour Naples puis pour Florence et ne rentra à Paris qu'en 1836, ou comme Victor Mottez, élève d'Ingres également, grand restaurateur de fresques, qui passa trois ans, de 1835 à 1838, à parcourir l'Italie de façon indépendante. Ils voyageaient parfois plus loin, comme Charles Gleyre qui, en avril 1834, partit pour l'Orient – Grèce, Turquie, Égypte, Syrie – et ne revint en France qu'à l'automne de 1837.

La Villa Médicis

La Villa n'était pas seulement un lieu de découverte et de travail artistiques, mais aussi de brassage, de rencontres, de sociabilité. La personnalité du directeur jouait un rôle capital à la fois dans les rapports avec les pensionnaires et dans le prestige officiel de l'institution. Certains, comme Pierre-Narcisse Guérin ou Louis Cabat, vécurent en marge des pensionnaires et loin de la société romaine. Léon Vaudoyer, en 1827, se plaignait des mornes récep-

1. C. Clément, *Gleyre. Étude biographique et critique...*, *op. cit.*, p. 50.
2. *Ibid.*, p. 57.

tions données chaque jeudi par Guérin. Au contraire, Horace Vernet, qui lui succéda, de 1828 à 1834, concurrençait l'ambassade en organisant de brillantes réunions. Vernet aimait attirer les artistes étrangers présents à Rome : Overbeck, Thorwaldsen, Mickiewicz. À plusieurs reprises se sont succédé à la tête de l'Académie de France à Rome des hommes de type opposé, petits-bourgeois ou habitués du monde, et l'atmosphère de la Villa Médicis variait selon le style de son directeur. Voyons de plus près chacun de ces styles en prenant deux exemples, celui d'Ingres et celui d'Hébert[1].

La direction d'Ingres

Après Horace Vernet, Ingres fit l'effet d'un éteignoir. À la fin de 1834, Amaury-Duval et Édouard Bertin, qui séjournaient à Rome dans un petit appartement près de la place du Triton, fréquentèrent la Villa Médicis d'Horace Vernet et apprécièrent « l'élégance toute parisienne qui y régnait » : femmes charmantes, ambassadeurs, princes italiens, ce que Rome avait de plus brillant... Par comparaison, le premier *dimanche* du nouveau directeur, en janvier 1835, leur sembla lugubre : « Tout était sombre et morne : une lampe à chaque coin de cette immense pièce, que les tapisseries dont elle est ornée rendent encore plus obscure ; une lampe sur la table, et, près de cette table, Mme Ingres, tenant un tricot à la main ; M. Ingres, au milieu d'un groupe, causant avec gravité. Mais pas l'ombre d'une femme, des habits noirs seulement, rien qui pût égayer les yeux[2]. »

Les Ingres vivaient à Paris comme des petits-bourgeois, ne recevant jamais, et ils n'adoptèrent pas, à la Villa Médicis, un style plus mondain qui aurait mieux convenu. La maîtresse de maison manquait d'envergure dans ce cadre prestigieux. Autrefois modiste à Guéret, elle tenait des propos terre à terre qui surprenaient, parlant d'argent plus que de talent. Elle se montrait d'ailleurs volontiers agressive vis-à-vis de ce qui n'était pas le prolétariat. Elle dit un jour à Amaury-Duval, fils d'un académicien et fréquentant le

1. J'ai déjà traité de la Villa Médicis du temps d'Ingres dans *Les Romantiques. Figures de l'artiste, 1820-1848*, *op. cit.*, p. 246-255.

2. Amaury-Duval, *L'Atelier d'Ingres*, *op. cit.*, p. 275.

meilleur monde parisien : « Oh ! vous… vous êtes un lion… Voyez Flandrin ; il sort dans la rue en casquette[1]… » Ingres n'était pas plus doué que sa femme pour la mondanité. Il ne savait pas mener une conversation ni estomper ses mouvements d'humeur et il se montrait parfois exécrable en public pour des raisons ridicules. Amaury-Duval, lors d'un dîner, s'étonnait de l'air furieux du directeur et Mme Ingres dut expliquer aux convives : « … c'est parce que j'ai fait servir un rôti de veau… et qu'il n'admet pas qu'on serve ce plat quand on a du monde[2] ».

Mais, en petit comité, avec ses élèves, Ingres était un autre homme. Ernest Hébert ou Henri Lehmann en ont témoigné. Ayant obtenu le prix de Rome en 1839, Hébert arriva en janvier 1840 à la Villa Médicis. Ingres l'installa dans une chambre en haut d'un des campaniles, d'où l'on avait une vue magnifique sur Rome. Malgré les avertissements de Stendhal, son cousin, qui ajoutait à chacune de ses lettres : « Prenez garde à la couleur chocolat ! », Hébert fut conquis par « le charme austère » d'Ingres[3]. Ses camarades de promotion étaient Gruyère, le sculpteur, André Vauthier, le graveur en médailles, Hector Lefuel, l'architecte, et Charles Gounod. Et Hébert d'évoquer les soirées de musique dans la chambre de Gounod, qui leur jouait au piano un chœur du finale de *Roméo et Juliette* de Berlioz, le chant de Caron dans l'*Alceste* de Lulli, des passages du *Freischütz* de Weber ou l'arrivée d'Orphée aux enfers de Gluck. Gounod leur chantait aussi ses compositions, par exemple « Ma belle amie est morte », qu'il venait d'achever sur les paroles de Théophile Gautier.

Hébert appréciait le jugement d'Ingres, qui pouvait être brutal. Pour son envoi de première année, le jeune peintre prit pour modèle un débardeur du Tibre qui avait posé pour Ingres. Il fit des croquis puis traça sur le mur de son atelier, au fusain, avec quelques touches de crayon blanc, un berger antique « avec une peau de bête sur les épaules et l'air farouche à la mode ». Ce projet plaisait à ses camarades et il fut encouragé à le montrer au directeur, dont

1. *Ibid.*, p. 121.
2. *Ibid.*, p. 280.
3. Ernest Hébert, « La Villa Médicis en 1840. Souvenirs d'un pensionnaire », *Gazette des Beaux-Arts*, 1901, p. 266.

il devait obtenir l'approbation avant de l'exécuter sur toile. Ingres arriva en tenue officielle, redingote noire, pantalon gris, souliers vernis, chapeau haut de forme, canne à pommeau d'or. Il regarda avec bienveillance, fit quelques observations et dit au jeune homme qu'il pouvait exécuter son projet. Au moment de sortir, il se trompa de porte. Ouvrant celle de la chambre, il trouva une étude d'un petit *pifferaro*, yeux noirs, bouche rouge et joues pâles, en chapeau pointu. « – Qui a fait ça ? – C'est moi, monsieur le directeur [...] – Eh bien, ça c'est très bien », proclama Ingres et, se retournant vers le dessin sur le mur : « Et ça, c'est mauvais[1] ! »

Ingres était passionné de musique et Hébert se rappelle l'avoir vu jouer du violon dans un quatuor de Beethoven, avec Bousquet, un pensionnaire musicien, et deux artistes romains, devant un auditoire très restreint – lui-même, Mme Ingres et Gounod. Ingres demandait souvent à Gounod d'interpréter, pour finir la soirée, l'*allegretto* de la *Huitième Symphonie* de Beethoven. Il avait en revanche avec le jeune compositeur de vives controverses à propos de la musique italienne, qu'il trouvait « digne des baraques de la foire ». Un soir, Gounod joua le premier acte du *Don Juan* de Mozart. Ingres, enchanté, déclara : « Avouez, cher ami, que les Italiens n'ont rien fait ni ne feront rien de pareil ! » Gounod ne répondit pas mais se mit à jouer et à chanter le petit chœur des chasseurs au début du deuxième acte de *Guillaume Tell*. À la fin, Ingres se leva, très ému : « – Dieu que c'est beau ! Mais où prenez-vous ces inspirations, mon cher grand ami, mon cher jeune maître ? » Gounod lui ayant dit que cette musique n'était pas de lui, Ingres s'exclama : « Mais qui est donc le génie qui a trouvé ça ? » Et Gounod d'avouer que c'était Rossini. « Ce charlatan ? » s'écria Ingres, qui ajouta : « Eh bien, c'est égal, c'est admirable[2] ! »

De nombreuses personnes, passant par Rome, venaient à la Villa pour « saluer le chef de l'école française », avec l'espoir de voir son atelier, mais Ingres ne montrait ses tableaux qu'à quelques élus, et d'abord à ses pensionnaires. Et Hébert de détailler le cérémonial : « Alors nous étions convoqués verbalement par un domestique et, après déjeuner, nous montions dans son atelier, qui

1. *Ibid.*, p. 267.
2. *Ibid.*, p. 268.

était tout simplement une des pièces au nord de son appartement. Nous avons vu là une *Vierge à l'hostie*, tableau à mi-corps, pour l'empereur de Russie ; et longtemps après, la *Stratonice*. [...] En redescendant, nous fîmes nos compliments à Mme Ingres, qui nous attendait dans son salon du premier étage. » Mme Ingres fit des confidences aux jeunes gens. La *Stratonice* était commandée par le duc d'Orléans et payée 9 000 francs[1] : « C'est un beau prix, hein ? Vous autres aussi, vous aurez des bonnes fortunes pareilles, si vous travaillez bien. Mon mari n'a pas toujours été aussi largement payé. Quand nous étions à Florence, après sa pension, dans les premiers temps de notre mariage, il faisait des portraits au crayon dans la famille Gonin, qui lui étaient payés 25 francs, et nous étions bien heureux d'avoir cette ressource. Mais, après chaque portrait, M. Ingres déclarait qu'il n'en ferait plus, qu'il était peintre d'histoire et non dessinateur de bourgeois. Cependant, il fallait vivre, et M. Ingres reprenait son crayon. »

Un autre peintre, Henri Lehmann, était venu à Rome en 1839, dans le but d'y retrouver Ingres, son maître qu'il vénérait. Étant étranger, il n'avait pu concourir pour le prix de Rome, il ne logeait donc pas à la Villa Médicis mais dans une chambre au dernier étage de la Villa Borghese. À Rome, il retrouva Liszt qu'il avait rencontré à Paris chez son oncle, un banquier mélomane, et fit la connaissance de sa compagne, Marie d'Agoult. Le couple séjourna à Rome de janvier à mai 1839 et tous les trois passaient leurs soirées à la Villa Médicis, où Ingres était ravi d'entendre Liszt, qu'il appelait « notre Raphaël en musique », jouer du piano. Lehmann collaborait avec Ingres, « ce qu'il ne faut pas dire, écrit-il le 24 octobre 1840, puisqu'il a l'intention de faire passer pour de lui ce que je lui fais, bien entendu en y retouchant[2] ». Il alla même jusqu'à renoncer au Salon à cause de ces travaux car il n'avait pas eu le temps de finir ses propres tableaux. Lehmann retourna

1. R.P. d'Uckermann, *Ernest Hébert, 1817-1908*, *op. cit.*, p. 39. La *Gazette des Beaux-Arts* annonçait 6 000 francs. L'ordonnance de paiement du 3 septembre 1840 fut en réalité de 18 000 francs (*Le Mécénat du duc d'Orléans, 1830-1842*, Paris, Délégation à l'action artistique de la Ville de Paris, 1993, p. 108).

2. *Une correspondance romantique, Mme d'Agoult, Liszt, Henri Lehmann*, Paris, Flammarion, 1947, p. 16.

quelques mois à Paris, de janvier à juin 1840, puis revint à Rome avec Chassériau, brillant sujet de vingt et un ans qui, lui aussi, avait été l'élève d'Ingres. Mais les deux peintres se brouillèrent à cause du portrait de Lacordaire : Lehmann en avait eu le projet mais Chassériau était allé plus vite en besogne.

En 1840, l'Académie des beaux-arts désigna au choix du ministre trois peintres pour succéder à Ingres à la tête de la Villa Médicis : Paul Blondel, Paul Delaroche et Victor Schnetz. Delaroche espérait que l'autorité de son beau-père, Horace Vernet, lui permettrait de l'emporter sur ses concurrents, mais, comme l'Académie soutenait Blondel, il se retira. Sans tenir compte de la préférence de l'Académie, Duchâtel choisit alors Schnetz. Celui-ci arriva à Rome en mars 1841 et, sur les conseils du sculpteur Lemoyne, changea le style du *dimanche* dans le salon du directeur, comme le raconte Hébert : « Au lieu du salon demi-teinte auquel nous étions habitués, nous trouvâmes une salle brillamment éclairée, avec des lampes partout où on avait pu en mettre, le lustre allumé, des tables dans tous les coins pour les cartes, les dominos, les échecs, le trictrac, en somme un air de fête joyeuse qui ne ressemblait en rien à la dignité simple du salon de la veille. Nous étions un peu désorientés dans ce nouveau milieu et incertains de notre contenance, d'autant plus que nous apercevions au fond du salon M. et Mme Ingres, assis l'un près de l'autre, silencieux et impassibles, comme des statues, au milieu de cette fausse gaieté. M. Schnetz était mal à son aise ; lui, plein de mesure et d'esprit, il avait compris qu'une faute avait été commise[1]. » Henri Lehmann assista également aux derniers moments d'Ingres à Rome et l'atmosphère n'était pas plus chaleureuse : « M. Ingres est parti, écrit-il le 23 avril ; nous lui avons donné à cette occasion un dîner auquel soixante artistes de toutes les nations ont pris part. Ayant le maudit honneur d'être l'un des trois commissaires chargés de l'ordonnance de la fête, j'ai mangé un peu moins et sué un peu plus que les autres, malgré le froid qui a régné dans cette assemblée. Les dispositions peu sociables du héros rendaient cela inévitable. »

Si Schnetz était aimable et indulgent, il n'exerçait pas sur les pensionnaires l'influence qu'avait pu avoir Ingres, et Hébert se

1. R.P. d'Uckermann, *Ernest Hébert, 1817-1908*, *op. cit.*, p. 39.

trouva d'abord désemparé. Mais en février 1845, comme il voyait avec tristesse se terminer ses cinq années italiennes, Schnetz lui laissa l'atelier et le couvert et, pendant deux ans, il continua à être pensionnaire de la Villa.

Les directions d'Hébert

En 1869, Hébert, directeur de la Villa Médicis depuis deux ans, emmena avec lui à Rome pour deux mois Charles Gounod. Ces deux artistes à la carrière prestigieuse étaient émus de se retrouver à la Villa où ils s'étaient connus en 1840.

Hébert avait été nommé à la tête de la Villa Médicis à la suite d'un voyage en Italie, en septembre 1866, en compagnie de la princesse Mathilde et du comte de Nieuwerkerke. Il resta à ce poste de 1867 à 1873. Il succédait à Tony Robert-Fleury, comme lui ancien élève de Paul Delaroche mais de vingt ans plus jeune, dont la santé s'accommodait mal du climat romain. Hébert n'était pas marié à cette époque et sa mère vint tenir la Villa, qui eut une bonne image auprès des pensionnaires et de la société romaine. Les soirées de l'Académie de France étaient très brillantes, fréquentées par la haute aristocratie romaine, les Caetani, Borghese, Colonna, Ruspoli, Pallavicini... Henri Maréchal, l'un des musiciens pensionnaires, raconte qu'il était intimidé par ces mondanités : « Hébert, doux, charmant, homme du monde et choyé par lui, ne comprenait pas qu'un musicien s'abstînt de figurer aux réceptions académiques du dimanche... Il y avait cependant le dimanche où j'étais *de garde*, c'est-à-dire où mon tour arrivait de dîner chez notre bon directeur, et celui qui suivait, où j'allais faire ma visite ; et puis j'en avais pour quatre ou cinq semaines à me sentir affranchi de cette joie redoutée[1]. » Maréchal aimait en revanche voir Hébert en tête à tête, aller frapper le soir à la porte de son atelier ou courir la campagne romaine dans sa voiture.

Le pensionnaire préféré d'Hébert était le lauréat du prix de Rome de peinture 1866, arrivé en même temps que lui, Henri Regnault[2]. En

1. *Ibid.*, p. 136.

2. Les pensionnaires comptaient cinq peintres, cinq sculpteurs, sept architectes, cinq graveurs, deux musiciens.

plus de ses talents de peintre, Regnault était un excellent musicien, l'un des premiers admirateurs français de Wagner. Il avait une magnifique voix de ténor et, un soir où on l'avait prié de chanter le « Salut, demeure chaste et pure » de Gounod, il connut un succès plus grand qu'un célèbre ténor professionnel étranger qui se produisait alors à Rome. La voix de Regnault pouvait provoquer une passion. C'est ce qui arriva le dimanche 1er juin 1867 à Geneviève Bréton, jeune fille de dix-huit ans qui séjournait à Rome avec son père. Invitée à la soirée d'Hébert à la Villa Médicis, elle entendit Henri Regnault, accompagné au piano par Lenepveu, chanter l'*Hymne à la nuit* de Félicien David : « J'oubliai tout, et ma fatigue et ma tristesse, et ceux qui m'entouraient et celui même qui chantait pour m'abandonner tout entière à un enchantement qui ne cessa que lorsque la voix se tut[1]. » Le dimanche suivant, Lenepveu et Regnault chantèrent le *Roméo et Juliette* de Gounod et des *Lieder* de Schubert. L'enchantement devait continuer à Paris, parce que, à cause du choléra, les pensionnaires de la Villa rentrèrent en France pour quelques mois. Mais la relation des deux jeunes gens se termina tragiquement : Henri Regnault, bien que dispensé du service militaire comme pensionnaire à Rome, tint à s'engager en 1870 et trouva la mort à Buzenval, frappé d'une balle au moment où était signé l'armistice. Il avait vingt-huit ans. Hébert fut très affecté par sa mort ; il était par ailleurs inquiet du sort de l'Académie et dut défendre la Villa à la fois contre les Italiens et les députés français – dont certains voulaient vendre une partie du terrain pour faire construire dans les jardins un palais pour l'ambassade.

Hébert fut une seconde fois directeur de la Villa Médicis, de 1885 à 1890. Cette fois-ci, il partit pour Rome avec Gabrielle d'Uckermann, qu'il avait épousée en 1880. Fille d'un hobereau de Thuringe, la jeune femme peignait aux côtés de son mari et surtout l'accompagnait au piano quand il jouait du violon. Hébert succédait à Louis Cabat, son ami de jeunesse, et, une fois de plus, l'alternance se vérifiait : très éloigné de la parcimonie bourgeoise des Cabat, Hébert tenait table ouverte à la Villa pour ses familiers, les personnalités romaines et les personnalités de passage, avec des dîners périodiques, plus cérémonieux, où, parmi des invités de

1. Geneviève Bréton, *Journal, 1867-1871*, Paris, Ramsay, 1985, p. 22.

choix, figuraient des pensionnaires. En 1887, pour donner plus de lustre à l'exposition des œuvres des pensionnaires, le directeur eut l'idée de solliciter le patronage de la reine d'Italie, ce qui constitua un événement dans la vie romaine[1]. Au nombre des pensionnaires, il y eut ces années-là des musiciens brillants : Georges Marty, Gabriel Pierné, Gustave Charpentier, Camille Erlanger et surtout Claude Debussy auquel Hébert s'attacha comme à Regnault autrefois ; les peintres étaient plus médiocres : Marius Pinta, Paul Fournier, Marcel Baschet, Gustave Popelin (fils de l'amant de la princesse Mathilde), Ernest Laurent, que nous avons rencontré aux côtés de Seurat et d'Aman-Jean. Ces pensionnaires se rebellèrent lorsque Hébert voulut mettre fin à la tolérance qui permettait de servir les repas dans les chambres : l'Académie de France, disait-il, n'était pas un hôtel garni et le prix de Rome était autre chose qu'une invitation à un séjour italien[2].

Hébert ne put s'arracher à Rome : en juillet 1891, il s'installa sur le flanc du Pincio tout en gardant son atelier à la Villa Médicis. Cependant Eugène Guillaume, son successeur, finit par prendre ombrage de sa présence et Hébert rentra à Paris en 1896. Mais, à l'issue de la direction de Guillaume, Hébert, âgé de quatre-vingt-cinq ans, fut à nouveau candidat, en même temps que Léon Bonnat et Guillaume lui-même. Ce dernier, qui avait quatre-vingts ans, fut réélu ; Hébert n'obtint que le troisième rang.

À la fin de la formation se posait la question : comment commencer ? Avant d'arriver à vendre ses tableaux ou ses sculptures et à vivre de son art, comment gagner sa vie ? Les jeunes gens qui avaient déjà dû le faire en même temps qu'ils se formaient gardaient évidemment dans un premier temps une double activité, artistique et alimentaire. Ainsi François Bonvin. Il travailla d'abord dans une imprimerie puis réussit à entrer à la préfecture de police. Son sous-chef, qui se piquait de littérature, le présenta, sans doute en 1843, au peintre François-Marius Granet : « Granet, raconte Bonvin, encouragea et approuva les études que je lui soumis, en acheta même de sa bourse, tout en me faisant promettre de garder ma place comme

1. R.P. d'Uckermann, *Ernest Hébert, 1817-1908*, *op. cit.*, p. 180.
2. *Ibid.*, p. 183.

ressource pécuniaire, afin de n'être pas exposé à la misère qu'il avait subie plusieurs fois en sa vie[1]... » Bonvin commença à exposer des dessins sur les quais et au foyer de l'Odéon vers 1844-1845 ; c'est en 1850, à trente-trois ans, qu'il put abandonner son poste à la préfecture de police et se consacrer entièrement à la peinture. Ainsi Rodin. Il avait trente-neuf ans, en 1879, lorsque sa double vie devint plus confortable : il fut, d'une part, engagé comme assistant par Carrier-Belleuse, pour lequel il avait naguère travaillé et qui avait été nommé directeur artistique de la manufacture de Sèvres ; il commençait, d'autre part, à être un sculpteur reconnu, obtenant des médailles dans les salons en Belgique et en France et une importante commande publique pour le futur musée des Arts décoratifs. Ainsi Eugène Carrière, qui dut attendre d'avoir quarante ans, en 1889, pour vivre de sa peinture, sans avoir besoin de fabriquer des vignettes, illustrations ou publicités. Même Meissonier, malgré la cote qu'atteignaient déjà ses tableaux, dut avoir une activité alimentaire au début des années 1840 : « Que de misères il m'a fallu traverser. Gagnant le pain quotidien, me couchant, même marié, à 6 h du soir et me relevant à minuit pour travailler jusqu'à 8 h du matin. À 8 h, la journée était gagnée, je m'appartenais et je travaillais jusqu'au soir à mon tableau de l'Exposition[2]. » En dessinant la nuit pour illustrer des éditions, il arrivait à gagner en moyenne 10 francs par jour. Ce qui mit fin à sa double activité fut l'héritage paternel qu'il toucha en 1845, 1 200 000 francs à partager avec son frère.

Le plus intéressant, pour commencer sa carrière, était d'avoir des commandes. Commandes de portraits ou de paysages pour des particuliers, commandes officielles de copies. Bouguereau, avant de s'inscrire à l'atelier de Picot et d'entrer à l'École des beaux-arts, en 1846, alla s'installer pendant quelques mois chez son oncle, à Mortagne, où il exécuta trente-trois portraits de riches propriétaires qui lui rapportèrent 900 francs. Fromentin fabriqua des « tableaux mensuels » pour la clientèle du marchand Adrien Beugniet. Quant aux commandes officielles, commandes de copies, la plupart du temps, elles représentaient une forme d'aide de l'État aux jeunes artistes. Avoir obtenu des récompenses aux différents concours de l'École des beaux-arts

1. É. Moreau-Nélaton, *Bonvin raconté par lui-même*, *op. cit.*, p. 21.
2. *Jean-Louis-Ernest Meissonier...*, *op. cit.*, p. 251.

pouvait valoir des commandes à un jeune homme. Ainsi Debat-Ponsan, qui avait gagné entre 1867 et 1869 plusieurs médailles, reçut en 1870 la commande, pour une somme de 800 francs, d'une copie du *Ravissement de saint Paul* de Poussin[1]. Mieux valait, pour remporter des commandes, avoir des relations. C'était le cas de Gustave Moreau, qui, à sa sortie de l'École des beaux-arts, en 1849, reçut la commande, grâce à son père, d'une copie de la *Sainte Famille* d'Annibal Carrache au Louvre. En 1851, ayant obtenu commande d'une autre copie, Moreau demanda plutôt à faire l'esquisse d'un tableau original, une *Pietà* qu'il exposa au Salon l'année suivante. Mais un peintre pouvait compter longtemps sur les commandes de copies pour subsister : c'était encore le cas de Matisse en 1905, il avait trente-six ans.

1. P. Ruffié, *Debat-Ponsan, 1847-1913*, *op. cit.*, p. 26.

CHAPITRE II

Au travail, dans l'atelier et sur le motif

I. Les ateliers

« Quand j'ai ouvert mon atelier [...] je peignais enfin comme tout le monde[1]. » Pendant l'été 1894, Matisse s'installa 19, quai Saint-Michel, au cinquième étage d'un immeuble qui était un caravansérail de peintres, comme le décrit son ami Marquet : « Il y en avait à tous les étages ; dans tous les coins, des ateliers plus ou moins clairs s'ouvraient sur les paliers de nombreux escaliers tournant, bifurquant, se dédoublant, sur le quai, dans la cour et sur la rue de la Huchette[2]. » Avoir un atelier à lui signait pour Matisse son identité d'artiste, il devenait un véritable professionnel. Mais c'est seulement en 1900 qu'il s'inscrivit dans le Bottin sous la rubrique *Artistes*. Disposer d'un atelier, c'est prouver aux autres qu'on est vraiment peintre et qu'on est sérieux. C'est ce qu'espère Vincent Van Gogh, après avoir loué, en janvier 1882, un atelier à La Haye : « Le fait que je me sois installé dans un atelier produira peut-être son petit effet sur tous ceux qui ont toujours estimé que je n'étais qu'un amateur, un rentier, un fainéant[3]. »

Les frères Goncourt publièrent, en 1867, un roman, *Manette Salomon*, dont le titre initial devait être *L'Atelier Langibout*, *atelier* signifiant ici groupe de jeunes gens étudiant sous la direction d'un maître.

1. H. Spurling, *Matisse, 1869-1908*, *op. cit.*, p. 104.
2. *Ibid.*, p. 103.
3. Vincent Van Gogh, *Lettres à son frère Théo*, Paris, Gallimard, coll. « L'Imaginaire », 1988, p. 163.

Les trois héros du roman, qui se sont rencontrés dans les années 1840 chez Langibout, peintre d'histoire élève de David, ont connu ensuite des destins bien différents, reflétés par leurs trois ateliers. Celui de Garnotelle, devenu un peintre mondain, est situé cité Frochot. C'est « un cabinet d'art élégant », net et rangé, dont les murs ont été peints en lilas. Celui d'Anatole Bazoche, l'éternel rapin, est une mansarde rue La Fayette qui sent le tabac et la paresse. Anatole y mène la vie d'artiste dont il a toujours rêvé, accueillant tous les bohèmes et tombant dans la misère, jusqu'à ce qu'il soit recueilli par son camarade Coriolis. L'atelier de Coriolis, peintre orientaliste qui avait connu des débuts prometteurs (mais il allait être perdu par Manette, son modèle), était « l'étalage et le fouillis d'un luxe baroque, un entassement d'objets bizarres, exotiques, hétéroclites[1]... ».

L'atelier est un lieu de création et de sociabilité. Sa situation géographique, sa taille, son agencement dépendent non seulement de la personnalité de l'artiste qui y vit mais aussi du développement de sa carrière, du point où il en est[2]. Tel débutant, qui se contentait, pour peindre, du coin d'une chambre meublée dans un quartier excentré, choisit, le jour où il rencontre le succès, un véritable atelier dans les quartiers centraux. Toute la gamme existe à Paris : « On a des ateliers à 5 ou 600 francs par an dans les quartiers retirés, mais c'est bon quand on commence. Dès qu'on fait quelques affaires, on sent la nécessité d'une installation convenable, dans un quartier accessible. Le minimum pour un atelier décent est un loyer de 1 000 à 1 200 francs. La moyenne raisonnable se trouve entre 1 500 et 1 800 francs[3]. »

L'atelier est certes une réalité concrète. Mais, dans la mesure où il est aussi une image de l'artiste, il faut tenir compte de sa

1. L'atelier de Coriolis fait penser à celui de Decamps, qui, écrit Alexandre Dumas, « a coquettement pendu à ses quatre murailles, pour faire honneur aux invités, ses joyaux des grands jours, fournis par les quatre parties du monde », armures, tomahawks, couteaux à scalper et flèches indiennes, yatagan, peaux de tigre, de lion, de léopard, et pipes bourrées d'herbes variées... (*L'Artiste*, 1er avril 1852, p. 73-74).

2. Dominique de Font-Réaulx, *Dans l'atelier*, Paris, Musée d'Orsay/5 Continents Éditions, 2005, p. 7.

3. Louis-Edmond Duranty, *Le Pays des arts*, Paris, G. Charpentier, 1881, p. 182.

représentation. Il y a une tradition de la représentation des ateliers d'artistes, depuis les cabinets d'amateurs des XVIIe et XVIIIe siècles jusqu'aux lieux familiers et intimes du XIXe siècle. Le musée d'Orsay a organisé en 2005 une exposition de photographies montrant des artistes ou des modèles dans les ateliers. Tableaux ou photographies sont des mises en scène qui nous parlent de l'artiste face à son modèle, de l'artiste face à son œuvre, des artistes entre eux et, plus généralement, de la posture que prend l'artiste ou qui lui est assignée. L'atelier bohème de Tassaert n'a pas grand-chose de commun avec l'atelier austère d'Ary Scheffer ou les ateliers très fréquentés d'Horace Vernet ou de Gustave Courbet. Ni l'atelier de Rodin photographié par Bonnard, le sculpteur en chapeau, debout, fignolant le buste de Falguière, avec l'atelier en plein air de Corot, s'abritant pour peindre sous une vaste ombrelle[1].

Locataires du roi et de l'Empereur

L'attribution aux artistes d'un local par le pouvoir royal était monnaie courante sous l'Ancien Régime. La mesure date de lettres patentes de 1608, selon lesquelles Henri IV accordait à dix-neuf artistes et artisans d'art affranchis des corporations de s'installer au Louvre, à son service et à celui de Marie de Médicis, devenant ainsi les *locataires* du roi. En vertu de ces lettres patentes confirmées par Louis XIV en 1671, des peintres et des sculpteurs protégés par le roi purent loger au Louvre. Loin de mettre fin à cette faveur, la Révolution provoqua une invasion des locaux réservés.

Le Consulat intervint pour libérer les lieux, car il avait besoin de place pour loger les corps savants désormais rétablis, qui étaient traditionnellement abrités au Louvre, et pour exposer les objets d'art rapportés d'Italie. Un arrêté du 20 août 1801 expulsa

1. Les chroniqueurs aimaient à utiliser le parallèle entre deux styles d'ateliers, correspondant à deux styles de peinture : Maurice du Seigneur, par exemple, oppose l'atelier de Benjamin-Constant, riche et précieux, rempli de tapis et d'armes orientales, comme ses tableaux, à l'atelier d'Alfred Roll, peintre de la vie populaire et laborieuse, qui ressemblait à un hangar de chantier, avec pelles, pioches, brouettes et tas de charbon ! (*Paris, voici Paris*, Paris, Bourlaton, 1889, p. 226-229).

d'abord les artistes installés dans la cour et autour de la cour. Ceux qui occupaient l'aile de la colonnade, le pavillon de l'Horloge ou l'étage au-dessus de la galerie du Bord de l'eau reçurent l'ordre d'expulsion en 1806. Une allocation annuelle, de 500 francs à 1 000 francs selon la taille de la famille, leur fut octroyée, pour leur permettre de payer un loyer en ville. Gérard, Redouté, Greuze, Fragonard, Pajou, Vien, Regnault, Isabey, Carle Vernet, etc., durent réorganiser leur vie ailleurs, la plupart dans des maisons de la rive gauche[1]... Le Louvre allait être dorénavant consacré aux œuvres des artistes et non plus à leurs personnes. Il y eut quelques exceptions sous la monarchie de Juillet, pour des artistes chargés de travaux officiels comme la décoration de Versailles. La demi-douzaine d'ateliers encore occupés furent libérés par la République de 1848 et transformés en nouvelles salles du musée.

En même temps qu'il les expulsait du Louvre, Napoléon mit à la disposition des artistes deux bâtiments désaffectés par la Révolution, le Collège des Quatre-Nations et la Sorbonne. Le Collège des Quatre-Nations, appelé provisoirement Palais des Beaux-Arts, fut occupé par des ateliers dépendant de l'Institut (ceux du peintre Lethière et des sculpteurs Lemot, Houdon[2] et Bosio) et d'autres dépendant de l'École des beaux-arts, en particulier celui de David, repris plus tard par Gros puis Delaroche. Napoléon fit aménager dans la Sorbonne cinquante-trois logements destinés à des savants, des peintres et des sculpteurs, quatre grands ateliers de peinture et six grands ateliers de sculpture. La chapelle elle-même, coupée par des cloisons, accueillit neuf artistes. La Sorbonne abritait au total une trentaine de ménages : les peintres Prud'hon et Charles Meynier, les dessinateurs Dutertre et Constant Bourgeois, le graveur Tardieu, les sculpteurs Roland et Cartellier... Mais, sous la

1. Jacques Lethève, *La Vie quotidienne des artistes français au XIXᵉ siècle*, Paris, Hachette, 1968, p. 44.

2. En 1806, Houdon avait obtenu, en remplacement des ateliers et du logement à vie qu'il occupait au Louvre, un appartement de quatorze pièces au palais de l'Institut. À sa mort, en juillet 1828, plusieurs artistes – Pradier, David d'Angers, Ramey fils, Bosio, Lebas... – tentèrent de se faire attribuer cet appartement, qui fut finalement accordé à Jean-Pierre Cortot le 25 septembre 1830 (James Pradier, *Correspondance*, t. I, *1790-1833*, Genève, Droz, 1984, p. 154).

Restauration, le Palais des Beaux-Arts fut donné à l'Institut, la Sorbonne à l'Université, et sa chapelle revint à la faculté de théologie. Ce qui provoqua une tragédie : Constance Mayer, disciple et maîtresse de Prud'hon, qui avait son atelier contigu au sien, terrifiée par le changement, se trancha la gorge.

Rive droite, rive gauche

Chassés du Louvre, les artistes se groupèrent dans certains quartiers de Paris qui constituèrent jusqu'à la Seconde Guerre mondiale des pôles d'attraction, même si l'amplitude de cette attraction variait selon les époques. Chacun sait par exemple qu'au début du XXe siècle les artistes se concentrèrent à Montmartre, au Bateau-Lavoir, puis que le mouvement les porta vers Montparnasse, ce qui n'empêcha pas la tradition des ateliers d'artistes de se maintenir à Montmartre.

Considérons successivement les deux rives de la Seine. Commençons par la rive gauche, avec ses deux quartiers d'artistes, Saint-Germain-des-Prés et Montparnasse. Le premier abritait deux institutions importantes, l'École des beaux-arts et l'Institut, et c'est là que s'installèrent sous l'Empire Carle Vernet, au 34, rue de Lille, Moitte et Vien au 3, quai Malaquais, Gérard à l'Institut. Delacroix passa une grande partie de sa vie rive gauche, de la rue de Grenelle au quai Voltaire en passant par les rues de l'Université, Jacob, d'Assas, des Marais-Saint-Germain (aujourd'hui rue Visconti)… Après un long séjour rive droite, rue Notre-Dame-de-Lorette, entre 1844 et 1857, cherchant à se rapprocher de Saint-Sulpice où il peignait ses fresques, il revint rive gauche, place Furstenberg (actuel musée Delacroix), où il mourut en 1863. L'année suivante, Frédéric Bazille loua un atelier dans la maison en face de celle où était mort Delacroix, et Monet vint peindre avec lui. Ils durent partir au début de l'année 1866 et Bazille, après quelques mois rue Godot-de-Mauroy, s'installa dans un atelier 20, rue Visconti, que Renoir vint partager. Monet les rejoignit, comme l'écrit Bazille à ses parents : « Avec Renoir, voilà deux peintres besogneux que je loge. C'est une véritable infirmerie. J'en suis enchanté, j'ai assez de place, et ils sont tous deux fort gais[1]. » Bazille déménagea à nouveau, en emmenant Renoir, d'abord 9, rue de la Paix (actuelle rue de La Condamine) aux Batignolles, début 1868, puis, en mai 1870, au 8, rue des Beaux-Arts, dans le même immeuble que Fantin-Latour. C'est seulement en 1871 que Renoir put louer son premier atelier rue des Petits-Champs. Courbet, lui, eut un premier atelier, nous l'avons vu, rue de la Harpe, à la fin de 1842, puis, six ans plus tard, rue Hautefeuille – où il resta jusqu'en janvier 1871. D'autres artistes dans les années 1840 travaillaient au Quartier latin : les frères Flandrin et Jean Gigoux rue de l'Abbaye, Henri Lehmann rue des Marais-Saint-Germain, Chintreuil place Saint-Michel, Corot rue des Beaux-Arts et Octave Tassaert rue des Saints-Pères.

L'autre quartier de la rive gauche que le *Nouveau Tableau de Paris*, en 1834, appelle « le quartier favori de l'artiste », Montparnasse, allait du jardin du Luxembourg aux boulevards extérieurs, comprenant les rues de Fleurus, Notre-Dame-des-Champs, de l'Ouest (devenue ensuite la rue d'Assas)[2] et de l'Est (qui rejoignait la rue de l'Ouest au bout du Luxembourg avant d'être absorbée par le boulevard Saint-Michel). Rue de l'Est, vers 1825, Eugène Devéria et Louis Boulanger avaient un atelier commun, dans la même maison que le sculpteur Cartellier, replié de la Sorbonne ; Rude était rue d'Enfer. Un autre centre amical était l'atelier de Jehan Duseigneur, rue de Vaugirard. David d'Angers, après avoir travaillé rue de Vaugirard puis rue de Seine-Saint-Germain, acheta une maison rue d'Assas, qu'il occupa de 1833 jusqu'à sa mort en 1856[3] : il y installa trois ateliers, un pour lui, un pour les praticiens et le troisième pour conserver les modèles de ses ouvrages avant de les envoyer à Angers. Rosa Bonheur, qui

1. Barbara Ehrlich White, *Renoir*, Paris, Flammarion, 1985, p. 24 ; V. Bajou, *Frédéric Bazille*, *op. cit.*, p. 97-98.

2. La rue de l'Ouest était la section de la rue d'Assas comprise entre la rue de Vaugirard et l'avenue de l'Observatoire ; en 1868, elle fusionna avec la section comprise entre la rue du Cherche-Midi et la rue de Vaugirard, qui portait déjà le nom d'Assas. Il ne faut pas confondre cette rue de l'Ouest portion de la rue d'Assas avec la rue de l'Ouest du XIVe arrondissement, ouverte en 1845.

3. Cette maison disparut peu après, par suite du percement de la rue de Rennes.

avait eu un atelier rue de l'Ouest, déménagea, elle aussi, rue d'Assas, en 1853, où elle resta jusqu'à son départ, en 1860, pour By, en bordure de la forêt de Fontainebleau. Paul Huet, qui avait d'abord peint rue Madame, s'installa, après 1857, rue de l'Ouest. Degas logea aussi rue Madame à son retour d'Italie, en 1858.

Dans la seconde moitié du XIXe siècle, la rue Notre-Dame-des-Champs constituait une cité d'artistes, avec Chapu, Jean-Paul Laurens, Français, Jules Breton… Jean-Léon Gérôme et ses camarades de l'atelier de Charles Gleyre qui, vers 1850, avaient vécu en communauté, rue de Fleurus, prolongèrent ce type d'existence en investissant, un peu plus tard, au 70 *bis*, rue Notre-Dame-des-Champs, des ateliers appartenant au père d'Auguste Toulmouche. Il y avait là, à côté de Gérôme et Toulmouche, Brion, Mouchot, Lecomte du Noüy, Paul Baudry. Ces ateliers furent démolis à la fin des années 1880. Carolus-Duran, après avoir travaillé au 58, rue Notre-Dame-des-Champs, s'installa en 1875 dans le passage Stanislas qui donne sur la rue Bréa. Une autre cité d'artistes existait rue d'Assas, où l'on trouvait Signol, Monginot, le statuaire Mathieu ; vers 1870, le numéro 68 était une pépinière de sculpteurs, avec Préault, Falguière, Paul Dubois, Saint-Marceaux.

Les quais de l'île Saint-Louis attirèrent les artistes au milieu du siècle. Ernest Meissonier s'installa 15, quai Bourbon en 1838. À proximité vivaient ses amis Louis Steinheil (qui devint son beau-frère), Louis Trimolet et Victor Geoffroy-Dechaume. En 1842, Daubigny prit un atelier au 27, quai Bourbon et, en 1848, Elmerich, qui avait épousé la belle-sœur de Geoffroy-Dechaume, rejoignit, lui aussi, le quai Bourbon, avant de déménager, plus tard, quai de la Tournelle. Daumier habitait quai d'Anjou, et surtout Boissard de Boisdenier, qui occupait le bel étage de l'hôtel Lauzun, appelé Pimodan, où il réunissait peintres et poètes. Baudelaire résida à Pimodan d'octobre 1843 à septembre 1845. Théophile Gautier, tout en logeant officiellement rue de Navarin, s'était ménagé un pied-à-terre dans les dépendances de l'appartement de Boissard de Boisdenier. Émile Deroy, qui habitait quai d'Orléans, peignit un portrait de Baudelaire à l'hôtel Pimodan, en 1844, en quatre séances de nuit. Les soirées de haschich chez Boissard de Boisdenier sont restées célèbres. Les participants étaient Alphonse Karr, Balzac, Gautier, Henri Monnier, Tony Johannot, Daumier, Nerval, Chenavard,

Barbereau (théoricien de la musique), Pradier[1]. Et Meissonier, qui témoigne : « Nous prenions souvent du haschich à l'hôtel Pimodan, chez Boissard, à l'île Saint-Louis. Nous le prenions à jeun, ayant reconnu l'inconvénient de manger auparavant. Je me rappelle ce que, dans cet état, me faisait toujours éprouver la musique. Il me semblait voir réellement chaque son sous la forme de pointes de feu qui faisaient, en s'assemblant, des dessins symétriques parfaitement réguliers, d'une belle ordonnance[2]. »

En 1853, les frères Goncourt firent partie du dîner mensuel organisé chez Boissard de Boisdenier, avec Louis Blanc, Théophile Gautier, Louis Français, Célestin Nanteuil : « On donnait cinq francs à Boissard, qui faisait faire le dîner par sa cuisinière. Chaque convive avait déboursé six francs pour un couvert en ruolz[3]. » Ce dîner dit de la « Société des Prenkirs » était présidé par Henri Monnier. Le caricaturiste, créateur de M. Prudhomme, était connu pour ses charges sur les hannetons, d'où *prenkir*, déformation du mot flamand signifiant *hanneton*. Le dîner était composé d'hommes exclusivement. Après dîner venaient quelques femmes, Marix, modèle et maîtresse de Boissard, et surtout Mme Sabatier dite « la Présidente », maîtresse du banquier Alfred Mosselman, qui servit de modèle à Clésinger pour la *Femme piquée par un serpent*. Mais l'île Saint-Louis était passée de mode à la fin du second Empire, si bien qu'un marchand pouvait pousser un artiste à la quitter, comme le raconta Daubigny à un ami : « Figurez-vous que j'ai donné congé de mon atelier du quai d'Anjou, non sans regrets, car j'ai vécu là mes belles années. Mais Brame veut que je passe les ponts. Il m'a fait louer un atelier rue Notre-Dame-de-Lorette et me fournit des tentures, des tapis d'Orient et des fauteuils Louis XV épatants. Je n'ai pas besoin de tout cela, mais il assure que je ne peux pas faire autrement[4]. » Une affaire de mode et de standing…

Sur la rive droite, le quartier Saint-Georges se construisit à partir de 1820 et fut appelé la Nouvelle Athènes, non seulement à cause

1. Claude Pichois et Jean Ziegler, *Baudelaire*, Paris, Julliard, 1987, p. 216.
2. *Jean-Louis-Ernest Meissonier…*, *op. cit.*, p. 189-190.
3. Edmond et Jules de Goncourt, *Journal*, *Mémoires de la vie littéraire*, Paris, Robert Laffont, coll. « Bouquins », 1989, t. I, p. 83-84.
4. M. Fidell-Beaufort et J. Bailly-Herzberg, *Daubigny*, *op. cit.*, p. 63.

du caractère classique de son architecture et de la grécomanie de l'époque, mais aussi parce qu'il constitua un pôle important de la vie artistique au milieu du siècle, une sorte de république de l'art. Philippe Burty le décrit en 1860 : « Peu de bruits, peu de mouvement. Les rues sont bordées çà et là de petits hôtels mystérieux ; le commerce n'y ouvre que des magasins de denrées indispensables à la vie ; le fiacre ne se hasarde à en gravir les pentes ardues qu'à la dernière extrémité, le marchand de couleurs y colporte sans encombre ses paquets de brosses et ses piles de châssis et le modèle est toujours certain d'y trouver l'emploi de ses séances[1]. » De neuf artistes répertoriés dans le quartier en 1819, on passe à vingt-quatre en 1831, cinquante-trois en 1840, quatre-vingts en 1850, cent cinquante-quatre en 1860[2]. Géricault habitait rue des Martyrs, au moment de sa mort, en 1824. Horace Vernet vécut, de 1822 à 1846, au 5, rue de la Tour-des-Dames, son gendre Paul Delaroche vint le rejoindre au 7 en 1835 – leurs deux maisons avaient une autre entrée, 56, rue Saint-Lazare. Ary Scheffer s'installa, en 1830, au 16, rue Chaptal, où il vécut jusqu'à sa mort en 1858 (sa maison est devenue le musée de la Vie romantique). Gavarni logea, à partir de 1828, 27, rue Saint-Lazare, puis, en 1836, 43, rue Blanche, et, en 1837, 1, rue Fontaine-Saint-Georges. Quant à Claude-Marie Dubufe, au 76, rue Montmartre, de 1831 à 1840, il s'installa ensuite square d'Orléans, puis, après 1850, rue Ballu. Le square d'Orléans, dont l'entrée était au 34, rue Saint-Lazare, constituait, dans les années 1840, un phalanstère d'artistes où les Dubufe et le sculpteur Dantan voisinaient avec la danseuse Marie Taglioni, la cantatrice Pauline Viardot, Chopin, George Sand et les pianistes Pierre Zimmermann, Kalkbrenner, Marmontel, Alkan[3]. En 1842, Édouard Dubufe épousa Juliette Zimmermann, l'une des filles du pianiste. En 1850, il se fit construire une maison 15, rue d'Aumale, par l'architecte Pigny qui avait épousé la deuxième des filles Zimmermann. En 1852,

1. Anne-Marie de Brem, *L'Atelier d'Ary Scheffer*, Paris, Paris-Musées, 1991, p. 19.

2. Bruno Centorame (dir.), *La Nouvelle Athènes, haut lieu du romantisme*, Paris, Délégation à l'action artistique de la Ville de Paris, 2001, p. 152 et 156.

3. *Claude-Marie Dubufe et Guillaume Dubufe, Portraits d'un siècle d'élégance parisienne*, Paris, Délégation à l'action artistique de la Ville de Paris, 1988, p. 38-41.

la troisième se maria avec Charles Gounod et les soirées musicales battirent leur plein.

Une autre colonie d'artistes existait à la même époque dans le quartier Pigalle, rue Frochot. Elle regroupait Eugène Isabey, son neveu Eugène Cicéri, fils du décorateur, Jules Dupré, Théodore Rousseau – qui habita aussi rue Pigalle –, Narcisse Diaz, Clésinger, Fontallard, les deux Pils, Alfred de Dreux, Jongkind, Louis Gallait, Camille Roqueplan (et son frère, le publiciste Nestor Roqueplan), Bouguereau et Cabanel. Ces derniers restèrent fidèles au quartier puisqu'on les retrouve rue de La-Tour-d'Auvergne et rue La Rochefoucauld. Chassériau n'a pas quitté le quartier pendant vingt ans, successivement rues Saint-Georges, de La-Tour d'Auvergne, Frochot, de Laval, Fléchier enfin, où il mourut en 1856. Rue La Rochefoucauld travaillaient Eugène Fromentin, Henri Decaisne, Thomas Couture et Jean-François Millet qui voisinaient, au 15-17, avec Gounod – Millet eut aussi un atelier rue Fontaine-Saint-Georges, comme Constant Troyon – et, au 14, François Picot à qui son élève Gustave Moreau succéda en 1852. Cette année-là, Puvis de Chavannes installa place Pigalle son atelier d'élèves, avec Alexandre Bida et Gustave Ricard – mais il peignait ses œuvres personnelles à Neuilly. Pendant qu'Ernest Hébert était pensionnaire à la Villa Médicis, de 1840 à 1847, son père, notaire grenoblois autrefois réticent à ce que son fils devînt peintre, émigra définitivement à Paris dans le quartier Saint-Georges, au 11, rue de Navarin, où il prépara un cadre digne de recevoir un artiste : un petit hôtel étroit de quatre étages en perchoir, un pour lui, un pour sa femme, un pour son fils et un pour l'atelier.

Les quartiers au nord et à l'est de la gare Saint-Lazare allaient continuer à abriter des artistes dans les décennies suivantes. Dans les années 1860, on trouve Fantin-Latour rue Saint-Lazare et rue de Londres, Corot rue de Paradis, Henri Regnault rue La Fayette. Renoir, quand il eut gagné un peu d'argent, prit un grand atelier, 35, rue Saint-Georges, où il travailla de 1873 à 1883 (il était au dernier étage, au-dessus de son frère Edmond qui posait pour lui). La maison avec jardinet où avait enseigné Puvis de Chavannes était occupée, vers 1875, par Jean-Jacques Henner et Giovanni Boldini. Eugène Boudin se déplaça de la rue Pigalle à l'avenue Trudaine puis à la rue Fontaine. En 1864, il fit une brève incursion rue Durantin. Après 1870, il s'installa place Vintimille (aujourd'hui place Adolphe-Max), où Bonnard habita également en 1875 et où Vuillard eut plus tard un atelier. En 1890, Bonnard et Vuillard possédaient un atelier commun rue Pigalle. Montmartre était le quartier préféré de Bonnard : après avoir occupé plusieurs ateliers rue de Douai, il en prit un rue de Tourlaque, en 1912, qu'il ne quitta plus. Degas resta, lui aussi, fidèle au quartier : rues Blanche, de Laval, Lepic, Notre-Dame-de-Lorette, Pigalle (de 1882 à 1890), Ballu. En 1912, la démolition de la maison qu'il occupait depuis 1890, rue Victor-Massé – ainsi avait-on rebaptisé la rue de Laval –, l'obligea à déménager boulevard de Clichy, ce qui perturba sa vie. On trouvait également boulevard de Clichy les ateliers d'Antoine Vollon, de Gérôme, dans son somptueux hôtel avec écuries, et d'un sculpteur amateur, Sarah Bernhardt. Au 55, boulevard de Rochechouart, Ernest Hébert se fit bâtir en 1877 un hôtel avec un grand atelier sur le terrain du jardin de Constant Troyon qu'il avait acheté. Quant à Alfred Stevens, il dut, comme Degas, abandonner son domicile pour cause de démolition en 1880. C'était une vaste maison avec jardin et grands arbres, 65, rue des Martyrs ; il s'installa alors dans un hôtel rue de Calais.

Manet et les impressionnistes s'implantèrent souvent dans les quartiers neufs de l'urbanisme haussmannien, entre le boulevard Haussmann et les boulevards de Clichy et des Batignolles, en particulier dans le quartier de l'Europe qu'ils mirent en scène dans leurs tableaux (*Le Chemin de fer* de Manet, la série des *Gare Saint-Lazare* de Monet, *Le Pont de l'Europe* et *Rue de Paris, temps de pluie* de Caillebotte…). Manet qui logeait aux Batignolles, d'abord rue de l'Hôtel-de-ville, ensuite boulevard des Batignolles, enfin rue de Saint-Pétersbourg – au 49 puis au 39 –, occupa des ateliers rues Lavoisier (dans le quartier de la Madeleine), de la Victoire, de Douai, Guyot (près du parc Monceau), de Saint-Pétersbourg – au 51 puis au 4 –, d'Amsterdam – au 70 puis au 77[1]. Caillebotte disposait d'un atelier dans l'hôtel particulier construit par son père en 1867, à l'angle de la rue de Miromesnil et de la rue de Lisbonne ; en 1878, il louait un atelier 20, rue Vintimille, qu'il prêta à Monet – l'année suivante, il alla résider à l'angle du

1. *Manet*, Paris, Éd. de la Réunion des musées nationaux, 1983, p. 503.

boulevard Haussmann et de la rue Gluck, dans un appartement avec balcon qu'il peignit à plusieurs reprises.

Le quartier le plus luxueux était la plaine Monceau, où s'installaient les artistes enrichis : « Le quartier de l'avenue de Villiers, plaisante un journaliste du *Voltaire* en 1882, ne se compose guère que de ces temples où des officieux en correcte livrée nettoient avec vénération les pinceaux des officiants sous le nez desquels fume un encens inépuisable[1]. » Cabanel résida rue Alfred-de-Vigny, Roll à l'angle de la rue Brémontier et du boulevard Berthier, Lecomte du Noüy boulevard Flandrin. Édouard Detaille et Meissonier se firent construire deux hôtels côte à côte, aux 129 et 131, boulevard Malesherbes, par le même architecte, Paul Boeswillwald, après la guerre de 1870. Celui de Meissonier était un pastiche d'hôtel Renaissance avec escalier à vis et cloître intérieur. Dagnan-Bouveret, même lorsqu'il fit de longs séjours en Haute-Saône et en Algérie, dans les années 1880, conserva son atelier à Paris, avenue de Villiers, puis à Neuilly, boulevard Bineau, pour garder un contact avec ses clients. De Nittis résidait avenue du Bois et, en 1897, Forain, qui avait autrefois habité à l'angle des rues Tourlaque et Lepic, se fit construire un hôtel particulier près de la porte Dauphine.

À ces quartiers bourgeois, la génération fauve et cubiste préféra l'autre côté des boulevards de Clichy et de Rochechouart, la butte Montmartre, où les loyers étaient moins chers. Seul parmi les impressionnistes, Renoir avait choisi la Butte, en s'installant, en 1890, au château des Brouillards, dans une grande maison avec jardin – mais, six ans plus tard, il loua à nouveau des appartements, rue La Rochefoucauld, rue Caulaincourt, boulevard Rochechouart. Au tournant du siècle, Montmartre devint un des lieux sacrés de l'art. En 1906, Picasso, Van Dongen, Derain habitaient le Bateau-Lavoir, villa les Fusains, 22, rue Tourlaque – dans cette rue avait logé Toulouse-Lautrec, mort en 1901. Le cubisme resta essentiellement montmartrois : Picasso revint travailler au Bateau-Lavoir en 1911, tout en logeant boulevard Raspail ; Juan Gris s'installa dans l'atelier laissé libre par Van Dongen ; Braque vécut rue d'Orsel de 1904 à 1910, puis rue Caulaincourt – où Jacques Villon avait habité

1. Octave Robin, cité par Marcello dans *L'Artiste*, 1882, p. 345.

jusqu'en 1907. Severini, Dufy et Braque travaillèrent dans des ateliers impasse de Guelma, près de la place Pigalle.

Au début du XXe siècle, il y eut concentration d'artistes sur la rive gauche, à Montparnasse, symétrique de la concentration sur la rive droite à Montmartre. Un ancien pavillon de l'Exposition universelle de 1900 transformé en immeuble locatif, passage de Dantzig, la Ruche, abrita Soutine, Chagall, Modigliani. Fernand Léger, installé en 1912 avenue du Maine, déménagea l'année suivante au 86, rue Notre-Dame-des-Champs, restée une rue de peintres. Kisling s'installa en 1913 rue Joseph-Bara, où habitaient André Salmon, Jules Pascin, le marchand Léopold Sborowski et, de temps en temps, Modigliani.

La représentation des ateliers

« Un grand silence était nécessaire à M. Géricault, on n'osait ni parler ni remuer autour de lui, un souffle le troublait. Il peignait sans se reprendre, toujours le modèle sous les yeux, et cela nous étonnait qu'il se servît de pinceaux plutôt petits pour faire cette large peinture, et de voir comme sa palette restait propre[1] !... » Nous sommes en 1818, dans l'atelier de la rue du Roule. Géricault a fait construire par le charpentier de la Méduse un modèle exact du radeau et y a placé des mannequins dans les attitudes indiquées par les témoins de la scène. Il ne laissait entrer que les modèles et quelques familiers, parmi lesquels Delacroix. Cézanne, lui aussi, avait besoin d'un silence absolu pour peindre et, quand Vollard posait, il lui interdisait de dire un mot. Il détestait qu'on le regardât travailler et ne supportait aucune présence : lorsqu'il peignait dans la campagne, il était gêné même par une vieille dame qui tricotait loin de lui[2]. Grâce à Vollard, nous savons que Cézanne ne

1. *Soixante ans dans les ateliers des artistes. Dubosc modèle*, *op. cit.*, p. 51. Géricault disait, se rappelle Antoine-Alphonse Montfort, son élève, « que le bruit d'une souris suffirait à l'empêcher de peindre » (Jean Sagne, *Géricault*, Paris, Fayard, 1991, p. 172).

2. *La Critique d'art au Mercure de France (1890-1914),* Paris, Éd. Rue d'Ulm/Presses de l'École normale supérieure, 2003, p. 178.

peignait pas en pleine pâte mais posait, les unes par-dessus les autres, des touches de couleur très minces, en grand nombre, et qu'après chaque touche, il lavait ses pinceaux très souples dans un godet contenant de l'essence de térébenthine.

Mais il est difficile de se faire une idée du face-à-face du peintre avec sa toile et ses pinceaux. Les témoignages dont nous disposons, qu'ils viennent de proches ou de visiteurs, concernent davantage les rituels de l'artiste et ses fréquentations que sa création. Quant aux représentations peintes ou littéraires des ateliers, il faut faire la part du réel et de la mise en scène, mise en scène de soi, mise en scène du personnage de l'artiste, nous l'avons déjà dit, et ne jamais oublier l'effet recherché. Horace Vernet peint, en 1820-1821, son atelier du 11, rue des Martyrs, plein de mouvement, de bruit et de fureur. Il se représente assis devant sa toile, perdu au milieu d'un groupe de jeunes gens. L'accent n'est pas mis sur lui mais sur deux hommes debout, tenant de la main gauche leur palette, et de la droite un fleuret avec lequel ils se livrent un assaut d'escrime. Autour d'eux, un cheval et un chien blancs, une biche, et une vingtaine d'hommes occupés à regarder le duel, à peindre, à dessiner, à lire le journal, à causer, à jouer du tambour ou de la trompette. Ne prenons pas pour réaliste cette représentation. L'image du peintre qui travaille en se jouant au milieu de ses amis est un manifeste esthétique. Elle s'oppose à l'image des ateliers traditionnels où régnait une atmosphère studieuse au milieu des plâtres antiques, elle affirme une vision romantique de jeunes gens passionnés qui refusent la discipline classique[1]. L'atelier comme lieu d'activités multiples – escrime et musique autant que peinture et sculpture – est un cliché encore exploité en 1849, où *Le Magasin pittoresque* publie une *Allégorie des ateliers de Clésinger et de Roqueplan*[2]. On y voit les deux artistes occupés à sculpter et peindre, tandis que des jeunes gens regardent deux escrimeurs en action et qu'un autre joue de la guitare dans un fauteuil. À l'inverse, lorsque Ary-Johannes Lamme peint son

1. Bruno Chenique, « Géricault et ses cercles politiques de la rue des Martyrs », *in* B. Centorame (dir.), *La Nouvelle Athènes, haut lieu du romantisme*, *op. cit.*, p. 176.

2. V. Bajou, *Courbet*, *op. cit.*, p. 195.

cousin et maître Ary Scheffer en 1851 dans son grand atelier de la rue Chaptal, il le représente assis, de dos, discret, travaillant à son tableau *L'Amour divin, l'Amour terrestre*. L'espace est relativement vide autour des grandes toiles. Au fond à gauche, on distingue une femme assise à une table, qui écrit. L'atmosphère est toute de concentration et de sérénité. Gérôme se peint, lui, dans son atelier, sur un socle surélevé, dans son costume de travail – blouse passée sur son habit, grand tablier bleu, gants –, appliqué à sculpter dans le marbre une statue, *Tanagra* (Salon de 1890), à côté de laquelle pose le modèle, assise, nue[1].

L'atelier que peint un artiste est parfois en total contraste avec ce qu'il vit et ce qu'il aime. Corot aimait le mouvement et le bruit autour de lui, il appréciait particulièrement le modèle Emma Dobigny qui babillait, chantait, riait et ne tenait pas en place, il acceptait dans son atelier un ensemble hétéroclite d'amis, d'élèves, de marchands et de collectionneurs, il ne peignait pourtant que des ateliers silencieux, avec des modèles plongés dans la méditation. Courbet travaillait volontiers en compagnie, et dans un style décontracté, d'après son ami Castagnary : il fumait, causait, racontait des histoires, éclatait de rire, ou entonnait un couplet de sa composition[2]. Mais, s'il a peint son atelier en 1855 envahi par une foule pittoresque, il ne faut pas non plus y voir une représentation réaliste ; l'artiste a voulu rassembler sur la toile son univers, en faire un symbole et un tableau d'histoire, comme l'indique le titre : *Allégorie réelle déterminant une phase de sept années de ma vie artistique*. Courbet décrit ainsi l'œuvre à Champfleury : « Je suis au milieu peignant. À droite sont les actionnaires, c'est-à-dire les amis, les travailleurs, les amateurs du monde de l'art. À gauche, l'autre monde de la vie triviale, le peuple, la misère, la pauvreté, la richesse, les exploités, les exploiteurs, les gens qui vivent de la mort[3]. » Dans son atelier, le peintre a regroupé sa famille spirituelle (Baudelaire, Champfleury, Max Buchon, Bruyas, Proudhon...), et les types sociaux qu'il peint. Lui-même est au

1. *Le Travail du marbre ou le Modèle de l'artiste*, vers 1890-1893 (H. Lafont-Couturier, *Gérôme*, *op. cit.*, p. 91).

2. V. Bajou, *Courbet*, *op. cit.*, p. 198.

3. *Correspondance de Courbet*, *op. cit.*, p. 121.

centre de la toile, assis, de profil, uniquement occupé du paysage de Franche-Comté auquel il met une dernière touche, et que regardent, à sa gauche, un jeune garçon et, à droite, derrière lui, debout, une jeune femme nue dont on aperçoit les vêtements sur le sol. Est-ce un modèle ? la muse du peintre ? une figure de la sensualité ? Répondant à la femme nue, un chat blanc se roule par terre aux pieds de l'artiste. Valérie Bajou, la biographe de Courbet, après une analyse minutieuse de la composition, reconnaît que l'œuvre reste mystérieuse.

Les tableaux représentant des ateliers montrent soit le local sans personnage, soit le peintre et ses amis. Delacroix, jeune, a peint un *Coin d'atelier* dans le style bohème, avec, sur le poêle, une pile de plats entassés, surmontés par une casserole, une assiette ébréchée sur un plancher aux planches mal jointes, une sorte d'auge tachée de peinture devant le fourneau, les pinceaux posés derrière le tuyau. Bazille représente, en 1866, son *Atelier de la rue Furstenberg*, sans personnage, avec un poêle, des tableaux au mur, deux fauteuils, un tabouret, boîte à peintures, palette et pinceaux à terre ; en 1870, dans *L'Atelier de la rue de La Condamine*, il se peint, palette à la main, debout devant le chevalet, montrant à Manet et à Monet un tableau, tandis que deux autres causent à gauche, l'un penché sur la rampe de l'escalier, l'autre assis au bord d'une table (sans doute Zola et Renoir), et qu'un dernier, Edmond Maître, joue du piano, tout seul à droite[1]. Les tableaux d'ateliers peuvent être une manière pour un élève de rendre hommage à son maître, comme Louis Roux peignant l'atelier de Paul Delaroche (le tableau a connu une grande diffusion puisque Goupil l'a reproduit en photographie et publié dans l'album consacré à Delaroche un an après sa mort[2]). L'atelier est très haut de plafond, plutôt encombré, avec un paravent et deux grandes draperies qui divisent l'espace en trois. Delaroche est au centre, seul, assis devant sa toile des Girondins. Derrière, sur un second chevalet, est posée une autre de ses œuvres, *La Martyre*

1. La silhouette de Bazille aurait été peinte par Manet (Jean Leymarie, *Histoire de la peinture moderne. De Baudelaire à Bonnard*, Genève, Albert Skira, 1949, p. 20).

2. D. de Font-Réaulx, *Dans l'atelier*, *op. cit.*, p. 33, planche 1.

chrétienne. À gauche et à droite, des élèves en train de travailler, parmi lesquels Louis Roux lui-même et Charles Jalabert, le plus proche de Delaroche[1].

Les tableaux d'atelier sont surtout une occasion de montrer un groupe d'amis. Ainsi *L'Atelier du peintre* de Jean Gigoux, en 1853[2]. Nous sommes dans un atelier-salon, fréquenté par une dizaine d'hommes en costume. Des jeunes gens, sur le canapé, au centre, regardent des tableaux, un autre en manipule, dans un placard, au fond de la pièce. Le peintre, en chemise, est assis à une table, à droite, avec un livre de gravures. Il y a davantage de solennité dans *Un atelier aux Batignolles* (1870), où Fantin-Latour montre autour de Manet, pinceau à la main, devant le chevalet, le « groupe des Batignolles » : Monet, Otto Scholderer, Renoir, Zola, Bazille, le musicien Edmond Maître et le critique Zacharie Astruc. Ce tableau constitue, pour citer un ami du peintre, « une profession de foi de Fantin dans l'art contemporain ».

Images de l'artiste dans l'atelier

Thomas Couture était l'élève de Paul Delaroche. Un jour, il travaillait dans l'atelier, caché par de grandes toiles placées sur les chevalets. Le maître, qui se croyait seul, se mit à fumer, couché sur le dos, les jambes en l'air. On vint l'avertir que des personnages importants arrivaient. Delaroche aussitôt se précipita sur sa palette et se campa devant une toile, en prenant l'air inspiré : « Les visiteurs parurent mais, à la vue de cet artiste enfoui dans ses méditations, ils n'osaient s'avancer, ils admiraient… Le peintre n'eut pas l'air de les voir et passa sa main sur son front trop chargé de pensées… Mais ô bonheur, ô providence, l'inspiration était venue : il se précipita sur la toile, toucha, se recula, retoucha encore en murmurant des mots entrecoupés dénotant son agitation

1. Une partie de la correspondance de Jalabert avec Delaroche a été publiée dans la biographie que lui a consacrée Émile Reinaud, en 1903, chez Hachette et Cie.

2. *Le Musée des beaux-arts et d'archéologie de Besançon*, Paris, Fondation Paribas, 1994, p. 80.

artistique[1]... » Tout à coup, un léger bruit sembla sortir le peintre de son rêve, il parut tout étonné de voir du monde, les visiteurs le prièrent de se replonger dans son travail et, pendant une demi-heure, Delaroche continua à jouer les artistes inspirés. Puis les visiteurs s'en allèrent sur la pointe des pieds, convaincus « d'avoir surpris le génie dans ses inspirations ». Et le maître de rejeter sa palette et de se remettre à fumer ! Cynisme de Delaroche qui exploite le mythe romantique de l'inspiration.

Le lieu commun romantique le plus répandu, c'est la mansarde de l'artiste bohème. En 1845, l'*Intérieur d'atelier* peint par Octave Tassaert montre un jeune homme, vêtu d'une veste rouge à la poche béante et d'un pantalon élimé, qui dessine, assis par terre devant une cheminée où sont en train de cuire des pommes de terre qu'il vient d'éplucher. Autour de lui, du désordre : le chat et les bûches côtoient le chevalet et la boîte à couleurs. On trouve aussi cette représentation de la mansarde de l'artiste dans la photographie. Alophe, en 1858, intitule l'une de ses compositions photographiques *La Gloire et le Pot-au-feu* : un peintre assis devant son chevalet, palette et pinceaux à la main gauche, pipe à la main et béret sur la tête, soulève de sa main droite le couvercle de la marmite posée sur le poêle au tuyau duquel est accrochée une louche[2]. La proximité de l'art et de la cuisine dans une mansarde crée un effet pittoresque garanti.

Mais c'est précisément contre ce pittoresque-là que peut s'insurger un artiste à travers la présentation de son atelier. C'est par ce biais que Manet ne cessa d'affirmer son désir d'être pris au sérieux. En avril 1876, pendant la quinzaine précédant l'ouverture du Salon, il exposa dans son atelier, 4, rue de Saint-Pétersbourg, les tableaux que le jury avait refusés. L'exposition eut un grand succès. Le peintre avait organisé son atelier comme un petit musée, les tableaux étaient disposés sur des chevalets, en face des fenêtres, protégés par une grosse corde, un gardien veillait sur eux. Manet donnait ainsi à voir non seulement les tableaux refusés mais aussi le cadre dans lequel il travaillait. Sa volonté de fournir une image bourgeoise et

1. *Thomas Couture (1815-1879)*, *op. cit.*, p. 148.

2. *La Vie de Bohème*, Paris, Éd. de la Réunion des musées nationaux, « Les Dossiers du musée d'Orsay », n° 6, 1986, p. 37.

rassurante fut répercutée auprès du public par plusieurs journaux. Par *Le Figaro* du 19 avril : « Manet, le peintre réaliste, travaille dans un cadre réellement agréable ; très joli, coquet, luxueux même, cet atelier qui a vu boire *Le Bon Bock*[1]. Un peu trop solennel, peut-être, avec ses boiseries et ses poutres et sa cheminée de chêne – mais en somme plaisant à l'œil. Ceux qui jugeraient tous les ateliers d'artistes d'après celui-là se tromperaient étrangement. Pour un réaliste, M. Manet a fait une faute en enlevant à son atelier le caractère négligé, fantaisiste, qui semble inhérent aux milieux artistiques. Avec un peu d'imagination, on pourrait se croire en effet dans une salle du Louvre[2]. » Ou encore par *L'Univers illustré* du 13 mai : « C'est l'atelier le plus propre et le mieux rangé qu'on puisse voir. Il ne sent pas du tout la révolution. Il est doux et tranquille à l'œil comme M. Manet lui-même, qui est des peintres les moins rébarbatifs dans leur extérieur et les plus corrects dans leur tenue que je connaisse. Quoi ! ce monsieur aux traits fins, au regard pacifique, à la barbe blonde et soignée, ce monsieur vêtu de noir, bien brossé, bien chaussé, bien ganté, c'est l'auteur des *Canotiers*. Mon Dieu, oui… »

Mais certains journalistes soupçonnèrent une mise en scène, comme celui qui écrit dans *Le Français* du 21 avril : « Peut-être a-t-il cédé simplement à l'idée politique et machiavélique de rassurer le bourgeois, de l'attirer à lui, en lui prouvant qu'il n'est pas aussi noir qu'on le fait, qu'il a un *chez-soi* et ne saurait être rangé parmi les perturbateurs sans feu ni lieu, sans sou ni maille. Comme Robespierre et M. Louis Blanc, M. Manet appartient en effet à la race des révolutionnaires corrects, bien élevés, gens du monde, se lavant la figure, ayant horreur des barbes mal peignées et des souliers crottés. De plus que Robespierre il est riche, et, de plus que M. Louis Blanc, il s'habille avec élégance. J'ai causé un jour avec lui, et il m'a étonné par ses idées classiques. Il ne s'encanaille pas avec les rapins de quinzième année, il met des gants et il habite une maison où le concierge ferait passer par l'escalier de service le personnage qui a servi de modèle au *Bon Bock*[3]. »

1. Voir p. 127.
2. Éric Darragon, *Manet*, Paris, Fayard, 1989, p. 262.
3. *Ibid.*, p. 263.

Le peintre, avant d'aller visiter l'exposition avec des journalistes, les reçut même dans son appartement, 49, rue de Saint-Pétersbourg, pour montrer aussi son espace privé, second pôle de son existence. *L'Événement* du 20 avril rappelle que Manet a, une fois de plus, déclaré : « ... je ne suis pas un chevelu, je suis un bourgeois – comme vous – comme tout le monde. Je n'ai pas l'air d'un artiste, n'est-ce pas ? Que voulez-vous, les artistes ne se reconnaissent plus aux cheveux... sans cela que feraient ceux d'entre nous qui n'en ont plus ? » Mais le journaliste affirme, par ailleurs, que l'artiste n'est pas réductible à son mode de vie d'homme du monde, qu'il est aussi un homme à part, un créateur. Manet est double : le bourgeois vit au 49, avec femme et enfant, dans un luxe de bon aloi ; l'artiste au 4, travailleur, sérieux, concentré : « M. Manet se lève de bonne heure, déjeune à la hâte d'un peu de pain beurré arrosé d'un verre de vin fin et va passer quelques heures dans son atelier. Il a le travail actif, facile, continu. Il faut que son domestique lui rappelle plusieurs fois l'heure du déjeuner pour lui faire abandonner la palette. » Et le journaliste de citer, pour illustrer cette activité, *L'Exécution de Maximilien*, grande peinture d'histoire tournée contre le mur, que Manet dit inachevée mais qu'il lui a montrée. Et de conclure : « Voilà la vie simple, honnête, laborieuse de celui que l'on se plaît à représenter comme un révolutionnaire dans l'art[1]. »

Autre mise en scène de soi à travers l'atelier, ou plutôt à travers une absence d'atelier. Lors de l'exposition de Monet en juin 1880 à *La Vie moderne*, Émile Bergerat, directeur de l'hebdomadaire, interviewa le peintre. À la demande de visiter son atelier, Monet répondit : « Mais je n'ai jamais eu d'atelier, moi, et je ne comprends pas qu'on s'enferme dans une chambre. » Et il ajouta, en montrant d'un large geste la Seine et le village de Vétheuil : « Voilà mon atelier à moi ! » Par ce genre de déclaration un peu grandiloquente, Monet cherchait à promouvoir auprès du public l'image qu'il voulait donner de lui-même : l'impressionniste par excellence, inconditionnel du plein air[2].

1. *Ibid.*, p. 266.

2. D. Wildenstein, *Monet ou le triomphe de l'impressionnisme*, *op. cit.*, p. 162-163.

Sociabilité dans les ateliers

Les ateliers se groupaient souvent dans un même lieu, répétons-le, et ce n'est pas un hasard si le terme de *phalanstère* revient volontiers pour évoquer le style de vie communautaire, sympathique et bon enfant, que menaient les artistes célibataires. Il y eut certes quelques expériences communautaires organisées dans un but de protection mutuelle. Par exemple celle des quatre jeunes artistes qui, vers 1838, s'installèrent dans une petite maison avec jardin et potager, 22, rue des Amandiers-Popincourt : Victor Geoffroy-Dechaume, sculpteur qui exécutait des modèles pour l'orfèvrerie et les statues des cathédrales, Louis Steinheil, peintre verrier, le peintre Charles Daubigny et son beau-frère Louis Trimolet, caricaturiste et vignettiste[1]. Chacun tour à tour se consacrerait entièrement à son art pendant une année afin de pouvoir se présenter au Salon, tandis que les autres, en acceptant des besognes alimentaires, feraient vivre la communauté. Trimolet bénéficia le premier de l'association, puis Steinheil. Ce fut ensuite le tour de Daubigny : il exécuta un *Saint Jérôme dans le désert*, qui eut les honneurs du Salon de 1840[2]. Le groupe se sépara avant que Geoffroy-Dechaume ne se présentât au Salon mais les quatre artistes ne se fâchèrent pas pour autant. À côté de leur activité artistique, ils organisaient des réunions culturelles : par exemple, un étudiant en histoire dénommé Feugray venait leur donner un cours[3].

Mais les communautés ne reposaient pas, en général, sur ces bases de mise en commun du travail au profit de l'un des membres. Il s'agissait simplement de se regrouper dans des ateliers voisins, de prendre ses repas ensemble et de se divertir ensemble. Dans les années 1850, Jean-Léon Gérôme et ses camarades de l'atelier de

1. Daubigny était doublement lié à Trimolet : sa sœur avait épousé Trimolet, en 1834, et lui-même, en 1838, épousa la sœur de Trimolet. Louis Trimolet allait mourir à trente ans, en 1843. Daubigny éleva son fils. Certaines sources citent Meissonier parmi les membres de ce phalanstère artistique. Meissonier, qui épousa, en octobre 1838, la sœur de Steinheil, était l'ami des quatre jeunes gens mais il n'a jamais été lié par les règles de l'association.

2. F. Henriet, *C. Daubigny et son œuvre gravé*, *op. cit.*, p. 22-23.

3. M. Fidell-Beaufort et J. Bailly-Herzberg, *Daubigny*, *op. cit.*, p. 37.

Charles Gleyre vécurent en communauté, nous l'avons vu, d'abord, au Chalet, 27, rue de Fleurus (où Gustave Le Gray les a photographiés en 1848[1]), puis 70 *bis*, rue Notre-Dame-des-Champs, dans un ensemble d'ateliers surnommé la Boîte à thé. Les murs de ces ateliers étaient décorés avec du bois qui leur donnait l'aspect d'une gigantesque boîte à thé et sur lequel les jeunes gens avaient peint « deux éclatantes Chinoises dans leurs robes de rêve, plantées comme des fées sur des appuis de fenêtre ». Les sept ateliers étaient répartis en plusieurs bâtiments, la plupart sans étage, dispersés à travers des cours et des petits jardins intérieurs où les modèles se reposaient, nus ou costumés, parmi les arbres et les sculptures[2]. Les dépenses étaient partagées, chacun à son tour s'occupait du ménage et les négligents se voyaient infliger des amendes qui permettaient d'inviter deux ou trois fois par mois les amis du dehors[3]. Gérôme avait pour compagnon un singe prénommé Jacques, parfois parfaitement stylé, s'asseyant à table aux heures des repas, en habit et cravate blanche. Et parfois plus déluré : comme il avait été dressé à déshabiller les modèles, il se précipitait sous toutes les jupes pour ôter les jarretières… même celles de la dévote Mlle Hamon, la sœur du peintre, qui se mit à pousser des cris d'effroi[4].

À ces épisodes burlesques s'ajoutait un goût pour le théâtre et les caricatures. Les artistes avaient fabriqué entièrement – scène, personnages et costumes – un théâtre de marionnettes déposé dans l'atelier de Gérôme. Ils donnaient des fêtes célèbres dans le Tout-Paris des arts et des lettres (on y voyait Rachel, sa sœur Sarah Félix, George Sand…). Par exemple, le mercredi 16 décembre 1856, ils jouèrent un prologue en vers dont les personnages, tournés en ridicule, étaient Courbet et Galimard, surnommé « le pou mystique » parce qu'il était particulièrement laid et qu'il peignait des tableaux religieux. Cette vie communautaire s'interrompit

1. D. de Font-Réaulx, *Dans l'atelier*, *op. cit.*, planches 2 et 3.
2. J. Milner, *The Studios of Paris*, *op. cit.*, p. 213.
3. C. Moreau-Vauthier, *Gérôme, peintre et sculpteur*, *op. cit.*, p. 90.
4. *Ibid.*, p. 145-146. Même après son mariage, une fois installé dans son hôtel particulier, Gérôme avait encore, en plus de chiens et de chats, des singes, des perroquets et même un lion (*Musée Georges Garret, Vesoul*, s.d., p. 57).

avec le mariage de Gérôme, qui était l'âme du groupe, en janvier 1863. Âgé de trente-neuf ans, Gérôme quitta alors la Boîte à thé et emménagea avec sa jeune épouse, Marie Goupil, vingt et un ans, dans un hôtel particulier près de la place Clichy.

De son côté, Courbet donnait aussi des soirées dans son atelier de la rue Hautefeuille, installé dans l'abside de la chapelle de l'ancien collège des Prémontrés dont le rez-de-chaussée était occupé par le café La Rotonde. La plus célèbre fut la « Grande Fête du réalisme », le samedi 1er octobre 1859. Témoin l'invitation adressée au ténor Louis Gueymard ce jour-là : « Nous avons ce soir samedi une lecture d'une comédie pantomime de M. Fernand Desnoyers. La soirée sera très nombreuse et très animée. On dîne à six heures chez Andler, puis on monte dans mon atelier ensuite. Nous serions très flattés si vous pouviez venir, et moi spécialement. » Le programme annonce : le poète Fernand Desnoyers lira sa pièce *Monsieur et Madame Durand*, une comédie qui a été refusée au théâtre de l'Odéon ; Champfleury, auteur des *Bourgeois de Molinchart*, jouera Haydn à la contrebasse ; Adèle Esquiros lira un poème épique ; Monselet, Staal, Gautier, Bonvin, Schanne exécuteront des intermèdes. La bière viendra de la brasserie Andler, et le piano « sera tenu par quelqu'un ». On annonce aussi de grandes surprises et enfin, à la dernière ligne : « PHYSIQUE AMUSANTE » – peut-être s'agissait-il d'une expérience scientifique comme on s'amusait à en faire dans les salons[1]... Asselineau, Duranty et Baudelaire, que Courbet avait retrouvé quelques semaines plus tôt à Honfleur, furent de la partie.

C'était parfois par obligation que la sociabilité s'organisait dans un atelier. Ce fut le cas dans le dernier atelier de Manet, au 77, rue d'Amsterdam, où le peintre s'installa le 1er avril 1879. Atteint d'ataxie, l'artiste dut renoncer peu à peu à se déplacer dans Paris et à fréquenter les lieux dont il avait été le familier. Les habitués, Ephrussi, Antonin Proust, Chabrier, Pertuiset, Rochefort, Renoir, Gervex, Guillemet, Forain, Carolus-Duran, y venaient en groupe, vers 5 heures. Un garçon apportait des bocks et des apéritifs et toute une vie se reconstitua autour de Manet qui ne pouvait plus monter au

1. Gilles Plazy, *Gustave Courbet, un peintre en liberté*, Paris, Le Cherche Midi, 1998, p. 121.

café de la place Pigalle où ils se réunissaient naguère. Les visiteurs venaient moins pour la peinture de Manet que pour sa conversation : « On ne peut se décider, écrit un journaliste en 1882, à quitter l'atelier de Manet quand on y est entré même pour une visite indifférente. Et l'on s'attarde interminablement à fumer des cigarettes, à bavarder, à cravacher le prochain. Ce sont des chroniques parlées où chacun glisse son mot et sa blague et qui pétillent et pétaradent comme des feux d'artifice. Manet en oublie bientôt son modèle et la toile commencée. Parisien jusqu'au bout des ongles, lettré, ayant beaucoup lu et beaucoup retenu, aussi sceptique qu'il est possible de l'être, il saupoudre comme de pincées de poivre la conversation engagée. On se croirait à la foire des Loges devant ces étalages de fantoches qu'on renverse à coups de balle. Quel massacre inclément ! Les paradoxes cabriolent. Les théories éclatent. Les calembours se croisent moqueurs, tintamarresques. [...] On continuerait jusqu'au lendemain, mais la nuit qui tombe et enténèbre le vaste atelier chasse malgré eux les causeurs, et l'on s'en va, un peu étourdi, un peu grisé, comme après un dîner tapageur ou une symphonie de Saint-Saëns[1]. »

Les artistes recevaient donc des visites dans leurs ateliers. Visites amicales ou visites plus mondaines. L'atelier de Courbet était l'un des plus fréquentés : « Le concierge montait discrètement, frappait, puis introduisait les *raseurs* et Courbet les recevait avec orgueil ; il était presque toujours très flatté[2]. » Un jour que l'artiste peignait un sous-bois, un visiteur, garde général des forêts, voulant faire l'important, se permit une critique : « Dans les chênes, je m'y connais, les branches ne partent pas aussi bas du tronc ; vous pourriez rectifier... » Et Courbet de demander froidement : « Alors, vous, quand vous êtes dans une forêt, vous voyez des arbres ? » Comme l'autre balbutiait, le peintre jeta : « Eh bien, moi, je n'en vois pas, je suis ému ! »... Ce qui laissa le garde général interloqué. L'atelier de Courbet était fréquenté même en son absence. Zacharie Astruc y amena Dante Gabriel Rossetti et Zola s'y attarda seul devant les premières œuvres de l'artiste[3].

1. É. Darragon, *Manet*, *op. cit.*, p. 315-316.

2. « Gustave Courbet », « chronique parisienne » de Francis Enne, *La Presse*, 16 avril 1881.

3. V. Bajou, *Courbet*, *op. cit.*, p. 195.

Pour se faire une idée de la fréquentation d'un atelier, écoutons Charles Clément, ami et biographe de Gleyre. Il fit, en 1846, la connaissance du peintre, qui habitait depuis l'été précédent au 94, rue du Bac, où il allait rester jusqu'à sa mort, en 1874. Gleyre logeait et travaillait dans une sorte de vaste grenier situé à l'extrémité du corridor des chambres de domestiques, où il pleuvait les jours d'orage. Lui aussi, comme Gérôme, vivait avec un singe, Adam, qu'il avait ramené d'Égypte, et il protégeait tous les animaux, même les souris. Charles Clément raconte : « Depuis 4 h en hiver, un peu plus tard en été, on rencontrait dans ce pauvre atelier une foule de personnes distinguées dans les lettres et dans les arts. On causait debout autour du poêle ou assis sur quelques chaises boiteuses, sur la table à modèles ou sur le divan qui servait de lit. Gleyre aimait beaucoup le café, il en faisait d'excellent à la manière arabe et apportait lui-même à chacun de ses hôtes la petite tasse de nectar que l'on buvait en devisant dans la demi-obscurité. Lorsque la nuit était tout à fait venue, il allumait une vieille lampe[1]... »

On parlait politique, religion, peinture. Parmi les habitués de la rue du Bac, on trouvait d'abord des peintres, à commencer par les élèves de Gleyre – Hamon, Gérôme, Mazerolle, Jobbé-Duval, Picou, Aubert, Toulmouche, etc. –, mais aussi Montfort et Lehoux, élèves de Géricault, qui avaient accueilli et soigné Gleyre en Syrie. On trouvait également des écrivains, Edgar Quinet, Jules Sandeau, Mérimée, Musset, Flaubert, Juste Olivier... ; Ponsard, dont Gleyre avait beaucoup aimé la *Lucrèce*, fit dans l'atelier de la rue du Bac la première lecture publique d'*Agnès de Méranie*. On y rencontrait encore Berlioz, et puis des compatriotes suisses de Gleyre et des gens qu'il avait connus à Lyon, à Rome, ou en Égypte comme le père Enfantin et Félicien David. Gleyre, qui n'était pourtant pas riche, se montrait généreux envers les humbles. Il donnait à Joseph, qui avait été le modèle de Géricault, le moyen de gagner un peu d'argent en lui faisant nettoyer ses palettes[2]. Joseph, il est vrai, était une mine d'anecdotes sur les dignitaires de l'Empire comme sur les ateliers. Surtout, Gleyre accueillait

1. C. Clément, *Gleyre. Étude biographique et critique...*, *op. cit.*, p. 201-202.
2. *Ibid.*, p. 203-205.

quotidiennement le critique Gustave Planche. Revenu d'Italie où il avait dépensé en quelques années son petit patrimoine, Planche venait rue du Bac pour causer ou écrire ses articles. Il arrivait, vêtu misérablement, Gleyre lui roulait une provision de cigarettes et se remettait au travail. Le soir, le peintre glissait dans la main de Planche une pièce pour son dîner. Charles Clément affirme que, sans Gleyre, Planche serait mort six ans plus tôt à l'hôpital. En 1848, l'atelier devint une sorte de rendez-vous politique. Gleyre, républicain depuis toujours, fut d'abord enthousiaste puis désespéré.

Le critique Albert Wolff écrit, en 1886 : « À notre époque, le peintre n'est plus l'artisan laborieux qui s'enferme dans son atelier, condamne sa porte et vit dans un rêve ; il s'est jeté la tête la première dans le mouvement mondain et fait partie du Tout-Paris élégant ; il a son jour où son atelier se transforme en salon et où il reçoit l'élite de la société cosmopolite[1]. » Et il cite Carolus-Duran comme le type par excellence du peintre moderne. Dans son atelier du 11, passage Stanislas, il reçoit le jeudi matin, de 9 heures à 11 heures. C'est une réception ouverte « comme chez le président de la République ». L'artiste, bel homme à la barbe grisonnante taillée en pointe et aux tempes argentées, revêt pour la circonstance un costume spécial, « moitié intime, moitié élégant » : veston en velours, très court, très serré à la taille ; pantalon presque collant ; bottines en chevreau. Sur les chevalets, ses derniers portraits. Beaucoup de visiteurs étrangers. Cependant, la plupart des artistes reçoivent le vendredi : « Ce jour-là, l'avenue de Villiers est curieuse à voir : tout Paris y défile avant d'aller au Bois ; chacun rend visite à son peintre ; dans toutes les maisons du quartier Monceau, il y a un atelier. » Le rang d'un artiste s'évalue d'après le nombre de voitures qui stationnent le vendredi devant son hôtel. C'est Munkacsy qui emporte la palme du succès mondain : pas un vendredi sans que cinquante voitures des plus élégantes s'arrêtent à sa porte et l'affluence a encore augmenté depuis que Munkacsy, d'origine hongroise, a été anobli par l'empereur François-Joseph : « On dirait une mairie, le jour d'un mariage à sensation[2]. »

1. A. Wolff, *La Capitale de l'Art*, *op. cit.*, p. 285.
2. *Ibid.*, p. 286.

Sans aller jusqu'aux réceptions hebdomadaires ritualisées, les artistes à la mode attiraient de très nombreux visiteurs dans leurs ateliers. Jacques-Émile Blanche, qui fut l'élève de Gervex à partir de 1879, en témoigne : « La *hardiesse* du pinceau de Gervex, sa qualification de *réaliste mondain*, ses bruyantes liaisons féminines et son esprit parisien le désignaient à l'attention de la jeunesse. Chaque après-midi, journalistes, littérateurs, d'élégantes *hétaïres* envahissaient l'un des deux ateliers de la rue de Rome, celui où je ne me livrais pas à l'étude de l'anatomie d'après ses modèles. [...] Ainsi connus-je Stevens, Boldini, Forain, Lautrec et Paul Helleu qui suivaient ceux-ci comme leur ombre[1]. » Les visiteurs étaient à peu près les mêmes chez Alfred Stevens, peintre mondain à succès dans les années 1870. Dans sa belle maison de la rue des Martyrs, il accueillait des poètes (Baudelaire vint y lire ses traductions d'Edgar Poe), des peintres (il était l'intime de Manet), des marchands (à commencer par Georges Petit), des amateurs, des comédiennes et des femmes du monde[2].

Les guides de Paris, à la fin du siècle, comportent, après le chapitre des « Expositions artistiques », un chapitre « Ateliers ». Ils donnent une liste d'ateliers que l'on peut visiter, avec éventuellement les jours de visite et le style de l'atelier. On précise parfois qui les fréquente. Ainsi celui de Carolus-Duran : « Très élégant ; mondain ; artistes ; colonie américaine ; musiciens[3]. » Puvis de Chavannes reçoit le dimanche matin, de 8 heures à 10 heures, « rarement des gens du monde » dans son atelier du 11, place Pigalle, « très sérieux et très artistique ». L'atelier de Rodin, ouvert le samedi, 182, rue de l'Université, est « très artistique ; amical » et on y trouve « peu de profanes ». Albert Besnard reçoit le dimanche après-midi, dans son atelier du 19, rue Guillaume-Tell, « très mondain et très animé ». Au 110, rue du Bac, Whistler accueille, le dimanche après-midi également, un « public américain élégant ». Dans l'atelier « familial » de Jean-Paul Laurens, au 73, rue Notre-Dame-des-Champs, viennent, le dimanche matin,

1. *Henri Gervex, 1852-1929*, *op. cit.*, p. 38.

2. Camille Lemonnier, *Alfred Stevens et son œuvre*, Bruxelles, G. van Oest et Cie, 1906, p. 23.

3. *Paris-Parisien... 1898*, 3e année, Paris, Paul Ollendorff, 1898, p. 88.

« principalement des élèves ». Chez Léon Bonnat, au contraire, 48, rue Bassano, on rencontre, le dimanche, « le monde officiel et les amateurs riches ». Quant à Renoir, 67, rue La Rochefoucauld, dès qu'il ne fait plus clair, il reçoit des intimes.

Qui étaient les visiteurs des ateliers ? C'étaient d'abord les étudiants en art pour lesquels la visite à l'atelier d'un maître est un rituel. Louis Martin, le héros de Duranty, se rend à l'atelier de Courbet, qui reçoit les jeunes gens avec bonhomie mais sans leur faire de compliments : « À cette époque-ci, il n'y a pas un gamin de 25 ans qui ne se croie l'homme le plus fort de son temps, et, pour la plupart d'entre nous, la visite à l'artiste célèbre ou connu a moins pour but de lui apporter que d'en emporter des louanges[1]. » C'étaient ensuite les amateurs d'art, qui étaient parfois des hommes connus dans d'autres domaines. Ainsi Jules Laurens raconte-t-il que Thiers, dès qu'il en avait le temps, courait les ateliers : « Aux époques de ses interrègnes, l'ex- et futur ministre, chef de ministère et finalement premier magistrat de la République, consacrait volontiers des après-midi à visiter les artistes dans leurs ateliers, s'instruisant et distrayant à leurs conversations et travaux. Il vint plus d'une fois dans le mien, s'y rencontrant et en paraissant très heureux avec Beuley, Henri Monnier, About, de Curzon et une fois, assez funambulesque, avec Penguilly-L'Haridon, capitaine d'artillerie et peintre, accompagné de son camarade, le fils Maréchal de Metz, lesquels, grands et forts gaillards, furent si émotionnés par l'apparition du minuscule grand homme que, sans attendre aucune présentation, ils détalèrent à sauve qui peut, ce qui le surprit et en fut sincèrement regretté[2]. »

Il est évident que la présence de jeunes modèles entrait pour beaucoup dans le succès d'un atelier. C'était le cas chez le sculpteur Pradier, comme l'écrit Dubosc, qui posait pour lui : « Les beaux modèles affluaient à son atelier, c'était un titre d'avoir posé pour Pradier ; il venait chez lui des juives de quinze ans, véritables merveilles de harem dont il avait la primeur et que la galerie pouvait admirer à loisir[3]. » Son atelier, nous l'avons vu, était, vers

1. L.-E. Duranty, *Le Pays des arts*, *op. cit.*, p. 343.
2. J. Laurens, *La Légende des ateliers*, *op. cit.*, p. 487.
3. *Soixante ans dans les ateliers des artistes. Dubosc modèle*, *op. cit.*, p. 137.

1845, l'un des plus animés de Paris. Pradier, âgé de cinquante-cinq ans, était alors une puissance, sculpteur reconnu et académicien depuis une vingtaine d'années. Outre les visiteurs de passage, toujours nombreux, il y avait les habitués, « plusieurs hommes célèbres ou remarquables qui venaient journellement, les uns passer des demi-journées, les autres quelques moments [...], aux heures plus ordinairement du repos et de la causerie, alternant une ou deux fois avec celles de l'étude et du travail[1] ». Les plus familiers étaient les compositeurs Esprit Auber et Adolphe Adam, car Pradier était musicien dans l'âme et il dînait souvent chez l'un ou chez l'autre. Venaient aussi le graveur Louis Martinet, les poètes Reboul, de Nîmes, et Cannonge, l'écrivain Maxime Du Camp, « grand, maigre, gesticulant, retour d'Égypte », colportant mille récits. Du côté des femmes : une actrice du Vaudeville, Mme Paul Ernest ; le sculpteur Claude Vignon, qui avait d'abord été journaliste, et des dames montrant volontiers leur nudité : la belle Mme Octave, sculptée en Ève « dans le costume historique », ou Mme F... que Pradier avait représentée en baigneuse, avec pour tout costume une rose dans les cheveux.

Peindre sur le motif. La nature pour atelier

Barbizon est un village proche de Fontainebleau, passé dans l'histoire parce que son nom évoque le premier groupe d'artistes français qui se sont consacrés à la peinture de paysage. Le mouvement désigné par l'expression « École de Barbizon » s'est épanoui après 1835, mais des peintres travaillaient dans la région dès les années 1820. Camille Corot fut l'un des premiers. En 1822, âgé de vingt-six ans, il s'inscrivit dans l'atelier d'Achille-Etna Michallon qui lui conseilla, à côté des doctrines néo-classiques qu'il lui enseignait, d'aller peindre « sur le motif », c'est-à-dire en plein air. Ainsi Corot découvrit-il les bois de Saint-Cloud, la forêt de Fontainebleau, la Normandie, Ville-d'Avray... Au dehors, il faisait des études, des ébauches, qu'il terminait dans son atelier (d'autres peintres de plein air avaient une autre technique : ils

1. J. Laurens, *La Légende des ateliers*, *op. cit.*, p. 180-181.

transportaient leurs toiles chaque jour sur leur lieu de travail, comme Daubigny dans la forêt ou Renoir au moulin de la Galette ; quant à Monet, il travaillait en plein air sur plusieurs toiles en même temps, les faisant déplacer selon les variations de la lumière[1]). Corot passait beaucoup de temps « sur le motif », comme il l'écrit en juillet 1831, lors d'un séjour à Chailly, en forêt de Fontainebleau : « Je pars de bonne heure à la forêt ; je rentre tard, un peu fatigué, peu en train d'écrire. Je cherche la nature des beaux chênes de la forêt[2]. » Il continua longtemps puisque, à soixante-dix-sept ans, le 20 septembre 1873, il travaillait encore en forêt de Fontainebleau en compagnie de jeunes artistes et, comme au temps de sa jeunesse, il logeait chez Mme Coutelle.

Théodore Rousseau, appelé plus tard « l'ermite de Barbizon », avait commencé à l'âge de seize ans, en 1828, à planter son chevalet dans la nature, selon la méthode de l'un de ses cousins, Pau de Saint-Martin, paysagiste qui était allé avant tout le monde travailler sur le motif dans le Calvados. C'était dans la région de Compiègne[3]. Puis, en 1829, Rousseau découvrit les abords de la forêt de Fontainebleau. En 1833, il séjourna à Chailly-en-Bière, à l'hôtel du Cheval-Blanc. Mais il préféra s'installer à Barbizon, où il allait travailler à partir de 1836, en prenant pension à l'auberge du père Ganne où logeaient déjà Diaz et Caruelle d'Aligny. L'auberge, ancienne épicerie de campagne, datait de 1822 ou 1824. La pension y était de 4 francs par jour pour les visiteurs occasionnels, mais Rousseau ne payait que 2 francs 40 – malgré

---

1. En août 1918, René Gimpel et Georges Bernheim se rendent à Giverny, pour voir les nymphéas que Monet est en train de peindre : « Toute la journée je travaille sur ces toiles, nous dit Monet, on me les apporte les unes après les autres. Dans l'atmosphère, une couleur réapparaît qu'hier j'avais trouvée et esquissée sur une de ces toiles. Vite, on me passe le tableau et je cherche autant que possible à fixer définitivement cette vision, mais, en général, elle disparaît aussi rapidement qu'elle a surgi pour faire place à une autre couleur déjà posée depuis plusieurs jours sur une autre étude qu'on met presque instantanément devant moi… et comme cela toute la journée ! » (R. Gimpel, *Journal d'un collectionneur marchand de tableaux*, *op. cit.*, p. 68.)

2. *Corot, 1796-1875*, Paris, Éd. de la Réunion des musées nationaux, 1996, p. 19.

3. Prosper Dorbec, *Théodore Rousseau,* Paris, Henri Laurens, 1911, p. 23.

cette somme modique, il devait plus de 1 000 francs à l'aubergiste en 1850[1]. Rousseau finit par s'installer à Barbizon en 1848, après avoir transformé une grange en atelier ; il ne conserva plus à Paris qu'un atelier, cité Malesherbes, pour rester en contact avec les marchands et les collectionneurs. Il devint l'intime de Jean-François Millet qui, sur le conseil de Charles Jacque, vint, lui aussi, habiter Barbizon avec ses neuf enfants pendant le choléra de 1849. Au temps des diligences, il n'était pas facile d'aller peindre en plein air : il fallait une journée pour gagner Fontainebleau. Le chemin de fer changea la donne. Mais une fois le voyageur arrivé à Melun, restaient neuf kilomètres jusqu'à Barbizon... que les artistes ne rechignaient pas à parcourir à pied[2]. Un tilbury finit par assurer la liaison ; en 1899, il fut remplacé par un tramway, mais Barbizon n'avait plus rien alors d'une pépinière artistique[3].

Charles-François Daubigny lança la mode des bateaux-ateliers. Il avait rencontré Corot en 1852 et, depuis lors, allait travailler avec lui à la belle saison. En été 1854, les deux peintres logeaient à Auvers-sur-Oise, à l'auberge Partois ; en été 1857, ils étaient à Marlotte, à l'auberge du père Antony. C'est à l'automne 1857 que Daubigny acheta son premier *botin* (petite boîte), embarcation d'eau douce équipée d'une cabine-atelier. Il en était le capitaine, Corot l'amiral honoraire, le fils de Daubigny, âgé de douze ans, le mousse, et les artistes Geoffroy-Dechaume, Trimolet, Guillemet, Oudinot, Mignan, etc., les matelots[4]. Pendant dix ans, ils firent des excursions sur l'Oise et sur la Seine et, lorsque le premier *botin* fut trop fatigué, Daubigny en acheta un autre. En 1860, il acquit un

1. J. Lethève, *La Vie quotidienne des artistes français au XIXe siècle*, *op. cit.*, p. 105. Quelque temps avant la guerre de 1870, le gendre de Ganne agrandit l'auberge, désormais baptisée « Villa des artistes ».

2. On est toujours étonné aujourd'hui par les distances que l'on n'hésitait pas à parcourir à pied au XIXe siècle. Puvis de Chavannes, par exemple, faisait dix kilomètres par jour pour se rendre de Neuilly-sur-Seine, où il habitait, à son atelier, place Pigalle.

3. J. Lethève, *La Vie quotidienne des artistes français au XIXe siècle*, *op. cit.*, p. 106.

4. M. Fidell-Beaufort et J. Bailly-Herzberg, *Daubigny*, *op. cit.*, p. 48. Le fils de Charles-François allait devenir peintre sous le nom de Karl Daubigny.

terrain à Auvers, où il construisit la villa des Vallées. Il y reçut beaucoup de peintres, à commencer par Corot qui, en 1860, le peignit dans son bateau-atelier. Les sœurs Morisot, Berthe et Edma, amenées par Oudinot, s'y rencontrèrent avec Guillemet et le ménage Daumier. Comme sa peinture se vendait de mieux en mieux, Daubigny finit par avoir trois « baraques » à Auvers, où il était devenu un notable. Il fit une dernière croisière avec son *botin* sur la Seine à l'été de 1877 et mourut quelques mois plus tard.

Pissarro et Monet choisirent, eux aussi, de vivre à la campagne, à la fois pour faire des économies et pour aller plus facilement « sur le motif ». Pissarro habita Pontoise à partir de 1866, puis, après un passage à Osny, s'installa à Éragny près de Gisors en 1884. Monet, à partir de l'hiver 1871, vécut successivement à Argenteuil, Vétheuil, Poissy et enfin Giverny. Manet, qui passait l'été dans la maison familiale de Gennevilliers (près de Caillebotte, au Petit-Gennevilliers), Renoir et Sisley lui rendirent visite à Argenteuil et peignirent auprès de lui. En 1874, Monet aménagea, sur le modèle de celui de Daubigny, un bateau-atelier que Manet, Renoir et lui-même représentèrent dans plusieurs tableaux. André Derain et Maurice de Vlaminck, qui, à Chatou, sortaient par tous les temps pour peindre, s'attiraient les quolibets des blanchisseuses : « À nous voir partir avec nos chevalets, nos boîtes, par un froid de dix degrés au-dessous de zéro, pour aller travailler d'après nature, elles nous prenaient pour des fous[1]... »

Au nombre des artistes qui peignaient en plein air, il faut citer ceux qui rejoignaient leur province d'origine plusieurs mois chaque année. Courbet partageait ainsi sa vie entre Paris et Ornans, où il peignit les demoiselles du village (ses sœurs), les casseurs de pierres, les cerfs ou le grand chêne de Flagey. Debat-Ponsan, entre 1880 et 1900, retournait tous les étés à Préousse, dans l'est toulousain, où il retrouvait sa famille et faisait provision de scènes paysannes, paysages, études de mœurs et portraits[2]. Cézanne, lorsqu'il vivait principalement à Aix, au Jas de Bouffan, dans les années 1890, semblait pourtant ne pas occuper son atelier dont les

1. Maurice de Vlaminck, *Portraits avant décès*, Paris, Flammarion, 1943, p. 21.

2. P. Ruffié, *Debat-Ponsan, 1847-1913*, *op. cit.*, p. 93.

murs étaient vides et où traînaient quelques vases ébréchés : « Il est vrai, écrit Gaston Bernheim-Jeune, que son véritable atelier, à lui, c'était le motif. Il peignait toujours en plein air et, lorsqu'il entreprenait ses grandes toiles pendant l'hiver, il se servait de ses croquis et ne les finissait jamais, tant il cherchait la forme et le dessin par la peinture[1]… » Pour en finir avec le chapitre du plein air, ayons une pensée pour Degas. Tout à fait sceptique sur la nécessité d'aller sur le motif, il ironisait : « L'air qu'on voit dans les tableaux de maîtres n'est pas de l'air respirable[2]. » La peinture pour lui n'avait rien à voir avec une copie de la nature, elle était le seul produit de l'imagination de l'artiste.

II. Les modèles

Pour dessiner, peindre et sculpter, un artiste avait besoin de modèles. Modèles inanimés ou modèles vivants. Les modèles inanimés, on pouvait les trouver dans les livres. Ainsi pour le paysage historique auxquels s'exerçaient beaucoup de jeunes gens, parce que cela se vendait : « On faisait semblant de raconter une histoire : *Didon laissant interrompue la construction de Carthage* ou *Psyché, Pan et l'Amour*, *La Continence de Scipion*, *Le Testament d'Eudamidas*, repris vaille que vaille de Poussin, petites silhouettes en papier mâché qui occupaient le premier plan, et derrière, on assemblait une montagne prise là, des rochers copiés ailleurs, deux ou trois ciels au choix selon les heures du jour. On pouvait s'aider de manuels : cent pages d'arbres, dix pages de sources, cinquante de fabriques et de petits temples, une falaise ou un chaos de rochers pour varier un peu. Toute la science du paysage consistait à combiner au mieux ces modèles, comme on construit un décor de théâtre. […] Comme dans les mauvais théâtres,

1. Gaston Bernheim de Villers, *Un ami de Cézanne*, Paris, Éd. Bernheim-Jeune, 1954, p. 19.

2. J. Lethève, *La Vie quotidienne des artistes français au XIXe siècle*, *op. cit.*, p. 114.

on n'avait pas tant de décors en magasin ; la même fontaine resservait de *Théagène et Chariclée* à *Orphée poursuivi par les femmes de Thrace*[1]. »

Mais, la plupart du temps, les modèles inanimés étaient des plâtres, que l'on voit dans toutes les représentations d'ateliers. Ces plâtres, d'après lesquels Anton Mauve lui conseillait de dessiner, mirent en rage Vincent Van Gogh, comme il le raconte à son frère, en avril 1882 : « Bien que je déteste dessiner ainsi, j'avais quand même quelques pieds et quelques mains à l'atelier, mais je ne m'en servais évidemment pas comme modèles. Un jour, il m'a parlé de cette méthode sur un ton de professeur d'académie. Je me suis maîtrisé mais, rentré chez moi, pris d'une sainte colère, j'ai jeté tous ces pauvres moules dans la boîte à charbon où ils se sont brisés. Je me suis dit : Je ne dessinerai plus d'après des modèles en plâtre que quand ces morceaux seront redevenus blancs et qu'il n'y aura plus de pieds et de mains d'hommes vivants à dessiner[2]. » Un peintre pouvait aussi travailler d'après des denrées périssables, qui requéraient des conditions spécifiques. Ainsi les fruits que peignait Matisse avaient besoin d'être renouvelés, mais, comme en hiver ils étaient très chers, il travaillait dans une pièce non chauffée en gardant son manteau pour les maintenir présentables plus longtemps.

Quant aux modèles vivants, ils étaient de trois sortes : les clients, qui payaient l'artiste pour avoir leur portrait ; les modèles amateurs, famille, amis ou relations, qui posaient gratuitement ; les modèles professionnels enfin, que l'artiste payait.

Clients

En 1833, Ingres remporta un grand succès au Salon avec le portrait de Bertin aîné, fondateur du *Journal des débats*. Plus tard, à Amaury-Duval, Ingres raconta comment la patience de son modèle lui avait permis de surmonter une des crises d'angoisse auxquelles il était sujet : « J'avais eu le bonheur de tomber sur le meilleur et le plus intelligent des hommes. M. Bertin venait de Bièvres exprès

1. Adrien Goetz, *La Dormeuse de Naples*, Paris, Le Passage, 2004, p. 62-63.
2. V. Van Gogh, *Lettres à son frère Théo*, *op. cit.*, p. 174.

pour poser ; il m'avait donné déjà un grand nombre de séances, et je me voyais dans la nécessité de lui dire que tout cela était peine perdue ! J'étais désolé... mais j'eus ce courage... Savez-vous ce qu'il me répondit ? – Mon cher Ingres, ne vous occupez pas de moi ; surtout ne vous tourmentez pas ainsi. Vous voulez recommencer mon portrait ? À votre aise. Vous ne me fatiguerez jamais, et, tant que vous voudrez de moi, je serai à vos ordres. Cela me remit la joie au cœur, je le priai de prendre ainsi que moi un peu de repos, et plus tard j'ai trouvé... et j'ai fait le portrait que vous avez vu[1]. » M. Bertin, de son côté, conta le dénouement de l'affaire : « Un jour qu'Ingres dînait ici, nous prenions, comme aujourd'hui, à cette même place, le café en plein air ; je causais avec un ami, et j'étais, paraît-il, dans la pose du portrait. Ingres se lève, s'approche de moi, et me parlant presque à l'oreille : *Venez poser demain*, me dit-il ; *votre portrait est fait*. Le lendemain, en effet, je reprenais mes séances, qui furent de très courte durée ; en moins d'un mois, le portrait fut achevé. »

Plus tard, les gens du monde devaient lutter pour obtenir qu'Ingres les peignît. Ainsi James de Rothschild, qui avait commandé à Ingres le portrait de sa femme Betty à la fin de 1841, dut-il faire son siège, y compris en lui envoyant des bourriches d'huîtres, et le tableau ne fut achevé qu'en 1848. Mais le baron James ne parvint jamais à obtenir son propre portrait. Revenu à Paris après ses années à la tête de la Villa Médicis, Ingres se sentait assiégé par les demandes de portraits : « En voilà six que je refuse ou que j'élude, car je ne puis les souffrir. Eh ! ce n'est pas pour peindre des portraits que je suis retourné à Paris » (2 octobre 1841). En octobre 1851, Ingres écrit à Charles Marcotte qu'à cause des portraits il ressemble « à quelqu'un qu'oppresse un cauchemar qu'il veut fuir [et] ne trouve point de jambes ». Il est attelé au portrait de la princesse de Broglie : « J'ai enfin eu *une dernière* séance de notre belle et bonne mais à présent j'ai encore à lui faire sa collerette, ses bagues, le bracelet de sa main droite, sa fourrure sur la chaise avec ses gants et son manchon et puis reprendre par les derniers glacis et dernières retouches ce portrait qui depuis sept ans occupe péniblement ma vie[2]. »

1. Amaury-Duval, *L'Atelier d'Ingres*, *op. cit.*, p. 239.
2. Valérie Bajou, *Monsieur Ingres*, Paris, Adam Biro, 1999, p. 319.

De la même manière, les amateurs suppliaient Thomas Couture pour obtenir leur portrait. Ainsi le baron d'Astier de la Vigerie, pour le presser d'achever le portrait de son épouse, lui écrivait cavalièrement : « Allons, Monsieur Couture, soyez un peu comme Sophie Arnould[1] : *C'est si facile*, dit-elle, *et ça fait tant de plaisir*[2] *!* » Les clients, parmi lesquels beaucoup d'Américains, poursuivirent le peintre même lorsqu'il se fut installé à Villiers-le-Bel, d'où il écrit en janvier 1870 : « Je pioche, les amateurs viennent ici comme à Paris et j'ai le guignon, moi qui n'aime que l'art, de m'enrichir comme un marchand de denrées coloniales[3]. » En butte aux demandes incessantes de portraits, les artistes cotés commençaient par refuser. C'est ce que fit Meissonier, en 1881, lorsqu'un marchand américain amena chez lui l'ancien gouverneur de Californie, M. Leland-Stanford. Mais celui-ci le fit changer d'avis par la seule évocation de son activité : « … il me parle, raconte Meissonier, des photographies de mouvements de chevaux, en ajoutant qu'elles étaient faites par lui : il y avait même dépensé cent mille dollars, disait un ami qui l'accompagnait[4]. » Leland-Stanford avait aussi photographié des mouvements de bœufs, de cerfs, de chiens et d'hommes, et Meissonier, passionné par le mouvement, ne pouvait qu'accepter de peindre le portrait d'un tel homme.

Un portraitiste lancé pouvait gagner beaucoup d'argent. Vers 1845, un portrait peint par un artiste de bonne réputation (Alexis-Joseph Pérignon, Henri Scheffer ou Sébastien Cornu) se payait 1 500 francs et un portrait peint par une vedette comme Horace Vernet ou Court valait 3 000 francs, c'est-à-dire plus que le revenu annuel d'une famille petite-bourgeoise[5]. Claude-Marie Dubufe, sous la monarchie de Juillet, et Édouard Dubufe, sous le second Empire, firent fortune avec leurs portraits. Leurs tarifs étaient de 800 francs pour un buste, 1 500 francs pour un mi-corps, 3 000 francs pour un

---

1. Cantatrice française du XVIIIe siècle célèbre pour son esprit et ses liaisons amoureuses.
2. *Thomas Couture (1815-1879)*, *op. cit.*, p. 67.
3. *Ibid.*, p. 82.
4. *Jean-Louis-Ernest Meissonier…*, *op. cit.*, p. 194-195.
5. Léon Rosenthal, *Du romantisme au réalisme. La peinture en France de 1830 à 1848*, Paris, Macula, 1987, p. 64.

portrait en pied[1], beaucoup plus s'il s'agissait du chef de l'État : Claude-Marie toucha 5 000 francs pour un portrait du roi Louis-Philippe, Édouard demanda 8 000 francs pour son portrait de l'empereur Napoléon III[2]. Mais il arrivait que le portrait ne plaise pas au modèle. Lorsque Édouard Dubufe peignit la comtesse de M. en 1851, ni le peintre ni le modèle ne furent satisfaits du résultat, Dubufe garda le tableau. Dix ans plus tard, le fils de la comtesse fit peindre son épouse par Édouard Dubufe. À cette occasion, l'artiste ressortit le portrait de la mère… qui, ravie de se voir telle qu'elle aurait voulu être, avec dix ans de moins, l'acheta aussitôt[3].

Lorsque Hébert rentra définitivement à Paris en 1896, après dix ans à Rome, les dames du monde désirèrent toutes avoir leur portrait de sa main, d'autant plus qu'en 1900 il obtint un immense succès à l'Exposition universelle. Voyons comment elles procédaient. Le peintre recevait le monde le plus élégant dans son hôtel du boulevard Rochechouart. À l'un de ses thés où les vedettes étaient Rosemonde Gérard et Edmond Rostand, la comtesse Greffulhe fit une entrée si superbe qu'Hébert la complimenta. Elle lui écrivit sur-le-champ : « 5 juillet 1901. Je garderai votre “déclaration” parmi les plus précieuses adresses reçues au cours de mon existence. Il y a bien longtemps que j'admire l'idéal dont vous enveloppez ce que vous représentez. On sent, en chacune des figures que vous fixez, le foyer de beauté qui est en vous. Voulez-vous répondre verbalement au porteur de cette lettre si je pourrais venir vous voir aujourd'hui entre 6 h 1/2 et 7 h. J'aurais une grâce à vous demander. Croyez à mes sentiments de profonde admiration[4]. » La grâce, c'était son portrait. Hébert accepta et commença très rapidement. Pour occuper agréablement ses modèles pendant les séances de pose, le peintre leur proposait de la musique ou de la lecture à haute voix par un lecteur professionnel. C'était au modèle de choisir les textes. La

1. La *Revue des Beaux-Arts. Tribune des artistes* de 1857, p. 70, cite le chiffre de 6 000 francs pour le portrait d'une duchesse par Édouard Dubufe.

2. *Claude-Marie, Édouard et Guillaume Dubufe, Portraits d'un siècle d'élégance parisienne*, *op. cit.*, p. 28.

3. *Ibid.*, p. 42-45. L'anecdote est rapportée par Jules Lecomte dans *Le Perron de Tortoni. Indiscrétions biographiques*, Paris, Dentu, 1863.

4. R.P. d'Uckermann, *Ernest Hébert, 1817-1908*, *op. cit.*, p. 204.

comtesse choisit Tacite, Sophocle et Renan. Mais les obligations sociales espaçaient les séances de pose, si bien que l'élaboration du portrait prit plus d'une année, au cours de laquelle l'artiste rencontra d'ailleurs son modèle dans plusieurs occasions mondaines : soirée de théâtre, audition musicale, séjours au château de Boisboudran, ou réception en l'honneur du roi de Suède. Hébert pouvait avoir dans la journée jusqu'à trois séances de pose et passer d'un modèle à un autre. Il n'avait pas de tarif préétabli pour ses portraits, comme le prouve sa lettre au duc de Rohan, le 16 janvier 1904 : « Je m'en rapporte à l'appréciation de mes clients, et je trouve toujours qu'on a été trop généreux. »

Choisir un portraitiste ou un modèle n'était pas innocent, c'était affaire de stratégie selon la position sociale que l'on occupait et l'image de soi que l'on voulait donner. Se faire peindre par Léon Bonnat ou par Manet répondait à des objectifs différents. Pour celui dont les fonctions ou la position mondaine n'étaient pas établies, être peint par Bonnat était un titre de gloire et le haussait au niveau des personnages officiels dont Bonnat faisait le portrait, à commencer par les présidents de la République[1]. Se faire peindre par Manet avait une autre connotation. Au Salon de 1880 étaient exposés le portrait du président Grévy par Bonnat et le portrait d'Antonin Proust par Manet. Antonin Proust, proche de Gambetta, allait devenir ministre des Beaux-Arts dans son cabinet l'année suivante. S'il avait choisi Manet pour faire son portrait, ce n'est pas seulement parce qu'ils étaient amis d'enfance. Choisir Manet, qui avait fait scandale au Salon quelques années plus tôt et apparaissait comme le chef de file de la nouvelle peinture, c'était vouloir donner de soi une image moderne. Antonin Proust est campé en dandy, élégant et un peu désinvolte, chapeau haut de forme, fleur à la boutonnière, une canne dans sa main gantée, l'autre main, dégantée, posée sur sa hanche.

Tout comme la notoriété du peintre pouvait rejaillir sur le modèle, le peintre pouvait connaître un début de consécration officielle s'il réalisait le portrait d'un personnage célèbre ou lancé dans le monde. (Nous verrons plus loin le rôle que joua pour Renoir le portrait de Mme Charpentier.) Le 7 février 1888, Jean-François

1. « Visages et portraits de Manet à Matisse », Paris, *Cahiers du Musée d'art et d'essai, Palais de Tokyo*, n° 7, 1981, p. 4.

Raffaëlli demanda à Edmond de Goncourt, « avec l'insistance la plus gracieuse », de faire son portrait dans le but de l'exposer au Salon. Le romancier fut flatté et, par ailleurs, le peintre lui promit de le déranger le moins possible : il viendrait à domicile, pour une quinzaine de séances de pose. La première séance eut lieu le 16 février. Dès le 18 février, Goncourt est agacé par les procédés de Raffaëlli, brouillon, prêt à sacrifier le réel au nom de rêves impossibles : « … un esprit incertain, inquiet, bouleverseur du travail de la veille, tourmenté par la trouvaille d'intentions littéraires et psychiques en peinture, et qui au lieu de poser bêtement son modèle comme un enfant, au fond, comme les grands peintres d'autrefois, veut que dans le mouvement d'un monsieur appuyé sur un meuble, on sente encore qu'il vient de la pièce d'à côté ». Cet agacement rejoint une méfiance plus générale que Goncourt éprouve pour l'école impressionniste : « … il me semble qu'elle sent et apprécie encore moins l'objet d'art, de quelque nature qu'il soit, que l'école de Bouguereau et Cabanel. Pour elle, il n'y a qu'un objet d'art : c'est sa peinture à elle ».

Le 25 février, le romancier critique à la fois les teintes sombres de Raffaëlli et sa prétention : « Quand je pense au cirage avec lequel Raffaëlli peint les objets blonds et crémeux, je trouve assez ironique le choix fait par le hasard de mon portraitiste ordinaire et extraordinaire. Il m'amusait tout à l'heure, en disant dans l'ébauche d'un de mes fauteuils du salon : "Je vais leur montrer à ceux qui m'appellent le *peintre des chiffonniers*, je vais leur montrer ce que je peux faire dans la chose riche et élégante…" Et il arrive à faire de la crème rosée d'un meuble de Beauvais, de la triste et squalide *verdure* Louis XIII. Et des ors qui ont l'air de sortir d'une soute à charbon… » Le 9 mars, Goncourt est accablé de découvrir que Raffaëlli, la veille, pendant son absence, a jeté du bleu de Prusse partout. Le peintre justifie son intervention : « … c'était pour obtenir une atmosphère, […] qui se fait d'après les traités techniques avec du violet ». Le résultat est pitoyable : « … malgré un débarbouillage radical que je lui ai fait faire, j'ai les cheveux blancs-bleus d'un homme qui a abandonné la teinture dans la semaine, et mon pantalon, qui était d'une coloration toute légère, s'est alourdi et attristé ». Mais, le 13 mars, le portrait terminé, le romancier n'en était pas mécontent, et le lundi 30 avril, jour de vernissage, il se rendit au Salon en compagnie de ses amis les Daudet pour le voir accroché. Et, bien qu'il traite Raffaëlli d'« épaisse bête[1] », Goncourt l'accueillait néanmoins parmi les familiers de son Grenier d'Auteuil. Ce que ne dit pas Goncourt, c'est qu'un écrivain est toujours flatté qu'un artiste veuille faire son portrait. André Gide, à qui un peintre-graveur, Raphaël Schwartz, a demandé de poser pour lui, l'avoue le 8 mai 1911 : « C'est une manière de flatterie à quoi je me laisserai toujours prendre. Ce portrait (pointe sèche) doit figurer dans un album à côté de quelques rares autres : Rodin, Bartholomé, deux sculpteurs ; deux peintres, Besnard et Renoir[2]... » Gide s'en veut d'autant plus de s'être laissé tenter que, pendant qu'il posait, la femme de l'artiste en a profité pour lui infliger sa conversation... et lui lire des vers !

Modèles amateurs

Tout naturellement, c'est d'abord leurs proches, compagnes et enfants, que les artistes faisaient poser : de Madeleine Ingres à Marthe Bonnard en passant par Suzanne Manet ; des enfants de Renoir à la fille de Matisse en passant par le fils de Cézanne. De tous ces gens-là, c'est la compagne de Bonnard qui apparaît sur le plus grand nombre de tableaux, plus de trois cent quatre-vingts. Maria Boursin de son vrai nom, elle avait changé d'identité comme toutes les demi-mondaines et se faisait appeler Marthe de Méligny. Bonnard la rencontra en 1893, elle devint sa compagne puis, en 1925, sa femme. Gervex exposa au Salon de 1879 le portrait de Valtesse de la Bigne, célèbre demi-mondaine dont il était l'amant. Il la peignit encore en 1881 dans *Le Mariage civil* de la mairie du XIXe arrondissement. Entretenue par un riche banquier, Valtesse de la Bigne aimait tant les artistes qu'on la surnomma « l'Union des peintres ». Elle fut peinte, en 1879 aussi, par Manet (le portrait est au Metropolitan Museum à New York), elle était l'intime de Detaille, son « amant de cœur », qui la représenta au

1. 10 novembre 1889.
2. André Gide, *Journal*, Paris, Gallimard, coll. « Bibliothèque de la Pléiade », 1996, p. 674.

premier plan de son *Régiment qui passe*, et c'est Gervex qui amena chez elle Zola – le romancier n'avait jamais connu de demi-mondaine de haut vol et cherchait à se documenter pour *Nana*[1].

Après la famille, les amis étaient sollicités, et parmi eux, au premier chef, des confrères. Ainsi Manet fit-il poser, pendant quatre-vingts séances, pour l'homme assis à une table de café qui fume sa pipe devant une bière dans *Le Bon Bock* (1873), Émile Bellon, graveur-lithographe qui fréquentait le café Guerbois[2]. En 1868, dans *Le Balcon*, les trois personnages sont des amis artistes : les peintres Berthe Morisot et Antoine Guillemet et la violoniste Fanny Claus. Berthe Morisot fut le modèle de Manet pour onze tableaux. Belle et inquiète, avec ses grands yeux ardents, dans *Le Balcon*, c'est ainsi qu'on la retrouve dans *Le Repos*, *Berthe Morisot au bouquet de violettes*, *Berthe Morisot à l'éventail*… Elle ne posera plus pour Manet après son mariage avec le frère du peintre, en décembre 1874. Manet prit ensuite pour modèles Méry Laurent et Isabelle Lemonnier, la jeune sœur de Mme Charpentier, à qui il envoya des lettres griffonnées de dessins et de vers : « À Isabelle/ Cette mirabelle… » Ce n'était pas une sinécure que de poser pour lui, comme l'écrit Berthe Morisot à sa sœur. En 1869, il faisait poser Eva Gonzalès, une artiste peintre qu'il avait accepté de prendre pour élève : « … il recommence son portrait pour la vingt-cinquième fois, elle pose tous les jours et le soir sa tête est lavée au savon noir… » Et quelque temps après : « … son portrait n'avance toujours pas ; il me dit être à la quarantième séance et la tête est de nouveau effacée, il est le premier à en rire[3] ».

Mais les modèles amateurs pouvaient être aussi bien les paysans de Courbet. En février-mars 1850, Courbet est à Ornans, occupé à peindre son grand tableau, *Un enterrement à Ornans*. Il écrit à Champfleury : « Ici les modèles sont à bon marché, tout le monde voudrait être dans l'*Enterrement*. Jamais je ne les satisfais

1. *Henri Gervex, 1852-1929*, *op. cit.*, p. 30.

2. É. Darragon, *Manet*, *op. cit.*, p. 214. Le tableau est au musée de Philadelphie.

3. J. Lethève, *La Vie quotidienne des artistes français au XIXe siècle*, *op. cit.*, p. 93.

tous, je me ferai bien des ennemis. Ont déjà posé : le maire, qui pèse quatre cents ; le curé, le juge de paix, le porte-croix, le notaire, l'adjoint Marlet, mes amis, mon père, les enfants de chœur, le fossoyeur, deux vieux de la Révolution de 93, avec leurs habits du temps, un chien, le mort et ses porteurs, les bedeaux, mes sœurs, d'autres femmes aussi, etc. Seulement je croyais me passer des deux chantres de la paroisse, il n'y a pas eu moyen. On est venu m'avertir qu'ils étaient vexés... [...] Enfin, dans ce moment-ci, je suis sur le point de finir cinquante personnages grandeur nature, avec paysage et ciel pour fond, sur une toile de vingt pieds de longueur sur dix de hauteur. Il y a de quoi crever[1]. »

L'artiste et son marchand : Vollard pose pour Cézanne

En 1914, huit ans après la mort de Cézanne, Ambroise Vollard, qui avait été le marchand et l'ami du peintre, raconte la longue histoire de son portrait avorté. Se rendant pour la première séance de pose dans l'atelier de la rue Hégésippe-Moreau, il vit avec inquiétude une estrade constituée d'une chaise posée sur une caisse elle-même surélevée. Cézanne le rassura : « Vous ne courez aucun danger de tomber, monsieur Vollard, si seulement vous conservez votre équilibre. D'ailleurs, quand on pose, ce n'est pas pour bouger[2] ! » Vollard bougea si peu qu'il s'endormit... et tomba avec tout l'échafaudage. Et Cézanne, furieux : « Malheureux ! vous dérangez la pose ! Je vous le dis en vérité, il faut vous tenir comme une pomme. Est-ce que cela remue, une pomme ? » Vollard venait poser tous les matins, de 8 heures à 11 heures 30, mais la réussite des séances dépendait de plusieurs éléments : il fallait que le temps fût gris clair, que Cézanne fût content de son travail de dessin au Louvre la veille, que le silence fût total – le peintre ne supportait pas même le bruit d'un ascenseur ni les aboiements d'un chien. Et, par-dessus tout, il fallait que la domestique ne touchât pas à un vieux tapis jeté par terre dans un coin de

1. *Correspondance de Courbet*, *op. cit.*, p. 86.
2. *La Critique d'art au Mercure de France (1890-1914)*, *op. cit.*, p. 175.

l'atelier : s'il ne voyait plus ce tapis, Cézanne était incapable de travailler.

Cézanne était tyrannique. C'est pourquoi, dit Vollard, faute d'avoir des modèles « maniables », il peignit de préférence des pommes, des fleurs... en papier ou des images du *Magasin pittoresque*. Il piquait de violentes colères, et mieux valait être sur le qui-vive car il brandissait alors le couteau à palette, prêt à détruire les tableaux qui lui tombaient sous la main. Le jour où Vollard lui cita une phrase de Delacroix à propos d'une grande aquarelle « représentant des *Fleurs* comme posées au hasard sur un fond gris », Cézanne se précipita sur lui, prêt à le frapper : « Vous osez dire que Delacroix peignait au hasard[1] ? » Et il fallut que le marchand le calmât aussitôt par des explications. Au cours des séances, Vollard vit à plusieurs reprises le peintre jeter au feu des aquarelles ou lacérer des toiles. Vollard posa cent quinze fois puis Cézanne repartit pour Aix, en disant seulement : « Je ne suis pas mécontent du devant de la chemise[2]. » Il demanda à Vollard de laisser à l'atelier le costume dans lequel il avait posé, car il avait l'intention de retoucher le tableau à son retour – de boucher les deux petits points blancs sur la main de son modèle, là où la toile n'était pas couverte, et de retravailler certaines parties. Mais il en fut empêché par les mites qui dévorèrent le vêtement.

Modèles professionnels

Les modèles professionnels se recrutaient traditionnellement au « marché aux modèles » qui se tenait le lundi matin, d'abord autour de la fontaine place Pigalle, puis à l'angle de la rue de la Grande-Chaumière et du boulevard du Montparnasse, près de l'atelier Colarossi. En 1885, un Italien nommé Socci eut l'idée d'ouvrir une agence boulevard de Clichy, où peintres et sculpteurs pouvaient faire leur choix d'après des photographies et des moulages en plâtre des modèles vivants disponibles. Louer les services d'un modèle professionnel revenait cher. Dans les années 1850,

1. *Ibid.*, p. 182.
2. *Ibid.*

un modèle homme touchait 3 francs, une femme 4 à 5 francs, pour une séance de quatre heures de pose ; trente ans plus tard, les prix étaient passés respectivement à 5 et 10 francs – mais on trouvait des Italiennes pour 5 francs. Si les femmes étaient plus chères, c'est qu'elles étaient modèles moins longtemps, dix ans tout au plus[1]. Un peintre travaillant seul, surtout s'il débutait, ne pouvait assumer cette dépense-là. C'est seulement après la mort de son père, en 1886, que Cézanne, avec son héritage, put rétribuer des modèles pour des durées assez longues. Ainsi fit-il poser pour deux peintures à l'huile et deux aquarelles un petit modèle professionnel, Italien aux longs cheveux châtain, Michelangelo Di Rosa, dont il pouvait étudier la physionomie sous des angles et dans des décors différents[2]. Faute d'un héritage, le rapin pouvait fréquenter l'École des beaux-arts ou les ateliers privés, où les modèles étaient engagés avec l'argent de « la masse », ou bien se rapprocher de ses camarades, soit pour partager les frais, soit pour profiter gratuitement des modèles qu'employaient les plus aisés. Ainsi les futurs Fauves, qui, vers 1900, étaient très pauvres, allaient, rue Dutot, chez Biette, qui avait les moyens d'engager des modèles. Quelques années plus tard, Manguin accueillit pareillement Matisse et Marquet dans son atelier[3].

Les statistiques pour 1880 indiquent que 671 modèles, hommes et femmes, étaient employés à titre professionnel par les peintres, sculpteurs et photographes parisiens pendant l'année. 230, soit plus d'un tiers, étaient italiens ; 130, français ; 80, allemands ; 60, suisses ; 49, belges ; 45, anglais ; 30, américains. L'invasion des modèles italiens datait de la fin des années 1850. Les nouveaux venus étaient des montagnards des environs de Naples, dont les costumes pittoresques plaisaient. La majorité avait entre seize et vingt et un ans, 130 étaient plus âgés, les hommes surtout. Les modèles féminins « éphémères » étaient jeunes. Beaucoup parmi les femmes, avant de devenir modèles, avaient été actrices, mais

1. J. Lethève, *La Vie quotidienne des artistes français au XIXe siècle*, *op. cit.*, p. 79.

2. *De Cézanne à Matisse. Chefs-d'œuvre de la fondation Barnes*, Paris, Gallimard/Electa et Réunion des musées nationaux, 1993, p. 114.

3. P. Schneider, *Matisse*, *op. cit.*, p. 725.

plus de 70 avaient été couturières et 35 avaient vendu des fleurs[1]. Sous le second Empire, les modèles féminins furent nombreuses à évoluer vers la haute galanterie, à devenir des femmes richement entretenues.

Il fallait être très riche, comme Léon Cogniet ou Meissonier, pour louer des hommes et des chevaux et les garder costumés et équipés. Meissonier en avait d'ailleurs pris l'idée lorsqu'il avait brièvement travaillé à l'atelier de Cogniet : dans un clos voisin, Cogniet, qui préparait son plafond du Louvre sur l'expédition d'Égypte, entretenait une troupe de modèles en uniformes de soldats de la République, fantassins, artilleurs et cavaliers avec leurs chevaux. Meissonier fit la même chose dans son parc de Poissy pour « les surprendre en dehors de la pose, dans le naturel de leurs attitudes involontaires et de leurs gestes familiers[2] ». Lorsqu'il voulut peindre *La Charge des cuirassiers*, il fit charger tous les matins douze cuirassiers. Et comme il n'arrivait pas à rendre la charge, il fit installer un chemin de fer pour pouvoir la suivre du haut du train[3]. Mais c'était l'été et la charge devait avoir lieu en hiver. Qu'à cela ne tienne ! Meissonier fit répandre cent hectolitres de farine et douze domestiques étaient chargés de déblanchir chaque cheval et chaque cuirassier après chaque séance[4].

Charles Dubosc a conté ses souvenirs de modèle à un artiste qui les a publiés. Né à Rouen en 1797, Dubosc était fils d'un perruquier qui mourut jeune. L'enfant vint à Paris avec sa mère, couturière chez la femme d'un peintre, Nicaise Perrin. Dans l'atelier, Mme Dubosc vit poser de petits modèles et, comme Charles était un très bel enfant, elle le proposa. C'est ainsi que le jeune garçon se mit à poser, avec arc et carquois, chez les peintres et les sculpteurs. Chez David, il connut Ingres, Léopold Robert, Abel de Pujol, Auguste Couder… mais pas « les quatre G. », qui avaient déjà quitté l'atelier : Gérard, Girodet, Gros, Guérin. Chez Girodet,

1. Frederic V. Grunfeld, *Rodin*, Paris, Fayard, 1988, p. 249.
2. L. Bénédite, *Meissonier*, *op. cit.*, p. 31.
3. Ou bien, assis sur un traîneau dont il modifiait à son gré l'allure, il suivait la course parallèle du cheval qu'un domestique montait (*Jean-Louis-Ernest Meissonier…*, *op. cit.*, p. 73).
4. L.-E. Duranty, *Le Pays des arts*, *op. cit.*, p. 141.

il se souvient de l'échafaudage que le peintre avait fait construire pour y placer les modèles et leur permettre de garder des poses très inconfortables, lorsqu'il peignait la *Scène du Déluge*[1]. De Guérin, il se rappelle qu'il paraissait étonné d'avoir « couvé » des élèves si différents de lui, Géricault, Ary Scheffer, Léon Cogniet, Delacroix... À ceux qui admiraient Géricault, Guérin disait : « Laissez-le faire, mais ne l'imitez pas ; vous n'avez pas, comme lui, l'étoffe de plusieurs peintres[2]... » Et si Géricault suivait peu les conseils de Guérin, ce n'était pas faute de le respecter, mais « c'est qu'il était possédé, et ne pouvait pas se plier, comme il l'aurait souvent désiré lui-même ». À l'époque du *Radeau de la Méduse*, Charles Dubosc, âgé de vingt ans, grand et bien proportionné, était le plus recherché de tous les modèles. Mais il vivait amer et solitaire – sa mère était morte cinq ans auparavant –, uniquement adonné au travail et à l'épargne.

Pour l'artiste qui a recueilli ses souvenirs, Charles Dubosc était le dernier représentant des modèles qui avaient foi dans leur rôle, qui se croyaient véritablement les collaborateurs des artistes. Appartenant à cette race mythique, on peut, écrit-il, citer Cadamour, Polonais d'origine, surnommé « le roi des modèles » et peint par Boilly avec ses bottes légendaires dans *L'Atelier de Houdon* ; David, autrefois soldat de Louis XV ; le père Poche, devenu concierge à l'École des beaux-arts ; Merchez, ex-marin, et Henrion de Solène, « cet élégant modèle de Rude et de Dumont, pauvre hère qui composait des romances, et nous [aux étudiants] donnait des leçons de musique à six francs par mois[3] » ! Et aussi de beaux hommes : Bokowski, dit « Thomas l'ours » parce qu'il imitait très bien les grognements de la bête, Bourguignon et Bauve, ces deux derniers ayant posé des personnages du bas-relief de Rude, *Le Départ* – Bauve, ex-mousse, se vantait d'avoir son portrait « sur l'*arche* de triomphe ! ». Le malheureux mourut quelques années plus tard, la poitrine défoncée par un autre modèle, Vuagniat, qu'il avait provoqué pour une plaisanterie, après quelques verres de trop. Ils s'étaient battus si sauvagement

1. *Soixante ans dans les ateliers des artistes. Dubosc modèle*, *op. cit.*, p. 9.
2. *Ibid.*, p. 37.
3. *Ibid.*, p. 121.

que Vuagniat en était resté infirme. Et l'ancien élève des Beaux-Arts de s'émouvoir : « Mais qui se souvient de tous ces pauvres diables, si utiles cependant, dont on retrouve le type, la forme, dans tant de tableaux et statues de maîtres ? Sinel, le père Sévaux, qui posa pour le licteur de *Saint Symphorien* par Ingres ; Dozzi, et la mère Emonel, et la grande Pauline, qui fut la *Poésie légère* de Pradier ; Rachel, qui inspira à ce maître la *Sapho* assise[1]... »

En 1845, quand le narrateur le rencontre, Dubosc a quarante-huit ans, une tête d'ancien soldat, une gaieté froide, une santé de fer et une grande résistance à la pose : « Trois fois par jour, il donnait des séances ; invincible à la fatigue, on pouvait tout en exiger, il raidissait dans les poses pénibles sans crier grâce ; on était quelquefois obligé de le relever[2]. » Mais il n'attirait pas la sympathie des étudiants, qui lui reprochaient son avarice : « Nous lui préférions les autres bohèmes, qui dépensaient au jour le jour ce qu'ils gagnaient, pour leurs vices ou leurs affections, quitte à finir à l'hôpital, l'âge venu, ou à se jeter à l'eau comme Sinel. » Les jeunes gens ne comprenaient pas combien Dubosc était proche d'eux, sensible aux difficultés financières des candidats au prix de Rome qu'il retrouvait, après les séances de pose, place Saint-Germain-des-Prés, à la gargote du père Comeau[3] : « On avait beau manger maigrement, se coucher sans chandelle dans une soupente, il ne pouvait se faire qu'avec cent cinquante francs d'allocation donnés par l'École, on payât cinq cents francs de modèles[4] ! » Dubosc menait une existence très austère, ne prenant qu'un dimanche de congé par mois pendant l'été. Dur pour lui-même, le modèle était sévère pour les autres ; d'ailleurs les étudiants craignaient son jugement. Pendant les repos des séances, il remettait seulement ses souliers, allumait sa pipe, ajustait son monocle et se plantait

1. *Ibid.*, p. 121-122.

2. *Ibid.*, p. 123. Il y avait une mode des poses dans les ateliers, comme Frantz Jourdain le raconte à Edmond de Goncourt en 1894 : « [...] ce ne sont plus les poses pondérées du *Soldat Laboureur*, de Marius sur les ruines de Minturnes, mais les poses tourmentées, contorsionnées des figurations de Michel-Ange, de Rodin » (*Journal*, *op. cit.*, t. III, p. 1028).

3. Cette gargote, qui existait déjà sous la Révolution, avait été tenue vingt ans plus tôt par la mère Chamfort.

4. *Soixante ans dans les ateliers des artistes. Dubosc modèle*, *op. cit.*, p. 124.

devant le travail en train : « S'il disait : "Il y a quelque chose dans votre bonhomme qui ne s'*amanche* pas", on se sentait pris à la gorge d'un malaise[1]… »

Au printemps 1859, Dubosc, voulant prendre sa retraite, à soixante-deux ans, annonça sa volonté de donner aux jeunes artistes les 100 000 francs qu'il avait amassés. Le 22 juillet, il signa sa donation à l'Institut de France : il viendrait tous les mois toucher les 200 francs qu'il avait fixés pour sa pension personnelle ; grâce au reste, chaque étudiant qui entrait en loge, peintre ou sculpteur, allait recevoir une allocation de 395 francs en plus des 150 francs octroyés par l'État. Jusqu'au bout, Dubosc vécut de façon spartiate, dans une pauvre chambre. Lorsqu'il mourut, à quatre-vingts ans, le 15 janvier 1877, sa fortune atteignait 180 000 francs. L'année précédente, il était venu à l'atelier du narrateur, lui avait dit en plaisantant : « Je pourrais maintenant poser les vieux troncs d'arbres ! » et s'était déshabillé, inquiet de savoir s'il avait changé. Et le peintre avait admiré « les restes d'une des plus belles carcasses humaines qui eussent existé[2] ».

Modèles professionnels féminins

« Il n'y a plus de modèles ! Ça vous donne deux séances… et puis, à la troisième, vous rencontrez votre étude dans un petit coupé, coiffée en chien, qui vous dit : "Bonjour !…" Une femme lancée, plus de pose ! Et celles qu'on a encore la chance d'attraper, sont-ce des modèles ? Ça ne tient pas la pose… ça n'a pas de tendons… ça ne *crispe pas*[3] ! » C'est Coriolis qui parle, l'un des peintres mis en scène par les Goncourt dans *Manette Salomon*. Son modèle professionnel, Manette, il va la trouver dans un omnibus, il la peindra, deviendra son amant. Elle est ignorante mais il se sent en connivence avec elle : « Les choses du métier de l'art lui étaient familières : elle en connaissait le nom et l'usage. Elle ne disait pas de

1. *Ibid.*, p. 133.
2. *Ibid.*, p. 228.
3. Edmond et Jules de Goncourt, *Manette Salomon*, Paris, Union Générale d'Éditions, coll. « 10/18 », 1979, p. 174.

bêtises bourgeoises devant une toile. Elle respectait le silence d'un homme à son chevalet. Elle s'entendait à laver les brosses, et elle reconnaissait vaguement des tons distingués dans une toile. En un mot, elle était *du bâtiment*[1]. » C'est cette compréhension du métier qui fait du modèle « la maîtresse naturelle de l'artiste ». Mais peu à peu, Manette deviendra un despote, dépossédera le peintre de lui-même, le castrera de toute créativité. Il faut dire qu'elle était juive et que les fantasmes des Goncourt sont puissants dans ce domaine. Quoi qu'il en soit, ce roman, publié en 1867, est une parfaite illustration de la mauvaise image que l'on avait du modèle féminin.

Zola dit des modèles : « On les dessine la journée et on les câline la nuit – encore que le terme soit peut-être un peu faible[2]. » Ce lieu commun correspondait à la réalité : le modèle était souvent en même temps la maîtresse de l'artiste. Ce modèle devenu maîtresse, l'artiste pouvait l'afficher, comme le peintre Boissard de Boisdenier qui, lorsqu'il s'installa à l'étage noble de l'hôtel Pimodan, fit descendre des combles, où elle louait depuis quelques mois un petit appartement, Joséphine Bloch dite Marix. Ce qui scandalisa les locataires sérieux. Marix était l'un des plus beaux modèles de Paris, elle avait posé Mignon pour Ary Scheffer et la Gloire pour *La Gloire distribuant des couronnes*, de Paul Delaroche, en 1841, dans l'hémicycle de l'École des beaux-arts. Mais l'artiste pouvait aussi épouser son modèle. Claude Monet connut un grand succès au Salon de 1866 avec un portrait de Camille Doncieux, devenue sa compagne ; leur fils naquit en 1867 et ils se marièrent en 1870. Paul Cézanne, de son côté, fit la connaissance, en 1869, d'Hortense Fiquet, un modèle de dix-neuf ans – lui en avait trente. Trois ans plus tard naissait leur fils, Paul. Cézanne épousa Hortense en 1886. Camille Doncieux et Hortense Fiquet ont sans doute inspiré Zola pour créer le personnage de Christine, modèle et maîtresse puis épouse de Claude Lantier dans *L'Œuvre*. Une nouvelle de Maupassant, intitulée *Le Modèle*, met en scène un couple, la femme paralysée dans un fauteuil roulant. C'est un peintre célèbre qui a épousé son modèle après un chantage terrible : il voulait la quitter, elle s'est brisé les jambes en se jetant

1. *Ibid.*, p. 312.
2. F.V. Grunfeld, *Rodin*, *op. cit.*, p. 249.

par la fenêtre. Max Ophuls a fait de cette nouvelle l'un des trois épisodes de son film *Le Plaisir*, en 1952.

S'il avait une compagne officielle, l'artiste avait plutôt comme préoccupation de lui cacher ses liaisons avec les modèles. Ce fut le grief le plus grave de Camille Claudel à l'égard de Rodin. Il était incapable de monogamie et, lorsqu'il eut assez d'argent pour payer ses modèles (de 2 francs 50 à 4 francs de l'heure), il multiplia les aventures[1]. Paul Durand-Ruel assurait que, si Monet avait continué à peindre des paysages, c'était à cause de la jalousie de sa compagne : « Vers 1889, il avait décidé d'abandonner pour ainsi dire le paysage ; il en avait parlé avec Renoir et ses autres amis qui lui avaient fortement conseillé l'étude de la figure : il était venu à Paris chercher un modèle, il trouva et engagea une jeune fille très bien, qui avait consenti à venir demeurer à Giverny ; mais quand il retourna chez lui, sa femme[2] lui dit : *Si un modèle entre ici, je sors de la maison.* C'est pourquoi nous n'avons pas connu Monet peintre de portraits et de figures[3]. » Durand-Ruel concluait en élargissant son propos : « Les peintres sont toujours atteints dans leur talent lorsqu'ils épousent des femmes du monde. Ils se mettent en habit, sortent trop, travaillent moins ; le grand monde ne leur permet plus de faire beau mais seulement joli, et ils travaillent contre leur instinct. Une femme du monde ne permettra pas à son mari de peindre leur bonne et, souvent, la bonne fut le meilleur des modèles. » Quant à Picasso, il cacha à Fernande Olivier, modèle professionnel qui fut sa compagne de 1904 à 1912, sa liaison avec un autre modèle, Madeleine, qui était enceinte de lui fin 1904[4]. Fernande, rousse aux

1. *Ibid.*

2. Alice Hoschedé était alors la maîtresse de Monet, veuf depuis dix ans. Devenue veuve elle-même en 1891, elle épousa Monet l'année suivante.

3. R. Gimpel, *Journal d'un collectionneur marchand de tableaux*, *op. cit.*, p. 348. Sur le rapport de l'épouse aux modèles, voir Alphonse Daudet, *Les Femmes d'artistes*, Arles, Actes Sud, 1997, chap. VII : la jeune femme d'un sculpteur découvre avec horreur que son mari a besoin, pour travailler, de modèles qui posent nues ; comme elle ne le supporte pas, elle se résout à jouer elle-même les modèles…

4. Pierre Daix, *Dictionnaire Picasso*, Paris, Robert Laffont, coll. « Bouquins », 1995, p. 542-543.

yeux verts que Picasso a beaucoup peinte, avait posé pour Cormon, Carolus-Duran, Boldini, Henner, Rochegrosse[1].

Jules Laurens évoque dans ses souvenirs quelques-uns des modèles de Pradier, en donnant des détails sur leur personne ou sur leur situation : Blanche Brun, « une tête manquant de longs cheveux mais montée sur des contours d'épaules d'une finesse particulière » ; Anaïs, petite brune, qui avait abandonné sur un coup de tête un travail bien payé « de calligraphe et de calculatrice » ; la belle Laurentine, qui, victime d'une crise d'épilepsie, était tombée dans le feu, et avait dû être amputée d'un bras ; Sionna Lévy, qui ambitionnait de devenir comédienne et venait de débuter au théâtre de l'Odéon. D'autres modèles étaient actrices, par exemple Henriette Hauser et Ellen Andrée. La première a posé, en 1877, pour la *Nana* de Manet[2] – le peintre avait sans doute fait sa connaissance chez Nina de Callias, elle était alors la maîtresse du prince d'Orange, qui l'avait surnommée *Citron*. La seconde figure dans des tableaux de Manet, Renoir et Degas. Elle a aussi posé la femme nue du *Rolla* de Gervex, mais seulement le corps : comme elle ne voulait pas être reconnue, elle demanda à Gervex de faire poser un autre modèle pour le visage[3]. Les modèles pouvaient encore être ouvrières ou filles des rues. Pour le *Bal du moulin de la Galette*, en 1876, comme pour *La Sortie du Conservatoire*, en 1877, Renoir fit poser de jeunes Montmartroises, et son biographe et ami raconte quels efforts le peintre avait dû déployer pour les convaincre de lui servir de modèles. Une de ces jeunes filles, Nini Lopez dite Nini-Gueule-de-Raie, devint le modèle favori de Renoir entre 1874 et 1879 – elle apparaît dans au moins quatorze tableaux[4]. Lorsque Toulouse-Lautrec croisa

1. John Richardson, *Vie de Picasso*, t. I, *1881-1906*, Paris, Éd. du Chêne, 1992, p. 310.

2. Le tableau de Manet n'est pas une illustration du roman de Zola, qui ne commença à écrire *Nana* qu'à l'automne 1878. Le thème de la courtisane était dans l'air.

3. *Henri Gervex, 1852-1929*, *op. cit.*, p. 30. En 1921, Félix Fénéon signale sa rencontre avec Ellen Andrée dans sa loge du théâtre Édouard VII, où elle jouait *Le Comédien* de Sacha Guitry.

4. *De Courbet à Matisse. Donation Senn-Foulds*, Paris, Somogy éditions d'art/Le Havre, Musée Malraux, 2005, p. 144-145.

Carmen Gaudin avenue de Clichy, il s'enthousiasma pour sa chevelure rousse et son « air carne »[1]. Elle fut la femme de *À Montrouge – Rosa la Rouge* en 1886-1887, *La Pierreuse* et *La Blanchisseuse* en 1889. Toulouse-Lautrec fit également travailler Maria Valadon, qui, après une chute de cheval, avait dû abandonner son métier d'écuyère et devenir modèle. Rebaptisée Suzanne, Valadon posa pour Degas, Zandomeneghi, Puvis de Chavannes et Renoir, dont elle fut la maîtresse. (Aline Charigot, la jeune couturière que Renoir épousera, était jalouse d'elle et le peintre dut remplacer le visage de Valadon par celui d'Aline dans *La Danse à la campagne*[2].)

Un modèle peut être indissociable d'un tableau. C'est le cas de Victorine Meurent, incarnant pour l'éternité l'*Olympia* de Manet. Née en 1844 dans un milieu artistique – son père était ciseleur et son oncle sculpteur –, cette belle fille rousse à la peau très blanche posa dans l'atelier de Thomas Couture entre 1861 et 1863. Sans doute est-ce par Couture qu'elle rencontra Alfred Stevens dont elle fut le modèle et la maîtresse. Il semble que Manet, pour qui elle posa de 1862 à 1866, la découvrit dans l'atelier d'Alfred Stevens. Elle fut, en 1863, la femme nue assise au premier plan du *Déjeuner sur l'herbe*, qui fit couler tant d'encre au Salon des Refusés et, en 1865, *Olympia*, la courtisane qui scandalisa les spectateurs du Salon. 1867 fut une année glorieuse pour Victorine, qui apparut à la fois à l'Exposition universelle où Stevens montrait dix-huit toiles[3], parmi lesquelles son portrait, intitulé *Le Sphinx parisien*, et dans le pavillon construit en marge de l'Exposition par Manet, où il exposait cinquante toiles dont six posées par Victorine – outre les deux déjà citées, *La Joueuse de guitare*, *Mlle Victorine en costume d'espada*, *La Chanteuse des rues*, *La Femme au perroquet*. Zola s'est servi de Victorine dans *L'Œuvre* pour le personnage d'Irma Bécot. Il situe la rencontre avec Irma Bécot au café Baudequin, boulevard des Batignolles, café imaginaire qui prend pour modèle le café Guerbois de l'avenue de Clichy. Zola a pu connaître Victorine dans l'atelier de Manet en 1866, année où il

1. *De Cézanne à Matisse*, *op. cit.*, p. 178.
2. Jean Sagne, *Toulouse-Lautrec*, Paris, Fayard, 1988, p. 207.
3. Stevens reçut une médaille de première classe et la Légion d'honneur.

commença à fréquenter le peintre et où elle posait *La Femme au perroquet*, ou encore au café Guerbois. Mais peut-être n'a-t-il jamais rencontré Victorine et a-t-il simplement entendu Manet parler d'elle en 1868, pendant que le peintre faisait son portrait[1].

À la fin de 1870, Victorine Meurent partit quelque temps pour l'Amérique. Deux ans plus tard, elle posa à nouveau pour Manet, *Le Chemin de fer*, *Bal masqué à l'Opéra* (Emmanuel Laurent s'amuse à imaginer que, dans ce tableau, Manet a peint ses trois modèles, Victorine, Berthe Morisot et Eva Gonzalès), *La Partie de croquet*. Elle fit elle-même de la peinture, s'inscrivit en 1875-1876 aux cours du soir de dessin de l'académie Julian, présenta son autoportrait au Salon en 1876 et fut reçue pour la seconde fois en 1879, avec une *Bourgeoise de Nuremberg au XVIe siècle*. Son tableau se retrouva dans la même salle que *Dans la serre* de Manet. Elle fut encore reçue en 1885 pour *Le Jour des Rameaux*. Elle devint à cette époque le modèle et la compagne de Norbert Goeneutte, de dix ans son cadet. S'il avait lui-même posé pour Renoir dans le *Bal du moulin de la Galette*, il voulait surtout marcher sur les traces de Manet et il fit poser Victorine dans la même mise en scène que *La Joueuse de guitare*[2]. Mais Goeneutte mourut en 1894. Victorine, qui vécut jusqu'en 1927, gagna sa vie en devenant ouvreuse dans un théâtre ou encore en proposant ses dessins et ses peintures aux terrasses des cafés. Admise à la Société des artistes français, elle en recevait de temps en temps des subsides. Tony Robert-Fleury, qui avait été son professeur chez Julian, et Toulouse-Lautrec lui vinrent également en aide[3].

Un grand tableau résume l'activité des modèles : c'est *Poseuses*, que Georges Seurat peignit en 1886-1887 (aujourd'hui à la Fondation Barnes, près de Philadelphie). Il met en scène les trois moments du travail d'un modèle : le déshabillage à gauche, la pose au centre, le rhabillage à droite. Par terre, au premier plan, les vêtements et accessoires des trois femmes nues, ombrelles, chapeaux à

1. E. Laurent, *Mademoiselle V.*, *op. cit.*, p. 178.
2. *Ibid.*, p. 258.
3. E. Lipton, *Alias Olympia*, Londres, Thames and Hudson Limited, 1993, p. 121.

plumes, chaussures, gants, panier de fleurs… Les trois femmes sont dans un angle de l'atelier. Posé au sol contre le mur de gauche, Seurat a représenté le coin droit d'*Un dimanche après-midi à l'île de la Grande Jatte*, son tableau qui avait mobilisé l'attention lors de la dernière exposition impressionniste, au printemps 1886. Clin d'œil de connivence au spectateur, façon d'inscrire son œuvre dans la continuité, mais aussi élément subtil de composition : la scène d'intérieur répond à la scène d'extérieur, les femmes nues posant dans l'atelier répondent aux dames vêtues et paradant dans le tableau, peut-être même en ont-elles été les modèles[1].

1. *De Cézanne à Matisse*, *op. cit.*, p. 174-177.

CHAPITRE III

Exposer et vendre jusqu'en 1870

I. Dans la première moitié du siècle

Le Salon

Pendant longtemps, le Salon de peinture a été la manifestation unique et officielle où un artiste pouvait montrer ses œuvres et les vendre. L'Académie royale de peinture et de sculpture, instituée par Louis XIV en 1648, organisa en 1667 sa première exposition, réservée aux académiciens et aux artistes qui enseignaient à l'Académie. Jusque-là, la seule exposition de peinture tolérée avait lieu en plein air, le matin de la Fête-Dieu, de 6 heures à midi, place Dauphine[1]. En 1725, on décida que l'« Exposition des artistes français » organisée par l'Académie se tiendrait dans le Salon carré du Louvre, à proximité des locaux attribués aux académiciens. Ce salon, qui allait donner son nom à l'Exposition, très haut de plafond, permettait d'étager les tableaux et d'en accrocher jusqu'à quatre ou cinq rangs les uns au-dessous des autres. De 1725 à 1773, on compte vingt-cinq expositions, avec une interruption de dix ans, de 1727 à 1737[2]. 1746 vit à la fois l'apparition de

1. On appelait cette exposition « Salon de la Jeunesse », car elle accueillait des tableaux de jeunes artistes des deux sexes.

2. Gérard-Georges Lemaire, *Esquisses en vue d'une histoire du Salon*, Paris, Henri Veyrier, 1986. Sur les Salons de 1791 à 1914, voir Dominique Lobstein, *Les Salons au XIXe siècle. Paris, capitale des arts*, Paris, Éditions de la Martinière, 2006.

la censure et de la critique. On instaura, d'une part, une commission d'examen pour refuser les ouvrages scandaleux sur le plan de la morale, de la religion ou de la politique. On publia, d'autre part, les premières brochures contenant des commentaires sur les œuvres exposées. Diderot rédigea son premier *Salon* en 1759. La fréquentation du Salon, dont l'entrée était gratuite[1], s'accrut. En 1765, on comptait vingt mille visiteurs.

Le 21 août 1791, l'Assemblée nationale prit un décret qui dépossédait l'Académie royale de peinture et de sculpture de l'organisation du Salon et supprimait toute condition d'admission. Ce décret, qui donnait à tous les artistes la liberté d'exposer comme bon leur semblerait, aurait dû conduire à un désengagement total des pouvoirs publics. Mais les artistes, plutôt que la liberté, revendiquaient l'extension à tous du droit, réservé jusque-là aux seuls membres de l'Académie royale, d'exposer dans le Salon du Louvre. Par ailleurs, ils rédigèrent des pétitions pour obtenir la création d'un jury. Ce jury d'admission allait devenir, au cours du XIXe siècle, la principale cause de discorde entre les artistes eux-mêmes et avec les administrations successives[2]. Chargé seulement au départ d'organiser l'exposition, le jury écarta bientôt les œuvres faibles, amorales ou politiquement dangereuses (arrêté du 5 août 1800)[3]. Après la constitution d'une nouvelle Académie des beaux-arts en 1816, le jury, placé sous l'autorité du directeur des musées, fut choisi parmi les membres de cette Académie.

Sous la Restauration, il y eut seulement cinq Salons, bien qu'ils aient été, en principe, bisannuels. Dès 1831, une pétition réclama un Salon annuel. Et, le 13 octobre 1833, le roi Louis-Philippe, contre le sentiment de l'Académie, signa l'ordonnance qui l'établissait. Le Salon s'ouvrit d'abord le 1er mars, puis le 15 mars. Il durait trois mois, avec une période de clôture pour le remaniement

1. Mais le livret du Salon était payant. On en vendit 7 227 en 1759 et plus de 17 500 une vingtaine d'années plus tard. Le premier catalogue illustré du Salon date de 1879.

2. P. Vaisse, *La Troisième République et les Peintres*, *op. cit.*, p. 97.

3. J. Lethève, *La Vie quotidienne des artistes français au XIXe siècle*, *op. cit.*, p. 117.

des salles[1]. Sous le second Empire, le Salon eut lieu tous les deux ans entre 1853 et 1863, puis, à partir de 1864, redevint annuel, et il le resta sous la IIIe République. Il s'ouvrait alors le 1er mai.

Dans la première moitié du XIXe siècle, la peinture était présentée, comme au siècle précédent, dans le Salon carré du Louvre. Ce Salon carré parut vite trop petit et l'exposition se répandit dans les salles voisines, en commençant par la galerie d'Apollon. La Grande Galerie elle-même fut envahie. Le nombre des œuvres exposées croissait sans cesse : 542 en 1800, 1 294 en 1812, 2 219 en 1835. On culmina à 5 180 en 1848, année sans jury, puis on redescendit : 4 087 en 1861. Sous la monarchie de Juillet, les tableaux permanents du musée n'étaient plus décrochés pendant le Salon mais masqués. Ce qui entraînait de multiples critiques. Le journal *L'Artiste* protesta en 1831 : ce n'était pas bon pour les tableaux d'être recouverts et il était impossible de les voir pendant quatre mois (mais, décrochés, aurait-on disposé d'une place suffisante pour les voir ?) ; les frais d'installation étaient énormes ; quant à la sculpture, elle était reléguée dans les sous-sols[2]. En mars 1838, le *Journal des artistes* publia une lettre de David d'Angers demandant un édifice spécialement réservé au Salon, qui permettrait de ne plus avoir des galeries mal éclairées et de ne pas recouvrir les tableaux des collections du Louvre.

En 1849, on accrocha les œuvres dans le palais des Tuileries, mais les salles étaient mal éclairées. En 1850 et 1852, on essaya le Palais-Royal (devenu un temps Palais-National), où l'on dut édifier un bâtiment provisoire dans la cour d'honneur[3]. Le premier Salon du second Empire, en 1853, se tint aux Menus Plaisirs, à l'angle des rues Richer et du Faubourg-Poissonnière. Lors de l'Exposition universelle de 1855, on construisit pour les beaux-arts un bâtiment avenue Montaigne. En 1857, le Salon trouva

1. L. Rosenthal, *Du romantisme au réalisme. La peinture en France de 1830 à 1848*, *op. cit.*, p. 36.

2. *L'Artiste*, 1831, t. I, p. 145. Léon Rosenthal donne le chiffre de 40 000 francs pour les planches et les tentures destinées à masquer les tableaux en 1831.

3. *Le Palais-Royal*, Paris, Paris-Musées, 1988, p. 261-262.

place dans le Palais de l'Industrie édifié deux ans plus tôt au bas des Champs-Élysées, où il resta jusqu'à la démolition du bâtiment, en 1897. Autour du jardin de sculptures qui occupait à peine la moitié de la grande nef vitrée, l'exposition avait lieu sur deux niveaux de galeries[1]. À partir de 1900, le Salon fut logé dans le Grand Palais, bâti entre 1898 et 1900 à la place du Palais de l'Industrie.

Les œuvres devaient être présentées au jury au moins dix jours avant le début de l'exposition. Le dernier jour pour le dépôt, on assistait, écrit un chroniqueur, à « une véritable procession de chars à bancs et de tapissières trimballant des tableaux petits, moyens et grands. Des charrettes pleines de châssis bordés de papier bleuté sont tirées par des élèves architectes, des crochets chargés d'aquarelles, de pastels et de gravures se balancent au dos des commissionnaires[2] ». Une meute de rapins chevelus commentait bruyamment l'arrivée de certaines toiles : des *Ah ! Ah !* suggestifs accueillaient les nymphes et les baigneuses dénudées ; un paysage trop vert déclenchait des *Artichauts ! mes beaux artichauts !* ; à l'apparition d'un tableau militaire, ils imitaient une sonnerie de caserne ; un tableau religieux provoquait aussitôt un chœur : *Esprit Saint, descendez en nous !* Les cris s'accompagnaient de bousculades qui, dans l'escalier du Palais de l'Industrie, se révélaient dangereuses pour les commissionnaires qui montaient péniblement en ne parvenant pas toujours à protéger les tableaux.

Puis le jury officiait. En 1840, par exemple, le jury, dont faisaient partie Bidauld – âgé de quatre-vingts ans –, Blondel, Horace Vernet, Delaroche, Pujol, Drolling, Picot, David d'Angers, siégea du 9 au 25 février. Sur les 4 300 pièces présentées, il en refusa 2 400, soit plus de la moitié, parmi lesquelles les quatre paysages de Théodore Rousseau. Pour venger Rousseau, Ary Scheffer lui acheta 1 500 francs une toile particulièrement malmenée par Bidauld[3]. Précisons qu'Ary Scheffer défendait Rousseau depuis plusieurs années : en 1836, il avait exposé dans son grand atelier

1. *L'Art en France sous le second Empire*, Paris, Éd. de la Réunion des musées nationaux, 1979, p. 293.

2. M. du Seigneur, *Paris voici Paris*, *op. cit.*, p. 240.

3. Adolphe Tabarant, *La Vie artistique au temps de Baudelaire*, Paris, Mercure de France, 1963, p. 20.

de la rue Chaptal *La Descente des vaches* refusé par le jury, en même temps que des tableaux d'autres exclus, Paul Huet et Delacroix en particulier[1]. S'ils n'avaient pas parmi les jurés un ami complaisant qui violât la discrétion de rigueur, les artistes devaient attendre l'ouverture du Salon pour savoir si leur nom figurait ou non au livret[2]. Les toiles rejetées étaient marquées au dos d'un R infamant, et il fallait les réentoiler pour espérer les vendre – à moins de transformer, comme le fit un plaisantin, le R stigmatisant le refus en « Remarqué par le jury du Salon » ! À partir de 1849, on se donna la peine de prévenir les refusés dès que la décision était prise.

Le Salon était ouvert de 10 heures à 16 heures sauf le lundi. L'entrée en était libre et gratuite jusqu'en 1849. En 1850, on institua un jour payant à 1 franc ; en 1852, un jour à 1 franc et un autre à 5 francs. À partir de 1857, seul le dimanche fut gratuit[3]. Les autres jours, l'entrée coûtait 5 francs entre 8 heures et 10 heures (ou 9 heures et 11 heures), heures où l'on côtoyait les visiteurs de marque comme l'Impératrice, et 1 franc le reste de la journée, jusqu'à 16 heures ou 18 heures. Au début de la monarchie de Juillet, on estime que le Salon attirait environ un million de visiteurs pendant les deux ou trois mois de sa durée[4]. Le Salon, dont le vernissage était l'un des sommets de la saison mondaine, était donc un grand spectacle populaire. Ce jour-là, écrit *Le Corsaire* le 3 mars 1837, il n'était guère question d'impression artistique, mais de « se frayer un passage à travers dix à douze mille coudes, une forêt de lorgnettes, des gens qui se regardent, se reconnaissent, s'égarent en cherchant dans le livret à bâtons rompus les arbres, les marines et les chevaux de leur connaissance ou de leur parenté[5] ».

---

1. A.-M. de Brem, *L'Atelier d'Ary Scheffer*, *op. cit.*, p. 23.
2. J. Lethève, *La Vie quotidienne des artistes français au* XIX*e siècle*, *op. cit.*, p. 123.
3. C'est sans doute pourquoi, certains dimanches du second Empire, on compta cinquante mille entrées. Sous l'une de ses caricatures, Daumier écrivait en 1857 : « Rien que des vrais connaisseurs : soixante mille personnes ! »
4. *L'Artiste*, 1831, t. I, p. 145. Le *Journal des artistes* du 11 janvier 1846 parle de 1 200 000 visiteurs en trois mois.
5. Loïs Cassandra Hamrick, « Être artiste en 1838 », *Romantisme*, n° 54, 4e trimestre 1986, p. 80.

Le livret donnait la liste des œuvres exposées, le nom des artistes et précisait de qui ils étaient les élèves. Les journalistes, eux, avaient été admis pendant les trois jours qui précédaient l'ouverture et certains publiaient leurs premières critiques le matin même du vernissage.

Le fait d'avoir eu un tableau retenu n'impliquait pas qu'il fût vu, tout dépendait de son accrochage. Les archives du Louvre conservent quantité de lettres de protestation des artistes à ce sujet. Une centaine, par exemple, en 1838, adressées à Alphonse de Cailleux, directeur adjoint des musées royaux. Et ce ne sont pas forcément les artistes inconnus qui se plaignent, puisque Victor Schnetz lui-même écrit, le 5 mars : « Je me plains, Monsieur, parce que malgré la prière amicale que je vous avais faite, prière bien peu prétentieuse, puisqu'elle ne tendait qu'à obtenir une place dans un des bouts les plus éloignés de la galerie, vous avez persisté comme les autres années à me mettre dans les nuages du Salon[1]. » À Thomas Couture, qui se désolait que ses tableaux n'eussent pas été remarqués par le public du Salon, un collectionneur au fait de la stratégie à tenir recommanda de glisser 10 francs dans la main de plusieurs gardiens, et même 20 francs dans celle du gardien-chef. Résultat : les toiles de Couture furent superbement placées et le peintre remporta son premier succès public[2].

La remise des médailles à la fin du Salon était toujours présidée par un haut personnage, quelquefois par le chef de l'État, Napoléon Ier en 1808, Charles X en 1824[3] et 1828, Louis-Philippe en 1831 – comme il avait dû subir les remous provoqués par la lecture du palmarès, il s'abstint par la suite –, le ministre de l'Intérieur en 1848, Louis-Napoléon Bonaparte en 1849… À partir de 1864, on ajouta au palmarès la proclamation des prix de Rome de l'année. Le Salon avait une grande importance économique pour les artistes. Il favorisait leurs rapports avec les amateurs particuliers et les marchands ; il était aussi le lieu où les représentants de l'administration – division des Beaux-Arts et, en période monarchique, liste civile –

1. *Ibid.*, p. 81.

2. T. Couture, *Méthode et entretiens d'atelier*, *op. cit.*, p. 125-126.

3. François-Joseph Heim réalisa entre 1825 et 1827 un grand tableau illustrant la scène : *Charles X distribuant des récompenses aux artistes, à la fin du Salon de 1824* (musée du Louvre).

faisaient leurs achats et procédaient aux commandes publiques. Dans ce domaine, trois personnes jouaient un rôle important. Le souverain, d'abord. Pendant les mois du Salon, Louis-Philippe se rendait presque chaque jour dans les salles après la fermeture au public, crayon à la main : il transmettait ses observations, qui servaient de base aux achats et aux commandes. Environ 50 millions de francs furent consacrés aux arts sous son règne – ce chiffre n'inclut pas le budget que consacrait le prince héritier aux œuvres d'art. Le souverain pouvait d'ailleurs faire des choix contraires aux conseils de son entourage : Napoléon III, qui appréciait la peinture de Corot, en acheta à la fois pour sa collection personnelle et sur sa liste civile, en dépit de l'avis de plusieurs fonctionnaires des Beaux-Arts. Le second personnage déterminant était le ministre de l'Intérieur, dont dépendaient les Beaux-Arts, qui distribuait les commandes de l'État. Le troisième était le directeur des Beaux-Arts : Vivant-Denon du temps de la Restauration, le comte de Montalivet sous la monarchie de Juillet, Charles Blanc sous la IIe République, le comte de Nieuwerkerke sous Napoléon III, Philippe de Chennevières dans les débuts de la IIIe République. Les achats et commandes de l'État à l'issue du Salon représentaient une part importante de l'ensemble des transactions. En 1845, par exemple, sur 2 029 tableaux, miniatures ou dessins exposés au Louvre, 700 œuvres (des portraits) furent acquises par des particuliers, 250 par le ministre de l'Intérieur, dont 150 pour Versailles ; 1 000 œuvres restèrent à leurs auteurs ou furent bradées 10 à 12 francs pour être exportées en Russie, Allemagne, Amérique ou Angleterre[1].

Si bien que les artistes pouvaient être expressément amenés à produire en fonction du Salon – et des commandes publiques qui en découlaient –, comme le raconte Amaury-Duval. Rendant visite à Jules-Claude Ziegler, son condisciple à l'atelier d'Ingres, dans les années 1830, il fut désagréablement surpris par un tableau représentant saint Georges, où les armures étaient trop éclatantes. Mais Ziegler semblait très sûr du résultat de sa toile : « Vous verrez cela au Salon ; ce ne sera que juste. » Étonnement d'Amaury-Duval : « J'avoue que je ne m'étais jamais imaginé qu'on dût

1. L. Rosenthal, *Du romantisme au réalisme. La peinture en France de 1830 à 1848*, *op. cit.*, p. 64.

travailler pour le Salon, et je fus choqué dans ma naïveté. » Et lorsque, au Salon, il demanda à Ziegler « par quelle singulière idée il avait exécuté un apôtre dans des dimensions colossales », celui-ci lui rétorqua : « Mais vous ne savez donc pas qu'on doit peindre la Madeleine [l'église][1] ! »

Des reproches récurrents étaient adressés au Salon. Il risquait, d'une part, d'assécher les vrais talents parce que les artistes, courant après la médaille, s'interdisaient toute tendance originale : « La raison des faillites de conscience, des brusques éclipses de talent, chez ces jeunes gens [...] c'est la médaille. Ah ! la gueuse, elle a causé plus de mal à la France qu'une épidémie de choléra ou une invasion de Cosaques. Jugez donc, pour la gagner, l'alléchante médaille, il suffit de tenter un effort, un léger effort : adopter l'art préféré du Jury[2]. » Le Salon risquait, d'autre part, d'encourager la médiocrité, car gagner une médaille poussait à se croire artistes des jeunes gens qui auraient fait une bien meilleure carrière dans un autre domaine. C'est le raisonnement que développe le sculpteur Antoine Étex, à son retour de Rome, en 1833, devant des socialistes comme Édouard Charton ou Pierre Leroux : « Là [chez Hippolyte Carnot], je soutins, un soir, cette thèse, que depuis j'ai reconnu être si vraie, à savoir qu'au lieu d'être encouragé comme il l'est par tous les gouvernements que j'ai vus se succéder en France, l'art aurait avantage à être abandonné à lui-même. Combien vivent misérablement dans les arts, qui eussent fait un chemin honorable dans une carrière industrielle ! Mais quoi ! Les récompenses qu'ils ont obtenues dès leurs débuts, souvent par très peu de talent et beaucoup d'intrigue, les ont trompés sur leur vocation[3]. »

Parce que le jury du Salon incarnait une double contrainte, celle de l'État et celle de l'Académie, la question de sa composition fut au centre de tous les débats au cours du XIXe siècle. En septembre 1830, les artistes signèrent une pétition pour que le jury fût désigné par eux-mêmes. Mais la monarchie de Juillet déçut les

1. Amaury-Duval, *L'Atelier d'Ingres*, *op. cit.*, p. 135-136.

2. Frantz Jourdain, *L'Atelier Chantorel. Mœurs d'artistes*, Paris, G. Charpentier et E. Fasquelle, 1893, p. 144.

3. A. Étex, *Les Souvenirs d'un artiste*, *op. cit.*, p. 185-186.

espérances et renforça au contraire l'autorité de l'Institut. Car l'Académie des beaux-arts dans son ensemble devint responsable des admissions au Salon, et le sort des peintres et des sculpteurs dépendit donc des musiciens et des architectes. Malgré la mise à l'écart des musiciens en 1833, le malaise s'accrut : en 1844, on parla d'une grève des exposants. La frustration des artistes était grande et Émile de Girardin s'étonnait « qu'il se trouve encore des jurés qui consentent à affronter tant de colères et de ressentiments lorsque aucune clause pénale écrite dans la loi ne les y condamne[1] ». Il y eut de multiples propositions pour réformer le Salon. Le critique Louis Peisse, dans la *Revue des Deux Mondes*, en 1841, conseillait de supprimer le jury et d'accueillir tout le monde pour laisser se prononcer le vrai juge, c'est-à-dire le public[2]. Le 11 avril 1847, dans *L'Artiste*, David d'Angers demandait lui aussi la suppression du jury et l'admission des artistes sur présentation d'un certificat signé par un maître connu ; il suggérait que les expositions soient permanentes, renouvelées tous les six mois, et que, tous les cinq ans, soit organisée une exposition solennelle des ouvrages les plus remarqués durant cette période. Le 15 avril 1847, Barye réunit chez lui, 6, rue de Boulogne, ses amis Ary Scheffer, Daumier, Decamps, Théodore Rousseau, et, en présence d'un notaire, le groupe rédigea les statuts d'un salon indépendant. Boissard de Boisdenier réunit dans le même but à son atelier de l'hôtel Pimodan ses amis Daumier, Préault, Jeanron, Chenavard, Étex[3]. Ce dernier qui, en 1837, avait demandé que les œuvres exposées au Salon soient sélectionnées par les artistes, constatait avec amertume, quarante ans plus tard : « Depuis 1848, j'ai pu voir combien mon indignation de 1837 était inutile. Ce que firent les jurys nommés par les artistes était mille fois pire que ce qui avait été fait, avant cette date, par les coteries académiques[4]. »

Quel recours avait un peintre dont les œuvres étaient refusées ?

1. A. Tabarant, *La Vie artistique au temps de Baudelaire*, *op. cit.*, p. 95.
2. *Revue des Deux Mondes*, « Salon de 1841 », vol. XXVI, p. 15.
3. A. Tabarant, *La Vie artistique au temps de Baudelaire*, *op. cit.*, p. 98.
4. A. Étex, *Les Souvenirs d'un artiste*, *op. cit.*, p. 222. En 1868 encore, on fit une tentative pour que la procédure de formation du jury fût plus démocratique : il fut décidé que tout artiste admis au moins une fois au Salon pouvait participer à l'élection des deux tiers du jury, le gouvernement nommant le tiers restant.

Il pouvait les exposer dans son atelier. Ce genre de protestation contre l'institution se pratiquait couramment au XVIIIe siècle. En 1777, Greuze, fâché d'avoir été reçu à l'Académie comme peintre de genre et non comme peintre d'histoire, choisit la période du Salon pour donner à voir au public dans son atelier son *Fils puni* : il prétendait qu'au Salon on ne voyait « que des enluminures » et que, pour voir de vrais tableaux, il fallait venir chez lui[1]. Les peintres exclus par le jury, au XIXe siècle, répliquèrent parfois de la même façon. Comme Horace Vernet en 1822, qui montra quarante-cinq toiles dans son atelier, parce que le jury avait accepté un seul de ses tableaux et en avait éliminé plusieurs, pour des raisons politiques – ils représentaient des scènes révolutionnaires ou napoléoniennes. Comme Jean Gigoux qui, en 1837, ouvrit au public son atelier pour présenter *Antoine et Cléopâtre après Actium*, une œuvre dont le rejet par le jury avait provoqué un tollé dans la presse. Ou comme la Société des Trois (Alphonse Legros, Henri Fantin-Latour, James Whistler) et Théodule Ribot, exposant en 1859 dans l'atelier de Bonvin, rue Saint-Jacques, leurs travaux refusés, que Courbet vint admirer[2].

Le bazar Bonne-Nouvelle

En dehors du Salon, il n'existait quasiment pas, dans la première moitié du XIXe siècle, de lieux publics d'exposition. C'est pour pallier ce manque que fut conçu le second étage des galeries du commerce et de l'industrie du bazar Bonne-Nouvelle. Ces galeries, propriété de spéculateurs ayant à leur tête Joseph Techener, libraire rue du Louvre, furent inaugurées en avril 1838 par le préfet Rambuteau. Détruites en 1899, elles comportaient un marché au sous-sol, trois cents boutiques au rez-de-chaussée et au premier étage. Le second étage, bénéficiant d'un éclairage zénithal, était « destiné à une exposition permanente des produits de l'industrie et de ceux des arts, tels que tableaux, gravures, etc.[3] ». À partir de 1840, le bazar

1. J. Chatelus, *Peindre à Paris au XVIIIe siècle*, *op. cit.*, p. 33.
2. A. Rustenholz, *Paris des avant-gardes*, *op. cit.*, p. 71.
3. *Moniteur universel*, 19 juin 1837.

abrita aussi le Diorama. En 1843, sur la suggestion de Prosper Haussard, critique au *National*, et d'Augustin Challamel, éditeur du catalogue du Salon, Joseph Techener décida d'organiser au bazar Bonne-Nouvelle un salon libre pour y présenter les ouvrages refusés au Salon officiel[1]. Mais ce salon libre se révéla lamentable, car, parmi les peintres refusés, c'étaient surtout les barbouilleurs qui s'étaient précipités.

Fidèle à sa vocation commerciale, le bazar Bonne-Nouvelle faisait payer les peintres qui désiraient y accrocher leurs toiles dans l'espoir de les vendre. Ainsi Delacroix écrivait-il à l'un de ses amis, le 5 septembre 1844 : « Voudriez-vous me rendre le service de passer dans vos courses chez ce bazar Bonne-Nouvelle où vous avez acheté le petit Tasse [*Le Tasse dans la maison des fous*] et où j'ai fait la sottise de laisser trop longtemps mon *Marino Faliero* et un tableau d'*Arabes*. Je voudrais les retirer et cela avant de recommencer un nouveau mois (car on paie au mois). Ces gens sont des espèces de coquins – passez-moi l'expression – qui, j'en ai la certitude, ont demandé un prix supérieur à celui que j'avais fixé, d'où résulte qu'ils avaient la chance ou de garder pour eux la différence ou d'avoir plus longtemps, dans leur exposition, lesdits tableaux[2]. »

Cependant, en 1846, lorsque se tint au bazar Bonne-Nouvelle la première exposition annuelle de l'Association des artistes peintres, sculpteurs, architectes, graveurs et dessinateurs, les œuvres n'étaient pas à vendre. Fondée en décembre 1844, sur le modèle des Associations de secours mutuels pour les artistes dramatiques (1840) et musiciens (1843), et présidée par le baron Taylor, l'Association avait pour but de créer une caisse de secours et de pensions. Elle faisait appel aux cotisations de ses membres (50 centimes par mois, 1 franc pour les membres du comité) et à la générosité (elle reçut des dons allant de 100 à 500 francs, de l'archevêque de Rouen, du duc de Luynes, d'Ary Scheffer, etc. ; le graveur Jazet et les éditeurs Goupil et Vibert lui abandonnèrent

1. Le jury, en 1843, s'était montré particulièrement sévère, admettant seulement 1 600 des 4 000 œuvres présentées, et les artistes avaient adressé une supplique au roi pour que se tînt, au Louvre, un Salon des refusés.

2. *Correspondance générale d'Eugène Delacroix*, publiée par André Joubin, Paris, Plon, 1936-1937, t. II, p. 191-192.

leurs droits de reproduction ou de tirage ; Bouton, propriétaire du Diorama, lui offrit deux jours des recettes de son établissement[1]). De plus, pour accroître ses ressources, l'Association organisa une exposition et un bal.

Ce n'était pas, bien entendu, la première exposition artistique à but charitable. La galerie Lebrun, 4, rue du Gros-Chenet, en avait accueilli plusieurs : en mai 1826, au profit des Grecs ; en décembre 1827, au profit des artistes refusés au Salon ; en 1829, au profit de la caisse pour l'extinction de la mendicité[2]. À la Chambre des pairs, en 1830, avait eu lieu une exposition au profit des blessés de Juillet et au musée Colbert, 2, rue Vivienne, en mai 1832, une exposition au profit des indigents de la Ville de Paris atteints du choléra. Mais l'exposition du bazar Bonne-Nouvelle fut la première à avoir une telle ampleur. Pour montrer les tableaux, l'Association des artistes avait pensé à différents lieux, l'École des beaux-arts, l'hôtel des ventes, la galerie Lebrun, etc. C'est à la fin de novembre 1845 qu'elle prit contact avec le propriétaire du bazar à qui elle loua 400 francs la galerie du second étage. Elle investit 800 francs pour l'aménager et l'embellir encore. L'exposition, commencée le 11 janvier, se termina le 15 mars, veille du vernissage du Salon. Par roulement, deux membres du comité couchèrent toutes les nuits dans la galerie pour surveiller les œuvres. L'entrée coûtait 1 franc les jours ordinaires et 3 francs le vendredi. Il y eut vingt-cinq mille visiteurs et la recette, avec la vente des livrets à 25 centimes, se monta à plus de 31 000 francs[3]. Soit plus de 25 000 francs de bénéfices pour l'Association.

Cette exposition était exceptionnelle pour une autre raison : elle représentait l'une des premières ouvertures sur le monde des collectionneurs privés, et on a pu dire qu'il s'agissait de la première grande exposition privée[4]. Dans l'ensemble, les peintres –

1. *Association des artistes peintres, sculpteurs, architectes, graveurs et dessinateurs. Assemblée générale annuelle tenue le dimanche 29 mars 1846 dans la salle Saint-Jean, à l'Hôtel de Ville de Paris, sous la présidence du baron Taylor*, Paris, Imp. de J. Juteau, 1846, p. 6-7.

2. *Le Baron Taylor, l'Association des artistes et l'Exposition du bazar Bonne-Nouvelle en 1846*, Paris, Fondation Taylor, 1995, p. 14.

3. *Ibid.*, p. 19.

4. *Ibid.*, p. 16.

Ingres, Horace Vernet, Paul Delaroche, Ary Scheffer, Hersent, Léon Cogniet... – ne prêtèrent pas leurs propres œuvres mais intervinrent auprès des amateurs qui les possédaient. Les prêteurs furent nombreux : le roi, la duchesse d'Orléans, la baronne Jeanin, les deux fils de l'imprimeur Didot, Henry Seymour et son frère, Paul Périer, Mathieu Orfila, Alexandre Dumas, Louis La Caze, François Marcille, etc. Nous reviendrons plus tard sur ces collectionneurs. Comment a-t-on choisi les artistes dont on exposait les œuvres ? On peut s'en faire une idée d'après les procès-verbaux des séances du Comité. Tout commença avec Ingres dont il est dit, le 30 mai 1845, « qu'il offre toutes ses œuvres pour l'exhibition projetée au profit de l'Association ». Le Comité le remercia, le 6 juin : « Réserver à nos exhibitions toutes vos admirables productions, ce sera les marques aux yeux du public du sceau du génie et par là assurer notre succès... » Le 7 novembre, le peintre Pierre Duval Le Camus, après une visite chez Ingres, annonça que le grand homme désirait ne pas exposer seul. Le 14 novembre, le peintre Jules Jollivet fit part de la proposition de la baronne Jeanin, fille de David, de prêter les tableaux de son père. Le 28 novembre, l'éditeur Henri Jeannin avait obtenu plusieurs tableaux d'Horace Vernet, Ingres avait promis onze tableaux et Jollivet devait solliciter Paul Delaroche – il obtint son accord le 5 décembre. Mais, le 12 décembre, une lettre d'Ingres vint entraver le développement de l'opération : « ... je dois vous prévenir que je n'exposerai jamais mes ouvrages dans ce bazar, où d'ailleurs tous ses divers jours sont on ne peut plus mal disposés et où le soleil se montre constamment... » Le Comité tout entier dut se rendre chez Ingres pour apaiser ses craintes.

L'exposition eut finalement valeur de rétrospective pour deux gloires nationales, David et Ingres, sur lesquels les critiques s'étendirent longuement, à commencer par le jeune Baudelaire dans *Le Corsaire-Satan* du 21 janvier 1846. Elle présentait aussi des tableaux d'Horace Vernet et Paul Delaroche, provoquant l'émotion du public, puisque l'épouse de Paul Delaroche, Louise, fille d'Horace Vernet, venait de mourir le 19 décembre 1845[1]. Si

1. Ses funérailles, célébrées à l'église Notre-Dame-de-Lorette, avaient attiré plus de quatre mille personnes.

l'on y voyait des toiles des « quatre G »[1], certains ne manquèrent pas de faire remarquer au Comité que les « quatre D », Delacroix, Decamps, Dupré et Diaz, étaient absents. Aussi, le 27 février 1846, le Comité décida-t-il de placer quelques Delacroix et Decamps prêtés par le peintre Adrien Dauzats et non catalogués. Comme Delacroix se trouvait à Bordeaux (où son frère était mort le 31 décembre 1845), son amie George Sand lui envoya, le 21 janvier, un compte rendu de sa visite à l'exposition : « M. Ingres a exposé toute sa boutique au profit des pauvres artistes à côté des David qui l'enfoncent beaucoup et des Géricault et Prud'hon qui, avec de petites toiles, l'enfoncent tout à fait. Le public n'est plus dupe, et de rares amis s'extasient au milieu d'une foule qui fait la grimace. Finissez-en donc avec ce charlatan et donnez-lui le coup de grâce. Quand je pense que j'ai admiré, dans l'enfance de mon sentiment des arts, la première odalisque aux contours verts et au dos de sangsue blanche, et les symphonies en cuivre de Berlioz, je remercie le soleil du bon Dieu de m'avoir ouvert les yeux et les oreilles, car il faut être paralytique pour tomber dans de pareilles erreurs. Venez voir la réaction qui va se faire chez un public plus lent à se débarrasser de ses engouements et peut-être moins naïf pour les abjurer[2]. »

En même temps que l'exposition, l'Association des artistes organisa un bal. Bocage, alors directeur de l'Odéon, offrit de mettre gratuitement le théâtre à sa disposition. Cent commissaires et cinquante dames patronnesses furent désignés pour s'occuper de l'organisation. Tolbecque dirigea bénévolement l'orchestre. Le prix d'entrée ayant été fixé à 10 francs, le bal du samedi 31 janvier rapporta presque 30 000 francs. À l'Odéon, on accrocha également des tableaux, poursuivant ainsi l'entreprise que Bocage avait inaugurée, en octobre 1845, de faire des expositions dans le foyer du théâtre et dans le promenoir pour distraire le public pendant les entractes[3]. L'habitude s'en installa puisque, le 17 février 1850,

1. Voir p. 131.

2. *Correspondance générale d'Eugène Delacroix*, *op. cit.*, t. II, p. 258.

3. À la première exposition de l'Odéon, Delacroix avait montré trois tableaux, dont *Hamlet apercevant le spectre de son père*, qui appartenait à Alexandre Dumas.

Delacroix écrivait à Bocage : « Mon cher ami, veuillez faire prendre chez moi un petit tableau pour votre foyer. Je suis confus de ne pouvoir vous envoyer que cela ; mais ces diables d'amateurs sont jaloux de conserver pour eux leurs tableaux, dessins, etc.[1]. »

Les Sociétés des amis des arts

Si le Salon officiel avait lieu à Paris, des expositions annuelles étaient organisées dans toutes les provinces par les Sociétés des amis des arts, qui organisaient aussi l'enseignement du dessin. Les Sociétés pour la protection de l'art et des artistes, constituées à la fois d'artistes et d'amateurs, apparurent en France au milieu du XVIIe siècle et s'implantèrent dans toute la province au cours du XVIIIe siècle. Détruites par la Révolution, elles ressuscitèrent dans la première moitié du XIXe siècle : en Avignon en 1827, à Strasbourg et Marseille en 1832, au Havre en 1833, à Nancy et Rouen en 1834, à Amiens en 1835, à Lyon et Nantes en 1836, à La Rochelle en 1841 et à Bordeaux en 1851[2]. Ces sociétés comptaient quelques centaines de membres : 650 à Lyon en 1845, 933 à Marseille en 1846, 873 à Bordeaux en 1859... Leur capital provenait de la cotisation annuelle de leurs membres – de 10 francs à Marseille à 100 francs à Paris en passant par 15 francs à Strasbourg, 25 francs à Bordeaux et 50 à Lyon[3] –, de subventions éventuelles (de la liste civile, des conseils municipaux et généraux...) et du produit de loteries dont elles prenaient l'initiative.

Ces sociétés montaient une exposition annuelle dans le triple but d'aider les artistes, de contribuer au développement du goût du public et d'étendre le patrimoine artistique. Cette exposition accueillait à la fois de jeunes artistes locaux, pour lesquels elle constituait un véritable tremplin (par exemple Eugène Boudin

---

1. *Correspondance générale d'Eugène Delacroix*, *op. cit.*, t. III, p. 9.

2. Il y avait eu à Bordeaux une première Société des amis des arts, de 1819 à 1831 (Dominique Dussol, *Art et bourgeoisie. La Société des amis des arts de Bordeaux, 1851-1939*, Bordeaux, Le Festin, 1997, p. 32).

3. Léon Lagrange, *Des Sociétés des amis des arts en France*, Paris, J. Claye, 1861, p. 39.

enregistra en 1850 ses premiers succès artistiques au salon du Havre, avec l'acquisition de deux œuvres par la commission d'achat[1]), et des artistes parisiens ou étrangers (Delacroix, Courbet, Corot envoyaient volontiers des tableaux). Les Amis des arts désignaient un membre correspondant à Paris dont le rôle était important : il assurait en principe le recrutement des artistes pour l'exposition annuelle et, pour cela, devait visiter les ateliers. À la fin du XIXe siècle, les correspondants ne prospectaient plus qu'au Salon… et bientôt, ils se contentèrent même du catalogue du Salon[2] ! Le correspondant pouvait être un véritable agent de liaison, non seulement avec les artistes mais aussi avec la presse. Ainsi, si l'exposition annuelle de Bordeaux a toujours bénéficié de la bienveillance du critique Philippe Burty, c'est sans doute dû à l'amitié qui liait Burty à Adrien Dauzats, correspondant à Paris de la Société des amis des arts de Bordeaux[3].

Les Sociétés des amis des arts incitaient les amateurs et les municipalités à acheter des objets d'art et en acquéraient elles-mêmes pour les attribuer, par tirage au sort, à leurs membres. Elles pouvaient encore prêter ces œuvres à leurs membres, artistes ou amateurs (à Strasbourg, par exemple, la Société prêtait une toile à domicile pour 2 francs par semaine et 10 francs par mois[4]). Elles pouvaient enfin en faire don aux musées. Elles encourageaient par ailleurs les municipalités à aider les artistes. Ainsi, en 1851, la Société du Havre présenta un rapport au conseil municipal pour le pousser à donner à Boudin une bourse de trois ans qui lui permettrait de suivre l'enseignement d'un atelier à Paris. Ces sociétés jouaient également un rôle dans la sociabilité locale, réunissant membres titulaires, artistes, simples souscripteurs et membres correspondants. Léon Lagrange, qui étudia leur fonctionnement en 1860, leur suggéra de fonctionner comme des cercles, réservant dans leur local un salon de lecture, un salon de conversation et une pièce de délibération où elles conserveraient leurs archives.

1. *De Courbet à Matisse*, *op. cit.*, p. 12.
2. D. Dussol, *Art et bourgeoisie*, *op. cit.*, p. 59.
3. *Ibid.*, p. 55.
4. Brochure *Société des amis des arts et des musées de Strasbourg, 150e anniversaire, 1832-1982*, s.d., p. 54.

Il leur conseilla, pour réduire leurs frais – transport d'objets d'art et honoraires versés à des agents parisiens –, de s'associer et de créer des groupes régionaux, qui organiseraient des expositions simultanées.

La critique

« Depuis que Diderot et Grimm ont inauguré en France la critique des Salons, ce sont presque toujours des littérateurs qui ont rendu compte des expositions de statues ou de tableaux, et presque toujours ils l'ont fait plus ou moins au point de vue de la littérature. C'était le cas surtout pour les critiques d'art qui écrivaient sous la Restauration. M. Delécluze seul avait manié le pinceau ; mais son instruction, très réelle et estimable quand elle se tenait dans le domaine historique, ne servit guère à lui affiner le goût[1]. Les autres auteurs remarqués pour leurs jugements ou leurs comptes rendus de Salons, M. Guizot, M. Thiers, Stendhal, – Jal, expression de l'opinion moyenne[2], – avaient pu se rencontrer souvent et causer avec des artistes, mais ils ne l'étaient pas eux-mêmes. Ce ne fut guère qu'après 1830 que la critique d'art acquit, avec un développement croissant, un plus haut degré de précision et de compétence en chaque branche spéciale[3]. » Cet historique de la critique d'art est dressé par Sainte-Beuve dans son feuilleton du 30 novembre 1863.

C'est le Salon qui a fait naître la critique. Les premières critiques imprimées du Salon datent, nous l'avons dit, des années 1740, articles de journaux ou opuscules non signés. En 1765, les académiciens obtinrent la promulgation d'une ordonnance exigeant que les auteurs signent leurs articles de leurs vrais noms. À partir de 1783, on trouve une trentaine de critiques du Salon chaque année. Le critique du XVIIIe siècle n'était pas un professionnel, ce pouvait être un riche amateur, un abbé, un peintre ou

1. Sur Etienne Delécluze, critique ennemi des romantiques, voir p. 21.
2. Auguste Jal (1791-1873), critique au *Constitutionnel*.
3. Sainte-Beuve, *Nouveaux Lundis*, t. VI, Paris, Michel Lévy frères, 1866, p. 315 *sq*.

un homme de lettres. Un Français cultivé se sentait qualifié pour écrire sur n'importe quel sujet[1].

Sous la monarchie de Juillet, tous les journaux se sentaient peu ou prou obligés de rendre compte du Salon. La critique était exercée par des hommes très variés : poètes comme Musset ou Baudelaire, romanciers comme Alphonse Karr, Mérimée, Champfleury, Émile Souvestre ou Théophile Gautier, critiques littéraires comme Gustave Planche, Jules Janin ou Louis Peisse, journalistes qui allaient devenir des hommes politiques, comme Eugène Pelletan, Victor Schœlcher ou Félix Pyat – tout comme l'avaient fait, avant eux, Thiers et Guizot. En 1831 parut la première revue spécialisée dans le domaine artistique, *L'Artiste*. Se donnant pour mission de dénoncer les abus et les décisions arbitraires du jury, elle publiait la liste des artistes refusés et offrait à ses lecteurs des reproductions des œuvres de ces malchanceux. Les critiques se posèrent alors la question du rôle qu'ils avaient à jouer. Avant de rendre compte du Salon de 1834, Théophile Gautier déclarait : « La critique est une espèce de cicerone, qui vous prend par la main et vous guide à travers un pays que vous ne connaissez pas encore[2]. » Baudelaire s'interrogeait au début de son *Salon de 1846* : « À quoi bon la critique ? » C'est dans ce texte que se trouve sa défense bien connue de la critique subjective : « [...] pour être juste, c'est-à-dire pour avoir sa raison d'être, la critique doit être partiale, passionnée, politique, c'est-à-dire faite à un point de vue exclusif, mais au point de vue qui ouvre le plus d'horizons[3] ». La première mission des critiques était la vulgarisation : les feuilletons dans les journaux diffusaient dans toutes les régions des nouvelles du monde artistique ; et cette diffusion était facilitée par les progrès des techniques de reproduction comme la lithographie et la gravure. On mesure l'importance prise par la critique du Salon lorsqu'elle commença à être pastichée, avec les Salons comiques lancés en

---

1. Harrison C. et Cynthia A. White, *La Carrière des peintres au XIXe siècle*, Paris, Flammarion, 1991, p. 32-33.
2. *Théophile Gautier critique d'art*, Paris, Séguier, 1994, p. 22.
3. Baudelaire, *Œuvres complètes*, Paris, Gallimard, coll. « Bibliothèque de la Pléiade », 1961, p. 877.

1843[1] – le plus célèbre étant *Le Salon caricatural* de 1846, « critique en vers et contre tous », de Baudelaire, Banville et Vitu[2].

Le style des critiques allait évoluer au cours du XIXe siècle vers une spécialisation croissante. Sainte-Beuve, en 1863, soulignait déjà la spécialisation de la critique d'art après 1830, qu'il mettait au compte du groupe romantique : « L'étroite union qui existait dans le groupe romantique entre les poètes et les peintres tourna vite au profit de la critique qui dès lors se fit de plus en plus en parfaite connaissance des procédés de l'atelier. » Théophile Gautier était, d'après Sainte-Beuve, le mieux placé pour être un critique d'art compétent, puisqu'il avait étudié la peinture. Mais il avait finalement choisi la poésie et s'était enrôlé sous la bannière de Victor Hugo. En 1833, il publia sa première critique du Salon, dans *La France littéraire*. Il consacra six articles au Salon de 1836 dans *Ariel*, le journal qu'il avait créé avec Charles Lassailly. Mais c'est en tant que critique dramatique qu'il entra à *La Presse*, en juillet 1837, où il tint le feuilleton théâtral jusqu'en 1855 ; il occupa ensuite les mêmes fonctions au *Moniteur universel*. Parallèlement à ses critiques dramatiques, il continua à rendre compte des Salons : seize dans *La Presse* (chacun occupant une dizaine ou une quinzaine de feuilletons), puis huit dans *Le Moniteur universel*, enfin deux dans le *Journal officiel*, en 1869 et 1870[3].

Gautier était convaincu de l'importance du Salon, dans lequel il voyait l'indispensable stimulant de la vie artistique et pour lequel il réclamait un lieu d'exposition spécifique. Il recensait chaque année cent à deux cents artistes et il protestait contre la sévérité du jury qui, sous la monarchie de Juillet, persistait à faire barrage à des artistes contemporains importants au nom de principes qui

1. La septième livraison de *Les Omnibus. Pérégrinations burlesques à travers tous chemins* par MM. Bertal et Lefix, Paris, Ildefonse Rousset éditeur, s'intitule *Le Salon de 1843. Appendice au livret*. C'est une brochure pleine de plaisanteries un peu lourdes. Par exemple, p. 93-94, le tableau intitulé *Un rêve de bonheur* est identifié comme « tableau Pas-Petit », par allusion au peintre Papety.

2. *Les Salons caricaturaux*, Paris, Éd. de la Réunion des musées nationaux, « Les Dossiers du musée d'Orsay », n° 41, 1990.

3. Il assura également la critique du Salon de 1857 dans *L'Artiste*, dont il fut le rédacteur en chef, de décembre 1856 à février 1859.

dataient de David et de son école. S'il contribua à imposer au public les œuvres des romantiques (Delacroix, Barye, Préault, Boulanger...), Gautier milita aussi en faveur des paysagistes (Corot, Rousseau, Cabat, Flers, Daubigny, Huet, Diaz) qui avaient entrepris d'imposer la peinture de plein air à la place des conventions du paysage néo-classique. Sa critique s'attachait davantage à montrer qu'à juger, elle consistait en une description pittoresque des tableaux et surtout en une grande aménité. Gautier n'avait aucune doctrine exclusive et manifestait de la sympathie pour tous les artistes dont il parlait, même s'ils suivaient des voies contradictoires : « Nous admettons chacun au point de vue de son idéal particulier ; coloriste avec Delacroix, dessinateur avec Ingres, nous ne leur demandons que ce qu'ils se proposent ; à l'un la vie, le mouvement, le drame, le flamboiement harmonieux de la palette ; à l'autre, la ligne, le style, le pur contour, la sérénité harmonieuse, la grande tradition[1]... » Le promoteur des romantiques qu'était Gautier entreprit de défendre Ingres contre la violence de ses détracteurs dès le Salon de 1835. Et pourtant Delacroix occupait la première place dans son panthéon, comme il le proclamait le 18 avril 1841 : « Voici déjà plusieurs salons que nous écrivons, et toujours le nom de M. Eugène Delacroix se trouve le premier au bout de notre plume. C'est qu'en effet M. Eugène Delacroix est le peintre aventureux par excellence, et l'on court tout de suite à lui avant tout autre, car il risque plus souvent que personne de faire des chefs-d'œuvre ; il peut déplaire d'abord, mais il faut bien finir par s'avouer que l'avenir de la peinture se débat dans ses toiles ; il est le véritable enfant de ce siècle, et l'on sent que toutes les poésies contemporaines ont jeté leur teinte sur sa palette[2]. » Et, lorsque le jury, en mars 1845, eut refusé deux tableaux de Delacroix, *L'Éducation de la Vierge* et une *Madeleine*, Gautier prit la plume aussitôt pour protester : « – Cela n'est-il pas manquer à la décence publique, insulter au bon sens général, donner un ridicule à la France ? – Comment ! vous refusez d'admettre un

1. *Théophile Gautier, la critique en liberté*, « Les Dossiers du musée d'Orsay », n° 62, Paris, Éd. de la Réunion des musées nationaux, catalogue établi par Stéphane Guégan et Jean-Claude Yon, 1997, p. 10.
2. *Théophile Gautier critique d'art*, *op. cit.*, p. 165.

tableau de M. Eugène Delacroix ! D'où sortez-vous ? Où passez-vous votre vie, pour être aussi étrangers à tout ce qui s'est fait depuis vingt ans ? [...] Eh bien, puisque vous ne paraissez pas le savoir, mes chers messieurs, nous vous apprendrons une chose, c'est que M. Eugène Delacroix est un des plus fiers peintres de l'école française, qu'il est l'honneur et la gloire d'un grand pays, qu'il a eu et qu'il a une puissante influence sur l'art de son temps, et qu'il figurera dans ce Louvre d'où vous le repoussez, à côté de Rubens, du Tintoret, de Titien, de Murillo, et soutiendra sans pâlir le voisinage des plus ardentes peintures[1]. »

Gautier pratiquait la « critique des beautés », comme l'avait fait avant lui Diderot. Il tirait ses descriptions du côté de l'éloge. Baudelaire s'en moque, dans son *Salon de 1846* : « Je ne sais pourquoi M. Théophile Gautier a endossé cette année le carrick et la pèlerine de l'*homme bienfaisant* ; car il a loué tout le monde, et il n'est si malheureux barbouilleur dont il n'ait catalogué les tableaux. Est-ce que par hasard l'heure de l'Académie, heure solennelle et soporifique, aurait sonné pour lui, qu'il est déjà si bon homme ? [...] Quel breuvage MM. les peintres ont-ils versé cette année dans son vin, ou quelle lorgnette a-t-il choisie pour aller à sa tâche[2] ? » Mais, davantage encore que dans ses louanges, l'indulgence excessive que l'on reprochait à Gautier pouvait se lire dans ses silences. Il préférait, disait-il, passer sous silence les œuvres qu'il désapprouvait pour accorder son attention à celles qu'il appréciait.

Pour Gautier, le rôle du critique n'était pas de décourager l'artiste mais plutôt de lui donner des conseils positifs. Ainsi, le 25 mai 1852, il fait d'abord une véritable déclaration d'amour à Chassériau avant de le mettre en garde : « Il nous semble qu'il nous arrive un malheur personnel lorsqu'un artiste que nous aimons, et en qui nous avions foi, ne tient pas ce que nous étions en droit d'espérer de lui : soit qu'il perde son talent, soit qu'il s'interrompe dans sa marche, pour une raison ou pour une autre. Certes, si nous avions jamais éprouvé une vive sympathie pour quelqu'un, c'est assurément pour Théodore Chassériau[3]. » Et

1. *Ibid.*, p. 169.
2. Baudelaire, *Œuvres complètes*, *op. cit.*, p. 920.
3. *Théophile Gautier critique d'art*, *op. cit.*, p. 98.

d'expliquer pourquoi. Élève d'Ingres, Chassériau est d'abord un dessinateur : « Ses dons sont la ligne, le style, le caractère, la noblesse. Nourri aux plus pures doctrines grecques, il avait un sentiment de l'antique pour ainsi dire contemporain. » Or le jeune peintre s'est laissé séduire par Delacroix, il a attrapé « le vertige du mouvement et de la couleur » et il a pris un mauvais chemin. Sa *Desdémone* est une belle jeune femme mais elle est mal exécutée : « À quoi bon ce faire inculte, cette brosse rude, ces lourds empâtements dans un tableau de chevalet dont les figures ont quinze pouces de hauteur ? Pourquoi rendre grossier par l'exécution ce qui est délicat par l'idée et la forme[1] ? » Mais un an plus tard, Gautier dit son bonheur : « Nous avons éprouvé, en voyant le *Tepidarium* de Théodore Chassériau, une des plus vives satisfactions de notre vie de critique, un sentiment pareil à celui que cause la convalescence et le retour à la santé d'un ami qu'on avait cru perdu. [...] Cette année (nous n'avons pas l'orgueil d'attribuer ce changement heureux à nos conseils), l'artiste, redevenu maître de lui-même et rejetant toute pourpre d'emprunt, est descendu dans l'arène nu et frotté d'huile comme un lutteur antique. » Et il célèbre « ... notre ami Théodore Chassériau, redevenu un Grec pur après s'être mêlé quelque temps aux cohortes des barbares », et déclare que le peintre est « naturellement antique ».

Vis-à-vis de Courbet et du réalisme, la position de Gautier est paradoxale. En 1847, il a appelé de ses vœux une peinture d'histoire moderne qui ferait de thèmes familiers le sujet de tableaux de grand format[2]. Il a accueilli favorablement *Une après-dînée à Ornans* au Salon de 1849 : « Le tempérament pittoresque de M. Courbet est mâle, robuste, un peu lourd et rustique, mais avec toutes les saines qualités du paysan ; il peint comme il voit, tant pis pour le bon Dieu si la forme n'est pas belle et si le ton n'est pas fin[3]. » Deux ans plus tard, il est réticent, en revanche, à l'égard d'*Un enterrement à Ornans*. Le tableau occupe un pan entier du grand salon, « donnant ainsi à un deuil obscur le développement d'une scène historique ayant marqué dans les annales de l'huma-

1. *Ibid.*, p. 103.
2. *Théophile Gautier, la critique en liberté*, *op. cit.*, p. 59.
3. *Théophile Gautier critique d'art*, *op. cit.*, p. 130.

nité ». Il est certes acceptable qu'une scène de la vie moderne ait les dimensions d'une scène historique, mais seulement « à condition de rester dans la généralité ». Ce n'est pas le cas puisque Courbet a représenté dans son tableau « des gens que tous les Francs-Comtois du département peuvent reconnaître », et non pas des membres de la famille du mort. Ainsi la toile devient anecdotique, elle n'a pas le sens universel qui motiverait son étendue : « Ce n'était vraiment pas la peine de prendre tant de place pour développer ce petit fait d'un enterrement à Ornans. » Et de déclarer que, tout comme Boucher, Courbet était un maniériste, mais, alors que celui-ci était « un maniériste en joli », Courbet était « un maniériste en laid ».

Quant à Manet, Gautier, après l'avoir soutenu et encouragé, du temps du *Chanteur espagnol*, le condamna. Le 24 juin 1865, à propos d'*Olympia*, il publia dans *Le Moniteur* une mise au point : il fallait jusque-là laisser une chance à cette nature artiste, mais « M. Manet a perdu la bataille ». L'indulgence n'était plus de mise, Gautier critiquait méchamment le tableau : « Le ton des chairs est sale, le modelé nul. Les ombres s'indiquent par des raies de cirage plus ou moins larges. Que dire de la négresse qui apporte un bouquet dans un papier et du chat noir qui laisse l'empreinte de ses pattes crottées sur le lit ? » Gautier rappelait que « M. Manet a cet honneur d'être un danger », mais ajoutait un verdict sans appel : « le danger est passé maintenant ». Pourtant, dans son « Salon de 1868 », Gautier, qui occupait maintenant la position officielle de vice-président du jury, ne condamnait plus avec certitude et avouait son trouble : « Il est probable que les tableaux de Courbet, Manet, Monet et *tutti quanti* renferment des beautés qui nous échappent à nous autres anciennes chevelures romantiques déjà mêlées de fils d'argent, et qui sont particulièrement sensibles aux jeunes gens à vestons courts et à chapeaux écimés. » Et il ajoutait, angoissé : « Suis-je vraiment une ganache, une perruque, un être momifié, un fossile antédiluvien ne comprenant plus rien à son siècle[1] ? »

Sainte-Beuve souligne combien, chez Gautier critique, le poète passait parfois le bout de l'oreille et se ménageait « de petites satisfactions descriptives ». Et il cite en exemple le finale d'un

1. É. Darragon, *Manet*, *op. cit.*, p. 151.

feuilleton : « Cependant l'enduit rouge des palais s'écaille comme le fard aux joues d'une courtisane ; la vase et les herbes marines envahissent les canaux déserts ; des linges sèchent aux fenêtres bouchées de planches, et le crabe monte sur les marches où Violante [la maîtresse du Titien] et la reine Cornaro [héroïne de *La Reine de Chypre* d'Halévy] posaient leur pantoufle d'or. » Pour Gautier, la critique était donc aussi « une lucarne ouverte sur la poésie ». Une telle critique, descriptive et pittoresque, n'eut plus cours à partir de l'impressionnisme. Les critiques ne se contentèrent plus de commenter les sujets traités mais se mirent à analyser la méthode du peintre. Dans le but d'instruire le public, ils se firent les interprètes des artistes, transformant en théories les idées de ceux qu'ils entendaient discuter au café Guerbois ou à La Nouvelle Athènes[1]. Ils incitèrent le public à comprendre la technique picturale. Ainsi Duranty, dans *La Nouvelle Peinture*, en 1876, parle de l'espace et de la lumière : « Les valeurs des tons dans les intérieurs jouent avec d'infinies variétés, selon qu'on est au premier étage ou au quatrième, que le logis est très meublé et très tapissé, ou qu'il est maigrement garni[2]. » Ainsi Fénéon explique la méthode « divisionniste » de Seurat comme étant la formulation scientifique des découvertes faites par les impressionnistes. Il cite le livre à l'origine de ce mouvement, la *Théorie de la lumière et de la couleur* de Rood. Comme les nouvelles tendances en art se multipliaient, ce style de critique devint prédominant. D'autant plus qu'il permettait aux peintres qui exposaient en groupe d'afficher une identité stylistique.

Les marchands de tableaux

Les marchands d'objets d'art existent, certes, au XVIIIe siècle : il suffit de penser au tableau peint par Watteau pour servir d'enseigne à Gersaint ; on pourrait citer aussi Basan, fournisseur du duc de

1. H.C. et C.A. White, *La Carrière des peintres au XIXe siècle*, *op. cit.*, p. 122.
2. Louis-Edmond Duranty, *La Nouvelle Peinture. À propos du groupe d'artistes qui expose dans les galeries Durand-Ruel (1876)*, Caen, L'Échoppe, 1988, p. 37.

Choiseul, Lazare Duvaux, fournisseur de Louis XV, et Moussinot. Mais ils ne sont pas identifiés comme tels. En 1813, dans *Ouvrage de l'exercice du commerce ou Tableau des diverses espèces de commerce*, le « marchand de tableaux » est inconnu[1]. Le commerce des tableaux ne fut pas spécifique au début, mais pris en charge soit par les marchands de couleurs (qui vendaient au détail couleurs, vernis, crayons, pastels et autres objets relatifs à la peinture), soit par les marchands d'objets de luxe. Il y eut, à la fin du XVIIIe siècle, de nombreuses tentatives pour créer des salles d'exposition. La plus connue est celle du marchand Lebrun, époux du peintre Élisabeth Vigée, dont nous avons parlé plus haut. Il fit construire, en 1787, rue de Cléry, une salle pour ventes publiques et expositions de tableaux. En juin 1789, on y transféra l'exposition en plein air de la place Dauphine, sous le titre « Exposition des tableaux des élèves et des amateurs de la peinture ». N'étant plus soumise aux caprices du temps, elle dura deux jours, au lieu d'une seule matinée. Lebrun continua en 1790 et 1791, où il étendit à quinze jours la durée de l'exposition[2].

Le commerce des tableaux se développa avec l'essor de la lithographie. Découverte en 1796 par un Bavarois, Aloys Senefelder, la lithographie, qui permettait d'éditer des gravures à bon marché, fut introduite, dix ans après, avec succès, à Londres et à Rome. Pour la France, il fallut attendre le début de la Restauration. Même si, sous le Consulat déjà, André d'Offenbach avait pratiqué les « dessins sur pierre », il n'avait rencontré aucun succès. Ces premières tentatives pour importer la nouvelle technique étaient oubliées lorsque le comte de Lasteyrie, de retour d'Allemagne, en 1814, établit à Paris deux imprimeries lithographiques et édita le premier *Grenadier* de Charlet. 1817 vit le triomphe de la lithographie. Quatremère de Quincy lut un rapport à l'Académie des beaux-arts sur le premier dépôt de dessins imprimés selon le procédé de Senefelder, fait au Cabinet des Estampes par Engelmann, qui exposa au Salon les premiers « produits lithographiques ». Les gravures eurent beaucoup de succès auprès du

1. Pierre Miquel, *Art et argent*, t. VI, *1800-1900. L'école de la nature*, Maurs-la-Jolie, Éd. de la Martinelle, 1987, p. 331.

2. J. Chatelus, *Peindre à Paris au XVIIIe siècle*, *op. cit.*, p. 157-159.

public parce qu'elles étaient bon marché et que leur impression rapide ouvrait la voie à une nouvelle forme de journalisme. Grâce à la technique nouvelle, le public put disposer des illustrations des événements et des modes : le portrait des accusés et des témoins des procès, le costume des comédiennes à la mode, les épisodes des faits divers, l'affaire Fualdès ou le naufrage de la *Méduse*[1]... Les Tuileries eurent leur presse lithographique : la duchesse de Berry avant 1830 et le duc d'Orléans après aimaient à dessiner sur pierre. Girodet, les Vernet, Prud'hon, Géricault s'adonnaient à cette activité. La lithographie allait permettre d'illustrer les livres avec des vignettes. Achille Devéria fut un précurseur dans ce domaine. Il fut le seul, au Salon de 1822, à exposer un cadre de vignettes. Au Salon de 1824, pour la première fois, la lithographie forma une section distincte et, entre 1830 et 1840, la plupart des ouvrages parurent ornés de vignettes. De plus, le droit de reproduire une œuvre était un débouché lucratif pour l'artiste.

Vers 1816 ou 1817, une galerie était chose nouvelle. Delacroix, ayant rencontré Bonington au Louvre, où tous deux faisaient des études d'après des paysages flamands, découvrit peu après ses aquarelles « chez Schroth, qui venait d'ouvrir une boutique de dessins et petits tableaux (la première, je crois, qui se soit établie)[2] ». Claude Schroth, rue de la Paix, était associé avec John Arrowsmith, fils de l'ancien intendant de Philippe-Égalité. John Arrowsmith avait étudié la peinture (comme son frère Charles qui, spécialisé dans les intérieurs d'église, travaillait au Diorama avec Daguerre[3]). Au cours d'un voyage à Londres en 1822, il vit à la British Institution *La Charrette de foin* de Constable et il fit découvrir l'artiste anglais à Paris au Salon de 1824[4]. Schroth et Arrowsmith furent, avec la duchesse de Berry, les principaux acheteurs de Paul Delaroche au début de sa carrière : Schroth lui

1. Maximilien Gauthier, *Achille et Eugène Devéria*, Paris, H. Floury, 1925, p. 70.

2. *Correspondance générale d'Eugène Delacroix*, *op. cit.*, t. IV, p. 286.

3. Daguerre était aussi le beau-frère des Arrowsmith.

4. Linda Whiteley, « Art et commerce d'art en France avant l'époque impressionniste », *Romantisme*, n° 40, 2e trimestre 1983, p. 69, et Pierre Wat, *Constable*, Paris, Hazan, 2002, p. 52. John Arrowsmith était l'ami intime de Decamps, auquel il commanda ses premières *singeries*.

acheta *Miss Mac Donald* et *Les Suites d'un duel*, Arrowsmith la deuxième version de sa *Jeanne d'Arc*, tableau accroché, lui aussi, au Salon de 1824, et *Les Enfants surpris par l'orage*. Mais, endettés, les deux marchands durent quitter les affaires en 1826. Schroth resta expert dans les ventes publiques et poursuivit l'édition d'estampes ; Arrowsmith fonda une taverne à l'anglaise 108, rue de Richelieu, fréquentée par les artistes et les amateurs d'art, où l'un des salons était spécialement réservé à l'exposition des œuvres de Constable[1], mais il fit faillite en 1840. Il organisa en 1848 une exposition de tableaux français à Londres et mourut l'année suivante.

Entre 1824 et 1830, le commerce des tableaux contemporains se développa. Les commerçants qui avaient affaire avec les peintres – papetiers, marchands de couleurs, encadreurs – se mirent peu à peu à vendre des gravures et des tableaux. Ce fut le cas de Souty, doreur et encadreur, 18, place du Louvre, qui fit négoce de tableaux (il montrait en particulier une collection fameuse d'Horace Vernet et de Charlet) avant de retourner à son activité première en 1847[2]. C'est en 1825 que Jean-Marie Durand, âgé de vingt-cinq ans, employé principal de la papeterie Ruel, 174, rue Saint-Jacques, épousa la propriétaire du magasin (leur fils Paul, futur grand marchand des impressionnistes, allait naître en 1831). Ami de Claude Schroth et John Arrowsmith, Jean-Marie Durand-Ruel eut l'idée d'adjoindre à la papeterie les articles nécessaires aux artistes pour peindre et dessiner, papiers, toiles, couleurs, chevalets. Comme les peintres, en paiement de leurs fournitures, faisaient parfois accepter des lithographies ou des tableaux, un rayon d'œuvres d'art fut peu à peu constitué. Ange Ottoz, d'origine italienne, commença à vendre en 1826 des toiles vierges, des couleurs, et passa ensuite aux tableaux – Isabey, Corot, Fromentin, Courbet… ; il assurait aussi le transport des œuvres (le 3 février 1863,

1. *Mémoires de Paul Durand-Ruel*, *in* Lionello Venturi, *Les Archives de l'impressionnisme*, Paris-New York, Durand-Ruel éditeurs, 1939, t. II, p. 147.

2. Ris-Paquot, en 1879, recense encore Souty qui propose « rentoilage, marouflage, parquetage, nettoyage, restauration », 33, rue Vaneau. Souty était le beau-père du marchand Francis Petit.

par exemple, il facturait 5 francs à Gustave Moreau le transport par deux hommes de son *Chemin de croix* aux Champs-Élysées[1]). D'abord rue de Gramont, il déménagea successivement 46, rue Notre-Dame-de-Lorette, 22, rue La Bruyère et 19, rue de la Fontaine-Saint-Georges. Son neveu Jérôme lui succéda après l'avoir aidé dans les années 1840. Beugniet, rue Laffitte, fut d'abord encadreur, Armand Deforge, boulevard Montmartre, marchand de couleurs ; Étienne-François Haro reprit l'affaire de matériel de peinture et de restauration fondée par son père en 1826 dans le quartier Saint-Germain, qui avait pour enseigne *Au Génie des Arts*. Peintre lui-même (il avait été l'élève d'Ingres), il dirigeait la boutique du 20, rue Bonaparte, et la galerie-atelier de restauration du 14, rue Visconti. Les Haro étaient à la fois les fournisseurs et les amis de Delacroix et, à partir de 1841, Ingres passait les voir presque quotidiennement[2].

Durand-Ruel se trouva en compétition avec les maisons Susse et Giroux, sortes de bazars de luxe où l'on se fournissait en bibelots au moment des fêtes, comme l'écrit Delphine de Girardin, le 29 décembre 1836 : « Les étrennes menacent, le devoir nous appelle chez Lesage, chez Giroux, chez Susse… » Dans ces boutiques-là, on pouvait se faire une idée des objets à la mode. À la fin de 1839, la chroniqueuse note : « Nous venons de parcourir les magasins de Giroux, de Susse, de Cresson, et ce qui nous a frappé dans les nouveautés de l'année, c'est une tendance à la fois effrayante et flatteuse vers le genre oriental[3]. » Susse, fondé en 1758, avait été fournisseur de matériel pour artistes avant de devenir, dans les années 1830, une boutique, 31, place de la Bourse, très courue des amateurs de maroquinerie. C'est par le biais des cadeaux d'étrennes que Susse en vint à faire commerce de tableaux. Il présentait des petits formats aisément vendables, qui n'excédaient pas 200 francs : en 1835, on voyait dans sa vitrine des toiles de Camille

1. *Gustave Moreau, 1826-1898*, Paris, Éd. de la Réunion des musées nationaux, 1998, p. 263.

2. Le musée Eugène-Delacroix a consacré en 2006 une exposition à Étienne-François Haro.

3. Delphine de Girardin, *Lettres parisiennes du vicomte de Launay*, éd. d'Anne Martin-Fugier, Paris, Mercure de France, coll. « Le Temps retrouvé », 1986, t. I, p. 568.

Roqueplan et de Charlet. Mais il se spécialisa surtout dans les bronzes : on pouvait acquérir chez lui des statuettes-charges de Dantan. Vers 1850, Susse acheta même une fonderie.

Quant à Alphonse Giroux, peintre lui-même, élève de David, il avait été restaurateur à Notre-Dame et pour l'archevêque de Paris, et s'était spécialisé très tôt dans la production de tableaux d'église. Établie en 1801 près du Pont-Neuf, la maison Giroux déménagea l'année suivante au 7, rue du Coq-Saint-Honoré, puis, après destruction de la boutique au moment du tracé de la rue de Rivoli, boulevard de la Madeleine, à l'angle de la rue des Capucines. En 1809, Giroux proposait une exposition de « tableaux en restauration et copies appartenant à différents amateurs et négociants soumis à l'examen du public » ; en 1816, une exposition « de tableaux anciens et modernes » qui se visitait de midi à 16 heures. À partir de 1821, la maison constitua un stock d'œuvres destinées dans un premier temps à être louées, pour une soirée ou pour un mois, soit pour meubler un logis, soit, plus fréquemment, pour être copiées – par des gens du monde qui voulaient étudier la peinture ou par des professeurs de dessin. Ce commerce-là était lucratif et pratiqué aussi par Susse et Durand-Ruel. En 1826, M. et Mme Giroux formèrent avec leur fille une « société pour le commerce de tableaux, papeterie et objets de curiosité ». L'acte désignait leur fils, André Giroux, peintre lauréat, l'année précédente, du premier prix de Rome pour le paysage historique, comme « pouvant un jour se livrer aux affaires de la société »[1]. En 1827, la maison Giroux édita un catalogue de son fonds qui comptait neuf cent cinquante numéros de tableaux contemporains. Alphonse Giroux fonda même en 1839 un atelier d'aquarelle et de peinture pour jeunes filles de la bonne société.

En 1833, Jean-Marie Durand-Ruel ayant décidé de se rapprocher des quartiers plus propices au commerce des tableaux, laissa la gestion du magasin de papeterie à l'un de ses commis, Van Blotagne – il allait lui vendre son fonds en 1839 –, et ouvrit une succursale, 103, rue Neuve-des-Petits-Champs, presque à l'angle de la rue de la Paix. L'année suivante, cette boutique allait devenir le

1. L. Whiteley, « Art et commerce d'art en France avant l'époque impressionniste », art. cité, p. 67.

rendez-vous principal des amateurs d'art contemporain, après le décès de Mme Hulin, marchande de tableaux rue de la Paix depuis la fin des années 1820, qui avait été la première à acheter Bonington, Delacroix ou Géricault. Jean-Marie Durand-Ruel, en 1843, déménagea presque en face, au 82, rue Neuve-des-Petits-Champs. Il disposa alors d'un vaste magasin sur la rue et d'un grand appartement au premier étage comprenant, en plus du logement, deux salons qui formaient galerie, où pouvait être accrochée une partie de la collection. Les princes d'Orléans furent les clients de Durand-Ruel dès l'origine : « Habitués qu'ils étaient déjà à venir acheter leurs différentes fournitures de papeterie, témoigne Paul Durand-Ruel, ils prirent plaisir à examiner les lithographies, les dessins, les aquarelles et les tableaux que possédait mon père. Ils sont toujours restés nos clients depuis cette époque et le duc d'Aumale ainsi que le prince de Joinville m'ont plusieurs fois rappelé ces vieux souvenirs. Le prince de Joinville, entre autres, me raconta plaisamment une fois qu'il avait été bien grondé certain jour par le roi Louis-Philippe, pour avoir acheté à mon père un tableau de Marilhat qui venait d'être refusé au Salon. C'était pour ainsi dire un crime aux yeux de bien des gens[1]. » En 1845, Durand-Ruel publia *Galerie Durand-Ruel, spécimens les plus brillants de l'école moderne*, deux volumes reproduisant les cent vingt tableaux de son fonds, Delacroix, Prud'hon, Decamps, Jules Dupré, Diaz, Johannot, etc. Mais les rentrées d'argent étant insuffisantes, Durand-Ruel pensa qu'il fallait ouvrir une succursale dans l'endroit le plus fréquenté par les gens de Bourse et les étrangers. À la fin de 1846, il loua au prix énorme de 15 000 francs un magasin-galerie situé 21, boulevard des Italiens, au coin de la rue de Choiseul. Cette décision audacieuse aurait été fructueuse sans la révolution de 1848, qui obligea le marchand à sous-louer son nouveau local et à se replier dans son local précédent.

Le quatrième grand marchand de la première moitié du XIXe siècle, à côté de Susse, Giroux et Durand-Ruel, était Adolphe Goupil. Lui n'était pas fournisseur mais fabricant d'estampes. La maison Goupil était née de l'association, en 1829, d'Adolphe Goupil, éditeur d'art, et de son beau-frère, Henry Rittner, marchand d'estampes et de gra-

1. *Mémoires de Paul Durand-Ruel*, *op. cit.*, p. 150.

vures depuis 1827 au 12, boulevard Montmartre. Ce dernier, décédé en 1840, fut remplacé par Vibert. Possédant jusqu'à dix presses, l'entreprise vivait surtout de la reproduction lithographique, réputée impeccable, de toiles de maîtres anciens et modernes. En 1846, Goupil s'adjoignit un rayon de tableaux. Peut-être – l'hypothèse est de Philippe Burty – Jean-Pierre Jazet, qui avait réalisé des gravures d'après les toiles d'Horace Vernet suggéra-t-il à l'éditeur d'acheter les œuvres qu'il faisait reproduire[1]. Goupil fut le premier à donner à ses affaires d'édition et de gravures une dimension internationale. Il ouvrit des succursales à l'étranger, à Londres en 1841, à New York en 1846[2] (où son agent était l'un de ses anciens employés, Michel Knoedler), à Berlin en 1852. Puis à Bruxelles et à La Haye, où il allait s'associer avec Vincent Van Gogh, oncle du peintre. Celui-ci, « l'Oncle Cent », installé comme marchand de tableaux à La Haye depuis 1839, avait noué les premiers contacts lors d'un voyage à Paris en 1846, aussi bien avec Adolphe Goupil qu'avec Francis Petit, marchand d'estampes qui venait de créer sa galerie, 7, rue Saint-Georges.

Retrouvons François Bonvin évoquant ses débuts. En 1846, il vendait ses dessins – 12 francs les huit – aux marchands qui, sous l'Institut et le long de l'hôtel de la Monnaie[3], offraient des œuvres à bas prix : Painel, Péquignot, Andrieux et Guys. Un amateur nommé Laperlier furetait dans leurs cartons mais n'achetait quasiment que des dessins de Bonvin, ce qui témoignait d'un choix très personnel puisque l'artiste n'avait pas encore fait parler de lui[4]. Mais c'est seulement à la fin de 1848 que Bonvin fit la connaissance de Laperlier. Car Painel ne révélait pas au peintre le nom de son amateur et, à l'amateur, il disait que le peintre habitait l'Angleterre. Leur rencontre était donc improbable sans le hasard. Un jour, un ami avertit Bonvin qu'il avait vu un tableau de lui

1. H. Lafont-Couturier, *Gérôme*, *op. cit.*, p. 103.

2. En 1849, Goupil et Vibert fondèrent à New York, sous le titre d'International Art Union, une société d'amis des arts.

3. Les étalages de dessins et d'estampes sous les arcades de l'Institut furent supprimés en 1863.

4. François Bonvin allait exposer au Salon pour la première fois en 1847.

chez Beugniet, l'encadreur de la rue Laffitte. Le peintre y courut et demanda des renseignements sur le propriétaire du tableau. Il laissa son adresse et, dès le lendemain, reçut de M. Laperlier une invitation à déjeuner pour le dimanche suivant. Ce témoignage nous renseigne sur la stratégie des marchands. Si les petits marchands gardaient jalousement leurs clients, c'était sans doute par crainte, s'ils les mettaient en rapport avec les artistes, que ces amateurs n'aillent acheter directement dans les ateliers.

En 1835, *L'Artiste*, dans un article intitulé « Du commerce d'objets d'art », démontrait que, contrairement à ce que certains artistes imaginaient, ils avaient intérêt à passer par un marchand pour vendre leurs œuvres. Intérêt financier : « … l'acheteur paie beaucoup plus cher en s'adressant au marchand, mais le producteur ne vend guère moins cher à ce dernier qu'il eût fait en traitant directement avec l'acheteur ». Intérêt de prestige : « C'est le savoir-faire des marchands qui seul a fait la fortune et la grande réputation de beaucoup de peintres. […] Les développements qu'a pris aujourd'hui le commerce des aquarelles et des tableaux, loin d'avoir nui à la fortune et à la réputation des artistes, les ont notablement servies. » L'accroissement du marché de l'art n'avait pas enlevé aux artistes des clients éventuels, il leur avait, au contraire, apporté un public supplémentaire et il correspondait à une société en voie de démocratisation : « L'atelier de Charlet et celui de Decamps n'ont jamais été plus assiégés par la curiosité avide que depuis qu'on a tant spéculé sur les choses d'art. […] Ainsi les étalages de Giroux, de Susse et de Durand-Ruel ne sont, à bien dire, que des expositions établies dans l'intérêt des artistes, où leurs ouvrages ne risquent jamais d'être placés à dessein dans un mauvais jour, et où les attendent des recommandations bien plus efficaces et bien plus franches que la critique aigre-douce des feuilletonistes du Salon. Il y aurait mauvaise grâce à résister à l'esprit de son temps. Tout est aujourd'hui matière à commerce. Le commerce remplace pour les artistes le patronage des princes et des grands seigneurs[1]. » Les artistes devaient donc applaudir la concurrence qui s'était instituée entre les marchands : « Quand la maison Giroux était presque la seule à citer pour ses collections, les chances de fortune et de répu-

1. *L'Artiste*, 2e trimestre 1835, p. 236-238.

tation n'étaient pas communes pour les peintres ; elles le sont plus aujourd'hui qu'on entend parler de la maison de M. Susse, de la maison de M. Durand-Ruel, et d'autres encore. »

II. Après 1850

On date souvent la spéculation capitaliste sur le marché de l'art, qui s'est développée en France dans les années 1870-1880, de l'avènement de l'impressionnisme. Mais le marché de l'art s'est montré florissant dès le milieu du XIXe siècle, comme le prouve l'essor des galeries et des ventes publiques. Selon l'*Annuaire général du commerce*, on comptait à Paris en 1838 trente-sept marchands et dix-huit restaurateurs de tableaux (mais Binant, Giroux ou Saint-Martin apparaissent dans les deux listes). En 1850, on dénombrait soixante-sept marchands, qui proposaient à la vente et à la location des tableaux, des lithographies, des dessins, des sculptures, mais aussi des photos, et vingt-deux restaurateurs[1]. Le critique Théophile Thoré, en 1844, estimait, lui, à une centaine le nombre des marchands parisiens – plus nombreux que les acheteurs, ils ne vendaient pas plus de deux cents toiles par an[2]. Quant aux ventes publiques, elles connurent un succès croissant dans les années 1850, particulièrement avec l'inauguration de l'hôtel Drouot, et la presse se mit à en rendre compte.

Les ventes aux enchères

La première tentative d'affecter des salles permanentes aux ventes à la criée datait de 1815, dans une maison de la rue du Bouloi. En 1832, les commissaires-priseurs, officiers ministériels qui avaient le

1. *Annuaire général du commerce, de l'industrie, de la magistrature et de l'administration ou Almanach des 500 000 adresses de Paris, des départements et des pays étrangers*, Paris, chez Firmin-Didot Frères, 1850, p. 777.
2. *Bulletin de l'Alliance des arts*, 10 juillet 1844, cité par Jacques Lethève in *La Vie quotidienne des artistes français au XIXe siècle*, *op. cit.*, p. 157.

monopole des ventes aux enchères des biens meubles, se constituèrent en compagnie et, l'année suivante, firent édifier à l'angle de la place de la Bourse et de la rue Notre-Dame-des-Victoires un hôtel des ventes. Plus tard, ils annexèrent d'autres salles situées dans la rue des Jeûneurs où se déroulèrent les premières ventes aux enchères de peinture contemporaine. Les paysagistes Narcisse Diaz et Théodore Rousseau eurent l'idée d'y engager leurs propres tableaux dans l'espoir de trouver de nouveaux clients. La vente de son atelier, le 15 mars 1849, déçut Diaz, ses quatre-vingts tableaux produisirent à peine 16 000 francs, soit 200 francs en moyenne (la notion est absurde, mais elle permet de se faire une idée)[1]. Le peintre eut davantage de chance le 29 mars 1851 : ses quatorze petits tableaux rapportèrent plus de 13 000 francs, mais cela ne fait pas une moyenne de 1 000 francs parce que le comte de Pourtalès, à lui seul, a payé 2 700 francs *Les Baigneuses*[2]. Théodore Rousseau fit de son côté l'expérience, en 1850 : des toiles « de premier ordre », selon Durand-Ruel, se vendirent 425 francs l'une[3].

C'est dans les ventes qu'allait bientôt se faire la cote des artistes. Le 22 mars 1851, le vicomte d'Harcourt mit en vente sa collection de Decamps, vingt-huit peintures et dessins, et en obtint 14 000 francs, soit 500 francs en moyenne[4]. Les œuvres de Decamps atteignirent des prix beaucoup plus importants lors de la vente de la duchesse d'Orléans, le 18 janvier 1853, dans l'hôtel de la rue des Jeûneurs. Les cotes d'Ingres, Ary Scheffer et Delaroche se maintinrent à leur niveau élevé, mais Decamps fut déclaré « le roi de la vente » : le Dr Véron paya 57 000 francs *Joseph vendu par ses frères* tandis que *La Bataille des Cimbres* allait pour 28 000 francs au Bordelais Vastapani (qui emporta également la *Françoise de Rimini* d'Ary Scheffer pour 45 600 francs) ; quant à *Samson combattant les Philistins*, le comte Demidoff l'obtint pour 20 500 francs (en même temps que la *Stratonice* d'Ingres, 63 000 francs). Mais c'est sans doute parce qu'il s'agissait de la collection des Orléans que les enchères étaient montées si haut : parmi la foule qui emplissait la salle, il y avait de nom-

1. A. Tabarant, *La Vie artistique au temps de Baudelaire*, *op. cit.*, p. 136.
2. *Ibid.*, p. 166.
3. *Mémoires de Paul Durand-Ruel*, *op. cit.*, p. 157.
4. A. Tabarant, *La Vie artistique au temps de Baudelaire*, *op. cit.*, p. 166.

breux proches de la famille royale déchue. En effet, lors de la vente de tableaux contemporains qui avait précédé, les œuvres avaient été adjugées à des prix plutôt bas : le prix le plus élevé était encore un Decamps, mais cette fois-ci à... 1 450 francs[1]. En 1853, avant de quitter Paris pour un séjour à l'étranger, Decamps vendit aux enchères vingt-trois tableaux, dont quelques inachevés, qui lui rapportèrent 71 580 francs – un peu plus de 300 francs en moyenne[2]. Quoi qu'il en soit, la vente de la duchesse d'Orléans fut importante, elle apportait la preuve que le peinture était un bon placement puisque, contrairement aux objets d'orfèvrerie, qui se vendirent moins cher qu'ils n'avaient coûté, les tableaux avaient pris beaucoup de valeur : les cinquante-neuf tableaux rapportèrent plus de 535 000 francs, pas loin de 10 000 francs de moyenne. *L'Artiste* put écrire qu'« un bon tableau est une fortune qui s'augmente de jour en jour, même en traversant les révolutions[3] ». Et d'ajouter : « Qui aurait dit, il y a dix ans, à madame la duchesse d'Orléans, que tel tableau de Decamps, qui lui coûtait quatre mille francs, lui rapporterait quarante mille francs argent de France dans son exil ? » Cette vente prouvait que l'art contemporain avait une cote véritable.

En 1850, les commissaires-priseurs achetèrent à la Ville de Paris au prix de 438 000 francs un terrain de 1 752 mètres carrés pour y construire l'hôtel Drouot, sur l'emplacement de l'hôtel Pinon de Quincy. La construction, sur les plans des architectes Lejeune et Levasseur, dura deux ans et coûta 612 000 francs[4]. L'hôtel fut inauguré le 24 mai 1852, par la vente de trente-cinq peintures anciennes du comte de Morny qui se tournait vers le contemporain : il venait d'acheter *Les Demoiselles de village* de Courbet. À l'origine, le nouvel hôtel des ventes se composait d'un bâtiment principal, situé en bordure de la rue de la Grange-Batelière, flanqué de deux ailes, l'une élevée rue Drouot avec l'entrée principale, l'autre rue Chauchat. L'hôtel se développait autour d'une cour intérieure sur trois niveaux : un rez-de-chaussée avec quatorze salles, un entresol où se

1. *La Presse*, 19 janvier 1853.
2. *L'Artiste*, 1er mai 1853, p. 101.
3. *L'Artiste*, 1er février 1853, p. 16.
4. Paul Guillaumin, *Drouot hier et aujourd'hui*, Paris, Éd. de l'Amateur, 1986, p. 65.

trouvaient les bureaux, un premier étage ; le sous-sol était affecté au stockage. En 1867 on couvrit la cour, ce qui donna quatre salles supplémentaires[1]. L'hôtel Drouot était éclairé au gaz et chauffé par un calorifère à charbon dispensant une température de dix degrés dans les salles vides. Le supplément de chaleur était assuré par la présence du public et le feu des enchères.

En 1867, Philippe Burty donne au visiteur de l'hôtel Drouot ce conseil : n'entrez pas dans la longue galerie du rez-de-chaussée où on liquide tout, depuis les arrivages avariés jusqu'à la toilette des lorettes tombées dans la misère, mais montez l'escalier, ne vous arrêtez qu'au grand palier et parcourez les salles à droite et à gauche. Si c'est jour de vente et surtout d'exposition réservée d'une galerie ou d'une collection célèbre, vous trouverez là, comme à la première d'une pièce de théâtre, « l'élite de la société intelligente de Paris : des ministres du dernier règne, des critiques d'art et de théâtre, des financiers billionnaires, des chanteurs célèbres en disponibilité, des dames du meilleur monde et de l'autre aussi, des marchands arrivés tout exprès de Londres, d'Amsterdam, de Vienne, des amateurs à qui vous offririez une de vos vieilles redingotes et qui possèdent pour un million de tableaux, des lords du Parlement et des princes allemands médiatisés tout de frais, des membres de l'Institut et des peintres de toutes écoles[2] ». Drouot était donc devenu sous le second Empire un lieu de commerce très actif, à l'égal de la Bourse. Ce n'est pas pour rien qu'on l'appelait « la Bourse des Arts[3] ».

Le Salon : tentatives de réforme

Une scène amusante évoquée par Thomas Couture montre bien les difficultés rencontrées par les membres du jury. Après avoir été longtemps refusés, Couture, Diaz, Decamps, Rousseau, Dupré,

1. *Ibid.*, p. 68.
2. Philippe Burty, « L'hôtel des ventes et le commerce des tableaux », *Paris guide par les principaux écrivains et artistes de la France*, 2e partie, Paris, Librairie internationale/Bruxelles, A. Lacroix, Verboeckhoven et Cie éditeurs, 1867, p. 954.
3. Bertall, *La Comédie de notre temps*, Paris, E. Plon et Cie, 1874, p. 486.

Marilhat étaient devenus jurés à leur tour. Couture s'était promis de ne pas commettre les erreurs de leurs prédécesseurs et, dans ce but, d'éviter les questions de personne pour ne juger que les œuvres. Trois portraits furent reçus, qu'il trouvait affreux, et il interrogea ses camarades : « Vous recevez de pareilles croûtes[1] ? » Et le président, le vieux Drolling (il mourut en 1851), de bégayer : « Mais, mais… c'est de moi. » Suivirent des tableaux religieux, de vilaines tartines… qui se révélèrent, hélas, faits par des académiciens membres du jury. Comment éliminer les œuvres médiocres quand elles sont peintes par les jurés eux-mêmes ?

Le gouvernement républicain de 1848 décida de supprimer le jury, d'admettre librement tous les artistes, sans examen, et de créer une commission de placement des œuvres nommée par les artistes. La commission, élue par huit cent un votants, dut accepter plus de cinq mille œuvres. On fit évidemment marche arrière, en changeant constamment le règlement entre 1849 et 1870. Changement concernant d'abord la périodicité : le Salon qui, sous la monarchie de Juillet, avait lieu chaque année (sauf en 1832, à cause du choléra) devint bisannuel, nous l'avons dit, entre 1853 et 1863, puis redevint définitivement annuel. Changement concernant ensuite le jury : dès 1849, il fut rétabli mais fut élu par tous les exposants ; en 1853, il était pour moitié nommé par l'administration, pour moitié élu par les anciens exposants. En 1857, Nieuwerkerke rendit à l'Institut ses prérogatives anciennes : le jury fut uniquement composé de membres de l'Académie des beaux-arts. Les figures reconnues du romantisme, Horace Vernet et Delacroix, y étaient dominées par celles du classicisme, Ingres, Heim, Pujol, Schnetz, Cogniet et Hippolyte Flandrin, et l'arrivée de Meissonier, en 1863, ne modifia pas la situation. Changement enfin dans le nombre d'envois autorisés et les exemptions. Chaque artiste avait le droit de soumettre au comité de sélection trois tableaux en 1853 et à nouveau en 1863 – entre ces deux dates, le nombre des envois n'était pas limité. Pour être exempté de présenter ses œuvres au jury, il fallait être académicien ou décoré. Avoir obtenu une médaille n'était plus un motif d'exemption. Ainsi

1. *Thomas Couture (1815-1879)*, *op. cit.*, p. 147.

Courbet qui, pour avoir obtenu en 1849 la grande médaille d'or, jouissait de ce privilège, le perdit en 1857.

En 1863, après plusieurs années où les décisions du jury avaient provoqué des protestations, la crise éclata à l'annonce que plus de la moitié des tableaux présentés n'étaient pas retenus. Napoléon III, ayant eu connaissance des plaintes des artistes, se rendit sans s'être fait annoncer au Palais de l'Industrie, le 22 avril. Philippe de Chennevières, inspecteur général des expositions artistiques, était occupé à préparer le Salon quand on vint lui annoncer que l'empereur montait l'escalier du Palais. Il désirait voir les tableaux refusés par le jury : « J'avais appelé, raconte Chennevières, quelques gardiens pour remuer et soutenir les piles de tableaux. Mais, sans attendre que je fisse retourner les toiles les plus importantes, l'Empereur, mettant sa canne sous son bras, se prit à feuilleter lui-même les cadres des plus petits tableaux, les appuyant contre son genou et s'arrêtant de temps en temps pour s'étonner de la sévérité du jury ; [...] il nous annonça qu'il allait exprimer son désir d'une exposition des tableaux refusés, de manière à faire le public juge des réclamations des artistes[1]. » Deux jours plus tard, *Le Moniteur* annonça qu'une exposition des refusés aurait lieu à partir du 15 mai dans des salles annexes du Palais de l'Industrie, séparées des autres par un tourniquet. Le prix d'entrée était fixé à 1 franc pendant la semaine, comme pour le Salon officiel. Le livret fut établi par les exposants eux-mêmes. Manet montrait trois tableaux dont *Le Déjeuner sur l'herbe*. La curiosité du public était éveillée : dès les premières heures, sept mille personnes défilèrent devant les six cent quatre tableaux exposés. Mais la critique fut très mauvaise : on se moqua particulièrement de Courbet, Whistler et Manet.

Le 24 juin 1863, on apprenait que le Salon aurait à nouveau lieu chaque année. Le maréchal Vaillant devenait ministre de la Maison de l'Empereur et des Beaux-Arts à la place du comte Walewski et le comte de Nieuwerkerke était nommé surintendant général des Beaux-Arts. Le 14 août, *Le Moniteur* annonçait la date du Salon de 1864, du 1er mai au 15 juin, le nombre des envois limité à deux par artiste, un jury composé, pour les trois quarts, de membres élus par les artistes déjà récompensés et, pour un quart,

1. M. Segré, *L'École des Beaux-Arts, XIXe et XXe siècles*, *op. cit.*, p. 22.

de membres choisis par l'administration. Les refusés auraient à nouveau le droit d'exposer dans des salles annexes. Les artistes accueillirent ces mesures comme la fin du « jury de l'Institut ». Le 21 mars 1864, ils élurent des jurés, parmi lesquels Cabanel, Robert-Fleury, Meissonier, Cogniet, Hippolyte Flandrin. L'administration choisit le duc de Morny, Frédéric Reiset, Henri de Longpérier, le collectionneur Louis La Caze et deux critiques, Théophile Gautier et Paul de Saint-Victor – choix révélateur d'une volonté de changement. Il y eut une sorte de régularisation : les ouvrages refusés furent moins nombreux – deux cent quatre-vingt-trois tableaux (les envois de Manet furent acceptés et entrèrent dans le livret officiel). Les salles des refusés ne comportaient aucune œuvre marquante et attirèrent moins de monde, si bien qu'on ne renouvela pas l'expérience. Et cela malgré les demandes de certains artistes, comme Cézanne en 1866 qui, refusé par le jury, écrivit à Nieuwerkerke : « Je désire en appeler au public et exposer quand même. [...] Dussé-je m'y trouver seul[1]... » Un fonctionnaire annota ainsi la lettre : « On a reconnu tout ce que l'exposition des Refusés avait de peu convenable pour la dignité de l'art et elle ne sera pas rétablie[2]. »

On a beaucoup débattu de l'importance du Salon des Refusés. Certains, à l'exemple de Gaëtan Picon, y ont vu la naissance de la peinture moderne et en ont fait un mythe. D'autres sont beaucoup plus réservés. L'historien Pierre Vaisse souligne combien il est faux de voir dans les refusés les représentants de la modernité, puisque la plupart d'entre eux, au Salon de 1863 comme à d'autres, pratiquaient un art traditionnel. Dix ans plus tard, par exemple, Picot, Cibot et Étex voyaient leurs œuvres écartées, tout autant que Renoir et Guillaumin[3]. Pour Vaisse, le Salon des Refusés était une solution bâtarde, car, soumettre au jugement du public les œuvres refusées, c'était remettre en cause seulement les décisions occasionnelles du jury et non pas son existence et sa légitimité[4].

1. Jean Monneret, *Le Salon des Indépendants*, Paris, Éd. Éric Koehler, 1996, p. 15.

2. *L'Art en France sous le second Empire*, *op. cit.*, p. 295.

3. P. Vaisse, *La Troisième République et les Peintres*, *op. cit.*, p. 95-96.

4. *Ibid.*, p. 110.

De multiples propositions de réforme émanant des artistes eux-mêmes concernaient le Salon. Boissard de Boisdenier, en 1850, dans *L'Artiste*, parlait de le dédoubler. On instituerait, d'une part, dans un local spécial que l'administration avait déjà promis, une exposition permanente dont on renouvellerait les tableaux trois ou quatre fois par an. Tous les cinq ans, d'autre part, aurait lieu une « exhibition solennelle » où viendraient figurer les meilleures des œuvres exposées pendant ce laps de temps. Le choix de ces tableaux-là serait fait par l'ensemble des artistes ou par un jury spécial nommé par eux. L'exposition serait gratuite le dimanche, pour le peuple ; les autres jours, le droit d'entrée, accompagné d'un billet de loterie, coûterait 1 franc[1]. De son côté, Théodore Véron, peintre et critique d'art, suggéra à l'administration, le 8 avril 1861, d'exposer tous les envois d'artistes dans le Palais de l'Industrie mais en les classant en six catégories, depuis « A. Trésors de l'art » jusqu'à « F. Œuvres mauvaises ». Le 11 avril, il écrivit directement à Napoléon III au nom des artistes refusés par le jury : ils aimeraient, dit-il, « voir [leurs] œuvres placées dans une salle qui serait réservée à cet effet dans le Palais de l'Exposition »[2].

Le peintre Alexis-Joseph Pérignon, sur le même sujet, a publié, en 1866, deux brochures intéressantes. Le Salon, tel qu'il est, dit-il, ne peut que provoquer la critique, car il poursuit deux buts contradictoires : il veut montrer « des œuvres de *choix* » et, en même temps, permettre aux artistes de gagner leur vie en vendant leurs œuvres[3]. D'où le mécontentement à la fois des artistes et du public. Pour sortir de là, il faut donc organiser deux expositions : l'une aurait pour but la gloire de l'art français, l'autre les intérêts matériels des artistes. La première, qui serait l'Exposition impériale, n'aurait lieu que tous les cinq ans et se composerait d'œuvres triées sur le volet par un jury sévère. La seconde serait

1. F. Boissard, « De la condition des artistes et des moyens de l'améliorer », *L'Artiste*, 1er mars 1850, p. 136-137.

2. *L'Art en France sous le second Empire*, *op. cit.*, p. 294.

3. *Deux expositions des Beaux-Arts*, Projet par Pérignon, peintre, Paris, Imp. Dubuisson et Cie, 1866, p. 1.

permanente et chacun pourrait y exposer librement, à la seule condition de payer « quelques centimes par jour la place occupée par son tableau ». À l'Exposition impériale, l'exposant serait « purement artiste » ; à l'exposition permanente, il serait, en plus, « marchand de son œuvre ». Le local de l'exposition permanente devrait se trouver dans le quartier le plus central, le plus fréquenté. Le Palais de l'Industrie où a lieu le Salon officiel serait idéal. Les tableaux seraient accrochés sur trois rangs et chaque tableau tarifé selon sa superficie. Le mètre carré au premier rang coûterait 75 centimes par jour, 35 au deuxième rang et 15 au troisième. Ainsi un tableau d'un mètre carré au premier rang coûterait, pour quinze jours, 11 francs 25. L'autre possibilité serait de percevoir un droit uniforme. Mais, de toute façon, l'obligation pour le peintre d'acquitter un droit d'accrochage jouerait utilement le rôle de frein pour les jeunes gens trop présomptueux qui, plutôt que de se corriger et de retravailler, seraient prêts à exposer des tableaux inaboutis[1]. Car il est une idée dominante dans l'air du temps : « Tout individu qui met de la couleur sur une toile est peintre » ; et, par conséquent, « nul n'a le droit ni de lui contester ce titre, ni de lui refuser les privilèges qui s'y rattachent, notamment celui d'être admis à l'exposition ouverte par le gouvernement, et de s'y faire juger par le public »[2]. Selon Pérignon, on peut récuser n'importe quelle identité professionnelle, dire à quelqu'un qu'il n'est pas jurisconsulte, agriculteur ou musicien, mais on ne peut refuser à qui que ce soit l'identité d'artiste. Le peintre souligne là l'évolution de la notion de création artistique qui s'est banalisée. Avec le romantisme, dans les années 1830, s'est fait jour une revendication générale : chacun peut légitimement se prendre pour un artiste, ou, à tout le moins, s'en donner la pose, l'allure, le style[3]. Et tout artiste veut forcément montrer son œuvre au public.

1. *Ibid.*, p. 20.

2. Alexis-Joseph Pérignon, *Lettre de M. Pérignon sur la nécessité de transformer l'organisation de l'exposition des beaux-arts*, Paris, Imprimerie centrale des chemins de fer, A. Chaix et Cie, juillet 1866, p. 1.

3. A. Martin-Fugier, *Les Romantiques. Figures de l'artiste, 1820-1848*, *op. cit.*, p. 225-226.

Autres expositions

Expositions de Louis Martinet

Comme, de 1853 à 1863, le Salon n'était que bisannuel, l'apparition d'autres expositions publiques prenait valeur d'événement, par exemple celles qu'organisa Louis Martinet. Né en 1814, Martinet, ancien élève du baron Gros, eut une carrière de peintre et de graveur jusqu'à ce qu'une maladie des yeux l'empêchât d'exercer son activité. Il entra alors, en 1849, dans l'administration des Beaux-Arts en tant qu'inspecteur et fut intégré à l'équipe chargée de l'organisation des Salons entre 1850 et 1855. Membre actif de la caisse de secours des artistes, il s'associa en 1859 à Francis Petit pour organiser, en mai, une exposition rétrospective d'Ary Scheffer au profit de cette caisse dans les jardins de lord Hertford, 26, boulevard des Italiens. En 1860, Martinet obtint du comte Walewski l'autorisation de monter des « expositions publiques permanentes mensuelles » dans un local attenant aux jardins de lord Hertford, « un local si envié des industriels », que le marquis consentait à lui louer[1]. Martinet se proposait de servir gratuitement d'intermédiaire entre les artistes et les amateurs, sans faire payer les peintres et sans prélever de commission sur le prix des toiles vendues, en demandant seulement un droit d'entrée de 1 franc au visiteur. Un jury composé de trois membres décidait de l'admission des œuvres. Jusqu'en 1865, l'exposition permanente accueillit les principaux artistes du XIXe siècle, d'Ingres à Manet en passant par Delacroix, Corot, Rousseau, Millet, Courbet, Whistler, Puvis de Chavannes, Carpeaux…

L'exposition comportait des tableaux à vendre, marqués d'un astérisque, et des œuvres prêtées par des collectionneurs. En juin 1861, par exemple, Mme Benoît Fould a prêté treize tableaux (Delaroche, Cabanel, Gérôme, etc.) et le comte Duchâtel *La*

---

1. *Le Courrier artistique*, 15 juin 1861. Le marquis de Hertford, Anglais très riche qui s'était installé à Paris vers 1830, était salué en 1867 comme « le plus grand collectionneur d'Europe ». Il avait acheté en 1835 le château de Bagatelle.

Source d'Ingres. Chaque quinzaine, Martinet changeait en partie son accrochage. Le 1er septembre 1861, Manet mit en vente à la galerie *Le Liseur* et, en octobre, il y exposa, mais sans le mettre en vente, son *Chanteur espagnol* qui venait de recevoir une mention honorable au Salon, en mai. Un artiste exposant pouvait attirer l'attention de Martinet sur tel ou tel confrère qu'il jugeait digne d'intérêt. Ce fut le cas de François Bonvin qui, exposant boulevard des Italiens en avril 1861, écrivit à Martinet : « J'ai toujours à vous montrer une toile d'un nommé Ribot, qui aura plus tard des succès mérités. Il est reçu [au Salon], cette année, pour la première fois. Vous feriez peut-être bien de le découvrir avant les autres ? »

Le 15 juin 1861, parut le premier numéro du *Courrier artistique*, fondé par Louis Martinet. Ce bimensuel de quatre pages, qui devint hebdomadaire à partir du 1er mai 1863, se proposait de donner un panorama de l'art contemporain, à commencer par une liste des tableaux nouvellement arrivés boulevard des Italiens, avec tous les détails qui pouvaient intéresser les amateurs, en y ajoutant des biographies d'artistes et des indications sur le mouvement des arts dans les départements et à l'étranger. Martinet rappelait l'utilité de son exposition permanente : « L'artiste trouve dans nos galeries l'écoulement facile et honorable de ses travaux. Le chiffre des œuvres achetées depuis le mois de février dernier a déjà causé une certaine sensation. » À l'initiative de Louis Martinet, des artistes et des amateurs se réunirent au sein d'une Société nationale des beaux-arts, fondée pour dix ans à partir du 15 avril 1862, dans le but de « rendre l'art indépendant et apprendre aux artistes à faire eux-mêmes leurs affaires » ; Théophile Gautier en fut nommé président et Walewski président d'honneur. Les artistes sociétaires versaient 100 francs par an, les amateurs 50 pour avoir le droit de visiter l'exposition pendant un an. Chaque 1er avril commencerait une exposition spéciale où tous les ouvrages seraient à vendre. À cette occasion, les sociétaires participeraient au tirage au sort d'une loterie : le gagnant pourrait choisir une ou plusieurs œuvres dans l'exposition, à concurrence de la somme gagnée[1]. La Société se mit également à organiser des concerts.

1. *Ibid.*, 15 mai 1862.

Les expositions de la Société nationale se firent à la galerie Martinet de 1862 à 1865. Celle de juin 1862 regroupait Delacroix, Courbet, Diaz, Daubigny, Doré, Millet, Rousseau, Troyon, Ingres (son *Jésus parmi les docteurs* fut acheté par l'État 150 000 francs). Celle de 1863, qui s'ouvrit le 1er mars, comportait quatorze tableaux de Manet. Celui-ci s'était tourné vers Martinet à la suite de ses vaines tentatives pour mettre fin aux restrictions imposées par le Salon cette année-là[1]. Ce fut là sa première exposition personnelle, à quelques semaines du Salon des Refusés. Mais lorsque, en février 1865, sur les six toiles qu'il avait envoyées à Martinet, deux seulement furent exposées, Manet, furieux, démissionna de la Société nationale des beaux-arts. Peu après, Martinet lui-même quitta la Société, qui allait se dissoudre (mais elle ressuscita le 26 décembre 1889, par une dissidence de la Société des artistes français). Les galeries du boulevard des Italiens furent transformées en théâtre des Fantaisies-Parisiennes, dirigé par Champfleury. Martinet se réserva un lieu d'exposition dans cet espace mais ne proposa plus d'accueillir les refusés[2]. Certains membres de la Société nationale comme Édouard Manet et Félix Bracquemond firent également partie de la Société des aquafortistes, fondée la même année 1862, à l'initiative d'Alfred Cadart, éditeur d'estampes et marchand. Cette société par souscription, qui regroupa cinquante-deux peintres-graveurs, avait pour but la publication mensuelle d'eaux-fortes, genre et technique qui n'arrivaient pas à trouver leur place sur le marché[3].

---

1. Comme le règlement n'accordait plus que trois envois à chacun, les artistes firent circuler une pétition que Manet et Gustave Doré furent chargés de remettre au comte Walewski, sans aucun résultat (É. Darragon, *Manet*, *op. cit.*, p. 79).

2. Louis Martinet entama alors une carrière de directeur de théâtre, qui le conduisit à la tête du Théâtre lyrique (l'actuel Théâtre du Châtelet). Mais, quelques mois à peine après sa nomination, l'incendie du théâtre pendant la Commune le mit en faillite. Dans les années 1880, Martinet anima le Cercle des arts libéraux de la rue Vivienne. À la fin de sa vie, il revint au boulevard des Italiens pour ouvrir une galerie, dont on retient seulement qu'elle exposa Seurat en 1887. Il mourut en janvier 1895 alors qu'il travaillait à l'écriture de ses Mémoires ; je dois ces renseignements à Jérôme Poggi, qui prépare une thèse sur Louis Martinet à l'université de Paris I, sous la direction de Dominique Poulot.

3. Jean-Paul Bouillon, « Sociétés d'artistes et institutions officielles dans la seconde moitié du XIXe siècle », *Romantisme*, n° 54, 4e trimestre 1986, p. 95.

Expositions organisées par un artiste

La première grande exposition particulière organisée par un artiste à la fois hors du Salon et hors de son atelier, dans un espace public, fut celle de Courbet, en 1855. Il fit construire le « pavillon du Réalisme » 7, avenue Montaigne, en face du palais des Beaux-Arts, où se tenait l'Exposition universelle. Intitulée *DU RÉALISME. G. Courbet. Exposition de quarante tableaux de ses œuvres*, l'exposition personnelle de Courbet, qui comprenait trente-neuf tableaux et quatre dessins, se tint du 28 juin au 9 décembre 1855. Le prix d'entrée, d'abord fixé à 1 franc, fut abaissé à 50 centimes en raison du peu d'amateurs. Le 9 décembre, en renvoyant à Bruyas les tableaux qu'il lui avait empruntés, Courbet ajoute : « Mon exposition est allée parfaitement et m'a donné une importance énorme, ça va bien. » La réalité était autre : les visiteurs avaient été rares et les journalistes plus intéressés par son envoi à l'Exposition universelle (onze tableaux) que par son exposition privée. Pour Auguste Villemot, du *Figaro*, la maigre affluence n'avait rien d'étonnant, le pari de Courbet était sans espoir : « Songez donc qu'il faudrait du génie pour déterminer le public abruti par la contemplation de trois mille tableaux à prendre pour un délassement la contemplation supplémentaire de quarante-deux [*sic*] toiles[1]. » Théophile Gautier estimait que l'art n'était pas à sa place dans une baraque et que *La Dame espagnole* avait l'air d'un cadavre. Quant à Banville, il fit dire à Cybèle, dans une *Ode funambulesque* : « Ami, si tu me vois à ce point triste et laide, / C'est que monsieur Courbet vient de passer par là. » Champfleury essaya de donner un coup de pouce à Courbet, mais sous une forme très indirecte : il publia, dans *L'Artiste*, une lettre à George Sand sur le réalisme. Néanmoins, dans cette entreprise, Courbet gagna en notoriété et il réitéra l'expérience pendant l'Exposition universelle de 1867, en édifiant un bâtiment provisoire place de l'Alma.

1. G. Plazy, *Gustave Courbet, un peintre en liberté*, *op. cit.*, p. 92.

Expositions en province

Multiplier les expositions faisait partie de la stratégie de certains artistes. C'était le parti pris de Courbet qui, en 1860-1861, par exemple, envoya des tableaux à Besançon (quatorze tableaux, mais aucune vente ni aucune récompense), Lyon, Metz (il obtint des médailles), Montpellier, Bruxelles (des amateurs se disputèrent *La Femme au miroir*), Nantes (la ville lui acheta *Les Cribleuses de blé*), Anvers (où, chaleureusement accueilli, il a parlé du réalisme dans le congrès qui se tenait pendant l'exposition). La province offrait de nombreuses occasions de montrer son travail : on a recensé deux cent trente-six expositions entre 1850 et 1881[1]. Un tableau qui n'avait pas été vendu au Salon de Paris pouvait tenter sa chance dans les salons organisés par les villes de province. En 1879, Eugène Carrière avait montré au Salon *Jeune mère allaitant son enfant*. Mal placé, à moitié dans le velum, le tableau avait, en plus, pâti de sa proximité avec un portrait très coloré de Carolus-Duran, qui attirait les regards et avait même remporté la médaille d'honneur. Cette *Jeune mère...* était donc retournée chez le marchand de Carrière, Carpentier[2], qui l'envoya dans des expositions provinciales. La toile obtint finalement une médaille de vermeil en 1883 à Avignon, où le musée de la ville l'acheta pour 800 francs[3].

Le 1er juin 1868, s'ouvrit au Havre l'Exposition maritime internationale, sous le haut patronage de Napoléon III. Elle comportait deux sections, le musée rétrospectif et l'art vivant. Le Salon des artistes contemporains fut confié à la Société des amis des arts du Havre, fondée en 1839 – six ans avant la création du premier musée –, dissoute puis reconstituée en 1858. L'Exposition maritime internationale manifesta un soutien à peine dissimulé à des artistes souvent négligés ou refusés par le jury du Salon, comme Théodule Ribot, Manet ou Courbet. Non seule-

1. *L'Artiste*, mai 1882, p. 548.

2. Marie-Charles-Édouard Carpentier, devenu l'associé d'Armand Deforge en 1858, lui succéda en 1865. En 1879, sa galerie était place de l'Opéra.

3. G. Séailles, *Eugène Carrière*, *op. cit.*, p. 234.

ment elle accepta leurs œuvres mais elle leur accorda également des récompenses officielles : Courbet obtint la médaille d'argent pour son *Cheval à la mer*.

Expositions des associations artistiques

Les associations artistiques ont fleuri sous le second Empire. La plus célèbre fut le Cercle de L'Union artistique, familièrement appelé Cercle des Mirlitons, fondé en 1860 à l'initiative de quelques peintres parmi lesquels Degas. D'abord situé 12, rue de Choiseul, le cercle s'installa plus tard dans l'ancien hôtel Aguado, 18, place Vendôme. Il avait pour ambition « d'établir un terrain commun où les gens du monde fraterniseraient avec les artistes, jusqu'alors parqués loin d'eux par un préjugé qui ressemble au dédain ; de faire ainsi rayonner dans la société le goût éclairé des beaux-arts[1] ». Il allait accueillir parmi ses membres ceux du Cercle de l'Épatant, qui avait disparu[2]. Le règlement intérieur fut adopté en assemblée générale, le 22 mai 1860. Les salons étaient ouverts tous les jours, de midi à 1 heure du matin. On pouvait déjeuner et dîner au Cercle. Le Cercle était administré par un comité de trente-quatre membres permanents, qui choisissaient parmi eux un président et trois vice-présidents. Toute personne qui désirait faire partie du Cercle devait être présentée par un membre permanent secondé par un membre du comité. On était admis par vote, une boule noire sur quatre suffisait à exclure un candidat. Le droit d'entrée était de 200 francs et la cotisation d'un membre permanent de 200 francs par an. Les membres temporaires, en séjour de deux à trois mois à Paris, payaient 20 francs par mois. Présidé par les marquis de Vogüé, de Massa et Barthélemy, le Cercle comptait des banquiers, des avocats (dont Félix Faure et Paul Deschanel), quelques médecins et tous les artistes officiels, de Meissonier à Paul Bourget en passant par Léo Delibes et Bartholdi. À titre d'exemple, ils étaient cinq cent douze en 1861. Pour des portraitistes comme Carolus-Duran ou Gervex,

1. H. Lafont-Couturier, *Gérôme*, *op. cit.*, p. 103.

2. Mais il en restait des traces dans les mémoires, puisque l'Union artistique, communément appelée *Mirlitons*, était, encore à la fin du siècle, dite parfois *l'Épatant*.

les Mirlitons étaient un lieu intéressant : ils y côtoyaient des gens du monde qui étaient des clients potentiels.

Chaque année, le comité nommait trois commissions : la première s'occupait de littérature, la deuxième d'architecture, peinture, sculpture, gravure, la troisième de musique. La deuxième commission était chargée d'organiser dans les salons du Cercle une exposition permanente d'ouvrages artistiques. Elle fixait les jours et les heures où l'on pourrait admettre le public dans certaines conditions. Elle choisissait les œuvres à exposer, décidait de les reproduire ou de les acheter et organisait une loterie annuelle pour en faciliter l'acquisition[1]. À la création du Cercle, cette commission comptait des artistes (Eugène Fromentin, Eugène Lami, Penguilly-L'Haridon, Constant Troyon…), des critiques (Théophile Gautier – qui faisait également partie de la commission de littérature), des amateurs d'art (Maurice Cottier ou Paul Demidoff). Le Cercle, qui abritait une salle d'armes et une salle de jeux, organisait aussi des concerts hebdomadaires et des lectures d'œuvres inédites. Chaque année avaient lieu des représentations très recherchées dans la petite salle de théâtre blanc et or. Le Cercle fournissait les auteurs, les acteurs masculins et la mise en scène ; les théâtres envoyaient leurs plus brillantes pensionnaires. Les invitations étaient comptées ; les dames qui avaient un mari, un frère, un fils ou un père au Cercle de l'Union y étaient admises. Le 9 mai 1878, par exemple, on donna une « revue intime » en trois actes, écrite par Philippe de Massa et Gaston Jollivet, et interprétée par des membres du Cercle et des actrices de la Comédie-Française, Mmes Reichenberg, Barretta, Bianca, Samary. À l'acte II, Mlle Bianca incarnait l'Exposition du Cercle, qui, après avoir complimenté les artistes – « Ton *Saint Jérôme* indique un roi, Gérôme » ou « Notre Duran, c'est Carolus premier »… –, s'exclamait : « Heureux écrin, où la beauté s'enchâsse/Car le Salon avouera sans détour/Que son seul rêve est que le Cercle passe/De ce Salon la revue à son tour[2] ! »

---

1. *Cercle de l'Union artistique. Annuaire de 1861*, Paris, A. Bourdilliat, 1861, p. 15.

2. *Entre nous*, revue intime en trois actes par Philippe de Massa et Gaston Jollivet, Paris, Imprimerie de Paul Dupont, 1878, p. 55-56.

Du côté des galeries

Le marchand Ernest Gambart acquit une dimension internationale dans les années 1850. Il avait débuté comme papetier en 1835, était ensuite devenu courtier de tableaux, puis éditeur de reproductions. Il ouvrit à Londres, en 1853, une galerie allemande (168, New Bond Street) et, l'année suivante, une galerie française (121, Pall Mall), toutes deux actives jusqu'en 1867. Les marchands employaient des rabatteurs qui, souvent, se mettaient à leur tour à vendre des tableaux. Ainsi Bourges et Surville, après avoir travaillé pour Binant, 7, rue de Cléry, tinrent boutique pour leur compte, le premier 10, rue de Navarin, puis rue Saint-Georges, le second 16, rue de Lancry[1]. Pour Binant, Bourges avait écumé les ateliers afin de trouver des débutants – c'est ainsi qu'il avait découvert Chintreuil – et Surville avait acheté les paysagistes de Barbizon. Ce dernier, qui avait aussi travaillé pour Gambart, fit peu à peu ses propres affaires. Il réussit avec Corot, qui conseillait d'aller le voir au théâtre de la Gaîté[2].

Devenue, en 1850, Goupil et Cie, la maison Goupil s'installa 19, boulevard Montmartre, puis 2, place de l'Opéra. En 1853, Adolphe Goupil fit une première tentative de grande production de photographies et, en 1858, lança la « Galerie photographique », reproductions photographiques d'œuvres d'art, dont la première série était consacrée aux tableaux de Paul Delaroche, disparu deux ans auparavant. En 1857, Goupil acheta un terrain 9-11, rue Chaptal (presque en face de la maison d'Ary Scheffer), où il fit construire un luxueux hôtel particulier comprenant des ateliers pour les peintres avec lesquels il collaborait, une imprimerie et un local d'exposition. Ce local, élégant et meublé avec goût, pouvait contenir quatre-vingts tableaux environ, placés sous un jour très

1. Binant organisa, en 1827, à la galerie Lebrun, une exposition de tableaux refusés au Salon ; en 1829, il annonça une exposition permanente de tableaux (L. Whiteley, « Art et commerce d'art en France avant l'époque impressionniste », art. cité, p. 68). Binant devint le fournisseur attitré des expositions de province et eut pour successeur son gendre, Hadrot.

2. Surville (1808-1863) était l'auteur de pièces de théâtre, comédies et drames.

favorable. Goupil inaugura sa première exposition publique gratuite, avec des toiles de Cabanel, Dubufe, Gérôme, Gleyre… L'entreprise fut accueillie chaleureusement par la presse, qui y vit le moyen de faire connaître la peinture contemporaine au public.

Goupil conserva ses deux autres lieux de vente, boulevard Montmartre et place de l'Opéra, mais ses nouveaux locaux symbolisaient l'élargissement du commerce de l'art qui allait s'opérer dans les années 1860, tout comme ses nouvelles orientations. Le 1er janvier 1861, le tour de table de Goupil et Cie se modifia : Adolphe Goupil gardait le contrôle, avec 40 % du capital, tandis que Van Gogh et Léon Boussod, associé à Goupil depuis 1856, prenaient chacun une participation de 30 %. L'association fut très efficace : Van Gogh ajouta le commerce de tableaux et dessins à la vente de reproductions, activité de base de la société, et créa une succursale à La Haye ; Boussod utilisa sa bonne connaissance du monde de l'industrie (il avait commencé sa carrière dans le chemin de fer) pour gérer la production massive de reproductions imprimées ou photographiques. En 1863, Goupil maria sa fille avec le peintre Gérôme, nommé professeur à l'École des beaux-arts cette année-là, et entra ainsi dans les sphères de l'art officiel. Au cours des années 1860, Adolphe Goupil essaya de profiter de la mode des tableaux à la Meissonier, de petit format, au fini très minutieux, avec des personnages en costumes. Il s'attacha le peintre espagnol Mariano Fortuny, qui peignait dans ce style, en lui proposant, en 1866, une avance de 24 000 francs, puis en lui ouvrant, deux ans plus tard, l'un des ateliers de la rue Chaptal[1]. En 1869, l'imprimerie quitta la rue Chaptal pour s'installer à Asnières, dans une usine construite exprès, à la pointe de la technologie. Dix ans plus tard, cette usine comptait cent ouvriers.

Avec l'installation de l'hôtel des ventes rue Drouot, on assista à un regroupement des marchands près du boulevard des Italiens. Dès le 3 janvier 1858, on pouvait lire dans *L'Artiste*, sous la plume de Théophile Gautier : « La rue Laffitte est une sorte de Salon permanent, une exhibition de peinture qui dure toute l'année. Cinq ou

1. *Théo Van Gogh, marchand de tableaux, collectionneur, frère de Vincent*, Paris, Éd. de la Réunion des musées nationaux, 1999, p. 75.

six boutiques offrent derrière leurs vitrines de glace des tableaux sans cesse renouvelés. » La rue Laffitte allait devenir la rue des experts et des marchands de tableaux et rester jusqu'à la guerre de 1914 le centre du marché de l'art[1]. Suivons un amateur rue Laffitte. Au 5, il trouvait Moureaux ; au 10, Adrien Beugniet, qui vendait Delacroix et Daubigny[2] ; au 12, Alexis Febvre, peut-être le premier marchand à s'être risqué à acheter un Manet (*L'Enfant à l'épée*) ; au 15, Weyl. Paul Durand-Ruel s'était installé au 16 en 1867. Il avait travaillé avec son père dans la galerie où celui-ci avait déménagé en 1856, 1, rue de la Paix. Jean-Marie Durand-Ruel avait fini par se consacrer entièrement à la vente des tableaux, après avoir abandonné, en 1860, le commerce des fournitures pour artistes. À la mort de son père, en 1865, Paul prit la direction de la galerie. Il eut, en octobre 1866, la mauvaise surprise de voir Bouguereau, dont son père était devenu le marchand en 1859, quitter la galerie et donner un accord d'exclusivité à Goupil. Faute d'avoir pu louer un local qu'il convoitait, boulevard des Italiens, Paul déménagea rue Laffitte. Déménagement qu'il regrette, dans ses *Mémoires* : il n'aurait pas dû, dit-il, abandonner la rue de la Paix sauf pour s'installer sur le Boulevard. Mais Paul Durand-Ruel était fort actif pour défendre l'art qu'il aimait : expert depuis 1863, éditeur de recueils d'estampes, il fonda en 1869 la *Revue internationale de l'art et de la curiosité*, dans laquelle son nom n'apparaissait pas mais qui était destinée à promouvoir les artistes auxquels il s'intéressait[3]. En juin 1870, il organisa dans sa galerie des conférences sur le Salon. Nous le retrouverons un peu plus tard avec les impressionnistes.

Au 28, rue Laffitte, voici Gustave Tempelaere, qui ouvrit sa galerie à vingt-huit ans, en octobre 1868. Originaire de Lille, il

1. Anne Distel, *Les Collectionneurs des impressionnistes, amateurs et marchands*, Paris, Bibliothèque des Arts, 1989, p. 24.

2. Le fils d'Adrien Beugniet, Georges-Albert-Félix, lui succéda en 1893 et devint le marchand attitré de Madeleine Lemaire, le peintre des roses. D'où la boutade d'Ambroise Vollard sur la galerie de Beugniet, que « la production horticole de Mme Madeleine Lemaire faisait ressembler à un étalage de fleuriste »…

3. Raymonde Moulin, *Le Marché de la peinture en France*, Paris, Éd. de Minuit, 1989 (1re éd., 1967), p. 30. Plus tard, entre le 22 novembre 1890 et le 2 mai 1891, Durand-Ruel fit paraître un journal hebdomadaire, *L'Art dans les deux mondes*.

fréquentait le Cercle des Flamands de Paris, où il s'était lié avec Hector Brame, de neuf ans son aîné, autre marchand natif de Lille. Brame, arrivé à Paris au moment des événements de 1848, aurait commencé par être acteur sous le pseudonyme Lille, avant de tenir, à partir de 1864, une galerie, 47, rue Taitbout, puis 2, rue Laffitte, où il vendait Corot, Millet, Rousseau, Jongkind, Boudin... Tempelaere et Brame furent bientôt doublement beaux-frères, puisque, en 1864, Brame épousa Joséphine, sœur de Gustave, et que, l'année suivante, Tempelaere épousa Emma, sœur d'Hector. Tempelaere se lia aussi avec un autre de ses compatriotes, Carolus-Duran, qui fit son portrait lors de leur exil bruxellois, en 1871 – le marchand est en dandy, chapeau haut de forme, cravate blanche et cigare aux lèvres[1]. Carolus-Duran devint le parrain d'un des fils de Tempelaere. François Bonvin eut des rapports successivement avec Brame et avec Tempelaere. Au Salon de 1865, c'est sur le conseil de Brame que le pianiste Marmontel, professeur au Conservatoire, acheta son tableau *Le Banc des pauvres*, avant même l'ouverture du Salon. En 1868, Brame était l'un des deux marchands de Bonvin, l'autre étant Durand-Ruel[2]. Gustave Tempelaere commença à faire avec Bonvin des affaires passagères, puis, un beau jour, lui demanda l'exclusivité de sa production. C'est ainsi que le peintre put écrire, le 7 décembre 1880 : « Je suis délivré des amateurs et de l'Exposition. Un marchand de Paris, qui est devenu mon ami dévoué, fait le voyage de Saint-Germain chaque fois que j'ai pondu ; me paie mon œuf, s'en va content et me laisse de même. Voilà enfin l'indépendance absolue, tant rêvée par moi, puisque aucun sujet ne m'est imposé et que tout m'est pris, mais à la condition de ne travailler pour nul autre[3]. » Lorsque Bonvin se fit opérer, en décembre 1881, Tempelaere supporta toute la charge de l'hospitalisation chez les frères Saint-Jean-de-Dieu. Cependant, en mai 1886, l'exposition rétrospective de Bonvin – cent tableaux et vingt dessins – eut lieu à la

1. *Carolus-Duran, 1837-1917*, *op. cit.*, p. 102-103.
2. Le fils d'Hector Brame, Hector-Gustave Brame, lui succéda vers 1892, en conservant à sa galerie, désormais 3, rue Laffitte, les mêmes orientations. Louis-Paul puis Philippe Brame reprirent ensuite le flambeau.
3. É. Moreau-Nélaton, *Bonvin raconté par lui-même*, *op. cit.*, p. 111.

galerie Rothschild, 3, rue Scribe. François Bonvin mourut en décembre 1887. C'est justement à cette époque-là que Tempelaere devint le marchand exclusif de Fantin-Latour.

Au 33, rue Laffitte, voilà Eugène Détrimont, le marchand de Courbet et de Daubigny. En octobre 1860, Courbet annonçait à Champfleury : « [Amand] Gautier vient de m'écrire que M. Détrimont, rue Laffitte, marchand de tableaux, est fanatique de ma peinture, ainsi que de la sienne, et qu'il veut exposer à sa vitrine mes *Casseurs de pierres*. J'ai écrit à Gautier qu'il pouvait faire. Lui a déjà exposé, ses *Sœurs*, etc., chez ce marchand, et me dit que cela a produit le plus grand effet. » À Amand Gautier, Courbet précisa le prix des tableaux qu'il allait confier à Détrimont : « Les *Casseurs de pierres* avec le cadre que vous leur faites valent, je crois, trois mille ou quatre mille francs. [...] Quant aux deux autres, les marines encadrées, je crois qu'elles valent huit cents ou mille francs chaque encadrées. » Au printemps suivant, Détrimont organisa une exposition conjointe de Courbet et d'Amand Gautier. Mais Courbet fut bientôt en procès avec Détrimont. Il s'adressa alors, pour vendre ses tableaux, à Louis Martinet et surtout à Jules Luquet, associé d'Alfred Cadart, qui organisa une exposition en 1866 dans sa galerie de la rue de Richelieu. Au début des années 1870, Paul Durand-Ruel devint le marchand de Courbet, dont il exposa les œuvres en mars 1872.

Au 52, rue Laffitte, s'installa en 1869 Pierre-Firmin Martin, dit le père Martin. Fils d'un cultivateur du Jura devenu marchand de vins à Montmartre, il avait été ouvrier sellier, puis comédien dans les théâtres de quartier, où il jouait des rôles de traître. Marié, en 1837, à une couturière de Montmartre, il ouvrit, en 1852, une boutique de brocanteur, 20, rue Mogador, et se spécialisa dans la vente de tableaux. Dans les années 1860, sa boutique était déjà bien connue des vrais amateurs, qu'on appelait par plaisanterie « les habitués du cercle Mogador » : le comte Doria, Henri Rouart, Alfred Sensier, Jean Dollfus, etc. Le père Martin avait des œuvres de Corot, Millet, Théodore Rousseau, Jules Dupré, Cals, Boudin, Jongkind. En 1868, il s'intéressait à Pissarro, à qui il achetait des toiles de 20 à 40 francs, selon le format. En 1870, il se mit à vendre ceux qu'on allait appeler les impressionnistes et, en 1874, il fut le gérant provisoire de la Société anonyme des artistes peintres, sculpteurs et graveurs qui organisa la première exposition impressionniste. Le père Martin était un « relais entre les artistes et les marchands plus huppés ou les collectionneurs ». Ainsi vendait-il souvent à Durand-Ruel des œuvres que les peintres lui confiaient[1].

Enfin, au 34, rue La Fayette, presque à l'angle de la rue Laffitte, Louis Latouche tenait une boutique de « couleurs fines et tableaux modernes », depuis le 1er janvier 1867. Peintre lui-même, il envoya régulièrement des tableaux au Salon entre 1866 et 1882. Dès 1867, sans doute parce qu'il avait essuyé un refus, il prit parti pour les jeunes contestataires en acceptant de recueillir les signatures d'une pétition demandant l'organisation d'un nouveau Salon des Refusés. Latouche exposa et acquit des tableaux de Monet avant 1870. Il fut le fournisseur de Pissarro auquel il prit des toiles qu'il revendit rapidement à Durand-Ruel. Il semble en revanche n'avoir pas apprécié Renoir. En 1874, Latouche figurait à la fois dans les statuts de la Société anonyme des peintres, sculpteurs et graveurs et parmi les exposants de la première exposition impressionniste, boulevard des Capucines. Après 1875, se considérant comme un peintre, il laissa sans doute le commerce à son épouse qui céda son fonds, le 1er août 1886[2].

Sous le second Empire on voit le commerce de l'art prendre une forme plus moderne, plus proche de celle que nous connaissons. Certes, il y a toujours, d'un côté, le vieux Salon officiel qu'on essaie de réformer ; mais, de l'autre, un véritable marché s'institue avec le développement des ventes publiques et avec la multiplication des expositions dans les galeries et les associations artistiques. Sous la IIIe République, le système du Salon officiel explosera et la carrière des artistes se jouera ailleurs, de plus en plus sur le marché.

1. A. Distel, *Les Collectionneurs des impressionnistes, amateurs et marchands*, *op. cit.*, p. 40.

2. *Ibid.*, p. 34.

CHAPITRE IV

Exposer et vendre sous la IIIe République

En 1874, le Salon remit sa médaille d'honneur à Gérôme, alors que Corot y exposait trois œuvres considérées comme des chefs-d'œuvre. Voulant réparer cette injustice, Paul Durand-Ruel organisa une cérémonie dans sa galerie, 16, rue Laffitte, pour remettre à Corot une médaille exécutée à son intention par le sculpteur Geoffroy-Dechaume à la demande d'un comité d'amis. Ce qui émut aux larmes le peintre[1].

Le bruit ayant couru, au Salon de 1899, qu'on allait décerner la médaille d'honneur à Rosa Bonheur, *Le Journal* du 13 mai dénonça une stratégie commerciale : « Les promoteurs de la candidature de Mme Rosa Bonheur à la médaille d'honneur sont très ouvertement les alliés d'intérêt de deux ou trois marchands de tableaux. Ceux-ci possèdent des toiles de l'artiste et tiennent, tout naturellement, à les faire coter plus cher à la Bourse des tableaux en Amérique. » Rosa Bonheur répliqua immédiatement par une lettre à Jean-Paul Laurens, président de la Société des artistes français : « … je refuse absolument que mon nom soit porté cette année pour cette distinction. Il serait ridicule que le petit tableau [*Vaches et taureau d'Auvergne*] que j'ai exposé cette année reçoive une aussi haute récompense[2] ».

Ces deux épisodes montrent les tiraillements qui opposaient Salon et marchands dans le dernier quart du XIXe siècle. La difficulté croissante d'exposer au Salon entraîna de grands changements dans le

1. Pierre Assouline, *« Grâces lui soient rendues ». Paul Durand-Ruel, le marchand des impressionnistes*, Paris, Plon, 2002, p. 146.

2. A. Klumpke, *Rosa Bonheur, sa vie, son œuvre*, *op. cit.*, p. 368-369.

monde artistique. Il est vrai que le nombre des artistes à Paris avait augmenté. De deux cent cinquante en 1800, on passa à plus de sept cents au milieu du siècle, trois mille sous le second Empire, quatre mille avant la guerre de 1914[1]. Ils tentèrent donc de s'associer, constituèrent d'abord la Société anonyme qui allait monter les expositions impressionnistes, puis, quand l'État eut abandonné l'organisation du Salon officiel, multiplièrent les salons et les occasions d'exposition. Les marchands jouèrent un rôle de plus en plus important : ils étaient une centaine à la fin du siècle et cent soixante en 1911, même s'ils ne vendaient pas tous de l'art contemporain[2]. Le nombre des amateurs d'art augmenta, le marché s'élargit et s'internationalisa.

Les marchands au temps de l'impressionnisme

Les marchands sont de deux sortes, écrit Zola dans les notes préparatoires de *L'Œuvre*, paru en 1886. D'une part les *crasseux* et vieux jeu, proches de la brocante, qui inspirèrent dans le roman le personnage du père Malgras, comme Aubourg (installé place Pigalle vers 1870, il était surnommé « le père Lacrasse ») ou Martin, que nous avons rencontré dans le chapitre précédent ; d'autre part les *spéculateurs chic*[3], Brame, Petit, Durand-Ruel, Sedelmeyer, modèles du personnage de Naudet, le marchand nouveau genre. À partir de cette représentation schématique des choses, on peut se demander comment on devenait marchand sous la IIIe République[4]. Les marchands, la plupart du temps, avaient déjà un pied dans le monde de l'art. Ils étaient marchands d'articles

1. *Annuaire général du commerce, de l'industrie, de la magistrature et de l'administration*, 1850, *op. cit.*, p. 720-723 ; *Annuaire de la curiosité et des beaux-arts, Paris. Départements. Étranger*, 1911, p. 227-283 ; H.C. et C.A. White, *La Carrière des peintres au XIXe siècle*, *op. cit.*, p. 92 ; Maria Ivens, *Le Peuple-artiste, cet être monstrueux. La communauté des pairs face à la communauté des génies*, Paris, L'Harmattan, 2002, p. 22.

2. *Annuaire-Almanach du commerce et de l'industrie*, Paris, Firmin-Didot Frères, Fils et Cie, 1897 ; *Annuaire de la curiosité et des beaux-arts*, 1911, *op. cit.*

3. Patrick Brady, *« L'Œuvre » de Émile Zola, roman sur les arts. Manifeste, autobiographie, roman à clef*, Genève, Librairie Droz, 1968, p. 163.

4. Pierre Assouline s'est posé la question dans *L'Homme de l'art. D.H. Kahnweiler, 1884-1979*, Paris, Balland, 1988, p. 53-54.

pour peintres (Clovis Sagot, le père Tanguy), artistes (Étienne-François Haro était peintre et restaurateur de tableaux[1] ; Eugène Druet était photographe), fils de marchands d'art (Georges Wildenstein, fils de Nathan ; Léonce et Paul Rosenberg, fils d'Alexandre ; Gaston et Josse Bernheim-Jeune, fils d'Alexandre ; Paul Durand-Ruel, fils de Jean-Marie ; Georges Petit, fils de Francis...) ou employés dans une galerie (Michel Knoedler, qui s'implanta comme marchand aux États-Unis, avait commencé par être représentant de Goupil à New York ; Michel Manzi devint marchand à Paris après avoir dirigé pendant une dizaine d'années les travaux de reproduction chez Goupil ; Berthe Weill avait travaillé chez un antiquaire). Les cas de marchands dépourvus d'une implantation dans le monde de l'art, uniquement poussés par une vocation et par l'esprit d'aventure, sont très rares : Ambroise Vollard, Daniel-Henry Kahnweiler.

Un « crasseux » : le père Tanguy

Revenons aux catégories de Zola. Les *crasseux* étaient souvent appelés *pères*. Nous avons déjà parlé du père Martin. Mais le plus célèbre des *crasseux* était sans doute le père Tanguy. Né en Bretagne en 1825, Julien Tanguy fut d'abord plâtrier, puis, après son mariage avec une charcutière de Saint-Brieuc, entra comme employé aux chemins de fer de l'Ouest. Le couple ayant émigré à Paris dans les années 1860, Tanguy devint broyeur de couleurs chez un fabricant, Édouard, 14, rue Clauzel, qui vendait du matériel pour artistes, et sa femme trouva une place de concierge à Montmartre. Une fois au courant de son métier, Tanguy se mit à son compte, broya des couleurs dans la loge et se fit marchand ambulant. Il allait trouver les peintres « de plein air » sur leurs lieux de travail, colportait ses tubes à Argenteuil, Barbizon, Écouen, Sarcelles, où il fournissait Monet, Renoir, Pissarro, Cézanne.

En 1871, Julien Tanguy fut arrêté pour avoir participé à la Commune, jugé comme déserteur, condamné aux galères. Emprisonné aux pontons de Brest et menacé de déportation, il fut libéré en 1873

1. Voir p. 168.

grâce à l'intervention du peintre Félix Jobbé-Duval, conseiller municipal de Paris, ou d'Henri Rouart. Si l'on en croit Ambroise Vollard, Tanguy fut arrêté par erreur. Dans les derniers temps de la Commune, il avait fini par s'imaginer révolutionnaire et voyait dans les peintres qu'il protégeait des frères en révolte. Il leur faisait crédit à condition qu'ils aient de la moralité, n'aillent pas au café et ne jouent pas aux courses : « Car, dit Vollard, ce communard par persuasion était le plus bourgeois des hommes, et rien n'aurait pu lui enlever cette idée qu'avec de la conduite un peintre devait fatalement *arriver*[1]. » Deux ans plus tard, Tanguy fut autorisé à regagner Paris. Mais le propriétaire de l'immeuble où ils habitaient, qui avait gardé Mme Tanguy par charité, n'accepta pas son mari et ils furent chassés de leur loge.

Le couple prit alors la succession d'Édouard, l'ancien patron de Tanguy qui était décédé, et se mit à exposer des tableaux. C'est là que la nouvelle génération de peintres admira les œuvres de Cézanne en 1884 et qu'Ambroise Vollard en vit pour la première fois en 1892, avant d'en acheter deux ans plus tard, après la mort de Tanguy, lors de la vente aux enchères de son fonds[2]. La « boutique » de Tanguy (il avait déménagé en 1891 au 9, rue Clauzel) était célèbre jusqu'en Amérique : en 1892, lorsque la journaliste américaine Cecilia Waern fit le tour des ateliers parisiens et des hauts lieux de l'avant-garde, elle rendit visite au père Tanguy[3]. Quand il tomba malade, en 1892, Tanguy était si pauvre qu'Émile Bernard chercha à récolter de l'argent pour l'aider. Si l'on en juge par l'état de ses finances, il était un piètre homme d'affaires : le 31 août 1885, Cézanne lui devait plus de 4 000 francs, alors que ses toiles se vendaient 200 francs. Après sa mort, Octave Mirbeau, qui, dans *L'Écho de Paris* du 13 février 1894, rendit justice à sa générosité pleine d'idéalisme, organisa une vente à l'hôtel Drouot. Mais la centaine de tableaux (Cézanne,

1. Ambroise Vollard, *Souvenirs d'un marchand de tableaux*, Paris, Albin Michel, 1937, réimpr. 1989, p. 36.

2. *Cézanne, les années de jeunesse, 1859-1872*, Paris, Éd. de la Réunion des musées nationaux, 1988, p. 60.

3. A. Distel, *Les Collectionneurs des impressionnistes, amateurs et marchands*, *op. cit.*, p. 41.

Gauguin, Pissarro, Renoir, Mary Cassatt, Berthe Morisot, Émile Bernard, Cross, Seurat, Signac...) vendus le 2 juin 1894 ne rapportèrent à sa veuve que 14 261 francs (moins les frais)[1].

Paul Durand-Ruel, marchand des impressionnistes

Réfugié à Londres en 1871, Paul Durand-Ruel y exposa de la peinture française. Grâce à Daubigny, il rencontra Pissarro et Monet, réfugiés eux aussi, à qui il acheta des toiles – il paya 200 francs chaque tableau à Pissarro (qui eut donc trois marchands, avec Martin et Tanguy) et 300 francs à Monet. À son retour à Paris, en 1872, Durand-Ruel se mit à acheter régulièrement des tableaux à Pissarro (pour 5 900 francs au total, cette année-là[2]) et à Monet (vingt-neuf tableaux pour 9 800 francs en 1872, trente-quatre tableaux pour 19 100 francs l'année suivante[3]). En 1872, par ailleurs, il acquit en janvier ses premiers Degas, en mars son premier Renoir, en décembre ses premiers Sisley (de 25 à 200 francs pièce). Ce fut avec Degas le début d'une longue aventure, et aussi le début de la carrière commerciale de l'artiste[4].

Avec Manet, Durand-Ruel fit un coup d'éclat. Après avoir acquis, le 11 janvier 1872, pour 1 600 francs, deux de ses paysages accrochés dans la maison de son ami Alfred Stevens, il se présenta le lendemain à son atelier. Il y trouva vingt-trois toiles (dont *Le Buveur d'absinthe*, *Le Chiffonnier*, les deux *Mendiants-philosophes*, *La Femme au perroquet*, *Le Fifre*, *La Chanteuse des rues*, *Le Christ et les Anges*...) qu'il acheta pour 35 000 francs[5].

---

1. Octave Mirbeau, *Combats esthétiques*, Paris, Séguier, 1993, t. II, p. 61.
2. R.E. Shikes et P. Harper, *Pissarro*, *op. cit.*, p. 118.
3. D. Wildenstein, *Monet ou le triomphe de l'impressionnisme*, *op. cit.*, p. 99 et 101.
4. H. Loyrette, *Degas*, *op. cit.*, p. 280 : Durand-Ruel paya 800 francs *Chevaux dans un pré* et 2 500 francs *Foyer de la danse à l'Opéra*. Au même moment, il payait un Troyon 30 000 francs mais un Puvis de Chavannes ne valait que 400 francs et *Le Coup de vent* de Corot 3 000 francs.
5. À titre de comparaison, l'État a acheté à Alexandre Cabanel *la Mort de Francesca et de Paolo* pour 12 000 francs et Bouguereau demanda 35 000 francs à l'Américain John Wolfe pour *Nymphes et satyres* (A. Distel, *Les Collectionneurs des impressionnistes, amateurs et marchands*, *op. cit.*, p. 25).

La nouvelle d'une acquisition aussi importante se répandit rapidement et des collectionneurs, les frères Hecht, écrivirent à Manet qu'ils désiraient lui acheter *Le Garçon aux bulles de savon* pour 500 francs. Quelques jours plus tard, Durand-Ruel choisit encore quatre tableaux (dont *La Musique aux Tuileries*) entreposés par Manet chez des amis, pour 16 000 francs, et exposa aussitôt des toiles du peintre rue Laffitte : Manet avait quarante ans et entrait sur le marché de l'art[1].

Durand-Ruel fut le premier des grands marchands modernes, un marchand-entrepreneur ; par la suite, il y en eut deux autres, Vollard et Kahnweiler[2]. Sa stratégie consistait d'abord à s'assurer toute la production d'un artiste. Dès 1866, il manifestait cette volonté de monopole en achetant à Théodore Rousseau, en association avec Hector Brame, soixante-dix tableaux d'un seul coup pour la somme de 130 000 francs. Il organisa en 1867 une exposition de prestige dans le but de faire monter le prix des toiles, mais la mort de Rousseau, cette année-là, vint contrecarrer ses plans, le fonds d'atelier restant fut dispersé et, malgré son intervention à la vente, les prix baissèrent[3]. Le marchand n'écumait pas seulement les ateliers d'artistes mais aussi les cabinets d'amateurs : il racheta ainsi toute la collection d'Alfred Sensier, cent soixante-dix tableaux et dessins de Corot, Millet, Rousseau, Delacroix[4]... Zola, dans ses notes préparatoires de *L'Œuvre*, souligne ce que cette manière d'amasser des œuvres a de compulsionnel : « Durand-Ruel – Même jeu que Petit, en moins grand, mais le coup de fêlure pour les impressionnistes. Il a été perdu par Roybet, se toque pour Monet, achète et achète encore, en espérant que ça se vendra un jour. Je ne suis pas né pour être marchand, dit-il. Et en effet, il a une fêlure artistique. Une conviction, il y met tout l'argent qu'il a, tout celui qu'il peut trouver, et il se cache de ses amateurs parce qu'ils le plaisantent[5]. » Cette attitude hystérique est celle du collec-

1. É. Darragon, *Manet*, *op. cit.*, p. 202-203.

2. R. Moulin, *Le Marché de la peinture en France*, *op. cit.*, p. 109.

3. A. Distel, *Les Collectionneurs des impressionnistes, amateurs et marchands*, *op. cit.*, p. 22.

4. P. Assouline, *« Grâces lui soient rendues ». Paul Durand-Ruel, le marchand des impressionnistes*, *op. cit.*, p. 131.

5. *Ibid.*, p. 209.

tionneur plus que du marchand. Mais ces identités-là ne sont pas forcément séparées, c'est là toute l'ambiguïté. Daniel Wildenstein en témoigne : « Mon grand-père [Nathan] n'était pas collectionneur. Être à la fois marchand *et* collectionneur, c'était pour lui une attitude de délirant. Mon grand-père aimait ses tableaux, mais il fallait quand même que ça tourne. [...] Mon père [Georges], s'il était très attaché à cette maison, l'était plus encore à la peinture dans l'absolu. Il adorait acheter. Il détestait vendre et il le clamait[1]... »

La stratégie de Durand-Ruel consistait ensuite à soutenir les prix de ses artistes en vente publique. Clemenceau se rappelle sa conduite à Drouot, lors de la vente après la mort du Dr Paul Dubois : « ... un frisson de surprise courut parmi les spectateurs quand un petit homme, d'aspect bourgeois, avec des yeux de diamant noir et un sourire d'intense satisfaction, se fit adjuger, sans concurrence, deux ébauches de Monet au prix de 300 francs l'une, spontanément offerts avant que le commissaire-priseur en ait demandé une somme qui eût été certainement très inférieure [Monet vendait, au début, un tableau 50 francs]. Chacun de regarder cet étrange Crésus avec une vive curiosité, tandis qu'après avoir réglé son compte, il se retirait en emportant sous son bras les deux tableaux que personne ne lui disputait. Bientôt on sut le nom du personnage. Ce n'était rien de moins que M. Durand-Ruel, bien connu comme un de nos plus fins experts en matière de peinture, dont l'acte ne se pouvait expliquer que par le dessein de maintenir, dès ce jour, un tarif au-dessous duquel il avait résolu de ne pas laisser descendre le nom d'un artiste dont il pressentait l'avenir[2]. »

Durand-Ruel ne signait pas à ses artistes de contrat écrit, mais les comptes étaient faits périodiquement et l'argent versé avec des délais plus ou moins longs selon les difficultés financières que rencontrait le marchand. En 1874, la crise économique allait le forcer à suspendre ses achats, alors qu'en 1873 il avait encore fait d'importantes acquisitions, comme *La Mort de Sardanapale* de

1. Daniel Wildenstein et Yves Stavridès, *Marchands d'art*, Paris, Plon, 1999, p. 41.

2. Georges Clemenceau, *Claude Monet, Les Nymphéas*, Paris, Plon, 1928, p. 59.

Delacroix, payé 96 000 francs, en mars, à l'hôtel Drouot[1]. Mais, même si, pendant plusieurs années, Durand-Ruel ne fut plus en mesure d'aider financièrement ses peintres comme il l'avait fait jusque-là, il ne cessa pas de soutenir leurs efforts de promotion.

Les expositions impressionnistes

Pour se soustraire aux décisions du jury, les jeunes peintres désiraient depuis plusieurs années organiser une exposition indépendante du Salon. Claude Monet avait eu l'idée, avec Bazille, en 1867, d'en monter une aux frais des artistes, dans un local privé, mais ils n'avaient pu alors récolter que 2 500 francs et avaient dû abandonner le projet[2]. Au Salon de 1873, Renoir, Sisley, Pissarro, Jongkind furent refusés ; Monet, rebuté, ne s'était pas présenté ; Manet était le seul peintre indépendant accepté. Pissarro et Monet envisagèrent donc de créer une société coopérative permanente des peintres indépendants, sur le modèle des sociétés de compagnonnage ouvrier. On discuta de la formule à adopter et, sur la proposition de Pissarro, qui s'inspira de l'Union des boulangers de Pontoise, on élabora une charte : une société par actions fut constituée, avec des parts, des versements mensuels, des contrats de participation. Le 27 décembre 1873 naissait la Société anonyme des peintres, sculpteurs et graveurs, qui prévoyait des expositions libres, sans jury ni récompenses, des ventes, et la publication d'un journal réservé aux arts. Ces artistes, comme l'a écrit le critique Paul Alexis, ne voulaient « unir que des intérêts et non des systèmes ». Leur association ne reposait pas sur un parti pris esthétique commun, c'était une réponse à des données économiques précises[3].

La Société comptait trente membres : Monet, Renoir, Sisley, Degas, Berthe Morisot, Pissarro, Cézanne et des amis de Degas et de Pissarro. Degas s'était beaucoup battu pour recruter de nou-

---

1. A. Distel, *Les Collectionneurs des impressionnistes, amateurs et marchands*, *op. cit.*, p. 25.
2. J. Rewald, *Histoire de l'impressionnisme*, *op. cit.*, p. 197.
3. J.-P. Bouillon, « Sociétés d'artistes et institutions officielles dans la seconde moitié du XIXe siècle », art. cité, p. 96.

veaux adhérents. Il souhaitait créer un *Salon réaliste* et essaya d'attirer des artistes aussi différents que James Tissot, Jean-Jacques Henner, Manet et Fantin-Latour[1]. Mais les deux derniers refusèrent, car leur seul désir était de participer au Salon officiel ; Manet ne parut d'ailleurs à aucune des expositions du groupe. La question du choix entre l'exposition indépendante et le Salon se posait à tous (Cézanne excepté, puisque ses tableaux furent quasiment toujours refusés au Salon). Le critique Théodore Duret, par exemple, supplia Pissarro de ne pas exposer avec les indépendants mais au Salon, où il avait eu quelques toiles admises depuis 1864 et où ses œuvres avaient même recueilli, en 1868, des critiques élogieuses.

La première exposition de la nouvelle Société fut inaugurée le 15 avril 1874, 35, boulevard des Capucines, dans les ateliers que le photographe Nadar venait de quitter. Les comptes rendus furent sévères ou goguenards. Le 25 avril parut dans *Le Charivari* l'article de Louis Leroy intitulé « Exposition des Impressionnistes », qui fit beaucoup de bruit : le critique y racontait sa visite de l'exposition en compagnie d'un peintre qui, à la vue des tableaux, perdait la raison, finissant par prendre le gardien pour un portrait trop précisément dessiné ! N'imaginons pas cette exposition comme un ensemble de ce qu'on appelle aujourd'hui le style impressionniste, puisque, à côté d'*Impression, soleil levant* de Monet (tableau dont le titre, on le sait, donna son nom au mouvement), étaient accrochées des toiles d'Édouard Brandon, Félix Bracquemond, Giuseppe De Nittis, Gustave Colin ou Stanislas Lépine… Les ventes furent peu nombreuses et les membres de la Société se retrouvèrent endettés. Deux ans plus tard, ils se lancèrent à nouveau dans l'aventure, cette fois-ci à la galerie Durand-Ruel, dans trois salons auxquels on accédait par le 11, rue Le Peletier. Dès le 3 avril, Albert Wolff partait en guerre dans *Le Figaro* : « La rue Le Peletier a du malheur. Après l'incendie de l'Opéra voici un nouveau désastre qui s'abat sur le quartier. On vient d'ouvrir chez Durand-Ruel une exposition qu'on dit être de peinture. Le passant inoffensif, attiré par les drapeaux qui décorent la façade, entre, et à ses yeux épouvantés s'offre un spectacle

1. H. Loyrette, *Degas*, *op. cit.*, p. 395.

cruel : cinq ou six aliénés, dont une femme, un groupe de malheureux atteints de la folie de l'ambition, s'y sont donné rendez-vous pour exposer leurs œuvres… » Eugène Manet, le mari de Berthe Morisot, voulut provoquer Wolff en duel et il fallut l'en empêcher. Cependant, les résultats financiers furent moins décevants qu'en 1874.

Gustave Caillebotte, l'un des exposants de 1876, qui était aussi un amateur (cette année-là, il commença à acheter des tableaux à Monet), allait dorénavant s'occuper activement des préparatifs des expositions. La troisième eut lieu en avril 1877, la quatrième deux ans plus tard. En mai 1879, à la fin de l'exposition, il restait 6 000 francs en caisse, que l'on répartit entre les quinze exposants. Il y avait parmi eux un nouveau venu, Gauguin, qui, grâce à Pissarro, avait rencontré les peintres impressionnistes et acheté leurs tableaux avant de devenir peintre lui-même. Sisley et Renoir, eux, avaient déclaré forfait. Le premier avait annoncé sa décision en mars à Théodore Duret : « … il ne faut pas, je crois, s'isoler trop longtemps. Le moment est encore loin où l'on pourra se passer du prestige qui s'attache aux expositions officielles. Je suis donc résolu à envoyer au Salon. Si je suis reçu […] je crois que je pourrai faire des affaires[1]… » Et le second à Durand-Ruel : « … Il y a dans Paris à peine quinze amateurs capables d'aimer un peintre sans le Salon. Il y en a 80 000 qui n'achèteront même pas un nez si un peintre n'est pas au Salon. Voilà pourquoi j'envoie tous les ans deux portraits, si peu que ce soit. De plus, je ne veux pas tomber dans la manie de croire qu'une chose ou une autre est mauvaise suivant la place. En un mot, je ne veux pas perdre mon temps à en vouloir au Salon[2]… » Les envois de Sisley furent refusés, mais *Madame Charpentier et ses enfants* de Renoir fut acclamé. Le succès de cette toile était dû pour une bonne part à la notoriété de Mme Georges Charpentier, qui, grâce à ses relations, avait obtenu qu'elle fût accrochée en bonne place. L'exemple de Renoir influença Monet qui, en 1880, s'abstint de participer à la cinquième exposition et fit retour au Salon officiel, où il proposa deux peintures – une seule fut acceptée, et mal accrochée. Peut-

1. R.E. Shikes et P. Harper, *Pissarro*, *op. cit.*, p. 176.
2. *Ibid.*, p. 177.

être Georges Petit, qui lui avait acheté trois tableaux en janvier 1880, lui avait-il promis d'en acheter d'autres à condition qu'il réapparaisse au Salon. Quoi qu'il en soit, Degas traita Monet de renégat et rompit toute relation avec lui. Des membres du groupe initial restaient Pissarro, Berthe Morisot, Degas, Guillaumin et Rouart. Seul Pissarro avait besoin de vendre pour vivre. Son dédain du Salon était donc héroïque. Mais à cette époque se produisit une forte spéculation, favorable aux placements dans les œuvres d'art, et Durand-Ruel commença à débloquer son stock. À la fin décembre, il put verser à Pissarro 1 750 francs.

La cinquième exposition réunissait dans un appartement, 10, rue des Pyramides, dix-sept participants. Degas avait fait admettre des peintres mineurs, non impressionnistes, et avait réussi à imposer Raffaëlli, qui présentait trente-cinq tableaux, ce qui soulevait des protestations. Monet, à qui un reporter demandait, lors de l'exposition de ses œuvres, en juin 1880, s'il avait cessé d'être un impressionniste, répondit : « Pas du tout ; je suis toujours et je veux toujours être impressionniste… mais je ne vois plus que très rarement mes confrères hommes et femmes. La petite église est devenue aujourd'hui une école banale qui ouvre ses portes au premier barbouilleur venu[1]… » La septième exposition du groupe, qui s'ouvrit le 1er mars 1882, fut l'occasion de tels conflits qu'elle faillit bien ne pas avoir lieu. Caillebotte refusait d'exposer avec Raffaëlli, Degas refusait de lâcher Raffaëlli et menaçait de démissionner. Du coup, Gauguin donna sa démission, en écrivant à Pissarro : « … du côté de Degas et par sa volonté unique, la tendance a été de plus en plus mauvaise : chaque année un impressionniste est parti pour faire place à des nullités et à des élèves de l'École[2] ». Durand-Ruel, exaspéré par ces querelles, prit l'affaire en mains. Mais Renoir, sollicité, lui donna une réponse négative : « Exposer avec Pissarro, Gauguin et Guillaumin, c'est comme si j'exposais avec une sociale quelconque. Un peu plus, Pissarro inviterait le Russe Lavrof ou autre révolutionnaire. Le public n'aime pas ce qui sent la politique et je ne veux pas, moi, à mon âge, être révolutionnaire. Rester avec l'Israélite Pissarro, c'est la

1. J. Rewald, *Histoire de l'impressionnisme*, *op. cit.*, p. 285.
2. *Ibid.*, p. 296-297.

révolution. De plus ces messieurs savent que j'ai fait un grand pas à cause du Salon. Il s'agit de se dépêcher à me faire perdre ce que j'ai gagné. Ils ne négligent rien pour ça, quitte à me lâcher une fois tombé[1]. » Renoir autorisa finalement Durand-Ruel à exposer les tableaux de lui qu'il possédait déjà. Et Degas s'abstint pour protester contre l'exclusion de Raffaëlli. Durand-Ruel n'organisa pas l'exposition dans sa galerie, il loua les salons du Panorama de Reichshoffen au 251, rue Saint-Honoré, mais en prenant soin d'en rendre responsable le courtier Alphonse Portier qu'il venait d'engager[2]. Ancien négociant en textiles devenu marchand de couleurs en 1875, Portier avait été gérant, en 1879, de la quatrième exposition impressionniste. Il allait, ensuite, tenir commerce de tableaux au premier étage du 54, rue Lepic – où il fut, un temps, le voisin de palier des frères Van Gogh. Vendeur peu efficace, si l'on en croit Pissarro : « Portier est désespérant, très gentil, très honnête mais pas remuant, mais pas du tout. » Il eut pourtant pour clients Camondo, Rouart, Chéramy, Depeaux, la princesse de Polignac, les Havemeyer[3]. Cette septième exposition obtint un accueil critique moins sévère que les précédentes.

Quatre ans plus tard, du 15 mai au 15 juin 1886, eut lieu la huitième et dernière exposition impressionniste, appelée simplement « Huitième Exposition de peinture », au 1, rue Laffitte, au-dessus de la Maison dorée, célèbre restaurant à l'angle du boulevard des Italiens. Le groupe avait évolué. Pissarro, s'étant enthousiasmé pour le pointillisme, exposait dans une salle réservée aux néo-impressionnistes avec ses amis Seurat et Signac et avec son fils Lucien. Monet, Renoir, Sisley et Caillebotte s'étaient excusés, refusant de se compromettre avec les jeunes peintres que soutenait Pissarro. Le jour de l'ouverture, Alfred Stevens fit la navette entre la Maison dorée et le café Tortoni tout proche, pour y recruter des amis qui viendraient avec lui se moquer des « horreurs » que

1. R.E. Shikes et P. Harper, *Pissarro*, *op. cit.*, p. 210.

2. Selon Assouline (*« Grâces lui soient rendues ». Paul Durand-Ruel, le marchand des impressionnistes*, *op. cit.*, p. 179), Durand-Ruel loua à ses frais ; selon Rewald (*Histoire de l'impressionnisme*, *op. cit.*, p. 299), Henri Rouart paya de sa poche le loyer des salles, 6 000 francs pour trois ans.

3. A. Distel, *Les Collectionneurs des impressionnistes, amateurs et marchands*, *op. cit.*, p. 43.

Degas avait accepté d'exposer. Les « horreurs », ce n'étaient pas les œuvres des habituels protégés de Degas comme Zandomeneghi ou Marie Bracquemond, mais la *Grande Jatte* de Seurat[1].

Durand-Ruel, « cet oseur impénitent »

Paul Durand-Ruel avait d'autres prête-noms qu'Alphonse Portier. En 1873, lorsqu'il prit boutique 8, rue La Fayette, le bail était au nom d'Alphonse Legrand, l'un de ses anciens employés qui, entre 1876 et 1878, tint une galerie à côté de chez lui, 22 *bis*, rue Laffitte. Legrand, commandité par Gustave Caillebotte, représentait en France le ciment Mac Lean, un produit anglais employé en décoration. Il réussit d'ailleurs à convaincre Renoir de s'associer avec lui et de faire des essais de peinture sur ce matériau. Il s'occupa sans doute activement de la deuxième exposition impressionniste en 1876, car c'est lui qui régla à Durand-Ruel la location des salles de la rue Le Peletier. En mai 1877, il agit comme expert à la vente impressionniste à l'hôtel Drouot. Il semble avoir essayé de faire entrer la peinture impressionniste en Amérique en 1878, sans succès ; et en été 1886, il tenta de vendre des Pissarro et autres impressionnistes à Knoedler venu prospecter à Paris. Ensuite, on n'a plus trace de lui : on peut supposer qu'il a cessé son activité[2]. Par ailleurs, Durand-Ruel confia à plusieurs reprises en dépôt des séries de tableaux de Sisley, Monet, Pissarro et Renoir – peut-être pour les soustraire à des saisies[3] – à Victor Poupin, qui, en janvier 1874, avait repris de Legrand le bail du 8, rue La Fayette, qu'il occupa jusqu'en 1879. Le marchand utilisait également comme prête-nom E. O'doart, 98, boulevard Haussmann, qui disparut au début des années 1880.

Paul Durand-Ruel recommença à acheter des tableaux en 1880, grâce à Jules Féder, directeur de la banque de l'Union générale, qui devint son commanditaire. Mais le krach de cette banque, le

1. Paul Signac, cité par Joan U. Halperin, *Félix Fénéon*, Paris, Gallimard, 1991, p. 100.

2. A. Distel, *Les Collectionneurs des impressionnistes, amateurs et marchands*, *op. cit.*, p. 43.

3. *Ibid.*, p. 35.

1er février 1882, mit à nouveau en difficulté le marchand. Au début, il continua à effectuer des paiements à ses peintres qui, d'ailleurs, ne se rendirent pas compte de la gravité de la situation, si l'on en juge par les incessantes demandes d'argent que lui adressait Monet, mais, en 1884, il avait plus de un million de francs de dettes[1]. Il lutta de plusieurs manières. À Paris, plutôt que d'assumer la charge d'une nouvelle exposition de groupe, il organisa ses premières expositions monographiques dans un local qu'il louait, 9, boulevard de la Madeleine. En 1883, il montra coup sur coup Boudin, Monet (mars), Renoir (avril), Pissarro (mai) et Sisley (juin). En même temps, il se tourna vers les États-Unis[2]. Dès le printemps 1883, il fit une tentative à Boston et surtout à New York. À l'automne 1885, il reçut une invitation de l'*American Art Association* pour organiser une grande exposition à New York. Il s'embarqua en mars 1886 avec trois cents tableaux, dont cinquante Monet, quarante-deux Pissarro, trente-huit Renoir, trente-trois Degas, dix-sept Manet, quinze Sisley... Le 10 avril s'ouvrit l'exposition, à Madison Square. La presse américaine prédit : « Ce devrait être l'événement culturel de l'année », se montrant enthousiaste du « projet missionnaire » de Durand-Ruel autant que des tableaux[3]. Et Durand-Ruel put écrire à Fantin-Latour, le 21 août : « Ne croyez pas que les Américains soient des sauvages. Ils sont au contraire moins ignorants et moins routiniers que nos amateurs français. J'ai eu beaucoup de succès avec des tableaux que l'on a mis vingt ans à faire apprécier à Paris[4]. » À l'automne 1888, Durand-Ruel montra encore les impression-

1. J. Rewald, *Histoire de l'impressionnisme*, *op. cit.*, p. 329.

2. En 1866, Alfred Cadart avait déjà tenté l'aventure. Il s'était rendu aux États-Unis avec une cargaison de tableaux (Courbet, Corot, Daubigny, Jongkind, Ribot) et du matériel pour créer des « clubs d'eaux-fortes » dans plusieurs villes. Mais son exposition à New York, 625, Broadway, n'eut pas le succès attendu et il fut obligé de vendre son stock à Boston, l'année suivante (Albert Boime, « Les hommes d'affaires et les arts en France au XIXe siècle », *Actes de la recherche en sciences sociales*, n° 28, juin 1979, p. 72).

3. Annie Cohen-Solal, *« Un jour, ils auront des peintres ». L'avènement des peintres américains, Paris 1867-New York 1948*, Paris, Gallimard, 2000, p. 86-87.

4. B. Ehrlich White, *Renoir*, *op. cit.*, p. 163.

nistes aux États-Unis et ouvrit à New York une galerie dont furent chargés ses fils, d'abord le cadet, Charles, puis, après la mort de celui-ci, en 1892, les deux autres, Joseph et Georges[1]. Ainsi débuta aux États-Unis le succès des impressionnistes, qui ira grandissant après 1890.

Octave Mirbeau rendit justice à Paul Durand-Ruel. D'abord par un vibrant hommage dans un article consacré à Degas, le 15 novembre 1884 : « Ceux qui achètent des Degas passent encore pour des *toqués*, et M. Durand-Ruel, cet oseur impénitent, qui possède des dessins, des pastels, des tableaux de lui – d'admirables chefs-d'œuvre –, est communément traité de sectaire. Il est vrai que le temps lui a donné raison pour Millet, à propos de qui on le plaisantait et on le plaignait si fort, comme il lui donnera raison, je l'espère, pour Degas et les jeunes artistes, si particuliers, si persévérants et si pleins de talent, qu'il s'acharne à faire connaître[2]. » Ensuite, en janvier 1885, Mirbeau célébra l'avènement de la Société de protection de l'art français, patronnée par Durand-Ruel, qui se proposait de créer un bureau d'expertise pour lutter contre les faussaires et d'organiser des expositions. La nouvelle Société aurait son siège dans la galerie de la rue Laffitte : « M. Durand-Ruel a toujours été un visionnaire et un convaincu ! En avant de plusieurs années sur le goût du public, c'est à lui, c'est à ses efforts persévérants, à ses entêtements, c'est à ses encouragements que nous devons d'avoir pu donner à quelques-uns de nos plus grands artistes, insultés et reniés, la place qu'ils méritent d'avoir dans la hiérarchie de l'art. Il a été et il est encore un de nos meilleurs éducateurs[3]… »

Durand-Ruel sut se montrer diplomate avec ses peintres. Le 10 décembre 1885, Monet lui écrivit pour lui annoncer son ralliement à Georges Petit, qui lui avait offert de participer à la prochaine Exposition internationale à la condition expresse de ne pas présenter de tableaux appartenant à Durand-Ruel. Cette décision

1. Durand-Ruel déplaça à plusieurs reprises sa galerie sur la 5e Avenue : au 297 en 1888, il s'installa en 1892 au 315, puis en 1894 au 389, dans un immeuble qui appartenait à Harry Havemeyer.

2. O. Mirbeau, *Combats esthétiques*, *op. cit.*, t. I, p. 78.

3. *Ibid.*, p. 100.

était une trahison, mais Durand-Ruel ne rompit pas pour autant avec Monet, il continua de subvenir à ses dépenses courantes et paya même les travaux d'agrandissement de son atelier[1]. Précisons que Monet n'était pas intéressé par l'aventure américaine de son marchand, il était plus important à ses yeux d'être exposé et reconnu dans son pays et en Europe qu'à New York. Ainsi participa-t-il en 1886 à l'exposition de la Société des Vingt à Bruxelles. Durand-Ruel répondit encore aux multiples sollicitations de Monet en novembre 1890, au moment de l'achat de Giverny, même si le peintre refusait en ces termes de se joindre à des expositions collectives : « Je suis, moi, tout à fait rebelle en ce qui touche le rétablissement d'expositions du groupe ancien[2]... » Bien que le marchand se fût effrayé, lors d'une visite à Giverny le 29 avril 1894, des 15 000 francs demandés par le peintre pour chaque tableau de la série des *Cathédrales*, il continua de lui acheter des œuvres à l'occasion des expositions personnelles qu'il lui consacra, à Paris et à New York : en 1904, par exemple, il acquit vingt-quatre *Vues de la Tamise* pour 252 000 francs.

Paul Durand-Ruel constitua les collections du comte Isaac de Camondo, de François Depeaux, d'Étienne Moreau-Nélaton, d'Antonin Personnaz – qui, tous, firent des donations aux musées français –, ou, en Amérique, des Havemeyer. Il mourut le 5 février 1922. Il n'avait reçu la Légion d'honneur qu'en juillet 1920, au titre du Commerce et de l'Industrie. Peut-être parce que la République répugnait à récompenser un catholique dévot[3] ? Les impressionnistes restaient conscients, une quarantaine d'années plus tard, du service que Durand-Ruel leur avait rendu. En 1918, René Gimpel, en visite chez Renoir, à Nice, voulut acheter un tableau de fleurs. Renoir en demanda 3 000 francs, prix que Gimpel trouvait élevé mais que le peintre justifia : « ... ce sont mes fleurs qui se vendent le plus cher. Je ne peux pas vendre bon marché à cause des marchands, je ne veux pas les gêner dans leur

1. D. Wildenstein, *Monet ou le triomphe de l'impressionnisme*, *op. cit.*, p. 214.

2. *Ibid.*, p. 273.

3. A. Distel, *Les Collectionneurs des impressionnistes, amateurs et marchands*, *op. cit.*, p. 31.

commerce. J'ai, par exemple, une vieille dette de reconnaissance envers Durand-Ruel, car lui seul m'a aidé à manger quand j'avais faim[1]. » Lorsque Georges Bernheim, en compagnie de Gimpel, se rendit à Giverny chez Monet, celui-ci réclama 20 000 francs d'un tableau de fleurs en expliquant : « Je n'aime pas vendre, je préfère racheter. J'ai beaucoup racheté dans ma vie. Pourquoi, monsieur Bernheim, vous vendrais-je ? Il n'y a qu'une personne à qui je doive quelque chose, c'est à Durand-Ruel qu'on traitait de fou et qu'à cause de nous l'huissier a failli saisir[2]. »

Clemenceau, dans son essai sur son ami Monet, cite les prix atteints par les toiles du peintre comme des exemples de la revanche de Durand-Ruel. Il ne date malheureusement pas ses affirmations : « Un tableau que je me souviens d'avoir retiré à 110 francs, fit plus tard 70 000 francs en vente publique. Un autre, acheté 50 francs, revendu je ne sais combien de fois – tous les amateurs successifs y perdaient leur esprit –, est monté à plus de 100 000 francs, ces derniers temps[3]. » En 1920, René Gimpel dit son éblouissement devant la collection Durand-Ruel : « Une telle collection d'impressionnistes n'existera plus jamais. Peut-être cent Renoir, cent Monet, des Degas, Manet, Pissarro, Cézanne, par dizaines, tableaux accrochés tout simplement dans deux appartements contigus, rue de Rome. Dans le premier, habite le vieux Durand-Ruel et son fils aîné. On estime la collection à quinze millions et elle est le résultat des mauvaises affaires du père. Comme il ne pouvait vendre ses tableaux, il les gardait. Le fils aîné, qui me présente la collection, me signale un Monet qui vaut bien trente mille francs et que le père a acheté en 1878 cinquante francs à un moment où une telle somme était dure pour lui à sortir. Cet appartement est un labyrinthe parce que toutes les pièces se ressemblent et parce qu'elles sont toutes tapissées de toiles des mêmes maîtres. L'ameublement est horrible et doit dater du temps de leur grande misère. Ça sent la République pauvre. Presque toutes les chambres à coucher n'ont que des lits de fer.

1. R. Gimpel, *Journal d'un collectionneur marchand de tableaux*, *op. cit.*, p. 34.
2. *Ibid.*, p. 89.
3. G. Clemenceau, *Claude Monet, Les Nymphéas*, *op. cit.*, p. 74.

[…] Dans une des salles à manger, six natures mortes, une par Monet : des pigeons, deux par Renoir et trois par Cézanne, ces dernières d'un goût admirable[1]. » Durand-Ruel fut le premier des grands marchands, le modèle auquel se réfèrent ceux qui lui succédèrent, comme Vollard et Kahnweiler, à cause de son type d'engagement auprès des artistes. Il a fait œuvre de pionnier en exportant les impressionnistes aux États-Unis, et en associant son nom à un mouvement appelé à un destin historique.

La Maison Goupil et Theo Van Gogh

Vincent Van Gogh, « l'Oncle Cent », prit sa retraite en 1872 et mit fin à son association avec Goupil en 1878. René Valadon, qui avait épousé en 1875 la fille de Léon Boussod, l'associé de Goupil, racheta la part de l'entreprise détenue par son beau-père. (Quant au fils de Léon Boussod, il épousa en 1882 Jeanne Gérôme, fille du peintre et petite-fille de Goupil.) Adolphe Goupil céda à Valadon, en 1884, la direction de la maison, qui prit le nom de Boussod, Valadon et Cie, successeurs de Goupil et Cie, et abandonna ses locaux de la place de l'Opéra, gardant la rue Chaptal et le boulevard Montmartre. Enfin Adolphe Goupil se dessaisit à son tour en 1887 de sa part de l'entreprise.

Boussod, Valadon et Cie étendit progressivement son activité au marché du livre et du magazine, surtout à partir de 1884. Ce développement fut favorisé par l'introduction d'un nouveau procédé, la typogravure, et par les connaissances techniques de Michel Manzi, qui avait rejoint la maison en 1882. En 1885, les successeurs de Goupil éditèrent le grand *Figaro-Salon* ; entre 1886 et 1889, une revue culturelle, *Les Lettres et les Arts* ; en 1888, ils reprirent le magazine *Paris illustré*. Ils publièrent également des livres, dont une édition, en 1887, de *L'Abbé Constantin*, de Ludovic Halévy. La plupart des autres publications traitaient de sujets plus populaires, davantage en accord avec les reproductions et le

1. R. Gimpel, *Journal d'un collectionneur marchand de tableaux*, *op. cit.*, p. 180.

fonds d'œuvres d'art de la maison, qui privilégiait les sujets militaires, religieux ou sentimentaux[1].

Quant aux peintres de la galerie, celui dont les tableaux rencontraient un grand succès, Mariano Fortuny, mourut prématurément en 1874 mais il fut vite remplacé par deux jeunes Italiens qui travaillaient dans la même veine, Giuseppe De Nittis et Giovanni Boldini (qui avaient commencé à traiter avec Goupil respectivement en 1867 et 1871). Les toiles de ces deux-là, comme celles de Charles Bargue et d'Émile-Pierre Metzmacher – spécialisé dans les scènes amoureuses en costumes du XVIIIe siècle – se vendirent plutôt bien jusque vers 1885, alors que, dans le même temps, on assistait à un fléchissement progressif des peintres académiques comme Bouguereau et Gérôme. Boussod et Valadon ne traitaient qu'avec des valeurs sûres, Jules Breton et Julien Dupré, qui peignaient la vie rurale, ou Alphonse de Neuville, qui peignait la guerre de 1870[2].

En mai 1887, les directeurs voulurent rendre plus efficace la gestion de la maison. Ils organisèrent une vente pour se débarrasser des pièces qui se vendaient trop lentement, de manière à pouvoir financer de nouvelles acquisitions. Disparate, la liquidation ne fut pas un succès : *Les Natchez* de Delacroix, estimés 10 000 francs, furent rachetés pour la moitié ; *La Via Appia*, de Boulanger, estimée également 10 000 francs, atteignit seulement 6 650 francs. Par ailleurs, la nouvelle société ne renouvela pas le contrat signé vingt ans auparavant avec Bouguereau. Elle conclut en revanche un accord avec Léon Lhermitte, peintre naturaliste dont elle vendit les scènes paysannes dans la succursale de la rue Chaptal, aux côtés de Gustave Moreau et de Detaille. Au même moment, la succursale du boulevard Montmartre promouvait Monet ou Raffaëlli. Ainsi, la société Boussod, Valadon et Cie, qui adaptait ses stocks et ses contrats aux évolutions du marché, incarnait bien le capitalisme d'entreprise de la fin du XIXe siècle[3].

1. *Theo Van Gogh, marchand de tableaux, collectionneur, frère de Vincent*, *op. cit.*, p. 71.
2. *Ibid.*, p. 78.
3. *Ibid.*, p. 79.

Les neveux de « l'Oncle Cent », Vincent et Theo Van Gogh, furent les employés de la maison Goupil, Vincent successivement à La Haye, Londres et enfin Paris, en 1875. Il avait tenu à ses employeurs des propos suicidaires, leur affirmant que « le commerce des œuvres d'art n'est qu'une forme de vol organisé ». Theo succéda à son frère à Paris, en 1878. Il eut carte blanche pour la galerie du 19, boulevard Montmartre. En 1881, elle n'était signalée dans les guides que pour ses estampes et gravures, au même titre que le 2, place de l'Opéra, alors qu'en 1889 elle était répertoriée sous la rubrique « Marchands de tableaux et curiosités ». C'est donc que Theo Van Gogh avait réussi à lui donner un rôle plus important. Theo, qui gagnait entre 900 et 1 000 francs par mois[1], travaillait beaucoup, même le dimanche. Il cultivait son réseau de connaissances dans le milieu artistique, achetait des œuvres directement aux artistes ou en ventes publiques, faisait des affaires avec les autres marchands (Petit, Durand-Ruel, Brame, Bernheim-Jeune…) ou avec des collectionneurs (par exemple à Desfossés, en 1889, il acheta des Daubigny et vendit des Pissarro), travaillait aussi avec les marchés étrangers.

Deux cent cinquante artistes figurent sur les registres du stock du 19, boulevard Montmartre pendant la période où Theo en fut gérant. Mais la moitié n'apparaît que pour la vente d'une seule œuvre et environ quarante autres pour la vente de deux œuvres seulement. Les plus souvent cités sont Corot avec soixante-quinze tableaux, Monet avec soixante-dix, à égalité avec Corcos, Daubigny avec quarante-six et Monticelli avec quarante-cinq. Puis Charles Bargue, Jules Dupré, Pasini et Jongkind, Raffaëlli, Degas, Pissarro. Une demi-douzaine de Courbet et de Millet. Daumier est cité pour dix tableaux achetés en deux ans, de la fin 1888 à la fin 1890, dont sept en une seule fois à Bernheim-Jeune, en mars 1890. Cet achat important se situait dans une conjoncture favorable à l'œuvre de Daumier : en 1888, Arsène Alexandre avait publié une monographie sur l'artiste et l'École des beaux-arts avait exposé ses caricatures ; lors de l'Exposition univer-

1. Mais il entretenait son frère Vincent et, après la mort de leur père en 1885, il soutenait financièrement sa mère et ses sœurs.

selle de 1889, la critique avait réservé à ses tableaux un accueil très élogieux[1].

Theo ne s'est pas intéressé à l'impressionnisme à cause de son frère Vincent, il s'y intéressait avant : il avait acheté son premier tableau de Monet, *L'Église de Vétheuil*, à Alexandre Bernheim-Jeune, dès avril 1885, pour 680 francs. Mais c'est seulement après la liquidation de l'ancien fonds de la galerie, en 1887, qu'il investit de façon systématique, achetant directement à Monet quatorze toiles – peintes pour la plupart à Belle-Île, l'année précédente – pour 19 300 francs. Afin de promouvoir ses nouveaux peintres à l'étranger, il envoya, en mars 1888, un lot de tableaux à Tersteeg, son ancien collègue de la succursale de La Haye : c'était la première fois que des toiles impressionnistes étaient montrées aux Pays-Bas. Le 4 juin 1888, Theo signa avec Monet un contrat selon lequel il aurait la première offre de son travail et lui achèterait dix de ses tableaux récents d'Antibes pour un montant de 11 900 francs. Ils se répartiraient par moitié les bénéfices éventuels réalisés sur la vente de ces œuvres[2]. Theo organisa, ce mois de juin-là, une première exposition personnelle du peintre, puis une deuxième, en mars 1889. Mais Monet était alors engagé avec Georges Petit et c'est chez lui que se tint, en juin 1889, la grande exposition Monet-Rodin.

Theo continua à vendre des Monet (en octobre 1889, il obtint pour une toile un prix record de plus de 10 000 francs[3]), mais il ne pouvait rivaliser avec Petit ; il se chargea donc, pour se maintenir à la pointe du marché, de la promotion d'un autre impressionniste, Pissarro, avec lequel il était en relations depuis 1887. En février 1890, il lui consacra une importante exposition personnelle : dix-sept toiles, sept détrempes et quatre gouaches, les deux tiers prêtées par les nouveaux collectionneurs du peintre, Clemenceau, Paul Gallimard, Dupuis, Bouglé… Sur les huit tableaux disponibles, six furent vendus, avec un bénéfice de 3 650 francs pour

1.. *Theo Van Gogh, marchand de tableaux, collectionneur, frère de Vincent*, *op. cit.*, p. 103.

2. C'était un accord standard : Bouguereau avait eu le même entre 1866 et 1887.

3. K. Sagner-Düchting, *Monet*, Cologne, Taschen, 1990, p. 223.

l'artiste[1]. C'est une erreur d'avoir voulu opposer Theo Van Gogh et son enthousiasme pour la peinture impressionniste à ses employeurs, qui, eux, n'auraient pas eu de goût pour l'impressionnisme, le catalogue de l'exposition que le musée d'Orsay a consacrée au marchand le souligne bien. S'ils s'opposaient, c'était affaire de stratégie commerciale : Boussod et Valadon tenaient sans doute à faire des profits immédiats alors que Theo croyait davantage aux investissements à long terme. Theo avait des réticences vis-à-vis de Seurat et de Gauguin, y compris sur leurs méthodes d'exposition. Il désapprouva vivement l'accrochage du groupe de Gauguin au café Volpini, par exemple : c'était, selon lui, emprunter l'escalier de service[2]. Néanmoins, en 1888, il proposa à Gauguin, dans l'espoir qu'il rejoindrait à Arles son frère Vincent, le versement d'une allocation mensuelle de 150 francs en échange de douze toiles par an. Ce marché tourna court après l'accès de folie de Vincent. Theo avait, en revanche, de la sympathie pour Toulouse-Lautrec, qui était, comme Vincent, élève en 1886 de l'atelier Cormon et, en janvier 1888, il lui acheta *Poudre de riz* pour sa collection personnelle.

En 1889-1890, Theo Van Gogh travailla par ailleurs avec deux peintres à succès, Raffaëlli et Carrière. Il acquit onze Raffaëlli, en revendit quatre et, en mai-juin 1890, organisa à l'artiste une exposition personnelle. Raffaëlli avait su, les années précédentes, se promouvoir. Il avait monté lui-même, en 1884, dans des locaux loués avenue de l'Opéra, une grande exposition de ses œuvres. Il cherchait à s'attirer les bonnes grâces de la IIIe République en louant ouvertement ses hommes politiques, ses artistes et son histoire[3] : il montra au Salon le portrait de Clemenceau faisant un discours et celui d'un maître fondeur en train d'accrocher le bas-relief de Dalou, *Mirabeau et Dreux-Brézé*. Theo acheta seize tableaux d'Eugène Carrière, dont onze directement au peintre, s'assurant ainsi une sorte de monopole sur ses œuvres, et il en revendit onze. Mais il mourut avant d'avoir pu l'exposer et c'est son successeur, Joyant, qui allait le faire en avril 1891.

1. *Theo Van Gogh, marchand de tableaux, collectionneur, frère de Vincent*, *op. cit.*, p. 124.
2. *Ibid.*, p. 137.
3. *Ibid.*, p. 107.

L'opulence de Georges Petit

Francis Petit laissait à sa mort, en 1877, une succession de plus de 2 500 000 francs, dont presque 900 000 francs en œuvres d'art (parmi lesquelles un lot de Meissonier valant près de 300 000 francs). Sa fortune venait de son sens des affaires, puisque, à son mariage en 1851, il n'avait apporté que 10 000 francs (son épouse, elle, avait hérité une quarantaine de milliers de francs d'un oncle, en 1873). Le fils de Francis Petit, Georges, âgé de vingt-deux ans, reprit la galerie. C'était, comme son père, un homme habile. Bien plus tard, il racontait avoir écumé, après la mort de Corot, les commerces de la région de Fontainebleau pour racheter les tableaux laissés en gage : « Les deux plus beaux, je les ai trouvés chez une fruitière qu'il n'avait pas réglée pendant trois ans et à laquelle il avait dû quatre cents francs. Je les ai achetés douze mille et vendus cinquante. Ils vaudraient aujourd'hui [1918] deux cent mille francs pièce[1]. »

En 1881, Georges Petit s'installa dans un immeuble à deux entrées, 12, rue Godot-de-Mauroy et 8, rue de Sèze, où il vécut jusqu'à sa mort, en 1920. Regroupant la résidence de la famille, l'administration de la galerie, les salles d'exposition et les ateliers d'une imprimerie (Georges Petit, comme Goupil, éditait des estampes), cet immeuble, que Zola appelait « les magasins du Louvre de la peinture », abritait une somptueuse galerie de vingt-cinq mètres sur quinze, décorée de marbre et d'étoffe rouge, à laquelle on accédait par un escalier monumental au fond d'un large couloir donnant sur la rue de Sèze, et des salons très spacieux où gens du monde et dandys se rencontraient le soir, entre 5 heures et 7 heures. L'éclairage était sophistiqué : par un ingénieux système, les lustres s'élevaient et s'abaissaient à volonté. Grâce à Edmond de Goncourt, il nous reste une évocation de la technique commerciale des employés de la galerie : « Aujourd'hui [17 décembre 1881], De Nittis, avec le sens du pittoresque des choses qu'il a au plus haut degré, me peignait la mimique de

1. R. Gimpel, *Journal d'un collectionneur marchand de tableaux*, *op. cit.*, p. 36.

l'heure présente des commis de Petit pour la vente des tableaux. D'abord, des caresses de gestes à distance, qui ne sont plus des gestes d'autrefois, où il y avait un peu du poing sur la hanche du modèle d'atelier, mais des caresses des corps serpentants, ondulants, gracieusés en des contournements légèrement pédérastiques. Puis tout à coup, au milieu de la démonstration faite dans une douce eurythmie, d'un bond, le commis franchit la distance qui le sépare du tableau et tout à coup, vous le retrouvez accroupi au bas de la toile et rasé à terre, appelant votre attention sur un détail, qu'il enveloppe dans le vide d'une main, qui a l'air de jouer amoureusement autour d'un sein.

Et l'homme en caoutchouc, qui faisait ce joli manège pendant la journée, devant un tableau de 50 000 francs, le soir, chez Mme Adam, De Nittis le voyait entrer le cou raide, la poitrine en avant, avec, sur toute sa personne, quelque chose d'un hautain doctrinaire. »

Georges Petit sut faire de sa galerie le centre de manifestations importantes comme l'exposition annuelle de la Société des aquarellistes français[1]. Depuis la fondation de la Société en 1878, l'exposition avait lieu chez Durand-Ruel[2]. En 1882, elle déménagea chez Georges Petit et avec éclat : en février, le président de la République en personne inaugura la galerie en ouvrant l'exposition. En avril de cette même année fut fondée la Société internationale de peinture qui tint chez Petit la première de ses expositions annuelles. Un peintre étranger célèbre de chaque nation fut invité, Alfred Stevens pour la Belgique, John Everett Millais pour l'Angleterre, Munkacsy pour l'Autriche, Adolphe Menzel pour l'Allemagne, De Nittis pour l'Italie, Madrazo pour l'Espagne, Josef Israels pour la Hollande. Et ces artistes demandèrent à quatre peintres français de se joindre à eux : Paul Baudry, Jules Dupré, Ernest Meissonier, Gustave Moreau. Cette exposi-

1. Cette Société des aquarellistes français comprenait dix-neuf membres titulaires : la baronne Nathaniel de Rothschild, Madeleine Lemaire, Édouard Detaille, Gustave Doré, Louis Français, Eugène Isabey, etc. (*La Presse*, 5 janvier 1881).

2. En mai 1881, par exemple, Gustave Moreau y exposait la première série de vingt-cinq aquarelles pour les *Fables* de La Fontaine.

tion prestigieuse, si l'on en juge par la composition du comité d'honneur, ambassadeurs, directeurs de musées, gens riches et puissants, s'ouvrit le 1er mai, en même temps que le Salon. La veille du vernissage, De Nittis donna une grande soirée, avec dîner suivi d'un concert, où l'on avait convié Juliette Adam, dont Stevens espérait que, grâce à ses relations, elle pourrait faire décorer Petit. Lorsque se créa, en 1885, la Société des pastellistes français, qui avait pour membres des étoiles montantes comme Gervex, Besnard, Ernest-Ange Duez, c'est naturellement chez Georges Petit qu'eut lieu son exposition annuelle.

Après avoir organisé, en juin 1883, une exposition des « Cent chefs-d'œuvre tirés des collections parisiennes » – où Boucher, Rembrandt et Rubens côtoyaient Corot, Daubigny, Delacroix, Meissonier, Millet et Rousseau –, Petit présenta, en octobre 1884, la collection particulière de Mme de Cassin qui comportait cinquante-deux tableaux et, en décembre 1884, un ensemble de tableaux sur le sport. En 1884, il organisa également une rétrospective Meissonier, des expositions de faïences de Lachenal, des ventes de charité (au profit par exemple de l'Orphelinat des arts) et des fêtes de Noël. Mais, parallèlement, il s'intéressa à l'impressionnisme et, au cours des années 1880, il transforma habilement le style de la Société internationale de peinture, en ménageant les autorités académiques tout en posant à l'indépendance. En 1884, il fit appel à des artistes contemporains qui s'étaient révélés au cours des cinq années précédentes : Jules Bastien-Lepage, Jean-Charles Cazin, Alfred Roll, Jean Béraud et l'Allemand Max Liebermann. En 1885, il invita Claude Monet et Jean-François Raffaëlli ; en 1886, Monet y figurait encore, ainsi que Renoir (*Madame Charpentier et ses enfants*) ; en 1887, Pissarro, Sisley et Berthe Morisot y exposaient aux côtés de Monet et Renoir. En janvier 1888, la galerie accueillit un nouveau groupe, les Trente-Trois, formé par « des jeunes artistes impatients de forcer la renommée » autour de Jacques-Émile Blanche : Eugène Carrière, Étienne Moreau-Nélaton, Émile Friant, Odilon Redon, Fernand Khnopff, Fritz von Uhde, etc[1]. Cette Société des Trente-Trois était le pendant français du

1. Vincent Pomarède, *Étienne Moreau-Nélaton, un collectionneur-peintre ou un peintre-collectionneur*, Association Moreau-Nélaton, 1988, p. 85.

groupe des Vingt fondé à Bruxelles le 28 octobre 1883, par vingt artistes rejetés par le Salon officiel, Ensor, Van Rysselberghe, Finch, Toorop, Khnopff[1]…

Ainsi Georges Petit était-il désireux d'occuper progressivement les domaines les plus à la pointe, car le moderne – dont les impressionnistes faisaient partie, mais ils n'étaient pas les seuls – représentait une force très active sur le marché. Durand-Ruel sentit bien le danger, puisqu'en 1883 il loua, pour faire pièce à son voisin de la rue de Sèze, un local, boulevard de la Madeleine, où il montra Monet, Renoir, Pissarro et Sisley. Petit fut un de ses clients, comme l'écrivait Mary Cassatt à son frère : « Monet monte, Petit, chez qui tu as acheté ton Raffaëlli, s'est mis aux tableaux de Monet avec beaucoup de détermination, et en a acheté quarante à Durand […] ; alors garde bien tes Monet, je suis juste désolée de ne pas t'avoir poussé à en acheter plus[2]. » Le fait d'exposer ou non chez le rival de Durand-Ruel suscita des débats parmi les impressionnistes. Monet, en 1920, se souvient : « Durand-Ruel fut notre divinité protectrice, mais comme son admiration pour nous l'avait conduit aux pires catastrophes commerciales, il fut obligé de s'expatrier en Amérique. Pendant un certain temps il n'y eut plus personne pour nous acheter nos toiles, alors j'allai trouver Georges Petit. Ah ! ce ne fut pas facile de le décider, son père nous avait fait beaucoup de mal. Les gens qui n'avaient pas voulu d'impressionnistes rue Laffitte en achetèrent rue de Sèze. La concurrence s'établit entre les deux rues et nous fut très profitable[3]. » Ainsi l'impressionnisme devenait-il, aux yeux des collectionneurs, autre chose qu'un engouement personnel de Durand-Ruel. Petit était d'ailleurs en compétition constante avec Durand-Ruel lors des expertises.

En 1886-1887, Georges Petit acheta directement à Monet des tableaux au prix fort. Si bien qu'en juin-juillet 1889, il put organi-

1. Chaque membre pouvait montrer six œuvres de son choix alignées à la même hauteur sur un même mur. On pouvait inviter des artistes étrangers : en 1889, par exemple, Monet, Desboutin, Cross, Gauguin, Pissarro, Seurat…

2. *Theo Van Gogh, marchand de tableaux, collectionneur, frère de Vincent*, *op. cit.*, p. 67.

3. R. Gimpel, *Journal d'un collectionneur marchand de tableaux*, *op. cit.*, p. 178.

ser une exposition de Monet et de Rodin, cent quarante-cinq toiles du premier, trente-six sculptures du second. Monet n'était guère satisfait de l'accrochage, il l'écrit à Petit, le 21 juin : « ... mon panneau du fond, le meilleur de mon exposition, est absolument perdu depuis le placement du groupe de Rodin. Le mal est fait... c'est désolant pour moi. Si Rodin avait compris qu'exposant tous deux nous devions nous entendre pour le placement... S'il avait compté avec moi et fait un peu de cas de mes œuvres, il eût été bien facile d'arriver à un bel arrangement sans nous nuire[1]... » Néanmoins, l'exposition reçut un accueil triomphal, de la presse comme du public. Par ailleurs, profitant d'une brouille entre Durand-Ruel et Sisley, Petit devint le marchand de ce dernier, auquel il consacra une rétrospective, en février 1897.

Après les impressionnistes, Georges Petit attira les peintres intimistes, Henri Martin et Henri Le Sidaner. En 1895, il devint le marchand attitré d'Edmond Aman-Jean, qui, sans jamais signer de contrat d'exclusivité, exposa régulièrement chez lui pendant plus de trente ans (il exposa aussi à la galerie Boutet de Monvel en 1911 et à la galerie Manzi-Joyant en janvier 1914[2]). En 1899 se créa la Société nouvelle des peintres et sculpteurs, comprenant, avec les intimistes, des peintres étrangers, Émile Claus, John Alexander, Fritz Thaulow... Présidée d'abord par l'écrivain Gabriel Mourey, puis brièvement par Eugène Carrière et, après la mort de celui-ci, par Auguste Rodin, cette Société nouvelle[3] exposa chaque année jusqu'à la guerre chez Georges Petit avec beaucoup de succès. Avec une interruption en 1903, où, à la suite d'une dissension avec Petit, elle s'installa brutalement chez Durand-Ruel – Aman-Jean et Le Sidaner restant fidèles à Petit. La réputation des peintres du groupe passa bientôt les frontières. Des expositions furent organisées aux États-Unis : par exemple, en 1911, une importante exposition itinérante fut accueillie par les musées de Buffalo, Saint Louis et Boston. Ainsi les artistes furent-ils invités aux États-Unis : Aman-Jean y passa régulièrement

1. F.V. Grunfeld, *Rodin*, *op. cit.*, p. 310.
2. *Songes de femmes. Edmond Aman-Jean, 1858-1936*, *op. cit.*, p. 115.
3. À partir de 1908, le groupe s'appela simplement Société des peintres et sculpteurs.

ses hivers pour réaliser des portraits de la haute société américaine et des panneaux décoratifs dans plusieurs grandes villes de la côte Est[1].

Georges Petit mourut en 1920. Malgré ses déclarations, rapportées par Gimpel en 1918 : « Il n'y a aujourd'hui comme seuls peintres intéressants, intelligents, grands esprits, mon Dieu, que Le Sidaner, Besnard et Ménard[2] », on constata, lors de la vente aux enchères de sa collection, les 4 et 5 mars 1921, qu'il avait conservé un grand nombre de tableaux impressionnistes. La galerie survécut sous la direction de l'expert André Schoeller jusqu'en 1933, date à laquelle la Société des galeries Georges-Petit fut dissoute[3].

Après 1880, les salons se multiplient

La Société des artistes français

Au cours de la décennie 1870, le jury du Salon continua à provoquer la contestation. Dès 1869, la tension avait été vive avec les représentants de la jeune école, traités par Gérôme de « bande de fous » : aucun des tableaux de Monet n'avait été admis. Ce fut pire en mars 1870, au moment de la sélection pour ce qui allait être le dernier Salon du second Empire. En effet, pour désarmer l'opposition, la majorité conservatrice du jury reçut près de trois mille toiles mais refusa Monet, seul exclu de marque. Daubigny démissionna en signe de protestation, ainsi que Corot. Comme cet échec était particulièrement injuste, Monet décida de ne plus tenter sa chance ; il ne revint au Salon que dix ans plus tard. On essaya, une fois de plus, de varier le mode de désignation du jury : en 1872, il fut élu par les seuls médaillés ou prix de Rome, en 1874 en partie nommé, en partie élu par les artistes académiciens,

1. *Songes de femmes. Edmond Aman-Jean, 1858-1936*, *op. cit.*, p. 90.

2. R. Gimpel, *Journal d'un collectionneur marchand de tableaux*, *op. cit.*, p. 63.

3. A. Distel, *Les Collectionneurs des impressionnistes, amateurs et marchands*, *op. cit.*, p. 39.

décorés, médaillés et prix de Rome. En 1876, composé de quinze peintres et de cinq jurés choisis par l'administration, le jury, présidé par Robert-Fleury, avec pour vice-présidents Cabanel et Fromentin, se montra à nouveau intransigeant en refusant les deux envois de Manet, *Le Linge* et *L'Artiste – Portrait de Marcellin Desboutin.* Il est vrai que, parmi les quinze peintres, six (le président, les vice-présidents, Baudry, Dubufe, Hébert) siégeaient déjà au jury en 1866, quand *Le Fifre* et *L'Acteur tragique* avaient été écartés ; deux seulement, Bonnat et Henner, prirent la défense de Manet[1].

Sans songer à rejoindre ses amis impressionnistes qui avaient ouvert leur deuxième exposition en avril, Manet prit alors le parti d'exposer les tableaux refusés dans son atelier du 4, rue de Saint-Pétersbourg, nous l'avons vu, de 10 heures du matin à 5 heures du soir. Les cartons d'invitation portaient une petite banderole légèrement en relief, bordée d'or, avec pour devise, en lettres d'or également : « Faire vrai, laisser dire ». La presse annonça très largement l'ouverture et le 15 avril, dans la nuit, des rapins déployèrent sous les fenêtres de l'atelier une autre banderole portant l'inscription « À la concurrence du jury »[2]. L'exposition reçut chaque jour plusieurs centaines de visiteurs. Des critiques s'en prirent au jury, comme Castagnary : « Refuser M. Manet n'est pas une bonne chose. [...] Il occupe dans l'Art contemporain une place autrement grande que M. Bouguereau, par exemple, que je vois parmi les membres du jury. [...] Son portrait de cette année, ce portrait de M. Desboutin que vous lui avez refusé, eût été une des puissantes toiles du Salon. Mais le succès du *Bon Bock* vous avait alarmés ; vous n'avez pas voulu qu'il se reproduisît sur une plus grande échelle. Folie ! Le public, qui ne se fie à vous qu'à demi, a couru chez le peintre, et ces visites empressées l'ont amplement dédommagé de votre brutal refus[3]. »

En 1880 éclata une crise ouverte, au terme de laquelle l'État allait se désengager de l'organisation du Salon annuel. Déjà, le Salon de 1879 marquait une étape vers le libéralisme. Le climat politique s'était modifié avec l'arrivée de Jules Ferry au ministère

1. É. Darragon, *Manet*, *op. cit.*, p. 259.
2. *Ibid.*, p. 260.
3. *Manet,* Éd. de la Réunion des musées nationaux, *op. cit.*, p. 370.

de l'Instruction publique et des Beaux-Arts (il était aussi président du Conseil). Plusieurs témoins notaient le changement d'état d'esprit du public. Ainsi Théodore de Banville, dans *Le National* du 16 mai : « Quand on pense qu'il y a eu un temps où M. Édouard Manet était le révolutionnaire, le buveur de sang, le spectre rouge ! Aujourd'hui il ne s'en faut pas beaucoup que les jeunes impressionnistes ne le regardent comme un suppôt de M. Ingres, comme un complice de feu Drolling, comme un académicien à perruque verte[1] ! » Le jury de 1880, présidé par Bouguereau, pour manifester sa mauvaise humeur vis-à-vis d'Edmond Turquet, sous-secrétaire d'État aux Beaux Arts, avait accepté près de quatre mille peintures, alors que le Palais de l'Industrie ne pouvait en contenir que deux mille cinq cents au maximum. Il fut si difficile de les placer que l'ouverture du Salon fut retardée de quinze jours. Le 18 mai 1880, Turquet, violemment interpellé par un député de droite à propos de ce retard, répondit que l'attitude du jury témoignait d'un esprit hostile à la République, comme le prouvait l'appartenance de certains de ses membres à un comité parisien de soutien aux écoles chrétiennes. Le 24 mai, dix-sept membres du jury lui envoyèrent une lettre de protestation et Paul Baudry démissionna. Le 13 décembre 1880, le Conseil supérieur des beaux-arts présidé par Turquet exprimait le vœu de laisser désormais aux artistes le soin d'organiser eux-mêmes leurs expositions annuelles. Par arrêté du 27 décembre, Turquet convoqua tous les artistes qui avaient déjà exposé au moins une fois au Salon pour le 12 janvier, afin qu'ils élisent un comité de quatre-vingt-dix membres ayant pour mission de rédiger le règlement de l'exposition. Lors de la première réunion de ce comité, le 17 janvier 1881, Turquet annonça que « l'administration n'interviendrait plus dans les Salons annuels, remettant la gestion libre et complète, matérielle et artistique, à tous les artistes français ».

Le comité élu par la Société libre des artistes organisa donc le Salon de 1881. Toutes les œuvres présentées durent être soumises à un jury de quarante personnes pour la peinture, treize pour la sculpture, dix pour la gravure et neuf pour l'architecture. Cent ans

1. É. Darragon, *Manet*, *op. cit.*, p. 308.

plus tard, en 1981, une sélection des tableaux qui avaient été exposés au Palais de l'Industrie fut montrée au Grand Palais. Des scènes historiques de Rochegrosse, Élie Delaunay, Gérôme, Paul Jamin, Cabanel ; des femmes nues de Gervex, Léon Commerre, Jean-Jacques Henner, Bouguereau, Signol ; des portraits de Carolus-Duran[1]... Les œuvres ne différaient guère de celles qui étaient montrées du temps du jury officiel. Mais l'octroi des récompenses marqua une différence : Manet obtint en 1881 sa première reconnaissance officielle, une deuxième médaille, avec les portraits d'*Henri Rochefort* et de *M. Pertuiset, le chasseur de lions*. Cabanel, président du jury, serait intervenu, selon Gervex, en faveur du *Pertuiset*, en affirmant : « Messieurs, il n'y en a pas un parmi nous qui soit fichu de faire une tête comme ça en plein air[2]. » Les journaux se montrèrent critiques avec la nouvelle organisation. Le 2 mai, autrefois jour de vernissage mondain, fut décrété jour d'ouverture officielle, à 5 francs l'entrée, faisant ainsi disparaître « une des *premières* les plus parisiennes, les plus recherchées, les plus pittoresques, les plus curieuses ». Et le journaliste de *La Presse* de témoigner : « Nous arrivons du Salon. L'encombrement y est aussi grand que les années précédentes, mais il n'a plus d'attrait : rien que des visiteurs, pas de visiteuses, si ce n'est de rares exposantes. Nous n'avons pas de compliments à faire aux organisateurs qui, du reste, n'ont rien épargné pour faire regretter l'époque où l'administration était chargée du Salon[3]. »

Le 3 novembre 1881, un nouveau comité, peu différent du premier, était élu pour préparer le Salon de 1882, et les statuts de la Société des artistes français furent adoptés le 15 juin 1882. Le 24 juin, lors de la cérémonie de distribution des récompenses au Salon, Jules Ferry se félicita dans son discours de la constitution de l'Association des artistes français et promit à ces artistes l'aide du gouvernement « sans toucher à cette indépendance à laquelle vous vous accoutumez[4] ». Mais ce changement administratif n'aboutit pas à une transformation véritable, puisque la Société

1. *Centennale des artistes français*, Grand Palais, 11 avril-10 mai 1981.
2. *Manet*, Éd. de la Réunion des musées nationaux, *op. cit.*, p. 473.
3. *La Presse*, 2 mai 1881.
4. *La Presse*, 25 juin 1882.

des artistes français choisit pour président un membre de l'Institut, l'architecte Bailly, pour vice-présidents deux membres de l'Institut, le sculpteur Guillaume et le peintre Bouguereau, et que deux secrétaires sur quatre appartenaient à l'Institut ! Les maîtres faisaient recevoir leurs disciples qui allaient devenir des électeurs. Très rapidement, *L'Artiste* critiqua « les tendances un peu jacobines » de la Société des artistes français : cette association, qui comptait moins de cinq cents membres, soit une minorité par rapport au nombre total des artistes, agissait comme un Comité de salut public[1]. En mars 1884 plus de quatre mille œuvres furent refusées au Salon.

Les Indépendants

La dissidence alla bon train. Des peintres exclus annoncèrent, à la mi-avril 1884, par des affiches collées dans Paris, l'organisation d'une exposition artistique libre qui éliminerait le système hiérarchique traditionnel, sans jury, sans sélection préalable des exposants, sans médailles ni récompenses. Ces indépendants, au nombre de deux cents, soutenus par Victor Hugo, tenaient leurs réunions au Palais-Royal, au café Montesquieu. Ils n'avaient pas voulu de règlement et avaient seulement tiré au sort quinze membres pour former le comité chargé de l'organisation matérielle du futur salon. Ce comité siégea tous les soirs, du 1er au 8 mai, dans une salle du café Montesquieu pour classer les œuvres reçues. Le Salon des Indépendants fut inauguré le 15 mai, dans des baraquements situés sur l'emplacement du palais des Tuileries incendié pendant la Commune. Il regroupait un millier de peintures et de sculptures de quatre cent deux artistes. On y voyait, entre autres, les néo-impressionnistes Angrand, Dubois-Pillet, Cross, Signac, Seurat (*Une baignade, Asnières*)[2]... Très vite, on constata des irrégularités dans la gestion financière. Par exemple, les artistes avaient payé 11 francs le droit d'exposer mais le reçu indiquait seulement 10 francs.

---

1. *L'Artiste*, 1882, « Chronique des lettres et des arts », p. 522.
2. Jean-Louis Ferrier (dir.), *L'Aventure de l'art au XIXe siècle*, Paris, Société nouvelle des éditions du Chêne, 1991, p. 716.

Le 31 mai, quarante des exposants se réunirent et, sous la présidence d'Odilon Redon, décidèrent de provoquer une assemblée générale pour constituer une Société des artistes indépendants, dont les statuts furent publiés le 14 juin dans les *Affiches parisiennes*[1]. Le 10 décembre 1884 s'ouvrit la deuxième exposition des Indépendants, dite Salon d'hiver, dans le pavillon de la Ville de Paris situé Cours-la-Reine. Une centaine d'artistes (dont les néo-impressionnistes ci-dessus) présentaient environ trois cents œuvres accrochées dans cinq grandes salles au sol de sable fin mouillé, que le froid intense rendait très difficiles à chauffer, malgré d'énormes calorifères. L'octroi de ce local s'explique sans doute par l'appartenance à la franc-maçonnerie à la fois des promoteurs de la Société des artistes indépendants et des membres les plus républicains du conseil municipal[2]. La Société des artistes indépendants adopta les couleurs de la Ville de Paris et ses banquets s'appelèrent désormais « Rouge et Bleu ».

La zizanie régna publiquement pendant deux ans entre les artistes indépendants. En 1885, les membres du groupe d'origine empêchèrent la Société des artistes de tenir son salon : ils la prirent de court en organisant une exposition dans le baraquement des Tuileries. En 1886, le Conseil municipal partagea ce baraquement entre le groupe d'origine et les dissidents, et les deux expositions se tinrent en même temps, pendant l'été, avec une entrée commune. Les visiteurs étaient en pleine confusion puisque, devant chaque tourniquet, les gardiens criaient : « Par ici les vrais indépendants ! » En 1887 enfin, le groupe d'origine s'effaça définitivement devant la Société des artistes indépendants, mais il allait se venger en envoyant des lettres de délation aux supérieurs d'Albert Dubois-Pillet. Celui-ci n'avait pas le droit, en tant que commandant de la Garde républicaine, d'afficher officiellement son rôle de vice-président d'une Société d'artistes indépendants

1. J. Monneret, *Le Salon des Indépendants*, *op. cit.*, p. 24.

2. Le peintre Albert Dubois-Pillet, qui avait rédigé les statuts de la Société et obtenu le pavillon de la Ville, était affilié au Grand Orient de France ; le président de la Commission des beaux-arts, Frédéric Hattat, qui fut le rapporteur pour la demande de local, était vénérable de loge ; enfin, le vice-président du Conseil de Paris, Gustave Mesureur, qui présenta la requête de la Société, était grand maître de la Grande Loge de France.

considérés comme des révolutionnaires. Il dut quitter la Société et fut muté au Puy-en-Velay en 1889[1].

Le Salon annuel des Indépendants s'installa successivement dans le pavillon de la Ville aux Champs-Élysées, de 1887 à 1893[2], puis au Champ-de-Mars, dans le Palais des arts libéraux jusqu'en 1897, puis à nouveau aux Champs-Élysées – en 1898, dans le Palais de Glace et, les deux années suivantes, au Garde-meuble, 5, rue du Colisée. De 1901 à 1908, le salon eut lieu dans les Grandes Serres de l'Alma, construites à titre temporaire pour abriter la section horticole de l'Exposition universelle de 1900. Ensuite, jusqu'à la guerre, il investit divers baraquements, au pont des Invalides, au pont de l'Alma, au Champ-de-Mars… Pourtant, dès 1909, Paul Signac, qui venait d'être élu président de la Société – il le resta jusqu'à sa mort en 1935 –, avait rédigé pour le Salon des Indépendants une demande d'admission au Grand Palais, mais la demande ne fut acceptée qu'en 1920. En 1910, Apollinaire écrit : « […] depuis la démolition des serres du Cours-la-Reine, la Société des indépendants n'a plus de domicile et les baraquements qu'elle édifie et qui lui coûtent très cher lui interdisent de recevoir de nouveaux adhérents dont elle ne serait pas assurée de pouvoir accrocher les tableaux. Tel quel, le Salon des Indépendants contient six mille œuvres[3]… » Ce salon finit par devenir une manifestation artistique importante : de trois mille entrées en 1898, il passa à trente-cinq mille en 1920.

De grands artistes exposèrent aux Indépendants : Van Gogh en 1888, Toulouse-Lautrec en 1889, Cézanne en 1899. En 1891, Seurat, qui s'était hâté de terminer *Le Cirque* à temps pour le Salon, après s'être beaucoup occupé de l'organisation et de l'accrochage, contracta une angine (sans doute d'origine diphtérique) qui

1. Albert Dubois-Pillet n'avait commencé à peindre qu'en 1877, à trente et un ans, poussé par son ami Seurat. Entré à Saint-Cyr en 1865, il était depuis 1880 commandant de la Garde républicaine. Il mourut en 1890 lors d'une épidémie de variole (J. Monneret, *Le Salon des Indépendants*, *op. cit.*, p. 26).

2. Sauf en 1889 où, à cause de l'Exposition universelle, il ne put disposer du pavillon et dut se tenir 84, rue de Grenelle, dans la salle de la Société d'horticulture.

3. Apollinaire, *Œuvres en prose complètes*, t. II, Paris, Gallimard, coll. « Bibliothèque de la Pléiade », 1991, p. 141.

l'emporta en trois jours, le 29 mars. Il avait trente-deux ans. Matisse, qui était sociétaire depuis 1901, fut élu secrétaire adjoint en 1904. Président en 1905 de la commission de placement d'accrochage, il présenta au Salon huit toiles, dont *Luxe, calme et volupté* auquel les néo-impressionnistes réservèrent un accueil chaleureux : c'était le converti le plus prestigieux depuis Pissarro. Signac acheta la toile en été 1905[1]. Deux des jeunes Fauves qui exposaient cette année-là, Derain et Vlaminck, reçurent, quelques jours avant la fermeture du Salon, une lettre leur demandant s'ils étaient prêts à céder une de leurs œuvres pour 100 francs. L'acheteur, qui signait S., avait choisi ce qu'il avait jugé le plus loufoque et le plus laid pour l'offrir à son gendre ! L'acheteur était Ernest Siegfried, grand cotonnier du Havre, et le gendre, Olivier Senn, son collaborateur. Pour se moquer de Senn qui achetait de la peinture impressionniste, Siegfried, qui, lui, appréciait les paysages de Daubigny et de Diaz, lui offrit cinq tableaux achetés aux Indépendants[2].

La Société nationale des beaux-arts (dite la Nationale)

Le 26 décembre 1889, une crise éclata lors de la réunion annuelle de la Société des artistes français. On accordait ordinairement aux artistes médaillés le droit de présenter des œuvres sans subir la sélection. Or, lors du Salon international qui s'était tenu cette année-là en liaison avec l'Exposition universelle[3], on avait octroyé quatre cent quatre-vingt-treize médailles à des étrangers. Si l'on donnait à ces étrangers le même droit qu'aux médaillés français, le Salon suivant serait contraint de trouver de l'espace pour plus de quatre mille tableaux avant que de nouveaux peintres puissent être admis. C'est pourquoi Bouguereau et la plupart de ses collègues au comité du Salon annuel, plaidant pour la nécessité de laisser de la place aux jeunes, décidèrent que les récompenses accordées en 1889 ne conféreraient pas de privilèges pour les expositions futures. Meissonier et les éléments les plus libéraux

1. H. Spurling, *Matisse, 1869-1908*, *op. cit.*, p. 311.
2. *De Courbet à Matisse*, *op. cit.*, p. 22.
3. Le Comité international, nommé par le gouvernement, était présidé par Meissonier.

du Salon – Puvis de Chavannes, Carolus-Duran, Carrière, Besnard, Gervex, Raffaëlli, Cazin, Boldini, Roll, Béraud, Rodin – défendaient les droits d'une élite internationale : exercer une discrimination à l'encontre des lauréats étrangers serait, à leurs yeux, une honte pour la France. Quand la question fut mise au vote, la faction libérale subit une écrasante défaite.

Cette minorité, furieuse, quitta la salle de réunion et se rendit au restaurant Ledoyen afin d'étudier des projets pour une nouvelle association, qui prit le nom de Société nationale des beaux-arts. Protégé par les financiers Ernest May, Isaac de Camondo, Lazare Weiler, Meissonier trouva de l'argent pour organiser avec faste un salon[1]. Aux cent quatre membres fondateurs de la Société nationale, qui avaient chacun le droit d'envoyer six œuvres sans sélection, s'ajoutaient des membres associés qui pouvaient en envoyer une seule. On ne décernerait pas de médailles, mais plusieurs bourses de 3 000 francs seraient allouées aux exposants méritants. Meissonier fut le premier président de la Société nationale des beaux-arts (Puvis de Chavannes lui succéda à sa mort, en 1891) et Dalou son vice-président pour la sculpture. Le premier salon se tint du 15 mai à la fin de juin 1890, dans un des bâtiments laissés en place après l'Exposition universelle, la galerie des Beaux-Arts, sur le Champ-de-Mars (à cause de cet emplacement, on appellera aussi ce Salon de la Nationale *Salon du Champ-de-Mars*). Et, malgré le succès du salon rival qui se tenait à la même époque aux Champs-Élysées, cette manifestation reçut un très bon accueil des critiques et du public, avec 170 000 francs d'entrées. Bien que la Société nationale des beaux-arts ait servi de modèle aux Sécessions d'Europe centrale, elle-même ne rompit pas avec l'ordre établi dans le monde de l'art, elle représentait seulement une lutte pour le pouvoir au sein d'une majorité.

Profitons du Salon de la Nationale pour souligner deux constantes de tous les salons : la question de l'accrochage et les retombées possibles pour les jeunes artistes. L'accrochage des toiles était, dans tous les salons, un sujet de polémique parmi les peintres. Le critique Louis Vauxcelles rendant compte par exemple, dans le

1. Jean-Paul Crespelle, *Les Maîtres de la Belle Époque*, Paris, Hachette, 1966, p. 21.

Gil Blas du 15 avril 1909, du « petit vernissage » de la Nationale, celui des artistes, décrit le mécontentement de certains exposants : M. Dubufe « accroche respectueusement dans les milieux de panneaux les *grosses légumes* : les membres de la Délégation, installe en belle vue les sociétaires, relègue les Associés dans les pans coupés, et toujours soucieux de protocole et de hiérarchie, méprise les jeunes, ceux qu'on flétrit à la Nationale de ce beau nom, les *indépendants*. À eux les couloirs ténébreux et le cruel escalier[1] ». Par ailleurs, un salon pouvait aider au démarrage d'une carrière. En avril 1896, Matisse, âgé de vingt-six ans, participait pour la première fois à une manifestation publique : il exposait au Salon de la Nationale deux tableaux que son vieux professeur à l'École des beaux-arts, Gustave Moreau, était venu examiner en personne, nous l'avons vu, dans son atelier, avant leur envoi au jury. Les résultats de ce salon furent très positifs pour le jeune homme : l'État acheta l'une des toiles, *La Liseuse*, pour 800 francs ; et, sur proposition de Puvis de Chavannes, il fut élu membre associé de la Société nationale des beaux-arts, ce qui l'exemptait désormais de soumettre ses œuvres au jury ; enfin, en janvier 1897, un représentant de la galerie Georges-Petit approcha le peintre – l'affaire ne se conclut pas, mais c'était un signe de l'intérêt qu'il suscitait désormais.

Le Salon d'automne

À cause de l'absence de jury, le Salon des Indépendants était envahi par une pléthore d'œuvres (à titre d'exemple, deux mille quatre cents en 1904, huit mille en 1911). L'originalité était noyée dans le nombre, et cette médiocrité suscita une réaction de la part d'un groupe d'artistes et d'amateurs qui, comme les Indépendants autrefois, tenait ses réunions dans un café – Francis Jourdain l'appelle « la légion du café de la place Blanche ». Parmi eux, le critique d'art Yvanhoé Rambosson, qui eut l'idée d'aller proposer la présidence de la nouvelle Société à Frantz Jourdain, architecte responsable des plans de la Samaritaine, autrefois défenseur des

1. G. Flandrin et F. Roussier, *Jules Flandrin, 1871-1947*, *op. cit.*, p. 98.

impressionnistes, et son parrainage à Renoir et Rodin[1]. C'est ainsi que naquit, le 31 octobre 1903, le Salon d'automne. Il se tint d'abord dans le sous-sol non chauffé du Petit Palais, avant de s'installer dans les salles du Grand Palais.

Ce salon était, comme celui des Indépendants, sans médailles ni récompenses, mais il se voulait moins neutre, plus engagé du côté des esthétiques les plus neuves, post-impressionnisme, néo-impressionnisme, nabisme : « C'est une manifestation un peu en coup d'État de la jeune école des Indépendants et de ses Maîtres », écrivait Jules Flandrin[2]. Il importait donc de réintroduire le système du jury mais en prenant soin de s'en assurer le contrôle. Au jury, à côté de Frantz Jourdain, Renoir et Rodin, siégeaient aussi les critiques Camille Mauclair, défenseur de l'impressionnisme qui ne s'était pas encore déclaré contre l'art moderne, et Roger Marx. À ceux-ci s'ajoutaient chaque année des membres temporaires, choisis parmi les artistes. Signac, Luce et Cross furent invités, mais ils n'acceptèrent pas de cautionner une institution rivale des Indépendants, justifiant leur refus par leur hostilité au principe même du jury. On se tourna donc vers la génération qui venait de percer, les nabis : Bonnard, Vuillard, Roussel, Vallotton, Maurice Denis furent invités, ainsi que deux solitaires célèbres, Odilon Redon et Eugène Carrière. Ce comité facilita d'emblée l'accès du Salon aux anciens élèves de Gustave Moreau : Rouault, Desvallières, Marquet, Matisse, Jules Flandrin purent y exposer dès 1903.

Nombreux étaient les artistes qui exposaient à la fois à la Nationale et au Salon d'automne, et cette double participation suscitait des controverses. En mars 1904, Carolus-Duran, qui présidait le jury de la Nationale, prétendit interdire aux membres de sa Société de participer au Salon d'automne. Frantz Jourdain raconte que, des membres du Salon d'automne étant alors venus lui apporter leur démission, il avait pensé, lorsqu'il avait vu arriver Eugène Carrière, que lui aussi voulait démissionner. Carrière le détrompa, c'était l'autre Société qu'il désirait quitter : « Puisque Carolus-Duran nous traite en larbins qu'on commande à coups de trique,

1. Francis Jourdain, *Sans remords ni rancune. Souvenirs épars d'un vieil homme « né en 76 »*, Paris, Corréa, 1953, p. 203-204.

2. G. Flandrin et F. Roussier, *Jules Flandrin, 1871-1947*, *op. cit.*, p. 79.

puisqu'il nous défend d'agir à notre guise, puisqu'il rapetisse l'art au bas niveau d'une maison de commerce qui craint la concurrence d'une boutique rivale, eh bien je lâche la Nationale et je m'installe chez vous. » La menace était de taille et Carolus-Duran retira son ukase[1].

Mais, assez vite, le Salon d'automne allait être attaqué par la jeune génération qui lui reprocha sa timidité. La « bande à Matisse » évoluait rapidement vers des peintures qui effarouchèrent les plus conservateurs des membres du comité, à commencer par le président. En septembre 1905, Matisse soumit ses toiles de Collioure, Mauclair se déchaîna et Frantz Jourdain tenta d'empêcher l'accrochage de *La Femme au chapeau* : « Si je n'avais pas été du comité, et très soutenu par des amis, elles [ses toiles] n'auraient pas été acceptées », écrit Matisse à Signac, le 28 septembre 1905. Les œuvres de Matisse, Derain, Vlaminck, Marquet, Manguin, Camoin furent accrochées dans la salle VII restée fameuse. Deux statues de facture académique placées au milieu de cette salle semblaient incongrues, et Louis Vauxcelles s'en amusa : « Tiens ! Donatello au milieu des fauves ! » La jeune peinture était baptisée. Quand Vauxcelles reprit cette image dans un article du *Gil Blas*, le 17 octobre 1905, les rôles étaient inversés : Matisse devenait le malheureux martyr chrétien livré aux fauves – le public – dans un cirque romain[2]. Il faut dire que le public s'esclaffait devant ses toiles. Gertrude Stein et son frère Léo découvrirent Matisse et, séduits par *La Femme au chapeau*, demandèrent son prix. Le tableau coûtait 500 francs. Le secrétaire du Salon expliqua aux Stein que personne ne payait le prix demandé et qu'il fallait faire une contre-proposition[3]. Ils proposèrent 400 francs. Matisse, poussé par sa femme, refusa. Les Stein retournèrent voir *La Femme au chapeau* et l'achetèrent finalement pour 500 francs.

1. *Ibid.*, p. 75.
2. H. Spurling, *Matisse*, 1869-1908, *op. cit.*, p. 345.
3. La nécessité de marchander était une règle non écrite pour tout client, et encore davantage si le client était un marchand de tableaux. Daniel-Henry Kahnweiler ignorait cette règle lors de son premier achat au Salon des Indépendants en 1907 et paya intégralement les 100 francs demandés pour un Derain et un Vlaminck.

Expositions d'autres sociétés artistiques

De multiples initiatives privées étaient à l'origine d'expositions à date fixe, si bien que le calendrier des amateurs d'art était fort rempli, surtout en début d'année parce que toutes les associations voulaient exposer avant l'ouverture du Salon des artistes français, le 1er mai. L'Union artistique, créée sous le second Empire, resta florissante sous la République et, comme son local de la place Vendôme était trop exigu, elle s'installa, en 1889, dans un luxueux hôtel rue Boissy-d'Anglas. À fréquenter son exposition annuelle, très courue par des femmes charmantes et élégantes, on retrouvait, dit un chroniqueur, « la voluptueuse sensation qui émane d'un roman de Paul Bourget[1] ». D'autres cercles suivirent cet exemple. Le Cercle artistique et littéraire, 7, rue Saint-Arnaud, fut fondé en 1877, afin de « donner aux artistes et aux hommes de lettres la faculté d'exposer ou de faire entendre leurs œuvres dans les salons du Cercle ». La cotisation annuelle était de 100 francs et le droit d'entrée de 50. Les peintres, sculpteurs, graveurs et architectes membres du Cercle désignaient une commission des beaux-arts chargée d'organiser les expositions de peinture et d'aquarelle qui se tenaient pendant un mois environ au début de chaque année. Gustave Moreau par exemple, admis le 10 janvier 1879 parmi les membres du Cercle artistique et littéraire, fut invité à l'exposition de peinture qui avait lieu du 3 février au 3 mars. Comme la rue Saint-Arnaud devint en 1879 la rue Volney, le Cercle fut bientôt appelé Cercle Volney[2]. On lui donna aussi un sobriquet, la Crémerie, parce qu'il offrait « la crème de la peinture du jour » – mais les mauvaises langues affirmaient que c'était seulement du « petit-lait ».

De multiples sociétés qui avaient pour but d'organiser des expositions existaient à la fin du siècle, aquarellistes, pastellistes, internationale de peinture… L'Union des femmes peintres et graveurs, créée en 1881, inaugura sa première exposition annuelle le 25 janvier 1882, dans les salons du Cercle des arts libéraux,

1. M. du Seigneur, *Paris voici Paris*, *op. cit.*, p. 237.
2. *Gustave Moreau, 1826-1898*, *op. cit.*, p. 268.

49, rue Vivienne[1]. On peut encore citer, en 1894, les Artistes idéalistes (Aman-Jean, Lévy-Dhurmer, Ménard…) qui exposent à la Bodinière ; en 1895, le Salon de l'Art nouveau à la galerie Bing, etc. Nous avons vu la compétition que se livraient Paul Durand-Ruel et Georges Petit pour les attirer dans leurs galeries respectives. Le Salon de la Rose-Croix en est un exemple de plus. Le 10 mars 1892, chez Paul Durand-Ruel, il attira une foule curieuse de voir le sâr Péladan, le « grand maître de l'Ordre ». Arrivé à Paris dix ans plus tôt, Péladan se disait le mage d'un culte du XVe siècle qu'il avait ressuscité : « Le Salon de la Rose-Croix veut abattre le réalisme, réformer le goût latin et créer une école d'art idéaliste[2]. » À ce salon participèrent Vallotton, Khnopff, Hodler, Rouault, etc. C'est à la galerie Georges-Petit que se tint sa dernière édition en 1897.

Les marchands au début du XXe siècle

Plus que jamais coexistaient des galeries de niveau différent. On peut lire la progression de la carrière d'un peintre selon les galeries avec lesquelles il travaillait. On commençait généralement par Weill ou Sagot, on continuait chez Druet ou Vollard et on arrivait enfin chez Bernheim-Jeune ou Kahnweiler. Matisse, Picasso ou Van Dongen illustrent bien cette évolution. Résumons d'abord la carrière de Kees Van Dongen à travers ses marchands successifs[3]. Âgé de vingt ans, il quitta Rotterdam en juillet 1897 pour Paris, où il fut accueilli par son compatriote, le peintre Ten Cate. En 1898, Van Dongen exposa d'abord quelques œuvres dans

1. *L'Artiste*, 1882, p. 219-221. Sur l'Union des femmes peintres et sculpteurs, on peut consulter le livre de Tamar Garb, *Sisters of the Brush. Women's Artistic Culture in Late Nineteenth-Century Paris*, New Haven et Londres, Yale University Press, 1994.

2. Le matin de l'inauguration, une messe fut célébrée à Saint-Germain-l'Auxerrois, accompagnée de trois extraits du *Parsifal* de Wagner et de trois fanfares pour harpes et trompettes d'Erik Satie (A. Rustenholz, *Paris des avant-gardes*, *op. cit.*, p. 147).

3. *Van Dongen. Du Nord et du Sud (musée de Lodève)*, Paris, ADAGP/Milan, Gabriele Mazzotta, 2004.

l'arrière-boutique du père Soulier ; puis il participa à une exposition de groupe à la galerie Le Barc de Boutteville (la galerie continuait, malgré la mort de son fondateur) : il y rencontra Félix Fénéon, anarchiste comme lui, qui devint son premier et son plus fidèle défenseur. En 1904, Van Dongen montra des toiles au Salon des Indépendants et au Salon d'automne et, grâce à Fénéon, obtint en novembre une première exposition personnelle chez Ambroise Vollard. En janvier et février 1905, il participa à deux expositions de groupe chez Berthe Weill et, en novembre, bénéficia d'une exposition personnelle chez Eugène Druet. En mars 1908, Daniel-Henry Kahnweiler lui fit, à son tour, une exposition personnelle. Mais ce qui le consacra, ce fut l'exposition chez Bernheim-Jeune, en novembre de cette année-là. Fin 1909, il signa, toujours grâce à Fénéon, un contrat de sept ans avec Bernheim-Jeune qui lui garantit un revenu minimal de 6 000 francs par an. Mais en 1916, par suite de la chute du commerce de l'art, Bernheim-Jeune résilia son contrat. Van Dongen exposa encore en 1917 à la galerie d'Antin, rue du Faubourg-Saint-Honoré, et, en mars 1918, chez Paul Guillaume. Après la guerre, devenu le portraitiste à la mode, il eut des commandes multiples et décida de ne plus montrer ses tableaux en galerie mais dans son atelier de la villa Saïd.

Les marchands pour débutants : le père Soulier, Clovis Sagot, Berthe Weill

Les premiers marchands auxquels avaient accès les artistes débutants étaient souvent des semi-brocanteurs, de Louis Libaude à Berthe Weill en passant par le père Soulier et Clovis Sagot. Libaude avait deux visages. Sous le pseudonyme de Louis Lormel, c'était un homme de lettres apparemment respectable. Il avait fondé *L'Art littéraire*, une petite revue mensuelle qui parut entre 1892 et 1894, à laquelle collaborèrent Remy de Gourmont, Mallarmé, Gide et Jarry. En tant que Louis Libaude, il avait à Montmartre une réputation de vampire[1]. Commissaire-priseur en

1. Voir ce qu'en dit Fernande Olivier, *Picasso et ses amis*, Paris, Pygmalion/Gérard Watelet, 2001, p. 83.

chevaux, il connaissait toutes les ruses du commerce. Trop avare pour payer une patente de marchand, il prétendait être un collectionneur privé revendant à d'autres collectionneurs, à titre amical. On disait qu'il avait grugé tellement d'artistes qu'il visitait les ateliers avec un revolver dans la poche, de peur d'être attaqué[1]. Berthe Weill le montre dépourvu de tout scrupule, achetant des Utrillo que le peintre, en manque d'alcool, vendait pour rien, ou se jetant « comme les hyènes sur une charogne » sur tous les Modigliani qu'il put trouver quelques jours avant la mort de l'artiste. Et, à l'annonce de cette mort, il courut partout comme un fou, pour se réjouir : « J'en ai de la chance ! Jusqu'à la veille de sa mort, j'ai encore trouvé des Modigliani pour rien ! Il était temps[2] ! »

Le père Soulier, lui, vendit des tableaux quasiment par hasard. C'était, vers 1900, un homme d'une cinquantaine d'années à l'allure pittoresque, carrure puissante et grand sarrau de coutil. Il avait commencé sa carrière comme lutteur de foire et la terminait comme marchand de literie et de toile à matelas, rue des Martyrs, en face du cirque Medrano. Il faisait commerce de peintures sur toile ou sur carton, sans cadre, qu'il étalait sur ses lits-cages. Il vendit ainsi des œuvres de Metzinger, Herbin, Dufy, Picasso, le Douanier Rousseau. Il achetait tout, presque au même tarif, au prix d'une journée de travail ouvrier, et payait comptant. Comme il buvait beaucoup, pour lui acheter un tableau, mieux valait d'abord l'entraîner au café voisin. On trouvait de tout dans cette boutique, non seulement des œuvres de débutants qui allaient devenir célèbres mais aussi… un Goya[3]. André Level, qui acquit chez lui un dessin de Picasso pour 1 franc, se rappelle s'être fait souffler beaucoup d'autres dessins, aquarelles et pastels du même artiste par Adolphe Tabarant, le critique d'art. Picasso lui-même acheta en 1908 à Soulier un grand Douanier Rousseau pour 5 francs. Le père Soulier agissait parfois en sous-main pour des

1. J. Richardson, *Vie de Picasso*, *op. cit.*, t. I, p. 352.

2. Berthe Weill, *Pan !... dans l'œil... ou trente ans dans les coulisses de la peinture contemporaine, 1900-1930*, Paris, Librairie Lipschutz, 1933, p. 230.

3. André Level, *Souvenirs d'un collectionneur*, Paris, Alain C. Mazo, 1959, p. 81-82.

marchands de tableaux à la recherche de bonnes affaires : il lui arrivait ainsi de passer commande à Picasso de tableaux de fleurs, qui se vendaient bien. Arrêté pour des paris illégaux et une sombre affaire de mœurs, le père Soulier mourut en avril 1909[1]. Non moins étrange était Léon Angély, dit le père Angély. Aveugle, ce greffier à la retraite passait ses journées à faire le tour des ateliers de Montmartre sous la conduite d'une petite fille qui lui décrivait les œuvres. À sa mort, en 1921, il n'avait pu garder aucun tableau, il ne lui restait plus rien[2].

« Marchand de tableaux, c'est trop dire, confia Picasso à Brassaï. Sagot était plutôt un brocanteur qui vendait des toiles[3]. » Clovis Sagot avait été clown au cirque Medrano avant d'entrer dans le monde de l'art grâce à son frère aîné, Edmond, marchand de gravures rue de Châteaudun. Il ouvrit sa galerie du Vingtième Siècle au 46, rue Laffitte, dans une ancienne pharmacie, à quelques portes de chez Vollard. Ce qui lui permettait de donner aux artistes dans le besoin les médicaments laissés dans le stock de son prédécesseur, au risque de les empoisonner. (À Fernande, l'amie de Picasso, qui souffrait d'une bronchite, il proposa un médicament contre le diabète.) Selon Picasso, qui fit son portrait en 1909[4], Sagot était passé maître dans l'art d'évaluer le degré de désespoir d'un artiste et d'en tirer le bénéfice maximal. À la fin de l'été 1905, Picasso demanda à Sagot de passer voir ses tableaux. Le marchand offrit 700 francs pour trois tableaux et des gouaches. Picasso refusa d'abord, mais, pressé par le besoin, retourna quelques jours plus tard voir Sagot, qui n'offrit plus que 500 francs. Lorsque le peintre se résigna, pour ne pas mourir de faim, à accepter son offre, Sagot lui donna 300 francs[5]. C'est chez Sagot que Léo et Gertrude Stein découvrirent la peinture de Picasso, et que Léo acheta pour 150 francs la *Fillette à la corbeille fleurie*, une enfant nue avec un panier de fleurs rouges qui rebutait sa sœur Gertrude. C'est là encore que

1. J. Richardson, *Vie de Picasso*, *op. cit.*, t. I, p. 353.
2. *Ibid.*, p. 351.
3. P. Daix, *Dictionnaire Picasso*, *op. cit.*, p. 806.
4. Aujourd'hui à la Kunsthalle de Hambourg.
5. J. Richardson, *Vie de Picasso*, *op. cit.*, t. I, p. 354.

Kahnweiler vit ses premiers Picasso et ses premiers Juan Gris. À la mort de Clovis Sagot, en 1913, sa veuve, avec l'aide de son commis, Charles Villette, essaya de continuer son commerce. Elle fit une exposition d'Herbin. Mais, une fois la guerre déclarée et Villette mobilisé, Mme Sagot ferma sa galerie et vendit peu à peu son stock – des cartons entiers de dessins de Picasso, entre autres.

À l'automne ou l'hiver 1901, Matisse fit la connaissance, par l'intermédiaire de Roger Marx, de Berthe Weill, qu'on appelait familièrement « la petite mère Weill » – Raoul Dufy, avec qui elle se lia d'amitié, disait simplement « la Merveille ». Âgée de trente-six ans, Berthe Weill tenait une petite boutique – moitié galerie d'art, moitié brocante – 25, rue Victor-Massé. Elle avait fait son apprentissage auprès de Mayer, un marchand de la rue Laffitte, chez qui elle avait rencontré artistes, critiques et collectionneurs. À la mort de son patron, l'employée voulut s'installer à son compte, mais elle n'avait que 50 francs d'économies. La veuve de Mayer lui prêta 375 francs, soit six mois d'avance sur le loyer de sa boutique.

Pour ses débuts, Berthe Weill revendit des gravures, des dessins, des meubles et des tableaux anciens et modernes, des bibelots, de l'argenterie. Elle présentait les gravures de Daumier et de Toulouse-Lautrec en les suspendant par des pinces, comme du linge qui sèche. Un de ses frères s'associa brièvement avec elle (il la quitta après s'être marié, en juin 1900) et ils achetèrent des dessins de collaborateurs de journaux comme *Le Courrier français* ou *L'Assiette au beurre* : Forain, Willette, Caran d'Ache, Hermann-Paul, Sem, Cappiello, Vallotton… Comme elle avait exposé dans sa vitrine des dessins de dreyfusards, elle se fit traiter de « sale youpine ». Et Degas, qui était son voisin, rue Victor-Massé, détournait la tête quand il passait devant sa porte[1]. Berthe Weill vivait très modestement. Restée célibataire, après la mort de son père, en novembre 1900, elle laissa le domicile familial pour s'installer au sixième étage, dans l'immeuble de sa galerie. Elle mélangeait espace de travail et espace privé, faisant presque toute sa cuisine sur le poêle de la galerie et utilisant sa chambre comme réserve pour les œuvres d'art. Elle n'eut d'ailleurs jamais assez de

1. B. Weill, *Pan !… dans l'œil…*, *op. cit.*, p. 55.

trésorerie pour se constituer un fonds et, dans son grand âge (elle mourut en 1951, à quatre-vingt-six ans), elle préféra vivre de charité plutôt que de se séparer des dessins et aquarelles qu'elle avait réussi à conserver[1].

En 1900, Pere Mañach apporta à la galerie des œuvres du peintre catalan Isidre Nonell[2]. Originaire de Barcelone, Mañach, après une querelle avec son père, fabricant de serrures et de coffres-forts, était venu s'installer à Paris comme marchand d'art moderne espagnol. Berthe Weill lui acheta pour une centaine de francs trois tableaux d'un peintre de dix-neuf ans, Picasso, qui représentaient des courses de taureaux. Elle les revendit aussitôt à Adolphe Brisson, fils du fondateur des *Annales politiques et littéraires*, pour 150 francs. Peu après, à la demande de Mañach, Berthe Weill alla voir les peintures de Picasso dans son atelier (il logeait et travaillait chez Mañach, au 130 *ter*, boulevard de Clichy) et en choisit plusieurs. Elle y intéressa des amateurs qui avaient suivi les débuts de la galerie comme Olivier Sainsère, André Level et Arthur Huc, qui acheta pour 250 francs *Le Moulin de la Galette*, premier tableau de Picasso à entrer dans une collection française. Enthousiasmé par un succès aussi rapide, Mañach fit à Picasso un contrat de 150 francs par mois[3].

En novembre 1901, Mañach vint demander à Berthe Weill si elle avait envie de montrer de jeunes peintres. Elle sauta sur l'occasion. Il l'aida à tendre de tissu les murs de sa galerie, fit les menuiseries et posa les serrures. On écrivit sur le haut de la devanture : « Galerie B. Weill », et, le 1er décembre, fut ouverte l'exposition inaugurale organisée par Mañach, montrant des bijoux (Bocquet et Paco Durrio), des sculptures (Mlle Warrick et Maillol), et des toiles (Girieud, Launay, Raoul de Mathan). Gustave Coquiot, chroniqueur de la bonne société et du monde du théâtre, avait préfacé le petit catalogue[4]. Beaucoup de visiteurs mais aucune vente. La deuxième exposition,

1. J. Richardson, *Vie de Picasso*, *op. cit.*, t. I, p. 163-164.

2. Né en 1873, Nonell s'était installé à Paris en 1897 ; il exposait chez Le Barc de Boutteville ; Picasso reprit son atelier rue Gabrielle, à Montmartre, en 1900.

3. P. Daix, *Dictionnaire Picasso*, *op. cit.*, p. 556.

4. B. Weill, *Pan !... dans l'œil...*, *op. cit.*, p. 72.

à partir du 2 janvier 1902, compensa cette mévente. Berthe Weill choisit de présenter des dessins d'humoristes et d'affichistes, Cappiello, Sem, Hermann-Paul, etc., et en vendit pour 600 francs. Désormais, elle allait faire alterner les deux types d'exposition, les dessins étant plus faciles à vendre.

À la troisième exposition, le 10 février 1902, elle accrocha Matisse – qui figurait pour la première fois dans une galerie –, Marquet, Jacqueline Marval, Jules Flandrin. Elle ne vendit rien, mais, en avril 1902, Arthur Huc lui acheta une nature morte de Matisse pour 130 francs (Matisse en reçut 110). Deux mois plus tard, Berthe Weill vendit encore une petite étude de Matisse, 70 francs. C'étaient là les premières ventes commerciales du peintre, qui vivait alors avec sa femme dans une seule chambre au sixième étage, rue de Châteaudun. Il y avait juste la place du lit et, lorsqu'il voulut montrer des tableaux à la marchande, Matisse dut laisser la porte ouverte. Du 1er au 15 avril 1902, Pere Mañach organisa une nouvelle exposition chez Berthe Weill, juxtaposant Louis-Bernard Lemaire, qui, d'après Berthe Weill, peignait des figures à la Renoir, et Picasso. Une nouvelle fois, rien ne se vendit. Mañach dut alors rentrer en Espagne pour affaires de famille et la marchande poursuivit seule l'aventure. Le 15 octobre, elle exposa Girieud, Launay, Picasso et Pichot, en supprimant, pour les artistes qui ne vendaient rien, la taxe de 25 francs pour frais d'accrochage qu'ils payaient à Mañach, puis elle montra à nouveau Picasso du 15 novembre au 15 décembre, exposition dont le critique Charles Morice rendit compte avec enthousiasme. En novembre, Berthe Weill fit la connaissance du jeune Raoul Dufy qui vint lui proposer un pastel. Elle le lui acheta pour 30 francs et, dès le 19 janvier 1903, exposa ses œuvres avec celles de Metzinger, Evelio Torrent et Lejeune.

Berthe Weill n'aurait pas été en mesure de signer à un artiste un contrat d'exclusivité. C'est pourquoi, même quand une autre galerie faisait à l'un de ses peintres une exposition personnelle, elle continuait à le présenter dans ses expositions de groupe. Ainsi montra-t-elle Matisse aux côtés de Camoin, Manguin, Marquet…, en avril 1904, alors que Vollard allait lui organiser une exposition personnelle de quarante-six toiles en mai et juin. Elle montra encore Matisse à la fin octobre 1905, avec le même groupe des élèves de Gustave Moreau, auquel s'étaient joints Vlaminck et Derain, au moment où Eugène Druet se préparait à lui faire une exposition personnelle de cinquante-cinq toiles, en mars 1906. D'ailleurs, lorsque Marquet signa, en 1905, un contrat avec Druet, il continua à exposer avec son groupe chez Berthe Weill, par solidarité pour ses camarades.

« L'ancien ! l'ancien ! malgré tout, le sauveur[1] ! » répète Berthe Weill dans ses Mémoires. Et d'expliquer à plusieurs reprises que, si elle a pu continuer à montrer de jeunes artistes contemporains, c'est parce qu'elle vendait parallèlement des œuvres anciennes. Par exemple des gravures du XVIIIe siècle, qu'elle avait appris à connaître chez Mayer et dont les prix avaient beaucoup monté parce qu'elles étaient à la mode. Elle fut aussi obligée de vendre plusieurs fois sa bibliothèque pour payer les 1 500 francs de loyer annuel (1 600 à partir du 1er janvier 1908) de ses deux boutiques – la première étant toute petite, elle avait loué celle d'à côté en 1903, mais, à cause de ses charges trop élevées, elle dut la sous-louer en 1911. Découragée, elle avait parfois songé à abandonner. C'était le cas en 1907 lorsqu'elle reçut une lettre de Raoul Dufy, qui se trouvait à Marseille. Avant de quitter Paris, il était passé devant sa vitrine et y avait vu des objets anciens. Il craignait qu'elle ne s'intéressât plus aux jeunes peintres : « Soutenez-nous tous, tous ceux que vous avez eus déjà, la bande ; mais faites-le avec ardeur, sans mollesse, avec conviction ou ne le faites pas du tout, et alors un autre prendra votre place, et *il ne le faut pas.* Soyez convaincue que vous avez en Matisse, Vlaminck, Derain, Friesz et quelques autres les types de demain et de longtemps encore ; est-ce assez visible au Salon, voyons[2] ? » Revigorée, Berthe Weill exposa une fois de plus en novembre le groupe Camoin, Derain, etc. En 1917, pour se débarrasser de sa colocataire, elle déménagea 50, rue Taitbout, dans un local inhabité depuis trois ans. Un scandale éclata le lundi 3 octobre, pour le vernissage de l'exposition Modigliani, organisée par le Polonais Léopold Sborowski, poète qui s'adonnait désormais au commerce des livres et des tableaux (en 1915, Modigliani avait rendu visite à

1. *Ibid.*, p. 108.
2. *Ibid.*, p. 144. Lettre du 20 octobre 1907.

Berthe Weill, pour lui demander d'aller voir ses sculptures, ce qu'elle n'eut pas le courage de faire, tant il était ivre – ou drogué) : le tableau de femme nue dans la vitrine provoqua un attroupement et la police obligea la marchande à décrocher l'exposition.

On reprochait volontiers à Berthe Weill de pratiquer des prix trop bas, moyennant quoi un peintre n'atteignait pas une cote convenable. C'était le cas, selon Vollard, d'Odilon Redon, dont un dessin, chez Berthe Weill, valait 100 francs et une lithographie 7 francs 50. Les choses changèrent le jour où Danthon, directeur de la galerie Haussmann, qui avait acheté quelques Redon, les mit dans sa vitrine, rue La Boétie, en demandant un prix très supérieur à celui dont l'artiste s'était accommodé jusque-là. Un bouquet de fleurs que Redon vendait 200 francs s'enleva alors à 1 500 francs[1]. Berthe Weill dénonce ces procédés spéculatifs auxquels certains artistes se laissent prendre. Elle avait montré Picabia (encore dans sa période impressionniste) en octobre 1904, au milieu d'une exposition de groupe, et trouvait déjà élevés les 200 francs qu'il demandait pour un tableau. Et elle le mit en garde lorsqu'elle apprit qu'il cherchait à entrer à la galerie Haussmann : Danthon faisait monter artificiellement, à l'aide de battage publicitaire, les prix des œuvres et un jeune peintre pouvait s'y brûler les ailes. Ainsi Mita, qui était mort fou. Weill avait fait une expérience : Danthon vendait les toiles de Mita entre 1 500 et 2 000 francs ; elle avait trouvé, pour 100 francs, à en acheter une, qu'elle était allée lui proposer à 150 francs ; il lui en avait offert 10 francs[2]. Mais Picabia n'écouta pas : ayant signé un contrat avec Danthon, il prévint Berthe Weill que ses tableaux valaient désormais 1 500 francs.

L'indignation de Berthe Weill est-elle justifiée[3] ? Si l'on considère la carrière de Picabia, on peut dire que sa décision fut plutôt

1. A. Vollard, *Souvenirs d'un marchand de tableaux*, *op. cit.*, p. 216-217.

2. *Ibid.*, p. 106.

3. Autre exemple de l'indignation de Berthe Weill, à propos de Théophile Robert : « Sous les auspices de M. Pacquement, la galerie Druet le prend sous son aile, fait outrageusement monter les prix de ses œuvres (le pôvre a cru qu'il était arrivé) puis elle le laisse choir… brusquement ! Vilain procédé ! Comme protestation, je lui achète une toile, voilà ! » (B. Weill, *Pan !… dans l'œil…*, *op. cit.*, p. 283-284.)

positive, qu'il était entré par la grande porte dans le monde de l'art parisien. En février 1905, la galerie Haussmann lui organisa sa première exposition personnelle avec soixante et une toiles. La critique fut très favorable et, parmi les acheteurs de ses paysages, on trouvait Poincaré, futur président de la République, et le philosophe Julien Benda[1]. Danthon proposa à Picabia un contrat de trois ans et l'exposa à nouveau en février 1907. Mais, en mars 1909, Picabia rompit son contrat, Danthon mit aux enchères le stock d'œuvres de l'artiste qu'il possédait et, quelques jours plus tard, celui-ci exposa chez Georges Petit.

Eugène Druet

« Je fais mon petit bonhomme de chemin et sous ce rapport, le marchand dont je t'ai peut-être parlé, monsieur Druet, est bien ce qu'il faut. C'est le rendez-vous de ce que notre petit noyau d'artistes apprécie, mais le petit noyau est bon et même le meilleur de Paris, et cela fait plaisir de s'y tenir honorablement » : ainsi Jules Flandrin parlait-il à sa mère pour la première fois, en janvier 1905, de la galerie qui allait rester la sienne jusqu'en 1937[2].

Avant d'ouvrir une galerie, Eugène Druet tenait un café, Le Yacht Club français, à l'angle de la place de l'Alma et de l'avenue du Trocadéro. Mais il avait déjà une ouverture sur le monde de l'art grâce à son activité de photographe amateur. Il avait inventé un procédé pour prendre des instantanés et, comme Rodin fréquentait son établissement, il lui avait demandé la permission de photographier ses œuvres ; au vu du résultat, Druet devint le photographe officiel de Rodin. Lorsque, en 1899, le sculpteur chercha un emplacement pour édifier son pavillon particulier au moment de l'Exposition universelle, Druet lui suggéra la place de l'Alma et l'aida à obtenir l'autorisation[3]. Pour le remercier, Rodin lui confia la gérance du pavillon : c'est là que Druet fit l'apprentissage du métier de marchand d'œuvres d'art ; ce fut aussi pour lui l'occasion de connaître de nombreuses personnalités du monde

1. Maria Lluïsa Borras, *Picabia*, Paris, Albin Michel, 1985, p. 50.
2. G. Flandrin et F. Roussier, *Jules Flandrin, 1871-1947*, *op. cit.*, p. 80.
3. P. Daix, *Dictionnaire Picasso*, *op. cit.*, p. 284.

des arts et de la politique. Druet se mit à participer régulièrement aux réunions organisées par Maurice Denis à son prieuré de Saint-Germain-en-Laye[1]. De plus, après l'Exposition universelle, lorsque les serres du Cours-la-Reine furent concédées à la Société des artistes indépendants pour son salon, les peintres chargés du placement et les membres du comité vinrent boire au café voisin, chez Druet, qui commença à acquérir les œuvres de ses clients[2]. Il acheta un tableau à Luce, le revendit, puis continua avec d'autres toiles... Ce nouveau commerce le passionna tellement qu'il finit par céder son café pour ouvrir une galerie, en 1903, 11, rue du Faubourg-Saint-Honoré, à l'angle de l'avenue Matignon.

Druet se montra très entreprenant. Il fut le premier marchand, après Berthe Weill, à se faire une spécialité des jeunes peintres. Il organisa les premières expositions de Maurice Denis, Francis Jourdain, Jules Flandrin, Albert Marquet, Juan Gris. Il montra Matisse (1906) et Vallotton (1910, 1912, 1914). Il essayait d'établir des contrats avec ses artistes mais il avait parfois de la peine à en garder l'exclusivité : ainsi dut-il partager en 1906 avec la galerie Bernheim-Jeune celui qu'il avait signé avec Marquet l'année précédente. À Francis Jourdain, après sa première exposition, il proposa 200 francs par mois, en acompte sur les tableaux qu'il viendrait choisir à son atelier, trois ou quatre fois par an[3]. Mais le jeune homme allait abandonner la peinture pour l'ameublement. Druet demandait en général la priorité de choix contre une mensualité qu'il assurait au peintre ; ce dernier restait libre par ailleurs de participer à des expositions et de confier des toiles à d'autres marchands, à condition que les prix de vente soient alignés sur ceux de la galerie Druet. Cependant les artistes renâclaient parfois à se lier. Ainsi, Jules Flandrin, qui exposait chez Druet régulièrement, repoussa finalement son offre de contrat et s'en explique le 18 janvier 1912 : « J'étais ces temps-ci dans une passe difficile vis-à-vis de Druet qui voulait m'engager complètement (premier

1. G. Flandrin et F. Roussier, *Jules Flandrin, 1871-1947*, *op. cit.*, p. 80-81. Ils citent un mémoire de l'école du Louvre : Bernard Crochet, *Histoire de la galerie Druet*, 1971.

2. F. Jourdain, *Sans remords ni rancune*, *op. cit.*, p. 268.

3. *Ibid.*, p. 267.

choix et vue sur toute la production). J'ai eu l'impression que ça m'arrachait le pinceau des mains. Un moment ça a cassé dur. Le duel a continué par écrit et je gagne la belle. Je dois reconnaître qu'il a compris que je ne plaisantais pas et que ni le pain dur ni Tahiti ne me faisaient peur[1]... »

Druet avait une politique dynamique. Il se débarrassait chaque année, à l'hôtel Drouot, des peintures qu'il ne pouvait vendre chez lui, réalisant ainsi des fonds qu'il investissait dans d'autres œuvres. C'est à une de ces ventes que Berthe Weill acheta deux Matisse pour 950 francs – elle avait d'ailleurs dû emprunter la somme[2]. Druet voulait aussi faire connaître les artistes de sa galerie à l'étranger : en 1906, par exemple, il envoya en Allemagne une série de toiles, pour une exposition itinérante de plusieurs mois, à Munich, Francfort, Dresde, Karlsruhe et Stuttgart ; en 1907, après le succès de la première exposition de Marquet à Paris, il envoya des tableaux du jeune peintre à Vienne, puis à Prague, etc.

Ambroise Vollard

Écoutons Gertrude Stein, à propos de la galerie de Vollard, rue Laffitte : « C'était un endroit incroyable. Cela ne ressemblait point du tout à une galerie de tableaux. En entrant on voyait quelques toiles le nez tourné au mur, dans un coin une pile de toiles, petites et grandes, accumulées pêle-mêle l'une sur l'autre, et au milieu de la pièce se tenait un grand homme noir, plein de mélancolie. C'était Vollard, gai. Quand il était vraiment maussade, il appuyait sa lourde silhouette contre la porte vitrée de son magasin qui donnait sur la rue ; étendant ses bras au-dessus de sa tête, il accrochait ses mains aux deux coins supérieurs du chambranle et il fixait la rue de ses yeux sombres. Alors personne ne songeait à essayer de pénétrer chez lui[3]. » Vollard avait mis au point une stratégie de la rétention. Il montrait ses tableaux avec beaucoup de réticence aux clients éventuels. Même lorsque,

1. G. Flandrin et F. Roussier, *Jules Flandrin, 1871-1947*, *op. cit.*, p. 131.
2. B. Weill, *Pan !... dans l'œil...*, *op. cit.*, p. 149.
3. Gertrude Stein, *Autobiographie d'Alice Toklas*, Paris, Gallimard, coll. « L'Imaginaire », 1980, p. 36-37.

comme les Stein, ils venaient pour acheter des œuvres d'un artiste précis, Cézanne en l'occurrence. Vollard finit par leur montrer un Cézanne et puis un autre en les faisant attendre longtemps. Ils lui achetèrent d'abord des toiles de petites dimensions, de Cézanne, Monet, Renoir et Gauguin. Après quoi, ils décidèrent d'acquérir un grand portrait de femme de Cézanne, puis, au Salon d'automne de 1905, *La Femme au chapeau* de Matisse, nous l'avons dit.

Ambroise Vollard, né en 1866, aîné des dix enfants d'un notaire de la Réunion, avait une vingtaine d'années lorsqu'il vint à Paris pour y finir son droit. Mais il préférait traîner devant les vitrines de dessins et de gravures. Essayant de trouver du travail dans une galerie, il se présenta d'abord chez Georges Petit où on lui demanda combien de langues étrangères il parlait… Aucune ! Vers 1890, il finit par s'installer à son compte, rue des Apennins, à Montmartre, dans deux pièces mansardées qui lui servaient à la fois de logement et de magasin[1]. En 1893, il déménagea rue Laffitte, où il ouvrit une boutique, au 39, puis, en avril 1895, au 41, et enfin, en 1896, au 6[2]. Dès janvier 1894, Pissarro pressentait l'importance du rôle qu'allait tenir Vollard à l'avenir : « Un jeune homme, écrivait-il à son fils Lucien, a ouvert une petite boutique rue Laffitte. Il n'a que des toiles de jeunes… Quand tu auras quelque chose, il faut la lui envoyer. Je crois que ce petit marchand fera l'affaire, il n'aime que les choses de notre école ou qui se rapprochent d'elle par le talent. Il est très enthousiaste et s'y connaît. Il commence déjà à intéresser certains amateurs qui furètent[3]. »

Le 2 juin 1894, Ambroise Vollard, qui avait vu des œuvres de Cézanne chez Julien Tanguy, acheta, à la vente aux enchères consécutive à la mort du marchand, cinq tableaux de Cézanne pour 900 francs environ (comme il ne disposait que de 300 francs, le commissaire-priseur lui fit crédit[4]). À la suite de quoi il s'imposa auprès du peintre et devint son marchand. En novembre 1895, Vollard organisa la première exposition consacrée à Cézanne, âgé

1. A. Vollard, *Souvenirs d'un marchand de tableaux*, *op. cit.*, p. 59.
2. A. Distel, *Les Collectionneurs des impressionnistes, amateurs et marchands*, *op. cit.*, p. 48.
3. *Cézanne, les années de jeunesse, 1859-1872*, *op. cit.*, p. 60.
4. A. Vollard, *Souvenirs d'un marchand de tableaux*, *op. cit.*, p. 36.

de cinquante-six ans. Selon Gaston Bernheim-Jeune, c'est Pissarro qui aurait conseillé à Vollard de s'intéresser à Cézanne, en lui disant : « Il n'a jamais vendu un seul tableau et il sera reconnaissant et flatté que quelqu'un s'occupe de sa peinture. » Vollard aurait aussitôt loué une voiture à bras pour aller chez Cézanne et emporter les tableaux qu'il avait accumulés[1]... Peu après la première exposition, Vollard se rendit à Aix-en-Provence et acheta toutes les toiles de Cézanne qu'il put trouver chez des particuliers. En 1897, il acquit tout ce que contenait l'atelier du peintre près de Corbeil, avant que celui-ci ne regagnât Aix, à la fin du mois de mai. Du 9 mai au 10 juin 1898, il lui consacra une deuxième exposition, de soixante œuvres, puis une troisième en décembre 1899.

Cézanne écrivait à Charles Camoin, le 11 mars 1902 : « Je crois absolument en Vollard, comme honnête homme. Depuis votre départ les Bernheim et un second marchand me sont venus voir. Mon fils a fait quelques affaires avec eux. Mais je demeure fidèle à Vollard, regrettant même que mon fils ait pu lui laisser croire que je pouvais porter mes toiles chez un autre[2]. » Et, dans la même lettre, il disait encore : « Je fais bâtir un atelier sur un terrain que j'ai acquis à cet effet et Vollard, je n'en doute pas, continuera à être mon intermédiaire auprès du public. C'est un homme d'un grand flair, de tenu, et sachant se conduire. » À Vollard, il confiait ses doutes et ses inquiétudes : « Je travaille opiniâtrement, j'entrevois la Terre promise. Serai-je comme le grand chef des Hébreux ou bien pourrai-je y pénétrer ? [...] J'ai réalisé quelques progrès. Pourquoi si tard et si péniblement ? L'Art serait-il, en effet, un sacerdoce, qui demande des purs qui lui appartiennent tout entiers ? Je regrette la distance qui nous sépare [Cézanne est à Aix], car plus d'une fois j'aurais recours à vous pour m'étayer moralement quelque peu » (9 janvier 1903). Les efforts de Vollard pour promouvoir Cézanne aboutirent en 1904, puisque, au Salon d'automne, une salle entière lui était consacrée, avec trente peintures et deux dessins. Il était donc légitime que Maurice Denis mette en scène son *Hommage à Paul Cézanne* (1900) dans la bou-

1. G. Bernheim de Villers, *Un ami de Cézanne*, *op. cit.*, p. 14-15.
2. Paul Cézanne, *Correspondance*, recueillie, annotée et préfacée par John Rewald, Paris, Grasset, 1978, p. 284.

tique de Vollard, avec le marchand figurant parmi les artistes réunis autour d'une nature morte de Cézanne posée sur un chevalet.

Le 24 juin 1901 s'ouvrit chez Vollard la première exposition de Pablo Picasso, que Pere Mañach avait présenté au marchand. En même temps que les soixante-quinze œuvres de l'Espagnol de vingt ans, Vollard montrait trente-six tableaux d'un Basque de trente-sept ans, Francisco de Iturrino. Les critiques remarquèrent davantage le plus jeune des deux peintres. Max Jacob, vivement impressionné, s'arrangea pour faire la connaissance de Picasso dont il devint l'ami[1]. Contrairement aux dires de Vollard, plus de la moitié des tableaux furent vendus, grâce à une bonne stratégie commerciale. Mañach et Vollard avaient demandé une préface pour le catalogue au chroniqueur Gustave Coquiot, qui put faire reproduire son texte dans la presse[2]. Les acheteurs étaient deux marchands, Ackermann et Eugène Blot, des collectionneurs (Olivier Sainsère déjà nommé, Maurice Fabre, de Narbonne, qui possédait déjà quelques remarquables Gauguin, Antonin Personnaz, un amateur lyonnais ami de Sainsère et de Blot), le consul d'Espagne, Emmanuel Virenque, Mme Besnard, l'épouse du marchand de couleurs de Picasso, une artiste peintre berlinoise, Kate Kollwitz. Mais il semble qu'une bonne partie de l'argent, sinon la totalité, fut partagée entre Vollard et Mañach[3].

Vollard ne fit pourtant pas une deuxième exposition du jeune Espagnol car il n'aimait pas les peintures mélancoliques de la période bleue. En mai 1906, amené à l'atelier de Picasso par Apollinaire, Vollard lui acheta, pour 2 000 francs, vingt de ses premières peintures les plus importantes. Il entassa toutes les œuvres dans une voiture et la remplit si bien qu'il dut s'asseoir à l'avant, avec le conducteur. Il acheta l'atelier de Picasso pour la seconde fois à l'été de 1907, avec les œuvres primitivistes préparant *Les Demoiselles d'Avignon*, pour 2 500 francs. Il ne montra pas la

1. Mais, selon Berthe Weill, c'est elle qui a présenté les deux jeunes gens, à la demande de Max Jacob, assidu de sa galerie.

2. J. Richardson, *Vie de Picasso*, *op. cit.*, t. I, p. 195-196. Coquiot devint marchand d'art en 1917. Il recevait les amateurs dans son appartement bourré de peintures (Utter, Valadon, Utrillo…) et leur offrait des liqueurs et des cigares.

3. Patrick O'Brian, *Pablo Ruiz Picasso*, Paris, Gallimard, coll. « Folio », 1979, p. 162.

plupart de ces œuvres avant l'exposition de décembre 1910[1]. Vollard organisa également, du 1er au 18 juin 1904, la première exposition personnelle de Matisse, qui comprenait quarante-cinq peintures et un dessin, de la période 1897 à 1903. L'accueil de la presse fut réservé, comme Vollard lui-même, qui pourtant avait déjà acheté et vendu des toiles de Matisse l'année précédente. Le marchand continua cependant à acheter des tableaux à Matisse, par exemple, en juin 1906, un lot d'œuvres anciennes pour 2 200 francs.

Vollard était spécialiste des achats massifs de tableaux qu'il entassait dans les fiacres. En 1905, il avait ainsi emporté cent cinquante Manguin d'un coup, pour 5 000 francs[2]. Mais, avec Van Dongen, il ne put pas procéder comme il en avait l'habitude. En novembre 1904, lorsqu'il monta la première exposition personnelle du peintre, Vollard, pour l'ensemble des cent vingt-cinq œuvres présentées, proposa 1 000 francs à Van Dongen qui refusa : « Je n'ai pas marché, raconta plus tard l'artiste, et il s'est désintéressé de mon exposition. Je m'en suis occupé moi-même, j'ai fait le boniment, et j'ai vendu pas mal de machins[3]. » Le marchand eut plus de chance avec André Derain, dont il fit la connaissance en février 1905. Le 23 novembre, Vollard donna au jeune homme 3 300 francs pour l'essentiel de sa production, quatre-vingt-neuf peintures et quatre-vingts dessins. Puis il lui commanda une série de vues de Londres et des céramiques, mais ne lui organisa pas d'exposition personnelle[4]. Il montra en revanche ses œuvres dans les salons (Indépendants et Salon d'automne), dans les galeries de ses confrères, Druet, Berthe Weill, Durand-Ruel ou Bernheim-Jeune, avec lesquels il passa des accords pour exposer ses peintres, et dans des manifestations à l'étranger. Leur association allait se terminer en 1908, au moment où Derain rejoignit Kahnweiler.

Daniel Wildenstein témoigne de la passion qu'avait Vollard pour les tableaux et pour les livres : « Les huit dernières années de sa vie, Vollard est venu à la maison tous les dimanches. C'était

1. J. Richardson, *Vie de Picasso*, *op. cit.*, t. I, p. 433.
2. P. Schneider, *Matisse*, *op. cit.*, p. 727.
3. *Van Dongen. Du Nord et du Sud*, *op. cit.*, p. 102.
4. Après la mort de Cézanne, Vollard abandonna ce type de promotion des artistes (*André Derain*, Paris, Paris-Musées, 1994, p. 410).

devenu un rite. Il arrivait dans l'après-midi. Il repartait vers onze heures du soir. Entre-temps, mon père et lui pouvaient disserter des heures et des heures sur la forme d'une lettrine. » Au fond, Vollard détestait se séparer de ses tableaux : « Nous allions chez lui une ou deux fois par semaine pour *essayer* de lui acheter un tableau… Tout était par terre, en piles, toujours. Jamais de cadre. Il avait l'amour de son stock. Plus le stock grossissait, plus ça lui procurait du plaisir : on le voyait sur son visage. Vollard était un caractériel notoire. Si vous vouliez lui acheter un Cézanne, il fallait lui demander un Renoir. Pas un Cézanne, surtout pas. Un Renoir… Et là, avec un peu de chance, il vous sortait un Cézanne, il vous lâchait son prix et vous aviez intérêt à dire oui. Sinon il vous fallait au moins quinze jours pour rattraper le coup. Pour qu'il vous pardonne l'affront. Dans ses périodes de bouderie, il vous disait : *Je n'ai plus rien !* Et les piles de tableaux étaient là, sous vos yeux[1]… » Des piles de tableaux : c'est l'image qui revient le plus souvent quand on parle de la galerie de Vollard, plutôt que celle d'un accrochage. Ainsi Vlaminck : « De tous les tableaux empilés devant ou derrière les rideaux ou amoncelés sur une planche étagère qui faisait tout le tour de la pièce, pas un ne se présentait sous son côté face. En 1905, il y avait là, collées les unes aux autres, recouvertes d'une couche de poussière, des dizaines de toiles de Cézanne et autant de Degas, de Renoir[2]… » Et, au milieu de ce fatras, des chats.

André Level donne une explication plus généreuse de l'attitude frustrante de Vollard, à qui il achète en 1907 des œuvres de Jean Puy : « … il n'avait généralement pas sous la main ce qu'on lui demandait et vous remettait systématiquement à quelques jours, sans doute dans le dessein altruiste de donner plus de champ aux désirs des amateurs pour leur plus grande jouissance, le désir constituant le plus beau moment de tout amour[3]. » Le client revenait aux jour et heure fixés, Vollard n'était pas là, n'avait pas dit à la bonne quand il rentrerait. Ne restait plus qu'à se résigner. En

1. D. Wildenstein et Y. Stavridès, *Marchands d'art*, *op. cit.*, p. 65.

2. A. Distel, *Les Collectionneurs des impressionnistes, amateurs et marchands*, *op. cit.*, p. 48.

3. A. Level, *Souvenirs d'un collectionneur*, *op. cit.*, p. 21.

revanche, si le visiteur ne venait pas pour acheter mais seulement pour admirer des tableaux, il était très bien reçu. Jules Flandrin en fit l'expérience le 20 février 1914 : « Ce soir, visite à Vollard ; de six à sept, causerie à trois, sympathie et, les uns après les autres, examen d'une dizaine de Cézanne inconnus !! et géniaux, presque tous d'une délicatesse dans la force, émouvante… Quelle leçon que ce demi-nègre. Jamais le mot qu'il ne faut pas, la bourde ou la gaffe ; finesse et profondeur[1]. »

Vollard jouait au chat et à la souris avec ses clients mais aussi avec ses peintres. Daniel Wildenstein se souvient qu'un jour Vollard leur a montré, à son père et à lui, des Bonnard superbes, de la période nabi, mais qui n'étaient pas signés. Et le marchand d'expliquer : « Je vais dans l'atelier de Bonnard et je lui dis : *Ah, ce tableau, il est beau. Ah, ça, il est beau. Ah, ça oui, il me tente. Et celui-là, il me plaît aussi. Et ceux-là, tiens. Ah, j'hésite… Dites, avant de prendre une décision, est-ce que vous m'autorisez à les emporter chez moi ?* Je les emporte chez moi. Je laisse passer un petit bout de temps. Et quand je retourne pour lui demander le prix des tableaux, il a oublié qu'il les a peints. Il me fait alors des petits prix. Mais je n'ose pas trop lui dire de venir les signer à la maison. J'ai peur qu'il revienne sur ses prix. Parce qu'il les reconnaîtrait, ses tableaux. Vous me suivez ? » Il faut dire que Vollard avait des raisons de se méfier des artistes qui, sans arrêt, voulaient retoucher leurs œuvres. Ainsi Rouault, qu'il avait sous contrat et à qui il versait de l'argent chaque mois : il considérait qu'un tableau n'était jamais fini ; du coup, Vollard était obligé de faire prendre l'empreinte de la serrure de son atelier et d'aller s'emparer des toiles en son absence. Ainsi Degas, qui voulut un jour échanger un de ses pastels contre un Forain : « Je vais donc chez lui le lendemain, raconte Vollard, et il me laisse emporter une femme nue d'environ trente centimètres de haut, mais l'après-midi je le vois paraître chez moi et il fait : *Non, décidément, ce dessin ne me plaît pas, je vais l'améliorer.* […] Quelque temps après, je le lui redemande. Il avait l'habitude de recalquer les dessins qu'il étudiait, mais sans suivre la ligne, et toujours en les agrandissant. Il me montre ma femme nue, elle avait gagné dix centimètres. *Mais je*

1. G. Flandrin et F. Roussier, *Jules Flandrin, 1871-1947*, *op. cit.*, p. 162.

n'en suis pas satisfait, remarque-t-il. À la neuvième étude – cela durait depuis des années – ma femme nue avait fort grandi, elle avait atteint près d'un mètre. Degas, devant une réclamation très ferme, me répond : *Vollard, il faut attendre, parce que mon modèle est enceinte.* Un an après, il m'annonce que son modèle a perdu sa taille et qu'il ne pourra jamais terminer cette étude[1]. » Heureusement, conclut Vollard, qu'il n'a jamais livré le Forain à Degas ! D'ailleurs, Durand-Ruel ne dit pas autre chose à propos de Degas : « C'était un être épouvantable. Quand il cédait une toile, son plus cher désir était qu'elle ne fût pas vendue et il n'aurait pas manqué d'en dire du mal s'il en avait eu l'occasion. Depuis trente ans, il voulait que rien ne sorte de son atelier ; parfois, nous obtenions une étude. Quand il venait nous voir, nous devions le surveiller pour qu'il n'emporte rien. Il eût été très capable de nous reprendre une de ses toiles sous le prétexte de l'améliorer et nous ne l'aurions jamais revue[2]. »

Les Bernheim-Jeune et Félix Fénéon

Marquet, à ses débuts, vers 1904, était allé trouver les Bernheim-Jeune avec, sous le bras, une toile dont il demandait 50 francs. Il lui fut répondu : « Très bien, mais vous n'avez pas de nom. Revenez nous voir quand vous en aurez un. N'oubliez pas que nous sommes la Comédie-Française de la peinture[3]. » Gaston Bernheim-Jeune rapporte lui-même un propos d'Isaac de Camondo : « Les Durand-Ruel représentent exactement un gros chariot embourbé approchant du sommet de la montagne sans pouvoir y parvenir. Les jeunes Bernheim ont poussé le coche et sont arrivés au faîte[4]. » Si les marchands pouvaient se montrer si prétentieux, c'est que leur

1. R. Gimpel, *Journal d'un collectionneur marchand de tableaux*, *op. cit.*, p. 93.

2. *Ibid.*, p. 91.

3. P. Schneider, *Matisse*, *op. cit.*, p. 730. Francis Carco relève la même réaction chez le cousin des Bernheim, Jos Hessel, lui aussi marchand de tableaux : « Il avait autrefois soldé des Utrillo dont il avait sa boutique pleine. Ne croyant qu'à la peinture chère, il ne sortait de sa demi-torpeur qu'à l'annonce d'un gros prix » (*L'Ami des peintres*, Paris, Gallimard, 1953, p. 41).

4. G. Bernheim de Villers, *Un ami de Cézanne*, *op. cit.*, p. 32.

galerie du 25, boulevard de la Madeleine, avait connu en quelques années un développement considérable. Alexandre Bernheim-Jeune (1839-1915) et ses fils, Josse et Gaston (tous deux nés en 1870, l'un le 2 janvier, l'autre le 22 décembre), vendaient de la peinture impressionniste et post-impressionniste[1]. En avril 1900, ils exposèrent le groupe nabi, et ils recommencèrent en 1902 puis en 1904[2]. En 1901, ils montrèrent Van Gogh, en 1903, Vuillard et Vallotton, à nouveau Vuillard en 1905, Vallotton, Bonnard et Vuillard en 1906[3]. Ils avaient, dès 1900, une clientèle brillante d'amateurs d'impressionnistes de la seconde génération : Auguste Pellerin, Étienne Moreau-Nélaton, Paul Gallimard, Lucien Sauphar...

En novembre 1906, les frères Bernheim-Jeune confièrent à Félix Fénéon la section de leur entreprise consacrée à l'art contemporain, située sur le côté du bâtiment boulevard de la Madeleine et à laquelle on accédait par une petite porte, 15, rue Richepanse : « *Je viens d'entrer en fonctions*, écrit le nouveau directeur, et dans ces lieux où déjà Bonnard, Denis, Roussel, Vuillard étaient accrédités, j'introduis Théo [Van Rysselberghe], Signac, Cross, Luce, Lucie Cousturier et quelques autres bons peintres[4]... » Les proches de Fénéon furent très surpris de voir cet anarchiste entrer « chez Cacahouet Bernheim », comme l'écrit Paul Signac à Charles Angrand : « Je n'ai pas grand enthousiasme ; je ne vois pas notre ami triomphant du muflisme de ses industriels. Mais la lutte sera intéressante. Il me propose une exposition pour janvier. » Fin janvier 1907, c'est pourtant de l'enthousiasme que manifeste Signac : « Tous ces jours-ci malgré le mauvais temps il est venu plus de monde qu'à aucune autre exposition de cette galerie. Le premier jour il y avait foule et

1. Gaston, qui mourut en 1953, fit lui-même de la peinture. Il débuta sous le pseudonyme de Gaston de Villers en 1900 ; en 1912, il présenta une œuvre au Salon des Indépendants et, l'année suivante, exposa à la fois au Salon de la Nationale et au Salon d'automne.

2. Les Nabis avaient exposé auparavant chez Louis-Léon Le Barc de Boutteville (quinze expositions entre 1891 et 1896), Vollard (1897) et Durand-Ruel (1899).

3. Félix Valloton avait épousé en 1899 la fille d'Alexandre Bernheim-Jeune.

4. J.U. Halperin, *Félix Fénéon*, *op. cit.*, p. 386.

Félix a vendu pour 11 000 francs (onze mille !) les toiles de 30 à 2 500 – les aquarelles à 250. Devant ces résultats, les Bernheim-Fénéon, qui avaient déjà acheté 9 toiles et 20 aquarelles, ont acquis 3 nouvelles toiles[1]… » Fénéon revenait au monde de l'art après avoir été journaliste à *La Revue blanche*, au *Figaro* et au *Matin* et s'y montra fort habile. Comme directeur artistique, il recevait un salaire fixe de 500 francs par mois qui, plus tard, passa à 1 000 francs. À ce salaire s'ajoutait une commission qui, après les cinq premières années, se montait en moyenne à 15 000 francs et qui augmenta en 1913, pouvant aller jusqu'à 19 000 francs[2]. Fénéon conclut des contrats avec Cross (1906), Signac (1907), Matisse (1908), Van Dongen (1909). Il constitua un stock de toiles de Van Gogh, Cézanne, Toulouse-Lautrec, Seurat, le Douanier Rousseau, Picasso, Modigliani, etc., et ajouta aux tableaux des sculptures de Rodin et de Maillol. Dès le départ, Fénéon rassembla pour la galerie une clientèle internationale, à travers ses contacts personnels et ceux de ses amis peintres.

Le contrat qui lia la galerie à Matisse en 1908 était l'aboutissement logique de l'attention que lui portait Fénéon depuis septembre 1905 – date à laquelle Signac lui avait présenté Matisse à Saint-Tropez. Gaston Bernheim-Jeune a raconté sa rencontre avec Matisse. Un jour, Fénéon vint le chercher : « Il y a en bas un peintre qui m'a demandé une place de prote dans une imprimerie. Mais je crois que cet artiste a du talent. Voulez-vous le voir ? » Gaston se rendit à l'atelier du peintre, à Issy-les-Moulineaux, et lui signa immédiatement un contrat de trois ans. Matisse devait rester vingt-neuf ans chez Bernheim-Jeune… Faut-il voir dans cette anecdote le talent stratégique de Fénéon, qui donnait ainsi à son patron l'impression d'avoir découvert lui-même Matisse ? Car Fénéon était un très habile stratège et un excellent vendeur. Il traitait l'acheteur éventuel avec froideur, posait les tableaux devant lui sans commentaire ou quittait même la pièce pour le laisser choisir. Si on l'interrogeait, il répondait laconiquement. Une visiteuse lui ayant demandé ce que signifiait une sculpture de Rodin représentant des cuisses de femme écartées, il lâcha sans sourire :

1. *Ibid.*, p. 387.
2. *Ibid.*, p. 389.

« C'est une femme, Madame. » En 1910, Fénéon organisa une exposition intitulée *La Faune*, thème illustré par des harengs saurs de Van Gogh, un paysage de Van Rysselberghe avec une double virgule dans le ciel – une hirondelle... – et même un pastel de Manet représentant une femme nue se baignant dans un tub. Quelqu'un ayant demandé quel était le rapport entre ce pastel et le thème, Fénéon laissa tomber : « L'éponge[1] » ! Son impertinence plaisait, comme son réel amour de l'art. Ainsi avait-il fait rater intentionnellement la vente d'une toile de Matisse et, au peintre qui s'en étonnait, il rétorqua : « Mais mon cher, vous ne vouliez quand même pas que vos si belles compositions aillent s'ennuyer chez ces gens-là ! » En 1914, Fénéon publia dans les dernières pages des catalogues Bernheim-Jeune un bulletin d'information sur les écrivains et peintres contemporains, dont Apollinaire dit : « Ce seront les bulletins de la grande peinture, comme il y a eu des Bulletins de la Grande Armée. »

Les grandes galeries entretenaient une collaboration suivie : les Bernheim-Jeune travaillaient souvent avec Vollard, Georges Petit leur céda des parts de sa société et, au moment des grandes ventes, Durand-Ruel achetait en compte avec eux. Mais Berthe Weill, modeste marchande, souligne la grossièreté et l'arrogance des Bernheim-Jeune à son égard. L'un de ses amis lui ayant confié des toiles de Toulouse-Lautrec à vendre, elle avait invité les deux frères à venir les voir. Arrivés devant la galerie, ils descendirent de voiture et continuèrent à causer en entrant chez elle sans lui adresser la parole. Ils jetèrent à peine un regard sur les tableaux et s'en allèrent sans autre commentaire que : « Pas notre affaire[2] ! » Une autre fois, Georges Bernheim, cousin de Josse et Gaston, qui tenait lui aussi une galerie, confia à Berthe Weill une peinture d'Odilon Redon au prix de 300 francs. Elle la vendit 50 francs de plus à Hodebert, un marchand du Faubourg Saint-Honoré. Quelques jours plus tard arriva Georges Bernheim dans sa belle voiture – Rolls-Royce ou Mercedes, précise Weill : « Je viens chercher mon Redon.
– Ah ! il est vendu, je vous porterai les fonds cette semaine... »
Bernheim la menaça aussitôt : « Comment ! vous n'avez pas les

1. *Ibid.*, p. 391.
2. B. Weill, *Pan !... dans l'œil...*, *op. cit.*, p. 108.

fonds ?… Je vais de ce pas au commissariat, déposer une plainte en abus de confiance. » Et elle de se moquer : « C'est le moment de prendre votre auto, car *de ce pas* vous n'iriez pas assez vite[1]… »

Daniel-Henry Kahnweiler, le marchand de la peinture cubiste

La carrière de Daniel-Henry Kahnweiler a été exceptionnellement longue, puisqu'il a débuté comme marchand de tableaux à vingt-trois ans, en 1907, et n'a cessé son activité qu'à sa mort, à quatre-vingt-quinze ans, en 1979. Celui qui disait : « Je ne suis pas un pêcheur de tableaux mais un pêcheur d'hommes », est né à Mannheim, en 1884, dans une famille de financiers. Il travailla d'abord dans une banque de Francfort, en 1901, puis, l'année suivante, chez un agent de change à Paris. Il parlait le français aussi couramment que l'allemand, aimait la littérature, la musique, la peinture, et fut donc très heureux à Paris, où, les premiers mois, il allait presque tous les jours au Louvre. Il fréquentait aussi le Dôme et les *dômiers*, écrivains et peintres allemands qui avaient établi leur quartier général dans ce café de Montparnasse[2]. Wilhelm Uhde, bourgeois prussien en rupture avec son milieu, esthète et ouvertement homosexuel, était leur chef de file. Uhde négociait des œuvres d'art et réunissait chaque dimanche dans son appartement des amis peintres (Picasso, Braque, Dufy, Delaunay…[3]), des collectionneurs et des marchands de tableaux.

Marié à une Française, Kahnweiler fut, en 1905, convoqué à Londres par ses oncles maternels, qui essayèrent de le reprendre en main et de l'intéresser à leurs affaires. Lorsqu'il avoua enfin son désir de devenir marchand de tableaux à Paris, ces oncles lui allouèrent 25 000 francs pour démarrer et lui donnèrent un an pour réussir. Il revint à Paris en février 1907 et, pour établir sa boutique, sous-loua à un tailleur polonais un minuscule local de quatre

1. *Ibid.*, p. 183.

2. *Dômiers* était un jeu sur les mots *Dôme* et *dom*, la cathédrale en allemand.

3. Picasso cessa de voir Uhde en 1928, lorsque celui-ci publia un livre, *Picasso et la tradition française*, où il faisait de l'artiste espagnol l'incarnation de l'âme gothique et allemande (J. Richardson, *Vie de Picasso*, *op. cit.*, t. I, p. 390).

mètres sur quatre, rue Vignon. (Il donnait 2 400 francs annuels au tailleur, qui, lui, ne payait que 1 800 francs de location[1] !) Fréquentait-il les galeries avant d'en ouvrir une ? À cette question, Kahnweiler répond : « J'entrais chez le petit marchand d'estampes qui s'appelait Le Véel et qui était alors rue La Fayette, mais jamais je n'aurais osé pénétrer dans une galerie. Je ne savais pas que cela pouvait se faire, qu'on pouvait visiter une galerie, je n'en connaissais aucune, aucune. J'avais vu des expositions publiques chez Durand-Ruel, notamment, en 1904, l'exposition des tableaux de Monet de Londres, la série de la Tamise, mais froidement pénétrer dans une galerie où il n'y avait pas une exposition publique, jamais je ne l'aurais osé. J'étais un jeune homme timide[2]. »

Au Salon des Indépendants de 1907, Kahnweiler acheta un Derain et un Vlaminck, 100 francs chacun. Comme les peintres livraient leurs tableaux à domicile, il fit très vite leur connaissance et établit avec eux des rapports de confiance. Ces deux-là partageaient le même atelier à Chatou et venaient souvent bavarder rue Vignon. Tous deux aimaient se donner le genre mauvais garçon. Dès août 1907, Derain, qui accomplissait une période militaire, écrivit à Kahnweiler pour lui demander de préparer ses envois au Salon d'automne. Le peintre était pourtant en affaires avec Vollard mais celui-ci ne fit rien pour le retenir (pas plus que Vlaminck ou Van Dongen, deux autres jeunes recrues qui quittèrent Vollard pour Kahnweiler). Tout autre était Georges Braque, à l'allure plutôt dandy, dont Kahnweiler fit la connaissance en avril 1907 et qui allait entrer dans son écurie. Matisse était devenu trop cher pour le jeune marchand, mais les deux hommes se voyaient souvent et s'appréciaient. Enfin, c'est Wilhelm Uhde qui conseilla au marchand d'aller visiter l'atelier de Picasso à Montmartre. Il y avait vu, lui dit-il, un tableau qui ne ressemblait à rien, qu'il qualifiait d'« assyrien ». Kahnweiler s'y rendit et fut à son tour très impressionné par *Les Demoiselles d'Avignon* qu'il qualifiait, lui, d'« indéfinissable ». Il avait vingt-trois ans, Picasso en avait vingt-six,

1. P. Assouline, *L'Homme de l'art. D.H. Kahnweiler, 1884-1979*, *op. cit.*, p. 45.

2. Daniel-Henry Kahnweiler, *Mes galeries et mes peintres, Entretiens avec Francis Crémieux,* Paris, Gallimard, 1961, p. 32.

leur rencontre fut décisive pour chacun d'eux. Par-delà quelques éclipses, ils ne se quitteraient plus.

Kahnweiler était très proche de ses peintres. Le matin, après avoir répondu à son courrier, il leur rendait visite. Ceux-ci, de leur côté, venaient, à partir de 17 heures, rue Vignon : la galerie était devenue leur point de rencontre, d'autant plus qu'ils n'exposaient pas ailleurs. Kahnweiler en effet ne croyait pas à la publicité. Il poussait ses artistes à ne pas participer aux salons, se moquait de l'avis de la critique, de l'Académie et même du grand public. Il ne croyait qu'au petit noyau d'amateurs fidèles, les principaux étant Hermann Rupf, qu'il avait connu à Francfort et retrouvé à Paris – il vivait désormais à Berne (où il avait repris le commerce familial de mercerie), mais revenait régulièrement à Paris acheter des tableaux ; Olivier Sainsère, conseiller d'État qui achetait des Picasso depuis 1901 ; Roger Dutilleul, conseiller référendaire à la Cour des comptes, qui achetait tous les artistes de Kahnweiler sauf Juan Gris ; Gertrude Stein ; Chtchoukine et Morosov, deux Russes très riches auxquels Kahnweiler télégraphiait dès qu'il avait une œuvre susceptible de leur plaire. Kahnweiler ne faisait souvent qu'accrocher les tableaux des peintres de la galerie, il organisait très peu d'expositions personnelles. Celle qu'il fit au pied levé pour Braque en novembre 1908 était exceptionnelle : Braque, qui voulait, au retour de l'Estaque, montrer six toiles au Salon d'automne, avait été refusé. Lorsque ses artistes travaillaient loin de Paris, par exemple Braque et Picasso à Céret en été 1911, Kahnweiler leur écrivait très régulièrement.

À la fin de 1912 et en 1913, Kahnweiler proposa à ses peintres des contrats leur assurant un revenu mensuel en échange de l'exclusivité de leur production : d'abord Braque, Derain et Picasso, puis Juan Gris, Vlaminck et Léger. Lorsque la guerre éclata, le marchand était en vacances en Suisse. N'ayant pas demandé la nationalité française, il ne put rentrer à Paris. Tous ses biens furent mis sous séquestre, c'est-à-dire pratiquement tous les tableaux cubistes des trois années qui précédèrent la guerre[1]. Son

1. Sauf ceux qui avaient été vendus. Ainsi Gertrude Stein qui, deux mois avant la guerre, avait vu les toiles de Juan Gris chez Kahnweiler, en avait acheté trois (G. Stein, *Autobiographie d'Alice Toklas*, *op. cit.*, p. 116-118).

correspondant aux États-Unis lui avait pourtant proposé de faire sortir de France ces toiles, mais Kahnweiler, ne croyant pas au conflit, avait refusé. Il s'installa en Suisse et s'occupa en écrivant une *Histoire du cubisme*. Il dut évidemment suspendre les mensualités versées à ses peintres, que Léonce Rosenberg – sa galerie était 19, rue de la Baume – fit vivre en leur achetant des tableaux[1].

1914 et après

René Gimpel écrit, en 1919 : « *Les petits salons.* Ils se multiplient, et il est aujourd'hui impossible de les suivre. Chaque courrier m'apporte une ou deux invitations. Les artistes en souffriront. Ils ont cru que c'était un moyen de ne pas être noyés dans le torrent des grands salons ; le remède tend à devenir pire que le mal. Devambez qui, autrefois, sélectionnait, est aujourd'hui débordé lui-même. Dans ses dix petites pièces de l'entresol il nous montre quatre expositions ; dans la boutique, il vend des gravures. C'est au 13, boulevard Malesherbes, à côté de l'épicier Potin. Curieux voisinage. On voit encore de bonnes expositions chez Mme Druet, 20, rue Royale, et la belle sculpture chez Hébrard, rue Royale. Quant à Georges Petit, il ne nous montre que les mauvais peintres mondains ou à la mode[2]. » Le terme « petits salons » désignait en principe des organisations professionnelles officielles, mais Gimpel l'utilise ici pour parler d'expositions dans des galeries. Au lendemain de la guerre, il y aurait donc eu un trop-plein artistique, l'inflation d'expositions touchant même les galeries importantes qui en organisaient quatre à la fois. C'est en effet après la guerre que les galeries prirent le pas sur les salons ; elles connurent, jusqu'à la crise économique internationale de 1929,

1. Profitant de l'empêchement d'Uhde et Kahnweiler, Léonce Rosenberg prit sous contrat la plupart des cubistes : Braque, Gris, Léger, Metzinger, Severini, Lipchitz, Henri Laurens et Rivera, sans doute à compter de 1916. Picasso lui-même vendit par son intermédiaire mais sans exclusivité (A. Rustenholz, *Paris des avant-gardes*, *op. cit.*, p. 179).

2. R. Gimpel, *Journal d'un collectionneur marchand de tableaux*, *op. cit.*, p. 141.

une période très faste[1]. Qui voulait gagner de l'argent ouvrait une galerie. Vollard cite ainsi le cas d'une « petite dame » à qui les ressources de son mari ne permettaient pas d'engager une deuxième bonne à tout faire, comme elle le désirait... Elle acheta donc des toiles cubistes à l'une des ventes Kahnweiler et se mit à en faire commerce : elle eut bientôt non seulement une deuxième bonne mais une automobile[2].

Mais, à vrai dire, la guerre n'avait pas empêché les galeries d'organiser de nombreuses expositions à Paris. Marquet, par exemple, exposa régulièrement chez ses marchands, Eugène Druet d'abord, puis, après la mort de celui-ci, en 1916, Bernheim-Jeune[3]. Paul Guillaume, qui avait ouvert sa première galerie à vingt-trois ans, en juin 1914, au 6, rue de Miromesnil[4], fut réformé pour raisons de santé et poursuivit son activité pendant la guerre au 16, avenue de Villiers. Il acheta des œuvres de Modigliani qui lui avait été présenté par Max Jacob. En octobre 1916, il accueillit la première exposition d'André Derain, organisée par sa femme Alice avec l'aide d'Apollinaire. Le poète écrivit la préface du catalogue, tout en conseillant le jeune marchand pour les autres intervenants, Cendrars, Max Jacob, Pierre Reverdy, Fernand Divoire. Paul Guillaume exposa Matisse-Picasso en janvier-février 1918. À partir de mars 1918, il édita une petite revue, *Les Arts à Paris*, sur le modèle des publications faites par Durand-Ruel et Bernheim-Jeune. En juillet 1916, André Salmon organisa une exposition intitulée *L'Art moderne en France*, dans la galerie que Paul Poiret louait à Henry Barbazanges, 109, rue du

1. P. Dagen, *L'Art français. Le XXe siècle*, *op. cit.*, p. 88.

2. A. Vollard, *Souvenirs d'un marchand de tableaux*, *op. cit.*, p. 377.

3. Marquet allait continuer à se partager entre les deux galeries. Son contrat, renouvelé en novembre 1925, stipulait qu'il s'engageait à vendre à la maison Druet deux tiers de sa production et un tiers à la maison Bernheim-Jeune. Les expositions auraient lieu principalement à la galerie Druet, où Bernheim-Jeune pourrait exposer ses toiles conjointement à celles qui appartenaient à Druet (*Marquet* [musée de Lodève], Milan, Electa, 1998, p. 44).

4. Paul Guillaume, en juin 1914, montrait les peintres russes Gontcharova et Larionov ; le catalogue de l'exposition contenait un texte d'Apollinaire, que le jeune marchand avait probablement connu vers 1910, grâce à son intérêt pour l'art nègre.

Faubourg-Saint-Honoré. Comme la galerie était également accessible par le 26, avenue d'Antin (aujourd'hui avenue Franklin-Roosevelt), l'exposition fut appelée Salon d'Antin. C'est là que, pour la première fois, le tableau *Les Demoiselles d'Avignon*, qui n'avait pas bougé de l'atelier du peintre depuis sa création, près de dix ans auparavant, fut montré au public, entouré d'autres toiles de Picasso, Severini, Van Dongen… Parmi les spectateurs, Gertrude Stein, Jacques Doucet, Georges Auric, Paul Valéry. En novembre 1916, Picasso exposa également, avec Modigliani et Kisling, 6, rue Huyghens, dans l'atelier d'Émile Lejeune, qui était aussi le local de l'association Lyre et Palette, créée par Lejeune et Cendrars – cette association, à côté d'expositions, donnait des soirées de concerts ou de conférences. À la rentrée 1917, Eugène Blot montra, dans sa galerie du 11, rue Richepanse, les œuvres des peintres « revenus à la santé, à la nature » depuis qu'ils avaient abandonné le cubisme : Eugène Corneau, Gabriel Fournier, Diego Rivera, André Lhôte[1]…

Les galeries dont nous avons parlé retrouvèrent après la guerre leurs activités. Mme Druet avait repris la galerie après la mort de son mari. Fénéon resta directeur artistique chez Bernheim-Jeune jusqu'à sa retraite en 1924. Il lança le *Bulletin de la vie artistique*, bimensuel et illustré, qui dura sept ans, de la mort de Renoir (décembre 1919) à celle de Monet (décembre 1926), créa les Éditions Bernheim-Jeune et publia livres et albums sur les peintres de la galerie, avec des textes de qualité, comme celui de Gustave Kahn sur les dessins de Seurat[2]. Berthe Weill s'installa en 1920 dans un nouveau local, 46, rue Laffitte[3]. Elle y fêta sa centième

1. Eugène Blot, *Histoire d'une collection de tableaux modernes. Cinquante ans de peinture (de 1882 à 1932)*, Paris, Éditions d'art, 1934, p. 77.

2. Jean Paulhan, en 1945, a rendu un bel hommage à Fénéon dans *F.F. ou le critique*, *in* Jean Paulhan, *Œuvres complètes*, Paris, Cercle du livre précieux, 1969, t. IV, p. 83-116.

3. Le 15 juin 1920, la compagnie d'assurances Lloyd's avait proposé à Berthe Weill de racheter son bail pour 80 000 francs. Elle cherchait donc un autre local lorsque, le 20 juillet, Pesson, qui avait repris la galerie Sagot, 46, rue Laffitte, vint lui proposer sa boutique. En novembre 1923, Berthe Weill lança un bulletin de la galerie, qui servait en même temps de catalogue pour chaque exposition, et, un peu plus tard, un organe de critique d'art, *Le Bousilleur*.

exposition, le 21 février 1921, avec trois cents invités, artistes, amateurs, critiques et marchands, et, en décembre 1926, les vingt-cinq ans de la galerie. La galerie Durand-Ruel, après la mort de Paul, en 1922, passa sous la direction de ses fils. Quant à Vollard, il continuait à prospérer en somnolant, comme il l'explique avec humour à deux jeunes étrangers qui, désirant ouvrir une galerie, lui demandaient ses secrets pour réussir. Comme il avait tendance à s'assoupir à tout moment, celui qui poussait la porte de sa galerie le réveillait : « Je l'écoutais, encore à moitié endormi, dodelinant de la tête en essayant péniblement de répondre. Le client, prenant pour un refus mon inintelligible ronronnement, augmentait progressivement son offre. De telle sorte que, quand j'étais à peu près réveillé, mon tableau avait obtenu une appréciable hausse[1]. »

Comme il n'avait pas porté les armes contre la France, Kahnweiler fut autorisé à revenir et regagna Paris en février 1920. Il trouva un nouveau local, 29 *bis*, rue d'Astorg, où il ouvrit une galerie dès le 1er septembre, mais sous un autre nom que le sien : la galerie Simon (du nom d'André Simon, un de ses meilleurs amis, qui travaillait à la Bourse). Il engagea, pour le seconder, sa jeune belle-sœur, Louise, qui avait épousé Michel Leiris. Il reprit contact avec ses peintres, dont plusieurs allaient le quitter, Vlaminck pour Bernheim-Jeune, Derain pour Paul Guillaume, Braque et Léger pour Paul Rosenberg. Avec sa nouvelle galerie de la rue La Boétie, ce dernier se taillait une position prédominante sur le marché parisien. Picasso lui vendit également des tableaux pendant un temps, mais, dès 1923, revint vers Kahnweiler. Le seul de ses artistes à être resté parfaitement fidèle à Kahnweiler fut Juan Gris, jusqu'à sa mort en 1927. Kahnweiler recruta en revanche Suzanne Roger, André Masson (octobre 1922), Henri Laurens, André Beaudin… Aidé par Olivier Sainsère, devenu secrétaire

1. A. Vollard, *Souvenirs d'un marchand de tableaux*, *op. cit.*, p. 442. Maurice de Vlaminck raconte comment Vollard a gagné de l'argent en dormant : il avait donné rendez-vous au conservateur du musée de Berlin qui voulait lui acheter un Cézanne. À l'heure dite, il dormait et l'autre devait repartir pour Berlin : « Ce jour-là, le Cézanne ne fut pas vendu. Quelques mois après, Vollard pouvait en demander le double » (*Portraits avant décès*, *op. cit.*, p. 96).

général de la présidence de la République, il essaya, mais en vain, de sauver de la vente ses collections sous séquestre. Ses tableaux furent vendus en quatre fois, juin et novembre 1921, juillet 1922 et mai 1923. Ces ventes eurent un avantage pour le public : elles permirent au cubisme d'être enfin véritablement montré en France. En effet, jusque-là, le cubisme était plus connu ailleurs qu'en France car Kahnweiler, qui jouait à Paris le marchand confidentiel, envoyait volontiers, dès 1907, ses toiles à l'étranger à l'occasion d'expositions[1]. Comment expliquer cette méfiance vis-à-vis des expositions et de la publicité ? Pour Kahnweiler, l'art ne pouvait être que l'affaire d'une élite, créateurs et amateurs, au sein de laquelle le marchand avait un rôle essentiel à jouer, de découvreur et de propagateur. C'est pourquoi il refusait toute ingérence de l'État dans ce domaine : « On ne devrait pas mettre à la disposition de l'État de l'argent lui permettant d'aider les artistes vivants, car cet argent ne parvient jamais à la bonne adresse, il est gaspillé en faveur des gens qui n'en sont pas dignes, qu'il faudrait au contraire décourager, car il y a trop d'artistes plasticiens[2]. »

1. *Daniel-Henry Kahnweiler, marchand, éditeur, écrivain*, Paris, Centre Georges Pompidou, 1984, p. 20.

2. *Ibid.*, p. 22.

CHAPITRE V

L'artiste dans la société

« J'ai toujours éprouvé et conservé de Delacroix la fâcheuse impression d'un désaccord, d'un démenti déclaré même entre l'homme intellectuel, social et l'artiste. [...] Le jour, il travaillait en anarchiste ; le soir, costumé de frac et cravaté de blanc, il dînait et conversait dans les cénacles de l'aristocratie diplomatique. Certes, je ne vois pas de crime à cela, mais c'est déroutant et m'est peu sympathique[1]. » C'est un républicain qui parle, le peintre Jules Laurens. Pour lui, la sociabilité d'un artiste devait être en accord avec son œuvre. La peinture de Delacroix n'étant pas académique (c'est sans doute ce que signifie *anarchiste*), le peintre ne pouvait pas mener la vie mondaine des élites sociales.

Or Delacroix s'est posé lui-même dans son *Journal* la question de sa sociabilité. En 1824, âgé de vingt-sept ans, il note : « Une chose m'afflige, je ne sais à quoi l'attribuer ; j'ai besoin de distractions, telles que réunions entre amis, etc.[2] » (27 février). Il a le sentiment que son goût pour les dîners en ville et la conversation est en conflit avec le travail de la peinture, qui requiert de la concentration solitaire. Un soir, l'un de ses amis lui a fait l'apologie de la solitude, sous prétexte que les émotions, si on les partage, perdent de leur intensité. Le peintre se prêche alors à lui-même la nécessité de s'habituer à la solitude. Mais aux phrases définitives sur les bénéfices de la solitude se mêle, de façon assez incohérente, une autre affirmation : « Je crois que le grand monde à voir de temps à autre, ou le monde tout simplement, est moins à redouter

1. J. Laurens, *La Légende des ateliers*, *op. cit.*, p. 293-294.

2. Eugène Delacroix, *Journal 1822-1863*, Paris, Plon, coll. « Les Mémorables », 1981, pour toutes les citations de ces pages.

pour le progrès et le travail de l'esprit, quoi qu'en disent beaucoup de prétendus artistes, que leur fréquentation à eux. Le vulgaire naît à chaque instant de leur conversation » (31 mars). Le propos vient là comme autojustification, puisque son besoin de mondanité va à l'encontre de l'image de l'artiste sérieux.

Vingt ans plus tard, Delacroix dîne fréquemment en ville. Il avoue parfois : « Ces dîners continuels me troublent beaucoup » (20 février 1852) ; ou encore : « Je mourrai de tous ces dîners » (8 mai 1856). Mais il analyse aussi volontiers le plaisir qu'il y trouve. Le 19 février 1852, chez son ami Armand Bertin, directeur du *Journal des débats*, il est enchanté d'entendre le chanteur Delsarte. Le lendemain, chez l'éditeur Didot, il oublie la cohue et la mauvaise musique grâce à un tableau d'Albert Dürer, un homme nu qui l'a fasciné toute la soirée : « Cette trouvaille inespérée, conclut-il, le chant de Delsarte, la veille chez Bertin, m'ont fait faire cette réflexion qu'il y a beaucoup de fruit à retirer du monde, tout fatigant qu'il est et tout futile qu'il paraît. Je n'aurais eu aucune fatigue, si j'étais resté au coin de mon feu ; mais je n'aurais eu aucune de ces souffrances qui doublent peut-être, par le rapprochement de la trivialité et de la banalité, des plaisirs que le vulgaire va chercher dans les salons » (20 février). Invité en octobre 1854 chez son cousin, le grand avocat Berryer, à Augerville, dans le Loiret, le peintre raconte à Mme de Forget : « La réunion toujours agréable qu'on trouve ici n'est cependant pas aussi nombreuse que la dernière fois que j'y suis venu. M. Batta [violoncelliste], qui en était un des ornements, et la princesse [Czartoryska] nous manquent ; cela nous sèvre d'excellente musique. Batta était ici quand j'y suis arrivé, mais il a été obligé de partir soudain… M. Berryer est pour moi une compensation à tout cela par un surcroît d'amabilité. […] il est intarissable en souvenirs précieux racontés de la manière la plus piquante[1]… »

Le charme du monde tient au mélange d'esprit dans la conversation et de raffinement. Quand sa voisine de campagne l'invite à dîner, Delacroix écrit : « J'ai éprouvé dans la causerie de cette femme, qui a de l'esprit, le plaisir et le besoin que j'éprouve dans

1. *Correspondance générale d'Eugène Delacroix*, *op. cit.*, t. III, p. 229-230.

la conversation ; mais il faut, avec l'esprit, les petites manières du monde que les rustres de nos jours peuvent critiquer, mais qui ajoutent le piquant nécessaire » (29 mai 1853). Suit le lieu commun attendu sur le monde envahi et dégradé par les parvenus. Cependant, les manières du monde sans l'esprit sont très ennuyeuses. Les gens du monde les plus divertissants sont « capables de s'amuser à la manière des artistes », se donnent du mal pour en attirer dans leur salon et apprécient leur conversation. Ainsi la princesse Czartoryska a deux sortes de réceptions, l'une pour ses connaissances du monde, l'autre – les « petits jours » – pour les peintres et les musiciens (17 juin 1855). Reste qu'il y a contradiction entre la fréquentation du monde et l'ascèse que requiert forcément la vie d'artiste : « J'ai fait d'amères réflexions sur la profession d'artiste ; cet isolement, ce sacrifice de presque tous les sentiments qui animent le commun des hommes » (3 février 1847). Delacroix est d'autant plus furieux lorsqu'il perd sa soirée en mauvaise compagnie, dans le demi-monde sans culture ni raffinement. Le 2 mai 1855, il note : « Ce soir chez l'insipide Païva[1]. Quelle société ! Quelles conversations ! Des jeunes gens avec barbe et sans barbe ; des jeunes premiers de quarante-cinq ans, des barons et des ducs allemands, des journalistes, et tous les jours de nouvelles figures ! Amaury-Duval y est venu. Je n'ai commencé à pouvoir ouvrir la bouche qu'avec lui. J'étais pétrifié de tant d'inutilité et d'insipidité. Le bon Dumas croit être là en société. [...] En sortant de cette peste assoupissante à onze heures et demie et en respirant l'air de la rue, je me suis cru à un régal. » Par ailleurs, fréquenter le monde est une nécessité, c'est là que se font les réputations. Delacroix évoque cet aspect des choses à propos de Charlet : « Charlet n'était pas un homme de salon : il a été toute sa vie le fils du dragon de Sambre-et-Meuse dont tout l'héritage qu'il avait laissé à ce fils destiné à illustrer le nom d'un pauvre soldat consistait en une vieille culotte de peau et une paire de bottes. Il faut être un peu l'homme des salons pour être adopté et poussé par le monde des salons. Il n'a été, pour la plupart de ces gens qui ne vivent qu'aux bougies et qui n'ont jamais jeté un regard sur la

1. Sur la Païva, voir Anne Martin-Fugier, *Les Salons de la IIIe République. Art, littérature, politique*, Paris, Perrin, 2003, p. 54-55.

nature qu'à travers l'opéra, [...] qu'un caricaturiste, qu'un artiste d'estaminet. »

La posture d'Ingres vis-à-vis de la sociabilité mondaine est à l'exact opposé de celle de Delacroix. Séjournant à Florence, en 1821 – il a quarante et un ans –, il écrit à un ami : « Sans la stupide dissipation de ce qu'on appelle le monde et la société, on vit, avec un petit nombre d'amis que l'on s'est faits par l'expérience et l'inclination, et l'on exerce délicieusement les beaux-arts[1] » (2 janvier). Il revient sur le sujet quelques mois plus tard : « Une chose est ennemie de mon repos ; je ne suis point un homme de société, et on veut que je voie le monde. Je suis obligé de m'arracher de mon atelier pour des visites de curieux. Faire une *toilette* est pour moi un des *travaux* d'Hercule » (29 août). De retour à Paris en 1825, après plusieurs années en Italie, il est obligé de voir du monde, ce qui lui pèse : « Cela occasionne bien des soins et demande une tête, une mémoire, un esprit de conduite bien pénible pour moi » (13 mai). Ingres eut d'ailleurs la même réaction de repli à son second retour d'Italie, en 1841. Il fréquentait les concerts du Conservatoire et allait parfois au théâtre (il s'enthousiasmait même pour *Lucrèce Borgia* de Victor Hugo), mais vivait en reclus au cœur de Paris[2]. La vie de société ne l'intéressait pas : il n'avait pas la parole facile et, comme, par ailleurs, il ne supportait pas la contradiction, il cherchait à être en relation seulement avec ceux qui partageaient ses idées, amis ou élèves. Il n'aimait qu'une forme de sociabilité, celle qui avait pour but la musique, et en tout petit comité. Jules Laurens, jouant du piano et de l'orgue, était parfois associé à ces réunions intimes où Ingres, au violon, interprétait surtout du Mozart : « Je l'ai entendu dans une sonate de ce maître, accompagné au piano par Mme Hippolyte Flandrin. Nous étions seuls auditeurs, chez elle, avec les deux frères Hippolyte et Paul et le sculpteur, membre de l'Institut, Gatteaux[3]. »

1. *Ingres d'après une correspondance inédite*, intr., commentaires et notes de Boyer d'Agen, Paris, H. Daragon, 1909, p. 59.
2. V. Bajou, *Monsieur Ingres*, *op. cit.*, p. 310.
3. J. Laurens, *La Légende des ateliers*, *op. cit.*, p. 250-251.

Aimer fréquenter le monde ou s'en méfier, ces deux attitudes sont le résultat non seulement de caractères différents mais aussi de choix différents de style de vie privée – femmes, enfants, amis…

Famille

L'artiste doit-il rester célibataire ?

Parlant de l'artiste, Meissonier écrit : « La femme, la famille, l'intérieur ne doivent être pour lui qu'une facilité à marcher plus librement dans le champ des idées, débarrassé des préoccupations vulgaires, dont on prend soin pour lui. » Et le peintre qui incarne l'académisme et l'ordre bourgeois d'ajouter : « Il faut que la femme qui épouse un artiste sache qu'elle se voue au sacrifice. Une femme d'artiste ne doit pas comprendre la fidélité à la façon étroite des bourgeois[1]. » Meissonier lui-même était marié. Mais ses propos ne sont pas si différents de ceux du célibataire endurci qu'était Courbet. En janvier 1852, celui-ci reçut à Ornans une lettre de Champfleury lui annonçant que Virginie Binet, sa maîtresse dans les années 1840 et la mère de son fils, avait quitté Paris (elle était sans doute retournée vivre à Dieppe). Bref commentaire du peintre : « Que la vie lui soit légère, puisqu'elle croit mieux faire. Je regrette beaucoup mon petit garçon, mais j'ai suffisamment à faire avec l'art sans m'occuper de ménage ; et puis, un homme marié pour moi est un réactionnaire[2]… » Dix ans plus tard, à un ami lui annonçant que Champfleury avait l'intention de se marier, Courbet répond : « Ça me paraît bien déraisonnable de la part de Champfleury. Je ne crois pas qu'à son âge on puisse ainsi conserver le culte de la misère. On peut l'avoir encore, c'est vrai, mais on la garde pour soi. Quant à Lebœuf, c'est différent. Les sculpteurs sont sédentaires et c'est pour ainsi dire un état ouvrier. Il faut quelqu'un pour faire la soupe. » Se charger d'une femme, c'est se prolétariser. Un écrivain n'en a nul besoin, une épouse peut, en revanche, être utile à un sculpteur.

1. *Jean-Louis-Ernest Meissonier…*, *op. cit.*, p. 120-121.
2. *Correspondance de Courbet*, *op. cit.*, p. 99.

En 1865, son amie Lydie Joliclerc a formé le projet de marier Courbet à Céline N., un peintre de fleurs de Lons-le-Saunier. Le peintre reconnaît, en avril, qu'il aimerait avoir une compagne : « L'activité que nécessite le genre de vie que je me suis créé me fatigue. Je voudrais quelqu'un qui m'aide et me soutienne » (15 avril). Cependant, en juin, il se montre plus résigné qu'enthousiaste : « Céline va plus fort que moi, c'est ce qu'il faut. Il faut que ce soit elle qui le désire pour être heureuse. Je suis trop gros ! Je suis trop vieux ! Voilà des points terribles. Pourtant, comme je l'ai dit à Stéphanie [une amie de Lydie et de Céline], je suis un des plus jeunes de mes contemporains dans les hommes connus ou célèbres. Il est impossible d'être quelque chose avant d'avoir travaillé excepté notaire. Ça doit être de peu d'importance pour elle, puisqu'elle voulait se marier avec M. de Lamartine. Quant à la grosseur, hélas, le mariage réglera bien tout cela. Les devoirs des maris et le peu de liberté qu'ils ont de boire de la bière suffira. » Mais Céline lui a demandé de l'argent et il a rompu. Trois ans plus tard, à l'annonce du mariage de sa sœur Zoé, Courbet réaffirme sa décision de rester célibataire : « Il faut encore que Juliette [sa deuxième sœur] se marie. Zélie [la troisième] et moi, nous resterons vieux garçons. Elle n'a pas assez de santé pour se marier, et moi j'ai mon art qui ne comporte guère le mariage » (9 janvier 1868).

Camille Corot, lui aussi, est resté célibataire après avoir failli s'engager. Il s'en explique dans une lettre en août 1826 – il a trente ans : « Mais, près tout, mon ami, Mlle A. me plaisait beaucoup et me plaît encore ; mais je n'ai qu'un but dans la vie que je veux poursuivre avec constance : c'est de faire des paysages. Cette ferme résolution m'empêchera de m'attacher sérieusement. Je veux dire en mariage. […] Je l'aime toujours cette jeune personne ; mais mon caractère indépendant et l'étude sérieuse, dont je m'aperçois avoir un grand besoin, me font prendre la chose en plaisantant[1]. » Gustave Moreau, autre célibataire endurci, déclarait : « le mariage éteint l'artiste ». Est-ce pour cette raison qu'il n'épousa pas Adélaïde-Alexandrine Dureux, malgré une liaison d'un quart de siècle, ne cohabita jamais avec elle, et ne la présenta même pas à ses relations ?

1. *Corot, 1796-1875*, *op. cit.*, p. 55.

Mais l'artiste qui vivait en célibataire ne l'était pas forcément selon l'état civil. Cézanne en est un bon exemple. Dans un premier temps, il mena une double vie, entre sa famille bourgeoise restée à Aix-en-Provence, qui lui versait une pension, et Hortense Fiquet, le modèle avec laquelle il eut une liaison à Paris, à partir de 1869. Il réussit à cacher sa vie privée à ses parents pendant plusieurs années, y compris l'existence de son fils né en 1872. En mars 1878, alors que le peintre séjournait dans sa famille à Aix et avait installé sa compagne et leur fils à Marseille, son père découvrit la vérité et, très mécontent, réduisit sa pension. À force de transactions, l'artiste finit par épouser sa maîtresse en avril 1886, en présence de ses parents, quelques mois avant la mort de son père. Une fois qu'il eut régularisé sa situation, il ne mena pas pour autant une existence conjugale. Il vécut au Jas de Bouffan avec sa sœur aînée et sa mère, tandis qu'Hortense et leur fils logeaient rue de la Monnaie, à Aix. D'ailleurs, les dames Cézanne étaient brouillées avec Hortense, surnommée « la Boule ». Les relations du peintre et de son épouse ne furent bientôt plus qu'une guerre permanente : « ... sa femme a dû lui faire commettre bien des sottises. Il est obligé d'aller à Paris ou d'en revenir suivant les ordres qu'elle lui donne. Pour avoir la paix il a été contraint de se dépouiller de son avoir et, d'après les confidences qu'il laisse échapper, on n'a dû lui laisser qu'une rente d'une centaine de francs par mois. Il a loué un cabanon aux carrières du barrage et y passe la plus grande partie de son temps[1] ». Le *cabanon* servait au peintre à entreposer son matériel lorsqu'il travaillait sur le motif. Après la mort de sa mère, Cézanne dut vendre le Jas de Bouffan, en 1899, et habiter Aix à nouveau, mais, comme ni sa femme ni son fils ne le rejoignirent, il engagea une gouvernante pour s'occuper de lui. La femme de Cézanne avait dit à Matisse, la seule fois où ils se rencontrèrent, que son mari était « un vieil imbécile qui n'entendait rien à l'art et n'avait jamais compris ce qu'il faisait[2] ».

On peut vivre avec une femme tout en ne partageant rien avec elle, comme Rodin pendant plus d'un demi-siècle. Rose Beuret, couturière, était venue habiter avec le sculpteur en 1864. Elle avait

---

1. Lettre de Coste à Zola (1896), *in* P. Cézanne, *Correspondance*, *op. cit.*, p. 236.

2. H. Spurling, *Matisse, 1869-1908*, *op. cit.*, p. 159.

dix-huit ans – lui vingt-quatre – et lui servait alors de modèle. Leur fils, que Rodin ne reconnut pas, naquit en 1866. Tout en cohabitant avec cette femme, Rodin menait une existence très indépendante. Il ne sortait pas avec elle et, quand il se mit à recevoir à la Villa des Brillants, à Meudon – le couple s'y était installé en 1893 –, Rodin ne présentait pas Rose. Elle ne s'asseyait jamais à table mais servait, comme une vieille bonne dont elle avait l'apparence négligée. Edmond de Goncourt rapporte les propos d'Octave Mirbeau sur la compagne de Rodin : « Oh ! une petite blanchisseuse, pas le moindrement du monde en communication avec lui et laissée dans la plus complète ignorance de ce qu'il fait... Vous savez, un jour, un ami l'emmène en Belgique. Il rentre chez lui faire sa valise. Sa femme était sortie. Il ne la prévient ni par la domestique ni par le concierge. Et il reste absent trois semaines, sans donner de ses nouvelles[1]. » Le sculpteur épousa finalement Rose en 1917, un mois avant qu'elle ne meure.

Beaucoup d'artistes cependant vivaient en couple, selon des schémas variés : concubinage ou mariage, mariage succédant au concubinage, avec des enfants reconnus ou non. Mais tracer une typologie de leur style de vie privée n'aurait aucun intérêt. Comme l'écrivait Renoir en 1887 : « J'ai horreur de penser que le public sache comment je mange ma côtelette, et si je suis né de parents pauvres mais honnêtes. Les peintres sont assommants avec leurs histoires lamentables, et on s'en fout comme de l'an quarante[2]. » Renoir vivait depuis 1880 avec Aline Charigot dont il avait eu un fils. Il allait épouser sa compagne en 1890 mais attendit encore un an pour la présenter à Berthe Morisot et Eugène Manet, dont il était pourtant très proche dans ces années-là.

La structure conjugale nécessaire

La vie en couple ou en famille, loin d'être incompatible avec la création, était parfois une structure nécessaire à l'épanouissement d'un artiste et de sa production. Ingres n'eut pas d'enfant mais il eut

1. E. et J. de Goncourt, *Journal*, *op. cit.*, t. III, p. 291.
2. B. Ehrlich White, *Renoir*, *op. cit.*, p. 154.

deux femmes. Ses deux mariages successifs furent très heureux malgré des débuts fort peu romantiques. Sa première épouse, Madeleine Chapelle, était modiste à Guéret, et il était entré en relations avec elle par l'intermédiaire de sa cousine. Ils s'écrivirent et elle le rejoignit à Rome en septembre 1813. Cinq ans plus tard, Ingres confiait à Gilibert, son ami d'enfance : « J'ai uni mon sort à une excellente épouse, qui fait mon continuel bonheur. Elle m'a apporté une véritable dot en elle-même et notre ménage est, j'ose le dire, cité en exemple. J'éprouve, de ce côté, le bonheur le plus parfait[1]. » Quant à Mme Ingres, parlant de son mari dans ses lettres, elle dit « mon Ingres » ou « mon petit homme ». Cette entente conjugale dura trente-six ans et, lorsque Madeleine mourut le 27 juillet 1849, après plusieurs mois de maladie, Ingres fut désespéré. Il était devenu incapable de vivre seul parce que son épouse le déchargeait de toutes les contingences. Il alla vivre chez ses amis Reiset, Hippolyte Flandrin, Marcotte, Gatteaux, déléguant même ses comptes à ce dernier[2]. Comme il ne supportait plus les lieux qu'il avait partagés avec Madeleine, deux mois plus tard, il quitta son logement à l'Institut pour s'installer 27, rue Jacob, et, en mars 1850, il signa avec le duc de Luynes l'acte d'abandon des travaux de décoration du château de Dampierre qui duraient depuis plusieurs années.

Ses amis proches lui cherchèrent une autre compagne. Ils arrangèrent une rencontre avec Delphine Ramel, une parente de Marcotte, en janvier 1852. Le mariage eut lieu le 15 avril. Ingres avait soixante-douze ans, sa femme quarante-trois. L'ami Gilibert était mort, mais c'est à sa fille Pauline qu'Ingres décrivait son bonheur conjugal : « Plus de concerts, qui fatiguent d'ailleurs trop mes nerfs ; mais le quatuor de chambre et la musique de piano. Car cet instrument *dit* la musique, *elle y tient toute*, à la lecture ; c'est là qu'on la goûte, qu'on la savoure, et qu'on la recommence. Presque tous les jours, ma bonne Madame Ingres, quoique peu forte mais bien organisée, me dit, seule ou à deux, cette admirable musique de Haydn, Mozart, Gluck, *le plus grand musicien du monde*[3]. »

1. *Ingres d'après une correspondance inédite*, *op. cit.*, p. 35.
2. Georges Vigne, *Ingres*, Paris, Citadelles et Mazenod, 1995, p. 266.
3. *Ingres d'après une correspondance inédite*, *op. cit.*, p. 430 (8 novembre 1855).

Et deux ans plus tard, il s'extasiait encore, en parlant de Haydn : « C'est comme une source presque perdue que j'ai trouvée et ravivée dans Mme Ingres, qui est parvenue à me faire passer à moi seul les plus délicieuses soirées, avec les seules divines sonates d'Haydn qu'elle dit à merveille, et pas du tout *à la virtuose* que je déteste, mais tout simplement, *bonnement* et par conséquent très bien[1]. »

Le poids d'une famille

Lorsque, en octobre 1897, Matisse rencontra Amélie Parayre, qu'il allait épouser quelques mois plus tard, il lui déclara : « Je vous aime beaucoup, mademoiselle, mais j'aimerai la peinture toujours mieux. » Fille d'un instituteur républicain devenu journaliste, ami de Clemenceau, et d'une mère collaboratrice de la femme d'un député, Amélie était à même de comprendre cette concurrence quasi fatale entre activité artistique et vie familiale et de soutenir les ambitions de son mari. Ce dont avait été incapable la première compagne de Matisse, Camille Joblaud, ouvrière chez une modiste, mère de sa fille Marguerite, née en 1894 et qu'il légitima trois ans plus tard. Le rêve de Camille était que le peintre se fasse une position enviable dans le monde artistique, et elle accepta fort mal qu'après son succès au Salon en 1896 il tournât le dos aux avantages que le monde de l'art officiel aurait pu lui offrir. Cette incompréhension d'une femme sans éducation ni culture était d'autant plus cruelle pour Matisse qu'il avait connu cette année-là le cas contraire, avec le couple de John Russell : Marianna Russell avait une foi absolue dans l'œuvre de son mari et assurait autour de cette préoccupation centrale la marche quotidienne de la vie – enfants, domestiques, etc. D'ailleurs, lorsqu'elle mourut d'un cancer, deux ans plus tard, le peintre ne s'en remit pas.

Amélie comprenait que Matisse dût encore étudier et payât ses académies ; elle acceptait qu'il louât un atelier plus grand alors qu'ils habitaient avec leur premier fils dans une chambre de

1. *Ibid.*, p. 435 (23 décembre 1857).

bonne ; et lorsque, en mai 1899, son mari eut le coup de foudre chez Vollard pour un petit tableau de Cézanne, *Les Trois Baigneuses*, qui valait 1 500 francs, elle mit en gage une bague pour payer le premier acompte de 500 francs[1]. Elle décida ensuite d'ouvrir une boutique de modiste 25, rue de Châteaudun. Enceinte de son deuxième fils qui naquit en juin 1900, Amélie proposa de prendre avec eux Marguerite, la fille que l'artiste avait eue avec Camille. Les Matisse vécurent alors dans une misère qui contrastait avec la vie bourgeoise du frère d'Henri, héritier de la grainete-rie familiale. Une compagne et une famille représentaient à la fois une aide précieuse et une charge lourde à assumer. Pour survivre, le peintre travailla dans l'équipe qui décorait le Grand Palais. En 1903, lorsque sa femme dut céder son commerce pour raisons de santé, Matisse songea même à abandonner la peinture. Il fit une demande pour un emploi de « contrôleur du droit des pauvres » à la préfecture de la Seine, qui l'aurait occupé de 7 heures à 11 heures du soir et lui aurait rapporté environ 1 200 francs par an. Plusieurs personnes appuyèrent sa demande, qui n'aboutit pas : il y avait plus de cent candidats pour trois postes[2]. Mais la bohème miséreuse ne fut que temporaire pour Matisse, puisque, cinq ans plus tard, il était sous contrat avec la galerie Bernheim-Jeune.

Venons-en à Paul Gauguin, qui ne put assumer le poids de sa famille et ne la ressentit jamais que comme un frein. Grâce à son tuteur, le financier Gustave Arosa, collectionneur d'art contemporain, le jeune homme s'initia à l'art et trouva une place lucrative de « liquidateur » (chef comptable qui trie les contrats) chez l'agent de change Paul Bertin. Il se mit à mener une existence bourgeoise où l'art tenait un grand rôle, ce qui était aussi le cas pour Émile Schuffenecker, son collègue chez Bertin. Gauguin dessinait le soir et, le dimanche, chez les Arosa, il rencontrait les critiques Philippe Burty et Adrien Marx. Il commença à acheter des tableaux. On était en 1872, il avait vingt-quatre ans. Ce style

1. Amélie ne récupéra jamais cette bague, car, lorsque Matisse voulut la dégager, la date limite était dépassée et la bague vendue. Les 1 000 francs restants, Matisse les paya en tableaux de lui. Il fit don du Cézanne, en 1937, au musée du Petit Palais.

2. P. Schneider, *Matisse*, *op. cit.*, p. 726.

de vie allait être rapidement remis en cause. En 1873, Gauguin épousa Mette, une jeune Danoise rencontrée lors d'une soirée chez son tuteur, qui gagnait sa vie comme préceptrice. Ce mariage était fondé sur un malentendu, car Mette croyait épouser un homme plein d'avenir professionnel dans la finance, qui s'intéressait à l'art en amateur, alors qu'au même moment les proportions s'inversaient dans la vie de Gauguin : l'art allait devenir central et la finance irait jusqu'à disparaître. La jeune femme croyait épouser un bourgeois aisé, elle allait se retrouver avec un peintre miséreux. Or elle était une piètre gestionnaire du budget familial et la naissance de cinq enfants entre 1874 et 1883 aggrava la situation. Le krach de 1882 sonna le glas des activités boursières de Gauguin. Deux ans plus tard, Mette retourna définitivement au Danemark. Paul la suivit dans un premier temps, avec un projet commercial – il espérait vendre de la bâche à Copenhague – qui échoua lamentablement. Il essaya aussi de montrer ses œuvres, mais l'exposition ferma au bout de cinq jours. Après ces deux échecs, Gauguin revint à Paris en juin 1885, avec son fils Clovis. Là commence la correspondance avec sa femme.

Le ton est volontiers aigre. Il est souvent question d'argent. Si Mette se plaint, Gauguin répond en comparant leurs situations. Ainsi le 27 février 1886 : « J'avoue ne pas voir tes affaires aussi tristes. Tu es dans *ta maison* meublée assez convenablement, entourée de tes enfants, faisant un travail obstiné [elle fait des traductions] mais qui te plaît, tu vois du monde et comme tu aimes la société des femmes et de tes compatriotes tu peux te satisfaire quelquefois. Tu jouis des agréments du mariage sans avoir les ennuis du mari. Que veux-tu de plus sinon un peu plus d'argent, beaucoup sont dans le même cas. Tandis que moi je suis chassé de ma maison et vis où cela [*sic*] entre quatre murs, un lit, une table, sans feu, sans personne[1]. » Pour un peu, ce serait lui qui aurait été abandonné : « Maintenant pas un des enfants ne doit parler le français. Ta famille doit être contente de triompher sur toute la ligne. Vous voilà bien tous Danois[2] ! » (25 avril 1886.) Le peintre entre

1. Paul Gauguin, *Lettres à sa femme et à ses amis*, Paris, Grasset, coll. « Les Cahiers rouges », 1946, p. 80-81.

2. *Ibid.*, p. 83.

en fureur si on lui reproche sa conduite : « J'ai vu ma sœur à qui tu écris de longues lettres. Pour me soulager elle crie partout sur les toits que je suis un misérable, que j'ai quitté Bertin pour la peinture, que cette pauvre femme sans logis, sans meubles, sans soutien a été abandonnée pour cette atroce peinture. Je crois en effet que la foule a toujours raison, que vous êtes des anges et que je suis un atroce gredin[1]... » (24 mai 1886).

Comment trouver de l'argent ? En vendant des tableaux de sa collection qu'il a laissés au Danemark. Il donne à Mette des conseils. En novembre 1885 : « Je tiens à mes deux Cézanne, qui sont rares de ce genre-là, car il en a fait peu d'achevés, et un jour ils auront une très grande valeur. Vends plutôt le dessin de Degas, mais il faut avouer de ce côté que lui seul se vend très couramment et qu'il est coté bien plus cher que 200 couronnes. Je te laisse latitude puisque tu *as besoin* et qu'à défaut d'argent de moi tu as là une ressource maintenant, sauf le Manet, Miss Cassatt il faut arrêter la vente, sinon je n'aurai plus rien un jour. *L'important ce sont les miens qu'il faut pousser*[2]. » À la fin du mois de mai 1886, prêt à aller pendant tout l'été peindre en Bretagne, Gauguin écrit à sa femme : « Si tu pouvais vendre là-bas mon Manet, je paierais la pension de Clovis quelques mois sinon je suis à bout de tout. » À Noël, on apprend qu'il a survécu en tirant 350 francs d'un petit Jongkind : « Là-dessus il m'a fallu payer la pension de Clovis que j'ai en ce moment avec moi, sans souliers aux pieds et sans aucun joujou pour ces fêtes. Enfin, on s'habitue à tout. Je viens heureusement de passer 27 jours à l'hôpital malheureusement j'en suis sorti [...] toute ma garde-robe est au mont-de-piété et je ne peux même pas faire de visite[3]... » On se croirait dans les *Scènes de la vie de bohème* de Murger.

En mars 1887, Gauguin annonce tout à coup à son épouse qu'il part pour l'Amérique le 10 avril et qu'il faut rapatrier Clovis à Copenhague. Alors commence la litanie des fantasmes sur l'ailleurs sauvage qui durera jusqu'à la fin de sa vie : « Mon nom d'artiste grandit tous les jours mais en attendant je reste quelquefois des

1. *Ibid.*, p. 85-86.
2. *Ibid.*, p. 75.
3. *Ibid.*, p. 97-98.

trois jours sans manger ce qui détruit non seulement ma santé mais mon *énergie*. Cette dernière chose je veux la reprendre et je m'en vais à Panama pour vivre en *sauvage*. Je connais à une lieue en mer de Panama une petite île (Taboga) dans le Pacifique, elle est presque inhabitée, libre et fertile. J'emporte mes couleurs et mes pinceaux et je me retremperai loin de tous les hommes[1]. » *En même temps*, le peintre rêve à Madagascar et, peut-être pour atténuer les reproches d'égoïsme de Mette, peut-être aussi pour avoir de lui-même une image de générosité, il associe sa famille à ses rêves : « Ce serait pour nous excellent parce qu'on est à trois jours de l'île Bourbon, aujourd'hui très civilisée, avec des collèges, etc. » Ces projets nébuleux se brisent sur la réalité. De Panama, début mai 1887, Gauguin écrit : « Notre [il est parti avec le peintre Charles Laval] voyage a été aussi bêtement exécuté que possible et nous sommes, comme on dit, dans la mélasse. » Tout cela, c'est la faute de Panama où son beau-frère ne tenait pas l'affaire prospère qu'il avait imaginée et où les hôtels coûtent très cher : 400 francs de dépenses sans avoir rien fait… Mais un rêve qui s'écroule est immédiatement remplacé par un autre : le paradis existe bien, c'est la Guadeloupe et la Martinique, « pays merveilleux où il y a à faire pour un artiste et où la vie est bon marché, facile et du monde affable ». Gauguin se propose de gagner de l'argent en s'employant pour le percement du canal, puis d'aller à la Martinique. Mais son séjour à Panama se termine dans la déconfiture : au bout de quinze jours de travail, il est licencié, avec d'autres employés. Il va néanmoins à la Martinique, d'où il cherche bientôt à se faire rapatrier : souffrant de dysenterie et de fièvre, il est, une fois encore, sans argent. Comme d'habitude, il compte sur son ami Schuffenecker pour lui venir en aide. D'ailleurs, une fois rentré à Paris, c'est chez lui qu'il trouve gîte et couvert.

Ce que Gauguin écrit à Mette est parfois d'une cruauté absolue, révoltante. Lorsqu'elle lui propose de venir les voir, elle et les enfants, aux bains de mer, il refuse. Ses arguments sont d'ordre pratique : c'est trop cher, il n'a pas de vêtements d'été, le rapprochement serait dangereux puisqu'ils s'entendent mieux de loin et

1. *Ibid.*, p. 100-101.

qu'elle risquerait de se retrouver enceinte. Mais la raison principale est la préservation de sa tranquillité : « Depuis mon départ afin de conserver mes forces morales j'ai fermé petit à petit le cœur sensible. Tout est endormi de ce côté-là et il serait dangereux pour moi de voir mes enfants à côté de moi pour m'en aller après. Il faut te souvenir qu'il y a deux natures chez moi : l'Indien et la sensitive. La sensitive a disparu ce qui permet à l'Indien de marcher tout droit et fermement » (février 1888). Autrement dit : pour que vive l'artiste, il faut bannir les affections familiales. On comprend l'indignation de Mette, qui écrit en septembre 1893 à Émile Schuffenecker : « Et alors il est revenu ! d'après ses lettres, tel qu'il est parti, confit dans l'égoïsme le plus monstrueusement brutal, pour moi phénoménal, incompréhensible ! Non, Schuf, avec lui on ne peut *rien* espérer ! Il ne pensera jamais qu'à lui et à son bien-être, il reste en admiration contemplative de sa propre magnificence ! Que ses enfants soient forcés de recevoir leur pain par les amis de sa femme, cela lui est parfaitement égal, il ne veut pas le savoir[1] ! »

Relations entre artistes : solidarité ?

Léon Rosenthal voit dans la période romantique le triomphe de la générosité. Même si l'on peut rester sceptique sur sa lecture follement idéaliste de l'époque (les peintres romantiques, pas encore atteints par la fièvre du lucre, étaient capables de supporter la misère avec héroïsme et l'adversité développait leurs vertus...), il souligne avec raison que la notion de solidarité, sous l'influence de Fourier et de ses disciples, était dans l'air du temps et trouva un écho chez les artistes. Et Rosenthal de citer des exemples. En 1830, le peintre Philippe-Auguste Jeanron organisa une pétition nationale dans le but de créer une retenue de 2 % sur la totalité des sommes dépensées annuellement pour l'encouragement des Beaux-Arts, afin de fournir des secours aux artistes âgés et démunis et à leurs veuves. En 1831, un dénommé Fradelle exposait à la Société libre des beaux-arts un projet d'association de secours

1. *Ibid.*, p. 341.

mutuels entre artistes. En 1834, on discutait la formation d'un club pour les artistes, on espérait que Louis-Philippe prêterait le Palais-Royal. L'idée fut abandonnée, puis reprise en 1835, lorsqu'on apprit qu'un cercle d'artistes avait été fondé à Nantes. C'était le sujet de conversation d'Ary Scheffer, Decamps, Delacroix, Barye, Chenavard et Théodore Rousseau autour de la table de Jules Dupré. C'est ainsi que le Cercle des arts, 12, rue de Choiseul, se constitua en 1836[1]. Mérimée, qui en était vice-président avec Victor Schnetz (le président étant le comte de Lariboisière), écrit au Dr Dalmas, le 19 décembre 1836 : « Nous sommes trois cents artistes ou hommes de génie qui avons organisé un cercle, où l'on trouve journaux, thé, cigares, billard, etc. Voulez-vous en être ? » Parmi les membres, Stendhal, Chopin, David d'Angers, Delacroix, Delécluze, Charles Lenormant.

Dans le cas du Cercle des arts, il s'agissait davantage de sociabilité que de solidarité. Mais il est vrai que la solidarité s'institutionnalisait. Nous avons déjà évoqué la tentative de jeunes artistes pour créer une société de protection mutuelle dans les années 1838-1840 et la fondation, le 7 décembre 1844, de l'Association des artistes peintres, sculpteurs, architectes, graveurs et dessinateurs, à l'initiative du baron Taylor. Il y eut en outre, au cours du XIXe siècle, de nombreuses manifestations ponctuelles de solidarité. Citons par exemple la vente publique organisée par les artistes le 14 mai 1881 à l'hôtel Drouot au profit du musicien bohème Ernest Cabaner qui soignait sa phtisie à Amélie-les-Bains. Le peintre Franc-Lamy prit l'initiative de la vente en s'adressant à Manet, Degas, Pissarro, Cézanne, Caillebotte... Chacun donna un tableau.

Voyons maintenant quel rapport personnel pouvait avoir un artiste aisé avec un artiste dans le besoin. Gustave Caillebotte est l'incarnation même du peintre riche qui se montra d'une grande générosité pour ses confrères. Fils d'un entrepreneur qui fabriquait des lits et des couvertures pour l'armée, il aurait pu se contenter de jouir des facilités que lui donnait sa fortune, plus de 2 millions de francs à partager avec ses deux frères à la mort de leur père en 1874, et se consacrer au yachting – il devint en janvier 1880 l'un des deux

1. L. Rosenthal, *Du romantisme au réalisme. La peinture en France de 1830 à 1848*, *op. cit.*, p. 30-31.

vice-présidents du Cercle de la voile de Paris. Or il fut non seulement très actif, nous l'avons vu, dans l'organisation des expositions impressionnistes mais également attentif aux besoins personnels de Monet, Renoir ou Pissarro. À l'automne 1883, ce dernier confiait à Monet : « Je suis bien mal loti et la besace plate [...] bien heureux d'avoir eu Caillebotte pour m'aider à passer le cap de l'été, sans lui mes ventes ne m'auraient certes pas sauvé du naufrage[1]. » Faisant allusion à une entreprise malheureuse du marchand de tableaux Alphonse Legrand associé à Renoir, l'exploitation du ciment artistique Mac Lean, Caillebotte écrivit en novembre 1883 : « Mon intention formelle est que Renoir n'ait jamais le moindre ennui à cause de l'argent que je lui ai prêté. Je lui fais remise entière de sa dette et le dégage de toute solidarité avec M. Legrand. » En 1890, Monet sollicita Caillebotte lorsqu'il prit l'initiative d'une souscription pour acheter l'*Olympia* de Manet à la veuve du peintre et l'offrir à l'État : Caillebotte, avec 1 000 francs, fut l'un des plus gros souscripteurs. Pissarro écrivit à son fils, le 1er mars 1894 : « Caillebotte est mort tout d'un coup de paralysie du cerveau. En voilà un que nous pouvons pleurer, il a été bon et généreux et, ce qui ne gâte rien, un peintre de talent. »

Plus complexes sont les rapports qui lièrent Bazille et Monet. Monet a connu Bazille, nous l'avons vu, en 1863, dans l'atelier de Charles Gleyre, il avait vingt-trois ans et Bazille vingt-deux. Mais Monet ne traita jamais Bazille en camarade d'atelier, en peintre à égalité avec lui ; et pourtant, ils allaient même peindre ensemble en plein air, dans la forêt de Fontainebleau ou en Normandie. Monet gardait ses distances, traitant Bazille avec un peu de mépris, en fils de famille qu'on pouvait sans cesse solliciter. En 1864, Monet resta jusqu'à l'automne sur la côte normande. Il devait alors 800 francs à la fermière qui lui préparait ses repas, sa famille menaçait de lui couper les vivres et ce fut Bazille qui lui envoya l'argent pour quitter le pays. En 1865, il partit pour Chailly, avec l'intention de peindre un *Déjeuner sur l'herbe* en réaction à celui de Manet. Bazille avait promis à Monet de poser mais il tarda à le rejoindre parce qu'il connaissait, à ce moment-là,

1. *Gustave Caillebotte, 1848-1894*, Paris, Éd. de la Réunion des musées nationaux, 1994, p. 360.

des difficultés financières. Monet rappela à l'ordre son camarade par plusieurs lettres : « Si vous ne me répondez pas par retour du courrier, je croirai que vous refusez de m'écrire et de me rendre service. Je suis au désespoir, et crains que vous ne me fassiez manquer mon tableau, ce qui serait bien mal à vous, puisque vous m'avez promis de venir poser et qu'aujourd'hui, 16 août, vous n'êtes pas encore arrivé. Ce n'est pas pourtant l'argent qui vous manque[1]. » Monet faisait comme si Bazille peignait pour se distraire et que lui seul peignait sérieusement. Pourquoi Bazille supportait-il cette attitude humiliante à son égard ? C'est qu'il admirait Monet et ne cessa jamais de le soutenir. Et sans doute était-il stimulé par ses recherches et ses exigences. Les deux jeunes gens cohabitèrent d'ailleurs à plusieurs reprises.

En 1867, la situation de Monet s'aggrava : ses toiles furent refusées au Salon et sa compagne était enceinte. Bazille acheta à Monet son tableau *Femmes au jardin* pour 2 500 francs, payables en mensualités de 50 francs. Mais, dès juillet, il reçut des lettres pressantes de son camarade demandant davantage que les mensualités prévues : « Envoyez-moi tout de suite 150 ou 200 francs et surtout répondez-moi le plus vite possible, je vous en prie. Vous devez pouvoir vous procurer cet argent par votre frère avant le 1er, puisque vous me dites qu'il doit se marier[2]. » Jean, le fils de Monet, naquit le 8 août. Le 12 août, Monet écrivit à Bazille une lettre comminatoire : « Vous avez mis tant d'entêtement à ne pas me répondre ! Je vous ai adressé lettres sur lettres, dépêche, rien ne vous a fait : pourtant, mieux qu'un autre, vous me connaissez, et ma position aussi. Il m'a fallu m'adresser à des étrangers pour emprunter et recevoir des affronts. Oh ! je vous en veux beaucoup, je ne pensais pas que vous me laisseriez ainsi : c'est bien mal… […] Réparez votre faute bien vite… » Le 20 août, Monet menaça encore : « Si vous ne me répondez pas tout de suite, tout sera rompu… » Or Bazille n'avait pas un sou, il avait dû mettre sa montre au clou à Paris pour payer son billet de train. Une fois de plus, c'est Marc, son frère, qui avança l'argent pour Monet[3].

1. F.-B. Michel, *Bazille, 1841-1870*, *op. cit.*, p. 110.
2. *Ibid.*, p. 178.
3. *Ibid.*, p. 179-180.

Au début de 1868, Bazille loua un atelier aux Batignolles et, dès le 1er janvier, Monet, qui vivait avec Camille et leur fils dans une chambre du quartier, lui écrivit une lettre désespérée au ton très désagréable : « J'ai passé aujourd'hui la journée presque sans feu, et l'enfant enrhumé. Ma position est très difficile. Pourtant, lorsque vous m'avez acheté mon tableau, vous deviez me donner cent francs chaque mois. Au mois de mai passé, vous m'assuriez 500 francs chaque mois, et les petites sommes que vous me donnez ne me profitent pas du tout. Je n'ose jamais rien vous dire parce que vous semblez m'avoir pris ce tableau par charité, et quand vous me donnez de l'argent, vous avez l'air de me le prêter. » Il ajoutait en post-scriptum : « J'avais envoyé quelqu'un ce matin pour vous demander du charbon. Et il m'a fallu m'en priver jusqu'à 3 h de l'après-midi, le commissionnaire ne vous ayant pas trouvé[1]. » Le 6 août 1868, Monet réclama une fois de plus : « Il est décidément écrit que je ne puis être à peu près heureux deux jours de suite. Je comptais recevoir de l'argent de vous le 3 ou le 4 comme d'habitude. [...] Je vous ai envoyé une dépêche pour vous dire de m'envoyer cent francs. » Bazille envoya l'argent et reçut... une nouvelle demande : « Je viens de recevoir votre lettre contenant 40 francs. Je vous remercie, car je les attendais avec impatience. Je suis toujours si gêné. Mon amateur du Havre me demande lundi prochain pour faire le portrait de sa femme. Il faut que je laisse un peu d'argent à Camille en partant et que je ne sois pas tout à fait sans le sou chez ce monsieur. Je viens donc vous prier de m'en envoyer par retour du courrier, sans faute, mon cher ami : car, si je ne reçois point de lettre de vous lundi matin, je serai forcé de prendre le peu d'argent de la maison pour m'en aller. »

Un an plus tard, ce sont toujours les mêmes réclamations et les mêmes reproches d'égoïsme et d'insensibilité, comme si Bazille n'avait pour seule tâche que de trouver de l'argent pour Monet, comme s'il n'avait pas, lui aussi, une vie d'artiste à mener : « Vous conviendrez, mon cher, que j'ai lieu de ne point être satisfait de vous, d'après le peu d'empressement que vous mettez à m'envoyer ces malheureux 50 francs qui, venus à temps, m'auraient évité beaucoup d'ennuis et de privations, car, à la lettre, nous

1. *Ibid.*, p. 195.

mourons de faim. Il faut croire que ce que je puis vous dire de ma situation ne vous touche guère, puisque vous ne réagissez pas quand je vous écris que nous crevons la faim. Puissiez-vous ne jamais connaître ces moments de misère ! Alors, vous comprendriez seulement ce que vous me faites de tort par votre extrême insouciance de la misère des autres. J'espère que, comprenant ma position, vous trouverez un moyen quelconque de vous faire pardonner votre conduite peu aimable à mon égard[1] » (17 août 1869). D'ailleurs, Monet ne cessait de demander de l'argent à Durand-Ruel, à Manet, à Caillebotte, il se plaignait de sa pauvreté mais il était moins pauvre qu'il le prétendait. S'il avait des dettes, c'était dû à son train de vie, comme le fait remarquer Daniel Wildenstein. Ainsi à Argenteuil, où il loua une maison de 1872 à 1878, il employait deux domestiques et un jardinier et fit exécuter des travaux considérables dans la maison et le jardin[2] ; dix ans après, le peintre devait encore de l'argent, par exemple 200 francs à une pauvre blanchisseuse[3].

Mais, à côté de cette attitude peu sympathique vis-à-vis de Bazille, Monet fit preuve de vraie générosité, avec les enfants Sisley – il organisa une vente à leur profit après la mort de leur père en 1899 – et avec la famille Pissarro. Pissarro étant mort le 13 novembre 1903, la famille se rassembla à Éragny pour liquider la succession en juin 1904. Tous les enfants, parce qu'ils avaient besoin d'argent, désiraient une vente immédiate, mais Monet les persuada d'attendre que les prix des toiles de leur père montent, leur offrit de leur prêter de l'argent et devint le tuteur officieux du dernier fils, âgé de vingt ans[4]. Il se montra également généreux avec Cézanne, écrivant à Isaac de Camondo pour l'inciter à acheter à la vente Chocquet un tableau de Cézanne, *La Maison du pendu*, alors que dix de ses propres tableaux figuraient dans cette vente. De son côté, Vollard témoigne : « Le premier jour de mon exposition de Cézanne, je vis

1. *Ibid.*, p. 222-223.

2. Monet fit travailler de nombreux artisans, dont le père de Georges Braque qui était peintre en bâtiment.

3. D. Wildenstein, *Monet ou le triomphe de l'impressionnisme*, *op. cit.*, p. 130.

4. R.E. Shikes et P. Harper, *Pissarro*, *op. cit.*, p. 393-394.

entrer un homme barbu, de forte corpulence, qui avait tout à fait l'air d'un *gentleman farmer.* Sans marchander, mon acheteur prit trois toiles. Je pensai que j'avais affaire à quelque collectionneur de province. C'était Claude Monet. Je devais le revoir plus tard, lors de ses passages à Paris. Ce qui frappait, chez un peintre aussi célèbre, c'était son extrême simplicité et la fervente admiration qu'il témoignait à son vieux camarade des temps héroïques de l'impressionnisme, à Cézanne, encore si méconnu[1]. »

Sociabilité d'artistes

« On passait des soirées de camaraderies amicales, enthousiastes, esthétiques, dans le spacieux atelier de Paul Signac, le mieux installé des jeunes peintres, impasse Hélène (bd de Clichy), atelier orné déjà de belles toiles du jeune peintre, et aussi d'une grande bibliothèque en acajou, garnie de beaux livres naturalistes et des éditions rares de poètes symbolistes. [...] Chez Signac, Seurat, Luce, Dubois-Pillet, Cross, Van Rysselberghe, voisinaient avec Paul Adam, Félix Fénéon et moi-même », raconte le poète Gustave Kahn. Henri de Régnier, Gabriel Fauré, Paul Alexis, Edmond Aman-Jean, Pissarro, faisaient également partie des artistes qui se retrouvaient régulièrement vers 1885. Les rencontres se situaient dans trois espaces : l'atelier de Signac ou les appartements de Mallarmé et de Robert Caze, journaliste et écrivain anarchiste ; la brasserie Gambrinus ; les bureaux de l'hebdomadaire symboliste *La Revue indépendante*. Paul Alexis évoque ce dernier rendez-vous : « De 5 à 7, outre ce quatuor [Jean Ajalbert, Georges Lecomte, Gustave Kahn, Félix Fénéon], la barbe blanche de Camille Pissarro, le mutisme de Seurat, l'absence de Stéphane Mallarmé occupé à d'autres loisirs. Verlaine doit venir, mais il a mal à la jambe ; George Moore, mais il est en Angleterre. Jacques-Émile Blanche y met une lueur distinguée que contrecarre l'exubérant Signac, qui s'adresse au monocle qui s'enfouit dans la barbe de Dubois-Pillet[2]... » Les trois pôles de sociabilité désignés

1. A. Vollard, *Souvenirs d'un marchand de tableaux*, *op. cit.*, p. 178.
2. F. Cachin, *Paul Signac*, *op. cit.*, p. 27.

ici sont communs à l'ensemble de la communauté artistique : les ateliers ou les appartements des artistes ; les cafés ; les bureaux des journaux et des revues.

Recevoir chez soi

L'époque romantique a vu s'établir des relations très intimes entre peintres, écrivains et musiciens. Chez les Devéria et chez les Hugo, rue Notre-Dame-des-Champs, on trouvait Camille Rogier, Auguste de Châtillon, Jean Gigoux, Jehan Duseigneur ; les mêmes se réunissaient chez les frères Johannot, rue du Rocher, et chez Gavarni, rue Fontaine-Saint-Georges. Charles Nodier fit de son salon de l'Arsenal, jusqu'à sa mort, en 1844, un véritable foyer artistique, accueillant Delacroix, David d'Angers, Louis Boulanger, Gigoux. Les mercredis du peintre Jean Gigoux, de 1838 à 1842, dans son rez-de-chaussée de l'hôtel de Chimay, quai Malaquais, avaient beaucoup de succès auprès des écrivains, des artistes et des critiques : Jouffroy, Vigny, Longpérier, Charles et Louis Blanc, Bosio, Duret, Pradier... Les peintres recevaient volontiers des musiciens : chez Cicéri, on entendait Mlle Cinti, future Mme Damoreau, Garcia, père de Maria Malibran et de Pauline Viardot, Adolphe Nourrit et, chez le baron Gérard, la Pasta. Chez Ary Scheffer, rue Chaptal, Liszt et Chopin jouaient du piano, Pauline Viardot chantait, Rossini et Gounod étaient des fidèles. Pendant les soirées, les peintres se livraient à des séances d'improvisation dont Cicéri lança la mode : « ... le peintre se condamnait à faire, pendant qu'un bout de chandelle brûlait, un dessin complet, fruit de l'inspiration du moment. Ce fut là que fut enrichi des meilleures caricatures l'album des charges, si originalement conçues et exécutées par Isabey père, Horace, Carle Vernet et Cicéri. Tous les habitués de la maison posèrent devant un de ces artistes, et laissèrent sur des feuillets de l'album la trace plaisante de leurs figures[1] ».

Même si leur intimité était exceptionnelle à l'époque romantique, les peintres ont, de tout temps, fréquenté les écrivains. Le *Journal*

1. Auguste Jal, *Souvenirs d'un homme de lettres*, Paris, Léon Techener, 1877, p. 536.

des Goncourt nous montre souvent les artistes entre eux. Les deux frères avaient horreur des bohèmes qui se situaient du côté de la populace, du vulgaire, mais il leur arrivait de les rencontrer. Le 16 mars 1865, ils ont passé la journée chez Philippe Burty, « rue du Petit-Banquier, dans un quartier perdu et champêtre qui sent le marché aux chevaux et la nourrisserie. Un intérieur d'art, un ramas de livres, de lithographies, d'esquisses peintes, de dessins, de faïences. Une petite maison, un jardinet, des femmes, une petite fille, un petit chien. [...] Tout cela nous a fait penser à de certaines sociétés artistiques et bourgeoises du XVIIIe siècle. À de certains moments, il passe là comme des lueurs d'une maison de Fragonard ». Contrastant avec cette compagnie de bon aloi, trois hommes sont venus le soir voir Burty : « Tout en eux respirait le manque d'éducation : ils puaient le voyou prétentieux, corrompu par je ne sais quel orgueil d'idéal. Ils disaient des phrases d'art comme des sentences d'argot, des choses apprises, des dogmes sifflés. Sur leur figure, pâlie et creusée de misère, salie de la barbe du peuple et de poils durs, on lisait je ne sais quoi de mauvais, de rétracté, ce passé de la bohème qui fait amer[1]. » Il s'agissait de Carpeaux, le sculpteur, et de deux « grands hommes anonymes, comme il y en a tant dans l'art ».

Les Goncourt eux-mêmes ne recevaient pas de bohèmes et n'étaient pas reçus par des artistes de ce style-là. D'ailleurs, il faut bien voir que les bohèmes se rencontraient dans les cafés, qu'ils n'avaient pas les moyens, ni le goût sans doute, de recevoir à leur domicile. Une réception dans un appartement privé où l'on cause et où l'on fait de la musique est de style bourgeois. Ce que les Goncourt ont connu de plus bohème a été la société de l'hôtel Pimodan, dans l'île Saint-Louis. Quelques années après la mort de son frère, Edmond de Goncourt fut régulièrement invité chez Giuseppe De Nittis. Lors du premier dîner, il porte un regard critique sur De Nittis : « Il fait partie de cette nouvelle génération de peintres gagneurs d'argent et à cheval sur Paris et Londres. C'est le petit hôtel, le domestique en cravate blanche, l'appartement au confort anglais, où l'artiste se révèle par quelque japonaiserie d'une fantaisie ou d'une couleur adorablement exotique[2]. » Mais, très vite,

1. E. et J. de Goncourt, *Journal*, *op. cit.*, t. I, p. 1145-1146.
2. *Ibid.*, t. II, p. 770.

Goncourt est séduit et il détaille volontiers les plaisirs des dîners du samedi : « Quand on entre, on voit, dans l'entrebâillement de la porte du vestibule, le maître de maison qui vous dit, avec un clappement de langue de Pierrot-cuisinier dans une pantomime et avec une main qu'il n'ose pas vous donner : *Je fais un plat !*

On le retrouve dans la salle à manger, debout, remuant la grande platée de macaronis ou de soupe au poisson. On se met à table et c'est, chez chacun, une verve venant de la sympathie intelligente et la compréhension à demi-mot des autres ; et bientôt d'aimables folies et des bêtises et des enfantillages et des gaîtés dans de jolies libertés de langage. *Il fait heureux* dans la maison.

Puis on passe dans l'atelier et des yeux amusés par les japonaiseries des murs et la cigarette à la lèvre, on entend quelque belle musique d'artiste, quelque sonate de Beethoven, vous remuant les dedans immatériels de votre être » (11 juin 1881). D'ailleurs, le romancier n'est pas le seul à apprécier la sociabilité de De Nittis, qui remporte un vrai succès mondain : « Dans ce temps, note-t-il le 25 décembre 1882, il se passe des choses particulières à la fin de ce siècle. C'est ainsi que les Bellino, des gens d'argent qui achètent 50 000 francs un tableau de [De] Nittis, ne l'achètent pas pour le talent de l'artiste, mais pour être invités chez lui et y racoler une société. »

Goncourt mentionne parfois ce qu'ont dit les convives pendant ces soirées-là. Le 23 avril 1881, Manet a fait un récit digne d'un roman réaliste : « Un modèle qu'il fait poser lui a raconté qu'à treize ans elle avait perdu sa grand-mère, qu'on l'avait fait monter dans l'unique voiture de deuil avec un vieux parent et que ce vieux parent l'avait dépucelée dans le trajet au cimetière. » Le 15 mai, De Nittis a rapporté les propos de Degas malade à qui il est allé rendre visite : « Il [Degas] se retourne vers sa bonne Sabine : *À votre âge, quand on n'a pas fait l'amour, qu'on est encore fille, on est une brute. Vous m'insupportez avec votre tatillonnage. De Nittis, allez la coucher.* » En décembre 1882, Alphonse Legros, peintre, sculpteur et graveur, s'est révélé « un fin comédien dans la charge d'une soirée d'*esthétiques*, avec toute la pantomime dans le *bleu* et les pâmoisons célestes que produit chez eux l'audition d'un morceau de musique primitive », et, en plus, il a éreinté Philippe Burty, « qu'il se vante d'avoir démoli auprès de Gambetta... ». Mais, au printemps 1883, Goncourt est agacé par les convives du dîner, par « ce Degas, ce pointu fatigant avec ses grimaces d'esprit et ses mots fins du Café et de la Nouvelle Athènes... », ou par Oscar Wilde, « cet individu au sexe douteux, au langage de cabotin, aux récits blagueurs... ». L'histoire finit mal. Début juillet 1884, Goncourt, dînant chez De Nittis, l'a trouvé en mauvaise forme, « si frappé, si découragé, si éteint ». Le 21 août, il était mort.

À partir de février 1885, Edmond de Goncourt se mit à son tour à recevoir tous les dimanches après-midi. Dans son *Grenier* d'Auteuil, au second étage de son hôtel particulier, il accueillait des hommes de lettres (Alphonse Daudet, Rosny aîné, Ajalbert, Abel Hermant...) et des artistes (Raffaëlli, Jules Chéret, Jacques-Émile Blanche, La Gandara, Félix Bracquemond...). Et, là encore, il note ce qui s'est raconté. En juin 1895, c'est Raffaëlli qui plastronne, à son retour des États-Unis : « ... il nous dit sa réception triomphale, le nombre des invitations à dîner, qui ne lui ont pas permis une seule fois, pendant son séjour là-bas, de dîner en son particulier, les reporters attachés à ses pas, notant ses exclamations dans la rue et les publiant le lendemain dans les journaux. Enfin, il termine en disant qu'il rapporte 700 articles de sa tournée[1] ». En avril 1896, c'est La Gandara qui raconte ses malheurs conjugaux ou Raffaëlli qui, à peine Jacques-Émile Blanche parti, l'accuse de pillage, déclarant « que dans son tableau de *La Famille Thaulow*, rien ne lui appartient, que c'est du Rubens, du Van Dyck, du Reynolds, du Landseer[2] ». On n'était pas tendre, entre confrères.

Certains artistes restés célibataires comme les Goncourt organisaient seuls leur sociabilité – avec l'aide d'une présence féminine, la plupart du temps une domestique. Ainsi Gustave Moreau qui, après la mort de ses parents, vivait seul dans l'hôtel particulier du 14, rue de La Rochefoucauld (qu'il fit transformer en 1895 pour qu'il devînt, après sa mort, un musée), recevait-il, le dimanche, ses élèves, parmi lesquels les futurs Fauves. Mais la sociabilité

1. *Ibid.*, t. III, p. 1138.
2. *Ibid.*, p. 1272.

restait souvent, chez les artistes comme ailleurs, l'affaire des épouses. Alfred Maury, qui devint sous le second Empire professeur au Collège de France et directeur général des Archives, découvrit le monde en 1841-1842 (il gagnait alors sa vie comme répétiteur), dans les salons de Mme Paul Delaroche et de sa mère, Mme Horace Vernet[1]. Louise Vernet-Delaroche était souvent la seule femme dans son salon, fréquenté par une foule d'artistes, d'écrivains et de savants. Maury se rappelle y avoir rencontré le peintre Henri Decaisne, le graveur Henriquel-Dupont, le critique d'art Louis Viardot (qui, bien que républicain, faisait bon ménage avec l'orléaniste Delaroche), Charles de Rémusat. Il se souvient qu'on y disait du mal de David et d'Ingres et que Paul Delaroche dénigrait les écoles de Munich et de Düsseldorf. Il y avait chez Mme Vernet plus de monde encore. Horace Vernet, de retour de Russie, était vêtu en moujik et rapportait dans son salon « le sans-gêne et le mauvais ton de l'atelier », mais il fascinait Alfred Maury par la facilité avec laquelle il « photographiait » les visages et les attitudes : Vernet aimait à aller voir les chevaux, les soldats, les bêtes féroces, et, en rentrant chez lui, croquait leurs attitudes sur le papier.

La sociabilité était donc à l'image de la maîtresse de maison. Albert Bartholomé, fils de bourgeois aisés qui menait une discrète carrière de peintre – il exposa régulièrement au Salon à partir de 1879 des tableaux réalistes –, devait à son épouse Périe, fille du marquis de Fleury, élégante et amie des arts, l'originalité de ses réceptions. Des membres du clan Fleury y côtoyaient des artistes et des écrivains, Raffaëlli, Mary Cassatt, Jeanniot, Gustave Geffroy, Huysmans et surtout Degas, qui exerçait une autorité incontestée, pas seulement en peinture mais aussi dans les discussions politiques, avec son nationalisme intransigeant. Maurice Denis, lui, garde la nostalgie, quarante ans plus tard, de l'atmosphère qui régnait chez Henry Lerolle : « Qui n'a pas connu le charme de ces réunions intimes ne peut comprendre ce qu'était l'existence des artistes de classe moyenne, ni bohèmes ni académiciens, à cette lointaine époque. C'est à propos de cette société d'avant 1900 qu'il faut répé-

1. Alfred Maury, *Souvenirs d'un homme de lettres, 1817-1871*, manuscrit déposé à la bibliothèque de l'Institut, t. I, p. 501 *sq.*

ter le mot mélancolique de Talleyrand sur la douceur de vivre[1]... » En 1891, Denis exposait au Salon des Indépendants, aux côtés de Bonnard, Cross, Seurat, Signac, Toulouse-Lautrec, Vallotton, Henry Lerolle... Ce dernier remarqua les tableaux de Bonnard et de Maurice Denis et chercha à en rencontrer les auteurs. Il alla d'abord frapper chez Bonnard, qui partageait un atelier rue Pigalle avec Vuillard et Lugné-Poe. Vuillard écrivit alors à Maurice Denis, qui fut reçu chez Lerolle. Denis s'y sentit parfaitement à l'aise. Il apprécia d'une part l'appartement bourgeois, accueillant et rempli de tableaux, où les œuvres contemporaines de Degas, Fantin-Latour, Puvis de Chavannes, Besnard, Corot, Renoir, voisinaient avec quelques toiles plus anciennes. Il aima d'autre part l'urbanité et l'atmosphère familiale qui régnaient chez les Lerolle – les quatre enfants étaient associés à la sociabilité de leurs parents –, ce qui contrastait avec le style des brasseries que le jeune peintre fréquentait jusque-là. Les réceptions chez les Lerolle étaient intimes mais de bonne tenue : les hommes venaient en veston, les femmes un peu décolletées. Elles réunissaient des peintres – Degas, Renoir, Besnard, José-Maria Sert –, des sculpteurs – Alfred Lenoir et Devillez –, des gens de lettres – Mallarmé, Claudel, Gide, Henri de Régnier, Maurice Bouchor, Pierre Louÿs, Paul Valéry, Albert Samain, Francis Jammes – et des compositeurs – Ernest Chausson, beau-frère de Lerolle, Vincent d'Indy, Paul Dukas...

On pourrait rapprocher de cette sociabilité bourgeoise de bon aloi chez les Lerolle celle que l'on pratiquait dans les familles Morisot et Manet. Le père de Berthe et d'Edma Morisot, ex-préfet, était conseiller référendaire à la Cour des comptes. Leur mère, descendant de trésoriers-payeurs généraux, était la fille du directeur du personnel au ministère des Finances. En 1868, rappelons-le, Fantin-Latour présenta Berthe et Edma à Édouard Manet. Celui-ci, né en 1832, avait deux frères, Eugène, né en 1833, et Gustave en 1835. La mère des Manet était fille de diplomate, leur père avait été haut fonctionnaire, chef du personnel au ministère de la Justice. Les trois jeunes gens étaient beaux et raffinés. De plus, ils étaient riches, grâce à des terrains à Gennevilliers qui, à une période d'extension

1. M. Denis, *Henry Lerolle et ses amis*, *op. cit.*, p. 4.

de la capitale, valaient beaucoup d'argent, et, depuis la mort de leur père, ils recevaient des revenus indépendants.

Les Morisot et les Manet avaient de nombreux points communs, à commencer par des amis, Alfred Stevens ou Carolus-Duran, et ils entrèrent en relations. Rossini était un familier de la maison Morisot, rue Franklin (on dit qu'il offrit à Berthe un piano qu'il signa), où fréquentaient aussi Degas, Jean-François Millet, le Dr Blanche et les frères Ferry, Charles et Jules, qui faisaient la cour à Berthe et à Edma. Chez les Manet, on rencontrait Baudelaire, Zola et Puvis de Chavannes, amoureux de Berthe Morisot (mais elle le trouvait trop conventionnel et trop âgé – il avait dix-sept ans de plus qu'elle). Un biographe de Manet fait remarquer combien *Le Balcon*, peint en 1868-1869, « dérive tout naturellement de la nature des relations sociales de la famille Manet[1] ». En effet, les trois modèles sont des artistes, nous l'avons dit, mais ils ont l'air de bourgeois élégants. Quand Edma Morisot, après son mariage en 1869 avec un officier de marine, alla habiter Lorient, elle regretta la peinture et le monde qu'elle fréquentait dans sa famille à Paris : « Tu me croiras folle si tu veux, écrivait-elle à Berthe, mais en songeant à tous ces artistes, je me dis qu'un quart d'heure de leur conversation vaut bien des qualités solides[2]. »

Le 22 décembre 1874, Berthe Morisot épousa Eugène Manet. En 1882, ils emménagèrent au rez-de-chaussée de l'immeuble qu'ils s'étaient fait construire 40, rue de Villejust, où l'atelier de la jeune femme était intégré dans l'appartement. À partir de 1886, Berthe Morisot reprit la tradition de sociabilité de sa famille et de sa belle-famille et reçut régulièrement le jeudi. Son salon accueillait des peintres – Caillebotte, Cassatt, Degas, Fantin-Latour, Monet, Renoir, Whistler… –, des écrivains – Mallarmé et Henri de Régnier –, des critiques – Théodore Duret, Camille Mauclair, Zacharie Astruc –, des musiciens comme Chabrier, des hommes politiques comme Émile Ollivier, enfin des parents – un cousin de son mari s'avouait interloqué autant par le riz à la mexicaine ou le poulet aux dattes que par les autres convives[3] ! Les

1. É. Darragon, *Manet*, *op. cit.*, p. 167.
2. A. Higonnet, *Berthe Morisot, une biographie*, *op. cit.*, p. 60.
3. *Ibid.*, p. 183.

intimes étaient Monet, Degas, Renoir et Mallarmé – les trois derniers, après la mort de Berthe Morisot, s'occupèrent avec sollicitude de sa fille et de ses nièces. On parlait beaucoup d'art. On remettait en cause le réalisme. Mallarmé déclarait : « L'art c'est le faux ! » et Degas était coutumier d'affirmations à l'emporte-pièce : « Jeudi, Degas a dit que l'étude de la nature était insignifiante, la peinture étant un art de convention et qu'il valait mieux apprendre à dessiner d'après Holbein… qu'Édouard lui-même, quoiqu'il se targuât de copier servilement la nature, était le peintre le plus maniéré du monde, ne donnant jamais un coup de pinceau sans penser aux Maîtres, ne faisant par exemple pas d'ongles aux mains parce que Frans Hals ne les dessinait pas[1]. » De toute façon, Degas se montrait volontiers très désagréable, même avec des amis. Le 27 février 1890, alors que Mallarmé faisait une conférence sur Villiers de L'Isle-Adam dans l'atelier de Berthe Morisot, devant une quarantaine d'intimes, il se leva avant la fin et quitta la pièce en grommelant : « Je n'y comprends rien, rien[2] ! »

Son mauvais caractère et ses partis pris poussèrent Degas à se fâcher avec beaucoup de monde. Célibataire, il avait des relations amicales ritualisées : il dînait tous les vendredis chez Henri Rouart, un mardi sur deux chez Alexis Rouart, l'autre mardi étant réservé à Ludovic Halévy. À la fin de l'été 1878, ce dernier voulut troquer le mardi pour le vendredi, mais il dut, devant les récriminations de Degas, revenir à ses habitudes anciennes. Degas retrouvait chez les Halévy les familiers : John Lemoinne, rédacteur en chef du *Journal des débats*, membre de l'Académie française, sénateur inamovible du centre gauche ; Louis Ganderax, critique dramatique à la *Revue des Deux Mondes* puis à *La Revue hebdomadaire* ; le compositeur Ernest Reyer, journaliste et auteur de plusieurs opéras, dont *Salammbô* en 1890[3]. Néanmoins, le peintre rompit avec les Halévy en décembre 1897. Cette rupture n'eut pas pour cause objective l'affaire Dreyfus, mais simplement un accès de mauvaise humeur dont Degas était coutumier. Ludovic Halévy n'était pas de religion juive et ne manifesta pour la cause de

1. *Ibid.*, p. 197.
2. H. Loyrette, *Degas*, *op. cit.*, p. 551-552.
3. *Ibid.*, p. 519.

Dreyfus qu'une ardeur mesurée ; aussi, malgré son antisémitisme et son nationalisme farouche, Degas aurait volontiers continué à aller rue de Douai. Mais, un jour qu'il y dînait, des jeunes gens ne surveillèrent pas leurs paroles, Degas n'ouvrit pas la bouche et, le lendemain, envoya une lettre de rupture à Louise Halévy[1]. Après cette rupture, Degas eut de vraies crises d'hystérie antisémite. En janvier 1898, Julie Manet fut épouvantée, un jour qu'elle était allée l'inviter à dîner : « Nous l'avons trouvé dans un tel état contre les Juifs que nous sommes repartis sans rien lui demander. » Elle était pourtant antidreyfusarde, comme lui. Degas avait coupé de nombreux ponts au moment de l'Affaire, et il avait la haine tenace. Un jour qu'il s'exclamait devant un tableau de Cézanne : « Quelle noblesse là-dedans ! Voilà qui nous change de Pissarro », quelqu'un s'indigna : « ... ne vous rappelez-vous pas qu'étant chez Durand-Ruel, vous-même m'avez conduit devant un Pissarro, des *Paysannes repiquant des choux*, et que vous trouviez ça joliment bien ? » Et Degas de rétorquer : « Oui, mais c'était avant l'affaire Dreyfus[2]. » Il fallut son admiration pour les nymphéas pour qu'il rompe le silence avec Monet lors de l'exposition chez Durand-Ruel.

« Quel animal c'était, ce Degas ! Mauvaise langue et plein d'esprit. Tous ses amis ont dû le fuir ; je suis resté auprès de lui un des derniers, mais je n'ai pu résister jusqu'à la fin[3]. » C'est Renoir qui parle ainsi, auquel Degas, lucide sur lui-même, avait un jour confié : « J'ai un ennemi terrible, irréductible. » Comme Renoir lui demandait qui c'était : « Mais, vieille bête, fait-il en se frappant la poitrine, tu devrais le savoir, cet ennemi, c'est moi-même ! » Degas était l'homme des ruptures : il rompit avec Renoir parce qu'il s'était permis de vendre un de ses pastels qui lui avait été légué par Caillebotte, il rompit également avec Jacques-Émile Blanche qui avait fait son portrait car, malgré la défense expresse que ce portrait fût exposé et photographié, une photo était parue dans une revue anglaise. Mais surtout, ses propos d'un

1. *Ibid.*, p. 639.
2. A. Vollard, *Souvenirs d'un marchand de tableaux*, *op. cit.*, p. 107.
3. R. Gimpel, *Journal d'un collectionneur marchand de tableaux*, *op. cit.*, p. 29-30.

pessimisme ravageur finissaient par éloigner tout le monde de lui : « … il vous détruit de telle façon, écrit Mary Cassatt, qu'après l'avoir vu, on se dit : à quoi bon puisqu'il n'y a rien à faire ! » De son côté, Gustave Moreau, après une longue amitié, déclara à Degas : « Après tout, j'ai peut-être tort, mais je vois les choses d'une certaine façon, et il faut que je travaille de cette façon, je ne peux plus vous voir, vous me déprimez et me découragez. » Comme Degas n'avait quasiment plus de famille – il avait perdu son frère Achille en 1893, sa sœur Marguerite en 1895, en Argentine, et sa sœur Thérèse, veuve et sans enfant, habitait Naples – et qu'il n'avait ni élèves ni disciples, il se retrouva très seul.

Nous n'avons jusque-là évoqué que des sociabilités d'artistes plutôt bourgeoises et sages. Mais il y en avait de plus exhibitionnistes. Un peintre à la mode pouvait rêver d'éblouir par son faste. Dans la période qui précéda la guerre de 1914, Van Dongen fit de son grand atelier, 33, rue Denfert-Rochereau, une attraction parisienne très en vue, en y donnant des réceptions et des fêtes costumées. Le peintre avait connu un vif succès avec deux expositions chez Bernheim-Jeune, l'une en 1911, et l'autre début 1913. Mais sa célébrité fut définitivement acquise avec le Salon d'automne, grâce au scandale du *Châle espagnol.* Une femme debout dévoile sa nudité – elle a gardé ses bas et ses bijoux – en ouvrant le grand châle à fleurs et franges jaunes qui couvre ses épaules. À ses pieds, un « mendiant d'amour » noir. La police décrocha le tableau et la presse se déchaîna.

Van Dongen se vengeait des frustrations et de la misère d'autrefois. Jusqu'en 1908, il avait connu la bohème, vivant, avec sa femme et sa fille, dans des mansardes et des taudis au Bateau-Lavoir (qu'on appelait encore parfois la Maison du Trappeur). Avec la location, en 1912, d'un atelier distinct de l'appartement familial, il put donner libre cours à son goût du spectacle et de la parade. Les réunions en petit comité du Bateau-Lavoir firent place aux réceptions bruyantes où se pressaient les snobs, parmi lesquels la marquise Casati qui devint la maîtresse du peintre. Ce fut le début de « l'époque cocktail », comme disait Van Dongen lui-même. Fernande Olivier évoque un grand bal costumé auquel assistaient Paul Poiret en Bacchus à la barbe dorée, Mme Paul Poiret en bacchante à la tunique très courte, Matisse et Marquet en barbus et en slip, etc.[1] : « Un domestique arabe qu'il avait ramené de son dernier voyage vous recevait à l'entrée presque sans se déranger du tapis où il se tenait accroupi, les jambes croisées sous lui. Van Dongen, avant tout, cherche l'effet, désire surprendre aussi bien dans la vie que dans ses œuvres. Il y réussit quelquefois[2]. »

Quelques années plus tard, Van Dongen avait changé d'existence. Il était installé avec Jasmy Jacob, directrice commerciale d'une maison de couture, belle, ambitieuse, mondaine, pour laquelle il avait acheté un hôtel particulier, rue Juliette-Lamber, où il recevait beaucoup. Francis Jourdain, qui aimait l'œuvre de Van Dongen, alla à cette époque voir une exposition que celui-ci organisait dans son hôtel, il n'y vit que la vulgarité du parvenu : « Je fus dès le seuil saisi d'une gêne où se mêlaient la tristesse et l'envie de rire. Si *arrivé* qu'il fût, l'ancien bohème anarchisant, il l'était depuis peu ; il n'était pas encore habitué, et tout, dans son nouvel intérieur cossu, se ressentait de cette inexpérience, depuis l'ameublement hâtif, insuffisant, du hall vaguement gothico-renaissance, jusqu'à la froideur exagérément digne du larbin trop bien stylé – ou au contraire insuffisamment, on ne savait pas au juste. Ce qui ne laissait place à aucun doute, c'était le comique de la vaste cheminée à hotte, façon château de la Loire ; elle était flanquée de deux fauteuils dans lesquels les maîtres de maison attendaient les visiteurs. [...] Deux ou trois jeunes femmes – mi-vendeuses, mi-dactylos – disposaient avec la fallacieuse aisance de l'habitude, sur une immense table, des albums de Van Dongen, des reproductions de Van Dongen, des ouvrages français et étrangers sur Van Dongen[3]... »

---

1. Louis Chaumeil, *Van Dongen*, Genève, Pierre Cailler, 1967, p. 145.
2. *Van Dongen. Du Nord et du Sud*, *op. cit.*, p. 184.
3. F. Jourdain, *Sans remords ni rancune*, *op. cit.* En 1927, Van Dongen se sépara de Jasmy Jacob sans quitter leur domicile de la rue Juliette-Lamber mais, cinq ans plus tard, Jasmy Jacob vendit l'hôtel. Forcé de partir, le peintre s'installa à Garches, puis, en 1934, il emménagea 75, rue de Courcelles.

Au café

Depuis l'avènement des cafés, les artistes les avaient toujours fréquentés. Ainsi, au XVIIIe siècle, Greuze se rendait-il régulièrement en début d'après-midi au café Procope, où il passait une heure à parler d'art avec d'autres peintres et des gens de lettres[1]. De petits groupes se sont souvent formés dans un café autour d'un artiste à forte personnalité. C'est ce dont témoigne Jean Gigoux, entré à l'École des beaux-arts en 1828 : « Le nom de Xavier Sigalon a eu un grand retentissement vers 1830. Beaucoup d'hommes dont les noms ont survécu se groupaient volontiers autour de lui. C'était un novateur hardi. Son audace lui avait fait un entourage. Le jeune maître avait sa cour dont le siège était le Cheval blanc, sorte de cabaret situé au-delà de la porte Saint-Denis, au n° 56 du Faubourg. C'est là que régnait Sigalon. Ses opinions, ses jugements faisaient loi pour ses auditeurs. L'irascible Méridional n'admettait pas qu'on osât le contredire[2]. »

Selon les époques, certains cafés faisaient figure de centre, de lieu de rendez-vous obligé. Dans les années 1840, les artistes se retrouvaient, rive gauche chez Dagneaux et à la brasserie Andler, rive droite au Momus, au Divan Le Peletier et à la Brasserie des Martyrs. Fondée en 1845, la brasserie Andler, 28, rue Hautefeuille, était devenue, à la fin de 1848, le lieu de réunion privilégié des réalistes. Courbet, dont l'atelier était tout proche, en était la vedette avec Champfleury. L'établissement comprenait deux pièces – à la salle principale s'ajoutait une seconde pièce plus discrète, réservée aux initiés, où l'on fumait à l'allemande – avec un billard, des bancs de chêne, un sol pavé et des murs enduits de chaux. On y servait une bière de qualité et on y faisait bonne chère : la soupe au fromage était la spécialité de la maison et les dîners du jeudi étaient particulièrement courus[3]. Au côté du patron

1. J. Chatelus, *Peindre à Paris au XVIIIe siècle*, *op. cit.*, p. 321.

2. Henry Jouin, *Jean Gigoux, artistes et gens de lettres de l'époque romantique*, Paris, Aux bureaux de *L'Artiste*, 1895, p. 20.

3. Janine Bailly-Herzberg, « Les brasseries et cafés littéraires du XIXe siècle », in *La Bohème, Giacomo Puccini*, Paris, Opéra national de Paris, 1995-1996, p. 76.

travaillaient son épouse, Mme Grégoire, et leur nièce Louise. Courbet, qui a peint Mme Grégoire, assise à la caisse, lourde et souriante, une fleur à la main, s'est aussi représenté, dans un dessin, chez Andler, en dandy, attablé avec ses amis Marc Trapadoux et Jean Wallon, philosophes qui servirent de modèles à Murger pour le personnage de Colline des *Scènes de la vie de bohème*.

Chez Andler, Courbet côtoyait de nombreux écrivains, artistes et critiques : Baudelaire (dont il fit le portrait en avril 1848), Max Buchon, Proudhon, Gustave Planche, Théophile Silvestre, Corot, Daumier, Decamps, Amand Gautier, Bonvin, Préault, Clésinger, Gigoux, etc. Charles de Ricault d'Héricault, jeune bourgeois qui, en 1847, faisait ses études, rencontrait Courbet avec sa bande de bohèmes chez Dagneaux, rue de l'Ancienne-Comédie. Il le traite d'« animal-peintre », gros, grand, balourd, grossier, hargneux[1]. Courbet se plaisait à provoquer, en se moquant de ce qu'il appelait « l'artisterie », c'est-à-dire l'idéal, les symboles, l'allégorie, la mythologie, Raphaël, Le Titien, Véronèse, Murillo… Il s'esclaffait en proclamant : « Ingres, M. Scribe, Mlle Rachel [les vedettes des années 1840], fichez-moi tout cela à l'eau dans un sac, et s'il s'en sauve un, ce sera un grand malheur pour l'humanité[2]. »

L'été, nos compères fréquentaient les guinguettes. En 1868, dans une lettre pleine de nostalgie, Courbet évoque, pour le chansonnier Pierre Dupont, la vie qu'ils menaient vingt ans plus tôt : « C'était la jeunesse, on croyait à tout. Nous étions en république, on croyait que la liberté allait arriver. Pour l'imagination tout était bleu, on croyait à l'amour, on pleurait sur l'infidélité, on était svelte de forme et pas difficile sur la bonne chère. Les besoins n'étaient pas grands ; avec de bons souliers et un paletot de toile blanche, un large chapeau de paille, une femme en jupons courts avec un fichu et tête nue, une ombrelle de trois francs à la main, les désirs du cœur étaient comblés. Et toute la semaine on avait la tête pleine de la partie de campagne que l'on ferait le dimanche dans les bois de Meudon et de Fleury, à la Ferme-Bazin, au Plessis-Piquet, et du dîner

1. A. Martin-Fugier, *Les Romantiques. Figures de l'artiste, 1820-1848*, *op. cit.*, p. 349.

2. J. Bailly-Herzberg, « Les brasseries et cafés littéraires du XIXe siècle », art. cité, p. 76-77.

que l'on ferait à la guinguette Au-coup-du-milieu. Nous avions alors notre bande au grand complet : les Monselet, Champfleury, Murger, Baudelaire, Bonvin, Gautier, etc., etc.[1]. » Le 1er juin 1849, à l'île Saint-Germain du bas Meudon, Bonvin, Courbet, Champfleury, Trapadoux et Wallon établirent la charte humoristique d'une Société intitulée « Les Mercredis ». Ils se proposaient de revenir dans l'île chaque mercredi, chacun avait le droit d'amener un ou deux compagnons. Trapadoux était nommé président-trésorier, Champfleury secrétaire perpétuel, Mlle Nonore, une des maîtresses de Bonvin, archiviste. Il fut décidé d'inscrire le menu des bons mots et celui des dîners dans le Journal[2].

Les rapports de Courbet avec la brasserie Andler allaient s'envenimer. En 1868, le patron lui réclama le double de l'acompte de 3 500 francs qu'il avait déjà versé pour ses dépenses de 1855 à octobre 1863, sans lui donner aucun détail. Le peintre reconnut qu'il avait manqué de vigilance en se laissant imputer une telle ardoise : « J'ai longtemps vécu dans la maison Andler, c'était en quelque sorte ma pension. Je puis bien dire que j'ai même contribué passablement à mettre cet établissement en vogue. Je m'y croyais sur le pied d'une entière bonne foi, je laissais tout marquer, tout écrire, sans jamais rien vérifier et quand j'y donnai de l'argent, je n'ai jamais pensé à en tirer quittance. [...] Il m'a été dit par plusieurs de mes commensaux habituels que chaque fois que j'avais pris place à l'une des tables de l'établissement on appelait cela au comptoir la table de M. Courbet et tout ce qui s'y consommait par les diverses personnes venant se mettre à côté de moi, on le mettait sur mon compte, quand on ne savait à qui l'attribuer[3]. » Sa dette ne fut réduite par la cour qu'à 3 000 francs, du fait du très long délai de paiement.

Alexandre Schanne, à la fois peintre et musicien, raconte que les artistes, vers le milieu du siècle, fréquentaient aussi d'autres

1. *Correspondance de Courbet*, *op. cit.*, p. 289. En 1868, à l'époque où Courbet évoque ces souvenirs, les impressionnistes fréquentaient, eux aussi, des guinguettes : Monet et Renoir peignirent la Grenouillère, sur la Seine, dans l'île de Croissy.

2. É. Moreau-Nélaton, *Bonvin raconté par lui-même*, *op. cit.*, p. 32.

3. *Correspondance de Courbet*, *op. cit.*, p. 300-301.

cafés sur la rive gauche : La Rotonde, à l'angle des rues Hautefeuille et de l'École-de-Médecine, le café Tabourey, près de l'Odéon, le café de l'Europe, carrefour de l'Odéon, La Mère Cadet, 79-81 avenue du Maine, et Le Prado d'été, rue de la Gaîté. Quant au café de Fleurus, entre Bobino (alors au carrefour de la rue Madame et de la rue de Fleurus) et le Luxembourg, il était le rendez-vous de Gérôme et de sa bande. Le peintre Jules Laurens, lui, mentionne *À la Petite Vache*, une crèmerie rue Mazarine : « ... j'ai connu là, et en charmante confraternité, des étudiants en droit et en médecine, devenus professeurs effectifs, préfets de première classe et voire ambassadeurs puis ministres, des élèves-professeurs de l'École d'Athènes arrivés collaborateurs à la *Revue des Deux Mondes* et membres de l'Institut, des acteurs de l'Odéon reçus sociétaires de la Comédie-Française, des élèves de l'École des beaux-arts, peintres, architectes, sculpteurs, graveurs, rentrés de la Villa Médicis à Rome et entrés à l'Académie des beaux-arts, etc., etc.[1]. » Et il cite Henri Monnier, Charles Monselet, Jean-Jacques Henner, Gustave Doré, Eugène Cicéri.

Rive droite, les artistes se rencontraient au café Momus, près du Louvre (15, rue des Prêtres-Saint-Germain-l'Auxerrois), et au Divan Le Peletier, ouvert en 1837, presque en face de l'Opéra (5, rue Le Peletier). Le Divan, qui ferma ses portes le 14 octobre 1859, est resté célèbre grâce au poème de Banville : « Ce fameux Divan est un van/Où l'on vanne l'esprit moderne... » On y rencontrait en 1845 Paul Chenavard, « grand discoureur plein d'idées », Pétrus Borel, Gérard de Nerval, Théophile Gautier, l'éditeur Hetzel... Courbet y venait pour serrer la main de ses compatriotes francs-comtois : « Mais alors, témoigne Charles Monselet, il ne fallait pas songer à s'approcher de cette table de famille. Quel bruit, bon Dieu ! Quels éclats ! On y causait en s'y prenant au collet ; on y discutait comme d'autres s'égorgent ; on y riait à faire croire qu'on appelait à la garde[2]. » En 1848, Charles Gleyre, après dîner, allait au Divan Le Peletier, où se réunissaient les rédacteurs du *National* dont les bureaux étaient situés au-

1. J. Laurens, *La Légende des ateliers*, *op. cit.*, p. 55.
2. V. Bajou, *Courbet*, *op. cit.*, p. 68-69.

dessus du café. Il causait jusqu'à 11 heures ou minuit[1]. Sous le second Empire, au Divan Le Peletier, les poètes qui voulaient dire leurs vers trouvaient un public de choix, de vingt ou trente personnes. Baudelaire y récita *Le Reniement de saint Pierre* en présence de Chenavard, Préault, Nerval, Gustave Planche[2]... Le café fut le cadre, en juin 1853, d'un affrontement épique entre Courbet et Thomas Couture, dont Jongkind fait le récit à l'un de ses amis. Couture, monté sur une table, criait : « Dans la carrière de l'art, il y a deux manières d'arriver : on fait des chefs-d'œuvre ou bien on achète un chien et on lui coupe la queue. C'est ce que vous avez fait. Votre *Enterrement d'Ornans*, c'est votre queue de chien, vos *Casseurs de pierres*, queue de chien. Le réalisme, vos paysannes malpropres, vos baigneuses de ruisseau, votre Vénus au cochon, tout cela, autant de queues de chien que vous coupez pour plaire au public[3]. » Pour n'être pas en reste, Courbet grimpa lui aussi sur une table pour invectiver Couture : « Voyez ce peintre de demoiselles, il blâme le réalisme, et lui a pris le réalisme par le mauvais côté. Il fait trivial par la pensée et joli par la forme. Ses *Romains de la décadence* ont l'air d'une pochade Pompadour... » On en vint aux injures, tant et si bien que la police dut intervenir pour rétablir la circulation interrompue.

En 1858, le jeune Alphonse Daudet, récemment arrivé dans la capitale, découvrit à la brasserie de la rue des Martyrs, derrière l'église Notre-Dame-de-Lorette, des personnages mythiques de la vie parisienne, qui avaient appartenu à la bohème des années 1840. Chacun d'eux trônait à une table autour de laquelle s'asseyait une bande d'admirateurs. À la table du milieu, Henry Murger, « l'Homère de ce monde découvert par lui[4] ». À une autre table, Pierre Dupont et Gustave Mathieu. Ailleurs encore, Charles Monselet et Champfleury, Baudelaire avec Constantin Guys ou Auguste Poulet-Malassis. Et puis Jules Castagnary, qui récitait

1. C. Clément, *Gleyre. Étude biographique et critique...*, *op. cit.*, p. 213-215.
2. C. Pichois et J. Ziegler, *Baudelaire*, *op. cit.*, p. 297.
3. J. Bailly-Herzberg, « Les brasseries et cafés littéraires du XIXe siècle », art. cité, p. 75.
4. Alphonse Daudet, *Trente ans de Paris*, Paris, Marpon et Flammarion, 1888, p. 240.

Les Châtiments. Plus loin, on reconnaissait les peintres et les sculpteurs à leurs vareuses, bérets, cris d'animaux et calembours. Ils avaient auprès d'eux d'anciens modèles, « de belles personnes un peu fanées » qui avaient un vernis de culture artistique. Courbet venait tous les soirs, buvait un bock et fumait, entouré de quelques rapins. Il avait acquis de la notoriété mais restait d'un abord facile. Il aimait lancer des paradoxes et chantait volontiers : « Il ne s'étendait guère que dans un seul couplet à la fois et toujours en modulant quelque cantilène rustique, car Pierre Dupont, son ami, avait décidément mis ce genre à la mode[1]. » Un autre assidu de la brasserie était Auguste de Châtillon, autrefois peintre. Il était allé enseigner aux États-Unis le dessin et le français et était revenu vieilli et fatigué. Il était très pauvre et se présentait alors non plus comme peintre mais comme poète. Claude Monet, vers 1860, gagnait quelques sous à la brasserie en croquant les clients auxquels il vendait leurs caricatures. Lui qui ne fut jamais séduit par le style bohème ne garde qu'un souvenir négatif de ce milieu et de sa fréquentation : « À l'époque, raconte-t-il, je me rendais quelquefois dans la célèbre brasserie de la rue des Martyrs où je perdis beaucoup de temps et qui me fit le plus grand mal. J'y fis la connaissance de presque tous ceux dont parle Firmin Maillard dans son livre *Les Derniers Bohémiens*, et en particulier de Firmin Maillard, Albert Glatigny, Théodore Pelloquet, Alphonse Duchesne, Castagnary, Delvau, Daudet et autres propres à rien comme moi à l'époque. J'y vis aussi Courbet, mais je ne fis sa connaissance qu'après mon retour du service militaire[2]. »

Situé à l'angle de la rue du même nom et de la rue Notre-Dame-de-Lorette, en face d'un marché, le café de La Rochefoucauld était un lieu plutôt exigu mais plein de vie. Il fut, à partir de 1855, le point de ralliement d'artistes : dans les années 1870, Charles Jacque, Gervex, Cormon, Degas, Toulouse-Lautrec et Forain[3] ; vers 1880, on trouvait, en plus, Gérôme et Ferdinand Humbert, Ernest Reyer,

1. Philibert Audebrand, *Derniers jours de la Bohème. Souvenirs de la vie littéraire*, Paris, Calmann-Lévy, s.d., p. 114. Pierre Dupont est l'auteur de *La Marseillaise de la faim* et des *Bœufs*.

2. K. Sagner-Düchting, *Monet*, *op. cit.*, p. 14-15.

3. H. Loyrette, *Degas*, *op. cit.*, p. 338-339.

William Busnach et Maupassant. Ajoutons une dizaine de jeunes femmes, modèles des peintres de la maison. C'est en 1866 ou 1867 que le café Guerbois, 11, Grande-Rue des Batignolles (aujourd'hui 9, avenue de Clichy), devint le rendez-vous préféré – surtout lors de la rituelle soirée du vendredi – de Manet et de ses amis, artistes ou gens de lettres, comme Desboutin, Duranty, Zola, Cladel, Burty, etc. Manet avait d'abord fréquenté le café Molière, rue de l'Odéon, avec les peintres réalistes de la seconde génération, Carolus-Duran, Astruc, Fantin-Latour, Legros, Régamey, Scholderer et Whistler[1]. Puis le groupe s'était déplacé au café de Bade, non loin de Tortoni, et s'était enfin installé au café Guerbois. Dans ce lieu de rencontres et de discussions, Manet apparaissait comme un chef de file ou de bande. Armand Silvestre rend hommage à « ce révolutionnaire [qui] avait les façons d'un gentleman accompli » et qui lançait avec l'accent de Montmartre des propos gouailleurs : « Il avait le mot à l'emporte-pièce, coupant et déchiquetant d'un coup. Mais quel bonheur dans l'expression, et souvent quelle justesse dans l'idée[2] ! » Monet qui venait parfois au Guerbois se souvient, trente ans plus tard, qu'on y brassait des idées : « On s'y tenait l'esprit en haleine, on s'y encourageait à la recherche désintéressée et sincère, on y faisait des provisions d'enthousiasme qui, pendant des semaines et des semaines, vous soutenaient jusqu'à la mise en forme définitive de l'idée. On en sortait toujours mieux trempé, la volonté plus ferme, la pensée plus nette et plus claire[3]. » Le voilà moins sévère que pour la brasserie de la rue des Martyrs !

Dans les années 1870, La Nouvelle Athènes, place Pigalle, reprit le rôle tenu par le café Guerbois à la fin de la décennie précédente. Jules Claretie écrit, en 1880 : « Manet, Degas, les indépendants, et aussi les intransigeants du pinceau, Pissarro, Claude Monet se rencontrent là et causent. On a une fois de plus dévoré, en déjeunant, tout l'atelier Bouguereau en guise de radis. L'atelier de Bonnat est pour le dessert[4]. » Marcellin Desboutin le premier,

1. *Carolus-Duran, 1837-1917*, *op. cit.*, p. 56.

2. Armand Silvestre, *Au pays des souvenirs*, Paris, Librairie illustrée, 1892, p. 161-162.

3. É. Darragon, *Manet*, *op. cit.*, p. 162.

4. Jules Claretie, *La Vie à Paris, 1880*, Paris, V. Havard, 1881, p. 500-502.

trouvant le Guerbois trop bruyant, l'avait délaissé en faveur de ce petit café plus tranquille, non loin du cirque Fernando, où allaient parfois Renoir et Degas. Lorsque Degas, vers 1876, fit poser Desboutin avec Ellen Andrée pour *L'Absinthe*, il les représenta à la terrasse de La Nouvelle Athènes ; *La Prune* de Manet montre une jeune femme attablée là aussi. Le café se distinguait par son plafond peint représentant un énorme rat mort et par une cloison qui séparait la terrasse vitrée du reste de l'établissement – elle dépassait d'un mètre environ les chapeaux des hommes assis devant les tables de marbre. Deux tables à droite étaient réservées à Manet, Degas et leurs amis. Ceux-ci avaient peu à peu remplacé les intellectuels et les politiciens de l'opposition qui, naguère, du temps de Napoléon III, se réunissaient à La Nouvelle Athènes. George Moore, qui fréquenta La Nouvelle Athènes en 1877, fut impressionné par Manet : « Bien qu'essentiellement Parisien par la naissance et par l'art, il y avait dans sa physionomie et ses manières quelque chose qui le faisait ressembler à un Anglais. Peut-être était-ce ses vêtements – ses habits à la coupe élégante – et sa tournure – cette tournure !... ces épaules carrées qui se balançaient, quand il traversait la salle, et sa taille élancée, et cette figure [...] beauté de lignes unie à celle de l'expression intellectuelle – paroles franches, passion franche dans ses convictions, phrases loyales et simples, claires comme l'eau pure, quelquefois un peu dures[1]... » Moore, à La Nouvelle Athènes, rencontrait Catulle Mendès, Duranty (qu'il trouvait lucide, sec et amer), Paul Alexis, Léon Dierx, Pissarro (nouvel Abraham, avec sa longue barbe et ses cheveux blancs), mais surtout Ernest Cabaner dont il parle longuement. Cézanne ne venait guère à La Nouvelle Athènes. N'étant pas attiré par les discussions théoriques, il se montrait déjà peu assidu aux réunions des jeunes peintres et critiques du café Guerbois.

Les retrouvailles entre artistes se faisaient dans des lieux proches de leurs ateliers. Ainsi, au début du XXe siècle, dans le quartier du Bateau-Lavoir. À l'automne 1901, Picasso et les Espagnols se retrouvaient au Zut, place Ravignan, coin dangereux, car fréquenté par les Apaches. Le Zut avait deux salles crasseuses et Frédé, le propriétaire joueur de guitare, laissait au groupe des

1. G. Moore, *Confessions d'un jeune Anglais*, *op. cit.*, p. 109-110.

Espagnols l'usage exclusif de la plus petite. La plus grande accueillait une clientèle plus variée, artistes et poètes du voisinage, modèles et maîtresses, prostituées et souteneurs[1]. En 1905, Le Lapin agile, rue des Saules, avait succédé au Zut[2]. Mais Picasso et sa bande traversaient aussi la Seine pour assister aux tumultueuses soirées de *Vers et prose* à la Closerie des Lilas.

Engagement politique ?

« Pour la conversation des artistes, écrit David d'Angers, si elle n'est pas tournée vers la plaisanterie, ce sont des jérémiades sur ce qu'untel a des travaux plus que les autres, sur les erreurs de sa conduite ; et, s'il leur arrive de parler de leur art, c'est sur le métier, la facture que roule la conversation. Du moral de l'art, jamais ou bien rarement. Pour les sentiments généreux de patriotisme, il y a toujours absence totale ; il semble qu'ils ne soient pas citoyens d'un pays[3]. » David d'Angers exprime là une amertume de républicain. Certes, les artistes, dans les cafés ou ailleurs, parlaient de « boutique ». Dans les propos que l'on peut glaner dans tels ou tels Mémoires, on voit combien de commentaires suscitaient la préparation du Salon, l'intransigeance des jurys, les idées de réforme, le rapport avec les marchands, les réactions du public. Cela ne témoignait peut-être pas d'un idéal patriotique, mais c'était tout de même une façon de parler des questions politiques et sociales.

Il ne faut pas imaginer, selon une vision romantique, que les artistes étaient forcément engagés dans l'opposition au pouvoir en place. Ce serait une erreur puisque, jusqu'en 1914, les conceptions esthétiques d'avant-garde n'allaient pas de pair avec des convictions politiques « avancées ». La notion d'avant-garde était apparue pendant la Restauration dans le cercle des saint-simoniens : l'artiste, à côté de l'homme de science et de l'industriel, devait jouer le rôle de guide, se situer à l'avant-garde de la société. Mais c'est seulement après la Première Guerre mondiale que les idéologies politiques

1. J. Richardson, *Vie de Picasso*, *op. cit.*, t. I, p. 224-225.

2. Rappelons que Le Lapin agile était en fait Le Lapin à Gill, du nom du caricaturiste qui avait peint l'enseigne, un lapin jaillissant de la casserole.

3. *Les Carnets de David d'Angers*, Paris, Plon, 1958, t. II, p. 161.

intervinrent dans le champ des controverses esthétiques et que furent mis en rapport modernité artistique et progrès social[1]. Certes, il y eut Courbet, pour qui le réalisme était un engagement politique : « Le réalisme, déclarait-il, c'est la démocratie dans l'art. » Ses idéaux républicains avaient des racines familiales : son grand-père maternel, Jean-Antoine Oudot, était voltairien ; son père était un notable libéral, qui gérait ses terres tout en se piquant d'intérêt pour la science. En 1848, le peintre n'avait pas participé aux événements, mais, la violence passée, il ne cessa d'affirmer, en privé ou en public, son attachement au peuple et au socialisme. À Francis Wey, le 31 juillet 1850, il écrivait : « Oui, cher ami, dans votre société si bien civilisée, il faut que je mène une vie de sauvage. Il faut que je m'affranchisse même des gouvernements. Le peuple jouit de mes sympathies. Il faut que je m'adresse à lui directement, que j'en tire ma science, et qu'il me fasse vivre. Pour cela, je viens donc de débuter dans la grande vie vagabonde et indépendante du bohémien. » Courbet soulignait ainsi le lien nécessaire entre sa foi politique et la vie d'artiste. Aimant le peuple, il ne pouvait vivre en bourgeois, il devait mener une vie de bohème, synonyme de pauvreté mais aussi de liberté. Le 19 novembre 1851, il répéta la même profession de foi dans une lettre au rédacteur en chef du *Messager de l'Assemblée*. Il répondait publiquement à un homme nommé Garcin qui l'accusait d'avoir participé à une réunion politique le 10 novembre à Paris, alors qu'il se trouvait à Ornans : « M. Garcin me nomme le peintre socialiste. J'accepte bien volontiers cette dénomination ; je suis non seulement socialiste, mais bien encore démocrate et républicain, en un mot partisan de toute la révolution, et par-dessus tout réaliste. » Et il précise que réaliste signifie « ami sincère de la vraie vérité[2] ».

On sait bien, en revanche, que l'impressionnisme, révolutionnaire sur la toile, ne l'était pas en politique. Degas et Renoir étaient antidreyfusards. Pissarro est le seul à avoir eu des sympathies anarchistes, ce qui le rapprocha des post-impressionnistes Signac, Luce, Vallotton, Van Dongen à ses débuts, tous proches de Fénéon. En

1. P. Vaisse, *La Troisième République et les Peintres*, *op. cit.*, p. 29, et Linda Nochlin, *Les Politiques de la vision. Art, société et politique au XIXᵉ siècle*, Nîmes, Jacqueline Chambon, 1995, p. 24.

2. *Correspondance de Courbet*, *op. cit.*, p. 97.

1889, Pissarro se joignit à un groupe de discussion, le Club de l'art social, qui se réunit chaque semaine pendant un an pour débattre des utilisations sociales de l'art. Il y retrouvait des militants anarchistes comme Louise Michel ou Jean Grave, ancien cordonnier fondateur du journal *La Révolte* (auquel Pissarro, Luce et Signac étaient abonnés), des écrivains comme Ajalbert, Cladel, ou encore Tabarant, son futur biographe, et d'autres personnes critiques de la société, comme Rodin, qui espéra en vain construire une gigantesque Tour du Labeur, peut-être en vue de neutraliser la Tour Eiffel[1]. Pissarro lisait *Le Père Peinard* d'Émile Pouget, journal anarchiste fondé en 1889, qui appelait à l'action directe, préconisait le vol si l'on avait faim et l'assassinat des juges injustes, mais il était plus proche de *La Révolte*, qui voulait répandre la bonne parole par l'éducation.

Pissarro se percevait comme un prolétaire : « Tous ceux qui travaillent de leurs mains, de leur cerveau, qui créent le travail, quand ils sont dépendants des intermédiaires, sont des prolétaires !... avec ou sans blouse[2]. » C'était un grand lecteur de Kropotkine qui, en 1887, définissait l'anarchisme comme un système de socialisme sans gouvernement : pleine liberté serait ainsi donnée à l'individu qui s'épanouirait par l'intermédiaire de groupes librement fédérés. Mais il était perplexe à la lecture de *La Conquête du pain* : Kropotkine affirmait que le peintre devait avant tout représenter la nature sous tous ses aspects mais doutait qu'il pût rendre la poésie des champs sans y avoir jamais travaillé. Pissarro écrit à Mirbeau ses réflexions : « Kropotkine croit qu'il faut vivre en paysan pour bien les comprendre. Il me semble qu'il faut être emballé par son sujet pour le bien rendre : mais est-il nécessaire d'être paysan ? Soyons d'abord artiste et nous aurons la faculté de tout sentir, même un paysage, sans être paysan[3]. » Pissarro était un utopiste, on peut en juger d'après la lettre à son fils le 5 mai 1891 : « Luce m'a demandé si tu voulais, ensemble avec moi, ébaucher certaines idées anarchiques sur le rôle et le groupement que les artistes pourraient avoir dans un État anarchique, indiquer par quelques idées le sens du travail des artistes avec la liberté absolue, sans les entraves épouvantables de Messieurs les Capitalistes

1. R.E. Shikes et P. Harper, *Pissarro*, *op. cit.*, p. 287.
2. *Ibid.*, p. 282.
3. *Ibid.*, p. 273.

amateurs-spéculateurs et marchands, le développement que subiraient l'idée en art, l'amour du beau et la pureté des sensations, etc., etc.[1]. » Mais le peintre aida aussi concrètement la cause radicale en lui apportant un soutien financier. Il paya deux fois à l'imprimeur de *La Révolte* et des *Temps nouveaux* les dettes de ces journaux pour qu'ils continuent de paraître. Deux dons de plus de 1 000 francs que l'épouse de Pissarro, qui tirait le diable par la queue, n'appréciait pas du tout : « Ton pauvre père, écrivait-elle à leur fils aîné, est vraiment innocent. Il ne comprend pas les difficultés de la vie. Il sait que je dois 3 000 francs et il m'en envoie 300, puis il me dit d'attendre. Toujours la même farce. Je ne demande pas mieux que d'attendre. Il faut manger et l'on ne veut plus me faire crédit et je n'ai pas d'argent. [...] J'ai épuisé toutes les réserves que j'avais. Je suis à bout de tout, et, le pire, à bout de courage. J'avais arrangé ce projet d'envoyer les 3 garçons à Paris et d'aller me promener avec les deux petits au bord de la rivière, et tu penses le reste. Cela aurait été regardé comme un accident. Mais au moment de mettre à exécution, le courage me manquait. [...] Ton cher père m'a écrit une lettre qui est un chef-d'œuvre d'égoïsme. Ce cher homme qui est arrivé et qui ne veut pas faire de tort à sa réputation en faisant une vente ou en mettant ses tableaux chez un usurier ! Pas faire de tort à sa réputation[2] ! »

Mais le post-impressionnisme eut aussi ses catholiques conservateurs – Maurice Denis – et ses apolitiques – Vuillard et Roussel. Les Fauves n'avaient pas de position idéologique commune affirmée : l'anarchisme de Vlaminck demeurait verbal ; Derain, lorsqu'il faisait son service militaire, participa sans s'en indigner à la répression des grèves des mineurs, et Matisse tenait à faire savoir quel respect il vouait aux valeurs de la bourgeoisie[3]. Picasso se tenait à l'écart du militantisme. Il faut donc se méfier de la vision manichéenne de la bonne peinture, qui s'inscrirait dans la voie de la modernité conjointement avec une position politique d'opposition,

1. *Ibid.*, p. 288.
2. *Ibid.*, p. 295.
3. Je reprends ici le développement de Philippe Dagen, *L'Art français. Le XXe siècle*, *op. cit.*, p. 61-62. Le critique montre pourquoi c'est après la guerre de 1914 que les idéologies politiques joueront un rôle dans les controverses esthétiques.

et la mauvaise peinture, officielle, académique, qui irait de pair avec l'ordre bourgeois. Il n'y a pas forcément corrélation entre l'esthétique, la position politique et l'appartenance sociale[1].

Reçus dans le monde ?

Les artistes faisaient partie de ce qu'on appelait le *demi-monde*. C'est pourquoi ils étaient volontiers accueillis chez des dames de mœurs irrégulières, séparées de leurs maris, comme Nina de Callias ou Hortense Howland. Nina de Callias, que Manet peignit en *Dame aux éventails* (1875), tint d'abord salon, dans les années 1860, avec sa mère, Mme Gaillard, au 17, rue Chaptal. Puis, en 1874, celle que l'on surnommait « la princesse de la bohème » s'installa 82, rue des Moines, aux Batignolles, dans une maison avec jardin où des peintres – Manet, Forain, Cézanne, Desboutin, Degas... – côtoyaient des écrivains – Mallarmé, Jean Richepin, Alphonse Allais, Verlaine, Charles Cros, Villiers de L'Isle-Adam, Anatole France... –, des compositeurs – Emmanuel Chabrier et Ernest Cabaner –, des médecins – le Dr Gachet et Antoine Cros, le frère du poète –, des politiques comme Gambetta[2]. Hortense Howland, elle, avait épousé un Américain qui était rentré dans son pays. Elle formait un couple semi-officiel avec Albert Boulanger-Cavé[3] et, vers 1865, fut très proche d'Eugène Fromentin (si proche que la fille du peintre s'est opposée

1. P. Vaisse, *La Troisième République et les Peintres*, *op. cit.*, p. 27-28.

2. *La Dame aux éventails. Nina de Callias, modèle de Manet*, Paris, Éd. de la Réunion des musées nationaux, 2000, et Paul Gachet, *Deux amis des impressionnistes, le Dr Gachet et Murer*, Paris, Éd. des Musées nationaux, 1956, p. 43-44.

3. Albert Boulanger-Cavé était le fils de Marie-Élisabeth Blavet (qui avait été la maîtresse de Delacroix) et du peintre Clément Boulanger, mort prématurément, et le beau-fils de François Cavé, chef de la division des beaux-arts au ministère de l'Intérieur de 1831 à 1848. Pressé par sa mère de prendre un état, il devint censeur des spectacles publics (il devait aller au théâtre chaque soir et s'assurer que les comédiens n'enfreignaient pas les défenses qu'ils avaient reçues). Il se lia avec les comédiens et les auteurs des années 1850, Alexandre Dumas fils, Henri Meilhac, Jacques Offenbach, Ludovic Halévy (H. Loyrette, *Degas*, *op. cit.*, p. 521).

à la publication de leur correspondance). Elle tenait salon 16, rue de La Rochefoucauld, puis 26, rue Neuve-du-Luxembourg. Elle recevait des hommes du monde, des écrivains et des peintres, de Charles Haas à Jacques-Émile Blanche en passant par Eugène-Melchior de Vogüé, Robert de La Sizeranne et Robert de Montesquiou.

Mais, dans le *monde* qui ne l'était pas qu'à demi, jusqu'à quel point les artistes étaient-ils reçus ? Geneviève Bréton, dans son *Journal*, explique la position de sa mère, bourgeoise et mondaine, vis-à-vis des artistes. Belle-fille de Louis Hachette, élevée comme sa fille, celle-ci avait épousé le cofondateur et l'associé de son beau-père dans la maison d'édition. Les Bréton, rue Pierre-Sarrazin puis boulevard Saint-Michel, recevaient tous les mardis à dîner « la fleur des lettres, des sciences et des arts », auteurs de la maison, artistes, hommes politiques... Mme Bréton aime « les gens du monde, comme elle dit, beaux et bien mis, riches et bien élevés, ou les universitaires qui lui plaisent par leurs vertus sérieuses, bourgeoises ; ils sont économes et dignes, laborieux et de mœurs simples, elle les admire tout à fait et justement. Quant aux artistes, elle montre pour eux le plus grand dédain, ce ne sont pas des *gens de la société* et quand elle a dit cela, elle a tout dit[1] ». Au grand déplaisir de sa mère, Geneviève tomba amoureuse du peintre Henri Regnault, « spontané, un peu bohème, quelquefois fou, quelquefois sublime, séduisant toujours », plutôt que d'Albert Duruy, fils du ministre, ou de Gaston Pâris, spécialiste de la poésie du Moyen Âge, « concentré, maître de lui, élégant, gentleman, distingué »[2].

Un artiste pouvait être reçu dans un salon pour deux raisons. Soit, issu d'une bonne famille, il avait une légitimité sociale, soit il commençait à faire parler de lui et le parfum de la célébrité lui ouvrait des portes. Et lorsqu'il s'agissait d'une vedette du monde de l'art comme Degas, il est évident que, grâce à sa célébrité, il aurait pu aisément s'immiscer dans la haute société. Pourquoi ne l'a-t-il pas voulu ? Cela s'explique, d'après son biographe, par le caractère difficile du peintre, qui se méfiait des nouvelles têtes et aimait les tables amies où on lui passait ses caprices : il acceptait

1. G. Bréton, *Journal, 1867-1871*, *op. cit.*, p. 36.
2. *Ibid.*, p. 45.

les invitations à dîner seulement s'il n'y avait ni fleurs, ni parfums, ni chiens, ni enfants[1].

Voyons d'abord le cas de peintres qui, grâce à leur famille, jouissaient d'une légitimité sociale, comme Amaury-Duval et Frédéric Bazille. Amaury-Duval était fils et neveu d'académiciens ; son père avait été inspecteur des Beaux-Arts du temps de l'Empire et directeur de journaux (*La Décade philosophique* puis le *Mercure*), et son oncle, Alexandre Duval, auteur de théâtre à succès. Il était très proche de sa sœur Emma, mariée en premières noces à un Chassériau, cousin du peintre, et en secondes noces à Guyet-Desfontaines, un riche notaire amateur d'art, député de la Vendée sous la monarchie de Juillet. Le peintre fut naturellement associé à la sociabilité de sa sœur, qui tint salon d'abord chez leur père, à l'Institut, puis, à partir de 1832, dans son luxueux hôtel de la rue d'Anjou-Saint-Honoré où elle recevait à la fois son milieu d'origine, littéraire et artistique, et le monde des affaires et de la politique. Ces relations valurent à Amaury-Duval d'être, entre autres, intimement lié à Delphine de Girardin[2]. Lorsqu'il vint à Paris, Frédéric Bazille fréquenta le salon de son oncle, le commandant Lejosne, avenue Trudaine. Le commandant, plus passionné par l'art que par la guerre, recevait des acteurs, des écrivains, des artistes. Chez lui, Bazille rencontra Barbey d'Aurevilly, Baudelaire, le compositeur Victor Massé, Millet, Fantin-Latour, Manet, Cézanne et Gambetta[3]. Bazille se lia avec Cézanne, méridional comme lui, d'un milieu social proche du sien, admirateur, lui aussi, de Delacroix. Il présenta chez son oncle ses camarades Renoir et Monet auxquels Lejosne acheta des tableaux, et Monet amena à son tour son ami Nadar. Bazille participa aux activités du

1. H. Loyrette, *Degas*, *op. cit.*, p. 483-484.

2. Amaury-Duval, *Souvenirs 1829-1830*, Paris, Plon, Nourrit et Cie, 1885, p. 252-253, et *L'Atelier d'Ingres*, *op. cit.*, p. 250-252.

3. Lejosne manifesta particulièrement sa sympathie à Manet, en l'honneur duquel il organisa une grande réception après la cabale contre *Le Déjeuner sur l'herbe* : dîner chez Dinochau puis concert de musique de chambre dans son salon. Lorsque Manet voulut peindre *Le Fifre*, il demanda un modèle au commandant Lejosne, qui fit venir dans l'atelier du peintre un musicien de la garde impériale ; en témoignage de gratitude, Manet fit figurer Mme Lejosne dans *La Musique aux Tuileries*.

salon de sa tante. Lorsque celle-ci, en novembre 1868, projeta de faire représenter *Ruy Blas* dans son salon pour sa fête, au mois de mars suivant, le jeune homme accepta de jouer Don Guritan, consacrant du temps aux répétitions et... 280 francs à son déguisement. Grâce au commandant Lejosne, Bazille fut aussi invité chez le Dr Blanche à Passy, à un dîner du dimanche soir. Il y rencontra Edmond Maître, qui allait devenir son meilleur ami. Venant du même milieu (Maître était le fils d'un grand propriétaire viticole de Bordeaux), Bazille et Maître avaient le même âge et les mêmes aspirations. Comme Bazille, Maître avait dû s'inscrire en droit, mais il n'aimait que la lecture, le théâtre et la musique (Bazille et lui jouaient du piano à quatre mains[1]). Il gagnait sa vie comme préposé à l'enregistrement du courrier dans le département de l'Instruction publique et des Cultes de la préfecture de la Seine.

Le second cas, l'artiste reçu lorsqu'il commence à connaître la notoriété, est bien illustré par Rodin. Au début des années 1880, le sculpteur, longtemps resté pauvre et obscur, devint l'objet de l'attention du monde parisien : le gouvernement lui passa commande d'une porte destinée au futur musée des Arts décoratifs et, tout à coup, les salons s'ouvrirent à lui. Juliette Adam l'invita et le présenta à Eugène Spuller, futur ministre de l'Instruction publique et des Beaux-Arts, à René Waldeck-Rousseau, ministre de l'Intérieur du gouvernement Gambetta et futur président du Conseil, et à Jules Castagnary, qui allait bientôt devenir directeur des Beaux-Arts. Rodin fut aussi régulièrement convié aux dîners du samedi soir chez Mme Henry Liouville, fille du Dr Charcot, maîtresse et future épouse de Waldeck-Rousseau[2]. La vie de l'artiste, encore très modeste à cette époque-là, contrastait avec ses nouvelles habitudes mondaines.

À la fin des années 1880, Rodin était désormais « un sculpteur national », comme l'écrit le *Journal des artistes*[3]. Son atelier, rue de l'Université, qu'il ouvrait le samedi après-midi, devenait une halte obligatoire pour les artistes et les écrivains étrangers. Rodin

1. Gabriel Fauré donnait des leçons de piano à Bazille, comme Chabrier à Manet et Saint-Saëns à Fantin-Latour.

2. F.V. Grunfeld, *Rodin*, *op. cit.*, p. 163-164.

3. *Ibid.*, p. 322.

recevait beaucoup d'invitations, mais il n'avait toujours pas appris à se conduire dans le monde : « Lorsque Rodin venait dîner chez mon père, écrit Francis Jourdain, il ne participait pas à l'animation créée par la cordiale et généreuse véhémence de celui-ci, ne se mêlait à aucune discussion. Son impassibilité et son silence m'inspiraient un peu de terreur. Les attentions dont il était entouré semblaient le gêner. Il ne manifestait cependant ni inquiétude ni lassitude. Il ne manifestait rien. Sa timidité était évidente et je me demandais pourquoi, diable, il acceptait des invitations qui ne lui procuraient manifestement aucun plaisir[1]. » Les choses changèrent lorsque le sculpteur devint l'amant de la duchesse Claire de Choiseul, il prit goût aux manifestations mondaines, thés littéraires et conférences. Ainsi, en juillet 1911, présida-t-il une réunion de dames amies des arts, les « Unes internationales », au cours de laquelle l'*Hymne à Rodin* de Valentine de Saint-Point fut récité par une tragédienne[2]. Rodin gardait néanmoins des manières qui pouvaient choquer. Par exemple, parlant de la cathédrale lors d'une conférence de l'Étoile devant des dames pieuses, il vaticina pendant une heure sur la cathédrale gothique comme métaphore du corps féminin, en employant les images les plus sensuelles : des mères affolées emmenèrent leurs filles et le secrétaire des conférences dut rédiger une circulaire d'excuses[3].

Dîners et cercles

À côté des rencontres informelles dans les cafés, les réunions périodiques d'artistes pouvaient être plus ritualisées. Comme l'avait été, entre 1779 et 1787, l'assemblée hebdomadaire de savants, d'artistes et d'amateurs intitulée le Salon de la Correspondance[4]. Ces réunions prenaient la forme de dîners ou de cercles. Un artiste pouvait faire partie des dîners d'hommes institués sous le second Empire. Ainsi, en 1855, les frères Goncourt participaient

1. *Ibid.*, p. 323.
2. *Ibid.*, p. 640.
3. Anne Martin-Fugier, *La Bourgeoise, femme au temps de Paul Bourget*, Paris, Grasset, 1983, p. 37.
4. J. Chatelus, *Peindre à Paris au XVIIIe siècle*, *op. cit.*, p. 134.

aux dîners du Vendredi fondés par Camille Corot et Paul de Musset. À ces dîners qui avaient lieu au restaurant, à 10 francs par tête, ils rencontraient Louis Français et Célestin Nanteuil[1]. Ainsi, en 1867, Courbet était membre du Pluvier, dîner composé en majorité de journalistes qui se retrouvaient d'ordinaire chez Brébant : Albert de La Fizelière, Clément Laurier, Victor Noir, Aurélien Scholl, Philibert Audebrand... Le dîner tirait son nom de l'échassier qui avait été servi aux convives lors du premier repas. Comme les dîners politiques, les réunions littéraires ou artistiques se multiplièrent sous la IIIe République : dîners Lamarck, de la Butte, du Vieux Montmartre, du Bon Bock, du Noir et du Blanc, du Rouge et du Bleu[2], des Éclectiques. Ce dernier, par exemple, avait lieu tous les premiers lundis du mois. La Société des Éclectiques avait été fondée le 8 avril 1872 par un ancien élève de Diaz, Aglaüs Bouvenne, qui avait abandonné la peinture pour la gravure, l'archéologie et la bibliophilie. Le Dr Gachet, élu membre de la Société en novembre 1873, en devint président en 1888. Le poète Alexis Martin lui succéda mais il mourut en 1904 et la Société ne lui survécut pas[3].

Au hasard des sources, on aperçoit çà et là des artistes dans des dîners : à partir de 1883, les anciens élèves de Cabanel qui faisaient une belle carrière se retrouvaient régulièrement pour des banquets où ils se baptisèrent eux-mêmes les « pris de rhum »[4] ; en 1886, Claude Monet et Octave Mirbeau assistèrent au dîner des Bons Cosaques[5] ; Jules Laurens faisait partie du cercle littéraire et artistique toulousain à Paris, la Cigale, fondée en 1876, sur le

1. E. et J. de Goncourt, *Journal*, *op. cit.*, t. I, p. 150.

2. C'était le nom donné aux dîners de la Société des Indépendants, qui se tenaient à la Taverne du Nègre de la porte Saint-Denis. Voir p. 227.

3. P. Gachet, *Deux amis des impressionnistes, le Dr Gachet et Murer*, *op. cit.*, p. 68.

4. E. et J. de Goncourt, *Manette Salomon*, *op. cit.*, p. 171, évoquent les dîners de la société de l'Oignon, « réunissant et reliant les anciens prix de Rome [...] dans une espèce de franc-maçonnerie de la courte échelle, où l'on se passait les travaux, les commandes, les voix à l'Institut, entre la poire et le fromage... ».

5. D. Wildenstein, *Monet ou le triomphe de l'impressionnisme*, *op. cit.*, p. 231.

modèle des félibres provençaux, qui organisait une fois par mois dîner et soirée artistique[1]. Les Goncourt, dans *Manette Salomon*, mettent en scène un « Dîner des grands hommes », qui se tenait le vendredi au café de Fleurus, fondé par des peintres auxquels s'étaient joints ensuite des internes des hôpitaux. On avait institué une loterie, tirée à chaque dessert, dont le gagnant avait l'obligation de fournir un lot pour le dîner suivant. D'où une succession d'objets ridicules, depuis les pots de chambre à œil jusqu'aux bonnets grecs[2].

La réunion ritualisée pouvait aussi se tenir dans un cercle, comme les Mirlitons ou le Cercle Volney que nous avons évoqués plus haut, ou encore dans l'appartement privé d'un artiste, d'un marchand, d'un amateur d'art. Début 1852, Amand Gautier arriva à Paris et s'inscrivit dans l'atelier de Léon Cogniet à l'École des beaux-arts. Il logea 10, rue de Seine, chez son ami Paul-Ferdinand Gachet, venu de Lille en 1848 faire ses études de médecine à Paris, et prit un atelier au 12. Il sympathisa avec Alexandre Schanne, un de ses condisciples chez Cogniet, et entraîna le carabin Gachet du côté des rapins et de la « petite bohème », à la brasserie Andler. À l'inverse, Gachet recevait tous les jeudis, avec du gigot aux haricots que lui ou son cousin cuisinait, Amand Gautier, Schanne et quatre autres copains ; après quoi, l'un des convives faisait une conférence sur un thème choisi dans son domaine[3]. Les nabis, qui s'étaient d'abord réunis dans un petit « caboulot » du passage Brady, proche de l'académie Julian, furent accueillis tous les samedis après-midi, à partir de l'automne 1889, dans l'*ergastère* de Paul Ranson, 25, boulevard du Montparnasse. Dans ce lieu qu'on appelait *le Temple*, dont France, la femme de Paul Ranson, était *la lumière*, on discutait littérature, art et philosophie. Les nabis se retrouvaient aussi, le premier dimanche de chaque mois, dans les salons du conseiller d'État Georges Coulon, grand ami du père de Paul Ranson. Ils avaient installé chez lui leur théâtre de marionnettes. En 1892, le dimanche des Rameaux, ils y donnèrent une fantaisie

1. J. Laurens, *La Légende des ateliers*, *op. cit.*, p. 595 *sq.*

2. E. et J. de Goncourt, *Manette Salomon*, *op. cit.*, p. 190.

3. P. Gachet, *Deux amis des impressionnistes, le Dr Gachet et Murer*, *op. cit.*, p. 15-17.

médiévale, *La Farce du pâté et de la tarte*, suivie des *Sept princesses*, de Maeterlinck[1]. Ranson fit deux eaux-fortes pour le programme, Maurice Denis dessina les costumes que réalisèrent France Ranson et Marie Vuillard, Lacombe sculpta des têtes de marionnettes, Verkade, Sérusier et Vuillard se consacrèrent aux décors[2]. En juin 1894, Ranson, Vuillard et Roussel donnèrent un second spectacle de marionnettes chez le poète et dramaturge André-Ferdinand Hérold. Ils représentèrent un drame du XIIe siècle, *Paphnutius*, dont Ranson dessina l'héroïne, Thaïs, sur le programme. Samedis après-midi et spectacles des nabis prirent fin en 1898, à cause de bouleversements privés : France Ranson se retrouva enceinte pour la première fois après quatorze ans de mariage, Paul quitta momentanément le domicile conjugal, et son père, qui l'avait toujours fait vivre, mourut.

Certains marchands organisaient des rencontres rituelles avec leurs artistes. Ambroise Vollard conviait les siens aux « dîners de la Cave ». Dans la cave humide et sans aération de sa boutique rue Laffitte, qui tenait lieu à la fois de cuisine et de salle à manger, il fabriquait pour ses convives sa spécialité, le cari de poulet, plat national de la Réunion. Un tableau de Bonnard représente un dîner dans la Cave, on y voit Forain, Redon, le comte Kessler, quelques dames et aussi un homme à l'aspect sévère, « un industriel établi dans l'Inde française[3] ». Le couple Kahnweiler, lui, invita le dimanche, entre 1923 et 1927, les artistes de la galerie, des collectionneurs et des écrivains, dans sa maison de Boulogne, 12, rue de la Mairie : Suzanne Roger et son mari André Beaudin, Henri Laurens, Gertrude Stein, Alice Toklas, Marcel Jouhandeau, André Breton, Juan et Josette Gris (qui habitaient au 8, rue de la Mairie), André Masson. Les deux sœurs de Lucie Kahnweiler étaient là avec leurs époux, Élie Lascaux, peintre de la galerie, et Michel Leiris, écrivain édité par la galerie. La mort de Juan Gris, en mai 1927, mit fin à ce rituel.

Et puis il y eut les mercredis du boulevard Voltaire chez le pâtissier-collectionneur Eugène Murer. De son vrai nom Eugène

1. A. Rustenholz, *Paris des avant-gardes*, *op. cit.*, p. 147.
2. *Paul Ranson, 1861-1909*, *op. cit.*, p. 166.
3. A. Vollard, *Souvenirs d'un marchand de tableaux*, *op. cit.*, p. 105.

Meunier, Murer, né à Moulins, était venu à Paris à dix-huit ans, en 1864, et, après un court séjour chez un architecte, était entré comme apprenti pâtissier au 125, Faubourg-Poissonnière, chez Eugène Gru. Auprès de son patron, Murer découvrit un autre monde. Car Gru se voulait intellectuel, il était socialiste et l'ami de nombreux artistes et journalistes, André Gill, Franc-Lamy, Desboutin, Champfleury, Léon Dierx, Cladel, Cabaner… Passionné de Victor Hugo, il était l'auteur d'un livre, *Les Morts violentes*. Murer, lui aussi, écrivait, sous le pseudonyme de Gène-Mur. Aidé par Gru, Murer ouvrit son propre commerce, 95, boulevard Voltaire, que sa demi-sœur, Marie Meunier, l'aida à tenir. Il retrouva à Paris deux de ses anciens condisciples de Moulins, devenus peintres : Pierre Outin, qui avait été l'élève de Cabanel, l'entraîna au Salon ; Armand Guillaumin lui fit connaître ses amis, Pissarro, Renoir, Monet, Sisley et Cézanne. Le restaurant-pâtisserie de Murer devint le quartier général des impressionnistes. Murer donnait à manger aux peintres et leur avançait de petites sommes d'argent en échange de leurs tableaux. En dix ans, il acquit ainsi vingt-cinq Pissarro, vingt-huit Sisley, dix Monet, seize Renoir, huit Cézanne, vingt-deux Guillaumin. Il se fit peindre par Renoir et Pissarro, ainsi que son fils (par Renoir) et sa sœur (par Guillaumin, Renoir et Pissarro). À partir de 1876, Murer organisa tous les mercredis des dîners pour les artistes et les amateurs d'art. La table, présidée par la sœur de Murer, mêlait aux habitués, Gru, Cabaner, le Dr Gachet et Alphonse Legrand, des convives assez réguliers, Pissarro, Guillaumin, Monet, Renoir, Sisley, et d'autres plus épisodiques, Champfleury, Rodolphe Bresdin, André Gill, le père Tanguy, Hoschedé, Cézanne[1].

En 1881, Murer céda son fonds de commerce et, poussé par le Dr Gachet, prit sa retraite à Auvers-sur-Oise. Parallèlement, il acheta à Rouen l'hôtel du Dauphin et d'Espagne où, en 1896, il exposa des toiles, dont trente Renoir. Il continua à recevoir et les dimanches d'Auvers succédèrent aux mercredis du boulevard Voltaire, avec, pour convives, des marchands de tableaux comme le père Martin, Alphonse Portier et Vollard, des collectionneurs comme

1. P. Gachet, *Deux amis des impressionnistes, le Dr Gachet et Murer*, *op. cit.*, p. 156-157.

Antonin Personnaz, des peintres comme Victor Vignon et Norbert Goeneutte, des journalistes[1]... Mais Murer fut obligé par sa sœur, qui voulait se marier et lui demanda des comptes, de vendre une partie de sa collection (deux cent vingt-deux œuvres), ce dont les artistes lui tinrent rigueur après avoir pourtant pris parti pour sa sœur. La carrière de Murer connut un dernier avatar : lui-même se mit à peindre, et, grâce à ses relations dans le monde de l'art, il parvint à exposer, à la Bodinière, 18 rue Saint-Lazare (1895), à la galerie du Théâtre-Salon, 20, rue Chaptal (1896), chez Vollard (1898) et chez Lucien Moline (1900). Comme il inaugurait ses expositions par un déjeuner au café de la Paix offert aux journalistes, il obtint même des critiques, mais ne parvint pas à vendre ses tableaux[2].

Le départ de Murer avait créé un vide. Les réunions du vendredi au café Guerbois autour de Manet n'existaient plus. C'est pour remédier à ce manque qu'à partir de 1883, sous l'impulsion de Gustave Caillebotte, les impressionnistes décidèrent de se fixer un rendez-vous tous les premiers jeudis du mois, vers 7 heures, au café Riche, à l'angle du boulevard des Italiens et de la rue Le Peletier. Ces dîners réunissaient peintres (Monet, Renoir, Pissarro, Sisley, Cézanne), critiques (Burty, Silvestre, Duret), collectionneurs (Bérard, Deudon, Chocquet, de Bellio)[3]. Chaque convive versait 15 francs et parfois Pissarro évitait de participer au rituel mensuel, faute de disposer de cette somme[4]. Après une interruption vers la fin des années 1880, les dîners impressionnistes reprirent au début des années 1890, grâce à Caillebotte qui en assumait probablement les frais[5].

Évoquons, pour terminer, un genre de dîners exceptionnels et non rituels, les dîners-hommages, donnés pour célébrer un artiste. Le 16 janvier 1895 eut lieu un dîner en l'honneur de Puvis de Chavannes, qui venait d'avoir soixante-dix ans. Environ six cents

1. *Ibid.*, p. 168.
2. *Ibid.*, p. 185-186.
3. *Gustave Caillebotte, 1848-1894*, *op. cit.*, p. 27.
4. P. Assouline, *« Grâces lui soient rendues ». Paul Durand-Ruel, le marchand des impressionnistes*, *op. cit.*, p. 186.
5. R.E. Shikes et P. Harper, *Pissarro*, *op. cit.*, p. 332.

artistes, intellectuels et hommes d'affaires se réunirent à l'hôtel Continental, rue de Rivoli, sous la présidence de Rodin. Chaque participant paya son dîner, sauf le héros de la soirée et les deux ministres, qui étaient invités. Dix orateurs et quinze services se succédèrent, ce fut la plus splendide manifestation de ce genre dans la décennie[1]. Mais sans doute le dîner-hommage le plus étonnant fut-il celui que Picasso offrit au Douanier Rousseau dans son atelier du Bateau-Lavoir en 1908. Picasso avait eu un coup de foudre pour une toile de Rousseau, l'avait achetée, et désirait célébrer l'artiste qu'il jugeait méconnu. Il accrocha le tableau au milieu de lanternes vénitiennes, de guirlandes colorées et d'une grande banderole entourée d'oriflammes où on lisait *Honneur à Rousseau*. Les invités, qui étaient une trentaine, portèrent des toasts et chantèrent ; Marie Laurencin qui avait trop bu s'effondra dans un plat de tartes ; Apollinaire improvisa un poème : « Tu te souviens, Rousseau, du paysage aztèque/Des forêts où poussaient la mangue et l'ananas… » ; Braque dut aider Picasso à boucler dans un vestiaire André Salmon qui simulait trop bien une crise de delirium tremens[2] ; Rousseau, trônant sur une chaise juchée sur une petite estrade, somnolait tandis que la cire d'une lanterne vénitienne tombait goutte à goutte sur sa tête, formant un petit monticule[3]… Rousseau qui avait fait à Picasso cette déclaration incongrue restée célèbre : « Nous sommes les deux plus grands peintres de notre siècle, toi dans le genre égyptien, moi dans le genre moderne. »

1. F.V. Grunfeld, *Rodin*, *op. cit.* De la même manière, le 1er mars 1895, fut offert à Edmond de Goncourt un dîner au Grand Hôtel, boulevard des Capucines.

2. André Salmon explique, dans ses *Souvenirs sans fin, 1903-1940*, *op. cit.*, p. 446, qu'il avait mâché une savonnette à la violette « afin de correctement écumer ».

3. P. O'Brian, *Pablo Ruiz Picasso*, *op. cit.*, p. 266-267.

CHAPITRE VI

Amateurs et collectionneurs

Vendre un tableau à un amateur ne signifie pas forcément pour l'artiste rencontrer cet acheteur, dans le cas où un marchand joue les intermédiaires – nous avons vu plus haut les difficultés de François Bonvin pour rencontrer Laurent Laperlier. Cependant, les relations entre artiste et collectionneur se nouent la plupart du temps à l'occasion d'un achat, lors d'un salon, d'une vente publique ou d'une exposition dans une galerie. Ainsi, Gustave Courbet et Alfred Bruyas se rencontrèrent au Salon de 1853, lorsque Bruyas acheta, contre l'avis de son père, deux tableaux du peintre, dont *Les Baigneuses*, tableau provocant et violemment contesté. Ainsi, Georges Charpentier et Victor Chocquet, à la suite de la vente aux enchères impressionniste du 24 mars 1875, cherchèrent à rencontrer Renoir, le premier pour connaître l'auteur du tableau qu'il venait d'acquérir, le second pour lui demander de faire le portrait de son épouse. Ainsi, Gertrude Stein et son frère Léo se lièrent avec Matisse et sa femme à la suite de leur achat de *La Femme au chapeau* au Salon d'automne 1905.

Qui achète de l'art contemporain ?

Nous avons dit dans l'introduction combien il était difficile de déterminer la part de l'art contemporain dans les collections. L'*Annuaire artistique des collectionneurs*, né au lendemain de l'Exposition universelle de 1878, donne, par départements, le nom des collectionneurs, leur adresse et le contenu de leurs collections : il y est surtout question d'objets antiques, de céramiques ou de pièces d'orfèvrerie de la Renaissance, à l'image des « précieuses richesses des siècles passés » qui avaient émerveillé les visiteurs de l'Exposition[1]. En 1901, au lendemain d'une autre Exposition universelle, un nouveau guide est publié, le *Répertoire général des collectionneurs et des principaux artistes, lettrés, savants et curieux de la France, la Belgique et la Suisse.* À Paris, le *Répertoire...* recense environ deux mille cinq cents collectionneurs, toutes collections confondues, des miniatures aux objets préhistoriques. En caractères plus gros, il indique les possesseurs de collections très importantes constituant des musées particuliers. Il ajoute un signe distinctif lorsqu'il s'agit d'une collection de tableaux. Si l'on croise collections importantes et tableaux contemporains[2], on obtient quarante-cinq personnes environ, dont nous retrouverons un grand nombre dans ce chapitre : Nélie Jacquemart-André, Isaac de Camondo, Alfred Chauchard, Paul Chéramy, Alexis et Henri Rouart, Georges Viau, etc. Par ailleurs, à la fin du XIXe siècle, le guide *Paris-Parisien* fait la liste des collections privées de la capitale. Cinquante collectionneurs seulement sont répertoriés, dont dix-huit achètent des tableaux contemporains, mélangés ou non à des tableaux ou objets anciens. Achètent à la fois de l'ancien et du contemporain le comte de Camondo, la marquise Carcano, Alfred Chauchard, Paul Chéramy, Victor Desfossés, Charles Ephrussi, la comtesse Greffulhe, Albert Lehmann, Ernest May, le baron Edmond de Rothschild, Octave Uzanne, Henri Vever. Du contemporain uniquement : Degas, Gustave Gallimard, Charles Hayem, le commandant Hériot (des tableaux militaires), Antony Roux, Georges Viau[3].

Pour désigner le collectionneur, on utilisait encore parfois au XIXe siècle le terme *curieux*, hérité de l'Ancien Régime. Mais ce terme, qui signifiait à l'origine « qui prend plaisir à faire amas de choses rares et curieuses », a évolué progressivement dans un sens péjoratif, n'évoquant plus bientôt qu'un dilettante touche-à-tout et

1. Ris-Paquot, artiste peintre, *Annuaire artistique des collectionneurs*, Paris, Librairie R. Simon, 1879-1880, p. 5.

2. Mais, lorsque les noms des peintres ne sont pas spécifiés, il est difficile de savoir si une « remarquable galerie de tableaux » comporte ou non des œuvres contemporaines.

3. *Paris-Parisien... 1898, op. cit.*, p. 92-101.

dispersé. Il disparut au profit du terme *amateur*, comme le signale le critique Philippe Burty, en 1867 : « Ce passionné d'art que nous appelons *un amateur* et que l'on nommait autrefois *un curieux*[1]. » Burty indique également que *collection* est l'équivalent contemporain de *cabinet* (*de curiosités*). De son côté, Paul Lacroix, en 1860, publie un *Annuaire des artistes et des amateurs*, où *amateur* est clairement le synonyme de *curieux*, puisque l'auteur définit ainsi son projet : « Réunir en un seul volume, d'une lecture facile et agréable, les renseignements de toutes sortes dont l'Artiste et le Curieux ont constamment besoin[2]. » Le mot *collectionneur*, pourtant entré dans la langue française dans les années 1840, n'apparaît pas. Lorsqu'il donne une liste des collections parisiennes, Lacroix titre « cabinets d'amateurs à Paris ».

Philippe de Chennevières, directeur des Beaux-Arts au début de la IIIe République, écrit dans ses *Souvenirs* : « C'est vraiment une rare espèce d'hommes, et d'une graine tout à fait supérieure, que celle des collectionneurs. Il n'en est guère que je n'aie connus parmi ceux qui ont été l'honneur de notre temps, et je puis dire que tous ont été des modèles de bonhomie, de courtoisie, de douceur, d'urbanité, de noblesse, d'élévation d'esprit, de générosité et de tranquillité d'âme, de dignité dans la vie… » Et il cite une liste de personnes qui ne sont pas des collectionneurs d'art contemporain. Par exemple Charles-Alexandre Sauvageot, employé de l'Opéra de Paris, qui légua en 1839 au Cabinet des médailles de la Bibliothèque royale sa collection de médailles, et en 1856 au musée du Louvre ses tableaux, émaux peints, ivoires, verreries, céramiques. Chennevières continue : « Le propre des amateurs, c'est leur furetage et leur vagabondage, et je ne sais quel instinct riant de confrérie qui les rapproche[3]. » Et de constater que leur nombre n'a cessé de croître : rares au XVIIe siècle, nombreux au XVIIIe siècle, ils sont très nombreux au XIXe siècle « et l'espèce

1. P. Burty, « L'hôtel des ventes et le commerce des tableaux », art. cité, p. 949.

2. Paul Lacroix, *Annuaire des artistes et des amateurs*, Paris, Vve Jules Renouard, 1860, p. VIII.

3. Philippe de Chennevières, *Souvenirs d'un directeur des Beaux-Arts*, Paris, Arthena, 1979, p. 119.

s'en est, en quelque sorte, démocratisée ». Mais Chennevières craint qu'à l'avenir ils ne disparaissent, « car au train où vont les choses, toute œuvre d'art de quelque valeur et digne d'être recueillie par un honnête homme, se sera fondue dans les collections publiques... ». C'est une erreur d'appréciation à propos de la démocratisation. Elle n'aboutit pas forcément au tout-public. Elle consiste aussi à ce que des particuliers puissent en plus grand nombre s'approprier l'art dans leur vie privée et revendiquer une identité artistique. Tout citoyen peut prétendre à vivre avec de belles choses, avoir du goût, devenir esthète, nous y reviendrons.

Les premières collections privées à intégrer une proportion importante d'œuvres d'artistes vivants ne datent que du début du XIXe siècle, elles sont contemporaines de la fondation, en 1818, du musée du Luxembourg, dédié aux artistes vivants. Le *Manuel de l'amateur pour 1824*, après avoir décrit les collections du Louvre puis du Luxembourg, consacre une partie aux « galeries et cabinets particuliers ». Ils étaient fort peu nombreux, il y avait d'un côté les collections princières, de la duchesse de Berry et du duc d'Orléans, de l'autre celles des banquiers, Sommariva, les frères Delessert, Casimir Perier... Les banquiers voulaient d'ailleurs concurrencer les galeries princières et les musées, puisque, comme eux, ils ouvraient leurs collections au public : des jours et des heures de visite étaient prévus pour les amateurs. Les galeries princières mélangeaient les tableaux anciens et contemporains. Quant aux collections des banquiers, elles étaient de deux sortes : celles de Benjamin et François Delessert ou de James-Alexandre de Pourtalès étaient encyclopédiques, comportant des herbiers et des coquillages aussi bien que des peintures où dominaient les œuvres anciennes, surtout hollandaises et flamandes ; celles de Casimir Perier et Jacques Laffitte ne comportaient, elles, que des peintures, anciennes et modernes, les modernes constituant les trois quarts de la collection de Laffitte[1]. Ces amateurs avaient – et c'était le cas général – commencé par acheter des œuvres anciennes et étaient venus plus tard

1. Marie-Claude Chaudonneret, « Collectionner l'art contemporain (1820-1840), l'exemple des banquiers », *in* Monica Preti-Hamard et Philippe Sénéchal (dir.), *Collections et marché de l'art en France, 1789-1848*, Rennes, Presses universitaires de Rennes, Institut national d'histoire de l'art, 2005, p. 275.

au contemporain, dans les années 1820. Les collections privées, très rares sous la Restauration, ne devinrent plus fréquentes que dans les dernières décennies du XIXe siècle et surtout dans les premières du XXe siècle, avec le développement du marché de l'art.

Pour se faire une idée de l'identité des collectionneurs, regardons la liste des prêteurs de l'exposition du bazar Bonne-Nouvelle en 1846, dont nous avons dit qu'elle était la première grande exposition où apparaissaient les collectionneurs privés[1]. Cette liste contient des noms déjà cités sous la Restauration. On y trouve d'abord un marchand d'estampes et de tableaux, Pierre-Hippolyte Aumont, amateur d'Horace Vernet[2]. On y trouve ensuite de riches amateurs : Armand Bertin ; le comte Molé ; Antoine Mongez, administrateur des monnaies ; Charles Marcotte, inspecteur des Eaux et Forêts ; Amédée-David de Pastoret, administrateur des biens du comte de Chambord ; Benjamin Delessert, régent de la Banque de France ; Hyacinthe et Ambroise, les fils de l'imprimeur Didot ; l'agent de change Adolphe Moreau ; Mathieu Orfila, le grand toxicologue ; le comte Othenin d'Haussonville ; la duchesse d'Orléans ; lord Hertford et son frère lord Seymour ; le duc de Rohan ; le maréchal-comte Valée ; le comte de Lariboisière ; Horace His de La Salle, qui allait faire deux donations au Louvre, en 1851 et 1868 ; le comte de Pourtalès ; le Dr Louis La Caze, surnommé, avec son ami François Marcille, « les Castor et Pollux de l'hôtel des ventes », qui léguera au Louvre environ quatre cents tableaux[3]. Parmi les prêteurs, on trouve enfin des artistes : des peintres (Turpin de Crissé, Léon Cogniet, Adrien Dauzats), un

1. *Le Baron Taylor, l'Association des artistes et l'Exposition du bazar Bonne-Nouvelle en 1846*, *op. cit.*, p. 283-287.

2. A-t-on le droit de mettre un marchand au nombre des collectionneurs ? Si l'on en juge par la peine qu'ont certains marchands à se séparer d'un tableau, il est certain que ceux-là ont une posture de collectionneurs. D'ailleurs, Pierre Cabanne, dans *Le Roman des grands collectionneurs* (Paris, Plon, 1961), place les marchands Paul Durand-Ruel et Nathan Wildenstein aux côtés des collectionneurs Victor Chocquet et Richard Wallace.

3. Le Dr La Caze conseillait d'autres collectionneurs, comme les quatre frères Lavalard, industriels du textile originaires d'Amiens : ils rassemblèrent une collection de deux cent cinquante tableaux, qu'ils exposèrent de leur vivant dans leur hôtel parisien et qu'ils léguèrent à leur ville natale en 1894.

sculpteur (Augustin Pajou), un orfèvre (Odiot) et un écrivain (Alexandre Dumas, qui prêta la *Madeleine* de Delacroix). Les collectionneurs peuvent effectivement se répartir entre ces trois catégories. Mais il en manque une quatrième, qui se développera dans la seconde moitié du siècle : ce sont les gens qui, sans avoir derrière eux une tradition familiale, sans avoir eux-mêmes un talent de peintre, sans même avoir de gros moyens, attrapent le virus de l'achat de tableaux, en général dans les ventes publiques.

Pourquoi collectionnent-ils ?

Par désir de posséder

Acheter un tableau, c'est d'abord une affaire de désir. Désir de possession d'une œuvre (ou d'un style d'œuvres) qu'on a aimée, pour laquelle on a eu parfois un coup de foudre, comme l'évoque Eugène Blot dans l'histoire de sa collection. Il parle de « révélation soudaine » lorsque, pour la première fois, au début des années 1880 – il avait environ vingt-cinq ans –, il découvrit une collection de peinture impressionniste chez le Dr Filleau, un ami de son père : « J'avais éprouvé devant ces œuvres un coup de foudre semblable à celui que j'avais reçu à Londres à l'âge de dix-sept ans où, venu à Covent-Garden pour siffler Richard Wagner avec quelques amis français, j'avais été ébloui, retourné[1]... » Le jeune homme chercha aussitôt des adresses de marchands chez lesquels il pourrait acquérir des toiles impressionnistes et devint rapidement le client du père Portier et du père Martin.

Cette pulsion d'achat est de l'ordre du sensuel, de l'érotique. Edmond de Goncourt, dans son *Journal*, n'hésite pas à faire le parallèle entre un collectionneur et un libidineux : « C'est Marsaud, l'homme qui met sa signature sur les billets de banque et qui semble, sous son noir faux toupet, une figure allégorique de l'implacabilité de l'argent. Et cet homme aux sourcils blancs sur des plaques rouges, aux lèvres minces, à la figure presque cruelle, parle, avec une voix amoureuse et des lèvres humides,

1. E. Blot, *Histoire d'une collection de tableaux modernes*, *op. cit.*, p. 7.

d'un petit paysage tout frais, d'un Harpignies, qu'il a vu à une exposition, le matin, et qu'il a l'air de convoiter comme un vieux a envie d'une pucelle » (23 février 1878). Ambroise Vollard, devant le portrait de Mme Cézanne en gris dans un fauteuil rouge, se rappelle les circonstances de sa vente. Il a vu les futurs acheteurs, les Stein, désirer ce tableau : « Cette toile m'avait appartenu et je l'avais prêtée à une rétrospective du Maître d'Aix organisée au Salon d'automne de 1905. Comme j'allais fréquemment à cette exposition, il m'arrivait d'apercevoir les Stein, les deux frères et leur sœur, assis sur une banquette en face de ce portrait. Ils le contemplaient silencieusement jusqu'au jour où, le Salon ayant fermé, M. Léo Stein vint m'apporter le prix de la toile. Il était accompagné de Mlle Stein : *Maintenant,* dit celle-ci, *le tableau est à nous*[1]. » Et Vollard d'ajouter : on aurait dit que ces gens venaient d'acquitter la rançon d'un être cher.

Ce désir mène forcément à des rivalités entre collectionneurs pour la possession d'une œuvre. Le 22 décembre 1895, Daniel Halévy rendit visite à Degas qui venait d'acheter deux Delacroix, un Van Gogh et un Cézanne, et qui lui dit : « J'achète ! j'achète ! je ne peux plus m'arrêter. L'ennui, c'est qu'on commence à le savoir, alors on pousse contre moi ; on sait que quand j'ai envie d'avoir quelque chose, il faut absolument que je l'aie. Alors on me fait monter à l'arbre. Chéramy, l'autre jour, cette brute, qui a poussé contre moi ! Il était caché derrière le bureau du commissaire-priseur, et moi je ne le voyais pas, mais on me l'a dit, j'ajoutais cinq francs, puis cinq francs, puis je repartais – et quand je l'ai eu, voilà mon Chéramy qui sort de sa cachette, qui passe à côté de moi et me dit : *Enchanté, cher Maître, que ce chef-d'œuvre soit à vous !* avec sa voix de cabotin. Je lui dis *Enchanté ! Enchanté ! C'est pas tout ça ! Vous me l'avez fait payer cher et vous ne l'avez pas ! 900 francs, prix énorme pour moi !* » Daniel Halévy de s'exclamer alors : « 900 francs ce portrait de Delacroix ! Mais c'est pour rien. Les Delacroix sont donc tout à fait bas ? » Et Degas d'acquiescer, « d'une voix ravie et tout bas, comme s'il eût craint d'être entendu[2] ». Paul

1. A. Vollard, *Souvenirs d'un marchand de tableaux*, *op. cit.*, p. 146.
2. Daniel Halévy, *Degas parle...*, Paris-Genève, La Palatine, 1960, p. 86-87.

Chéramy[1], avoué de première instance, possédait une remarquable collection de la première moitié du XIXe siècle : Constable, David, Prud'hon, Ingres, Géricault, Corot, Millet et surtout Delacroix – quatre-vingt-dix-huit œuvres. Parmi ses contemporains, il avait acquis des œuvres de Puvis de Chavannes, Manet, Degas, Gustave Moreau, Fantin-Latour, Renoir, Rodin, Meissonier… mais pas Cézanne – un jour que Vollard lui proposait un Cézanne, il aurait refusé, horrifié : « Cézanne ?… Pourquoi pas Van Gogh ? » Chéramy était aussi, comme Degas, un habitué de l'Opéra dont chanteurs et danseurs guettaient les réactions, au fauteuil d'orchestre n° 114, car ils avaient grande confiance dans son jugement.

Par désir de paraître

Chez l'éditeur Charpentier, les tableaux des impressionnistes étaient simplement accrochés côte à côte dans la salle à manger où la famille prenait quotidiennement ses repas, sans mise en valeur particulière. Le charme tenait à la seule juxtaposition de toiles de grande qualité. Comme chez Henri Rouart, où les tableaux étaient à touche-touche, aussi bien horizontalement que verticalement. À l'opposé de ce type d'accrochage modeste, les collectionneurs les plus riches faisaient construire des lieux spécialement affectés à l'exposition de leurs tableaux. James-Alexandre de Pourtalès, fils d'un très riche banquier de Berlin, avait acquis ses premiers tableaux à Paris en 1799, à l'âge de vingt-trois ans. En 1818, il acheta un hôtel place Vendôme où il aménagea pour ses tableaux une galerie qu'il était fier de faire visiter à d'illustres amateurs, le duc et la duchesse de Berry, et même le roi de Prusse, dont il était le sujet[2]. Il transforma cette galerie en musée lorsqu'il se fit bâtir, entre 1837 et 1839, un hôtel, rue Tronchet, par l'architecte Félix Duban. Celui-ci, qui était en train d'édifier l'École des beaux-arts, imagina pour le comte de Pourtalès « la demeure-musée ». Au

1. Paul-Arthur Chéramy, 1840-1912, habita boulevard de Clichy, puis rue Pelouze, puis rue Arsène-Houssaye. Il fut vice-président de la Société des amis du Luxembourg.

2. Virginie Monnier, *Édouard André. Un homme, une famille, une collection*, Paris, Éd. de l'Amateur, 2006, p. 128-129.

premier étage, qui abritait l'ensemble de la collection, la galerie de peinture était, comme dans les musées, à éclairage zénithal[1]. Et, lorsque Alexandre de Pourtalès se fit peindre par Paul Delaroche, en 1846, il choisit d'être campé en collectionneur, debout devant une cheminée dessinée par Duban et entouré d'objets de sa collection.

Certains, parmi ces riches collectionneurs, choisissaient de mettre en valeur les toiles les plus précieuses, en les séparant de l'ensemble. Ainsi, sur les cent quatre-vingt-cinq toiles qui composaient sa collection – la collection privée la plus importante de Paris –, Alfred Chauchard, le propriétaire des magasins du Louvre, avait choisi d'exposer les cinq les plus chères dans une galerie construite à cet effet dans son hôtel du 5, avenue Vélasquez : trois de Millet, *L'Angélus*, *La Bergère*, *La Rentrée des moutons*, et deux de Meissonier, *La Confidence* et *1814*[2]. D'autres, comme Isaac de Camondo ou Rodolphe Kann, regroupaient les tableaux par genre : une salle Monet, une salle de l'École de Barbizon, une salle consacrée au XVIIIe siècle… ; ou par pays : une salle japonaise, etc.[3]. Il existait d'ailleurs un grand décalage entre le modernisme des collections d'avant-garde et le classicisme stéréotypé des intérieurs. Chez Ernest May, boiseries, portières, paravents, meubles Louis XV et glaces murales côtoyaient des paysages de Monet et Sisley. Même chose chez la princesse Edmond de Polignac. Le seul cas d'une recherche esthétique appropriée à l'avant-gardisme d'une collection est le « studio » que Jacques Doucet se fit aménager par le décorateur Pierre Legrain, 33, rue Saint-James à Neuilly, à la fin des années 1920 ; il y installa ses tableaux, en particulier *Les Demoiselles d'Avignon* de Picasso[4].

Les guides de Paris donnent parfois de longues descriptions des lieux d'exposition privés de la capitale. *Paris-Parisien* de 1898

1. M.-C. Chaudonneret, « Collectionner l'art contemporain (1820-1840), l'exemple des banquiers », art. cité, p. 274.

2. V. Long, *Mécènes des deux mondes*, *op. cit.*, p. 368.

3. *Ibid.*, p. 375.

4. François Chapon, *Jacques Doucet ou l'art du mécénat, 1853-1929*, Paris, Perrin, 1996, p. 332.

décrit par exemple l'hôtel de Victor Desfossés au 6, rue Galilée, « certainement une des curiosités de Paris ». L'hôtel renferme une belle collection de meubles, tapisseries, bronzes et vitraux. Mais le guide insiste surtout sur l'immense galerie où Victor Desfossés a accroché son importante collection de tableaux contemporains, de Corot, Courbet, Daubigny, Millet, Degas, Monet, Sisley, etc. C'est une salle de vingt-cinq mètres de longueur, quinze de largeur et douze de hauteur, de style Louis XIV, éclairée par le plafond. Dans le haut, dix panneaux de tapisseries anciennes sont encadrées par des caryatides de l'école de Puget, qui proviennent de l'orgue de l'ancienne cathédrale de Marseille, la Major, démolie en 1845. Dans le bas, des caryatides plus petites, de même provenance, continuent la ligne architecturale et forment des panneaux pour les toiles. Cette salle comporte aussi un théâtre dont *L'Atelier du peintre*, le grand tableau de Courbet, forme le rideau de scène. Par un ingénieux mécanisme, il disparaît, tout tendu, dans les frises, lorsqu'on joue une pièce[1].

Exhiber une collection de tableaux est une preuve de richesse. C'est pourquoi un parvenu aime montrer sa puissance en achetant des œuvres qui valent cher. Le comte Tanneguy Duchâtel, qui fut ministre de l'Intérieur sous la monarchie de Juillet, était très riche grâce à sa femme, petite-fille d'un garçon d'auberge devenu fournisseur de l'armée et acquéreur de biens nationaux. Amateur d'art, le comte réunit une collection prestigieuse, des toiles italiennes du XVe siècle, un Memling, des tableaux hollandais et, parmi les œuvres contemporaines, des œuvres d'Ingres : *Œdipe et le sphinx*, une des versions réduites de la *Stratonice*, et *La Source*[2]. Cette *Source*, que Duchâtel avait achetée 25 000 francs à Ingres en 1856, tenait la vedette dans son hôtel particulier. Lorsqu'il donnait des concerts ou des bals, le 6 mars 1857 par exemple, on observait un « pèlerinage continu le long d'un superbe escalier de marbre (trop étroit) pour aller voir la nymphe de la source qui n'a point l'air étonnée de se

1. *Paris-Parisien... 1898*, *op. cit.*, p. 96-97.

2. *Hippolyte, Auguste et Paul Flandrin*, Paris, Éd. de la Réunion des musées nationaux, 1984, p. 185.

montrer[1] ». Dans cette perspective, mieux valait posséder des œuvres de peintres médaillés au Salon et cotés. Comme le déclarait à Renoir le banquier Pillet-Will : « Ma situation m'oblige à avoir chez moi des tableaux de gens qui vendent cher. C'est pour cela que je dois m'adresser à Bouguereau, à moins que je ne découvre un peintre encore plus haut coté[2]. » Un dessin de Paul Iribe dédié « À M. Chauchard, homme riche » montre le collectionneur à barbe blanche, enveloppé dans une énorme pelisse fourrée, en train de regarder à l'aide d'une loupe un petit tableau. Et il prononce ce verdict : « Évidemment, il est très joli, mais, vraiment, ce n'est pas assez cher… pour moi[3]. » On racontait qu'Alfred Chauchard songeait à faire porter devant son corbillard celui de ses tableaux qui lui aurait coûté le plus cher.

Pour se légitimer

Acheter des tableaux pouvait être un moyen d'acquérir une identité et une légitimité sociale. Toute symbolique dans le cas de Jacques Doucet, dont *Fémina* publie, dans son supplément du 1er janvier 1903, le portrait par Cappiello avec le commentaire : « Ne lui dites surtout pas qu'il est couturier ! M. Jacques Doucet est collectionneur[4] ! » Légitimité plus utilitaire dans le cas d'escrocs comme Thérèse Humbert. Épouse du député de Melun et belle-fille du sénateur socialiste de Haute-Garonne, elle menait grand train dans son hôtel de l'avenue de la Grande-Armée, recevant toutes les notabilités politiques de l'époque. Poursuivie par des créanciers, accusée d'usurpation d'identité, elle fut deux fois traduite

1. François Guizot, *Lettres à sa fille Henriette, 1836-1874*, Paris, Perrin, 2002, p. 449. Tanneguy Duchâtel était aussi un amateur d'Hippolyte Flandrin, auquel il fit exécuter son portrait en 1859 et celui de sa fille l'année suivante. Celle-ci, devenue duchesse de La Trémoille en 1862, fit donation des Ingres de son père au musée du Louvre en 1878.

2. Ambroise Vollard, *En écoutant Cézanne, Degas, Renoir*, Paris, Grasset, coll. « Les Cahiers rouges », 1938, p. 177.

3. Paul Iribe, « Esthètes », *L'Assiette au beurre*, n° 108, 25 avril 1903.

4. V. Long, *Mécènes des deux mondes*, *op. cit.*, p. 620. Elle signale que Doucet manifeste la même ambition de respectabilité en choisissant d'apparaître comme « rentier » et non comme « couturier » dans l'annuaire du téléphone (1895).

en justice, en octobre 1901 et février 1902. Elle prétendait posséder des titres au porteur qui lui assuraient une fortune fabuleuse, mais, quand on ouvrit le coffre-fort, on y trouva un vieux journal, une pièce de monnaie italienne et un bouton de culotte. Les Humbert possédaient bel et bien, en revanche, une collection de tableaux prestigieuse, qui fut vendue en juin 1902 à la galerie Georges-Petit. Cette collection, qui comprenait des œuvres de Gervex, Manet, Renoir, Meissonier, Stevens, Benjamin-Constant, etc., avait rendu de grands services au couple car elle rassurait leurs relations d'affaires, comme le firent remarquer certains journalistes. Jules Claretie écrit : « Ces Humbert, médiocres d'aspect dans le plein air de la cour d'assises, devaient avoir une certaine tournure sous la lumière électrique qui éclairait leurs tableaux de Roybet et leurs paysages de Corot. Car, posséder une galerie de peinture est à Paris (peut-être ailleurs, je n'en sais rien, mais à Paris certainement) un excellent moyen de se trouver du crédit. [...] On est *coté* – comme une valeur à la Bourse – parce qu'on a publiquement mis une enchère sur une toile. [...] Acheter des tableaux, c'est parfois faire aussi un bon placement moral[1]. »

On peut enfin se mettre à acheter des tableaux pour être un homme à la mode, parce que collectionner est, comme jouer, l'apanage du dandy. Ce fut le cas de Khalil Bey. Né en 1831 en Égypte, d'un père turc, apparenté à la famille régnante et membre du Conseil des ministres, il vint une première fois à Paris pour faire ses études, de 1843 à 1849. Deuxième secrétaire du vice-roi Abbas Pacha jusqu'à sa mort en 1854, il fut nommé en 1855 commissaire pour l'Égypte de l'Exposition universelle. Il resta un an à Paris, puis proposa ses services au sultan et entra au ministère des Affaires étrangères à Istanbul. Sans fonction officielle entre 1865

1. J. Claretie, *La Vie à Paris, 1901-1903*, Paris, G. Charpentier et E. Fasquelle, 1904, p. 311-312. Les beaux-parents de Matisse, Albert Parayre et sa femme, furent directement touchés par cette affaire, car Mme Parayre était la collaboratrice de Thérèse Humbert. Lorsqu'on arrêta à Madrid, le 20 décembre 1902, les Humbert qui avaient pris la fuite, Armand Parayre fut arrêté et inculpé de complicité en escroquerie avant d'être mis en liberté provisoire. Le couple Parayre dut se réfugier à Rouen, chez leur autre fille : leur nom était honni par les créanciers et, dès qu'on l'entendait, on refusait de leur louer une chambre (H. Spurling, *Matisse, 1869-1908*, *op. cit.*, p. 256.)

et 1868, il s'installa à Paris. C'est alors qu'il s'appliqua à être totalement « le Turc du boulevard », selon le mot du prince Gorchakov, ministre des Affaires étrangères de Russie. Khalil Bey loua l'appartement du deuxième étage, 24, boulevard des Italiens, à l'angle de la rue Taitbout, dans l'immeuble du café de Paris, où avait habité lord Henry Seymour, le célèbre dandy fondateur du Jockey-Club et collectionneur de tableaux[1]. Comme s'il voulait prendre la succession de lord Seymour, Khalil Bey devint membre du Cercle de la rue Royale, joua et acheta des tableaux. Des tableaux anciens, de Rubens à Fragonard. Et des tableaux plus récents : quatre d'Ingres, dont *Le Bain turc*, six de Delacroix, dont *L'Assassinat de l'évêque de Liège*, des Corot, Théodore Rousseau, Marilhat, Chassériau, Fromentin, Gérôme, Meissonier, Decamps. Dans ses acquisitions, il était souvent conseillé par Durand-Ruel. Mais il acheta directement à Courbet *Le Sommeil*, une *Baigneuse* et des tableaux de chasse, et, en 1866, lui commanda *L'Origine du monde*. Khalil Bey réunit au total une centaine de tableaux, mais, ruiné au jeu, il fut obligé de les revendre en janvier 1868[2].

La collection est un élément de prestige social à condition que son propriétaire organise autour d'elle une véritable sociabilité. Comme les Stein à Paris, qui ouvraient leur salon le samedi pour montrer leur collection à des jeunes peintres de nationalités diverses, à des écrivains, des collectionneurs, des marchands. Ou comme, à Moscou, les collectionneurs Chtchoukine et Morosov, qui attiraient dans leurs demeures tout ce que l'intelligentsia russe comptait dans ses rangs. À l'inverse, d'autres grands collectionneurs vivaient seulement en tête à tête avec leurs tableaux. C'était le cas de Roger Dutilleul, qui ne fréquentait ni l'intelligentsia ni les intellectuels parisiens. Il vivait seul avec son frère, l'un se vouant à collectionner de la peinture, l'autre des gravures. C'est une relation d'intimité qui s'instaurait entre Dutilleul et ses toiles :

1. Après Khalil Bey, cet appartement sera loué par un autre collectionneur, Raphaël Bischoffsheim (Michèle Haddad, *Khalil Bey, un homme, une collection*, Paris, Éd. de l'Amateur, 2000, p. 26).

2. Khalil Bey retourna ensuite à Istanbul où il fut successivement sous-secrétaire au ministère des Affaires étrangères, ministre des Affaires étrangères, ministre de la Justice. En 1877, il fut nommé ambassadeur à Paris, mais, atteint de syphilis, il devint fou.

celles-ci, dont la plupart n'étaient pas accrochées par manque de place, étaient placées pour être vues sur un coin de table ou de chaise[1].

Comment en vient-on à s'intéresser à l'art contemporain ?

« Moi, j'achète quelques modernes, parce qu'on est plus sûr. Et puis, ça montera. Par exemple, nous avons fait une bonne affaire en achetant la *Marguerite* de Scheffer. Depuis, il est mort ; ça vaut de l'argent maintenant. Il faut qu'ils meurent, ces gens-là[2]... » C'est Eugène, le fils d'Isaac Pereire, qui aurait tenu ces propos cyniques en 1862, après avoir exprimé son scepticisme sur les œuvres d'art anciennes : deux ans auparavant, sa famille avait acheté une collection de tableaux en Espagne pour 450 000 francs... des croûtes religieuses dont elle essayait depuis de se débarrasser en les donnant à des églises. Une énorme perte d'argent, commente Eugène Pereire, tandis que, si l'on achète des œuvres de contemporains débutants, on les paie peu cher et on a l'espoir que, l'artiste faisant carrière, elles prennent de la valeur, surtout après sa mort. On fait donc là un bon investissement. Et « plus sûr » parce que, contrairement à ce qui se passe avec les toiles anciennes, on n'a pas besoin de les faire authentifier par un expert. De telles considérations, qui réduisent les œuvres à leur valeur financière, ne sont pas fréquentes, car, en général, on ne choisit pas des œuvres contemporaines par simple calcul : il entre dans ce choix un engagement plus personnel, une curiosité pour les artistes, un intérêt partagé avec des marchands ou d'autres amateurs, le sentiment qu'on s'investit dans une aventure.

Par goût pour les artistes

Paul Périer, second fils de Casimir Perier, s'était brouillé avec toute sa famille et, pour mieux marquer la séparation, avait ajouté un

1. Francis Berthier, *Recherche sur la collection Roger Dutilleul*, thèse de doctorat, Paris I, 1977, p. 52-55.

2. E. et J. de Goncourt, *Journal*, *op. cit.*, t. I, p. 877.

accent aigu à son nom. Il travaillait dans une banque mais passait son temps à visiter les musées et les ateliers d'artistes. De son père, mort en 1832, il avait hérité des tableaux hollandais classiques, mais lui-même se mit à collectionner des œuvres contemporaines. En 1841, il acheta *L'Allée des châtaigniers* à Théodore Rousseau qui venait de recevoir un camouflet : le tableau, déjà acheté par l'État pour être accroché dans une pièce de réception de la direction des Beaux-Arts, avait été refusé au Salon. Furieux, Rousseau avait demandé au directeur des Beaux-Arts de lui rendre le tableau, que Périer, étant allé le voir dans l'atelier du peintre, avait proposé d'acheter au prix fixé par le ministère[1]. À partir de là, Paul Périer devint l'ami et le protecteur de Théodore Rousseau et de Jules Dupré. En novembre 1842, par exemple, Rousseau, qui peignait dans un hameau du Berry, ne put payer sa note à l'auberge et écrivit à Dupré une lettre désespérée. Ce dernier s'en ouvrit à Paul Périer, qui fit parvenir à Rousseau 500 francs, en forme d'avance sur l'une de ses toiles.

Georges Clemenceau, chacun le sait, a été l'intime de Claude Monet, c'est à lui que nous devons la donation des *Nymphéas* installés à l'Orangerie des Tuileries ; nous avons dans la tête les photos des deux hommes, devenus vieux, à Giverny – Clemenceau traitait alors affectueusement Monet de « pauvre vieux crustacé », de « cher bon vieux bipède », ou encore de « vieux hérisson sinistre »… Mais Clemenceau ne s'est pas intéressé à Monet uniquement. Il s'est dès l'enfance intéressé à l'art sous l'influence de son père : ce médecin de province qui pratiquait le dessin, la peinture, la lithographie et le modelage a initié son fils à l'art antique et lui a transmis son intérêt pour les peintres paysagistes. Pendant ses études de médecine à Paris, de 1862 à 1865, Georges Clemenceau se mit à fréquenter les milieux artistiques. Il passa quelques soirées dans l'atelier Delestre, rue des Fossés-Saint-Jacques, y rencontra un collectionneur, Gustave Jourdan, qui devint son ami intime et lui légua, à sa mort, en 1866, une toile de Poussin – mais l'homme politique fut obligé de la vendre en 1921[2].

1. Claire Jacquet, *Paul Périer, 1812-1897*, mémoire de DEA, Histoire de l'art contemporain, Paris X-Nanterre, sous la direction de Pierre Vaisse, septembre 1992, p. 107.

2. V. Long, *Mécènes des deux mondes*, *op. cit.*, p. 307-308.

Au cours des années suivantes, bien que très occupé par ses activités politiques, Clemenceau conserva son goût pour les artistes. Il fréquenta Carrière, Raffaëlli, Manet. Il connut Gustave Manet, le plus jeune des frères du peintre, qui lui succéda en 1876 à la présidence du Conseil municipal de Paris[1]. À la fin de 1879, Clemenceau, alors âgé de trente-huit ans, député du XVIIIe arrondissement de Paris siégeant à l'extrême gauche – son influence politique allait bientôt être confirmée par la fondation du journal radical *La Justice* –, accepta de poser dans l'atelier de la rue d'Amsterdam. Le portrait que Manet fit de lui (que, d'ailleurs, Clemenceau n'aimait pas) se trouve aujourd'hui au musée d'Orsay. Clemenceau posa à nouveau en 1883-1884, pour Raffaëlli. En 1880, il fit la connaissance de Gustave Geffroy, jeune journaliste en charge du compte rendu des Salons, qui l'introduisit dans le cercle de Claude Monet. Clemenceau allait se rapprocher de Monet après la mort de Manet, en 1883. Il rencontra Degas, Sisley, Pissarro et fréquenta Forain, Steinlen et Rodin.

Grâce à des influences amicales

Le monde de l'art contemporain était une sorte de petite confrérie. Dans la plupart des ateliers, les amateurs pénétraient par recommandation et parrainage. En 1894, le banquier Joanny Peytel, qui avait été présenté à Rodin six ans plus tôt par le critique Armand Dayot, introduisit dans l'atelier du maître son confrère Albert Kahn, futur collectionneur[2]. Charles Ephrussi, dont on sait qu'il fut l'un des modèles de Swann, se convertit à l'impressionnisme grâce à ses proches. Né à Odessa en 1849, dans une famille de banquiers et d'exportateurs de blé, il avait fait ses études à Vienne, où ses parents s'étaient installés, avant de se fixer à Paris en 1871. En 1882, il habitait 81, rue de Monceau, et, par la suite, il s'établit avec son frère Ignace dans un hôtel au 11, avenue d'Iéna. Cet érudit était à la fois mondain – familier de la princesse Mathilde et de la comtesse Greffulhe – et secret. Jules Laforgue, qui fut brièvement son

1. É. Darragon, *Manet*, *op. cit.*, p. 326.
2. V. Long, *Mécènes des deux mondes*, *op. cit.*, p. 342.

secrétaire particulier, le qualifiait de « bénédictin-dandy ». En 1885, Ephrussi devint copropriétaire de la *Gazette des Beaux-Arts* qu'il dirigea après la mort d'Édouard André en octobre 1894.

Ephrussi s'intéressa à l'impressionnisme sous les influences conjuguées de ses frères Ignace et Jules (et de Fanny, l'épouse de ce dernier), de son ami intime, le collectionneur Charles Deudon, et du critique Théodore Duret. Deudon, né en 1832, était fort riche, héritier de mines au pays de Galles et propriétaire du magasin de vêtements *Old England*. Il acheta son premier tableau, un Hobbema, en 1875, et passa ensuite à Renoir (en mai 1876, il acheta à Durand-Ruel une *Danseuse* pour 1 000 francs, puis, devenu ami de Renoir, il lui en acheta cinq autres directement), Monet, Pissarro, Sisley et Manet – auquel, en 1881, il acheta *La Prune*, pour 3 500 francs ; en 1884, il fit partie du comité de l'exposition Manet[1]. Dans les années 1880, Ephrussi réunit des œuvres importantes de Manet (c'est lui qui, ayant acheté une *Botte d'asperges*, reçut ensuite du peintre une petite toile représentant une seule asperge avec ce mot : « Il en manquait une à votre botte »), Monet, Pissarro, Degas et tout particulièrement Renoir, qu'il introduisit dans la haute société juive. Il n'avait, en revanche, pas d'intérêt pour Cézanne. En 1882, il se lia avec Degas : il avait acquis deux pastels de lui en mars et avril, chez Durand-Ruel, et, en juin, Degas, qui cultivait ce nouvel amateur, l'invita en petit comité à sa crémaillère du 21, rue Pigalle. Jusqu'au début des années 1890, Ephrussi et Degas se virent régulièrement, dans les coulisses de l'Opéra notamment. L'affaire Dreyfus mit fin à leurs relations. Ephrussi poussa, à son tour, ses cousins Bernstein vers les œuvres impressionnistes : il en fit acheter à Carl, professeur de droit à Berlin ; quant à Marcel, il commanda à Manet, en 1881, le portrait de son fils âgé de cinq ans, Henry, le futur dramaturge, qui devint, lui aussi, un grand collectionneur[2].

1. En 1894, Deudon se maria et s'établit à Nice, où il mourut vingt ans plus tard. Ses tableaux impressionnistes, qu'auraient voulu racheter Durand-Ruel ou les frères Bernheim-Jeune, passèrent à Paul Rosenberg, qui les exposa dans sa galerie en mai-juin 1922 (A. Distel, *Les Collectionneurs des impressionnistes, amateurs et marchands*, *op. cit.*, p. 157-158).

2. H. Loyrette, *Degas*, *op. cit.*, p. 475-476.

Bien d'autres amateurs furent influencés par Théodore Duret, auteur, en mai 1878, de la brochure *Les Peintres impressionnistes*, à commencer par son cousin Étienne Baudry. Celui-ci s'était d'abord intéressé à Corot et à Courbet. Grâce à Jules Castagnary, son condisciple au collège de Saintes, il fit la connaissance de Courbet qu'il invita à séjourner dans son château de Rochemont, pendant l'été de 1862. Étienne Baudry resta très lié avec Courbet, l'aida pendant ses années d'exil et lui acheta, en 1875, *Les Demoiselles du bord de Seine*. Introduit par Duret auprès des impressionnistes, Pissarro puis Monet, Baudry acheta *La Maison bleue, Zaandam*, de Monet, à la première vente Hoschedé, le 13 janvier 1874.

Quant à Jacques Doucet, c'est après 1920, à presque soixante-dix ans, qu'il s'orienta vers le fauvisme et le cubisme sous l'influence de jeunes écrivains, Reverdy, Max Jacob, Cendrars, Radiguet, Aragon et surtout André Breton, qui devint son secrétaire en 1921. Mais, si l'on en croit ce qu'il a confié à Fénéon, il avait commencé dès 1875 (il avait vingt et un ans) à acheter des œuvres de la nouvelle école, soit au père Portier, soit directement aux artistes. À Raffaëlli d'abord, qu'il avait rencontré peignant en plein air, puis à Degas et à Monet, dont il fréquentait les ateliers : « Il m'arrivait de leur acheter, à celui-ci une Marine, à celui-là une Danseuse, acte qui n'était pas sans mérite, car j'étais démuni d'argent[1]. » Doucet avait également constitué deux autres collections : des œuvres du XVIIIᵉ siècle français, qu'il revendit en juin 1912 pour 14 millions de francs, et une bibliothèque d'art et d'archéologie, qu'il légua à la Sorbonne en 1917.

Sous l'influence d'un marchand

Roger Dutilleul avait acheté ses premiers tableaux en 1904, à l'âge de trente et un ans : des œuvres de Bernard Naudin et Hillairet. Mais le véritable début de sa collection date de 1907, avec l'ouverture de la galerie Kahnweiler. Il acquit alors de la peinture fauve : Braque, Derain, Vlaminck, Van Dongen, Friesz. Puis, en

1. François Chapon, *Mystères et splendeurs de Jacques Doucet*, Paris, J.-C. Lattès, 1984, p. 75.

1908, il acheta ses premières toiles cubistes : le *Paysage à l'Estaque* de Braque et un petit Picasso, *La Tasse*. Kahnweiler disait de Dutilleul qu'il avait été « dès la première heure un amateur fervent[1] ». Pourtant, dans une interview, Dutilleul souligne que la seule ferveur n'expliquait pas ses choix de jeunes contemporains, il y avait aussi des raisons financières. Il portait grand intérêt à la peinture classique – Vélasquez, Goya, Le Greco –, mais elle était trop chère. Les contemporains reconnus coûtaient trop cher également : « Je n'ai pas un mérite particulier, c'est par nécessité que je suis allé aux jeunes. J'aimais beaucoup Cézanne mais, déjà en 1907, les prix atteints chez Bernheim étaient inaccessibles pour moi. À défaut, tout ce qui lui ressemblait m'aguichait beaucoup. Remarquez que c'est là un principe très dangereux, mais en l'occurrence cela me mit sur la bonne voie. Ainsi je découvris Friesz, accompagné de Derain et Matisse dans une petite librairie de la rue de Lille. Et un peu plus tard j'acquis pour cent francs chez Berthe Weill une toile de Braque de l'époque fauve. Mais surtout ce goût me fit fréquenter la boutique que Kahnweiler, alors âgé de 21 ans, venait d'ouvrir. Sensible, intelligent, il discutait longuement avec moi et encouragea, fortifia mes penchants. C'est lui qui m'entraîna vers Picasso. Je devins en vérité son disciple. Et comme les artistes venaient souvent chez lui entre 4 et 7, je fis peu à peu leur connaissance et nouai avec eux des liens amicaux qui n'ont jamais été rompus jusqu'ici[2]. » Kahnweiler insiste cependant sur l'indépendance de son client : « Dutilleul était un vrai amateur guidé par l'instinct. Il n'était pas un acheteur méthodique. Il achetait des cubistes et non pas du cubisme et restait libre devant son propre sentiment[3]. » La preuve : Dutilleul ne s'est pas laissé influencer par les marchands, même par lui, Kahnweiler, qui n'est jamais arrivé à le convaincre d'aimer Juan Gris ; le collectionneur trouvait Gris « trop sec, trop professoral ».

1. Daniel-Henry Kahnweiler, « Du temps que les cubistes étaient jeunes », *L'Œil*, janvier 1955, p. 29, cité par Francis Berthier, *Recherche sur la collection Roger Dutilleul*, *op. cit.*, p. 56.

2. Roger Dutilleul, *Art présent*, numéro spécial, *L'Art et l'Argent*, 1948, cité par Francis Berthier, « La merveilleuse et grande aventure de Roger Dutilleul », *Galerie des arts*, n° 220, décembre 1983-janvier 1984, p. 48.

3. *Ibid.*, p. 59.

Figures de collectionneurs

Des princes proches des artistes : le duc d'Orléans et la princesse Mathilde

Le fils aîné de Louis-Philippe, mort à trente-deux ans, en 1842, s'était mis, dès les débuts du règne de son père, à collectionner. Par goût, d'une part, mais aussi parce qu'il se sentait un devoir de mécène, il avait choisi de n'acquérir que des œuvres d'artistes vivants. D'avril 1831 à mai 1832, alors qu'il disposait seulement de la pension de 15 000 francs mensuels versée par Louis-Philippe, le prince consacra près de 40 000 francs à ses achats. Quand la liste civile lui eut accordé un million de francs par an, il dépensa entre 100 000 et 150 000 francs en acquisitions et encouragements[1]. Il achetait lors du Salon annuel, qu'il visitait avec soin, ou bien passait commande aux artistes. Il avait une grande admiration à la fois pour Delacroix, dont il acquit *L'Assassinat de l'évêque de Liège* en 1831, *L'Intérieur d'un couvent* en 1834, *Le Prisonnier de Chillon* en 1835, *L'Arabe au tombeau* et *Hamlet et le fossoyeur* en 1839, et pour Ingres, auquel il commanda, dès 1833, la *Stratonice*, pour faire pendant à *L'Assassinat du duc de Guise* de Delaroche. La réalisation du tableau dura plusieurs années et la *Stratonice* ne fut livrée qu'en juillet 1840. Le duc d'Orléans en fit une exposition publique au Palais-Royal et écrivit à Ingres, le 25 septembre : « Son apparition a désarmé la critique et conquis tous les suffrages. Je n'ai pas la prétention de joindre le mien à l'unanimité de ceux qu'a recueillis ce magnifique ouvrage, mais je n'ai pas voulu attendre jusqu'au moment où vous reviendrez jouir ici d'un succès aussi bien mérité [Ingres est encore à Rome], pour vous exprimer mon admiration pour une œuvre aussi complète, et ma joie d'avoir sous les yeux un tableau dont l'École française s'enorgueillit à si juste titre. »

Le prince avait une amitié réelle pour Ary Scheffer[2], auquel il commanda, en 1832, *La Médora* et *Le Giaour* et dont il acheta *Fran-*

---

1. *Le Mécénat du duc d'Orléans, 1830-1842*, *op. cit.*, p. 37.
2. Ary Scheffer avait été le professeur de dessin des princes d'Orléans à partir de 1822.

cesca da Rimini à la veille du Salon de 1835. À Louis-Godefroy Jadin, il passa commande, en 1839, de quatre toiles sur le thème de la chasse, destinées à orner la salle à manger du pavillon Marsan. Il acquit encore des œuvres de Paul Huet, Louis Cabat, Corot, et, au Salon de 1838, le petit tableau d'un débutant, Meissonier. Il lui arriva d'entrer en conflit ouvert avec le jury du Salon en manifestant sa sympathie à un artiste dont les œuvres avaient été rejetées. Ainsi, en 1837, il fit savoir publiquement à Barye « tout le déplaisir » que lui avait causé le refus des bronzes conçus par le sculpteur pour son surtout de table et il passa commande à Jean Gigoux d'une réduction d'*Antoine et Cléopâtre*, sa grande toile qui n'avait pas été retenue. À sa mort, sa collection comprenait soixante-cinq tableaux, qui furent dispersés par la vente du 18 janvier 1853. Ludovic Vitet écrivit à cette occasion : « Peu d'amateurs si haut placés ont donné aux arts et aux artistes une plus intelligente protection[1]. »

Dans les familles régnantes, certains membres se sont fait une spécialité de fréquenter les artistes. Le duc d'Orléans cherchait à attirer au pavillon Marsan les gens qui comptaient dans le monde des arts, des lettres et des sciences, et il y réussissait. À Paris ou à Saint-Gratien, la princesse Mathilde, cousine de Napoléon III, pratiquait la peinture en amateur, collectionnait et recevait des acteurs du monde de l'art, à commencer par le comte de Nieuwerkerke, surintendant des Beaux-Arts, qui était aussi son amant. À Saint-Gratien, en août 1865, étaient réunis les peintres Ernest Hébert, Eugène Giraud, Paul Baudry, Charles Marchal, Jules-Émile Saintin, Alfred Arago, également inspecteur des Beaux-Arts, et le conservateur du musée de Versailles Eudore Soulié[2]. Pour Noël 1866, les mêmes furent invités à la distribution des étrennes, à côté de membres de la famille, avec, en plus, les peintres Gustave Boulanger et Alexandre-Paul Protais et le conservateur du musée de Cluny, Edmond du Sommerard, fils du célèbre antiquaire[3]. Mais les relations entre la princesse et les artistes étaient à la merci de dissensions politiques. Elle était très susceptible pour tout

1. *Le Mécénat du duc d'Orléans, 1830-1842*, *op. cit.*, p. 88.
2. E. et J. de Goncourt, *Journal*, *op. cit.*, t. I, p. 1177.
3. *Ibid.*, t. II, p. 59.

ce qui touchait à sa famille. Aussi Henri Gervex, que la princesse avait soutenu en 1878, au moment du scandale de *Rolla*, la consulta-t-il, deux ans plus tard, avant d'exposer au Salon des artistes français un tableau qui évoquait le coup d'État, *Souvenir de la nuit du 4*, inspiré des *Châtiments*. La princesse lui donna son *nihil obstat*. Mais le sous-secrétaire d'État aux Beaux-Arts décréta que les exposants des Salons devraient, au bas de chaque toile, en inscrire le sujet : « Des amis de la princesse Mathilde », écrit Gervex, « lisent ces lignes, voient une allusion et un blâme au coup d'État, et me dénigrent auprès d'elle. [...] Quelques jours plus tard, un de ses familiers me rencontrant me dit en riant : *Quand vous irez dimanche chez la princesse, on vous lavera la tête !* Fut-ce cette perspective ? Fut-ce autre chose ? Je n'y remis plus jamais les pieds[1]. » Contrairement à son affirmation, il y retourna cependant, puisqu'il y fit la connaissance d'un membre du gratin international, James Gordon Bennett Junior, dont il devint l'ami proche dans les années 1890. Riche Américain, propriétaire du *New York Herald*, installé à Paris, possédant un hôtel particulier avenue d'Iéna, des appartements sur les Champs-Élysées, un pavillon à Versailles, une villa à Beaulieu et des chasses en Hongrie, Bennett avait, en 1887, décidé de fonder l'édition européenne de son journal, destinée à la *high society* des Américains en Europe. Excentrique, il avait un train de vie fastueux : son yacht *Lysistrata*, long de cent mètres, était équipé d'un bain turc et surtout d'une étable avec deux vaches laitières, car, où qu'il soit dans le monde, Bennett exigeait du lait frais tous les matins. Gervex s'entendait très bien avec la personnalité fantasque de Bennett et il partit fréquemment pendant l'été faire des croisières avec lui en Méditerranée[2].

Du contemporain à l'ancien : les Jacquemart-André

En 1857, Winterhalter fit le portrait d'Édouard André. Bel homme brun de vingt-quatre ans, il est en grand uniforme de sous-lieutenant des guides de la Garde impériale, tenant d'une main un

1. *Henri Gervex, 1852-1929*, *op. cit.*, p. 33.
2. *Ibid.*, p. 58.

colback noir et de l'autre la poignée de son épée. Ses parents, Ernest André et Louise Cottier, étaient tous deux issus de familles de banquiers protestants et sympathisants bonapartistes. Le jeune homme ne devint pas banquier mais militaire, peut-être sous l'influence de sa belle-mère, Mathilde Gudin, fille d'un héros de l'armée impériale. Retourné à la vie civile en 1859, après la campagne d'Italie, Édouard André se mit à acheter de la peinture sur les conseils de son oncle, Maurice Cottier. L'intérêt pour les beaux-arts et la littérature était une tradition dans la famille André : il y avait, chez les parents d'Édouard comme chez ses cousins, des collections d'œuvres d'art et de belles bibliothèques. Par ailleurs, le jeune homme fréquentait le comte James-Alexandre de Pourtalès et d'autres grands collectionneurs, membres comme lui du Jockey-Club et de l'Union artistique[1]. Édouard André acheta d'abord des tableaux modernes, de l'École de Barbizon et des orientalistes (Charles Jacque, Jules Dupré, Diaz, Gérôme...), et continua avec Meissonier, Delacroix, Cabat, Hébert... Il installa cette première collection dans son hôtel du 3, rue Roquépine, mais commença à s'intéresser à la peinture ancienne, en acquérant dans les ventes des œuvres de Fragonard, Guardi et Rembrandt.

À la mort de son père, en 1864, Édouard André lui succéda comme député du Gard. Il décida alors de se faire construire, boulevard Haussmann, une vaste demeure, où il pourrait recevoir toutes les notabilités. Il en confia la réalisation à l'architecte Henri Parent, qui lui proposa un projet tourné vers le XVIIIe siècle. Commencé à la fin de 1868, l'hôtel ne fut terminé qu'en 1876. Ce nouveau cadre allait orienter désormais les intérêts d'Édouard André : après 1870, il n'acheta plus que des tableaux et des objets anciens[2]. À la chute de l'Empire, Édouard André ne fut pas réélu député, mais, propriétaire du château de Rentilly, situé sur la

1. *Nélie Jacquemart et Édouard André, collectionneurs, mécènes et muséographes*, numéro spécial hors série de *L'Estampille-L'Objet d'art*, 2004, p. 8.

2. Ris-Paquot, *Annuaire artistique des collectionneurs*, *op. cit.*, p. 202 : « É. André, vice-président du musée des Arts décoratifs, 3, rue Roquépine. Émaux, verres antiques, céramique, terres cuites, bonbonnières, étuis à aiguilles, coffrets, boîtes à odeurs, porcelaines de Sèvres. »

commune de Lognes, il resta maire de la localité jusqu'en 1877. Il investit de l'argent dans plusieurs journaux, parmi lesquels la *Gazette des Beaux-Arts*, dont il devint propriétaire en 1872, avec Maurice Cottier et Ernest Hoschedé. Il fut élu, en 1874, président de l'Union centrale des beaux-arts appliqués à l'industrie. Entouré de Philippe de Chennevières et du collectionneur Richard Wallace, propriétaire du château de Bagatelle, il se consacra totalement à la promotion des arts décoratifs[1].

En 1881, Édouard André, affaibli par la syphilis, tomba sous la coupe d'une aventurière et sa famille décida de le marier. Pour ce mariage blanc, le choix se porta sur un peintre, Nélie Jacquemart, qui avait fait le portrait d'Édouard en 1872[2]. Élève de Léon Cogniet et d'Ernest Hébert, elle avait exposé au Salon et obtenu des commandes d'État (décoration d'églises parisiennes) avant de devenir portraitiste du monde officiel (ministres, représentants de l'industrie et de la finance, la famille de France). Elle était reçue à Chantilly, chez le duc d'Aumale[3]. Après son mariage, elle renonça définitivement à la peinture. Et ce n'était pas pour se conformer au désir de son mari puisqu'il avait fait transformer en atelier une pièce de leur hôtel. Mais elle ne l'occupa jamais et relégua ses toiles dans les chambres des domestiques. Le couple Jacquemart-André allait donc se consacrer à la constitution de collections de peintures et d'objets d'art et à leur mise en scène. Les tableaux du XIXe siècle furent discrètement mis en vente chez Georges Petit et à l'hôtel Drouot. Édouard et Nélie se montrèrent éclectiques, voyageant beaucoup, achetant chez les antiquaires et les grands marchands

1. L'ouverture du musée des Arts décoratifs n'aura lieu qu'en 1905.

2. Nélie était la fille d'une femme de chambre de grande maison. Peut-être son père était-il M. de Vatry, propriétaire du domaine de Chaalis. En tout cas, Mme de Vatry, qui n'avait pu avoir d'enfant, l'avait élevée, lui donnant une bonne éducation. D'après les témoignages, en particulier celui de Geneviève Bréton, fiancée du peintre Henri Regnault, Nélie était une ambitieuse qui rêvait d'un beau mariage. La comtesse de Pange raconte qu'en 1905 sa mère fit la connaissance de Nélie Jacquemart-André au Comité féminin des Arts décoratifs. Elle aurait voulu se remarier et avait pensé à l'oncle de la comtesse, François de Broglie (*Comment j'ai vu 1900,* t. II, *Confidences d'une jeune fille*, Paris, Grasset, 1965, p. 160-161).

3. E. et J. de Goncourt, *Journal*, *op. cit.*, t. II, p. 617 (14 décembre 1874).

européens aussi bien des sculptures médiévales que du mobilier Régence ou des porcelaines de Chine ; à partir de 1882, ils allèrent chaque année en Italie pour en rapporter des sculptures, des coffres, des bas-reliefs, et même des plafonds et des fresques[1]. Nélie, devenue veuve en 1894, termina seule, vers 1900, l'installation de l'hôtel. Sans enfant, elle rédigea alors un testament au profit de l'Institut de France, avec pour objectif le désir de pérenniser l'œuvre qu'elle avait édifiée avec son mari. Elle continua également à collectionner seule. En 1902, à soixante ans, elle fit le tour du monde, acheta des trésors archéologiques aux Indes, parcourut la Birmanie, etc. À son décès, en 1912, deux mille lots n'avaient jamais été ouverts ni montrés. Le musée Jacquemart-André fut inauguré le 10 décembre 1913 par Raymond Poincaré.

Un industriel peintre et collectionneur : Henri Rouart

En 1868, Henri Rouart exposait au Salon pour la première fois. Mais ce peintre était d'abord un industriel. Né à Paris en 1833, il était le fils d'un passementier spécialisé dans les uniformes pour l'armée, qui était en relations avec les artistes s'intéressant à la peinture militaire comme Charlet ou Horace Vernet[2]. Diplômé de Polytechnique, Henri Rouart fut bientôt à la tête d'une entreprise de mécanique florissante. Il acheta un terrain dans le nouveau quartier de la plaine Monceau et fit construire deux hôtels particuliers rue de Lisbonne : il vécut au 34, avec sa femme, Hélène Jacob-Desmalter, petite-fille de l'ébéniste de Napoléon Ier, et leurs cinq enfants ; au 36, il installa sa famille, ses parents d'abord, puis son frère Alexis, qui devint son associé en 1885[3].

À côté de son activité de patron d'industrie, Henri Rouart

1. V. Monnier, *Édouard André*, *op. cit.*, p. 203-208.

2. *Au cœur de l'impressionnisme, la famille Rouart*, Paris, Paris-Musées, 2004, p. 17.

3. Précurseur, Rouart, entouré d'ingénieurs et de chercheurs, avait déposé des brevets prouvant l'avance technologique de la société : moteur à vapeur chauffé par le gaz, froid industriel, moteur à quatre temps. La fructueuse activité industrielle d'Henri Rouart fut reconnue officiellement : il fut nommé chevalier de la Légion d'honneur en 1878, puis officier en janvier 1892. L'époux de sa fille, Eugène Marin, lui succéda à la tête des usines, qui furent vendues en 1903.

exploitait ses talents artistiques. Dès l'enfance, il s'était montré doué pour le dessin, puis s'était mis à peindre. Il exposa au Salon entre 1868 et 1872, comme élève de Levert, Véron et Brandon. Mais c'est auprès de Millet, à Barbizon, qu'il allait peindre, du samedi au lundi. À la fin des années 1860, Rouart se mit à acheter des tableaux, chez le père Martin. En 1870, pendant le siège de Paris, il eut sous ses ordres Degas, naguère son condisciple à Louis-le-Grand, qui était engagé volontaire. Les deux hommes ne se quittèrent plus jusqu'au décès de Rouart, en 1912. Au côté de Degas, Henri Rouart allait participer à l'aventure impressionniste comme peintre et comme collectionneur (mais il achetait aussi Corot, Millet, Jongkind, Cals...). Son frère, Alexis, était, lui aussi, un grand amateur d'art, achetant de la peinture romantique – Delacroix, les Devéria, Ary Scheffer, Eugène Isabey... – et des objets d'Extrême-Orient. Ami de Degas également, il partageait sa passion pour les estampes japonaises et la gravure. Il avait des intérêts dans la galerie Manzi-Joyant et était membre de l'Union centrale des arts décoratifs, dont son beau-père Lerolle fut l'un des fondateurs. Degas dînait rituellement chez chacun des deux Rouart, nous l'avons vu au chapitre précédent. Les convives ordinaires chez Alexis étaient, en plus de son frère, le Dr Descouts, médecin légiste de la Ville de Paris, l'abbé de Kergariou, Delavaud, un professeur de dessin, et Gaston Caze, directeur d'une fabrique de meubles. Tous dessinaient ou peignaient. L'abbé de Kergariou, qui avait fait de la céramique, mit à l'ordre du jour la question des services de table et de leur décoration. Une sorte de concours s'ouvrit, chacun devait fabriquer une douzaine d'assiettes. Degas décora un plat et dix assiettes[1].

En 1873, Henri Rouart fut au nombre des artistes refusés au Salon. En décembre de cette année-là, il participa avec Degas à la création de la Société anonyme coopérative d'artistes peintres, sculpteurs, graveurs et lithographes[2]. Rouart exposa à la première manifestation impressionniste, en 1874, puis régulièrement jusqu'en 1886 avec les

1. A. Distel, *Les Collectionneurs des impressionnistes, amateurs et marchands*, *op. cit.*, p. 190-191.

2. *Au cœur de l'impressionnisme, la famille Rouart*, *op. cit.*, p. 23. Henri Rouart était au nombre des administrateurs de la Société, aux côtés de Pissarro, Mettling, Feyen-Perrin, Meyer, de Molins et Monet.

« peintres indépendants » (sauf en 1882, où il se solidarisa avec Degas, qui refusait d'exposer) et contribua financièrement à la location des salles. Il encouragea les artistes par ses acquisitions, en ventes publiques d'une part – ventes Hoschedé de 1874 et 1875, vente impressionniste de 1875, vente Manet de février 1884, vente Chocquet de 1899… –, en galeries d'autre part – à Paul Durand-Ruel, il acheta des toiles de Degas, Puvis de Chavannes, Pissarro, Manet… –, en ateliers enfin : il achetait par exemple directement à Monet, auquel il consentait des avances régulières. Mais Rouart était éclectique : il acquit aussi des statues égyptiennes, de la sculpture gréco-romaine ou des tanagras, des œuvres de Barye et de Medardo Rosso, et de la peinture ancienne (Le Greco, Vélasquez, Goya, Chardin…). Sur les deux cent quatre-vingt-cinq lots que comportait la vente des tableaux de sa collection en décembre 1912 à la galerie Manzi-Joyant, on comptait soixante-dix-sept tableaux anciens. Rouart joua un rôle pour la collectivité, en prêtant ses œuvres à la galerie Durand-Ruel pour l'exposition Daumier, en 1878, ou Renoir, en 1892, en ouvrant le vendredi sa maison et ses collections au public, et en devenant l'un des premiers administrateurs de la Société des amis du Louvre créée en 1897[1]. Les deux ventes Henri Rouart, de 1912 et 1913, furent parmi les plus importantes de l'époque : Paul Durand-Ruel, agissant pour Louisine Havemeyer, poussa les *Danseuses à la barre* de Degas jusqu'à 435 000 francs, le prix le plus élevé payé alors en vente publique pour un artiste vivant ; Jacques Doucet acheta *Sur la plage* de Manet pour 100 000 francs. L'ensemble de la dispersion des quelque cinq cents peintures – dont quarante-huit Corot – et quatre cents dessins rapporta environ 6 millions de francs[2].

Peintre, critique d'art, collectionneur et donateur : Étienne Moreau-Nélaton

Étienne Moreau, né le 2 décembre 1859, ajouta à son nom, à l'âge de quinze ans, celui de sa mère, peintre et céramiste, Camille

1. *Ibid.*, p. 24.
2. *Ibid.*, p. 25 et 40.

Nélaton, fille du chirurgien de Napoléon III. Son père, auditeur au Conseil d'État, était peintre amateur et héritier d'une importante collection de tableaux. Le père de son père, en effet, Adolphe Moreau, l'un des agents de change les plus riches de Paris, avait commencé à acheter des toiles dans les années 1830. À sa mort, il en possédait plus de huit cents, Delacroix, Corot, Troyon, Gérôme, Diaz, Couture, Roqueplan, Marilhat[1]... Adolphe Moreau tenait un salon où il aimait accueillir ses amis peintres et gens de lettres, Delacroix en tête. Les parents d'Étienne Moreau-Nélaton fréquentaient des gens cultivés : écrivains comme Edmond About, critiques comme Francisque Sarcey, peintres comme Harpignies, Gérôme, Couture, Rosa Bonheur, Eugène Lami. En août 1878, Étienne Moreau-Nélaton intégra l'École normale supérieure, mais, après un échec à l'examen de sortie, abandonna les lettres. Il s'intéressait depuis longtemps à la peinture, allait voir des musées à l'étranger, suivait toutes les expositions d'art contemporain, appréciait les impressionnistes chez Durand-Ruel et, grâce à Henry Lerolle, découvrit Puvis de Chavannes : « Mon père ne partageait pas mon enthousiasme. Il me prenait en pitié lorsqu'en 1881, j'applaudissais au *Pauvre pêcheur*. Il m'en apportait la photo par dérision... mais moi je l'appliquais sur le mur de ma thurne et ne me lassais pas de la contempler[2]. » Précisons que le père d'Étienne collectionnait le mobilier, au point que son logis, 63, rue Taitbout, était un vrai garde-meubles. En peinture, il achetait seulement Harpignies, dont il avait été autrefois l'élève ; il avait négocié avec Manet pour acquérir *Argenteuil*, mais, trouvant la toile trop chère (6 000 francs), il avait abandonné la transaction[3].

1. V. Pomarède, *Étienne Moreau-Nélaton, un collectionneur-peintre ou un peintre-collectionneur*, *op. cit.*, p. 29. L'un des frères d'Adolphe Moreau, Frédéric, était également agent de change. Passionné par l'archéologie, une fois à la retraite, il finança lui-même, pendant trente ans, ses propres campagnes de fouilles dans la région de l'Aisne. Il tint un journal de fouilles et légua sa collection d'antiquités au musée de Saint-Germain-en-Laye. Le père d'Adolphe et Frédéric, Martin-Ferdinand Moreau, était un important marchand de bois qui avait spéculé sur les maisons des nobles exilés sous la Révolution.

2. V. Pomarède, *Étienne Moreau-Nélaton, un collectionneur-peintre ou un peintre-collectionneur*, *op. cit.*, p. 50.

3. *Ibid.*, p. 31.

À la mort de son père, en juillet 1882, Étienne Moreau-Nélaton se décida à apprendre le métier de peintre. Il suivit pendant deux hivers les cours d'une petite académie dirigée par Albert Maignan. En 1884, il envoya au Salon une aquarelle qui fut acceptée et même vendue à un inconnu, au prix de 150 francs. Deux ans plus tard, il exposa au Cercle Volney et trouva un marchand, Georges Thomas, boulevard Malesherbes, qui vendit un de ses pastels 350 francs[1]. En 1888, le peintre exposa chez Georges Petit, avec le groupe des Trente-Trois, et l'année suivante à Bruxelles, avec le groupe des Vingt. Il eut une première grande rétrospective chez Bernheim-Jeune, en mai 1899 ; Durand-Ruel organisa la deuxième, en mars 1902.

C'est en 1886 qu'Étienne Moreau-Nélaton acquit sa première œuvre, un Manet. Mais il ne collectionna de façon systématique qu'après la mort de sa mère et de sa femme, le 4 mai 1897, dans l'incendie du bazar de la Charité. Il se mit à acheter pour survivre : dès le 29 mai, un Corot et un Manet[2]. Il allait constituer sa collection en sept années seulement. Il faisait des acquisitions à l'hôtel Drouot (par exemple, en 1899, à la vente Doria) et dans les galeries, principalement chez Durand-Ruel (*Le Déjeuner sur l'herbe* de Manet, en avril 1900, pour 55 000 francs), mais aussi chez Bernheim-Jeune et Georges Petit ; on ne le voyait guère en revanche chez Vollard. En 1900, il décida de faire un tri dans la collection dont il avait hérité[3]. Lors d'une vente fleuve, en mai, il se sépara de certains tableaux de son grand-père qui ne correspondaient pas à ses goûts personnels. Mais il lui restait de nombreux trésors, anciens et contemporains mélangés, comme le raconte Jules Flandrin qui dîna chez lui en juillet 1904 : « Dès la cour de l'hôtel, on voit

1. À titre de comparaison, V. Pomarède, *Étienne Moreau-Nélaton, un collectionneur-peintre ou un peintre-collectionneur*, *op. cit.*, p. 76 : en 1880, une huile de Monet chez Georges Petit se vendait 1 200 francs ; un tableau de Sisley, 2 000 francs ; en 1891, Gauguin vendit trente toiles pour 10 000 francs, soit environ 350 francs la toile ; en 1894, Cézanne obtint entre 45 et 215 francs pour une toile.

2. *De Corot aux impressionnistes, donations Moreau-Nélaton*, Paris, Éd. de la Réunion des musées nationaux, 1991, p. 3. Il faut ajouter qu'avec la mort de sa mère il disposait de moyens financiers importants.

3. Vincent Pomarède, dans *De Corot aux impressionnistes*, *op. cit.*, p. 36, parle de « dégraissage » systématique de la collection, suivi d'une campagne d'acquisition de trois ou quatre tableaux par an.

l'entrée ornée comme cela, de quatre bustes du dix-huitième ou du dix-septième sur des socles. Là, derrière un vestibule de la même largeur peu profond, une entrée de musée, des meubles anciens superbes, bois sculptés, faïences, tapisseries. Sur la face gauche autour d'un meuble, des portraits de l'époque de Clouet. En face, trois beaux anges grandeur nature de Puvis de Chavannes, tous trois en blanc. Devant, le buste de Puvis par Rodin. Déjà, de Jongkind, de Millet, aquarelles ou dessins sur les murs. Puis un escalier orné tout du long de dessins de tous les artistes passés ou modernes. Enfin dans les salles, trois étages de trois salles (au deuxième), quatre (au premier), trois (au rez-de-chaussée), couvertes de chefs-d'œuvre, Delacroix, Manet, Fantin, Monet, Sisley, Troyon, Dupré, Decamps, Forain, Maurice Denis, etc. etc. mais surtout Corot partout ! Et par-dessus tout, une dame de Corot, debout, jupe et corsage, les bras nus, dans un sous-bois, une Madeleine au désert je pense, feuilletant un livre[1]... » La collection de Moreau-Nélaton fut estimée à plus de 1 540 000 francs.

En 1906, Étienne Moreau-Nélaton fit une première donation au musée du Louvre, de cent toiles allant de Prud'hon et Géricault jusqu'aux impressionnistes. En y mettant une condition absolue : la collection resterait sans addition ni retrait lorsqu'elle serait transférée au Louvre, après son exposition temporaire au musée des Arts décoratifs. Cette donation, qui fut complétée par une petite donation en 1919 et un legs en 1927, répondait à deux objectifs : imposer officiellement l'impressionnisme, d'une part ; enrichir, d'autre part, les collections nationales de quelques tableaux importants du XIXe siècle et lutter contre la fuite des œuvres à l'étranger. C'était la plus généreuse donation faite au Louvre après celle du Dr La Caze en 1865. Elle conforta dans leurs intentions Alfred Chauchard et Isaac de Camondo, qui établirent des testaments, l'un en 1906, l'autre en 1908, pour léguer leurs collections au Louvre[2]. Mais elle déçut Degas, qui avait espéré s'associer avec Moreau-Nélaton : « Je comptais, lui écrivit-

1. G. Flandrin et F. Roussier, *Jules Flandrin, 1871-1947*, *op. cit.*, p. 77.

2. On dit qu'Alfred Chauchard, friand de décorations, fit don de sa collection au Louvre pour obtenir la grand-croix de la Légion d'honneur, qui lui fut décernée en 1907.

il, que nous ferions notre petite affaire ensemble. Par exemple, nous aurions procédé autrement. On ne met pas l'État dans une histoire comme celle-là. Le local trouvé, nous faisions une société privée ; nous nommions un directeur à nous, qui choisissait lui-même son successeur[1]. » La même année 1906, Moreau-Nélaton publia sa première monographie, *Manet, graveur et lithographe*. Il allait peu à peu remplacer son activité de peintre par l'écriture : à partir de 1910, Étienne Moreau-Nélaton fut un historien d'art réputé, pour le XIXe siècle en peinture et pour le XVIe siècle en dessin.

Victor Chocquet et le comte Doria, des prosélytes

En 1874, dans l'exposition des impressionnistes, le comte Doria fut choqué par les paysages de Cézanne. Mais, loin de se laisser rebuter et désireux de comprendre, il dit tout à coup à son fils : « Décidément nous n'y entendons rien. Il y a des choses de premier ordre là-dedans. Il faut que j'aie quelque chose de ce peintre-là[2]. » Et il acheta *La Maison du pendu*. Cependant, il céda aux supplications de Victor Chocquet et consentit à lui échanger le tableau contre un autre Cézanne, *La Neige fondante*.

Si vous lisez *L'Œuvre*, vous rencontrez Victor Chocquet : c'est lui que Zola a pris pour modèle de M. Hue, ancien chef de bureau qui achète les œuvres les plus rudes de Claude Lantier et les accroche à côté de ses Delacroix. Né à Lille, en décembre 1821, Chocquet était le dixième enfant d'un fabricant de fil. En 1842, il devint employé de l'administration des Douanes, d'abord à Dunkerque, puis à Paris, comme rédacteur principal à la direction générale, où il gagnait 800 francs par an. Lorsqu'il prit sa retraite à cinquante-six ans, en 1877, il ne gagnait que 4 000 francs par an et le loyer de son appartement de quatre pièces, au cinquième étage du 198, rue de Rivoli, lui coûtait le quart de son traitement. Il fréquentait l'hôtel Drouot depuis le début des années 1860 et sa passion pour

1. *De Corot aux impressionnistes*, *op. cit.*, p. 5.

2. *Collection de M. le comte Armand Doria*, t. II, *Catalogue analytique par M. Léon Roger-Milès*, Paris, Imprimerie Georges Petit, 1899 (vente des lundi 8 et mardi 9 mai), intr. d'Arsène Alexandre, p. XII.

les ventes publiques posait problème. D'une part, son avancement était bloqué, car il n'envisageait nullement de quitter Paris pour les frontières du pays – qu'aurait-il bien pu trouver, disait-il, chez les brocanteurs de Charleville ou d'Annecy ? Comme, d'autre part, sa passion était sans rapport avec ses moyens financiers, cet homme grand, maigre, au visage d'ascète et à la courte barbiche, devait rogner sur toutes les dépenses pour acheter ce qu'il aimait : « Nous ne mangerons pas de poulet dimanche, annonçait-il à sa femme, j'ai découvert un petit Daumier[1]... » Ajoutons que l'un des frères de Victor, Edmond Chocquet, chef de bureau au ministère de l'Intérieur, était lui aussi collectionneur.

Descendant d'une vieille famille génoise, le comte Armand Doria naquit en 1824 à Paris, où ses parents possédaient un hôtel particulier, rue de la Perle. Après son mariage, en 1854, il s'installa à Orrouy, près de Crépy-en-Valois, dans le château qui appartenait à ses beaux-parents ; en 1864, il devint maire du village, et le resta jusqu'à sa mort en 1896. Dès 1856, il s'était engagé dans l'aventure de l'art contemporain, en achetant Jongkind, Corot (dont il posséda, au total, soixante-neuf tableaux et vingt-sept dessins), Millet, Rousseau, Daubigny, Daumier, Barye... Et, lorsqu'il se retrouva veuf, en 1858, avec deux jeunes enfants, il chercha une consolation dans l'art, achetant des tableaux contemporains et se liant avec les peintres et les amateurs d'art. Il les recevait à Orrouy – où les peintres Gustave Colin, Victor Vignon et surtout Adolphe-Félix Cals furent souvent ses hôtes – et à Paris, où il organisait dans son petit appartement, rue de Tivoli (aujourd'hui rue d'Athènes), des causeries sur l'art. Son quartier général était la boutique du père Martin, rue Mogador. Il avait avec ce dernier un lien véritablement amical. En témoigne ce que lui écrivait le marchand après la mort du peintre Armand Dore, victime de l'alcool et de la pauvreté : « Cher monsieur Doria, je dois vous remercier d'avoir été bon pour le peintre Dore ; il n'a plus besoin de rien ; il est mort chez Dubois vendredi passé ; nous l'avons mis en terre dimanche ; quelques amis m'ont accompagné, Lépine, Quost, Boudin, Brandon, Desvarennes et quelques personnes de ma maison. Je lui ai fait dire à Saint-Laurent son petit

1. P. Cabanne, *Le Roman des grands collectionneurs*, *op. cit.*, p. 48.

service[1] et nous sommes allés à Saint-Ouen. » Et le père Martin termine : « Merci encore, Monsieur Doria, du bien que vous lui avez fait, car il était très fier d'avoir fait les portraits dans votre famille[2]. »

C'est à la suite de la vente aux enchères du 24 mars 1875 que Victor Chocquet entra en relations avec les impressionnistes. Non qu'il eût acheté quelque chose. Mais il avait admiré et, le soir même, il écrivit à Renoir pour lui demander s'il consentirait à faire le portrait de sa femme. Renoir accepta et se rendit au domicile de Chocquet. Là étaient entassés des faïences de Nevers et de Lorraine, des porcelaines de Sèvres, des meubles Louis XIII, des bronzes, des pendules, des ivoires, des aquarelles… Dans ce fatras, des dessins de Courbet, Daumier, Manet, Corot, et, pardessus le marché, un nombre impressionnant de Delacroix : vingt peintures, trente-cinq aquarelles et vingt-quatre dessins[3]. Victor Chocquet voulait que sa femme posât de façon à ce que, derrière elle, apparût un de ses Delacroix. C'était un rappel délicat : Delacroix, treize ans plus tôt, avait refusé de peindre Mme Chocquet parce qu'il ne voyait plus très clair. Renoir, touché par la sincérité, l'enthousiasme et la chaleureuse sympathie de Chocquet, devint son ami et fit par la suite deux fois son portrait. Loin de garder pour lui son nouveau collectionneur, il emmena Chocquet à la boutique du père Tanguy pour lui montrer des œuvres de Cézanne. Chocquet acheta immédiatement des *Baigneuses* et, peu après, Renoir lui fit rencontrer Cézanne. En février 1876, Cézanne emmena à son tour son amateur à Argenteuil, chez Monet, auquel Chocquet acheta une esquisse (100 francs) et un pastel (20 francs)[4]. Lorsque Cézanne, quinze ans plus tard, peignit *L'Apothéose de Delacroix*, Victor Chocquet était le seul homme à figurer, sans être peintre, dans le groupe qui contemple les nuées où s'envole le maître, il était le seul amateur jugé digne d'accéder à ce panthéon[5].

1. C'est d'autant plus remarquable que le père Martin était radical et libre-penseur.

2. *Collection de M. le comte Armand Doria*, *op. cit.*, p. XVII.

3. P. Cabanne, *Le Roman des grands collectionneurs*, *op. cit.*, p. 47.

4. D. Wildenstein, *Monet ou le triomphe de l'impressionnisme*, *op. cit.*, p. 117.

5. A. Distel, *Les Collectionneurs des impressionnistes, amateurs et marchands*, *op. cit.*, p. 139, citant John Rewald.

En cette même année 1876, c'est à Durand-Ruel que le comte Doria acheta des toiles de Renoir puis de Pissarro, Manet, Guillaumin, Morisot, etc. Son importante collection, de presque sept cents tableaux, finit par compter une quarantaine d'impressionnistes.

Chocquet et Doria était tous deux des enthousiastes, qui s'enflammaient volontiers pour défendre les artistes auxquels ils croyaient. Chocquet, qui avait commencé à acheter des Tassaert dans sa jeunesse, se montra très froissé lorsque Alexandre Dumas fils, qui posséda jusqu'à quarante toiles de Tassaert, lui offrit 30 000 francs des siennes : « Vous êtes donc venu ici pour m'insulter. Je ne suis pas un marchand, monsieur, allez-vous-en[1] ! » Au moment de la troisième exposition impressionniste, en avril 1877, Chocquet, récemment retraité et plus disponible, s'investit dans la promotion des artistes qu'il aimait, interpellant les railleurs, essayant de rallier les réticents. Et il ne cessa plus de mener le combat : « Il devenait, se souvient Théodore Duret, une sorte d'apôtre. Il prenait, les uns après les autres, les visiteurs qu'il connaissait et s'insinuait auprès de beaucoup d'autres, pour chercher à les pénétrer de sa conviction et leur faire partager son admiration et son plaisir[2]. » Il essaya même de convaincre des critiques connus comme Albert Wolff. À l'inverse, lorsqu'il retournait dans sa ville natale, qui était aussi celle de Carolus-Duran, il prenait un malin plaisir à déstabiliser les admirateurs du portraitiste : « Carolûsse Dûran ? Ma foi non, je n'ai jamais entendu ce nom-là à Paris. Êtes-vous bien sûrs de ne pas vous tromper ? Cézanne, Renoir, Monet, voilà des noms de peintres dont tout le monde parle à Paris ! Mais votre Carolûsse, bien sûr, vous devez faire erreur[3] ! »

Quant à Doria, c'était un adversaire déclaré de l'art académique, n'hésitant pas à affirmer que les élèves des peintres officiels à l'École des beaux-arts étaient aussi abâtardis que les consanguins au quatrième degré[4] ! Adversaire également des jurys du Salon, il

1. G. Rivière, *Renoir et ses amis*, *op. cit.*, p. 41.
2. *Succession de Mme Vve Chocquet. Catalogue des tableaux modernes*, Galerie Georges Petit, 1er, 3 et 4 juillet 1899, p. 6.
3. A. Vollard, *En écoutant Cézanne, Degas, Renoir*, *op. cit.*, p. 181.
4. *Collection de M. le comte Armand Doria*, *op. cit.*, p. XVIII.

dressait les listes des peintres refusés depuis le commencement du siècle. Il se montrait enfin tout à fait sceptique à l'égard des critiques, puisque Théophile Thoré et Gustave Planche n'avaient pas compris Corot et qu'Albert Wolff s'était moqué de Monet et de Renoir. Quand il parlait d'art, Doria oubliait le temps et la fatigue. Il commentait pour ses visiteurs à Orrouy les tableaux dont le château était rempli et, malgré ses soixante-dix ans, décrochait du mur des cadres lourds pour leur montrer la peinture de plus près. Si bien qu'il les tenait des heures à converser dans l'escalier qui menait aux chambres et au donjon. Comme Chocquet, Doria pratiquait volontiers le prosélytisme et faisait des adeptes. Par exemple, un habitant d'Orrouy, Nicolas-Auguste Hazard, qui acquit cinquante-deux Cals, six Jongkind, trente-neuf Lépine, des Boudin, Caillebotte, Cézanne, Gauguin, Monet, Pissarro, Renoir, et, d'après Eugène Blot, cent Corot et cent Guillaumin… Hazard avait tant de tableaux qu'il conçut une galerie spéciale pour les exposer[1].

Mme Chocquet ayant fait, en mars 1882, un héritage inattendu, le couple put, en mars 1890, acheter pour 150 000 francs un petit hôtel, 7, rue Monsigny, en face du théâtre des Bouffes-Parisiens. Mais était-ce la mort de sa fille unique ? Était-ce le fait d'avoir installé ses collections sur quatre étages, leur donnant ainsi une allure définitive et muséale ? Victor Chocquet perdit le plaisir de la découverte et mourut en avril 1891. Sa veuve se retira à Yvetot et l'hôtel de la rue Monsigny, baptisé « la Maison déserte », resta fermé huit ans, jusqu'à sa mort[2]. Les collections de Doria et Chocquet furent mises en vente en 1899, chez Georges Petit, la première en mai, la seconde début juillet. Celle de Chocquet rapporta plus de 452 000 francs[3] – le tiers de la fortune totale du couple –, celle de Doria plus d'un million de francs[4]. À la vente

1. Elles furent vendues chez Petit et à l'hôtel Drouot après la mort de Mme Hazard, en décembre 1919.

2. P. Cabanne, *Le Roman des grands collectionneurs*, *op. cit.*, p. 63.

3. « Aujourd'hui, affirmait Durand-Ruel vingt ans plus tard, elle atteindrait trois millions. Ses héritiers étaient des provinciaux et je vous jure qu'ils ne se doutaient pas de la fortune qu'ils héritaient » (R. Gimpel, *Journal d'un collectionneur marchand de tableaux*, *op. cit.*, p. 180).

4. A. Distel, *Les Collectionneurs des impressionnistes, amateurs et marchands*, *op. cit.*, p. 171.

Chocquet, les porcelaines de Sèvres furent vendues plus cher que les Delacroix ou les Renoir (dix tableaux, dont le *Bal du moulin de la Galette*, vendu 10 500 francs). La vente comportait encore huit Courbet, cinq Manet (*Portrait de Claude Monet dans le bateau-atelier* fut vendu 10 000 francs), dix Monet, etc. Cézanne convoitait une aquarelle de Delacroix représentant des fleurs. Vollard l'acheta et la lui échangea contre l'une de ses toiles. L'aquarelle ne quitta plus la chambre de Cézanne, à Aix-en-Provence. À la vente Doria, Claude Monet acheta pour 6 750 francs *La Neige fondante* : c'était le plus haut prix jamais atteint par Cézanne[1].

Ces deux ventes consacrèrent la valeur marchande de Cézanne. Sur les trente-trois Cézanne de Chocquet, Durand-Ruel en acheta quinze (*Mardi-Gras* lui fut adjugé 4 400 francs, *Le Petit Pont* 2 200, etc.). Les autres furent enlevés par les Bernheim-Jeune et Vollard, et par quelques amateurs, dont Auguste Pellerin et Isaac de Camondo. Durand-Ruel paya 6 200 francs *La Maison du pendu* pour le compte de Camondo (en 1874, Doria l'avait payé 300 francs). Mais Camondo n'était pas convaincu par cet achat : « Eh bien, oui, là, j'ai acheté un tableau qui n'est pas encore accepté par tout le monde ! Mais je suis couvert : j'ai une lettre autographe de Claude Monet, qui me donne sa parole d'honneur que cette toile est destinée à devenir célèbre. [...] Je la conserve dans une petite pochette clouée derrière la toile, à la disposition des malintentionnés qui voudraient me chercher des poux dans la tête[2]. »

Des Américains et des Russes

À la vente Henri Rouart de décembre 1912, deux Américains mirent en émoi le monde de l'art à Paris : Louisine Havemeyer, nous l'avons dit, enleva pour 435 000 francs les *Danseuses à la barre* de Degas, Le Dr Barnes emporta trois Cézanne, dont un

1. *Ibid.*
2. A. Vollard, *En écoutant Cézanne, Degas, Renoir*, *op. cit.*, p. 257.

petit tableau de *Baigneuses*, de quarante centimètres sur quarante-deux, qu'il paya 18 000 francs[1].

Louisine Elder, née à New York en 1855, vint pour la première fois à Paris en 1874, avec sa mère, veuve, et ses sœurs. On lui présenta Mary Cassatt grâce à qui elle acheta, en 1877, une *Répétition de ballet* de Degas et *Le Pont-levis* de Monet. En 1883, Louisine épousa Harry Havemeyer, « le roi du sucre », qui était amateur d'art japonais. Sous l'influence de sa jeune femme, il finit par se passionner, lui aussi, pour la peinture française du XIXe siècle, et, dans les années 1890, le couple en acheta beaucoup, Courbet, Manet et Degas principalement. Les Havemeyer furent les clients de Durand-Ruel, soit à Paris, où ils venaient régulièrement, soit à New York. En 1895, par exemple, ils acquirent deux paysages de Monet à New York et, à Paris, onze tableaux – six Degas, un Manet, un Courbet, un Corot... ; en 1896, Mary Cassatt les ayant emmenés chez Clemenceau, les Havemeyer lui achetèrent son portrait par Manet que Louisine donna au Louvre en 1927. En 1901, ils allèrent pour la première fois à la galerie de Vollard, où ils firent l'acquisition de deux *Natures mortes aux fleurs* de Cézanne. Après le décès d'Harry en 1907, Louisine poursuivit seule la collection. Il pouvait arriver, comme pour le Degas de 1912, qu'elle soit décidée à acquérir une œuvre sans mettre de limite aux enchères, mais, de manière générale, les Havemeyer se souciaient des prix. Lorsqu'en 1905 Durand-Ruel leur demanda 500 000 francs pour trois Manet, ils déclarèrent le prix « grotesque » et offrirent 150 000 puis 250 000 francs[2]. Louisine Havemeyer mena de front ses activités de mécène – elle soutenait le Metropolitan Museum of Art, auquel elle légua cent quarante-deux œuvres, et écrivit ses mémoires, *Sixteen to Sixty, Memoirs of a*

1. Le prix des *Danseuses* provoqua des plaisanteries du genre : « 435 000 francs deux ballerines aux enchères, et pas en os ! Voilà qui va réhabiliter ces vieux messieurs désuets qui regardaient comme un suprême luxe de se payer des danseuses ! » (« Articles de Paris et d'ailleurs », *La Presse*, 14 décembre 1912.)

2. Pour cette somme-là, Durand-Ruel venait de racheter à Jean-Baptiste Faure une vingtaine de Manet et dix-sept Monet (*La Collection Havemeyer. Quand l'Amérique découvrait l'impressionnisme*, Paris, Éd. de la Réunion des musées nationaux, 1997, p. 74).

Collector – et de féministe – elle s'engagea dans la lutte pour le suffrage des femmes : en 1915, par exemple, dans la galerie Knoedler & Co. à New York, elle organisa une exposition pour le suffrage des femmes et donna une conférence sur Degas et Mary Cassatt. À sa mort, en 1929, ses enfants, complétant la liste de leur mère, donnèrent au Metropolitan Museum mille neuf cent soixante-sept tableaux, sculptures et autres objets d'art, dont près de cinquante toiles de Manet et des impressionnistes.

Quant au Dr Alfred Barnes, c'était récemment qu'il s'était mis à acheter de la peinture française contemporaine. Industriel (il avait fait fortune grâce à un collyre), amateur d'art et utopiste, il avait d'abord acheté de la peinture américaine, il en avait même installé dans son usine ; il s'était ensuite intéressé à la peinture française parce qu'elle témoignait à ses yeux d'une véritable avancée en art. Au début de cette année 1912, il avait envoyé à Paris son ami, le peintre William Glackens, avec mission de lui choisir des tableaux ; en avril, il avait acheté lui-même deux Renoir chez Durand-Ruel à New York ; en juin, il était venu à Paris, où il avait acquis, entre autres, *Haere Pape* de Gauguin chez Bernheim-Jeune, et il était revenu en décembre pour intervenir dans les ventes publiques de l'hiver. Il accumula alors les achats : à la vente Hirsch, un Daumier, un Pissarro et deux Renoir pour plus de 50 000 francs, deux autres Renoir et trois Cézanne chez Vollard, six Picasso chez Kahnweiler et un septième chez Sagot ; enfin, il se rendit chez Léo et Gertrude Stein auxquels il acheta ses deux premiers Matisse[1]. Il devint l'ami de Léo Stein, avec lequel il correspondit jusqu'à la mort de celui-ci. Barnes allait revenir à Paris en juin 1913 puis au printemps 1914, où il acheta, surtout à Durand-Ruel et surtout des tableaux de Renoir, pour lequel il avait une passion. En 1922, à Merion, près de Philadelphie, Barnes créa une fondation pour « favoriser l'éducation et l'appréciation des beaux-arts » et son musée fut inauguré en 1925.

Mais les Américains étaient déjà très présents dans le dernier quart du XIXe siècle sur le marché de l'art parisien, que ce soit personnellement ou par l'intermédiaire de marchands ou de conseillers. George A. Lucas, originaire de Baltimore, était venu

---

1. *De Cézanne à Matisse*, *op. cit.*, p. 8.

s'installer en 1857 à Paris, où il vécut jusqu'à sa mort en 1909. À trente-trois ans, il abandonnait une carrière d'ingénieur pour une activité de collectionneur et d'expert. Il eut le coup de foudre pour l'œuvre de Barye, dont il finit par posséder dix-huit mille gravures et plus de cent quarante bronzes. Du côté de la peinture, il acheta des œuvres de Gérôme, Bouguereau, Couture, Daumier, et de paysagistes de l'École de Barbizon, Corot en particulier (il légua sa collection au Maryland Institute, une école d'art qu'avait fondée son père). Mais George A. Lucas fut aussi l'agent d'un petit groupe d'Américains amateurs d'art français du XIXe siècle[1]. Par exemple les Walters père et fils. Lucas accueillit à Paris en août 1861 un compatriote de Baltimore, William Walters, qui fuyait avec sa famille la guerre civile américaine. Walters, qui avait fait fortune dans les alcools, patronnait des artistes et achetait des œuvres contemporaines. Il s'associa avec un collectionneur de New York, Samuel P. Avery, lui fournit les fonds destinés à l'ouverture d'une galerie, et George A. Lucas joua auprès d'eux le rôle d'expert. Puis Walters regagna son pays, et, à partir de 1874, il prit l'habitude, chaque printemps, d'ouvrir sa maison au public pour montrer ses tableaux (il faisait payer un droit d'entrée de 50 *cents*, qu'il reversait à une association charitable). Après la mort de William Walters, en 1894, son fils Henry compléta la collection en achetant Ingres, Delacroix, Sisley, etc. En 1902, lors d'un voyage à Paris, il accompagna George A. Lucas chez Mary Cassatt, qui le persuada d'acquérir des tableaux de Monet, Degas et Manet[2]. Henry Walters allait faire construire un musée à Baltimore : la Walters Art Gallery, dédiée à l'art du XIXe siècle, ouvrit ses portes trois ans après sa mort, en 1934[3].

1. Sona K. Johnston et William R. Johnston, *The Triumph of French Painting. Masterpieces from Ingres to Matisse*, Baltimore, The Walters Art Gallery and The Baltimore Museum of Art, 2000, p. 12.

2. Mary Cassatt fut une véritable ambassadrice de l'impressionnisme aux États-Unis. En 1892, par exemple, elle conseilla dans leurs achats deux rois de l'acier, Harris Whittemore et Alfred Atmore Pope.

3. S.K. Johnston et W.R. Johnston, *The Triumph of French Painting*, *op. cit.*, p. 29. D'autres richissimes Américains firent édifier des musées pour abriter leurs collections, l'Isabella Stewart Gardner Museum à Boston, la Frick Collection à New York, le Corcoran à Washington…

Les Russes Sergueï Chtchoukine et Ivan Morosov sont restés célèbres pour avoir acheté très tôt Matisse et Picasso. Mais ils avaient des frères qui, déjà, étaient amateurs d'art français contemporain. Tous étaient industriels du textile et tous avaient commencé par acheter de la peinture russe, d'artistes réalistes engagés appelés « les Ambulants »[1]. Sergueï Chtchoukine les remplaça, au cours des années 1890, par des tableaux acquis à Paris. D'abord au Salon du Champ-de-Mars, des œuvres de Charles Cottet, Lucien Simon, Maurice Lobre, Odilon Redon et Puvis de Chavannes (une étude préparatoire du *Pauvre pêcheur*). Puis il découvrit les impressionnistes grâce aux conseils du peintre russe Botkine, qui vécut longtemps à Paris, et, en 1898, il acheta à Durand-Ruel les *Lilas à Argenteuil* de Monet, la première œuvre de l'artiste acquise par un Russe[2]. C'est en mars 1906 – il avait alors cinquante-deux ans – que Sergueï Chtchoukine eut la révélation de Matisse au Salon des Indépendants, où le peintre montrait *La Joie de vivre* achetée par Léo Stein. En 1908, Chtchoukine acquit de nombreux Matisse : un chez Bernheim-Jeune, un chez Berthe Weill, trois chez Druet et deux au Salon d'automne. Matisse emmena Chtchoukine au Bateau-Lavoir, chez Picasso, où le Russe découvrit *Les Demoiselles d'Avignon*. D'abord choqué par la toile, comme beaucoup de monde, il acheta quelque temps après une série de tableaux de la première période cubiste ainsi qu'une variante tardive des *Demoiselles d'Avignon*. Chtchoukine allait engager avec Picasso un dialogue durable et devenir un fidèle client de Kahnweiler. D'après Fernande Olivier, Chtchoukine manquait totalement de charisme : « C'était un petit homme blafard, pâlot, avec une grosse tête au masque porcin. Affligé d'un horrible bégaiement, il n'arrivait que difficilement à s'expliquer, ce qui gênait et semblait appauvrir encore son aspect physique[3]. »

1. La figure de proue des *Ambulants* était Ilya Repine. À l'automne 2005, le musée d'Orsay a consacré une exposition à « L'art russe dans la seconde moitié du XIXe siècle ».

2. *La Peinture française, XIXe et XXe siècles. Musée de l'Ermitage, Leningrad*, Leningrad, Éditions d'Art Aurora/Paris, Ars Mundi, 1987, p. 9.

3. F. Olivier, *Picasso et ses amis*, *op. cit.*, p. 156.

Il avait pourtant un caractère intéressant, puisqu'il était capable, après avoir d'abord repoussé une œuvre inhabituelle, de se passionner ensuite pour elle. Ce fut le cas avec les deux toiles monumentales commandées à Matisse pour son escalier d'honneur, *La Danse* et *La Musique*, par lesquelles il fut d'abord plutôt déçu lorsqu'il les reçut, en 1911. Il les apprécia ensuite tellement qu'il acheta à Matisse, en 1913, *Le Café arabe*.

Ivan Morosov, de vingt ans plus jeune que Sergueï Chtchoukine, commença à acheter de la peinture vers 1902. Mais il était attiré par une peinture plus tranquille, à tendance décorative : il commanda à Bonnard et à Maurice Denis des panneaux pour son hôtel, rue Préchistenka[1]. Il achetait moins que Chtchoukine sur des coups de cœur et davantage à partir d'une sélection méticuleuse, demandant souvent conseil à des critiques et à des peintres russes. C'est par exemple avec Valentin Serov qu'il acheta à l'exposition Van Gogh de la galerie Druet *La Ronde des prisonniers* et *Les Vignes rouges à Arles*. Le cubisme laissait Morosov indifférent (il n'acheta que trois toiles de Picasso, dont une seule de la période cubiste), mais il s'enthousiasma pour le fauvisme : Derain, Friesz, Manguin, Valtat et Matisse, que Chtchoukine lui présenta en 1908.

À partir de 1909, Chtchoukine ouvrit au public tous les dimanches matin son domicile, l'hôtel Troubetskoï, rue Znamenski, où il commentait pour les visiteurs les tableaux de sa collection et leur faisait partager son enthousiasme. Monet, Gauguin, Matisse et Picasso avaient droit chacun à une pièce de la demeure : le « Salon rose » pour Matisse, dont les tableaux étaient étrangement accrochés, au milieu des stucs, la salle à manger sombre pour Gauguin, et, pour Picasso, une pièce dépouillée, aux toiles très serrées. Dans les années 1910, l'hôtel était un lieu de pèlerinage pour tous les amateurs d'art moderne et les peintres de l'avant-garde russe, dans la formation desquels il joua un rôle essentiel : l'influence des périodes bleue et rose de Picasso ainsi que du cubisme se manifesta autant à partir de Moscou que de Paris.

---

1. Le salon de musique de Morosov a été montré au musée d'Orsay dans l'exposition consacrée à Maurice Denis, octobre 2006-janvier 2007 : c'est la première fois depuis le Salon d'automne 1908 que les panneaux représentant l'histoire de Psyché revenaient à Paris.

Les amateurs soutiennent l'artiste

En respectant son travail

Un véritable amateur sait qu'une production artistique est le résultat d'un travail, à considérer avec sérieux. Il s'oppose en cela à celui qui imagine qu'on peut créer sans y penser. Comme le conseiller municipal que rencontre Delacroix, le 12 août 1854, à l'Hôtel de Ville : « M. Perrier m'a demandé avec toute la discrétion qu'on peut mettre à commettre une indiscrétion de lui donner un dessin, *une bagatelle*, a-t-il dit, *pour avoir un souvenir de vous, de ces choses que vous faites en vous jouant et en pensant à autre chose*[1]. » Le conseiller municipal avait sans doute eu l'occasion de voir travailler Delacroix lorsqu'il peignait le plafond du Salon d'Hercule. Et sans doute un dessin lui paraissait-il peu de chose par rapport aux grandes fresques que réalisait le peintre. Mais cela excuse-t-il sa grossièreté ? Vraie douleur de l'artiste blessé par l'ignorance absolue de ce qu'est le travail artistique. Que ses travaux, dessins ou tableaux, soient méprisés ou maltraités, c'est le risque que court l'artiste. Il est d'autant plus précieux de rencontrer quelqu'un qui les apprécie, quelqu'un entre les mains duquel ils seront en sécurité. Ainsi Delacroix écrit-il à son collectionneur et ami le peintre Constant Dutilleux, le 10 avril 1851 : « La *Femme nue* n'est plus à moi [Auguste Vacquerie l'a achetée] et j'en ai bien du regret, puisque suivant toute apparence sa destination eût été d'être souvent sous vos yeux. C'est un des plus grands plaisirs que l'artiste puisse se promettre que celui de savoir ses ouvrages entre les mains de ceux qui les aiment[2]. »

En lui achetant régulièrement des tableaux et en l'aidant à en vendre

« Toutes les fois que l'un de nous avait un besoin urgent de 200 francs, raconte Renoir, il courait au café Riche, à l'heure du

1. E. Delacroix, *Journal 1822-1863*, *op. cit.*, p. 451.
2. *Correspondance générale d'Eugène Delacroix*, *op. cit.*, t. III, p. 64.

déjeuner ; on était certain d'y trouver M. de Bellio, lequel achetait, sans même le regarder, le tableau qu'on lui apportait. À ce compte-là, il ne tarda pas à avoir son appartement plein, si bien qu'il finit par louer un local où il empilait ses toiles. Et si, en mourant, M. de Bellio laissa une fortune en tableaux qui ne lui avaient presque rien coûté, du moins, on peut garantir qu'il ne le fit pas exprès. De même que Caillebotte, il recommandait au peintre de lui réserver les laissés-pour-compte[1]. » Et Renoir d'opposer de Bellio, qui acceptait d'avoir chez lui « de la peinture bon marché », au banquier Pillet-Will qui, pour son standing, achetait exclusivement de la peinture chère. Georges de Bellio, né en 1828 à Bucarest, s'était installé à Paris avec son frère Constantin peu après 1850. Il avait fait des études de médecine, mais, n'ayant pas besoin de gagner sa vie (il recevait des subsides de ses deux frères aînés, qui administraient la fortune familiale en Roumanie), il n'exerçait pas, se contentant de soigner bénévolement ses amis – Manet pendant sa dernière maladie, Pissarro et sa famille… En 1874, à la première vente Hoschedé, il acquit un Monet et rencontra le peintre avec lequel il se lia. Il lui acheta régulièrement des toiles tant qu'elles furent bon marché. Mais, le 8 janvier 1880, Monet lui écrivit : « Vous avez une assez jolie collection de mes toiles pour que dans l'avenir vous m'en achetiez un peu moins mais me les payiez un peu plus ; vous serez du reste toujours le premier à qui je montrerai mes toiles car je n'oublierai pas toutes les fois où vous m'avez tiré d'embarras[2]. » Le marchand Georges Petit venait de donner 500 francs d'une nature morte à Monet, qui se sentait donc en droit d'augmenter ses prix. Mais, tout en restant ami avec l'artiste, Georges de Bellio cessa bientôt ses acquisitions, car il préférait sa première manière[3].

Au début des années 1900, Pere Mañach envoyait chez Picasso des amis et des collectionneurs à la recherche de portraits :

1. A. Vollard, *En écoutant Cézanne, Degas, Renoir*, *op. cit.*, p. 177-178.

2. A. Distel, *Les Collectionneurs des impressionnistes, amateurs et marchands*, *op. cit.*, p. 115.

3. La fille de Georges de Bellio légua une collection importante de tableaux de Monet au musée Marmottan, en particulier *Impression, soleil levant*.

Emmanuel Virenque acheta la *Danseuse bleue* et Olivier Sainsère un portrait d'enfant. Sainsère continua d'acheter des Picasso jusqu'en 1906, mais ne suivit pas le peintre au moment du cubisme. Fernande Olivier évoque ses visites matinales au Bateau-Lavoir : « Il venait presque régulièrement chez Picasso et achetait une peinture, un dessin, une eau-forte… C'était une aide matérielle modeste, mais sûre[1]. » En 1908, Félix Vallotton accueillit dans son atelier Arthur et Hedy Hahnloser, couple de Suisses (Arthur était ophtalmologiste à Winterthur) qui avaient été intéressés par sa peinture au Salon d'automne. Ils lui achetèrent un tableau, mais cette rencontre allait surtout déboucher sur une amitié durable et une véritable collaboration. Les Hahnloser allaient ouvrir à Vallotton la Suisse alémanique, l'accueillant à la villa Flora, acceptant des tableaux en commission, lui trouvant des clients parmi leurs amis, œuvrant pour que le musée de Winterthur lui achetât une grande toile en 1911[2]. Hedy Hahnloser finit même par écrire, en 1936, un livre sur le peintre, *Félix Vallotton et ses amis*.

En lui commandant des portraits et des décorations

Ingres se disait excédé par les demandes de portraits. Mais c'était là coquetterie d'un peintre à succès. Les commandes de portraits étaient au contraire les bienvenues pour les artistes. Et même pour les peintres reconnus. Courbet, qui séjournait à Trouville à l'automne de 1865, peignait les dames de la bonne société pour 1 500 francs et était ravi de l'occasion : « Je me fais une réputation de portraitiste sans pareil, les dames que je ne pourrai pas faire ici se feront faire cet hiver à Paris – me voilà avec une clientèle énorme[3]… »

Ces commandes étaient plus précieuses encore pour les artistes débutants, surtout quand leur peinture ne se vendait pas. Ainsi les jeunes impressionnistes trouvèrent-ils dans les portraits que des

1. F. Olivier, *Picasso et ses amis*, *op. cit.*, p. 114.
2. Marina Ducrey, *Félix Vallotton, l'œuvre peint*, t. I, *Le Peintre*, Lausanne, Fondation Félix Vallotton/Zurich-Lausanne, Institut suisse pour l'étude de l'art/Milan, 5 Continents, 2005, p. 57.
3. *Correspondance de Courbet*, *op. cit.*, p. 240.

amateurs bienveillants leur commandaient le moyen de ne pas mourir de faim. Souvent, ces commandes allaient de pair avec d'autres manifestations d'aide et d'accueil. Ce fut le cas pour Monet auprès de Gaudibert, pour Renoir dans la famille Le Cœur, et pour tous deux chez les Charpentier. Le premier protecteur de Monet fut, à partir de 1864, Louis-Joachim Gaudibert, riche armateur du Havre, qui patronnait volontiers des artistes. Il avait soutenu Eugène Boudin et recevait Amand Gautier depuis 1858. En 1868, Monet, âgé de vingt-huit ans, avait une compagne, un fils d'un an et de grands embarras financiers. Gaudibert racheta ses tableaux qui avaient été saisis par les créanciers et lui commanda un portrait de sa femme. L'année suivante, il prêta à Monet la somme nécessaire pour louer une maison à Bougival et faire revenir d'Étretat sa femme et son fils[1]. Malheureusement pour le peintre, Gaudibert mourut prématurément en 1870.

Chez les Le Cœur, une famille d'architectes, la bienveillance à l'égard des artistes était une tradition. Ainsi le peintre Émile Signol, lauréat du grand prix de Rome en 1830, avait-il été l'ami intime de Charles-Clément Le Cœur, qui l'hébergea pendant un temps. En 1863-1864, Jules Le Cœur, qui avait abandonné l'architecture pour la peinture, rencontra Sisley et Renoir, condisciples de son cousin, Auguste Rousselin, dans l'atelier de Charles Gleyre[2]. Il se lia avec eux et, lorsqu'il eut acheté, en 1865, une maison à Marlotte, dans la forêt de Fontainebleau, il les y reçut[3]. Il avait par ailleurs présenté les deux jeunes gens à son frère Charles, l'architecte, et à sa famille, qui les accueillit largement. En août 1866, Sisley, Renoir et Monet partagèrent la villégiature des Le Cœur, à Berck. Renoir dînait fréquemment à Paris, rue Humboldt,

1. Marianne Alphant, *Claude Monet, une vie dans le paysage*, Paris, Hazan, 1993, p. 183.

2. Jules Le Cœur, né en 1832, avait été élève de l'École des beaux-arts à partir de 1853, en même temps que son frère Charles, dans l'atelier d'architecture d'Henri Labrouste. Il avait épousé en 1861 la sœur d'un de ses condisciples d'atelier. Cette jeune femme mourut l'année suivante en donnant naissance à un enfant, qui décéda lui aussi. À la suite de ce double deuil, Jules Le Cœur décida d'abandonner l'architecture et les affaires pour devenir peintre.

3. La sœur de la maîtresse de Jules, Lise Tréhot, devint la maîtresse de Renoir et son modèle favori jusqu'en 1872.

où vivait toute la tribu. Charles Le Cœur se montrait très bienveillant pour l'artiste. Il lui acheta des tableaux, lui en fit vendre, lui commanda de nombreux portraits, malgré les réticences de certains de ses proches. Son beau-frère, par exemple, écrivait : « J'ai peu de confiance dans le talent de ce jeune homme dont le caractère et les allures me sont aussi antipathiques que possible[1]. » En 1868, Charles Le Cœur associa Renoir à sa plus importante construction privée, l'hôtel du prince Bibesco, 22, boulevard de La Tour-Maubourg, pour lequel le peintre exécuta les deux plafonds du grand salon et de la salle d'escrime. Mais, à l'été 1874, l'architecte ayant intercepté un billet doux adressé par Renoir à sa fille Marie, âgée de seize ans, ce fut la rupture définitive. À cette occasion, les deux frères Le Cœur se brouillèrent sérieusement.

À côté des portraits, les gens riches faisaient travailler les artistes en leur commandant des décorations pour leurs hôtels particuliers. Nous avons vu le duc d'Orléans commander à Paul Huet des panneaux pour le pavillon Marsan ; La Païva demanda à Paul Baudry de décorer le luxueux hôtel qu'elle se fit construire aux Champs-Élysées ; pour décorer la galerie du château de Dampierre, le duc Albert de Luynes fit appel à Ingres ; Victor Mottez peignit des fresques dans le salon d'Armand Bertin, à Paris, en 1846-1847, et au château de Linières ; Émile Pereire demanda des compositions pour deux de ses salons à Bouguereau, en 1857, et pour les chambres à Jalabert, l'année suivante ; le prince Demidoff, en 1865, commanda, pour la salle à manger de son hôtel, des tableaux à Corot, Dupré, Rousseau et Fromentin ; en 1899, le banquier Joseph Vitta commanda à Rodin deux frontons en pierre et deux jardinières pour sa villa La Sapinière à Evian, etc.

En lui permettant d'exposer et de se faire des relations

Georges Charpentier, l'éditeur de Zola et des naturalistes, avait acheté, le 24 mars 1875, à la vente aux enchères impressionniste, son premier tableau de Renoir, *Le Pêcheur à la ligne*, pour

1. Marc Le Cœur, *Charles Le Cœur, 1830-1906, architecte et premier amateur de Renoir*, Paris, Éd. de la Réunion des musées nationaux, « Les Dossiers du musée d'Orsay », n° 61, 1996, p. 26.

180 francs. Il voulut rencontrer le peintre, à qui Mme Charpentier commanda des portraits puis demanda de peindre les menus de ses dîners. Renoir s'intitula « peintre ordinaire » des Charpentier, il décora même l'escalier d'honneur de leur hôtel, 13, rue de Grenelle-Saint-Germain. Mais les Charpentier apportèrent à Renoir et à ses camarades deux avantages supplémentaires. Georges Charpentier créa l'hebdomadaire que nous avons déjà mentionné, *La Vie moderne*, dont le premier numéro parut le 10 avril 1879 et qui fut une tribune pour les impressionnistes. Parallèlement, il organisa des expositions dans les bureaux du journal, 66, boulevard des Italiens, où il montra successivement Renoir (juin 1879), Manet (avril 1880), Monet (juin 1880), Sisley (1881).

Mme Charpentier tenait un salon fréquenté par le Tout-Paris[1]. Grâce à son influence et à celle de Charles Ephrussi, au printemps de 1879, son portrait par Renoir eut droit à un accrochage exceptionnel au Salon, nous l'avons vu. Chez elle, un artiste pouvait nouer des relations utiles. Ainsi Eugène Spuller, l'homme politique grâce auquel Renoir espérait, vers 1877, obtenir une commande publique. Ainsi le très riche Paul Bérard, protestant républicain, amateur, comme son frère Édouard, de peinture contemporaine. Paul Bérard invita Renoir à l'été 1879 dans sa propriété de Wargemont, près de Dieppe (à Paris, il habitait 20, rue Pigalle), où le peintre réalisa les portraits de toute la famille et *L'Après-midi des enfants à Wargemont*. De 1879 à 1885, Renoir peignit quarante tableaux pour les Bérard, dont seize portraits de Paul, de sa femme, de leurs quatre enfants et de leurs neveu et nièce. Paul Bérard, de plus, avait un associé qui commanda lui aussi à Renoir le portrait de ses petits-enfants. À Wargemont, Renoir rencontra des amis de ses hôtes, les parents de Jacques-Émile Blanche, qui lui commandèrent deux panneaux décoratifs pour leur château de Dieppe. De son côté, Charles Ephrussi présenta Renoir à Louis Cahen d'Anvers, dont l'artiste fit le portrait, ainsi que ceux de sa fille et

1. A. Martin-Fugier, *Les Salons de la IIIe République. Art, littérature, politique*, *op. cit.*, p. 181-185. Ambroise Vollard (*Souvenirs d'un marchand de tableaux*, *op. cit.*, p. 216) cite Renoir qui, détestant *Les Fleurs du mal*, lui dit un jour : « Si vous aviez entendu comme moi Mounet-Sully réciter, dans le salon de Mme Charpentier, *La Charogne*, devant toutes ces dindes, qui en bavaient… »

de sa femme. Les commandes de portraits furent à peu près le seul gagne-pain de Renoir entre 1876 et 1880. Ensuite, Durand-Ruel commença à lui acheter régulièrement des œuvres[1].

En le présentant à d'autres amateurs

Paul Gallimard, intimement lié à Renoir, amena dans son atelier en 1904 Maurice Gangnat, un industriel à la retraite, qui devint lui aussi l'ami du peintre. Gangnat acheta directement à Renoir une douzaine de tableaux et, pendant quinze ans, fut le plus grand collectionneur de ses œuvres récentes[2]. Henri Matisse passa l'été de 1905 à Collioure. Il y rencontra des amateurs qui avaient vivement soutenu Gauguin, au premier rang desquels le peintre Daniel de Monfreid. Celui-ci invita Matisse dans sa propriété de Saint-Clément (où l'artiste fut très impressionné par les bois sculptés de Gauguin), avec Louis Bausil, peintre de Perpignan, et deux collectionneurs du pays, Fernand Dumas, banquier à Perpignan, et Calmel, dentiste à Béziers. De plus, Monfreid présenta Matisse à Gustave Fayet, le premier et le plus important des collectionneurs de Gauguin. Viticulteur près de Béziers, Fayet était un véritable promoteur de l'art contemporain dans le Midi où, dès les premières années du XXe siècle, il organisait des expositions avec son ami Maurice Fabre, l'un des premiers amateurs de Picasso[3]. Passionné, Fayet pouvait acheter plusieurs œuvres d'un seul coup. C'est ce qu'il fit un jour de janvier 1906 (il s'était installé à Paris, rue de Bellechasse) où il acquit en une seule fois quatre aquarelles fauves et un dessin récent de Matisse, puis *Nature morte au citron* ; en avril, il acheta encore une autre nature morte[4]. À l'été 1906, comme Matisse résidait à nouveau à Collioure, Fayet lui rendit visite en lui amenant, cette fois-ci, Maurice Fabre.

---

1. B. Ehrlich White, *Renoir*, *op. cit.*, p. 102, et *Renoir*, Éd. de la Réunion des musées nationaux, *op. cit.*, p. 16.
2. B. Ehrlich White, *Renoir*, *op. cit.*, p. 228.
3. H. Spurling, *Matisse, 1869-1908*, *op. cit.*, p. 329. La famille Fayet avait fondé la Société des beaux-arts de Béziers, à l'origine du musée local. Après avoir hérité du patrimoine familial en 1899, Gustave Fayet devint conservateur du musée.
4. H. Spurling, *Matisse, 1869-1908*, *op. cit.*, p. 373.

Quand les amateurs ne jouent pas leur rôle

Un amateur se doit de prendre soin de l'œuvre d'art qu'il a achetée. Quand ce n'est pas le cas, il manifeste une forme de mépris pour l'artiste. Le 1er septembre 1849, Delacroix était invité à Écoublay, près de Fontenay-le-Vicomte, chez M. Wilson qui possédait *La Mort de Sardanapale*[1]. Lorsque le peintre arriva, le samedi soir, M. Wilson était sans connaissance. La mort rôdait. Et l'état du tableau ressemblait étrangement à celui du maître de maison. Le dimanche, Delacroix nota : « Déjeuner aussi triste que le souper de la veille. En face de mon pauvre tableau dont le sort va être je ne sais quoi et dont l'état pour le moment est déplorable : la toile détendue, la couture du bas fendue dans toute sa longueur et retenue çà et là par des points de couture[2]. » Le lundi matin, le peintre repartait : « À 5 h 30, levé et fermé ma malle. Pris du café tristement, tous les gens qui partaient, devant le triste tableau auquel j'ai envoyé mes derniers regards. »

Les amateurs d'un artiste sont ses clients potentiels. Susceptibles d'acquérir ses œuvres, ils sont en principe son meilleur soutien dans les moments difficiles. Or c'est parfois l'inverse. Ainsi, Monet, pendant l'époque particulièrement pénible de l'hiver 1878-1879 (sa femme Camille, malade, allait mourir et il connaissait de graves difficultés financières), ne recevait de ses amateurs que des humiliations. Le 16 décembre, Eugène Murer vint à l'improviste à Vétheuil chercher ses tableaux. Il était accompagné du Dr Gachet auquel Monet devait 150 francs depuis un an et qui saisit l'occasion d'acheter une toile au même tarif que Murer, 50 francs. Monet, écœuré, écrivit le soir même à Murer : « Je vous serais très obligé, lorsque vous verrez M. Gachet, de lui dire qu'à mon premier voyage, s'il est un peu plus fructueux que celui-ci, je lui remettrai les cent francs que je reste lui devoir. J'aurais eu mauvaise grâce à lui refuser une toile, mais je ne peux lui en

1. Le tableau appartenait à M. Wilson depuis 1847. Il devint ensuite la propriété de son fils Daniel, gendre de Jules Grévy, puis fut racheté en 1872 par Durand-Ruel.

2. E. Delacroix, *Journal 1822-1863*, *op. cit.*, p. 202.

donner deux autres à ces conditions. J'ai déjà bien du mal en les vendant plus cher et, à ces conditions, il me faudrait à coup sûr me résigner à crever de faim[1]. » Monet se vit, une fois de plus, contraint de solliciter : Georges Charpentier, chez lequel il avait déposé une toile et qui ne se décidait pas à lui dire s'il l'achetait ou non ; Théodore Duret, qu'il fallait relancer pour qu'il payât le solde d'un tableau ; Charles Deudon, qui n'était pas disposé et dont il fallait attendre le bon vouloir. Murer, enfin, lui adressa une lettre très désagréable : « Pas mal de vos anciens amis prétendaient que vous aviez la fibre de l'amour-propre complètement émoussée. Je vois avec plaisir qu'il n'en est rien et qu'il suffit de frapper assez fort pour la faire vibrer un peu sèchement. Allez donc, cher monsieur, travaillez avec ruse, libérez-vous, continuez à devenir un grand homme en toute sécurité. » Pour faire bonne mesure, au printemps 1879 se tint la quatrième exposition impressionniste, à l'occasion de laquelle Zola, jusque-là défenseur de Monet, écrivit qu'on ne devait plus compter sur lui, qu'il avait déçu. Le seul amateur à épauler efficacement Monet fut Caillebotte, qui se chargea même de toutes les démarches pour que le peintre pût participer à cette exposition-là.

Ne pas jouer son rôle, pour un amateur, c'est essayer d'intervenir dans le travail de l'artiste, de lui faire changer quelque chose dans une œuvre. À un collectionneur américain qui lui demandait d'apporter quelques retouches à une étude, Thomas Couture répondit avec fermeté : « Moi aussi, cher Monsieur, j'ai cru pouvoir donner aux bras et aux mains une exécution plus achevée et, ne me tenant pas au simple vouloir, j'ai fait ce que je croyais possible et j'ai vu à l'instant même qu'avec plus de travail je changeais mon or en plomb : ces sortes de productions ont une logique de spontanéité à laquelle le raisonnement ne peut rien ajouter. [...] Ainsi croyez-moi, cher Monsieur, gardez votre petit Tambour comme il est parce que, si peu qu'il soit, il est[2]. » Ne pas jouer son rôle, c'est encore essayer de marchander le travail de l'artiste lorsqu'on lui achète une œuvre directement – si l'on passe par l'intermédiaire d'un marchand, il est au contraire légitime de

1. M. Alphant, *Claude Monet, une vie dans le paysage*, *op. cit.*, p. 301.
2. *Thomas Couture (1815-1879)*, *op. cit.*, p. 89.

négocier. Dans une lettre (non datée) à Alfred Rome, architecte départemental dauphinois qui défendait à Grenoble l'art contemporain, Jacqueline Marval proteste énergiquement : « Je vais vous dire tout de suite que je ne vous rabattrai même pas un liard. Vous avez compté sur une dépense de 3 000 francs et moi sur une vente de 6 000 francs et sans l'insistance de Flandrin, je ne vous aurais pas vendu mon tableau. [...] Je vous ai vendu des tableaux et si je faisais le compte de mes frais et de mes heures de travail, je n'ai gagné à peu près que le salaire d'une femme de ménage ! Je le faisais par sympathie pour un homme qui voulait faire une collection sans être fortuné et si j'avais le crève-cœur d'envoyer mes tableaux dans un pays obtus et presque inaccessible à l'art, c'était ce qu'on appelle le crapaud à avaler chaque matin[1]. » Marval n'est guère aimable pour son Dauphiné natal.

Ne pas jouer son rôle, c'est enfin revendre ses toiles au lieu d'en être le gardien. En février 1897, Degas raconta à Daniel Halévy la scène qui l'avait naguère opposé à Théodore Duret : « Il avait des tableaux de nous tous, il les a vendus il y a deux ans, et solennellement, il avait lui-même écrit la préface de son catalogue : *J'ai été leur ami, j'ai fréquenté leurs ateliers, on peut donc m'en croire si je dis que ce que je vends aujourd'hui c'est le meilleur de leur œuvre.* J'ai été à son exposition. Il était là. Il m'a tendu la main. J'ai retiré la mienne. Il m'a dit : “Y pensez-vous ? Nous, de vieux amis... je peux vous envoyer des témoins. – Vous m'enverrez ce que vous voudrez. Je ne vous donnerai pas la main. Si vous êtes ruiné, s'il faut que vous vendiez vos tableaux, vous devez au moins les vendre tristement. Vous vous glorifiez d'avoir été notre ami, dans tout Paris vous faites afficher : *Vente Duret.* Je ne vous donnerai pas la main. Votre vente ratera d'ailleurs. Quelques-uns d'entre nous sont bien représentés, d'autres pas. Vous perdez notre estime, et vous ne gagnerez pas d'argent.” Ç'a été une exécution terrible. Il était pâle de colère, moi aussi[2]. » Mais Degas était encore plus furieux lorsqu'un amateur revendait une toile qui lui avait été donnée. S'il s'agissait d'un ami peintre, le crime était impardonnable,

1. François Roussier, *Jacqueline Marval, 1866-1932*, Grenoble, Didier Richard, 1987, p. 41.

2. D. Halévy, *Degas parle...*, *op. cit.*, p. 115-116.

il le traitait de *crapule*. Ainsi lorsqu'il trouva chez Durand-Ruel l'un de ses tableaux dont il avait autrefois fait cadeau à James Tissot et que celui-ci avait revendu : « J'ai été sur le point de lui écrire une lettre terrible. À quoi bon ? Je vais réunir quelques dessins qu'il m'avait donnés autrefois. Je les lui renverrai sans un mot. Il comprendra. L'avoir vendu, lui ! Il est dans la religion, il dit qu'il goûte dans la foi des joies inconcevables. En même temps, il en vend fort cher les produits et il vend les tableaux de ses amis. » Et Degas d'ajouter avec amertume : « Presque tous ceux à qui j'avais donné de mes tableaux les ont vendus[1]. »

Des relations privilégiées entre collectionneurs et artistes

Alfred Bruyas et Courbet

« Figurez-vous une sorte de Vénus hottentote sortant de l'eau, et tournant vers le spectateur une croupe monstrueuse et capitonnée de fossettes au fond desquelles il ne manque que le macaron de passementerie… » Ainsi Théophile Gautier évoque-t-il, dans l'un de ses feuilletons sur le Salon de 1853, *Les Baigneuses* de Courbet, qu'il baptise le « Watteau du laid ». Le tableau était provocant. Le bruit courut que Napoléon III, lors de l'inauguration du Salon, rendu agressif par la croupe de la dame, lui avait donné un coup de cravache. D'après Philippe de Chennevières, l'impératrice Eugénie, à qui on venait de préciser devant un tableau de Rosa Bonheur les races des chevaux, aurait dit en riant devant la femme peinte par Courbet : « C'est une percheronne[2]. » Alfred Bruyas osa acheter *Les Baigneuses* contre l'avis de son père, nous l'avons vu, en même temps qu'un autre Courbet, *La Fileuse endormie*.

Âgé de trente-deux ans, Alfred Bruyas était l'héritier d'une famille de banquiers napolitains et le fils d'un agent de change, lui-même amateur d'art. Grand bourgeois protestant très riche, disposant de 60 000 livres de rentes, il habitait l'hôtel Plantade,

1. *Ibid.*, p. 117.
2. V. Bajou, *Courbet*, *op. cit.*, p. 140.

8, Grand-Rue, à Montpellier. Il avait pris dans sa jeunesse des leçons auprès de Charles Matet, professeur à l'École des beaux-arts de la ville, et il soutenait la Société des arts dont il avait été actionnaire jusqu'en 1851[1]. De 1846 à 1848, il avait vécu en Italie et réalisé ses premiers achats auprès d'Alexandre Cabanel, Montpelliérain comme lui, qui séjournait à Rome. En 1849, il avait découvert Paris et acquis des tableaux de Corot, Diaz, Delacroix, Millet, Théodore Rousseau et Troyon. Depuis, il faisait des séjours fréquents dans la capitale. En 1850, il avait posé pour Thomas Couture.

Alfred Bruyas ouvrait volontiers l'hôtel Plantade aux amateurs qui lui en étaient reconnaissants, comme le montre une lettre du photographe Huguet-Molines : « C'est pour moi une chose extraordinaire que de voir de nos contemporains à Montpellier que sans vous j'ignorerais encore, Delacroix, Diaz, Verdier, Marilhat, Tassaert, Papety, etc. Si leurs noms ne m'étaient pas inconnus, leurs œuvres l'étaient complètement, et je crois que beaucoup de nos connaisseurs *in partibus* qui se sont mis à critiquer avec aplomb de pareils travaux, les voyaient aussi pour la première fois[2]. » Alfred Bruyas a rédigé un livret de sa collection, intitulé *Explication des ouvrages de peinture*. À sa lecture, on reste perplexe, car la soi-disant *explication* est fort confuse. L'opuscule porte un second titre : *Catalogue de ciel et enfer ou la liberté dans le bien*. Au mot *catalogue* est jointe une note : « Nouveau passeport affranchi particulièrement pour l'art et la dignité des pays, en France comme à l'étranger, suivi de simples réflexions, ou notes d'harmonie écrites pour être lues exclusivement dans les salons de M. A.B. (peinture de sentiment). Souvenir d'une vie d'artiste, avec mission de voyager. » À la page suivante, un troisième titre : *L'Art moderne en France, odyssée de la peinture ou sérieuses recherches de la vérité. Cabinet de M. Alfred-Louis Bruyas, de Montpellier – 1853.*

La description des œuvres est, dès le début, étrange. Après les quatre premiers numéros (deux tableaux de Cabanel, un de Verdier

1. *Ibid.*, p. 170.

2. Lettre citée par Alfred Bruyas, *Explication des ouvrages de peinture du cabinet de M. Alfred Bruyas, (interprétation)*, Paris, Typographie Plon frères, 1854, p. 132.

et un de Couture), Bruyas a ajouté un *Nota bene* : « Les quatre précédents sujets signifient, dans le monde, le mariage du corps et de la pensée[1]. » Chaque « explication », loin d'éclairer quoi que ce soit, nous plonge dans l'obscurité. Voici ce qui suit, par exemple, le libellé du tableau n° 14, *Portrait de M. Alfred Bruyas, par le grand coloriste M. Eugène Delacroix* : « Protégé par son Dieu, il vit au rang suprême ! L'amour et la souffrance sont la source du vrai ; le bien est à ce prix : il nous faut y veiller. Daigne donc regarder, heureux ; quoi que tu sois, tu as toujours recours à moi pour te défendre. Je ne suis plus pourtant. Bien mieux, qu'aurais-je pu t'apprendre ? Tu sais[2]. » Autre exemple, le commentaire, intitulé *Aimer*, du tableau n° 50, *Évanouissement d'une jeune fille (intérieur d'église)*, d'Octave Tassaert : « L'impressionnabilité du cœur, l'art, en un mot, devient sympathique à tout ce qui est simple, naturel et vrai, partant progressif et religieux ! L'indifférence absolue n'est autre que l'arrière-pensée ou le froid positif. Le simple ouvrier qui est bien ce qu'il doit être aime, et ne repousse que l'injustice[3] ! »

Bruyas et Courbet se rencontrèrent donc au Salon, en 1853. Ils visitèrent ensemble l'atelier de Gustave Doré et allèrent chez le critique d'art Théophile Silvestre, qui rédigeait un chapitre sur Courbet ; Silvestre devint ensuite le conseiller de Bruyas. Bruyas commença à poser pour Courbet, qui allait faire quatre portraits de lui en 1853-1854. Après le retour de Bruyas à Montpellier, une correspondance commença entre les deux hommes, où le peintre confiait par le menu au collectionneur ses espoirs et ses révoltes. La rencontre de Bruyas renforçait le sentiment d'exaltation orgueilleuse qui animait Courbet : « J'ai brûlé mes vaisseaux, écrit-il en octobre 1853. J'ai rompu en visière avec la société. […] Il faut vaincre ou mourir. Si je succombe, on m'aura payé cher, je vous le jure. Mais je sens de plus en plus que je triomphe, car nous sommes deux et à l'heure qu'il est, à ma connaissance, seulement peut-être six ou huit, tous jeunes, tous travailleurs acharnés, tous

1. *Ibid.*, p. 11.
2. *Ibid.*, p. 16.
3. *Ibid.*, p. 27.

arrivés à la même conclusion par des moyens divers. Mon ami, c'est la vérité, j'en suis sûr comme de mon existence, dans un an nous serons un million[1]. »

Et Courbet de raconter longuement à Bruyas son entrevue avec le comte de Nieuwerkerke. Le gouvernement voulait lui commander un tableau pour la future Exposition universelle, à condition qu'il présente d'abord une esquisse et qu'ensuite l'œuvre soit soumise à deux comités, l'un choisi par l'artiste, l'autre par Nieuwerkerke. Fureur de Courbet, qui affirma fièrement son indépendance et sa valeur : « ... en lui disant [...] que j'avais fait de la peinture non pour faire de l'art pour l'art, mais bien pour conquérir ma liberté intellectuelle et que j'étais arrivé par l'étude de la tradition à m'en affranchir et que moi seul, de tous les artistes français mes contemporains, avais la puissance de rendre et traduire d'une façon originale et ma personnalité et ma société ». Nieuwerkerke se serait alors écrié : « M. Courbet, vous êtes bien fier ? » Ce à quoi le peintre aurait répondu : « Monsieur, je suis l'homme le plus fier et le plus orgueilleux de France. » Courbet dit à Bruyas avoir dévoilé son rêve au surintendant des Beaux-Arts : « ... j'espérais à moi seul (peut-être) avoir l'honneur de faire une exposition en rivalité de la leur, qui me rapporterait quarante mille francs... » La suite de la lettre montre que, ce rêve, il l'avait évoqué devant Bruyas et que ses espoirs reposaient sur le collectionneur : « ... vous avez entre les mains des moyens qui m'ont toujours manqué et qui me manqueront toujours. Avec vos antécédents, votre intelligence, votre courage et vos moyens pécuniaires vous pouvez nous sauver de notre vivant et nous faire franchir un siècle ! »

En juin 1853, Napoléon III décida que le Salon de 1854 n'aurait pas lieu, mais que l'Exposition universelle de 1855 comporterait une importante section des Beaux-Arts. En janvier 1854, Courbet rédigea son projet d'exposition privée parallèle à l'exposition officielle. Il chercha à impliquer personnellement Bruyas dans l'aventure, en lui proposant comme titre *Exposition de la peinture du maître Courbet et de la galerie Bruyas* et en utilisant le pronom *nous*. Il reprit le thème de la croisade : « Nous allons

1. *Correspondance de Courbet*, *op. cit.*, p. 107.

donc dresser nos batteries et procéder à ce grand enterrement [du romantisme et de l'académisme]. Avouez que le rôle de fossoyeur est un beau rôle, et que déblayer la terre de tout ce fatras de bric-à-brac n'est pas sans charmes ! » Puis il dit à Bruyas comment il se représentait l'affaire : « Nous voilà obligés de louer un terrain à la ville de Paris, vis-à-vis leur grande exposition. Je vois déjà d'ici une tente énorme avec une seule colonne au milieu, pour murailles des charpentes recouvertes de toiles peintes, le tout monté sur une estrade, puis des municipaux de louage, un homme en habit noir tenant le bureau, vis-à-vis les cannes et parapluies, puis deux autres garçons de salle. » Courbet prédit qu'ils y gagneront de l'argent – « quarante mille francs, c'est un rêve » – et qu'ils feront parler d'eux : « Il y a vraiment de quoi faire danser Paris sur la tête. On fera sans contredit la plus forte comédie qui aura été jouée de notre temps. Il y a des gens qui en tomberont malades, c'est sûr. »

Le peintre prenait plaisir à envoyer à Bruyas des professions de foi. Le 3 mai 1854, il proclamait son intégrité morale absolue : « Oui, mon cher ami, j'espère dans ma vie réaliser un miracle unique, j'espère vivre de mon art pendant toute ma vie sans m'être jamais éloigné d'une ligne de mes principes, sans jamais avoir menti un seul instant à ma conscience, sans même avoir jamais fait de la peinture large comme la main pour faire plaisir à qui que ce soit, ni pour être vendue. » Et de s'extasier ensuite sur la proximité de leurs sentiments : « J'ai toujours dit à mes amis (qui s'épouvantaient de ma vaillance et qui craignaient pour moi-même) : ne craignez rien. Devrais-je parcourir le monde entier, je suis sûr de trouver des hommes qui me comprendront ; n'en trouverais-je que cinq ou six, ils me feront vivre, ils me sauveront. J'ai raison – j'ai raison ! je vous ai rencontré. C'était inévitable, car ce n'est pas nous qui nous sommes rencontrés, ce sont nos solutions. » Le terme *solution* était un mot de ralliement pour l'artiste et son collectionneur. Bruyas avait publié en 1853 une brochure intitulée *Solution d'artiste. Sa profession de foi.* En 1854, lorsque Courbet réalisa le portrait de Bruyas, il représenta son modèle la main gauche posée sur un volume où était écrit *Études sur l'art moderne. Solution A. Bruyas* et il intitula le portrait son *tableau solution.*

Courbet fut invité à Montpellier de la fin mai à la fin septembre 1854. C'est alors qu'il peignit la fameuse *Rencontre* entre

Bruyas et lui, *Bonjour Monsieur Courbet !* Et c'est sans doute pendant ce séjour que le collectionneur mit fin au projet d'exposition privée Courbet-Bruyas, si l'on en croit le peintre : « Le père Bruyas, bailleur de fonds, a peur qu'on l'envoie à Cayenne. » Courbet regrettait d'avoir dû abandonner son rêve : « Quel dommage que nous n'ayons pu faire cette exposition pour notre compte, écrivait-il à Bruyas à la fin de 1854, c'eût été d'un esprit large et nouveau en dehors de toutes les vieilles idées du passé. » Il tenait cependant le collectionneur au courant de ses travaux. Il avait commencé à Ornans un grand tableau qu'il voulait envoyer à l'Exposition de 1855 avec treize autres (il demandait à Bruyas de lui en prêter deux[1]), ce serait *L'Atelier du peintre* : « Il y a trente personnages grands comme nature. C'est l'histoire morale et physique de mon atelier. Ce sont tous les gens qui me servent et qui participent à mon action. [...] J'intitulerai cela première série, car j'espère faire passer la société dans mon atelier, faire connaître ainsi mes propensions et mes répulsions. » Selon ses calculs, il disposait de deux jours par personnage. Le 14 mars 1855, Courbet annonçait à Bruyas qu'il avait presque terminé *L'Atelier* : « Vous occupez une place magnifique. Vous êtes dans la pose de *La Rencontre*, avec un autre sentiment. Vous êtes triomphant et commandeur. » Mais, le 5 avril, il prenait un autre ton : « Il m'arrive des choses terribles. On vient de me refuser mon *Enterrement* et mon dernier tableau *L'Atelier*, avec le *Portrait de Champfleury*. Ils ont déclaré qu'il fallait à tout prix arrêter mes tendances en art qui étaient désastreuses pour l'art français J'ai onze tableaux de reçus. *La Rencontre* est reçue avec peine. On trouve cela trop personnel et trop prétentieux. Chacun me pousse à faire une exposition particulière, j'y ai cédé. » En réalité, les deux tableaux refusés l'avaient plutôt été à cause de leurs dimensions : on manquait de cimaises à l'Exposition universelle de 1855 et, pour cette raison, le jury dut refuser presque les trois quarts des œuvres qui lui avaient été soumises. Mais il plaisait à Courbet de se camper en homme rejeté parce que dangereux pour la société.

Courbet changea donc rapidement son fusil d'épaule : « Je vais faire une autre exposition de vingt-sept tableaux nouveaux et

1. Entre 1853 et 1855, Bruyas avait acheté neuf toiles de Courbet.

anciens de moi, en disant que je profite de l'avantage que le gouvernement me fait en me recevant onze tableaux à son exposition. Pour faire une exhibition des tableaux de mon atelier, cela me coûtera dix ou douze mille [francs]. J'ai déjà le terrain pour une location de deux mille pour six mois. La construction me coûtera six ou huit mille. Ce qu'il y a de curieux, cet emplacement est enclavé dans le bâtiment même de leur exposition[1]. Je suis en démarches près du préfet de police pour remplir les formalités nécessaires. J'ai déjà les six mille que vous m'avez donnés. Si vous voulez me faire une reconnaissance de ce que vous me devez encore et m'envoyer *Les Baigneuses*, je suis sauvé. » Et, une fois encore, le peintre chiffrait son rêve, qui avait plus que doublé depuis le projet Bruyas-Courbet : il espérait gagner 100 000 francs. Nous avons vu au chapitre III ce que fut la réalité de cette exposition.

À partir de 1855, Bruyas, atteint de tuberculose, ne voyagea plus. Mais Courbet revint à Montpellier en mai 1857, accompagné cette fois-ci de Champfleury. Il était facile de se moquer du galimatias d'Alfred Bruyas, c'est ce que fit Champfleury en publiant dans la *Revue des Deux Mondes*, à partir du 15 août 1857, *Les Sensations de Josquin*, où l'allusion à Bruyas était transparente dans le personnage du « jeune T... »[2]. Le héros étant de passage dans la petite ville de S..., on lui conseilla d'aller visiter la galerie de tableaux du jeune T..., « qui remplissait le pays du bruit de ses actions ». Ceux qui avaient vu cette galerie étaient abasourdis : « La manie du jeune T... consistait à ne collectionner que des portraits d'après sa propre physionomie. » Chaque année, T... faisait un voyage à Paris, d'où il rapportait « de nouveaux exemplaires de sa physionomie peinte à l'huile et richement encadrée ». Il y en avait quarante-sept[3] ! Notre héros alla donc tirer la sonnette du jeune T... Il le trouva allongé sur un divan : « Il y avait dans tout

1. 7, avenue Montaigne, face au Palais des Beaux-Arts, en bordure de l'Exposition.

2. Champfleury, « Histoire de M. T... », *in* Id., *Les Sensations de Josquin*, Paris, Michel Lévy, 1859, p. 42-78.

3. Alfred Bruyas commandait effectivement son portrait à chacun des artistes qu'il entendait soutenir et aider.

son être de la jolie femme qui s'ennuie, de l'attitude d'un mystique brisé par l'extase, et de l'énervement d'une personne sensuelle. » T… l'invita à visiter sa galerie : à côté des portraits fantaisistes de T… en habit de masque, T… surpris en Italie par des brigands, T… admirant l'océan, T… faisant une déclaration à une danseuse, il y avait une sorte de tabernacle doré où T… était représenté en Christ. Au fond du sanctuaire était écrit *Travail, Amour, Liberté*, ce qui fit dire au visiteur : « J'étais en face d'un de ces faibles cerveaux que les tourmentes sociales depuis trente ans ont encore affaiblis. Pauvres natures dans l'esprit desquelles est tombée tout à coup une graine de recherches sociales ! […] Combien en ai-je rencontré de ces utopistes bourgeois qui, pour leur malheur, ont appris à lire ! »

Le narrateur réfléchit sur le narcissisme du jeune T… : « La nature maladive du jeune T…, cette prodigieuse quantité de portraits me donnèrent la certitude que, tout à la fois plein de respect et d'adoration pour sa propre image, plein de défiance et de faiblesse à l'idée du rôle qu'il avait à jouer dans la société, M. T… voulait à coup sûr léguer sa physionomie aux générations futures, tout en ayant la certitude de n'être ni un grand penseur, ni un grand capitaine, ni un grand savant, ni un grand poète. » Il imagine que T… a voulu être un grand mécène et s'est dit : « Pourquoi ne serais-je pas *l'homme au gant* de ce temps-ci, et ne fournirais-je pas à un Titien moderne l'occasion de se signaler ? » Mais, faute de savoir qui était le Titien moderne, il a commandé son portrait à un grand nombre de peintres. Ce parti pris bizarre s'accompagnait de commentaires bizarres de ses œuvres : « L'exploré ne s'agitant plus, l'idée mère appuiera nos gestes sur le fond d'un regard meilleur que n'a point fixé l'hôte ingrat » ; ou : « Le profil n° 2 est très exact surtout par la localisée blonde. Il s'y révèle déjà comme expression ce que j'appellerai le croisé de la pensée[1]. » Le jeune T… lui-même donna de sa conduite une explication digne d'un conte fantastique. Quand il avait fait peindre

1. Citant ces commentaires, dans *La Légende des ateliers*, *op. cit.*, p. 533, le peintre Jules Laurens reprocha à Champfleury d'avoir rendu grotesque l'homme d'élite qu'était Alfred Bruyas et de l'avoir jeté « à la meute des Philistins d'une ville de province ».

son premier portrait, il ne connaissait rien à la peinture. Après quinze jours, le portrait ne lui plaisait plus. Il était allé voir un deuxième peintre, puis un troisième… Et ainsi, il avait formé son goût. Mais, chemin faisant, il s'était perdu, il avait été dépossédé de lui-même : « … il me semblait qu'un adroit voleur s'introduisait dans mon être. […] Je souffrais d'une sorte de diminution du principe vital ». Il s'était donc arrêté et avait fait bâtir sa galerie. Mais les quarante portraits n'emplissaient que deux pièces et l'architecte en avait construit trois. C'est pourquoi le jeune T… était retourné à Paris, afin de compléter la collection : « À chaque portrait il m'a semblé être la proie de vampires qui me suçaient le sang. […] Je sais que je suis une ombre, je flotte et je ne marche plus… » Il y a du Dorian Gray dans le jeune T…

Bruyas et Courbet se brouillèrent momentanément à la suite de la publication de Champfleury, mais Valérie Bajou fait à juste titre remarquer combien ils étaient peu faits pour s'entendre. Dans le domaine esthétique, d'abord : les œuvres de Courbet constituaient une exception dans la collection de Bruyas, dont les choix correspondaient plutôt à une esthétique romantique. Dans le domaine politique, ensuite : Courbet détestait le régime impérial, alors que Bruyas voyait dans la prise de pouvoir de Louis-Napoléon Bonaparte, prince-président puis empereur, le triomphe du bien et l'espoir d'une réconciliation sociale après une période d'épreuves. Dans le domaine spirituel, enfin : Bruyas concevait le mécénat comme une mission dont il parlait en termes messianiques, ce que Courbet ne pouvait trouver que ridicule[1].

En 1867, lorsque, à l'occasion de l'Exposition universelle, Courbet décida d'organiser à nouveau une exposition particulière, il écrivit à Alfred Bruyas qu'il allait faire édifier un pavillon à peu près au même endroit qu'en 1855 : « Cette fois-ci je ferai un atelier définitif pour le restant de ma vie et n'enverrai presque plus aux expositions du gouvernement qui s'est si mal conduit vis-à-vis de moi jusqu'ici » (18 février). Il demanda au collectionneur, le 27 avril, de lui prêter quelques toiles : « Si vous vous décidez à me rendre ce service, ce sera pour la dernière fois que je vous dérangerai, pour

1. V. Bajou, *Courbet*, *op. cit.*, p. 172.

bien des raisons : c'est que c'est de mes tableaux l'exposition définitive ; la deuxième raison est que je deviens vieux, bien vieux. Nous vieillissons, malgré le ressort que nous avons dans l'esprit. Mon cher Alfred, votre action est la mienne et je crois que de plus en plus les tableaux que je vous ai vendus vous feront honneur. J'ai vendu, l'an passé, tant moi que ceux qui en avaient, pour vingt cinq mille [francs] de ma peinture, par conséquent les vôtres valent déjà plus de cent mille. Ces chiffres-là ne signifient rien pour moi, mais pour les amateurs et pour le public, c'est la pierre de touche. »

Le 30 mai 1867, jour de l'inauguration, Courbet proclamait fièrement : « J'ai fait construire une cathédrale dans le plus bel endroit qui soit en Europe, au pont de l'Alma, avec des horizons sans bornes, au bord de la Seine et en plein Paris ! Et je stupéfie le monde entier. » Et, une fois de plus, il essaya d'entraîner Bruyas dans ses projets d'avenir, de l'associer à son action : « Vous avez comme amateur une action semblable à la mienne. Apportez votre galerie, je vous la compléterai, nous faisons un second Salon à la suite du mien déjà construit. Nous gagnons un million en ayant raison. Que vous fait à vous cinquante mille ? [C'est la somme qu'il a lui-même déboursée.] Vous les perdriez, ça ne pourrait pas vous empêcher de vivre dans vos goûts tout de même avec votre fortune. Avec une travée semblable à la mienne, nous aurons deux cent quarante mètres de longueur sur dix mètres de largeur et trente mètres de hauteur. C'est la Galerie du Louvre. Il n'y a plus de Champs-Élysées, plus de Luxembourg, plus de Champ-de-Mars[1]. » Pas plus qu'en 1855, Bruyas ne donna suite à la proposition de Courbet ; il allait, le 12 novembre 1868, léguer sa collection (cent quarante-huit tableaux, cent cinquante-huit dessins, dix-huit bronzes) au musée de Montpellier.

Les Stein, Matisse et Picasso

Ambroise Vollard écrit dans ses *Souvenirs* : « C'est une personnalité très complexe que celle de Mlle Gertrude Stein. À la

1. C'est-à-dire plus de Salon annuel, plus de musée d'art contemporain, plus d'Exposition universelle.

voir avec sa robe de gros velours de coton, ses sandales à lanières de cuir et toute son allure un peu bonasse, on dirait une ménagère dont l'horizon est borné aux relations avec le fruitier, le crémier, l'épicier. Mais, que ses yeux se croisent avec les vôtres, on se rend compte tout de suite qu'il y a en Mlle Stein autre chose qu'une *bourgeoise*. La vivacité de son regard trahit vite, chez elle, l'observateur à qui rien n'échappe. Comment cependant ne pas se laisser aller, s'abandonner en toute confiance quand on entend son rire[1]... ? »

Gertrude Stein et son frère Léo résidaient à Paris depuis 1903. Nés en Pennsylvanie, dans une famille bourgeoise, ils avaient passé des années de leur enfance en Europe avant de rentrer s'installer en Californie. Après la mort de leurs parents, de leur sœur et d'un de leurs frères, ils déménagèrent à Baltimore, où Gertrude fit des études de médecine. Léo, étudiant à Harvard, avait déjà une passion pour l'art. Il nourrit même le projet d'écrire une biographie de Mantegna, qu'il abandonna. En 1900, il alla vivre à Florence, où il rencontra Bernard Berenson, le célèbre amateur d'art. Puis, Gertrude l'ayant rejoint, ils vinrent à Paris. Léo, qui avait alors le désir de devenir peintre, s'inscrivit dans une école d'art et chercha un atelier. C'est ainsi qu'ils emménagèrent au 27, rue de Fleurus. Leur frère aîné Michael, qui était leur tuteur, vendit les biens de la famille avant de venir, lui aussi, à Paris en décembre 1903, avec sa femme Sarah ; ils s'installèrent au 58, rue Madame. Comme Léo gémissait sur « la mort de l'art à Paris », Berenson, dans une lettre, lui parla de Cézanne. C'est ainsi que Léo poussa la porte de la galerie de Vollard. Il raconte qu'il disposait de cent cinquante dollars par mois (sans doute Gertrude aussi) et que cela suffisait pour vivre confortablement et voyager. Et puis, il y avait parfois de bonnes surprises : à la fin de 1904, Michael annonça à Léo et Gertrude la mise à disposition d'un crédit de 8 000 francs, qu'ils convertirent bientôt en tableaux.

C'est à l'automne de 1905 que Gertrude et Léo achetèrent des œuvres de Matisse et de Picasso et firent la connaissance des deux artistes. Nous avons vu comment ils avaient acquis *La Femme au*

---

1. A. Vollard, *Souvenirs d'un marchand de tableaux*, *op. cit.*, p. 146-147.

chapeau de Matisse au Salon d'automne[1]. À la même époque, Sarah et Michael Stein achetèrent de leur côté deux toiles de Matisse, le petit *Nu au paravent* puis *La Raie verte* (portrait de Mme Matisse). Après ces achats, les Matisse et les Stein se lièrent d'amitié. Ils se voyaient beaucoup : « De temps en temps, madame Matisse les invitait à déjeuner, cela se produisait surtout quand quelque parent des Matisse leur envoyait un lièvre. Le civet de lièvre, cuit par madame Matisse à la façon de Perpignan, était un régal[2]. » Quant à Picasso, Gertrude et Léo achetèrent sa *Fillette au panier de fleurs* chez Clovis Sagot et l'écrivain Henri-Pierre Roché leur présenta le peintre au cours d'une visite dans la boutique du marchand. Fernande Olivier se souvient du frère et de la sœur : « Paire-type. Lui, l'air d'un prof, chauve, avec des lunettes d'or. Longue barbe aux reflets roux, l'œil malin. Un grand corps roide, aux attitudes curieuses, aux gestes raccourcis. Le vrai type américain juif allemand. Elle, grosse, courte, massive, belle tête, forte, aux traits nobles, accentués, réguliers, les yeux intelligents, clairvoyants, spirituels. L'esprit net, lucide. Masculine, dans sa voix, dans toute son allure. » Et de souligner leur originalité : « Tous deux étaient vêtus de velours côtelé marron, chaussés de sandales à la Raymond Duncan, dont ils étaient les amis. Trop intelligents pour se soucier du ridicule, trop sûrs d'eux pour se préoccuper de ce que pensaient les autres[3]. » Picasso disait d'eux et des gens qui les entouraient : « Ils sont pas des hommes, ils sont pas des femmes, ils sont Américains. » Fasciné par Gertrude, Picasso lui proposa de faire son portrait. Elle vint poser quatre-vingt-six fois, pendant l'hiver 1905-1906, dans l'atelier de Montmartre[4]. Les samedis après-midi, Picasso et Fernande la raccompagnaient et dînaient rue de Fleurus.

En mars 1906, les Stein présentèrent l'un à l'autre leurs deux artistes préférés. Ils emmenèrent Matisse – trente-six ans – et sa

1. Dans l'*Autobiographie d'Alice Toklas*, Gertrude Stein date à tort cet achat du premier Salon d'automne, en 1903.

2. G. Stein, *Autobiographie d'Alice Toklas*, *op. cit.*, p. 49.

3. F. Olivier, *Picasso et ses amis*, *op. cit.*, p. 115.

4. Le portrait est aujourd'hui au Metropolitan Museum à New York. Gertrude, avec du dissymétrique dans le visage, a déjà quelque chose des *Demoiselles d'Avignon*.

fille chez Picasso – vingt-cinq ans –, au Bateau-Lavoir. Michael et Sarah Stein devinrent les principaux supporters de Matisse. Sarah poussa Léo à acheter *La Joie de vivre* qu'il avait d'abord détesté, au Salon des Indépendants, en avril 1906. Aux Indépendants de mars 1907, Gertrude et Léo achetèrent le *Nu bleu (souvenir de Biskra)*. Pour acquérir une douzaine de toiles récentes de Matisse, Sarah vendit (ou échangea) des œuvres d'autres peintres. Elle posséda au total plus de quarante tableaux et une demi-douzaine de bronzes. Elle convertit à Matisse Bernard Berenson. Matisse avait une confiance absolue dans le jugement de Sarah. Elle se mit à la peinture et c'est autour d'elle que se créa la classe de Matisse, au couvent des Oiseaux, 33, boulevard des Invalides (aujourd'hui musée Rodin et lycée Duruy).

Les Stein pratiquaient le prosélytisme. Ce sont eux qui amenèrent à l'art contemporain les sœurs Cone, Etta, amie de longue date de Gertrude – elle avait été un temps sa maîtresse –, et sa sœur, le Dr Claribel. Les deux Américaines disposaient de revenus confortables provenant de filatures de coton fondées par leurs frères. En octobre 1905, les Stein emmenèrent Etta et Claribel au Salon d'automne. Le 2 novembre, Etta, accompagnant chez Picasso Gertrude qui allait poser pour son portrait, acheta au peintre deux œuvres pour 120 francs[1]. En janvier 1906, Sarah Stein emmena les sœurs Cone chez Matisse. Dès le premier jour, elles achetèrent au peintre, pour 100 francs, un dessin et une aquarelle, et, pendant trente ans, elles allaient acquérir ses œuvres, même quand ses prix furent devenus importants. Ainsi, dans une vente en 1926, le Dr Claribel fit monter jusqu'à 30 000 francs le *Nu bleu* qui avait appartenu à Léo Stein. Les sœurs Cone léguèrent leur collection au musée de Baltimore.

En 1907, le pavillon avec atelier du 27, rue de Fleurus, regorgeait de tableaux : « En ce temps-là il y avait beaucoup de Matisse, de Picasso, de Renoir, de Cézanne, mais il y avait encore des toiles de beaucoup d'autres peintres. Il y avait deux Gauguin, des Manguin, un Monticelli, un grand nu par Vallotton qui donnait l'impression de *L'Odalisque* de Manet ; seulement c'était une

1. Brenda Richardson, *Dr Claribel & Miss Etta. The Cone Collection of the Baltimore Museum of Art*, Baltimore, Baltimore Museum of Art, 1985, p. 90.

fausse impression ; [...] il y avait aussi un portrait de Gertrude Stein par Vallotton, qui avait l'air d'un David mais n'était pas un David, il y avait un Maurice Denis, un petit Daumier, beaucoup d'aquarelles de Cézanne ; [...] il y avait même un petit Delacroix et un Greco un peu plus grand[1]. » Et ces tableaux attiraient beaucoup d'amateurs, auxquels les Stein ouvraient largement leur porte après le dîner. C'était un mélange d'artistes, de bohèmes, de bourgeois et surtout d'étrangers : des Hongrois, des Allemands, des Américains. Les visiteurs furent bientôt si nombreux qu'on voulut les canaliser en instituant les *samedis soir*. Fernande Olivier se souvient que Picasso était maussade parce qu'on voulait le faire parler et, en plus, en français, langue dans laquelle il s'exprimait plutôt mal. De plus, il fut un jour pris d'une colère froide en voyant deux de ses tableaux vernis par les Stein qui ne lui avaient pas demandé sa permission : « Il voulait partir immédiatement, reprendre ses toiles qu'il trouvait dénaturées par le vernis. On eut toutes les peines du monde à l'empêcher de faire un scandale[2]. »

Mais Léo perdit la foi ; ses sentiments pour les artistes tournèrent au ressentiment. Il fut pris d'un fou rire en face des *Demoiselles d'Avignon* de Picasso, il traita Matisse de « rythmiquement insuffisant » et finit même par renoncer à Cézanne. C'est Gertrude qui allait désormais acheter de la peinture et devenir mécène à la place de son frère, qui ne lui pardonna jamais de s'être approprié son rôle. De plus, Alice Toklas, maîtresse de Gertrude, vint s'installer chez eux en 1910. Si bien qu'en 1913 Léo et Gertrude Stein se séparèrent. Ils partagèrent leur collection après avoir vendu quelques œuvres majeures à Chtchoukine et Morosov par l'intermédiaire de Kahnweiler. Ils ne se parlaient plus et c'est Alice Toklas qui arrangea le partage. Léo, en mars 1914, à la veille de quitter définitivement Paris, reçut les peintres Alfred Mainssieux, un habitué des réunions du samedi soir, et Jules Flandrin. Ils causèrent en regardant des tableaux, des estampes japonaises et des livres d'art. Léo expliqua son changement de point de vue sur la peinture. Après s'être intéressé dix ans à l'avant-garde, il « est maintenant arrivé à une période de réflexion sur tout cela, d'où il a tiré la conclusion qu'il demanderait à l'œuvre d'art

1. G. Stein, *Autobiographie d'Alice Toklas*, *op. cit.*, p. 16.
2. F. Olivier, *Picasso et ses amis*, *op. cit.*, p. 183.

un plaisir plus général, plus humain que cérébral, un plaisir venant du tableau lui-même et de ce qu'il exprime, plutôt que des raisonnements qu'il appelle[1] ». En face d'eux était accroché un rivage méditerranéen de Renoir. Et Léo Stein de raconter qu'il avait apporté dernièrement cette toile chez lui, en même temps qu'un paysage de Cézanne, bien décidé à garder le Cézanne. Mais, au bout de deux jours, il s'était senti incapable de se séparer du Renoir et avait, sans hésiter, rendu le Cézanne pour garder le Renoir : « Le Cézanne était beau, mais c'était dans le Renoir qu'il aurait voulu vivre. »

Les amateurs qui revendent leurs collections

On voit souvent des collectionneurs revendre leurs tableaux, sans savoir toujours pourquoi ils le font : lassitude, envie d'autre chose, besoin d'argent ? Ainsi le Dr Georges Viau, dentiste et peintre amateur, 47, boulevard Haussmann, client de Vollard et grand ami du comte Doria, qui constitua plusieurs collections successives, dispersées à diverses reprises de son vivant. Ainsi le financier Ernest May, qui, après avoir acheté des toiles impressionnistes dès 1875, revendit en 1890 à la galerie Petit plus de cent tableaux, dessins, pastels, aquarelles (parmi lesquels Degas, Manet, Monet), qui rapportèrent environ un demi-million de francs, grâce aux Millet et aux Corot. Après 1890, il continua à développer sa collection, restant fidèle à Corot, aimant aussi Albert Besnard ou Ker-Xavier Roussel, mais achetant un peu plus de peinture des XVIIe et XVIIIe siècles français[2]. Ainsi encore l'abbé Paul-Octave Gaugain. On ne sait comment ce fils d'un journalier et d'une dentellière, devenu professeur et directeur du cours Saint-Augustin, boulevard Haussmann, avait rencontré la peinture contemporaine, mais, le 6 mai 1901, il vendit à l'hôtel Drouot vingt et un tableaux, Boudin, Cézanne, Degas, Guillaumin, Monet, Pissarro, Sisley et Renoir, dont treize avaient été achetés chez Durand-Ruel entre décembre 1887 et mars 1900. Ainsi, enfin, Ernest Cognacq,

1. G. Flandrin et F. Roussier, *Jules Flandrin, 1871-1947*, *op. cit.*, p. 162.

2. A. Distel, *Les Collectionneurs des impressionnistes, amateurs et marchands*, *op. cit.*, p. 229.

le fondateur de la Samaritaine, qui, après avoir, entre 1899 et 1905, acheté des toiles de l'École de Barbizon et quelques impressionnistes, se tourna vers le XVIIIe siècle. Avec son épouse, Louise Jay, ils réunirent une importante collection destinée à être exposée dans la Samaritaine de luxe, magasin qu'ils ouvrirent en 1917 ; mais finalement, donnée à la Ville de Paris en 1928, cette collection devint le musée Cognacq-Jay[1].

Revendre par lassitude

Sans aller jusqu'à revendre, se désintéresser de l'art est déjà une attitude suffisamment étonnante chez un amateur pour être commentée. Edmond de Goncourt note dans son *Journal* le 11 mars 1894 : « Frantz Jourdain cause de l'avatar de Gallimard, de cet homme qui ne vivait que pour les livres, puis pour les tableaux, et qui maintenant passe toutes ses soirées aux Variétés, la boutonnière fleurie, au milieu des hétaïres de son immeuble, enfin devenu tout à fait un *fêtard* et déclarant hautement que les artistes, dont il faisait autrefois uniquement sa société, sont des êtres mélancolieux, tristes, embêtants et n'apportant dans leurs relations que du noir, et qu'il veut maintenant autour de lui *de la gaîté, de la joie !* » Paul Gallimard, fils de Gustave et père de Gaston, venait d'acquérir, à quarante-quatre ans, le théâtre des Variétés et allait bientôt s'installer chez une comédienne devenue sa maîtresse, Amélie Diéterle. Goncourt et Jourdain qui l'avaient fréquenté dans sa vie précédente, bibliophile et amateur de peinture, ami de Raffaëlli, Gustave Geffroy, Renoir, Monet, Degas, étaient forcément effarouchés de ses nouveaux choix de vie.

On peut vouloir se séparer de sa collection comme on se sépare d'une maison, parce qu'on a perdu le goût de vivre en sa compagnie, et, plus largement parfois, le goût de vivre tout court. Denys Cochin dispersa au printemps de 1919 sa collection – dans son vaste hôtel du 53, rue de Babylone, il avait des œuvres de Goya, Delacroix, Corot, Manet, Van Gogh, Gauguin, Degas et surtout

1. Georges Brunel, « Les Cognacq : mécènes et collectionneurs », in *Les Cathédrales du commerce parisien. Grands Magasins et enseignes*, Paris, Délégation à l'action artistique de la Ville de Paris, 2006, p. 121.

Cézanne. Il avait perdu ses deux fils et son gendre à la guerre, lui-même était très affaibli par la maladie, ses tableaux ne l'amusaient plus, il allait mourir trois ans plus tard. Âgé de soixante-sept ans, il mit aussi un terme, cette année-là, à sa longue carrière politique : il était député du VIIIe arrondissement de Paris, siégeant à la droite libérale, depuis 1893.

Lassé de ses toiles de Couture et de Troyon sur les murs de son hôtel de Neuilly, Léon Clapisson, homme d'affaires associé de Paul Bérard, lui aussi client de Durand-Ruel, les remplaça un jour par les scènes nord-africaines de Renoir et *Le Banc* de Manet[1]. On n'a pas de témoignage sur le déroulement de l'affaire, mais le processus que décrit avec humour Philippe Burty nous permet de l'imaginer : « À un jour donné, sans cause précise, mais probablement sous l'influence énervante de la plénitude et de la permanence de la jouissance, l'amateur se sent pris d'une suprême indifférence pour la galerie qu'il a lentement formée, pour les toiles qu'il a le plus ardemment poursuivies. Puis une sorte de répulsion s'y mêle et l'esprit malade ne voit plus que défauts ou que défaillances là où il n'avait vu que réussites et enchantements. Ingres lui paraît un dessinateur tendu, Delacroix un coloriste exagéré, Decamps un chercheur d'effets, Corot un musicien qui s'attarde aux préludes, les nymphes de Diaz font la grimace, les *Liseurs* de Meissonier s'endorment dans leur fauteuil et les *Tigres* de Barye font mine de sauter au milieu du salon ! » C'est à ce moment-là qu'un marchand doit jouer son rôle, se montrer psychologue pour guérir le collectionneur en lui proposant d'autres achats : « Il faut alors consulter un expert honorable et discret, lui conter son cas et attendre. M. Francis Petit excelle dans ces traitements ; il sait au juste l'état moral de sa clientèle. À celui qui se dégoûte de ses Troyon, il proposera un Jules Dupré ; à qui ne veut plus entendre parler d'Isabey, un Jongkind ; il saura échanger un Théodore Rousseau pour un Millet ; s'il y a lieu, il dirigera la vente définitive de la galerie[2]. »

---

1. En 1883, Léon Clapisson avait commandé à Renoir le portrait de son épouse. Renoir la peignit dans le jardin, mais, les Clapisson étant mécontents de ce portrait, Renoir dut en faire une seconde version.

2. P. Burty, « L'hôtel des ventes et le commerce des tableaux », art. cité, p. 962 ; « galerie » signifie ici « collection ».

L'argument invoqué pour expliquer le désir de revendre des tableaux est parfois cocasse : ils s'accordent mal avec un intérieur. (Rappelons qu'une des définitions du bourgeois est : celui qui achète des œuvres d'art pour aller avec ses meubles...) C'est ce qu'écrit Robert de Bonnières, journaliste et romancier en vogue, le 5 mars 1894, à Émile Boivin, comme lui amateur de Degas et de Puvis de Chavannes, pour lui proposer sa collection : « Notre ami Manuel a dû vous dire le tour que m'avaient joué les papiers anglais que j'ai mis dans mon nouvel appartement. Ces papiers si jolis par eux-mêmes ne supportent aucune peinture ; les couleurs tournent, pour ainsi dire, à leur contact et tout tableau devient méconnaissable. Dans ces conditions et à mon grand regret j'ai été obligé de mettre au grenier mes Degas, Renoir, etc. J'ai de même deux ou trois Rodin que les jeux d'ombres et l'entourage des fenêtres ont rendu implaçables. Je voudrais donc m'en défaire, mais sans impatience d'ailleurs, et j'ai pensé à vous les montrer avant tout autre étant donné la tendance de vos goûts[1]. »

Revendre pour acheter autre chose

Le 3 janvier 1873, Jean-Baptiste Faure acheta à Durand-Ruel ses premières toiles de Manet, le *Clair de lune sur le port de Boulogne* et *Le Chanteur espagnol*[2]. En avril et mai 1873, il acquit trois tableaux de Degas. Sous le coup de cet intérêt nouveau pour Manet et Degas, Faure, le 7 juin 1873, dispersa en vente publique sa première collection où figuraient des œuvres de Corot, Delacroix, Théodore Rousseau, Troyon, Millet, Jules Dupré, Ribot..., ce qui lui rapporta environ 500 000 francs[3].

Âgé de quarante-trois ans, Faure était chanteur à l'Opéra de

1. H. Loyrette, *Degas*, *op. cit.*, p. 764. Émile Boivin, 1830-1909, était raffineur de sucre. Dans son hôtel particulier du 64, rue de Lisbonne, il possédait des œuvres de Boudin, Corot, Sisley, Monet, Henner, Meissonier, Puvis de Chavannes et sept Degas.

2. Il paya 3 000 francs la première et 7 000 francs la seconde.

3. Le catalogue de cette vente fut le premier à comporter des photographies des œuvres au lieu des gravures habituelles (A. Distel, *Les Collectionneurs des impressionnistes, amateurs et marchands*, *op. cit.*, p. 77).

Paris depuis 1861. Il avait auparavant chanté à l'Opéra-Comique, de 1852 à 1860, à Londres et à Berlin. Il avait triomphé dans *Guillaume Tell* de Rossini, *Don Juan* de Mozart (avec Adelina Patti), *Les Huguenots* de Meyerbeer. Il avait créé Nelusko dans *L'Africaine* de Meyerbeer (1865), Rodrigue dans *Don Carlo* de Verdi (1867), le rôle titre du *Hamlet*[1] d'Ambroise Thomas (1868), Méphisto dans le *Faust* de Gounod (1869). En 1876, brouillé avec le directeur Halanzier, il abandonna l'Opéra de Paris mais parcourut pendant des années encore les scènes européennes, car il conserva sa voix jusqu'à un âge avancé[2]. Faure était un homme célèbre, c'était aussi un homme riche. À l'Opéra, en 1867, par exemple, il avait gagné 96 000 francs. En vingt ans de carrière, il avait donc pu acquérir plusieurs immeubles à Paris, des villas à Étretat et des tableaux[3]. Il avait d'abord été guidé dans ses choix par des camarades amateurs d'art, surtout le baryton Paul Barroilhet. Ami de Jules Dupré et de Thomas Couture, Barroilhet avait réuni un bel ensemble de toiles de l'École de 1830, de Théodore Rousseau principalement, qu'il avait revendu en mars-avril 1860.

Jean-Baptiste Faure investit le produit de la vente de sa première collection dans le genre de peinture pour lequel il se passionnait dorénavant. En novembre 1873, par l'entremise des frères Hecht, il rencontra Manet à qui il acheta directement *Lola de Valence* (2 500 francs), *Le Déjeuner dans l'atelier* (4 000 francs), *Le Bon Bock* (6 000 francs), *Pêcheurs en mer* (2 000 francs), *Le Bal masqué à l'Opéra* (6 000 francs)[4]. Le 1er janvier 1883, il acquit pour 11 000 francs *La Maison de Rueil*, *Dans la serre*, le *Portrait d'Henri Rochefort* et *L'Éplucheuse*. Au total, soixante-sept toiles de Manet passèrent par ses mains, dont *Le Déjeuner sur l'herbe*, *Le Fifre* et *Le Chemin de fer*. À partir de 1874, Faure acheta des Pissarro, des Sisley, des Monet. Il posséda entre cinquante et soixante Monet, mais, un jour de 1873, il en refusa un, ce que le peintre ne

1. Manet fit le portrait du chanteur en *Hamlet*, qu'il présenta au Salon en 1877. Faure n'aimait pas ce portrait, il lui préférait celui qu'avait peint Boldini.
2. Henri de Curzon, *J.-B. Faure, 1830-1914*, Paris, Librairie Fischbacher, 1923.
3. H. Loyrette, *Degas*, *op. cit.*, p. 410.
4. É. Darragon, *Manet*, *op. cit.*, p. 230.

lui pardonna pas. À Monet qui était venu lui proposer *Le Lever de soleil à Vétheuil* pour 50 francs, Faure avait répondu : « Ah ! oui, la Seine, et puis la brume qui, aux premières fusées de lumière, brouille la vue. On ne voit pas très bien. Mais c'est la faute du brouillard, n'est-ce pas ? Tout de même, il n'y a pas assez de peinture. Mettez un peu plus de peinture, et je suis bien capable d'acheter le tableau[1]. » Six ans plus tard, Faure vint à l'atelier de Monet, en quête d'une toile à sa convenance. *Le Lever de soleil à Vétheuil* était sur un chevalet : « Ah ! vous avez là une assez jolie chose, cher ami. Une brume de clarté. L'église, les tourelles, les pavillons, les corniches de blancheurs qui percent la nuée… le village, qu'on ne voit pas, se reflète dans le fleuve… En voulez-vous six cents francs ? » Et Monet lui rétorqua alors fièrement – « tout vibrant », écrit Clemenceau : « Vous avez donc oublié que vous m'en avez refusé cinquante francs, il y a six ans ? Eh bien, aujourd'hui, je vais vous dire une chose. Non seulement vous ne l'aurez pas pour cinquante francs, ni pour six cents, mais si vous m'en offriez cinquante mille francs, vous ne l'auriez pas davantage. » Monet ne vendit jamais le tableau, qui à sa mort, en 1928, était encore à Giverny.

En février 1874, Faure accepta une curieuse proposition de Degas : il rachèterait à Durand-Ruel six œuvres dont le peintre n'était pas satisfait et qu'il voulait retoucher, en échange de quoi il recevrait, dans un avenir proche, quatre nouvelles grandes toiles. Faure versa donc 8 800 francs à Durand-Ruel pour les six œuvres qu'il rendit à Degas. Mais ce marché empoisonna pendant des années l'existence de l'artiste, puisqu'en 1887 les toiles n'étaient toujours pas livrées. Degas avait en permanence des travaux plus urgents à réaliser, car il lui fallait gagner sa vie : « Je ne puis travailler pour vous que dans mes loisirs et ils sont rares. […] Je vous prie donc d'avoir encore de la patience[2]… » Peut-être est-ce ce litige qui éloigna les deux hommes. Quoi qu'il en soit, après avoir été, dans les années 1870-1880, le premier et le plus important amateur de Degas, avec plus de dix peintures, Faure, dans les années 1890, se défit progressivement de toutes ces œuvres-là. En 1902, le chanteur fit dresser le catalogue de ses tableaux : vingt et un Manet,

1. G. Clemenceau, *Claude Monet, Les Nymphéas*, *op. cit.*, p. 64.
2. *Degas*, Paris, Éd. de la Réunion des musées nationaux, 1988, p. 222.

treize Monet, vingt-quatre Pissarro, vingt-deux Sisley, deux Caillebotte, mais aussi Meissonier, Cormon, Raffaëlli, Ziem, Bastien-Lepage. Aucun Degas. Une partie de cette collection fut vendue du vivant de Faure à Durand-Ruel, en 1907, puis le reste par sa belle-fille, en 1919. Faure, qui mourut en 1914, collectionna, les dernières années, des Christ détachés de leur croix et jetés à la ferraille[1].

Un autre cas de collections successives est celui d'Auguste Pellerin. Né en 1852, Pellerin était un grand industriel, roi de la margarine, qui déploya son activité en France et à l'étranger, notamment dans les pays scandinaves ; ses relations avec la Scandinavie étaient si étroites que, de 1906 à sa mort en 1929, il fut consul général de Norvège à Paris. Il acheta d'abord des œuvres de Vollon, Henner et Corot, qu'il revendit pour les remplacer par des tableaux de Manet et des impressionnistes. Il revendit une partie de cette deuxième collection en 1910, acquit ensuite des œuvres de Vuillard, Maurice Denis, Camoin, Derain et Matisse – qui fit son portrait en 1916[2] –, mais il se concentra surtout sur Cézanne. Pellerin posséda plus de quatre-vingt-dix Cézanne, dont trente-deux de la première période de l'artiste, soit le quart de la production du peintre au cours de ses années de jeunesse ; il fut le premier amateur à acheter à Vollard un nu de Cézanne lors de l'exposition qui eut lieu en 1895[3].

Revendre par obligation. Conflits familiaux, faillites

Les filles de Georges et Marguerite Charpentier durent se résoudre, après la mort de leurs parents, en 1904 et 1905, à disperser la collection familiale. Le Metropolitan Museum de New York, *via* Durand-Ruel, acheta *Madame Charpentier et ses enfants* de Renoir pour 840 000 francs. C'est parce qu'il divorçait que François Depeaux fut obligé de mettre en vente, les 31 mai et

1. H. de Curzon, *J.-B. Faure, 1830-1914*, *op. cit.*, p. 128.

2. Matisse fit deux portraits de Pellerin. Le premier (aujourd'hui dans une collection privée) était très épuré dans son décor. Pellerin le refusa, le trouvant trop osé, trop semblable à un masque. Le second, qui le montre au milieu de ses papiers et de ses livres de comptes, se trouve au Centre Pompidou.

3. *Cézanne, les années de jeunesse, 1859-1872*, *op. cit.*, p. 58-59.

1er juin 1906, des toiles de Sisley, Monet, Pissarro, Renoir, Gauguin et Toulouse-Lautrec. Ce riche négociant de Rouen avait été un client de Durand-Ruel à partir de 1892. Ami de Mirbeau et du frère de Monet, Depeaux aimait inviter les peintres chez lui, et les poussait à peindre sa ville – il incita Monet à réaliser la série des cathédrales. Le 4 février 1903, il avait offert sa collection composée à la fois d'œuvres impressionnistes (cinquante-huit Sisley, vingt Monet) et d'œuvres d'artistes locaux (soixante-deux Delattre) à la ville de Rouen… qui la refusa ! À la vente de 1906, Durand-Ruel acheta les plus belles pièces. Quant à Depeaux lui-même, il alla jusqu'à racheter une quarantaine de ses toiles pour de nouveau les offrir à la ville de Rouen qui, cette fois-ci, les accepta (1909)[1].

« N'ayant plus le bonheur de pouvoir satisfaire largement, comme autrefois, ma passion pour la belle peinture, j'ai dû me résoudre à diminuer le nombre de vos œuvres en ma possession, bien décidé toutefois à ne pas réaliser un bénéfice, mais au contraire à vous le réserver, si le cas échéait[2] » : c'est en ces termes que Paul Périer annonçait à Théodore Rousseau la vente de deux de ses tableaux à Jean-Marie Durand-Ruel, le 10 mars 1845. La fortune qui lui venait de son père aurait dû permettre à Paul Périer de vivre de ses rentes, mais il se ruina dans des aventures immobilières[3]. En 1846, il dut se séparer de toute sa collection et en particulier des paysagistes contemporains. Certains comme Théophile Thoré le soupçonnèrent d'avoir manigancé cette vente en accord avec les peintres, pour faire monter les prix : « Depuis ce jour mémorable, Decamps a haussé de moitié […], Diaz est aussi en belle qualité ; Dupré est ferme comme les bonnes valeurs et Théodore Rousseau est maintenant coté à la Bourse, au premier rang. Quant à Bonington, grande concurrence : 50 % de hausse[4]. »

1. C. Georgel, « Il est un temps pour conserver et un temps pour rejeter… », art. cité, p. 44.

2. C. Jacquet, *Paul Périer, 1812-1897*, *op. cit.*, p. 111.

3. « Oui, c'est moi, écrit-il le 6 avril 1848, qui ai eu le malheur de créer, à mes dépens et au profit de la ville de Paris, un nouveau quartier sur les anciens terrains de la Boule-Rouge. »

4. C. Jacquet, *Paul Périer, 1812-1897*, *op. cit.*, p. 113. Photographe amateur, Paul Périer allait être, quelques années plus tard, l'un des fondateurs de la Société française de photographie.

C'étaient souvent les aléas boursiers qui obligeaient les amateurs à vendre leurs tableaux. Deux fois, lord Hertford épongea les dettes de Richard Wallace, son fils tacitement reconnu, qui jouait à la Bourse ; la troisième fois, en 1858, Wallace dut se séparer de sa collection. Les frères Émile et Isaac Pereire, après la catastrophe, en 1867, du Crédit mobilier qu'ils avaient fondé, mirent en vente d'abord deux cents tableaux de maîtres anciens en 1868, puis, en 1872, cent quatre-vingts autres, dont certains contemporains ; cette seconde vente rapporta un million et demi de francs, ce qui représentait un bénéfice de 100 % par rapport à l'investissement initial[1]. Quant au financier Ernest Secrétan, après l'effondrement de ses affaires au début de 1899, il fut contraint de vendre aux enchères à Paris et à Londres sa collection estimée à 10 millions de francs : cent quatre-vingt-dix tableaux, dont vingt-quatre de Meissonier, son peintre préféré, et des objets d'art décoratif. Cette vente marqua l'apogée de la cote de Meissonier sur le marché de l'art, même si de grands tableaux n'atteignirent pas leur estimation, comme *1805, les cuirassiers*, estimé 250 000 francs et acheté 190 000 par le duc d'Aumale.

C'est sans doute pour combler le déficit de son entreprise commerciale que Théodore Duret dispersa sa collection chez Georges Petit, le 19 mars 1894 – fils d'un négociant en eaux-de-vie de Cognac, le critique avait dû, à quarante ans, en 1878, reprendre l'affaire familiale. Duret avait été le défenseur en 1867 de Corot et de Millet, puis de Courbet, Manet, Fantin-Latour, Pissarro, Degas… Au début de la guerre de 1870, il avait mis à l'abri les toiles de Manet. Puis, client du père Tanguy, de Theo Van Gogh et de Vollard, il avait acheté et fait acheter Gauguin, Toulouse-Lautrec, Van Gogh. La vente chez Georges Petit, qui, nous l'avons vu, provoqua la colère de Degas, comportait quarante-deux numéros. Les œuvres impressionnistes avaient décuplé,

1. *Meissonier*, Lyon, Musée des beaux-arts de Lyon/Paris, Éd. de la Réunion des musées nationaux, 1993, p. 60. Les Pereire vendirent Ingres, Delacroix, Delaroche, Scheffer, mais gardèrent Cabanel, Bonnat, Fromentin, Troyon… Leur collection, considérée comme l'archétype du goût bourgeois, avait été constituée sur les conseils de Théophile Thoré, connu pour avoir redécouvert Vermeer.

Le Repos de Manet et *Les Dindons* de Monet firent les plus gros prix. Les acheteurs furent Durand-Ruel, les frères Natanson, l'abbé Gaugain, Emmanuel Chabrier[1].

Si Eugène Blot, en 1900, revendit une partie de sa collection, ce fut aussi pour renflouer l'affaire héritée de son père. Un an auparavant, ce fondeur de bronzes avait voulu quitter l'atelier situé rue des Archives pour ouvrir une galerie 5, boulevard de la Madeleine, avec le désir d'« orienter [ses] éditions commerciales d'exportation vers un public d'amateurs et de collectionneurs[2] ». Comme sa boutique ne marchait pas, il décida de mettre en vente à Drouot deux cent quarante des tableaux qu'il avait accumulés depuis une vingtaine d'années. Il avait en particulier acheté de la peinture impressionniste qui avait pris de la valeur. Ainsi *Débâcle sur la Seine à Vétheuil* de Monet, payée 600 francs à Alphonse Portier, fut adjugée à 6 600 francs[3] et *La Seine à Louveciennes* de Sisley, petite toile achetée 160 francs à Vollard, atteignit 10 500 francs. Eugène Blot organisa une seconde vente de ses tableaux en 1906, lorsqu'il ouvrit une galerie rue Richepanse dans le but de promouvoir les jeunes artistes et les incompris : il s'agissait alors de récupérer des fonds pour s'installer.

Le cas le plus troublant de revente, parce qu'il témoigne d'une compulsion à acheter des tableaux même dans les plus grandes difficultés financières, est celui d'Ernest Hoschedé, le premier mari d'Alice Monet. En 1873, Hoschedé, âgé de trente-six ans, acheta chez Durand-Ruel quinze toiles de contemporains, de Degas (*Course au bois de Boulogne*, qu'il paya 2 400 francs), Pissarro, Monet, Sisley, Morisot (les œuvres de ceux-là valaient entre 500 et 1 000 francs). Hoschedé, négociant en dentelles et cachemires, avait épousé dix ans auparavant Alice Raingo, fille de fabricants de bronzes décoratifs, qui apportait une dot de

1. A. Distel, *Les Collectionneurs des impressionnistes, amateurs et marchands*, *op. cit.*, p. 71. Auteur de biographies de peintres (Manet, Whistler, Cézanne, Van Gogh, Courbet, Lautrec, Renoir), Duret offrit en 1924 la plupart des tableaux qui lui restaient au Petit Palais. Mais on avait substitué des copies à ses toiles et il y eut procès après sa mort, en 1927.

2. E. Blot, *Histoire d'une collection de tableaux modernes*, *op. cit.*, p. 22.

3. Blot ajoute qu'au début des années 1930 il a revu la toile chez Bernheim-Jeune, qui en demandait 250 000 francs.

100 000 francs et un trousseau de 15 000 francs. Les Hoschedé menaient une vie fastueuse entre le 56, boulevard Haussmann et le château de Rottembourg, à Montgeron, dont Alice avait hérité à la mort de son père, en 1870. Mais, dès le 13 janvier 1874, Hoschedé revendit les toiles acquises l'année précédente, en même temps que d'autres, de petits maîtres de l'École de Barbizon et de peintres de genre, achetées au Salon. La vente rapporta moins de 35 000 francs pour quatre-vingt-quatre numéros. Ce n'était pas un succès financier mais pas un échec non plus : un Pissarro atteignit 950 francs, *La Maison bleue, Zaandam* de Monet 405 francs (Durand-Ruel l'avait payée 300 francs au peintre deux ans plus tôt), etc.[1].

En mai 1874, Hoschedé apparaît dans le carnet de comptes de Monet parce qu'il a acheté chez Durand-Ruel *Impression, soleil levant* pour 800 francs. Pourquoi vouloir acquérir encore des tableaux alors qu'il était en difficultés financières ? Par désir de soutenir la jeune peinture ? Par volonté de spéculer ? Marianne Alphant interprète plutôt la poursuite des achats comme un acte publicitaire, qu'elle rapproche de l'audacieuse initiative de Hoschedé au moment de l'Exposition universelle de 1867. Tout comme Courbet, Hoschedé s'était fait construire un pavillon où il présentait à grands frais ses cachemires et ses dentelles[2]. La publicité fonctionna : *Le Monde illustré* reproduisit ce pavillon comme un exemple de luxe et de bon goût. Alphant souligne en outre que le choix fait par Hoschedé d'*Impression, soleil levant* plutôt que du *Déjeuner* ou du *Boulevard des Capucines*, toiles plus classiques et mieux accueillies par la presse, était peut-être une façon de braver l'opinion. Tout comme le fut sa deuxième vente à Drouot, le 20 avril 1875. Le contexte économique était mauvais, Durand-Ruel avait suspendu ses achats et, par-dessus le marché, on venait de disperser, après leur mort, les ateliers de Corot et de Millet, dans des ventes où les amateurs avaient investi leurs disponibilités. Hoschedé se sépara cependant de soixante-huit tableaux – seize Corot, onze Courbet, des Daubigny, Millet, Lépine, Stevens… – qu'il accompagna d'un catalogue illustré. Il

1. M. Alphant, *Claude Monet, une vie dans le paysage*, *op. cit.*, p. 269.
2. *Ibid.*, p. 268.

obtint 200 000 francs de liquidités, mais, loin d'apurer ses comptes, il se lança dans de nouvelles dépenses.

Les huissiers étaient venus plusieurs fois chez les Hoschedé à Paris. Mais à Montgeron la fête continuait (on raconte même qu'un train spécial amenait les invités au château) et Hoschedé se conduisait en mécène, invitant les artistes, mettant un atelier à leur disposition et les incitant à peindre sur place. Pendant l'été 1876, il passa des commandes, de portraits à Manet et de panneaux décoratifs à Monet. En janvier 1877, il acheta à Durand-Ruel vingt-neuf toiles qu'il ne paya pas. Au printemps 1877, il fut le plus important prêteur de la troisième exposition impressionniste. Mais, les 31 juillet et 1er août, le mobilier de l'appartement du boulevard Haussmann fut saisi et vendu. Hoschedé, déclaré en faillite avec un passif de 2 millions de francs, s'enfuit à Bruxelles. Sa femme se trouvait à Montgeron avec leurs cinq enfants et sur le point d'accoucher du sixième. Le château fut lui aussi vendu au printemps 1878 et la collection dispersée à l'hôtel Drouot, en deux vacations : cent dix-sept tableaux dont cinq Manet, deux Morisot, neuf Pissarro, trois Renoir, treize Sisley, seize Monet[1]. Le total produisit moins de 70 000 francs, dont un peu plus de 7 500 francs pour Manet et les impressionnistes[2].

La suite est étrange. Après cette liquidation, les Hoschedé et les Monet louèrent ensemble une maison à Vétheuil. C'était une tribu, quatre adultes et huit enfants au total (Camille Monet venait d'accoucher de son second fils), qu'il fallait faire vivre. Au début, Hoschedé et Monet mirent en commun leurs relations pour essayer d'en tirer le meilleur parti. Mais Camille, atteinte d'un cancer, mourut le 5 septembre 1879, à trente-deux ans. Hoschedé s'ennuyait dans la maison trop petite et, agacé par les plaintes de sa femme et la présence des enfants, espaça ses visites. Il menait à Paris une existence incertaine, fréquentant toujours le milieu de la peinture et des revues d'art. En 1880, il était directeur de *L'Art et la Mode*, « revue mensuelle de l'élégance », dont le premier numéro parut en août. À la fin de

1. *Ibid.*, p. 280.

2. A. Distel, *Les Collectionneurs des impressionnistes, amateurs et marchands*, *op. cit.*, p. 104.

l'année, il perdit son poste, mais resurgit en février 1881, avec le titre de rédacteur en chef. Chroniqueur des galeries et des Salons[1], il dirigea à la fin de sa vie la rubrique artistique du *Magazine français illustré*, dont il fut l'un des fondateurs. Ces activités ne lui rapportaient pas grand-chose, il était toujours dans la gêne financière. C'est Monet, devenu l'amant d'Alice Hoschedé (en décembre 1881, il quitta Vétheuil pour Poissy et Alice le suivit, avec ses six enfants), qui réussissait et entretenait les huit enfants. Durant l'été 1890, Hoschedé en vint même à demander de l'argent à sa fille aînée. Il mourut le 18 mars 1891, soigné par Alice qu'il avait appelée à son chevet. Monet prit à sa charge son enterrement dans le cimetière de Giverny, selon le désir des enfants. Monet et Alice se marièrent en juillet 1892.

Revendre pour spéculer

En 1866, Courbet vendit pour 16 000 francs *La Remise de chevreuils* à un agent de change, Lepel-Cointet, 59, boulevard de Strasbourg, qui achetait en même temps *Vénus et Psyché*[2]. Comme, peu après, Lepel-Cointet prétendit rendre *Vénus et Psyché* et revendre 25 000 francs *La Remise de chevreuils* à Khalil Bey, Courbet entama contre lui une action judiciaire. La spéculation n'en était alors pourtant qu'à ses débuts. Elle allait s'intensifier au cours des décennies suivantes, surtout après 1880, lorsque se mit en place le nouveau système du marché de l'art, avec la liberté des salons et la stratégie de certains grands marchands. Eugène Blot fait remarquer que, vers 1900, on pouvait réaliser de bonnes affaires simplement en allant d'une galerie à une autre. Un beau jour, il acheta à Vollard, au 6, rue Laffitte, un petit Manet, *Madame Manet sur un canapé*, pour 300 francs. Puis, son tableau sous le bras, il entra au 8, rue Laffitte, chez les Bernheim-Jeune.

1. Il publia des recueils de ses articles, *Impressions de mon voyage au Salon de 1882* et *Brelans de Salons*, en 1890.

2. Dans un premier temps, le comte de Nieuwerkerke et Philippe de Chennevières avaient entamé des négociations pour l'acheter au nom de l'impératrice Eugénie.

Et les marchands de lui demander s'il leur céderait son Manet : ils étaient prêts à lui en donner 3 000 francs car ils avaient le client rêvé pour cet article, Auguste Pellerin[1]. En quelques minutes, Blot avait donc vu décupler la valeur de sa toile… mais il ne la revendit que plus tard.

Pour illustrer la spéculation, prenons l'exemple de *L'Angélus* de Millet, l'un des tableaux les plus chers du siècle[2]. L'artiste l'avait commencé pendant l'été 1857 à la demande d'un peintre américain de passage, Thomas G. Appleton, qui ne vint jamais le chercher. Après l'avoir laissé de côté jusqu'à la fin de 1859, Millet le vendit 1 000 francs à Papeleu, qui, très vite, le céda à Alfred Stevens. En 1860, Stevens le revendit au Belge Jules Van Praët, qui l'échangea quatre ans plus tard avec Paul Tesse contre sa *Grande Bergère*. Tesse vendit *L'Angélus* à Francis Petit, qui l'exposa en février 1865 dans sa galerie de la rue de Choiseul. Petit céda la toile à Émile Gavet, qui la prêta à l'Exposition universelle de 1867, où elle fut exposée pour la seconde fois[3]. Vers 1869, Paul Durand-Ruel l'acheta à Gavet 30 000 francs, somme sans proportion avec le prix habituel d'une œuvre de Millet. Pour faire encore monter le prix de *L'Angélus*, Durand-Ruel exposa le tableau en 1872, à Paris au printemps et à Londres en été, puis le vendit 38 000 francs au Belge John W. Wilson, qui allait mourir, comme Millet, en 1875. Comme la célébrité de Millet grandissait, ce prix fut multiplié par quatre, six ans plus tard, lors de la vente Wilson, où Secrétan acquit *L'Angélus* pour 160 000 francs. Ce dernier le revendit ensuite à Georges Petit (fils de Francis) 200 000 francs, puis le lui racheta 300 000 francs[4]. Le 1er juillet 1889 eut lieu à la galerie de Charles Sedelmeyer, rue La Rochefoucauld, la vente de la collection Secrétan dont nous avons parlé précédemment. Comme *L'Angélus* en faisait partie, cette vente eut un retentissement considérable, avec une affiche et un catalogue illustré,

1. E. Blot, *Histoire d'une collection de tableaux modernes*, *op. cit.*, p. 19.
2. « L'Angélus », in *Jean-François Millet*, Paris, Éd. des Musées nationaux, 1975, p. 105-106.
3. Millet concéda à Émile Gavet la jouissance à peu près exclusive de sa production au pastel. En 1875, Gavet vendit à l'hôtel Drouot quatre-vingt-quinze dessins, dont il obtint plus de 430 000 francs.
4. É. Moreau-Nélaton, *Millet raconté par lui-même*, *op. cit.*, t. III, p. 118.

disponible aussi bien à New York, Berlin ou Saint-Pétersbourg qu'à Paris.

Deux hommes poussèrent les enchères : James Sutton, agissant pour le compte de l'AAA (American Art Association) de New York, et Antonin Proust, titulaire quelques mois auparavant du portefeuille des Beaux-Arts, agissant au nom d'un groupe d'amateurs qui souhaitaient faire entrer le tableau au Louvre. *L'Angélus* fut adjugé à Antonin Proust pour 553 000 francs. Mais la Chambre refusa de voter les fonds nécessaires. On tenta alors de lancer une souscription publique, sans succès. Si bien qu'au bout du compte l'œuvre revint à l'AAA, qui déboursa plus de 580 000 francs avec les frais[1]. Les journaux s'indignèrent : l'amour-propre des Français avait été bafoué ! *L'Angélus* partit donc pour les États-Unis, où il fut exposé dans plusieurs villes. Ce fut un triomphe : les entrées rapportèrent 200 000 dollars, la vente de la gravure 10 000 dollars. Mais, après une vaine tentative de quelques mécènes pour faire entrer le tableau au Metropolitan Museum, Sutton chargea Georges Petit de le revendre[2]. En novembre 1890, le journaliste Henri Rochefort ayant fait valoir la publicité qu'apporterait le retour en France de *L'Angélus*, Alfred Chauchard racheta l'œuvre pour 800 000 francs. Cette acquisition fut acclamée comme un geste patriotique. La toile était visible sur invitation dans l'hôtel de Chauchard, avenue Vélasquez[3]. Lorsqu'elle entra au Louvre en 1909, après la mort de son valeureux acquéreur, elle déçut plutôt le public, tant elle était écrasée par sa réputation[4]. Lors d'une réunion de la Société des amis du Luxembourg, en novembre 1909, Paul Chéramy revint sur les aléas de la plus-

1. Le groupe d'amateurs autour d'Antonin Proust utilisa les 79 800 francs qu'il avait recueillis pour offrir au Louvre *La Remise de chevreuils* de Courbet (aujourd'hui au musée d'Orsay).

2. Le 29 septembre 1899, *Le Temps* annonça que Mme veuve Pommery, de Reims, avait acheté *Les Glaneuses* à Bischoffsheim pour 300 000 francs, dans le but d'offrir le tableau au Louvre, pour compenser la perte de *L'Angélus*.

3. *Paris-Parisien... 1898*, *op. cit.*, p. 94 : « M. Chauchard ne donne que très difficilement la permission de voir sa collection, donne à ses amis des moulages de son buste en plâtre et distribue des médailles aux personnes qui ont visité sa galerie. »

4. V. Long, *Mécènes des deux mondes*, *op. cit.*, p. 228.

value : « Il est évident que les artistes sont hypnotisés par la plus-value colossale qu'a obtenue le tableau de Millet, *L'Angélus*. Mais c'est là un fait unique, sans précédent, et qui, selon les vraisemblances, ne se reproduira pas. Aucun artiste, aucun critique, aucun amateur ne soutiendra que *L'Angélus* représente une valeur de 800 000 francs. Millet eût été le premier à trouver ce chiffre extrêmement surfait. Il n'a pu être obtenu qu'en soulevant une question d'amour-propre national qui est tout à fait en dehors de la valeur intrinsèque du tableau[1]. »

Mais il arrive qu'on se casse le nez en essayant de spéculer sur la peinture. Ce fut le cas d'Alexandre Berthier, prince de Wagram, petit-fils du maréchal d'Empire, apparenté aux Rothschild par sa mère. Entré à Saint-Cyr en 1903, à vingt ans, il commença à collectionner deux ans plus tard. Comme il était en garnison près de Metz, il avait besoin de correspondants dans la capitale. On ne sait comment il entra en relations avec François-Marie Hébrard, un fondeur d'art installé 8, rue Royale, fils d'Adrien Hébrard, patron du journal *Le Temps*. Cet homme devint le mentor du jeune homme et son introducteur dans le monde des arts. Le 12 avril 1905, il lui traçait une ligne de conduite : « Je pense que, dans une collection moderne comme celle que vous entreprenez, il est indispensable que les chefs d'école, si je puis dire ainsi, soient représentés par au moins une de leurs œuvres les plus typiques [...], or dans le mouvement intense de notre époque, tout s'appuie sur un petit nombre d'artistes qui à mon sens sont : Delacroix, Corot, Moreau, Manet, Renoir, Puvis et Claude Monet. Je ne cite que ceux-là parce qu'ils sont maintenant indiscutés, mais je serais tenté d'y ajouter Degas et Gauguin. Sur le nom du premier la lutte est à peu près terminée. Sur celui du second elle bat encore son plein. Connaissez-vous la peinture de Gauguin ? Si vous ne la connaissez pas, permettez-moi de vous conseiller d'en acheter. Les Gauguin les plus chers ne doivent pas coûter encore plus de 4 000 francs ; avant sa mort ils valaient 300 francs, dans dix ans ils coûteront 20 000 francs[2]. » Le 25 mai 1905, Hébrard définit

1. Séances du Comité des 11 et 24 novembre 1909, Note lue par M. P.-A. Chéramy, *Du droit d'auteur des artistes*, p. 8.

2. *Renoir*, Éd. de la Réunion des musées nationaux, *op. cit.*, p. 41.

son rôle : « J'ai pour moi l'avantage de n'être ni marchand de tableaux, ni intermédiaire de profession, gens pour lesquels on augmente le prix afin de ménager leur commission… je suis un client qui leur [aux marchands] achète et qui les paie car j'ai eu souvent l'occasion de faire des acquisitions pour des collectionneurs ou des musées qui ne voulaient pas paraître. En ma qualité de commerçant j'obtiens des conditions […] j'ai, en outre, dans la presse, des relations qui me permettent de rendre aux artistes plus de services que je n'ai à leur en demander. Je ne demande pas mieux, Monsieur, que de mettre ces petits avantages à votre service et de vous faire profiter de réductions de prix… » Les relations d'Hébrard et de son amateur furent très suivies en 1905 et 1906. Hébrard, qui touchait une commission sur tous les achats faits par le prince, l'introduisit auprès de Durand-Ruel et le conseilla, à la fin de 1905, dans l'achat, entre autres, d'une série de Renoir. Il le mit aussi en relations avec Vollard.

En même temps qu'il chargeait Hébrard de négociations diverses et s'associait avec lui dans son affaire de fonderie, le prince de Wagram fit appel à Henry Barbazanges, jeune marchand très actif[1]. Il lui donna pour mission, semble-t-il, de prospecter en vue d'acquérir de la peinture française du XVIIIe siècle, puis de la peinture espagnole, ce qui conduisit Barbazanges à organiser un voyage en Espagne. Mais leur collaboration prit fin en 1907. Le prince dépensait plusieurs centaines de milliers de francs par an, il payait par fractions et des crédits importants lui étaient consentis. Souvent, il demandait au marchand de garder en dépôt les toiles qu'il avait achetées. Il en accrocha seulement quelques-unes dans son hôtel particulier de l'avenue de l'Alma, puis dans l'appartement du 27, quai d'Orsay (maintenant quai Anatole France), où il s'installa au printemps de 1908.

Très vite, le prince de Wagram imagina qu'il pouvait spéculer sur la peinture. Il rendit visite à Jos Hessel et à ses cousins les Bernheim-Jeune. En 1905, il acheta, en mai, un premier lot de tableaux chez Bernheim-Jeune, puis, avant la fin de l'année, une

1. D'abord installé 48, boulevard Haussmann, Barbazanges déménagea, au printemps 1906, 109, rue du Faubourg-Saint-Honoré.

trentaine d'autres toiles. Comme la maison était prospère, il voulut s'associer avec les patrons. En janvier 1907, une société fut formée en nom collectif à l'égard de MM. Bernheim et Hessel, en commandite à l'égard du prince de Wagram dont le nom n'apparaissait pas. Mais, dès le mois de mai 1907, le prince porta plainte contre ses associés. Apollinaire avance une explication : « On assure que, pour éprouver la loyauté de ses associés, le jeune gentilhomme de lettres s'est amusé à leur faire vendre des tableaux, en sous-main.

Après avoir bien marchandé, les Bernheim achetaient un tableau de 10 000 francs, par exemple, et faisaient savoir à leur jeune associé qu'ils avaient acheté un chef-d'œuvre 50 000 francs, pour rien, à peine le prix du cadre[1]. » Poincaré était l'avocat du prince, Millerand celui des Bernheim-Jeune, en faveur desquels le non-lieu fut finalement prononcé. Le dernier règlement amiable se fit en mai 1908[2]. Le prince de Wagram avait accumulé plusieurs centaines d'œuvres. À partir de 1908, il commença à revendre à perte sa collection qui comptait des dizaines de Renoir très importants[3]. En 1909, des négociations furent engagées, maladroites, car elles étaient menées de front par plusieurs marchands. Des bruits coururent que les tableaux passeraient en vente publique, mais ils furent finalement dispersés petit à petit. Plusieurs furent acquis par Alfred Barnes. Mais, en avril 1914, le prince en possédait encore un bon nombre, parmi lesquels seize Renoir.

Fonction sociale du collectionneur

Clubs d'acheteurs

Au Salon d'automne de 1903, André Level fut ébloui : « Une hardiesse et une jeunesse tranchant sur la monotonie et l'absence

1. Apollinaire, *Œuvres en prose complètes*, *op. cit.*, t. II, p. 82.
2. *Renoir*, Éd. de la Réunion des musées nationaux, *op. cit.*, p. 43.
3. Anne Distel, *Renoir, « Il faut embellir »*, Paris, Gallimard, coll. « Découvertes », 1993, p. 118-119.

d'imprévu des grands Salons annuels. [...] Les bons artistes – et de vraiment jeunes – n'étaient pas noyés dans une médiocrité générale. » Des tableaux lui faisaient envie, mais il s'était marié l'année précédente et ne pouvait se risquer à des dépenses. C'est alors qu'il imagina de former, avec quelques intimes, une collection indivise. Cette idée de rassembler des mécènes privés pour qu'en groupe ils acquièrent des œuvres d'art était dans l'air au début du XXe siècle. Matisse avait essayé de monter une association de douze amateurs qui lui achèteraient des œuvres en donnant chacun 200 francs par an. Ces amateurs réaliseraient, selon lui, un bon investissement, puisque Vollard le soutenait et que sa cote allait monter : « Il serait dit que le petit syndicat ferait une exposition dans un an ou deux ou trois selon que mes tableaux seraient lancés par Vollard plus ou moins vite[1]. » La combinaison échoua, mais Matisse avait compris que, pour susciter de nouveaux amateurs, le moteur du profit s'ajouterait utilement au goût de l'art.

André Level, directeur des docks de Marseille, s'intéressait à la peinture depuis longtemps. Dès son adolescence, il chinait à l'hôtel Drouot. En 1894, il fit la connaissance des fils Bernheim-Jeune et prit l'habitude d'aller les voir rue Laffitte. Au 18 de cette rue, il découvrit la boutique d'un courtier, Lucien Moline, où il acquit des aquarelles d'Hervier, des dessins de Constantin Guys, un petit dessin de Seurat et, pour 5 francs, un crayon de couleur de Signac. Son ami Alexandre Natanson l'emmena chez Vuillard, qui peignait alors dans une chambre, 6, boulevard de Clichy : Level lui acheta une petite huile sur carton pour 100 francs. Il acheta aussi un petit Boudin à Berthe Weill. Comme il s'était fait une loi de n'investir jamais plus de 100 francs dans une œuvre, il renonça, lors de la première exposition de Cézanne chez Vollard, à marchander un tableau qui lui plaisait : Vollard en demandait 500 francs et n'aurait jamais baissé son prix au-dessous de 350 francs[2].

Level créa donc en 1904 (les statuts officiels datent du 24 février) La Peau de l'ours, qui rassemblait une douzaine d'amis

1. P. Schneider, *Matisse*, *op. cit.*, p. 728.
2. A. Level, *Souvenirs d'un collectionneur*, *op. cit.*, p. 15.

s'engageant à verser chacun 200 francs par an. D'après Matisse, à l'origine, les membres du groupe se réunissaient régulièrement pour jouer aux cartes et Level les avait persuadés de lui remettre leurs gains pour qu'il les investisse dans la peinture[1]. Avec ses quarante ans, Level était le plus âgé des membres. Les autres, parmi lesquels ses trois frères et l'un de ses cousins, étaient des banquiers et des hommes d'affaires, en général en début de carrière. Plusieurs n'avaient pas trente ans. La Peau de l'ours était destinée à durer dix ans, après quoi une vente aux enchères mettrait fin à l'indivision. Entre-temps, les acquisitions seraient partagées chaque année, et accrochées temporairement chez les associés. Un comité d'achat était chargé de choisir les tableaux, constitué d'André Level et de deux autres membres – il les appelait ses « gardes du corps » – qui pouvaient le dissuader d'acquérir une œuvre, mais non lui forcer la main pour en acheter une. Level prit l'habitude d'aller une ou deux fois par semaine à Montmartre : il passait voir les nouveautés chez Berthe Weill ou chez le père Soulier, puis il allait déjeuner et revenait ensuite regarder à nouveau les toiles, pour contrôler sa première impression. Mais il pouvait aussi s'adresser directement à un artiste, sans avoir recours à une galerie. Ainsi, son ami René Piot lui fit connaître Matisse et il visita l'atelier du quai Saint-Michel avec ses deux gardes du corps, les frères Elissen, Robert et Maurice – ce dernier était directeur du Gaz de Paris. Level acheta à Matisse deux toiles pour 550 francs. Au total, au cours de la première année de La Peau de l'ours, il acquit trois Matisse, deux Sérusier, six Constantin Guys, deux Dufy, un Vuillard, deux Picasso et un Gauguin.

Il arrivait à La Peau de l'ours d'investir une grande partie de son budget dans un seul tableau. Ce fut le cas en 1908 : Level, chez Clovis Sagot, apprit que Picasso cherchait à vendre une très grande toile représentant des forains. Les trois acheteurs, après avoir demandé à Moline de leur servir d'intermédiaire, allèrent voir le tableau chez Picasso, rue de Ravignan, et l'acquirent pour 1 000 francs. Ils avaient reculé, en revanche, en 1904 ou 1905, devant l'achat d'un portrait de Mme Cézanne. Cézanne

1. H. Spurling, *Matisse, 1869-1908*, *op. cit.*, p. 286.

vivait encore et ils auraient pu emporter l'œuvre pour 5 000 à 6 000 francs. Mais ils auraient englouti d'un seul coup deux années de cotisations – « et je reconnais, écrit Level, que notre rôle était d'acheter de la peinture plus jeune et moins coûteuse[1] ». Il fallait parfois réagir très rapidement. Toujours en 1908, au vernissage du Salon d'automne, Level fut séduit par les toiles de Marie Laurencin[2]. Il n'était pas le seul. Impressionné par l'enthousiasme qui s'exprimait autour de lui, il quitta le vernissage pour se précipiter 16, rue de Seine, chez Marseille et Vildrac qui montraient les œuvres de la jeune artiste. Il acheta sur-le-champ une aquarelle et un dessin qu'il avait remarqués récemment. Bien lui en prit : dès le lendemain, en effet, Laurencin, sur la lancée de son succès au vernissage, venait changer ses prix.

À la fin de 1913, la collection fut close, elle comprenait dix Matisse, quatre toiles et sept gouaches, aquarelles ou pastels de Picasso, un Bonnard, un Vuillard, un Gauguin, un Van Gogh, deux Manguin, deux Marquet, quatre Derain, quatre Utrillo, deux Vallotton, un Vlaminck, cinq Jean Puy, un Van Dongen, etc. Félix Fénéon parla aux Bernheim-Jeune de la vente aux enchères, ils acceptèrent d'être experts, avec Druet. La vente, le 2 mars 1914, rapporta plus de 100 000 francs. *Les Bateleurs* de Picasso, que Level avait payés 1 000 francs en 1908, se revendirent 11 500 francs (en 1931, le tableau dépassa le million)[3]. *Fleurs dans un verre* de Van Gogh, que Vollard avait cédé pour 500 francs, monta à 4 200. *Le Violoncelliste*, acheté 300 francs à Gauguin, s'enleva à 4 000[4]. La presse se fit l'écho du succès de cette vente, qui prouvait que les toiles récentes se vendaient bien. Mais certains articles dénoncèrent la spéculation. Ce dont se défend André Level : 20 % du bénéfice procuré à La Peau de l'ours par un tableau furent versés à son auteur. Le bénéfice ayant dépassé

---

1. A. Level, *Souvenirs d'un collectionneur*, *op. cit.*, p. 27.
2. Selon Level, on ne trouvait des peintures intéressantes pour La Peau de l'ours qu'au Salon d'automne et aux Indépendants.
3. A. Vollard, *Souvenirs d'un marchand de tableaux*, *op. cit.*, p. 80.
4. Pour la liste des prix, voir R. Moulin, *Le Marché de la peinture en France*, *op. cit.*, p. 506-509.

60 000 francs, le pourcentage réparti entre les artistes dépassa 12 000 francs[1].

Sociétés des amis des arts

Les amateurs se regroupaient dans les Sociétés des amis des arts, qui se donnaient pour but d'aider les artistes et de contribuer au développement du goût du public, comme nous l'avons vu déjà. Ces groupements de collectionneurs ne cessèrent de se multiplier : les Sociétés des amis paraissant parfois trop conservatrices, certains de leurs membres créèrent de nouvelles associations. C'est ainsi que naquit, par exemple, en 1906 au Havre, le Cercle de l'art moderne. Plusieurs de ses membres fondateurs faisaient partie de la Société des amis des arts mais le Cercle, en réunissant les artistes et les amateurs « attirés par une sympathie commune pour les tendances artistiques modernes », se donnait pour but de « faciliter les manifestations d'un art personnel ». De 1906 à 1910, le Cercle a organisé des réunions hebdomadaires, des expositions, des conférences et des concerts avec des œuvres de Debussy, Ravel, Chausson, Dukas, Vincent d'Indy, contribuant à l'existence au Havre d'une vie culturelle tournée vers la création contemporaine[2].

À Grenoble, il y avait, au sein de la Société des amis des arts, quelques militants très actifs de l'art contemporain : le Dr Joseph Flandrin, frère du peintre, l'architecte Alfred Rome et un jeune

---

1. A. Level, *Souvenirs d'un collectionneur*, *op. cit.*, p. 33. La Peau de l'ours eut une descendance, avec La Peau du chat. Philippe et Carlotta Charmet, dont la cousine était mariée au fils d'André Level, décidèrent de créer une association du même type que La Peau de l'ours, avec une dizaine d'amis. La Peau du chat fut constituée au départ pour cinq ans, à partir du 14 avril 1957. Chaque associé versait mensuellement 10 % du salaire d'un jeune cadre, soit 5 000 francs anciens. Un dîner réunissant artistes et collectionneurs était donné à l'occasion de chaque nouvelle série d'acquisitions. Au cours de ce repas, on procédait à la répartition des œuvres entre les membres de l'association, chacun bénéficiant au moins une fois de leur présence chez lui : *La Peau du chat. Carlotta Charmet et les collectionneurs*, Paris, Somogy éditions d'art, 2004, p. 13.

2. *De Courbet à Matisse*, *op. cit.*, p. 15.

journaliste et affichiste, Andry-Farcy, qui allait prendre la direction du musée des beaux-arts en 1919. Ces gens entretenaient des rapports étroits avec Jules Flandrin et sa compagne Jacqueline Marval, qui leur indiquaient les peintres dignes d'intérêt et les emmenaient dans les galeries et les ateliers lorsqu'ils venaient à Paris. Le Dr Flandrin créa en 1913 une petite revue, *Cimaise*, qui n'eut que quatre numéros mais où est évoqué avec humour le face-à-face des anciens et des modernes. Par exemple la séance où la commission du musée-bibliothèque a statué sur l'achat de tableaux que la Société des amis des arts a fait venir à Grenoble : « Après discussion et vote à main levée [...] l'achat du *Nu* de Vallotton a été repoussé [...] parce que trop nu, par cinq voix contre quatre. Celui de *La Gare Montparnasse* de Marquet, parce que insuffisamment comprise (!), par sept voix contre deux. Celui de *La Couture* de P. Bonnard, parce que mal établie (*sic* !), par six voix contre trois. La majorité des membres de la Commission en étant encore à se demander si *La Tente* de Vuillard n'était pas une œuvre chinoise, japonaise ou exotique (?) – et par cela même incompréhensible !!! –, il parut inutile d'exprimer quelque vote à son égard. Enfin quatre voix s'étant prononcées pour l'achat des *Filles de Leucippe* de KX Roussel qui fut acheté, on se retira après cette belle besogne[1]. »

En 1897 fut créée la Société des amis du Louvre, qui se proposait de remédier à la modicité des ressources dont disposait le Louvre pour enrichir ses collections. À l'origine de cette création, des hommes politiques et des hauts fonctionnaires qui avaient participé à la fondation de la Réunion des musées nationaux : Georges Berger, Édouard Aynard, le comte Henri Delaborde, Albert Kaempfen, Henry Roujon[2]... D'autres sociétés d'amis furent fondées, dans le sillage de celle du Louvre, pour soutenir les institutions culturelles. La Société des amis du Luxembourg date du 23 avril 1903. Son président était Paul Chéramy, ses vice-présidents Isaac de Camondo, Georges Lecomte, Olivier Sainsère et un député, Julien Simyan. Parmi

1. G. Flandrin et F. Roussier, *Jules Flandrin, 1871-1947*, *op. cit.*, p. 151.

2. *Des mécènes par milliers. Un siècle de dons par les Amis du Louvre*, Paris, Éd. de la Réunion des musées nationaux, 1997, p. 26.

ses administrateurs, beaucoup des amateurs que nous avons déjà rencontrés, Auguste Pellerin, Théodore Duret, Paul Gallimard, Frantz Jourdain, Roger Marx, Henri Vever, Georges Viau. Nombre d'amateurs d'art étaient membres de plusieurs sociétés, comme le banquier Moïse de Camondo qui appartenait à dix-sept sociétés d'amis touchant à des domaines artistiques et littéraires variés[1].

Dons et legs à la collectivité

Les collectionneurs ont eu au XIXe siècle une importance considérable, car, en léguant leurs œuvres (depuis les objets préhistoriques jusqu'aux tableaux contemporains) à la collectivité, ils sont à l'origine de nombreux musées. Un musée est souvent « une collection de collections » et l'exposition du musée d'Orsay, *La Jeunesse des musées*, l'a bien montré : deux musées sur cinq doivent leur existence aux collections privées[2]. Un telle pratique avait déjà cours aux siècles précédents, mais elle était exceptionnelle[3]. Les legs étaient particulièrement importants s'il s'agissait de tableaux d'artistes vivants qui, entrant au musée, trouvaient un public et une reconnaissance[4]. Importants pour l'artiste, importants pour le

1. V. Long, *Mécènes des deux mondes*, *op. cit.*, p. 631-632. Moïse de Camondo, cousin d'Isaac de Camondo, fonda le musée Nissim-de-Camondo en souvenir de son fils mort à la guerre de 1914.

2. Chantal Georgel, « De l'art et des manières d'enrichir les collections », in *La Jeunesse des musées*, Paris, Éd. de la Réunion des musées nationaux, 1994, p. 232-233.

3. Besançon fut de cette manière la première ville en France à avoir possédé une collection vraiment publique. En 1694, l'abbé Jean-Baptiste Boisot avait légué sa collection à son abbaye bénédictine à condition qu'elle soit regroupée en un seul lieu et accessible au public deux jours par semaine, selon des horaires définis. Étaient prévus un budget réservé aux acquisitions et un contrôle conjoint par le chapitre de l'abbaye et les magistrats municipaux. Le « musée Boisot » fonctionna durant tout le XVIIIe siècle. Victime de saisies révolutionnaires, il eut d'autant plus besoin de legs privés que Besançon ne fut pas retenue comme ville destinataire des envois de l'État (*Le Musée des beaux-arts et d'archéologie de Besançon*, *op. cit.*).

4. Sur le musée comme nouvel horizon de l'artiste, voir Henri Loyrette *in L'Art français, le XIXe siècle, 1819-1905*, Paris, Flamarion, 2006, p. 30.

public. Nous avons déjà cité le legs d'Alfred Bruyas à Montpellier en 1868 ; on pourrait citer bien d'autres donateurs, depuis Calvet à Avignon en 1810 jusqu'à Jean Gigoux à Besançon en 1894, en passant par Turpin de Crissé à Angers en 1859 ou Victor Poirel à Nancy en 1882. Les donations privées étaient d'autant plus déterminantes qu'elles pouvaient créer une émulation et pousser une ville à une politique d'acquisition. Ce fut le cas pour Nantes. La ville, qui avait reçu en 1852 la donation Clarke de Feltre (soixante-dix-sept tableaux, quatre dessins et un buste, dont un tiers environ d'artistes vivants, Delaroche – treize tableaux –, Claude-Marie Dubufe, Paul Flandrin...) et en 1854 la donation Urvoy de Saint-Bedan (trente-trois tableaux contemporains, dont treize de Brascassat, un de Gros, un d'Horace Vernet...), fit des achats exceptionnels : en 1853, le *Portrait de Madame de Senonnes* par Ingres ; en 1861, *Les Cribleuses de blé* de Courbet[1]. Précisons que Nantes avait déjà acquis, en 1810, la collection Cacault et, en 1814, la collection Fournier. Mais les donations privées pouvaient aussi, à l'inverse, être source d'immobilisme public. Ainsi Dijon, dont le musée avait reçu sept legs importants entre 1850 et 1911, ne consentait aucun effort financier pour augmenter ses collections : les conservateurs ne purent quasiment rien acheter.

La personnalité des conservateurs jouait, bien entendu, un grand rôle. Si le musée de Grenoble fut, en France, le plus tourné vers l'art contemporain, c'est grâce à son conservateur entre 1919 et 1949, Pierre-André Farcy dit Andry-Farcy, que nous avons mentionné plus haut. Peintre lui-même (il avait fréquenté l'atelier de Cormon en 1902-1903), dessinateur publicitaire, critique d'art dans *Le Petit Dauphinois*, Andry-Farcy entretenait des rapports étroits avec les amateurs et hommes politiques grenoblois férus de nouveauté. Il enrichit la collection du musée grâce à des dons d'artistes (Picasso en 1921, Matisse en 1922, Monet en 1923), de collectionneurs (le legs Agutte-Sembat, en 1923, comprend quarante-quatre peintures, vingt-quatre dessins,

1. C. Georgel, « Il est un temps pour conserver et un temps pour rejeter... », art. cité, p. 40.

deux sculptures, vingt céramiques), de marchands, d'Ambroise Vollard à Pierre Loeb, de Paul Guillaume à Alfred Flechtheim[1].

Donner sa collection à une collectivité était devenu, à la fin du XIXe siècle, une pratique à la mode[2]. Un amateur qui léguait sa collection à l'État le faisait par patriotisme et par sens civique. Ce fut le cas de l'ensemble des collectionneurs des années 1890-1920. Nous avons vu les cas d'Étienne Moreau-Nélaton et Alfred Chauchard. Mais il y en eut d'autres. Le raffineur de sucre Georges Thomy-Thiery donna au Louvre en 1895 sa collection, qui comprenait cent vingt et une toiles de l'École de Barbizon. Isaac de Camondo légua, lui aussi, ses tableaux au Louvre en 1908. Il avait acheté Boudin, Corot, Delacroix, Jongkind, Puvis de Chavannes, Toulouse-Lautrec et les impressionnistes. Pourtant, ces derniers ne l'avaient pas intéressé spontanément, si l'on en croit Vollard. Camondo lui aurait raconté que, classique à tous crins, il s'était converti dans le château Henri II d'une princesse de ses amies lorsque Frantz Jourdain, invité comme lui, avait posé un cadre entre les montants de la fenêtre : la partie de l'étang découpée par le cadre avait aussitôt évoqué pour lui une toile impressionniste. Camondo avait en particulier du mal à apprécier Renoir parce qu'il y avait dans ses tableaux trop de couleur et pas assez de dessin, et il avait juré, dans un premier temps, qu'il n'en posséderait jamais. Puis, dans un second temps, il s'était inquiété, en tant que futur donateur : une collection d'impressionnistes ne serait pas complète sans des œuvres de Renoir. Et Vollard de commenter : « Il faut rendre cette justice à M. de Camondo : il savait, au besoin, faire le sacrifice de ses goûts personnels, s'il reconnaissait que certains noms étaient nécessaires à une grande collection[3]. » Le comte acquit donc quelques Renoir « fous » qu'il

1. Serge Lemoine, « Grenoble et l'art du XXe siècle », in *L'Art du XXe siècle. La collection du musée de Grenoble*, Paris, Éd. de la Réunion des musées nationaux/Musée de Grenoble, 1994, p. 13-15. Un des plus grands mécènes du musée fut le général Henri de Beylié, 1849-1910, militaire de carrière et historien d'art à qui l'on doit le premier catalogue scientifique du musée de Grenoble, en 1909.

2. Chantal Georgel, « Moderne ou ancien : *Le Cousin Pons* », in *Balzac et la peinture*, Tours, Musée des Beaux-Arts de Tours/Farrago, 1999, p. 182.

3. A. Vollard, *En écoutant Cézanne, Degas, Renoir*, *op. cit.*, p. 255.

persistait à ne pas aimer. Vollard lui suggéra d'essayer une autre époque de l'œuvre. Camondo accepta, à condition qu'il s'agisse de femmes et que ce ne soit pas « des Renoir trop Renoir » ! Et il demanda à Vollard de se souvenir, avant de lui proposer une toile, qu'elle était destinée à être donnée un jour au Louvre.

Deux donations firent date, parce qu'elles faisaient entrer la nouvelle peinture au musée : celle de l'*Olympia* de Manet et celle de Caillebotte. C'est Monet qui eut l'idée d'acheter l'*Olympia* pour l'offrir à l'État lorsque, à la fin de 1888, il apprit par son ami John Singer Sargent que la veuve de Manet, ayant besoin d'argent, s'apprêtait à vendre le tableau à un Américain. Il prit aussitôt l'initiative d'une souscription publique, peut-être pour apparaître comme l'héritier moral de Manet[1]. Berthe Morisot lui écrivit : « Vous seul, avec votre nom, votre autorité, pouvez enfoncer les portes si elles sont enfonçables[2]. » Et Théodore Duret : « Chose singulière ! ce sera vous qui ferez le trou par où passera Manet, quoiqu'il ait été le précurseur. Votre œuvre venant plus tard trouve le terrain mieux préparé, puis Manet était un peintre de figures et là la terrible convention académique et le poncif règnent et régneront toujours en maîtres ! » (3 décembre 1889.) Artistes, collectionneurs, critiques répondirent à la souscription. Monet ne réussit pas à obtenir tout à fait les 20 000 francs demandés mais réunit 19 415 francs qu'il remit à Suzanne Manet le 18 mars 1890[3]. Parmi les artistes, Monet lui-même, Sargent et Caillebotte donnèrent 1 000 francs, Alfred Roll et Jacques-Émile Blanche 500 francs, Carolus-Duran 200 francs, Toulouse-Lautrec 100 francs, Rodin et Dalou 25 francs… Au nombre des marchands et des collectionneurs : De Bellio, Léon Clapisson, Blot, Durand-Ruel, Paul Gallimard, Moreau-Nélaton, Henri Rouart, les frères Hecht… Pour les critiques, citons Philippe Burty, Armand Dayot, Théodore Duret,

---

1. D. Wildenstein, *Monet ou le triomphe de l'impressionnisme*, *op. cit.*, p. 256.

2. A. Higonnet, *Berthe Morisot, une biographie*, *op. cit.*, p. 185.

3. Manet avait conservé toute sa vie *Olympia* dans ses ateliers successifs et, en 1872, l'avait estimé 20 000 francs. Le tableau avait fait partie de la vente posthume mais, n'ayant pas obtenu le prix de réserve (10 000 francs), avait été racheté par la famille.

Octave Mirbeau, Gustave Geffroy, Roger Marx… Zola refusa de donner un sou : « Manet ira au Louvre, mais il faut que ce soit de lui-même, en pleine reconnaissance nationale de son talent et non sous cette forme détournée de cadeau qui sentira quand même la coterie et la réclame[1]. » En 1890, le tableau fut accepté pour le musée du Luxembourg comme premier tableau « nouveau » dans les collections nationales. Dix ans après la mort de l'artiste, en 1893, se posa la question de l'entrée de la toile au Louvre. Mais le Louvre refusa le cadeau : Manet au Louvre, soit, répondirent les autorités, mais pas avec *Olympia*. Le tableau allait rester au Luxembourg plusieurs années encore. Il fallut que Monet et Geffroy intervinssent auprès de Georges Clemenceau, alors président du Conseil, pour qu'*Olympia* fût enfin transférée au Louvre le 6 janvier 1907 et accrochée dans la salle des États, à côté de *La Grande Odalisque* d'Ingres[2]. La même année, *Le Déjeuner sur l'herbe* était installé avec toute la donation Moreau-Nélaton au musée des Arts décoratifs.

Dès 1876, impressionné par la mort de son frère cadet, Gustave Caillebotte, âgé de vingt-huit ans, rédigea un premier testament : « Je désire qu'il soit pris sur ma succession la somme nécessaire pour faire en 1878, dans les meilleures conditions possible, l'exposition des peintres dits intransigeants ou impressionnistes. Il m'est assez difficile d'évaluer aujourd'hui cette somme : elle peut s'élever à trente, quarante mille francs ou même plus. Les peintres qui figureront dans cette exposition sont : Degas, Monet, Pissarro, Renoir, Cézanne, Sisley, Mlle Morizot [*sic*]. Je nomme ceux-là sans exclure les autres. Je donne à l'État les tableaux que je possède, seulement, comme je veux que ce don soit accepté et le soit de telle façon que ces tableaux n'aillent ni dans un grenier ni dans un musée de province mais bien au Luxembourg et plus tard au Louvre, il est nécessaire qu'il s'écoule un certain temps avant l'exécution de cette clause jusqu'à ce que le public, je ne dis pas comprenne mais admette cette peinture. Ce temps peut être de vingt ans ou plus : en attendant, mon frère Martial, et à son défaut un autre de mes héritiers, les conservera. Je prie Renoir d'être

1. É. Darragon, *Manet*, *op. cit.*, p. 418.
2. *Manet*, Éd. de la Réunion des musées nationaux, *op. cit.*, p. 183.

mon exécuteur testamentaire et de vouloir bien accepter un tableau qu'il choisira[1]... »

Caillebotte mourut le 21 février 1894. Le 11 mars, Renoir fit part au directeur des Beaux-Arts, Henry Roujon, du legs par Gustave Caillebotte d'« une collection de soixante œuvres environ de Messieurs Degas, Césanne [*sic*], Manet, Monet, Renoir, Pissarro, Sisley, Millet, un dessin de Gavarni ». Le legs embarrassait. Un haut fonctionnaire des Beaux-Arts se plaignit à Renoir : « Pourquoi diable votre ami a-t-il décidé de nous envoyer cet éléphant blanc ? Mettez-vous à notre place. Si nous acceptons, nous avons tout l'Institut sur le dos. Si nous refusons, ce sont les gens *dans le mouvement* qui nous tombent dessus[2]... » Dès le 20 mars, Léonce Bénédite, conservateur responsable du musée du Luxembourg, fit valoir qu'il manquait de place pour accrocher la totalité de la collection. Renoir et Martial Caillebotte exigèrent des garanties irrévocables sur ce point et leurs réclamations entraînèrent une polémique relayée par la presse, qui dura presque un an. Pour exposer les impressionnistes, il suffirait, écrivirent certains journalistes, de décrocher Cormon. Octave Mirbeau, dans *Le Journal* du 24 décembre 1894, raconte l'affaire Caillebotte à un amateur. Il met en scène le face-à-face des deux parties. À l'État, qui rappelle la règle du maximum de trois toiles au musée du Luxembourg pour un artiste vivant, les exécuteurs testamentaires font remarquer qu'il y a pourtant déjà sept Meissonier et ajoutent : « Et si on vous en donnait cinquante mille, vous sauriez bien les accrocher tous. Au besoin, vous n'hésiteriez pas à faire construire un palais pour eux[3]. » Et ils restent impitoyables en face de l'État qui se contorsionne pour accepter le legs tout en refusant les conditions. Entendant cela, l'amateur imaginé par Mirbeau décide de léguer ses tableaux... à la *National Gallery* de Londres qui, elle, leur donnera la place d'honneur. Le 26 février 1896, enfin, un acte notarié passé entre l'administration et les héritiers de Gustave Caillebotte entérinait le principe du choix par le musée de quarante œuvres sur les soixante-cinq proposées. Ces œuvres seraient

1. *Gustave Caillebotte, 1848-1894*, *op. cit.*, p. 352.
2. *Le Musée du Luxembourg à Paris*, *op. cit.*, p. 80.
3. O. Mirbeau, *Combats esthétiques*, *op. cit.*, t. II, p. 70.

exposées au musée du Luxembourg, à l'exception de deux dessins de Millet acceptés par le Louvre.

Le 9 février 1897, on ouvrit au public la salle Caillebotte dans l'annexe nouvellement construite du musée du Luxembourg. Cette salle, qui regroupait la donation Caillebotte dans sa version réduite avec des œuvres appartenant déjà à l'État, l'*Olympia* de Manet, *Jeunes filles au piano* de Renoir et *Jeune femme au bal* de Berthe Morisot, constituait le premier ensemble de peintures impressionnistes présenté au public dans un musée français[1]. On dit que Cézanne proclama : « Maintenant, j'emmerde Bouguereau ! » Celui-ci était l'un des dix-sept membres de l'Institut qui adressèrent une lettre de protestation au Sénat. En léguant une collection entière de tableaux contemporains à l'État, en forçant l'administration à l'accepter en bloc, Caillebotte avait innové[2]. Il fut suivi par Étienne Moreau-Nélaton, Alfred Chauchard et d'autres. Plus tard, la veuve du marchand Paul Guillaume qui, remariée à Jean Walter, industriel et mécène, avait continué la collection de son premier mari, exigea de l'État, lorsqu'elle lui en fit donation (en 1959 et 1963), non seulement que la collection Walter-Guillaume restât intégrale, mais, en plus, qu'elle occupât un bâtiment spécifique. Ce fut l'Orangerie des Tuileries.

La loi américaine favorise, nous le savons, les donations d'œuvres d'art aux musées, où le visiteur est toujours frappé par le nombre et la qualité des tableaux français du XIXe siècle. Nous avons parlé plus haut de la donation Havemeyer au Metropolitan

1. Berthe Morisot avait précédé les autres impressionnistes dans les musées nationaux. Lorsque Théodore Duret mit en vente ses tableaux, il proposa à Mallarmé de faire acheter la *Jeune femme au bal* de Morisot par l'État. Mallarmé en appela à Henry Roujon, directeur des Beaux-Arts, qui avait été son disciple. Roujon passa chez Duret avant la vente, en compagnie de Bénédite, conservateur du musée du Luxembourg, et de Benoit, conservateur au Louvre. L'accord fut conclu. Afin de garantir au tableau une valeur marchande à la mesure de sa destination, la mise à prix fut fixée à 4 500 francs et, à la vente du 19 mars 1894, la *Jeune femme au bal* fut adjugée à l'État pour ce prix-là (A. Higonnet, *Berthe Morisot, une biographie*, *op. cit.*, p. 221).

2. A. Distel, *Les Collectionneurs des impressionnistes, amateurs et marchands*, *op. cit.*, p. 263.

Museum de New York et de la Fondation Barnes près de Philadelphie, qui jouèrent un si grand rôle pour implanter les impressionnistes français aux États-Unis. Mais on trouve aussi bien des Gérôme ou des Cabanel. Ainsi, au musée de Baltimore, à côté des Matisse de la Cone Collection, découvre-t-on le portrait par Cabanel de Mme Henry Barton Jacobs née Mary Frick Garrett, qui a légué sa collection en 1934 – elle s'était fait peindre en 1885, lors d'un de ses nombreux voyages à Paris. Ou bien la réplique de *La Naissance de Vénus*, le clou du Salon de 1863, que le banquier John Wolfe a commandée à Cabanel en 1875. Ou encore une grande toile, *L'Orage*, commandée à Pierre-Auguste Cot en 1880 par Catherine Lorillard, cette dernière n'étant autre que la cousine de John Wolfe, lui-même l'un des principaux protecteurs de Cot.

Nous avons vu Sergueï Chtchoukine ouvrant au public à Moscou ses collections d'art contemporain. Il suivait en cela le mouvement inauguré à la fin du XIXe siècle par les riches bourgeois moscovites, marchands et industriels, qui, pour faire contrepoids à la capitale officielle, Saint-Pétersbourg, voulurent créer des collections accessibles à tous, servant la cause de l'éducation populaire[1]. Par exemple les frères Tretiakov, qui léguèrent leur collection à la ville de Moscou. Elle comprenait environ deux mille œuvres, principalement des toiles des Ambulants achetées par l'aîné, Pavel, qui, dès 1860, avait rédigé un testament dans le but d'ouvrir un musée public d'art russe à Moscou. Mais on y trouvait aussi une centaine de peintures occidentales acquises par Sergueï, le cadet[2]. Celui-ci, qui fut maire de Moscou, découvrit l'École de Barbizon à l'occasion d'un séjour qu'il fit à Paris au début des années 1870 dans le cadre de ses activités commerciales. Il accrocha dans son hôtel particulier de la rue Préchistenka Corot, Daubigny, Troyon, Millet, Diaz, Jules Dupré, et rédigea le même testament que son frère. Malgré le mécontentement du tsar

1. *La Peinture française. Musée Pouchkine, Moscou*, Paris, ADAGP et SPADEM/Zurich, ProLitteris/Moscou, Musée Pouchkine/Martigny, Fondation Pierre Gianada, 2005, p. 26.

2. Jean-Michel Charbonnier, « Pavel Tretiakov, collectionneur et mécène », *Connaissance des arts*, H.S., n° 258, *L'Art russe seconde moitié du XIXe siècle*, 2005, p. 28-30.

qui guignait la collection des frères Tretiakov pour son musée russe de Saint-Pétersbourg, la galerie municipale Pavel et Sergueï Tretiakov ouvrit ses portes en 1893. Les tableaux qui appartenaient à Sergueï furent transférés en 1925 au musée des beaux-arts de Moscou. Quant aux collections de Chtchoukine et Morosov, bien que privées, elles étaient considérées comme patrimoine national. Avant même la révolution, Chtchoukine prit la décision de donner la sienne à la ville de Moscou. Elle comptait deux cent cinquante tableaux, dont cent quatre-vingts pièces majeures parmi lesquelles cinquante et un Picasso, trente-huit Matisse, treize Monet, seize Gauguin, huit Cézanne, etc. En 1917, à l'arrivée des bolcheviks, les deux collectionneurs durent quitter le pays. Chtchoukine se réfugia à Paris, Morosov finit par se suicider[1].

On peut se demander ce qui a changé chez les collectionneurs au cours du XIXe siècle. La multiplication des salons, le développement des ventes aux enchères et des galeries ont fait croître le nombre des amateurs et par conséquent celui des acheteurs, même si ces derniers sont évidemment dans une moindre proportion. L'art s'est démocratisé et fait partie de la consommation culturelle. D'autant que la relation entre collections et argent est apparue clairement : l'art est perçu de plus en plus comme un placement financier intéressant et donc comme un objet possible de spéculation. Et la nouveauté, c'est que l'on peut réaliser des affaires avec la peinture contemporaine tout autant qu'avec la classique. Investir dans les œuvres d'artistes vivants est un calcul judicieux. Nous allons revenir sur ce point en conclusion.

1. Les deux collections, nationalisées en 1918, furent réunies en 1927 – plus de cinq cents toiles au total – dans l'hôtel de Morosov et constituèrent le premier musée de l'Art occidental moderne. En 1948, le musée fut fermé et les collections redistribuées arbitrairement entre le musée Pouchkine de Moscou et l'Ermitage de Saint-Pétersbourg. On a même essayé d'effacer de la mémoire collective les noms des deux collectionneurs. La réapparition progressive de leurs tableaux n'a commencé que vers la fin des années 1950 et ce n'est qu'en 1974 qu'on a pu exposer dans sa totalité la partie de la collection restée à Moscou (*La Peinture française. Musée Pouchkine, Moscou*, *op. cit.*, p. 30-32).

Conclusion

En 1818, à l'époque où débute ce livre, Louis XVIII inaugurait le musée du Luxembourg réservé aux œuvres des peintres et sculpteurs vivants et, pour un artiste, il n'existait qu'un seul endroit où montrer et vendre son travail, le Salon officiel, bisannuel et bientôt annuel. L'État était alors le client privilégié des artistes, avec ses achats et ses commandes à l'issue du Salon, les collectionneurs privés étaient des aristocrates et des banquiers, les marchands de tableaux étaient en même temps marchands de couleurs, toiles et matériel pour peintres. Presque un siècle plus tard, les expositions d'œuvres contemporaines sont innombrables : dans la seule année 1910, Apollinaire rend compte de quatre-vingt-sept expositions à Paris, dans des salons, galeries, ateliers, etc.[1]. Le marché de l'art a remplacé le système académique des beaux-arts et, au cours du siècle, il n'a cessé de s'élargir, jusqu'à prendre une dimension internationale. Jean Gigoux, entré à l'École des beaux-arts en 1828, écrit à propos des années 1880 : « Certes, les jeunes gens de ce temps ne ressemblent guère aux rapins d'il y a cinquante ans. Ils n'en cherchent pas si long que nous. À quoi bon ? Le public paie leurs toiles telles qu'ils les produisent. [...] Le commerce des tableaux qui se fait aujourd'hui jusqu'en Australie était centralisé à Paris. Paris était le producteur et l'acheteur. On n'eût pas trouvé vingt francs dans toute la France, en dehors de Paris, d'un excellent tableau[2]. » Les marchands cherchaient à répondre à la demande de leur clientèle.

1. Apollinaire, *Œuvres en prose complètes*, *op. cit.*, t. II, p. 126-249.

2. H. Jouin, *Jean Gigoux, artistes et gens de lettres de l'époque romantique*, *op. cit.*, p. 22.

Corot, à partir de 1865, était assiégé quasi quotidiennement, à son domicile de Ville-d'Avray, par des marchands parisiens en quête des paysages que leur réclamaient des amateurs étrangers – anglais, allemands, américains : Weyl, Tedesco, Brame, Beugniet, Durand-Ruel, Surville, d'autres encore faisaient irruption chez le peintre, qui pouvait à peine déjeuner tranquille[1]. Les artistes, pour se placer à la fois sur le marché national et international, mettaient au point des stratégies. Celle d'Édouard Debat-Ponsan, par exemple, consistait à exposer chaque année au Salon des artistes français, pour les visiteurs français, le portrait d'une personnalité, et, pour les visiteurs étrangers, anglo-saxons en particulier, une scène paysanne[2]. Il allait faire provision de petites études chaque année dans le Sud-Ouest pour peindre ensuite des scènes paysannes dans son atelier à Paris, de sorte que, lorsqu'un Américain cherchait des paysages avec animaux, on courait chez Debat-Ponsan.

La spéculation sur les tableaux n'est pas chose nouvelle, elle date de la seconde moitié du XVIIIe siècle. On constate, à partir des années 1750, la hausse importante du prix des œuvres d'art et, en 1780, on trouve la réflexion suivante : « En achetant de beaux tableaux, on s'assure une possession agréable et précieuse ; et l'on jouit d'un avantage que l'homme policé désire toujours, celui de jouir et d'accroître sa richesse[3]. » Mais la nouveauté au XIXe siècle, c'est la découverte que l'art contemporain vaut de l'argent. Les tableaux, et pas seulement s'ils sont anciens, apparaissent comme un placement. On voit la cote des artistes vivants ou récemment disparus monter dans les galeries et dans les ventes, la spéculation sur les œuvres contemporaines s'installe. D'autant que la peinture est reconnue comme une valeur refuge en temps de crise et de révolution. En 1857, on peut lire dans la *Revue des Beaux-Arts. Tribune des artistes* que, si la crise financière touche tous les domaines, elle touche malgré tout moins les tableaux. Le journaliste rappelle que, dans la tourmente de 1848, « ce furent encore les objets d'art qui firent meilleure contenance ». Et il conseille

1. *Corot, 1796-1875*, *op. cit.*, p. 334.

2. P. Ruffié, *Debat-Ponsan, 1847-1913*, *op. cit.*, p. 93.

3. Krzysztof Pomian, *Collectionneurs, amateurs et curieux, Paris, Venise : XVIe-XVIIIe siècle*, Paris, Gallimard, 1987, p. 187.

l'achat de toiles d'un orientaliste, Louis Lottier, qui, un jour, vaudront autant que des Ziem ou des Marilhat – preuve en est qu'elles sont déjà recherchées par des « amateurs distingués ». Elles présentent donc « un double attrait au point de vue du goût et de la spéculation »[1].

Du coup, la variation de la cote d'un artiste devint un élément déterminant. On la mesurait surtout à l'occasion de ventes aux enchères, qui se développèrent dans la seconde moitié du siècle, et auxquelles la presse donna une publicité importante. En 1853, à la vente de la duchesse d'Orléans, un Decamps, payé 4 000 francs dix ans auparavant, vit son prix multiplié par dix. En 1906, à la vente Depeaux, Edmond Decap racheta 47 000 francs *La Danse à Bougival* de Renoir, que Depeaux avait acquise de Durand-Ruel douze ans plus tôt pour 13 000 francs – le marchand l'avait payée 7 500 francs au peintre en 1891. À la vente Rouart de décembre 1912, Degas, qu'on félicitait parce que ses *Danseuses à la barre* venaient d'atteindre 435 000 francs, se contenta de dire : « C'est curieux, des tableaux que j'ai vendus cinq cents francs[2]... » Les ventes permettaient aussi de comparer les cotes des différents artistes. Celle de Meissonier était plus élevée que celle de ses contemporains les plus appréciés : à la vente Morny, en 1865, lord Hertford paya 36 000 francs un Meissonier tandis qu'un Gérôme s'enlevait à 21 300 francs et un Decamps à 13 200 francs[3]. Même constatation à la vente Khalil Bey en 1868 : *Les Amateurs de peinture* de Meissonier atteignirent 31 800 francs contre 20 000 francs pour *Le Bain turc* d'Ingres... Certes les prix de Meissonier, qui avait débuté en brossant, avec Daubigny, des tableaux destinés à l'exportation pour 5 francs pièce, avaient monté rapidement : sa

1. *Revue des Beaux-Arts. Tribune des artistes*, 1857, Jules de Millon, « Bulletin des ventes artistiques », p. 445-446.

2. D. Halévy, *Degas parle...*, *op. cit.*, p. 145. *La Presse* du 14 décembre 1912 écrit : « Il est à souhaiter que l'exorbitante disproportion entre le prix initial de vente et les prix successifs de rachat attire enfin l'attention des pouvoirs compétents sur les droits d'auteur des peintres. »

3. Meissonier dépassait même les maîtres anciens très cotés, puisque *L'Escarpolette* de Fragonard n'atteignit que 30 200 francs. Et il dépassait de beaucoup *L'Intérieur flamand* de Teniers (10 000 francs), *La Veuve inconsolable* de Greuze (8 100 francs) et *La Serinette* de Chardin (7 100 francs).

première vente, au Salon de 1834, lui rapporta 100 francs et, quand il eut attiré l'attention de la critique, ses toiles se payèrent 2 000 francs en 1841, 3 100 francs en 1842, 5 000 francs en 1843[1]. Mais ce qui faisait enfler ses prix était le niveau social et financier de ses amateurs, des princes ou des gens très riches : la reine d'Angleterre, en 1848, acquit un tableau 8 000 francs ; lord Hertford, en 1851, en paya un 10 000 francs et un autre 15 000 francs en 1853 ; à l'Exposition universelle de 1855, Napoléon III acheta *Une rixe* 25 000 francs, pour l'offrir à la reine Victoria, en souvenir de son voyage en France ; de plus, les membres du Cercle de l'Union artistique, hommes du monde fortunés, se livraient autour de ses tableaux à des compétitions, des surenchères et des spéculations. C'est avec *1814, la Campagne de France*, que la cote de Meissonier atteignit son plus haut niveau : en 1890, Alfred Chauchard l'acheta 850 000 francs, dépassant ainsi les 800 000 francs payés pour garder à la France *L'Angélus*[2]. Après la mort de Meissonier, sa cote ne pouvait que s'effondrer. Dans les ventes de 1910, à New York et à Paris, ses prix furent quasiment divisés par deux, tandis que doublaient presque les prix de Daubigny ou de Troyon[3].

Ces mouvements spéculatifs sur l'art contemporain changèrent la donne des critères de réussite. Dans les deux premiers tiers du siècle, un artiste pouvait, certes, gagner de l'argent avec sa peinture. Mais mieux valait, pour faire fortune, avoir une reconnaissance institutionnelle, être prix de Rome, académicien, décoré, protégé du pouvoir, comme Ingres, Horace Vernet ou Paul Delaroche. La comparaison des cotes d'Ingres et de Delacroix le prouve : les prix des œuvres de ces deux peintres, pourtant de renommée égale, ont toujours été décalés, comme l'ont été les sommes qui leur étaient allouées pour des commandes publiques. Prenons deux exemples. En 1857, Ingres présenta dans son atelier *La Source*, dont le comte Duchâtel lui offrit « à bout portant » 25 000 francs – il est vrai que cinq autres acheteurs étaient sur les

1. *Meissonier*, Musée des beaux-arts de Lyon/Éd. de la Réunion des musées nationaux, *op. cit.*, p. 58.

2. *Ibid.*, p. 60.

3. *Annuaire de la curiosité et des beaux-arts*, 1911, *op. cit.*, p. 31.

rangs[1] ; Alfred Bruyas, en 1850, n'avait payé que 1 500 francs la deuxième version des *Femmes d'Alger* de Delacroix. Lorsque le comte de Rémusat, ministre de l'Intérieur, proposa à Ingres en 1840 de décorer la salle du Trône du palais du Luxembourg, il lui offrit 100 000 francs, alors que Delacroix ne reçut que 30 000 francs au début du second Empire pour la décoration du salon de la Paix à l'Hôtel de Ville et 27 000 francs en 1860 pour les deux fresques de la chapelle des Saints-Anges à Saint-Sulpice. Aussi Delacroix cherchait-il à consolider sa cote par une légitimation institutionnelle. C'est pourquoi il persévéra pendant vingt ans à se présenter à l'Académie, où il fut élu en 1857, après six échecs. Et, même si son élection fut tardive, il en souligna l'utilité : « Elle était presque nécessaire pour qu'une certaine partie du public me mît à une certaine place. Cela a rassuré bon nombre d'admirateurs [...] il fallait absolument l'étiquette » (21 janvier 1857). Après 1870, la cote d'un artiste semblait de moins en moins liée à son insertion institutionnelle et l'Académie ne paraissait plus guère désirable puisque, parmi les grands artistes, sous la IIIe République, plusieurs n'ont même jamais été candidats – tout comme n'attirait plus le concours pour le prix de Rome.

La montée spectaculaire de la cote de certains tableaux créa chez le public de nouvelles habitudes, que relève le caricaturiste Bertall en 1874 : « Et l'on va au Salon suivre les Expositions, pointer les débutants, puis rue Drouot et rue Rossini pour contrôler les ventes. Et l'on court les ateliers, pour connaître les maîtres actuels, deviner les maîtres de l'avenir, et acheter les tableaux un bon prix – pour les revendre plus tard un prix meilleur[2]. » Les marchands adoptèrent eux aussi des stratégies spéculatives. Durand-Ruel fut le premier, imité ensuite par tous ses confrères : il acheta, par lots entiers, des œuvres de l'École de Barbizon et attendit, pour les remettre sur le marché, que leur cote ait monté.

La constitution du marché de l'art, au cours du XIXe siècle, a entraîné la transformation des identités dans le monde artistique, celle de l'artiste et celle de l'amateur.

1. V. Bajou, *Monsieur Ingres*, *op. cit.*, p. 339.
2. Bertall, *La Comédie de notre temps*, *op. cit.*, p. 483.

Le couple bourgeois-bohème

Dans un livre précédent, j'ai analysé comment s'est construite, à l'époque romantique, la figure de l'artiste inspiré et malheureux, victime de la société bourgeoise, dont Chatterton, le héros du drame de Vigny en 1835, est le meilleur représentant. (Ce personnage joua un grand rôle dans l'imaginaire des jeunes gens, puisque, vingt et un ans plus tard, le peintre anglais Henry Wallis, alors âgé de vingt-six ans, présenta à la Royal Academy un Chatterton étendu mort dans sa mansarde, qui fit sensation.) L'artiste romantique menait une existence précaire, une *vie de bohème*, faite de camaraderie, d'insouciance et de misère, qui devint un thème littéraire ou pictural dans les années 1840, mis à la mode dans les feuilletons des petits journaux, en particulier par Henry Murger[1]. Le couple ennemi artiste-bourgeois fut le sujet de tant de caricatures (le bourgeois ignorant ou féroce et l'artiste ridicule dans ses oripeaux de marginal), il devint un lieu commun tellement établi que chacun des partenaires était obligé d'en tenir compte, de se situer par rapport à lui, soit pour s'y reconnaître, soit, bien plus souvent, pour s'en démarquer. Baudelaire, le premier, en 1845, s'agaçait du discours antibourgeois produit par les artistes et les journalistes. Non pas, bien entendu, pour réhabiliter le bourgeois, mais pour souligner la responsabilité des « confrères artistiques » qui jetaient l'anathème sur le bourgeois au lieu de lui montrer et de lui faire aimer la bonne peinture[2]. On pourrait aussi bien, dit Baudelaire, traiter de *bourgeois* les artistes que les bourgeois eux-mêmes. Et il reprit l'année suivante ce thème de la responsabilité de l'artiste *bourgeois* qui, proposant des œuvres médiocres au public, était responsable de sa médiocrité : « Le bourgeois qui a peu de notions scientifiques va où le pousse la grande voix de l'artiste-bourgeois. – Si on supprimait celui-ci, l'épicier porterait E. Delacroix en triomphe. [...] Il mange du Cogniet, et cela prouve que sa bonne volonté est grande comme

1. A. Martin-Fugier, *Les Romantiques. Figures de l'artiste, 1820-1848*, *op. cit.*, « La bohème des années 1840 », p. 305-368.

2. Baudelaire, *Œuvres complètes*, *op. cit.*, p. 813-814.

l'infini. Servez-lui un chef-d'œuvre, il le digérera et ne s'en portera que mieux[1] ! »

L'évolution du rapport entre bourgeois et bohème se fit lentement mais elle apparaît déjà nettement entre les deux versions, l'une théâtrale, l'autre romanesque, des feuilletons de Murger. Reprenant le monde de ses feuilletons, Murger a d'abord composé une pièce en cinq actes, *La Vie de bohème*, jouée aux Variétés en 1849. Le héros, Rodolphe, un jeune bourgeois poète, plutôt que d'épouser une veuve fortunée, préfère s'enfuir avec une troupe de bohèmes, artistes et grisettes, et mener avec eux une existence précaire, remplie de dettes, d'amours éphémères et de gaieté. La fin est tragique – Mimi, la grisette amoureuse de Rodolphe, meurt et son amant sanglote : « Ô ma jeunesse ! C'est vous qu'on enterre. » La version romanesque de l'histoire, parue en 1851 sous le titre *Scènes de la vie de bohème*, ne se termine pas avec la mort de Mimi. Le dernier chapitre, intitulé « La jeunesse n'a qu'un temps », fait le point sur les héros un an après. Ils ont tous renoncé à la bohème : le jeune philosophe a fait un riche mariage, la grisette maîtresse du peintre va se marier bourgeoisement ; les trois artistes sont sur la voie de la réussite : le poète a publié un livre, le musicien un album de mélodies, et le peintre a été exposé au Salon où il a vendu un tableau. Aucun d'eux n'a la nostalgie du passé. Dans le roman, la bohème ne prélude pas à la tragédie, elle fait partie intégrante de l'initiation à la vie. Chacun a droit à son moment de bohème. Après quoi, soit, si l'on persévère dans une voie artistique, on devient un professionnel sérieux, soit on retrouve un destin bourgeois traditionnel. À défaut de pouvoir lui-même être un artiste, le bourgeois peut au moins mener dans sa jeunesse la *vie d'artiste*. La bohème est alors un moment de marginalité inscrite dans le déroulement de l'existence bourgeoise[2]. Mais c'est évidemment la version théâtrale et tragique qui est passée à la postérité, surtout après que Puccini en eut fait un opéra un demi-siècle plus tard.

1. *Ibid.*, p. 873 (conclusion de l'article sur l'exposition du bazar Bonne-Nouvelle, le *Corsaire-Satan*, 21 janvier 1846.)

2. J'ai déjà développé cette idée dans ma conclusion des *Romantiques. Figures de l'artiste, 1820-1848*, *op. cit.*

En 1855, Théophile Gautier dénonça l'anachronisme d'une comédie d'Henri Monnier et Jules Renoult intitulée *Peintres et bourgeois*. La pièce développait le lieu commun du bourgeois réaliste méprisant l'artiste idéaliste : « D'abord, qu'entend-on par artiste/Dans le monde bourgeois ? Un rêveur à la piste/De mille songes creux, un pauvre diable, un fou, / Qui se promet la gloire et qui n'a pas un sou[1]... » C'est être en retard de vingt ans, écrit Gautier, car le bourgeois ne porte plus sur le peintre le même regard que dans les années romantiques. Il a découvert la valeur marchande des œuvres d'art et, du coup, s'est mis à estimer le travail artistique : « Le bourgeois le plus encroûté sait fort bien que la peinture est *une partie* où l'on gagne beaucoup. Il a remarqué que l'on couvre de quinze ou vingt couches d'or un Meissonier grand comme la main, que Decamps, Diaz, Rousseau, Troyon, Couture, se payent des prix fous ; qu'on s'arrache les moindres esquisses, les plus vagues fusains de Camille Roqueplan ; il voit dans le *Moniteur* Ingres et Delacroix honorés des plus hautes récompenses, et lui-même il achète des tableaux de peintres modernes, sûr de les revendre plus tard le double de ce qu'ils lui ont coûté. Jamais la peinture n'a été plus en vogue que de nos jours[2]. » De plus, tout en faisant des affaires avec la peinture, l'amateur a fait son éducation esthétique : il a appris à regarder les tableaux, il s'est tenu au courant des modes, il a formé son goût. Si bien que, pour être à l'heure en 1855, les deux auteurs auraient dû fonder leur comédie sur la proposition contraire. Loin de mépriser le peintre, le bourgeois veut s'identifier à lui : « Le bourgeois actuel affecte volontiers d'être artiste ; il n'aime plus le fini, le léché ; il lui faut des esquisses tumultueuses en pleine pâte, bien torchées, bien égratignées, d'une belle sauce et pleines de ragoût ; il a si peur qu'on ne le prenne pour un bourgeois ! » Ainsi, en accédant au marché de l'art, l'amateur a, en même temps, découvert le snobisme. Il a compris que, grâce à l'art, il pouvait gagner non seulement de l'argent mais aussi une identité plus valorisante

1. *Peintres et bourgeois*, comédie en trois actes et en vers par Henri Monnier et Jules Renoult, Paris, Librairie nouvelle, 1856, p. 75.

2. Théophile Gautier, *Paris et les Parisiens*, Paris, La Boîte à Documents, 1996, p. 458.

que la sienne : l'art est un moyen de se démarquer de ses semblables, un terrain d'élection pour se forger une meilleure image.

Découvrant qu'art pouvait rimer avec argent, le public regarda l'artiste autrement. Son activité devenait une profession comme une autre, et même une profession enviable puisqu'elle était parfois lucrative. Un artiste pouvait faire carrière, il y avait de quoi donner confiance. Frantz Jourdain écrit, en 1893, à propos des étudiants en art : « Leurs parents les ont collés dans la peinture ou l'architecture comme ils les auraient fourrés dans le commerce ou dans l'administration ; car le romantisme, ce pauvre vieux romantisme dont on rit si fort, a emporté, en mourant, les vaillants préjugés qui élevaient une muraille entre les artistes et les bourgeois. Actuellement, le peintre arrive plus rapidement à une situation que le clerc de notaire[1]. » Boutade, certes, mais Goncourt note dans son *Journal*, le 1er mai 1882, qu'il devrait, dix-sept ans après, réécrire *Manette Salomon*, en prenant cette fois pour héros un peintre fortuné de l'avenue de Villiers, Meissonier, Boldini ou Forain.

L'artiste et la marginalité

Comment l'artiste assume-t-il le lieu commun romantique qui le dit marginal victime de la société bourgeoise, ou y répond-il ? Quelles postures prend-il ?

La marginalité garante de l'indépendance

Courbet écrivait, en 1850, qu'il devait mener une « vie de sauvage ». Il réaffirme souvent, dans sa correspondance, son besoin absolu de liberté, il parle même de « ... la férocité de [s]on indépendance et de [s]on individualité[2]... ». Son tableau *La Rencontre*,

1. F. Jourdain, *L'Atelier Chantorel. Mœurs d'artistes*, *op. cit.*, p. 73-74. On mesure l'évolution des mentalités si l'on compare avec la réflexion du père de Corot lorsque son fils s'est mis à peindre, dans les années 1820 : « Je t'aurais donné cent mille francs pour t'acheter un fonds de commerce. Tu n'auras que deux mille francs par an. Ça t'apprendra. Allons, va, et *amuse-toi* ! »

2. Mi-juin 1863.

couramment appelé *Bonjour Monsieur Courbet !*, illustre superbement ses dires. Le peintre, en tenue de marcheur, chemise, gros sac au dos, grand bâton à la main droite, chapeau à la main gauche, s'est arrêté pour saluer Alfred Bruyas, le mécène venu au-devant de lui suivi de son domestique et de son chien. Bruyas se découvre largement, son valet baisse les yeux ; l'artiste, dont le profil se découpe sur un grand ciel bleu, est au premier plan, plus grand que les deux autres personnages, très droit, le bâton planté devant lui, la longue barbe noire fièrement pointée vers l'avant. Le collectionneur, et même le domestique, sont en tenue bourgeoise, portant des gants et de courtes cannes à la main, mais c'est le peintre bohémien qui en impose, avec son air conquérant.

C'est vis-à-vis du pouvoir impérial que Courbet construisit son image d'homme libre et fier, ne courbant jamais l'échine. Refuser toute compromission avec l'institution faisait partie de sa stratégie. Nous l'avons vu renoncer à une commande officielle parce qu'il aurait d'abord fallu soumettre une esquisse à deux jurys. Que la presse annonce sa candidature à l'Académie en octobre 1868, il s'insurge : jamais il ne se présentera ! Et lorsque le ministre lui donne la Légion d'honneur, en mai 1870, il la refuse : « Mes opinions de citoyen s'opposent à ce que j'accepte une distinction qui relève essentiellement de l'ordre monarchique[1]. » Courbet plaide pour la liberté, à la fois du public et de l'artiste, et la non-intervention de l'État : « Quand il [l'État] entreprend de récompenser, il usurpe sur le goût public. Son intervention est toute démoralisante, funeste à l'artiste qu'elle abuse sur sa propre valeur, funeste à l'art qu'elle enferme dans les convenances officielles et qu'elle condamne à la plus stérile médiocrité. » Sa lettre au ministre, publiée par *Le Siècle* le 23 juin 1870, a accentué l'image que le peintre a toujours voulu donner, du résistant, seul face au pouvoir politique et institutionnel. Il en tire gloire : « J'ai reçu trois cents lettres de compliments, comme jamais de la vie homme au monde n'a rien reçu. De l'avis de tout le monde je suis le premier homme de France. M. Thiers m'a fait venir chez lui pour me faire des compliments. Je reçois jusqu'à des princesses

1. Il avait déjà été question, en 1851, de décorer Courbet à l'issue du Salon, mais Napoléon III avait finalement rayé son nom de la liste.

pour le même but, et on m'a donné un dîner de quatre-vingts ou cent personnes pour me féliciter. C'était toute la presse de Paris et les savants » (15 juillet 1870). En fait, le banquet du 5 juillet chez Bonvalet, boulevard du Temple, avait été donné en l'honneur à la fois de Courbet et de Daumier, ce dernier ayant, lui aussi, refusé la croix, mais avec moins d'éclat. S'il se méfiait des honneurs venant du pouvoir, Courbet, en revanche, était très sensible à ceux qu'il devait au jugement de ses pairs, comme lorsque, à la demande des artistes de Munich, Louis II de Bavière le décora en 1869 de l'ordre de saint Michel.

Le refus de la marginalité

Dans la brochure qu'il rédigea pour Manet en 1867, Zola écrit : « La vie d'un artiste, en nos temps corrects et policés, est celle d'un bourgeois tranquille, qui peint des tableaux dans son atelier comme d'autres vendent du poivre derrière leur comptoir. La race chevelue de 1830 a même, Dieu merci ! complètement disparu, et nos peintres sont devenus ce qu'ils doivent être, des gens vivant la vie de tout le monde. » La bohème n'était qu'une parodie que refusaient les créateurs sérieux. Plus question d'avoir *l'air artiste*. Cela allait de soi pour Édouard Detaille, dont la présentation impeccable, en harmonie avec les sujets militaires de ses tableaux, rassurait les amateurs. L'un d'eux écrit : « Detaille était grand, mince et distingué, portant sous un long nez droit une fine moustache blonde. En rien il ne rappelait l'artiste romantique. [...] Lorsque l'on tirait le bouton de la sonnette de l'hôtel du boulevard Malesherbes, un timbre puissant remplissait la cour d'une sonorité solennelle. La porte de l'atelier était là, de plain-pied. Annoncé par un domestique, j'entrais. L'artiste, un grand laborieux, travaillait généralement debout, dès le matin rasé de frais, irréprochablement peigné, en tenue de sortie, bornant le laisser-aller cher à tant d'autres à l'usage d'un coquet veston d'intérieur du bon faiseur[1]. » La tâche était plus difficile pour Manet, dont les visiteurs du Salon s'étaient si fort moqués du temps du *Déjeuner sur l'herbe* et d'*Olympia*. On

1. R. Moulin, *Le Marché de la peinture en France*, *op. cit.*, p. 27.

l'imaginait ressemblant aux sujets qu'il peignait, anticonformiste et choquant, aussi s'attacha-t-il à promouvoir son image d'homme du monde et de dandy. Au Salon de 1867, son portrait par Fantin-Latour obtint un grand succès : debout, portant haut de forme, cravate, canne et gants, Manet a l'allure d'un gentleman élégant[1]. C'est d'ailleurs aussi ce qu'écrivait de lui, le 16 mai 1872, Albert Wolff, le critique du *Figaro* : « Les personnes qui ne connaissent M. Manet que par ses expositions se figurent généralement que le peintre de l'*Alabama* est une sorte de Cabrion qui fait des niches aux concierges[2]. On se le représente avec une abondante chevelure, un béret rouge, une vareuse, un pantalon à la hussarde et un brûle-gueule. En réalité, M. Manet (visible, pour les étrangers, à Tortoni, chaque soir, de 5 h à 6 h ; inutile de se munir d'un passeport), M. Manet est un homme du monde au sourire fin et ironique[3]. » En insistant à nouveau, en 1874, sur cet aspect-là du peintre, Wolff contribua à diffuser dans le grand public l'image d'un Manet aimable et raffiné, à la tenue irréprochable, et, en 1876, au moment de l'exposition particulière qu'il fit dans son atelier, Manet chercha à exploiter cette image, nous l'avons vu.

Manet voulait être reconnu comme un professionnel sérieux par le public et les institutions. S'il a toujours refusé de participer aux expositions impressionnistes, c'était pour ne pas se poser en marginal, seul l'intéressait de paraître au Salon[4]. Dans les années 1870, il parlait même de la Légion d'honneur, qu'il avait naguère appelée « sale hochet », comme d'une marque désirable de recon-

1. Fantin-Latour avait déjà peint Manet en 1864, dans le groupe des peintres de *L'Hommage à Delacroix*.

2. Allusion aux *Mystères de Paris* d'Eugène Sue, roman connu du grand public de l'époque.

3. É. Darragon, *Manet*, *op. cit.*, p. 205. Louis-Edmond Duranty, dans la nouvelle « Le peintre Louis Martin », met en scène les propos de Wolff. Un vieux peintre d'histoire, regardant au Salon *Le Déjeuner sur l'herbe*, dit de Manet : « Ce doit être quelque affreux bohème à moitié déguenillé. » Au même moment, Louis Martin salua un jeune homme très élégant et de tournure distinguée, à la barbe blonde, aux traits fins et à l'œil vif : Manet, bien sûr ! (L.-E. Duranty, *Le Pays des arts*, *op. cit.*, p. 327-328.)

4. Les réticences de Manet vis-à-vis de Cézanne montrent qu'il craignait d'être assimilé à un peintre bohème et excentrique (É. Darragon, *Manet*, *op. cit.*, p. 235).

naissance et, à Degas qui méprisait les décorations et le traitait de *bourgeois*, il rétorquait : « Mon cher, s'il n'y avait pas de récompenses, je ne les inventerais pas ; mais elles y sont. Et il faut avoir de tout ce qui vous sort du nombre... quand on peut. C'est une étape franchie... c'est encore une arme. Dans cette chienne de vie, toute de lutte, qui est la nôtre, on n'est jamais trop armé[1]. » Manet fut nommé chevalier de la Légion d'honneur à la fin de 1881. Mais, d'après Mallarmé, la marque suprême de reconnaissance que Manet avait espérée en vain toute sa vie, c'était « le moment où M. de Rothschild viendrait lui commander son portrait[2] ».

La marginalité tragique

S'il se campait en homme du monde, Manet a souvent peint la bohème, du *Vieux musicien* à *La Chanteuse des rues*, en passant surtout par *L'Artiste – Portrait de Marcellin Desboutin*. Le graveur est debout, de face, le regard grave. Il a une moustache, un collier de barbe et des cheveux frisés qui débordent d'un chapeau mou. Sa vareuse bleu sombre est modeste, avec un col de chemise blanc maigrement noué. Il tient une canne sous son bras gauche, et dans ses mains une pipe et une blague à tabac. Derrière lui, un chien jaune de profil, en train de boire. L'artiste ainsi représenté n'a rien d'un dandy, rien non plus d'un romantique échevelé, il est modeste et digne, rêveur ou fatigué. Un journaliste a vu dans ce portrait, qui date de 1875, le condensé de « toute la bohème d'art » ; c'en est en tout cas une version modernisée et épurée si l'on compare avec la représentation romantique persistante de l'artiste bohémien qu'on trouve, par exemple, dans un grand tableau de Jules Blin, en 1880, intitulé *Art, Misère, Désespoir, Folie !* Dans un atelier aux couleurs sourdes, en désordre, un tableau et une chaise renversés, un plâtre brisé, le peintre se tient debout, face à nous, barbu, l'air creusé et sombre, en veston d'intérieur, un revolver à la main droite. Il a brisé ses pinceaux et sa palette, et écrase de son pied une toile jetée à terre. Le lieu commun du peintre en

1. J. Rewald, *Histoire de l'impressionnisme*, *op. cit.*, p. 255-256.
2. Henri de Régnier, *Les Cahiers inédits 1887-1936*, Paris, Pygmalion/Gérard Watelet, 2002, p. 853.

bohémien était si ancré qu'un bourgeois imaginait naturellement un artiste comme un miséreux sans le sou. Ainsi, à la fin des années 1880, un membre du Cercle Volney, séduit par un tableau d'Étienne Moreau-Nélaton, voulut l'acheter. Il se rendit au domicile du peintre, faubourg Saint-Honoré, s'attendant à trouver un malheureux affamé que son achat soulagerait. La réalité vint bouleverser ses représentations, si bien que, stupéfait d'être introduit par un domestique dans le salon d'une belle demeure, l'amateur prit la fuite [1].

Cette représentation si répandue de l'artiste marginal et miséreux s'incarna aisément dans les destins tragiques de Van Gogh et de Gauguin. Mais, si Van Gogh fut effectivement martyrisé par ses crises de folie qui le menèrent au suicide, Gauguin prit la pose de martyr de la société et de la peinture, mourant seul, à l'autre bout du monde. Aucun des deux pourtant n'était abandonné : Van Gogh fut toute sa vie protégé et secouru par son frère ; quant à Gauguin, qui s'est à plusieurs reprises représenté en Christ (en 1889, il donne son visage au Christ de *L'Agonie au Jardin des Oliviers* ; en 1896, revenu à Tahiti, il peint un *Autoportrait* dit *près du Golgotha*), il était victime davantage de ses propres fantasmes de rupture avec la civilisation que de la cruauté de la société. Après son second départ pour Tahiti qui devait être le dernier, il ne fut pas oublié en métropole. Daniel de Monfreid et Gustave Fayet, ses amateurs du Midi, lui achetèrent des toiles ; à Paris, Vollard l'exposa à deux reprises, en novembre 1896 et novembre 1898. Cette dernière exposition obtint de bonnes critiques et, grâce à quelques ventes de tableaux, Gauguin, qui avait dû gagner sa vie pendant quelques mois dans les bureaux du cadastre à Papeete, put abandonner son emploi en janvier 1899, et, deux ans plus tard, partir pour les Marquises où il installa sa « maison du jouir ». Mais il fallait que Gauguin restât le peintre mystérieux et maudit. C'était si vrai qu'en 1902, lorsqu'il eut une dernière tentation de rentrer en France, son ami Monfreid lui écrivit pour l'en dissuader : « Vous êtes cet artiste légendaire qui du fond de l'Océanie envoie ses œuvres

1. V. Pomarède, *Étienne Moreau-Nélaton, un collectionneur-peintre ou un peintre-collectionneur*, *op. cit.*, p. 86.

déconcertantes, inimitables, œuvres définitives d'un grand homme pour ainsi dire disparu du monde. Vos ennemis (et vous en avez bon nombre, comme tous ceux qui gênent les médiocres) ne disent rien, n'osent vous combattre, n'y pensent pas : vous êtes si loin !... Vous jouissez de l'immunité des grands morts, vous êtes passé dans l'histoire de l'art[1]. » Un destin tragique mettait le point d'orgue nécessaire à la construction du personnage.

L'amateur d'art se revendique aussi créateur

Parallèlement à l'artiste qui redéfinit sa marginalité, le bourgeois cherche une identité artistique en tant qu'amateur d'art. Quand Edmond de Goncourt intitule *La Maison d'un artiste* le livre qu'il publie en 1881, on peut imaginer qu'il met en scène la demeure d'un peintre, mais c'est sa propre maison qu'il décrit, pleine de bibelots et d'œuvres d'art (ancien) ; l'artiste, c'est lui, le collectionneur qui choisit les œuvres, les réunit, les expose, en prend soin et leur consacre sa vie. Ainsi ont rang d'artistes tous ceux qui s'entourent de belles choses et sont des metteurs en scène raffinés de leur cadre de vie. S'intéresser à l'art permet de se démarquer du tout-venant bourgeois, est un facteur de distinction et éloigne du vulgaire. Les bourgeois amateurs d'art sont passés du côté des créateurs. Cette perspective s'inscrit dans l'évolution de notre société démocratique, dont le but est que chacun ait droit à tout, même à ce qui paraît le plus exceptionnel, la création.

Le signe que le collectionneur vit sa collection comme une œuvre se lit dans le désir de pérenniser son existence après sa mort en la léguant à un musée à condition que soit préservée son intégrité et en lui donnant son nom. Il veut rendre publique son œuvre privée : la certitude d'avoir réuni un ensemble de tableaux de qualité, ou même d'exception, se double de la volonté d'en faire profiter la communauté et d'enrichir les collections de sa ville ou de son pays. C'est ce qu'écrivait Alfred Bruyas au maire de Montpellier

1. Henri Perruchot, « La vie de Gauguin », in *Gauguin*, Paris, Librairie Hachette, 1961, p. 39.

en 1868 : « J'ai le bonheur de posséder divers tableaux de nos meilleurs peintres contemporains et comme j'ai toujours pensé que les œuvres de génie appartenant à la postérité doivent sortir du domaine privé pour être livrées à l'admiration publique, je viens aujourd'hui offrir ma galerie à la ville de Montpellier[1]. » Des donations comme celles de Caillebotte et de Moreau-Nélaton sont particulièrement intéressantes, car ce sont deux peintres qui ont fermement défendu leur œuvre de collectionneurs. Leur but n'était pas seulement de faire entrer l'impressionnisme au musée, mais, en imposant à l'État d'accepter la totalité de leur collection, ils demandaient que les instances institutionnelles ne jugent pas leurs choix.

Le brouillage des identités n'allait pas sans risque. Le romancier Jean-Marie Rouart, parlant de sa famille au passé glorieux du temps des impressionnistes, évoque l'inaptitude de ces bourgeois ayant trop fréquenté l'art à assumer leur posture de bourgeois : « D'autre part son statut social était hybride : par son train de vie elle appartenait à la bourgeoisie, mais ayant acquis une âme d'artiste elle n'en partageait plus ni les idées ni les valeurs. Elle fabriquait des déclassés, des hors castes, qui s'ennuyaient à périr quand ils étaient confrontés à des banquiers, des bâtonniers, des hauts magistrats, qui n'étaient pas forcément initiés à l'art. Ces fréquentations les faisaient bâiller[2]. » Mais ces gens ne pouvaient pas davantage s'intéresser à des artistes contemporains, comme si la beauté des œuvres avec lesquelles ils vivaient empêchait tout désir d'autre chose. Le fait de n'être ni du côté des bourgeois ni du côté des artistes et de ne vivre qu'avec le passé suscitait un violent malaise : « Cette drôle de famille si fantasque pour les autres, si douloureuse pour moi, avait deux particularités dont je n'ai jamais su si elles avaient un lien : une passion maniaque et obsessionnelle pour la peinture et des nerfs fragiles. On parlait peinture et on s'engueulait. Les repas de famille imposaient un menu comprenant Degas, Corot, Daumier, Manet ou quelques autres artistes du Panthéon fami-

1. Cité par C. Georgel, « Il est un temps pour conserver et un temps pour rejeter… », art. cité, p. 42.

2. Jean-Marie Rouart, *Une jeunesse à l'ombre de la lumière*, Paris, Gallimard, 2000, p. 79-80.

lial, Giotto, Rembrandt, Goya, Vélasquez. Au dessert, on cassait les assiettes, on se crêpait le chignon, les femmes et les enfants étaient en larmes tandis que les hommes levaient le poing d'un air menaçant. On se réconciliait, et à la première occasion tout recommençait. »

Où mène la démocratisation ?

La démocratisation de la société allait de pair avec une consommation plus importante en matière d'art et un désir d'art qui se diffusait largement, par le biais du développement de la critique artistique. La presse jouait un rôle pédagogique, accompagnant l'évolution du regard du public. Delacroix constatait déjà que la perception de ses tableaux changeait avec le temps. Comme deux de ses amis avaient admiré dans une exposition, en 1847, un tableau qu'ils avaient ignoré au Salon de 1834, il s'étonnait : « Et d'où vient qu'ils ne voyaient pas cela il y a dix ans ! Il faut donc que la mode se mêle de tout ! » (16 mars.) En 1853, il écrivait au collectionneur Adolphe Moreau : « Eh bien, oui ! cher ami, c'est vraiment à n'y pas croire, et pour ma part je n'y comprends rien. Il semble maintenant que mes peintures soient une nouveauté récemment découverte, que les amateurs vont m'enrichir après m'avoir méprisé… » (14 avril). Ce que Delacroix appelle « la mode » désigne plutôt l'évolution du regard du public qui, tout à coup, se met à voir. L'œil se fait, et il se fait d'autant plus qu'il voit davantage d'expositions, et lit davantage de critiques. En 1887, Gustave Geffroy souligne combien, en trois ans, le ton des commentaires sur Monet a changé, et se demande pourquoi. Le peintre a-t-il changé de manière ? S'est-il amélioré ? Est-ce une question de lieu d'exposition ? Naguère vilipendée chez Durand-Ruel, la peinture de Monet échappe-t-elle à la critique du seul fait qu'elle est accrochée chez Georges Petit ? Rien de tout cela, conclut Geffroy, ce sont plutôt les yeux d'une fraction, encore limitée, du public qui se sont ouverts[1].

1. D. Wildenstein, *Monet ou le triomphe de l'impressionnisme*, *op. cit.*, p. 234.

La pédagogie du public en matière d'art était formulée en termes d'avancée, de progrès. Mais, en parallèle, un autre discours dénonçait la diffusion massive des choses artistiques qui engendrait forcément la médiocrité. Ainsi cette violente diatribe d'Octave Mirbeau en 1884 : « En France, nous avons trois sources de richesses : les vins, les céréales et les arts ; le phylloxéra détruit les vins, l'importation attaque les céréales, les arts sont rongés par la moyenne. La moyenne, c'est-à-dire ce qui flatte, ce qui caresse, ce qui réjouit l'âme bornée du public ; [...] la moyenne, cette démocratie haineuse qui ne permet à aucune aristocratie de s'élever, à aucune supériorité de s'affirmer ; la moyenne qui tortura Delacroix, Millet, Corot, la moyenne qui fait de Meissonier un génie, de Detaille un grand artiste, qui exalte Dagnan-Bouveret et culbute Gustave Moreau[1]... » Certains déploraient le goût des petits-bourgeois républicains, « plus conservateurs, dans l'ensemble, sur le plan des arts que les brasseurs d'affaires et les cascadeurs du second Empire[2] ». D'autres, comme l'ombrageux Degas, tenaient des propos agressivement élitistes. Le jour où le graveur et historien d'art Loys Delteil vint lui demander la permission de photographier sa lithographie de Delacroix (on n'en connaissait que deux épreuves et l'autre avait disparu) pour la reproduire dans une revue, Degas refusa brutalement : « J'ai mis vingt ans à trouver ce Delacroix. Que les autres en fassent autant ! » Et lorsque Delteil insista : « Tout le monde a droit à l'art », Degas, furieux, rétorqua : « Je me moque bien de ce droit que vous donnez à tout le monde. Mon Delacroix ne sortira pas de ce carton. » Et à l'adresse de Vollard, qui assistait à la scène, il ajouta : « Vous verrez, Vollard, qu'on en arrivera à faire sortir les Raphaël et les Rembrandt des musées pour les promener dans les casernes, dans les foires, dans les prisons, sous prétexte que tout le monde a droit à la beauté[3] ! »

Il me semblait important de mettre en lumière le fait que la relation de l'art contemporain à l'argent, devenue obsédante au début du XXIᵉ siècle, apparaît au XIXᵉ siècle. Mais j'espère avoir

1. O. Mirbeau, *Combats esthétiques*, *op. cit.*, t. I, p. 69-70.
2. D. Wildenstein, *Monet ou le triomphe de l'impressionnisme*, *op. cit.*, p. 117.
3. A. Vollard, *Souvenirs d'un marchand de tableaux*, *op. cit.*, p. 305.

aussi fait sentir que ce qui court à travers *La Vie d'artiste*, et qui réunit les acteurs de cette histoire, c'est une passion pour l'art, et même une folie, aussi bien chez les collectionneurs que chez les artistes, aussi bien dans la douleur de Vollard d'avoir à se séparer de ses tableaux que dans celle de Monet de ne pas parvenir à la perfection. Et lorsque Monet, âgé de soixante-dix-huit ans, évoque son insatisfaction de toujours : « Chaque fois que je commence une toile, je pense enfanter un chef-d'œuvre, et il ne paraît jamais, jamais rien… », il a en même temps une pensée pour ses amateurs d'autrefois : « J'étais beaucoup plus heureux quand je vendais mes toiles trois cents francs. Comme je le regrette ce temps-là ! Et ils étaient sincères ceux-là qui me payaient mes toiles trois cents francs. Pour sortir ces trois billets, leur effort était dur. C'est plus facile aux snobs d'aujourd'hui de me donner vingt mille francs[1]. » Comme si le souvenir de ces collectionneurs passionnés était la seule pensée consolante…

1. R. Gimpel, *Journal d'un collectionneur marchand de tableaux*, *op. cit.*, p. 88.

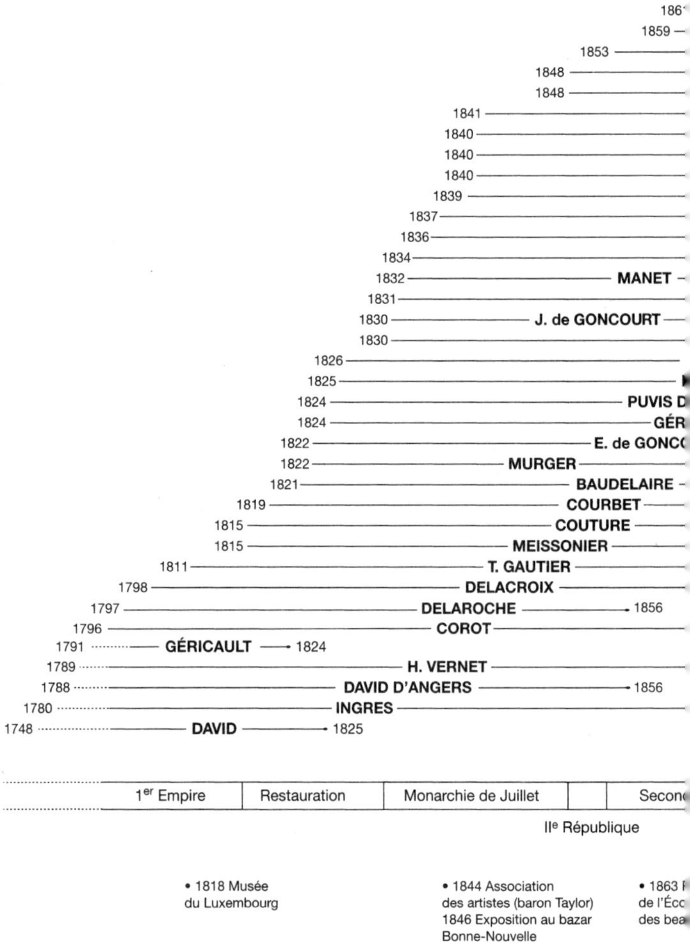
1859
1853
1848
1848
1841
1840
1840
1840
1839
1837
1836
1834
1832 MANET
1831
1830 J. de GONCOURT
1830
1826
1825
1824 PUVIS D
1824 GÉR
1822 E. de GONC
1822 MURGER
1821 BAUDELAIRE
1819 COURBET
1815 COUTURE
1815 MEISSONIER
1811 T. GAUTIER
1798 DELACROIX
1797 DELAROCHE 1856
1796 COROT
1791 GÉRICAULT 1824
1789 H. VERNET
1788 DAVID D'ANGERS 1856
1780 INGRES
1748 DAVID 1825
1er Empire
Restauration
Monarchie de Juillet
IIe République
• 1818 Musée du Luxembourg
• 1844 Association des artistes (baron Taylor) 1846 Exposition au bazar Bonne-Nouvelle

1884 — KAHNWEILER — 1979
1881 — PICASSO — 1973
1869 — MATISSE — 1954
1868 — VOLLARD — 1939
1868 — VUILLARD — 1940
1867 — BONNARD — 1947
— TOULOUSE-LAUTREC — 1901
— FÉNÉON — 1944
— SEURAT — 1891
— VAN GOGH — 1890
– CAILLEBOTTE — 1894
— GAUGUIN — 1903
— RENOIR — 1919
— ZOLA — 1902
— MONET — 1926
— RODIN — 1917
— CÉZANNE — 1906
· CAROLUS-DURAN — 1917
FANTIN-LATOUR — 1904
— DEGAS — 1917
— 1883
— Paul DURAND-RUEL — 1922
— 1870
SSARRO — 1903
MOREAU — 1898
GUEREAU — 1905
AVANNES — 1898
— 1904
T — 1896
1
— 1867
— 1877
— 1879
— 1891
— 1872
1863
— 1875
1863
— 1867

pire	IIIe République

ne
ts

• 1874 Première exposition des Impressionnistes

• 1880 Abandon du Salon par l'État
1882 Société des artistes français
1884 Les Indépendants
1886 Dernière exposition des Impressionnistes
1890 Société nationale des beaux-arts

• 1903 Salon d'automne
1904 La Peau de l'Ours

Index

ABBAS PACHA, 332
ABBÉMA, Louise, 10
ABOUT, Edmond, 114, 348
ACKERMANN, 249
ADAM, Adolphe, 115
ADAM, Juliette, 218, 219, 312
ADAM, Paul, 285
AGOULT, Marie d', 80
AGUTTE, Georgette, 410
AJALBERT, Jean, 285, 289, 307
ALAUX, Jean-Paul, 17, 48
ALEXANDER, John, 221
ALEXANDRE, Arsène, 214
ALEXIS, Paul, 202, 285, 304
ALKAN, Charles-Valentin, 95
ALLAIS, Alphonse, 309
ALOPHE, Marie-Alexandre, 104
ALPHANT, Marianne, 396
AMAN-JEAN, Edmond, 18, 19, 34, 84, 221, 235, 285
AMAURY-DUVAL, Eugène-Emmanuel, 44, 46, 47, 68, 76, 77, 120, 147, 267, 311
ANAÏS, 137
ANDLER, 109, 297, 298, 299, 315
ANDRÉ, Édouard, 337, 342, 343, 344, 345
ANDRÉ, Ernest, 343
ANDRÉE, Ellen, 137, 304
ANDRIEUX, 171
ANDRY-FARCY (Pierre-André FARCY, dit), 408, 410
ANGÉLY, Léon, dit le père ANGÉLY, 238
ANGRAND, Charles, 226, 254
ANKER, 51
ANQUETIN, Louis, 45
ANTONY (le père), 117
APOLLINAIRE, Guillaume, 228, 249, 256, 261, 319, 403, 419
APPLETON, Thomas G., 399
ARAGO, Alfred, 341
ARAGON, Louis, 338
ARISTOTE, 11
ARMINGAULT, 52
ARNOULD, Sophie, 122
AROSA, Gustave, 275
ARROWSMITH, Charles, 166
ARROWSMITH, John, 166,167
ASSELINEAU, Charles, 109
ASTIER DE LA VIGERIE (baron d'), 122
ASTRUC, Zacharie, 103, 110, 292, 303
AUBER, Esprit, 115
AUBERT, 111
AUBOURG, 196
AUDEBRAND, Philibert, 314
AUGIER, Émile, 20
AUGUSTE, Jules-Robert, 21
AUMALE (duc d'), 170, 344, 394

AUMONT, Pierre-Hippolyte, 325
AURIC, Georges, 262
AUVRAY, Louis, 50
AVERY, Samuel P., 359
AYNARD, Édouard, 408

BAILLY, Antoine Nicolas, 226
BAJOU, Valérie, 102, 380
BALTARD, Victor, 74
BALZAC, Honoré de, 9, 65, 93
BALZE, Raymond, 11
BANVILLE, Théodore de, 159, 185, 224, 300
BARBAZANGES, Henry, 261, 402
BARBEREAU, Mathurin, 94
BARBEY D'AUREVILLY, Jules, 311
BARGUE, Charles, 213, 214
BARNES, Alfred (Dr), 139, 356, 358, 403, 416
BARRETTA (Mme), 188
BARRIAS, Félix, 44
BARROILHET, Paul, 390
BARTHÉLEMY (marquis de), 187
BARTHOLDI, Frédéric Auguste, 187
BARTHOLOMÉ, Albert, 126, 290
BARYE, Antoine-Louis, 19, 149, 160, 280, 341, 347, 352, 359, 388
BASAN, 164
BASCHET, Marcel, 84
BASHKIRTSEFF, Marie, 62
BASTIEN-LEPAGE, Jules, 219, 392
BATTA, Alexandre, 266
BAUDELAIRE, Charles, 93, 101, 109, 113, 153, 158, 159, 161, 292, 298, 299, 301, 311, 424
BAUDRY, Étienne, 338
BAUDRY, Paul, 10, 69, 93, 218, 223, 224, 341, 366
BAURY-SOREL, Amélie, 62
BAUSIL, Louis, 368
BAUSSAN, Joseph, 23
BAUVE, 132
BAZILLE, Frédéric, 22, 23, 52, 53, 54, 56, 91, 92, 102, 103, 202, 281, 282, 283, 284, 311, 312
BAZOCHE, Anatole, 88
BEAUDIN, André, 263, 316
BÉCOT, Irma, 138
BECQUET, Just, 51
BEETHOVEN, Ludwig von, 58, 79, 288
BELLINO (les), 288
BELLIO, Georges de, 318, 363, 412
BELLON, Émile, 127
BENDA, Julien, 244
BÉNÉDITE, Léonce, 414
BENJAMIN-CONSTANT, Jean-Joseph, 59, 72, 332
BENNETT, James Gordon, 342
BÉRARD, Paul, 318, 367, 388
BÉRAUD, Jean, 219, 230
BERENSON, Bernard, 382, 384
BERGER, Georges, 408
BERGERAT, Émile, 106
BERLIOZ, Hector, 78, 111, 154
BERNARD, Émile, 45, 198
BERNHARDT, Sarah, 66, 97
BERNHEIM, Georges, 211, 256
BERNHEIM-JEUNE (*galerie*), 235, 236, 245, 250, 255, 256, 261, 262, 263, 275, 295, 349, 358, 360, 402
BERNHEIM-JEUNE, Alexandre, 197, 214, 215, 253, 254
BERNHEIM-JEUNE, Gaston, dit DE VILLERS, 119, 197, 248, 253, 254, 255, 256, 356, 398, 402, 403, 406
BERNHEIM-JEUNE, Josse, dit DAUBERVILLE, 197, 253, 254, 256, 356, 398, 402, 403, 406
BERNSTEIN, Carl, 337
BERNSTEIN, Henry, 337
BERNSTEIN, Marcel, 337
BERRY (duchesse de), 166, 324, 328
BERRYER, Pierre-Antoine, 266

BERTALL, 423
BERTAUX (Mme), 67
BERTIN, Armand, 266, 325, 366
BERTIN, Édouard, 77
BERTIN, Louis-François, dit BERTIN aîné, 120, 121
BERTIN, Paul, 275, 277
BESNARD, Albert, 55, 72, 113, 126, 219, 222, 230, 291, 386
BESNARD (Mme), 249
BEUGNIET, Adrien, 85, 168, 172, 191, 420
BEULEY, 114
BEURET, Rose (Mme Auguste RODIN), 271
BIANCA (Mme), 188
BIBESCO (prince), 366
BIDA, Alexandre, 96
BIDAULD, Jean-Joseph-Xavier, 144
BIETTE, 57, 130
BINANT, 173, 189
BINET, Virginie, 269
BING, Siegfried, dit Samuel, 235
BLANC, Charles, 71, 147, 286
BLANC, Louis, 94, 105, 286
BLANCHE (Dr), 292, 312
BLANCHE, Jacques-Émile, 113, 219, 285, 289, 294, 310, 367, 412
BLIN, Jules, 431
BLONDEL, Joseph, 144
BLONDEL, Paul, 81
BLOT, Eugène, 249, 262, 326, 355, 395, 399, 412
BOCAGE, Pierre, 154, 155
BOCQUET, 240
BOESWILLWALD, Paul, 98
BOILLY, Louis, 10, 132
BOISSARD DE BOISDENIER, Joseph-Ferdinand, 93, 94, 135, 149, 180
BOIVIN, Émile, 389
BOKOWSKI, 132
BOLDINI, Giovanni, 96, 113, 137, 213, 230, 427
BONAPARTE, Louis-Napoléon (puis NAPOLÉON III), 146, 380
BONHEUR, Raimond, 64
BONHEUR, Rosa, 63, 64, 92,195, 348, 372
BONINGTON, Richard Parkes, 21, 38, 56,166, 170, 393
BONNARD, Pierre, 15, 61, 89, 97, 126, 232, 252, 254, 291, 316, 361, 406, 408
BONNAT, Léon, 10, 33, 35, 71, 84, 114, 124, 223, 303
BONNIÈRES, Robert de, 389
BONVALET (*restaurant*), 429
BONVIN, François, 16, 17, 56, 84, 109, 150, 171, 183, 192, 298, 299, 321
BOREL, Petrus, 300
BORGHESE (famille), 82
BOSIO, François-Joseph, 90, 286
BOTKINE, 360
BOUCHER, François, 163, 219
BOUCHOR, Maurice, 291
BOUDIN, Eugène, 45, 96, 155, 156, 192, 193, 208, 352, 355, 365, 386, 404, 411
BOUGLÉ, Louis, 215
BOUGUEREAU, William, 17, 35, 48, 49, 59, 60, 69, 85, 96, 125, 191, 213, 223, 224, 225, 226, 229, 303, 331, 359, 366, 415
BOULANGER, Ernest, 74
BOULANGER, Gustave, 47, 52, 59, 60, 73, 213, 341
BOULANGER, Louis, 92, 160, 286
BOULANGER-CAVÉ, Albert, 309
BOURDELLE, Antoine, 58
BOURGEOIS, Constant, 90
BOURGES, 189
BOURGET, Paul, 187, 234

BOURGUIGNON, 132
BOURSIN, Maria, dite Marthe de MÉLIGNY (Mme Pierre BONNARD), 126
BOUSQUET, 79
BOUSSOD, Léon, 190, 212
BOUSSOD, VALADON et Cie, 212, 213, 216
BOUTET DE MONVEL (*galerie*), 221
BOUTON, Charles-Marie, 152
BOUVENNE, Aglaüs, 314
BRACQUEMOND, Félix, 67, 184, 203, 289
BRACQUEMOND, Marie, 67, 207
BRAME, Hector, 94, 192, 196, 200, 214, 420
BRANDON, Édouard, 203, 346, 352
BRAQUE, Georges, 98, 99, 257, 258, 259, 263, 319, 338, 339
BRASCASSAT, Jacques-Raymond, 410
BRASSAÏ, 238
BRESDIN, Rodolphe, 317
BRETON, André, 316, 338
BRÉTON, Geneviève, 83, 310
BRETON, Jules, 93, 213
BRION, Gustave, 93
BRISSON, Adolphe, 240
BROGLIE (princesse de), 121
BRUN, Blanche, 137
BRUYAS, Alfred, 13, 23,101, 185, 321, 372, 373, 374, 375, 376, 377, 378, 380, 381, 410, 423, 428, 433
BUCHON, Max, 101, 298
BURTY, Philippe, 95, 156, 171, 176, 275, 287, 288, 303, 318, 323, 388, 412
BUSNACH, William, 303

CABANEL, Alexandre, 19, 30, 32, 33, 34, 35, 36, 48, 55, 59, 96, 98, 125, 179, 182, 190, 223, 225, 314, 317, 373, 416
CABANER, Ernest, 280, 304, 309, 317
CABAT, Louis, 20, 76, 83, 160, 341, 343
CABET, Paul, 51
CABRION, 430
CACAULT, 410
CADAMOUR, 132
CADART, Alfred, 184, 193
CAETANI (famille), 82
CAHEN D'ANVERS, Louis, 367
CAILLEBOTTE, Gustave, 24, 97, 118, 204, 205, 206, 207, 280, 281, 284, 292, 294, 318, 355, 363, 392, 412, 413, 414, 415, 434
CAILLEBOTTE, Martial, 414
CAILLEUX, Alphonse de, 146
CALLIAS, Nina de, 137, 309
CALLOUETTE, 19
CALMEL, 368
CALS, Adolphe-Félix, 193, 346, 352, 355
CALVET, Esprit, 410
CAMILLO, Giuseppe di, 57
CAMOIN, Charles, 35, 233, 241, 242, 248, 392
CAMONDO, Isaac de, 206, 210, 230, 253, 284, 322, 329, 350, 356, 411, 412
CAMONDO, Moïse de, 409
CANNONGE, 115
CAPPIELLO, 239, 241, 331
CARAN D'ACHE, 239
CARCANO (marquise), 322
CARNOT, Hippolyte, 148
CAROLUS-DURAN (Charles DURAND, dit), 66, 67, 75, 93, 109, 112, 113, 137, 186, 187, 192, 225, 230, 232, 233, 292, 303, 354, 412

CARPEAUX, Jean-Baptiste, 18, 51, 182, 287
CARPENTIER, 186
CARRACHE, Annibal, 86
CARRIER-BELLEUSE, Albert, 19, 59, 85
CARRIÈRE, Eugène, 19, 57, 58, 63, 85, 186, 216, 219, 221, 230, 232, 336
CARTELLIER, Pierre, 90, 92
CARUELLE D'ALIGNY, Théodore, 116
CASATI (marquise), 295
CASSATT, Mary, 199, 220, 277, 290, 292, 295, 357, 358, 359
CASSIN (Mme de), 219
CASTAGNARY, Jules, 101, 223, 301, 302, 312, 338
CASTELNAU, Eugène, 52
CAVELIER, Jules, 50
CAYLUS (comte de), 28
CAZE, Gaston, 346
CAZE, Robert, 285
CAZIN, Jean-Charles, 219, 230
CENDRARS, Blaise, 261, 262, 338
CÉZANNE, Paul, 10, 11, 22, 23, 56, 99, 118, 126, 128, 129, 130, 135, 179, 197, 198, 202, 203, 211, 212, 228, 247, 248, 249, 251, 252, 255, 271, 275, 277, 280, 284, 294, 304, 309, 311, 317, 318, 327, 328, 337, 339, 351, 353, 354, 355, 356, 357, 358, 382, 385, 386, 388, 392, 405, 413, 414, 415, 417
CÉZANNE, Paul (Mme), 327, 405
CHABAUD, Auguste, 57
CHABRIER, Emmanuel, 109, 292, 309, 395
CHAGALL, Marc, 99
CHALLAMEL, Augustin, 151
CHAM (Amédée Charles de NOÉ, dit), 48
CHAMBORD (comte de), 325
CHAMPFLEURY, 101, 109, 127, 158, 184, 185, 193, 269, 297, 299, 301, 317, 377, 378, 380
CHAPELLE, Madeleine (Mme INGRES), 273
CHAPU, Henri-Michel-Antoine, 36, 93
CHARCOT (Dr), 312
CHARDIN, Jean-Baptiste, 347
CHARIGOT, Aline (Mme Auguste RENOIR), 138, 272
CHARLES X, 146
CHARLET, Nicolas-Toussaint, 165, 167, 169, 172, 267, 345
CHARPENTIER, Georges, 24, 321, 328, 365, 367, 370, 392
CHARPENTIER, Georges (Mme), 124, 127, 204, 219, 365, 367, 392
CHARPENTIER, Gustave, 84
CHARTON, Édouard, 148
CHASSÉRIAU, Théodore, 81, 96, 161, 162, 311, 333
CHÂTILLON, Auguste de, 286, 302
CHATTERTON, 424
CHAUCHARD, Alfred, 322, 329, 331, 350, 400, 411, 415, 422
CHAUSSON, Ernest, 291, 407
CHENAVARD, Paul, 93, 149, 280, 300, 301
CHENNEVIÈRES, Philippe de, 147, 178, 323, 324, 344, 372
CHÉRAMY, Paul, 206, 322, 327, 328, 400, 408
CHÉRET, Jules, 289
CHEVET, 65
CHINTREUIL, Antoine, 92, 189
CHOCARNE, Geoffroy-Alphonse, 67
CHOCQUET, Edmond, 352

CHOCQUET, Victor, 13, 284, 318, 321, 347, 351, 353, 354, 355, 356
CHOCQUET, Victor (Mme), 353, 355
CHOISEUL, Claire (duchesse de), 313
CHOISEUL (duc de), 165
CHOPIN, Frédéric, 57, 95, 280, 286
CHRISTOFLE, Charles Henri, 51
CHTCHOUKINE, Sergueï, 259, 333, 360, 361, 385, 416, 417
CIBOT, Édouard, 179
CICÉRI, Eugène, 96, 300
CICÉRI, Pierre-Charles, 286
CINTI, Laure (Mme DAMOREAU), 286
CLADEL, Léon, 303, 307, 317
CLAPISSON, Léon, 388, 412
CLARETIE, Jules, 303, 332
CLARKE DE FELTRE, 410
CLAUDEL, Camille, 136
CLAUDEL, Paul, 291
CLAUS, Émile, 221
CLAUS, Fanny, 127
CLEMENCEAU, Georges, 201, 211, 215, 216, 274, 335, 336, 357, 391, 413
CLÉMENT, Charles, 111, 112
CLÉSINGER, Auguste, 94, 96,100, 298
CLOUET, François, 350
COCHIN, Denys, 387
COGNACQ, Ernest, 386, 387
COGNACQ, Louise (née JAY), 387
COGNIET, Léon, 44, 66, 131, 132, 153, 177, 179, 315, 325, 344, 424
COIGNET, Jules, 59
COLAROSSI, 57, 129
COLIN, Gustave, 203, 352
COLLINE, 298
COLONNA (famille), 82
COMEAU (le père), 133
COMMERRE, Léon, 225
CONE, Claribel, 384, 416
CONE, Etta, 384, 416
CONSTABLE, John, 166, 167, 328
COQUIOT, Gustave, 73, 240, 249
CORCOS, Vittorio-Matteo, 214
CORINTH, Lovis, 60
CORIOLIS, 88, 134
CORMON, Fernand, 31, 45, 57, 72, 73, 137, 216, 302, 392, 410, 414
CORNEAU, Eugène, 262
CORNU, Sébastien, 37, 38, 122
COROT, Camille, 56, 67, 89, 92, 96, 101, 115, 116, 117, 118, 147, 156, 160, 167, 182, 189, 192, 193, 195, 200, 214, 217, 219, 222, 270, 291, 298, 314, 328, 330, 332, 333, 338, 341, 346, 347, 348, 349, 350, 352, 353, 355, 357, 359, 366, 373, 386, 387, 388, 389, 392, 394, 396, 401, 411, 416, 434, 436
COT, Pierre-Auguste, 416
COTTET, Charles, 360
COTTIER, Louise, 343
COTTIER, Maurice, 188, 343, 344
COUDER, Auguste, 131
COULON, Georges, 315
COURBET, Gustave, 13, 23, 34, 38, 39, 40, 41, 42, 43, 45, 48, 56, 68, 89, 92, 101, 102, 108, 109, 110, 114, 118, 127, 150, 156, 162, 163, 167, 175, 178, 182, 184, 185, 186, 187, 193, 214, 269, 270, 297, 298, 299, 300, 301, 302, 306, 314, 321, 330, 333, 338, 353, 356, 357, 364, 372, 374, 375, 376, 377, 378, 380, 381, 396, 398, 410, 427, 428, 429
COURT, Joseph-Désiré, 122
COURTOIS, 66
COUTELLE (Mme), 116
COUTURE, Thomas, 45, 49, 50, 96, 103, 122, 138, 146, 176, 177, 301, 348, 359, 370, 373, 374, 388, 390, 426

COUSTURIER, Lucie, 254
CRESSON, 168
CROS, Antoine, 309
CROS, Charles, 309
CROSS, Henri-Edmond, 199, 226, 232, 254, 255, 285, 291
CUENOT, Urbain, 40
CURZON, Alfred de, 114
CZARTORYSKA (princesse), 266, 267

DAGNAN-BOUVERET, Pascal, 98, 436
DAGUERRE, 166
DALMAS (Dr), 280
DALOU, Jules, 216, 230, 412
DANTAN, Jean-Pierre, 95,169
DANTHON, 243, 244
DAUBIGNY, Charles-François, 67, 70, 75, 93, 94, 107, 116, 117, 118, 160, 184, 191, 193, 199, 214, 219, 222, 229, 330, 352, 396, 416, 421, 422
DAUDET, Alphonse, 126, 289, 301, 302
DAUMIER, Honoré, 67, 93, 118, 149, 214, 239, 298, 347, 352, 353, 358, 359, 385, 429, 434
DAUZATS, Adrien, 154, 156, 325
DAVID, Félicien, 83, 111
DAVID, Jacques-Louis, 8, 21, 47, 55, 75, 88, 90, 131, 153, 154, 160, 169, 290, 328, 385
DAVID D'ANGERS, 21, 28, 44, 50, 70, 92, 143, 144, 149, 280, 286, 305
DAYOT, Armand, 336, 412
DEBAT-PONSAN, Édouard, 74, 86, 118, 420
DEBUSSY, Claude, 84, 407
DECAISNE, Henri, 96, 290
DECAMPS, Alexandre-Gabriel, 149, 154, 170, 172, 174, 175, 176, 280, 298, 333, 350, 388, 393, 421, 426
DECAP, Edmond, 421
DEFORGE, Armand, 168
DEGAS, Edgar, 33, 44, 93, 97, 119, 137, 138, 187, 199, 202, 205, 206, 207, 208, 209, 211, 214, 239, 251, 252, 253, 277, 280, 288, 289, 290, 291, 292, 293, 294, 295, 302, 303, 304, 306, 309, 310, 322, 327, 328, 330, 336, 337, 338, 346, 347, 350, 356, 357, 358, 359, 371, 372, 387, 389, 391, 392, 395, 401, 414, 421, 431, 434, 436
DELABORDE, Henri (comte), 408
DELACROIX, Eugène, 8, 10, 11, 21, 23, 33, 56, 91, 99, 102, 129, 132, 145, 151, 154, 155, 156, 160, 161, 162, 166, 168, 170, 177, 182, 184, 191, 200, 202, 213, 219, 265, 266, 267, 268, 280, 286, 311, 326, 327, 328, 333, 340, 343, 346, 348, 350, 351, 353, 356, 359, 362, 369, 373, 374, 385, 388, 389, 401, 411, 422, 423, 424, 426, 435, 436
DELAROCHE, Paul, 22, 28, 47, 48, 50, 51, 70, 74, 76, 81, 82, 90, 95, 102, 103, 104, 135, 144, 153, 166, 174, 182, 189, 290, 329, 340, 394, 410, 422
DELATTRE, 393
DELAUNAY, Élie, 35, 225
DELAUNAY, Robert, 257
DELAVAUD, 346
DELÉCLUZE, Etienne, 21, 157, 280
DELESSERT, Benjamin, 10, 324, 325
DELESSERT, François, 10, 324
DELESTRE, 335
DELIBES, Léo, 187
DELSARTE, 266
DELTEIL, Loys, 436
DELVAU, Alfred, 302
DEMIDOFF, Paul (prince), 174, 188, 366

DENIS, Maurice, 11, 58, 232, 245, 248, 254, 290, 291, 308, 316, 350, 361, 385, 392
DE NITTIS, Giuseppe, 98, 213, 217, 218, 287, 288, 289
DEPEAUX, François, 13, 206, 210, 393, 421
DERAIN, André, 57, 98, 118, 229, 233, 242, 250, 258, 259, 261, 263, 308, 338, 339, 361, 392, 406
DEROY, Émile, 93
DESBOUTIN, Marcellin, 223, 303, 304, 309, 317, 431
DESCHANEL, Paul, 187
DESCOUTS (Dr), 346
DESFOSSÉS, Victor, 214, 322, 330
DESGOFFE, Alexandre, 74
DESNOYERS, Fernand, 109
DESVALLIÈRES, Georges, 232
DESVARENNES, 352
DETAILLE, Édouard, 35, 98, 126, 213, 429, 436
DÉTRIMONT, Eugène, 193
DEUDON, Charles, 318, 337, 370
DEVAMBEZ (*galerie*), 260
DEVÉRIA, Achille, 166, 286, 346
DEVÉRIA, Eugène, 92, 286, 346
DEVILLEZ, 291
DIAZ DE LA PEÑA, Narcisse, 96, 116, 154, 160, 170, 174, 176, 184, 229, 314, 343, 348, 373, 388, 393, 416, 426
DIDEROT, Denis, 142, 157, 161
DIDOT, Firmin, 153, 266, 325
DIERX, Léon, 304, 317
DIÉTERLE, Amélie, 387
DI ROSA, Michelangelo, 130
DIVOIRE, Fernand, 261
DOBIGNY, Emma, 101
DOLLFUS, Jean, 193
DONATELLO, 233
DONCIEUX, Camille (Mme Claude MONET), 135
DORE, Armand, 352
DORÉ, Gustave, 184, 300, 374
DORIA, Armand (comte), 193, 349, 351, 352, 353, 354, 355, 356, 386
DOUCET, Jacques, 262, 329, 331, 338, 347
DOZZI, 133
DREUX, Alfred de, 96
DREYFUS (Affaire), 293, 294, 337
DROLLING, Michel-Martin, 47, 144, 177, 224
DRUET, Eugène, 197, 235, 236, 242, 244, 245, 246, 250, 261, 360, 361, 406
DRUET, Eugène (Mme), 260, 262
DUBAN, Félix, 328, 329
DUBOIS, 352
DUBOIS, Paul, 35, 67, 93, 201
DUBOIS-PILLET, Albert, 226, 227, 285
DUBOSC, Charles, 26, 27, 28, 47, 114, 131, 132, 133, 134
DUBOSC (Mme), 131
DUBUFE, Claude-Marie, 95, 122, 123, 410
DUBUFE, Édouard, 95, 122, 123, 190, 223
DUBUFE, Guillaume, 231
DU CAMP, Maxime, 115
DUCHAMP, Marcel, 61
DUCHAMP-VILLON, Raymond, 61
DUCHÂTEL, Tanneguy (comte), 10, 81, 182, 330, 422
DUCHESNE, Alphonse, 302
DUEZ, Ernest-Ange, 219
DUFY, Raoul, 99, 237, 239, 241, 242, 257, 405
DUKAS, Paul, 291, 407
DUMARESQ, Armand, 49
DUMAS, Alexandre, 153, 267, 326

DUMAS Fils, Alexandre, 354
DUMAS, Fernand, 368
DUMONT, 30, 132
DUNCAN, Raymond, 383
DUNOYER DE SEGONZAC, André, 61
DUPONT, Pierre, 298, 301, 302
DUPRÉ, Jules, 96, 154, 170, 176, 193, 214, 218, 280, 335, 343, 350, 366, 388, 389, 390, 393, 416
DUPRÉ, Julien, 213
DUPUIS, Gilbert, 63
DUPUIS, Jacques, 63
DUPUIS, Jean-Baptiste Casimir, 215
DURAND-RUEL (*galerie*), 170, 203, 263, 347
DURAND-RUEL, Jean-Marie, 12, 167, 168, 169, 170, 172, 173, 191, 197, 393
DURAND-RUEL, Paul, 13, 136, 167, 170, 174, 191, 192, 193, 194, 195, 196, 197, 199, 200, 201, 202, 204, 205, 206, 207, 208, 209, 210, 211, 212, 214, 218, 220, 221, 235, 250, 253, 256, 258, 261, 284, 294, 333, 337, 347, 348, 349, 354, 356, 357, 358, 360, 368, 372, 386, 388, 392, 393, 395, 396, 397, 399, 402, 412, 420, 421, 423, 435
DURANTY, Edmond, 109, 114, 164, 303, 304
DÜRER, Albert, 266
DURET, Théodore, 203, 204, 286, 292, 318, 337, 338, 354, 370, 371, 409, 412
DUREUX, Adélaïde-Alexandrine, 270
DURRIO, Paco, 240
DURUY, Albert, 310
DUSEIGNEUR, Jehan, 92, 286
DUTERTRE, 90
DUTILLEUL, Roger, 259, 333, 338, 339
DUTILLEUX, Constant, 362
DUTUIT, Auguste, 50
DUTUIT, Eugène, 50
DUVAL, Alexandre, 311
DUVAL, Emma (Mme CHASSÉRIAU, puis Mme GUYET-DESFONTAINES), 311
DUVAL LE CAMUS, Pierre, 153
DUVAUX, Lazare, 165

ÉDOUARD, 197, 198
ELISSEN, Maurice, 405
ELISSEN, Robert, 405
ELMERICH, Charles-Edouard, 93
EMONEL (la mère), 133
ENFANTIN (le père), 111
ENGELMANN, Godefroy, 165
ENSOR, James, 220
EPHRUSSI, Charles, 10, 109, 322, 336, 337, 367
ERLANGER, Camille, 84
ERNEST, Paul (Mme), 115
ESQUIROS, Adèle, 109
ÉTEX, Antoine, 74, 148, 149, 179
EUGÉNIE (impératrice), 10, 372
EVENEPOEL, Henri, 36

FABRE, Maurice, 249, 368
FALGUIÈRE, Alexandre, 89, 93
FALLIÈRES, Armand, 67
FANTIN-LATOUR, Henri, 10, 67, 92, 96, 103, 150, 193, 203, 208, 291, 292, 303, 311, 328, 394, 430
FAUCHE, Henriette (Mme Henri GERVEX), 66
FAURE, Félix, 187
FAURÉ, Gabriel, 285
FAURE, Jean-Baptiste, 390, 391, 392
FAYET, Gustave, 368, 432
FEBVRE, Alexis, 191
FÉDER, Jules, 207
FÉLIX, Sarah, 108

FÉNÉON, Félix, 164, 236, 253, 254, 255, 256, 262, 285, 338, 406
FERRIER, Gabriel, 59
FERRY, Charles, 292
FERRY, Jules, 32, 223, 225, 292
FEUERBACH, Anselm, 50
FEUGRAY, 107
FILLEAU (Dr), 326
FINCH, Alfred William, 220
FIQUET, Hortense (Mme Paul CÉZANNE), 135, 271
FLAMENG, Léopold, 59
FLANDRIN, Hippolyte, 74, 78, 92, 177, 179, 268, 273
FLANDRIN, Hippolyte (Mme), 268
FLANDRIN, Joseph (Dr), 408
FLANDRIN, Jules, 37, 71, 232, 241, 244, 245, 252, 349, 385, 408
FLANDRIN, Paul, 74, 92, 268, 410
FLAUBERT, Gustave, 111
FLECHTHEIM, Alfred, 411
FLERS, Camille, 160
FLEURY, Périe de (Mme Albert BARTHOLOMÉ), 290
FONTALLARD, 96
FORAIN, Jean-Louis, 98, 109, 113, 239, 252, 253, 302, 309, 316, 336, 350, 427
FORBIN (comte de), 8
FORCHHAMMER, 62
FORGET, Joséphine de, 266
FORTUNY, Mariano, 190, 213
FOULD, Benoît (Mme), 182
FOURIER, Charles, 279
FOURNIER, 410
FOURNIER, Gabriel, 262
FOURNIER, Paul, 83
FRADELLE, 279
FRAGONARD, Honoré, 90, 287, 333, 343
FRANÇAIS, Louis, 94, 314
FRANCE, Anatole, 309
FRANC-LAMY, Pierre, 280, 317
FRÉMIET, Emmanuel, 51
FRIANT, Émile, 219
FRIESZ, Othon, 242, 338, 361
FROMENTIN, Eugène, 20, 21, 85, 96, 167, 188, 223, 309, 333, 366
FUALDÈS, 166

GACHET, Paul-Ferdinand (Dr), 309, 314, 315, 317, 369
GAILLARD (Mme), 309
GALIMARD, Auguste-Nicolas, 108
GALLAIS, Louis, 96
GALLIMARD, Gustave, 322, 387
GALLIMARD, Paul, 215, 254, 368, 387, 409, 412
GAMBART, Ernest, 189
GAMBETTA, Léon, 124, 289, 309, 311, 312
GANDERAX, Louis, 293
GANGNAT, Maurice, 368
GANNE (le père), 116
GARCIA, Manuel, 286
GARCIN, 306
GARNOTELLE, 88
GATTEAUX, Jacques-Édouard, 268, 273
GATTI DE GAMOND, 41
GAUDIBERT, Louis-Joachim, 365
GAUDIN, Carmen, 138
GAUGAIN, Paul-Octave (abbé), 386, 395
GAUGUIN, Clovis, 276, 277
GAUGUIN, Paul, 15, 45, 199, 204, 205, 216, 247, 249, 275, 276, 277, 278, 355, 358, 361, 368, 384, 387, 393, 394, 401, 406, 417, 432
GAUGUIN, Paul (Mme), née Mette GAD, 276, 277, 278
GAUTIER, Amand, 109, 193, 298, 315, 365

GAUTIER, Théophile, 21, 78, 93, 94, 158, 159, 160, 161, 162, 163, 164, 179, 183, 185, 188, 190, 299, 300, 372, 426
GAVARNI (Guillaume-Sulpice CHEVALLIER, dit), 95, 286, 414
GAVET, Émile, 399
GEFFROY, Gustave, 290, 336, 387, 413, 435
GEOFFROY-DECHAUME, Victor, 93, 107, 117, 195
GEORGES (grand-duc), 61
GÉRARD, François (baron), 8, 28, 44, 91, 131, 286
GÉRARD, Rosemonde, 103
GÉRICAULT, Théodore, 33, 95, 99, 111, 132, 154, 166, 170, 328, 350
GÉRÔME, Jean-Léon, 30, 32, 33, 34, 35, 47, 51, 54, 71, 93, 97, 101, 107, 108, 109, 111, 182, 188, 190, 195, 213, 222, 225, 300, 302, 333, 343, 348, 359, 416, 421
GÉRÔME, Jeanne (Mme BOUSSOD), 212
GERSAINT, 164
GERVEX, Henri, 34, 63, 65, 109, 113, 126, 127, 137, 187, 219, 225, 230, 302, 332, 342
GIDE, André, 126, 236, 291
GIGOUX, Jean, 56, 92, 103, 150, 286, 297, 298, 341, 410, 419
GILIBERT, 273
GILL, André, 317
GIMPEL, René, 210, 211, 222, 260
GIOTTO, 435
GIRARDIN, Delphine de, 168, 311
GIRARDIN, Émile de, 149
GIRAUD, Eugène, 341
GIRIEUD, Pierre, 240, 241
GIRODET, Anne-Louis, 8, 131, 166
GIROUX, Alphonse, 12, 168, 169, 170, 172, 173
GIROUX, André, 169
GLACKENS, William, 358
GLATIGNY, Albert, 302
GLEYRE, Charles, 19, 37, 38, 42, 51, 52, 53, 54, 75, 76, 93, 108, 111, 112, 190, 281, 300, 365
GLUCK, 78, 273
GOENEUTTE, Norbert, 139, 318
GONCOURT (les frères), 87, 94, 134, 135, 287, 289, 313, 315
GONCOURT, Edmond de, 9, 125, 126, 217, 272, 287, 288, 289, 326, 387, 427, 433
GONIN (famille), 80
GONZALÈS Eva, 127, 139
GORCHAKOV (prince), 333
GOUNOD, Charles, 22, 78, 79, 82, 83, 96, 286, 390
GOUPIL, Adolphe, 12, 102, 151, 170, 171, 189, 190, 191, 197, 212, 213, 214, 217
GOUPIL, Frédéric, 17
GOUPIL, Marie (Mme Jean-Léon GÉRÔME), 109
GOURMONT, Rémy de, 236
GOYA, Francisco de, 237, 339, 347, 387, 435
GRANET, François-Marius, 84
GRAVE, Jean, 307
GRAY, Dorian, 380
GRECO (Le), 339, 347, 385
GREFFULHE (comtesse), 123, 322, 336
GRÉGOIRE (Mme), 298
GREUZE, Jean-Baptiste, 90, 150, 297
GRÉVY, Jules, 124
GRIS, Juan, 98, 239, 245, 259, 263, 316, 339
GROS, Antoine-Jean (baron), 44, 47, 50, 90, 131, 182, 410
GRU, Eugène, 317
GRUYÈRE, Théodore Charles, 78

GUARDI, Francesco, 343
GUDIN, Mathilde, 343
GUERBOIS (*café*), 127, 138, 139, 164, 303, 304, 318
GUÉRIN, Pierre-Narcisse, 8, 28, 76, 131, 132
GUEYMARD, Louis, 109
GUICHARD, Joseph, 67
GUILLAUME, Eugène, 30, 34, 84, 226
GUILLAUME, Paul, 236, 261, 263, 411, 415
GUILLAUMIN, Armand, 56, 179, 205, 317, 354, 355, 386
GUILLEMET, Antoine, 56, 67, 109, 117, 118, 127
GUIZOT, François, 74, 157, 158
GUYS, 171
GUYS, Constantin, 301, 404, 405

HAAS, Charles, 310
HABENECK, François, 41
HACHETTE, Louis, 310
HAHNLOSER, Arthur, 364
HAHNLOSER, Hedy, 364
HALANZIER, Olivier, 390
HALÉVY, Daniel, 327, 371
HALÉVY, Fromental, 164
HALÉVY, Louise, 294
HALÉVY, Ludovic, 212, 293
HALS, Franz, 293
HAMON, Jean-Louis, 7, 47, 52, 111
HAMON (Mlle), 108
HARCOURT (vicomte d'), 174
HARO, Étienne-François, 12, 168, 197
HARPIGNIES, Henri, 327, 348
HAUSER, Henriette, 137
HAUSSARD, Prosper, 151
HAUSSMANN (*galerie*), 243, 244
HAUSSONVILLE, Othenin d', 325
HAVEMEYER, Harry, 206, 210, 357
HAVEMEYER, Louisine, née ELDER, 206, 210, 347, 357, 415
HAYDN, Joseph, 109, 273, 274
HAYEM, Charles, 322
HAZARD, Nicolas-Auguste, 355
HÉBERT, Ernest, 44, 47, 69, 77, 78, 79, 81, 82, 83, 84, 96, 97, 123, 124, 223, 341, 343, 344
HÉBRARD, Adrien, 401
HÉBRARD, François-Marie, 260, 401, 402
HECHT (les frères), 200, 390, 413
HEIM, François-Joseph, 28, 177
HELLEU, Paul, 113
HENNER, Jean-Jacques, 48, 49, 96, 137, 203, 223, 225, 300, 392
HENRI IV, 89
HENRIQUEL-DUPONT, Louis-Pierre, 290
HERBAULT, 65
HERBIN, Auguste, 237, 239
HÉRIOT (commandant), 322
HERMANT, Abel, 289
HERMANN-PAUL, 239, 241
HÉROLD, André-Ferdinand, 316
HERSENT, Louis, 37, 38, 51, 153
HERTFORD (lord Richard SEYMOUR, marquis de), 10, 182, 325, 394, 421, 422
HERVIER, Adolphe, 404
HESSE, Auguste, 39
HESSEL, Jos, 402
HETZEL, Jules, 300
HILLAIRET, 338
HIRSCH, 358
HIS DE LA SALLE, Horace, 325
HOBBEMA, Meindert, 337
HODEBERT, 256
HODLER, Fernand, 235
HOFFER, Henri, 49
HOLBEIN, Hans, 293

HOSCHEDÉ, Alice, née RAINGO (puis Mme Claude MONET), 395, 398
HOSCHEDÉ, Ernest, 317, 338, 344, 347, 363, 395, 396, 397, 398
HOUDON, Jean Antoine, 90, 132
HOWLAND, Hortense, 309
HUC, Arthur, 240, 241
HUE, 351
HUET, Paul, 21, 93, 145, 160, 341, 366
HUGO, Victor, 11, 159, 226, 268, 286, 317
HUGUET-MOLINES, 373
HULIN (Mme), 170
HUMBERT, Ferdinand, 32, 63, 68, 302
HUMBERT, Thérèse, 331, 332
HUYSMANS, Joris-Karl, 290

IBELS, Henri-Gabriel, 58
INDY, Vincent d', 291, 407
INGRES, Jean Auguste Dominique, 27, 31, 37, 44, 46, 47, 76, 77, 78, 79, 80, 81, 120, 121, 131, 133, 147, 153, 154, 160, 162, 168, 174, 177, 182, 183, 184, 224, 268, 272, 273, 290, 298, 328, 330, 333, 340, 359, 364, 366, 388, 410, 413, 421, 422, 423, 426
INGRES, Jean Auguste Dominique (Mme), 77, 78, 79, 81, 126, 273, 274
IRIBE, Paul, 331
ISABEY, Eugène, 56, 96, 167, 346, 388
ISABEY, Jean-Baptiste, 90, 286
ISRAELS, Josef, 218
ITURRINO, Francisco de, 249

JACOB, Jasmy, 296
Jacob, Max, 249, 261, 338
JACOB-DESMALTER, Hélène (Mme Henri ROUART), 345
JACOBS, Henry Barton (Mme), née Mary Frick GARRETT, 416
JACQUARD, 52
JACQUE, Charles, 117, 302, 343
JACQUEMART-ANDRÉ (les), 342, 344
JACQUEMART-ANDRÉ, Nélie, 322, 344, 345
JADIN, Louis-Godefroy, 341
JALABERT, Charles, 47, 103, 366
JAMBON, 18
JAMIN, Paul, 225
JAMMES, Francis, 291
JANIN, Jules, 158
JARRY, Alfred, 236
JAZET, Jean-Pierre, 151, 171
JEANIN (baronne), 153
JEANNIN, Henri, 153
JEANNIOT, Pierre-Georges, 290
JEANRON, Philippe-Auguste, 149, 279
JOBBÉ-DUVAL, Félix, 111, 198
JOBLAUD, Camille, 274
JOHANNOT, Alfred, 286
JOHANNOT, Tony, 93, 170, 286
JOINVILLE (prince de), 170
JOLICLERC, Lydie, 270
JOLLIVET, Gaston, 188
JOLLIVET, Jules, 153
JONGKIND, Johan-Barthold, 96, 192, 193, 202, 214, 277, 301, 346, 350, 352, 355, 388, 411
JOSEPH, 111
JOUFFROY, François, 30, 286
JOUHANDEAU, Marcel, 316
JOURDAIN, Francis, 231, 245, 296, 313
JOURDAIN, Frantz, 231, 232, 233, 387, 409, 411, 427
JOURDAN, Gustave, 335
JOVINET, Eliza, 42

JOYANT, Maurice, 216
JULIAN, Rodolphe, 33, 58, 59, 60, 61, 62, 63, 139, 315

KAEMPFEN, Albert, 408
KAHN, Albert, 336
KAHN, Gustave, 262, 285
KAHNWEILER, Daniel-Henry, 13, 197, 200, 212, 235, 236, 239, 250, 257, 258, 259, 260, 261, 263, 264, 316, 338, 339, 358, 360, 385
KAHNWEILER, Lucie, 316
KALKBRENNER, Frédéric-Guillaume, 95
KANN, Rodolphe, 329
KARR, Alphonse, 93, 158
KAUFFMANN, Angelica, 63
KERGARIOU (abbé de), 346
KESSLER (comte), 316
KHALIL BEY, 332, 333, 398, 421
KHNOPFF, Fernand, 219, 220, 235
KISLING, Moïse, 99, 262
KLUMPKE, Anna, 63
KNOEDLER, Michel, 171, 197, 207
KNOEDLER & Co (*galerie*), 358
KOLLWITZ, Kate, 249
KROPOTKINE, 307

LA CAZE, Louis (Dr), 153, 179, 325, 350
LACHENAL, Edmond, 219
LACOMBE, Georges, 316
LACORDAIRE, Henri, 81
LACROIX, Paul, 323
LAFFITTE, Jacques, 324
LA FIZELIÈRE, Albert de, 314
LAFORGUE, Jules, 10, 336
LA FRESNAYE, Roger de, 61
LA GANDARA, Antonio de, 289
LAGARDE, Pierre, 63
LAGRANGE, Léon, 156
LAITHIER (Mme), 40
LALO, Édouard, 52
LAMARTINE, Alphonse de, 270
LAMI, Eugène, 188, 348
LAMME, Ary-Johannes, 100
LAMOTHE, Louis, 44, 55
LANDSEER, Edwin-Henry, 289
LANGIBOUT, 87, 88
LANTIER, Claude, 135, 351
LAPERLIER, Laurent, 171, 172, 321
LARIBOISIÈRE (comte de), 280, 325
LASCAUX, Élie, 316
LA SIZERANNE, Robert de, 310
LASSAILLY, Charles, 159
LASTEYRIE (comte de), 165
LATOUCHE, Louis, 194
LAUNAY, Fabien, 240, 241
LAURENCIN, Marie, 319, 406
LAURENS, Henri, 263, 316
LAURENS, Jean-Paul, 59, 63, 72, 93, 113, 195
LAURENS, Jean-Pierre, 63
LAURENS, Jules, 47, 114, 137, 265, 268, 300, 314
LAURENS, Paul-Albert, 63
LAURENT, Emmanuel, 139
LAURENT, Ernest, 34, 84
LAURENT, Méry, 127
LAURENTINE, 137
LAURIER, Clément, 314
LAUTREC : voir TOULOUSE-LAUTREC
LAVAL, Charles, 278
LAVROF[F], Pierre, 205
LE BARC DE BOUTTEVILLE (*galerie*), 236
LEBOEUF, Louis Joseph, 269
LEBRUN, 152, 165
LEBRUN (Mme) : voir VIGÉE-LEBRUN
LE COEUR, Charles, 365, 366
LE COEUR, Charles-Clément, 365
LE COEUR, Jules, 365, 366
LECOMTE, Georges, 285, 408

LECOMTE DU NOUY, Jean Jules Antoine, 93, 98
LEFEBVRE, Jules, 59, 60
LEFUEL, Hector, 78
LÉGER, Fernand, 99, 259, 263
LEGRAIN, Pierre, 329
LEGRAND, Alphonse, 207, 281, 317
LE GRAY, Gustave, 108
LEGROS, Alphonse, 150, 288, 303
LEHMANN, Albert, 322
LEHMANN, Henri, 19, 34, 44, 78, 80, 81, 92
LEHOUX, Pierre-François, 111
LEIRIS, Michel, 263, 316
LEJEUNE (*architecte*), 175
LEJEUNE, Émile, 241, 262
LEJOSNE (commandant), 311, 312
LELAND-STANFORD, 122
LEMAIRE, Louis-Bernard, 241
LEMAIRE, Madeleine, 10
LEMOINNE, John, 293
LEMONNIER, Isabelle, 127
LEMOT, François-Frédéric, 90
LEMOYNE, 81
LENEPVEU, Jules Eugène, 48, 83
LENOIR, Alfred, 291
LENORMANT, Charles, 252
LEPEL-COINTET, 398
LÉPINE, Stanislas, 203, 352, 355, 396
LEQUIEN, Justin, 19
LEROLLE, Henry, 55, 290, 291, 346, 348
LEROUX, Pierre, 148
LEROY, 65
LEROY, Louis, 203
LESAGE, 168
LE SIDANER, Henri, 221, 222
LETHIÈRE, Guillaume, 90
LEVASSEUR, 175
LE VÉEL, 258
LEVEL, André, 237, 240, 251, 403, 404, 405, 406
LEVERT, 346
LÉVY, Sionna, 137
LÉVY-DHURMER, 235
LHERMITTE, Léon, 213
LHÔTE, André, 262
LIBAUDE, Louis (dit LORMEL), 236
LIEBERMANN, Max, 219
LIOUVILLE, Henry (Mme, puis Mme WALDECK-ROUSSEAU), 312
LISZT, Franz, 80, 286
LOBRE, Maurice, 360
LOEB, Pierre, 411
LONGPÉRIER, Henri de, 179, 286
LOPEZ, Nini, 137
LORILLARD, Catherine, 416
LOTTIER, Louis, 421
LOUIS II DE BAVIÈRE, 429
LOUIS XIV, 24, 89, 141
LOUIS XV, 132, 165
LOUIS XVIII, 7, 26, 419
LOUIS-PHILIPPE, 13, 123, 142, 146, 147, 170, 280, 340
LOUŸS, Pierre, 291
LUCAS, George A., 358, 359
LUCE, Maximilien, 232, 245, 254, 285, 306, 307
LUGNÉ-POE, 291
LULLI, Jean-Baptiste, 78
LUQUET, Jules, 193
LUYNES, Albert de (duc), 151, 273, 366

MADELEINE, 136
MADRAZO, Raimundo de, 218
MAETERLINCK, Maurice, 316
MAIGNAN, Albert, 349
MAILLARD, Firmin, 302
MAILLOL, Aristide, 58, 240, 255
MAINDRON, Hippolyte, 50
MAINSSIEUX, Alfred, 385

MAÎTRE, Edmond, 102, 103, 312
MALGRAS (le père), 196
MALIBRAN, Maria, 286
MALLARMÉ, Stéphane, 236, 285, 291, 292, 293, 309, 431
MAÑACH, Pere, 240, 241, 249, 363
MANET, Édouard, 10, 13, 34, 49, 56, 67, 97, 102, 103, 104, 105, 106, 109, 110, 113, 118, 124, 126, 127, 137, 138, 139, 163, 178, 179, 182, 183, 184, 186, 191, 199, 200, 202, 203, 208, 211, 223, 224, 225, 256, 277, 280, 281, 284, 288, 291, 292, 303, 304, 309, 318, 328, 332, 336, 337, 347, 348, 349, 350, 351, 353, 354, 356, 357, 358, 359, 363, 367, 385, 387, 388, 390, 391, 392, 395, 397, 398, 399, 401, 412, 413, 414, 415, 429, 430, 431, 434
MANET, Eugène, 204, 272, 292
MANET, Gustave, 336
MANET, Julie, 294
MANET, Suzanne (Mme Edouard Manet, née LEENHOFF), 126, 398, 412
MANGUIN, Henri, 35, 130, 233, 241, 250, 361, 384, 406
MANTEGNA, Andrea, 382
MANUEL, 389
MANZI, Michel, 197, 212
MANZI-JOYANT *(galerie)*, 221, 346, 347
MARCHAL, Charles, 341
MARCILLE, François, 153, 325
MARCOTTE, Charles, 121, 273, 325
MARÉCHAL, 114
MARÉCHAL, Henri, 82
MARILHAT, Prosper, 170, 177, 333, 348, 373, 421
MARIX, Joséphine BLOCH, dite, 94, 135
MARLET, 39, 40, 128
MARMONTEL, Antoine-François, 95, 192
MARQUESTE, 68
MARQUET, Albert, 35, 87, 130, 232, 233, 241, 242, 245, 246, 253, 261, 296, 406, 408
MARSAUD, 326
MARSEILLE & VILDRAC *(galerie)*, 406
MARTIN, Alexis, 314
MARTIN, Henri, 72, 221
MARTIN, Louis, 114
MARTIN, Pierre-Firmin, dit le père MARTIN, 193, 194, 197, 317, 326, 346, 352, 353
MARTINET, Louis, 13, 115, 182, 183, 184, 193
MARTY, Georges, 84
MARVAL, Jacqueline, 241, 371, 408
MARX, Adrien, 275
MARX, Roger, 232, 239, 409, 413
MASSA, Philippe de, 187, 188
MASSÉ, Victor, 311
MASSON, André, 263, 316
MATET, Charles, 373
MATHAN, Raoul de, 240
MATHIEU, 93
MATHIEU, Gustave, 301
MATHILDE (princesse), 10, 13, 82, 84, 336, 340, 341, 342
MATISSE, Henri, 15, 17, 35, 36, 57, 61, 86, 87, 120, 126, 130, 229, 231, 232, 233, 235, 239, 241, 242, 245, 246, 247, 250, 255, 256, 258, 261, 271, 274, 275, 296, 308, 321, 339, 360, 361, 368, 382, 383, 384, 385, 392, 404, 405, 406, 410, 416, 417
MATISSE, Henri (Mme), née Amélie PARAYRE, 274, 383
MATISSE, Marguerite, 274, 275
MAUCLAIR, Camille, 232, 233, 292

MAUPASSANT, Guy de, 135, 303
MAURY, Alfred, 290
MAUVE, Anton, 120
MAY, Ernest, 10, 230, 322, 329, 386
MAYER, 239, 242
MAYER, Constance, 91
MAZEROLLE, Alexis-Joseph, 111
MÉDICIS, Marie de, 89
MEDRANO (*cirque*), 237, 238
MEISSONIER, Ernest, 22, 23, 35, 85, 93, 94, 98, 122, 131, 177, 179, 187, 190, 217, 218, 219, 229, 230, 269, 328, 329, 332, 333, 341, 343, 392, 394, 414, 421, 422, 426, 427, 436
MEMBRÉE, Edmond, 52
MEMLING, Hans, 330
MÉNARD, Emile René, 222, 235
MENDÈS, Catulle, 304
MENZEL, Adolph, 218
MERCHEZ, 132
MÉRIMÉE, Prosper, 21, 111, 158, 280
MERSON, Luc-Olivier, 73
METZINGER, Jean, 237, 241
METZMACHER, Emile-Pierre, 213
MEUNIER, Marie, 317
MEURENT, Victorine, 138, 139
MEYERBEER, Giacomo, 390
MEYNIER, Charles, 90
MICHALLON, Achille-Etna, 115
MICHEL, Louise, 307
MICHEL-ANGE, 15
MICKIEWICZ, Adam, 77
MIGNAN, Henri, 75, 117
MILLAIS, John Everett, 218
MILLERAND, Alexandre, 403
MILLET, Aimé, 50
MILLET, Jean-François, 36, 70, 96, 117, 182, 184, 192, 193, 200, 209, 214, 219, 292, 311, 328, 329, 330, 346, 350, 352, 373, 386, 389, 394, 396, 399, 401, 414, 415, 416, 436
MIRBEAU, Octave, 198, 209, 272, 307, 314, 393, 413, 414, 436
MITA, 243
MODIGLIANI, Amedeo, 99, 237, 242, 255, 261, 262
MOITTE, 91
MOLÉ, Mathieu (comte), 325
MOLINE, Lucien, 318, 405, 406
MONET, Camille, 398
MONET, Claude, 24, 44, 45, 52, 53, 54, 56, 91, 97, 102, 103, 106, 116, 118, 135, 136, 163, 194, 197, 199, 200, 201, 202, 203, 204, 205, 206, 207, 208, 209, 210, 211, 212, 213, 214, 215, 219, 220, 221, 222, 247, 258, 262, 281, 282, 283, 284, 285, 292, 293, 294, 302, 303, 311, 314, 317, 318, 329, 330, 335, 336, 337, 338, 347, 350, 353, 354, 355, 356, 357, 359, 360, 361, 363, 365, 367, 369, 370, 386, 387, 390, 391, 392, 393, 395, 396, 397, 398, 401, 410, 412, 413, 414, 417, 435, 437
MONFREID, Daniel de, 368, 432
MONGEZ, Antoine, 325
MONGINOT, 49, 93
MONNIER, Henri, 93, 94, 114, 300, 426
MONSELET, Charles, 109, 299, 300, 301
MONTALIVET (comte de), 147
MONTESQUIOU, Robert de, 310
MONTFORT, Antoine-Alphonse, 111
MONTICELLI, Adolphe, 214, 384
MONVOISIN, 44
MOORE, George, 33, 60, 285, 304
MOREAU, Adolphe, 325, 348, 435
MOREAU, Gustave, 35, 36, 48, 49, 57, 71, 73, 86, 96, 168, 213, 218,

231, 232, 234, 242, 270, 289, 295, 328, 436
MOREAU, Luc-Albert, 61
MOREAU-NÉLATON, Étienne, 16, 18, 70, 84, 192, 210, 219, 254, 347, 348, 349, 350, 351, 411, 412, 415, 432, 434
MORICE, Charles, 241
MORISOT, Berthe, 54, 66, 67, 118, 127, 139, 199, 202, 204, 205, 219, 272, 291, 292, 293, 354, 395, 397, 412, 415
MORISOT, Edma, 66, 67, 118, 291, 292
MORISOT, Yves, 66
MORNY, Auguste de (comte puis duc), 175, 179, 421
MOROSOV, Ivan, 259, 333, 360, 361, 385, 417
MOSSELMAN, Alfred, 94
MOTTEZ, Victor, 76, 366
MOUCHOT, 93
MOUREAUX, 191
MOUREY, Gabriel, 221
MOUSSINOT, 165
MOZART, Wolfgang Amadeus, 79, 268, 273, 390
MUNKACSY, Mihaly, 112, 218
MURER, Eugène (MEUNIER, dit), 316, 317, 318, 370
MURGER, Henry, 277, 298, 299, 301, 424, 425
MURILLO, 161, 298
MUSSET, Alfred de, 21, 111, 158
MUSSET, Paul de, 314

NADAR, 203, 311
NANTEUIL, Célestin, 28, 94, 314
NAPOLÉON (prince), 10
NAPOLÉON Ier, 28, 90, 146, 345
NAPOLÉON III, 13, 123, 147, 178, 180, 186, 304, 341, 348, 372, 375, 422
NATANSON, Alexandre, 404
NATANSON (les frères), 395
NAUDET, 196
NAUDIN, Bernard, 338
NÉLATON, Camille, 348
NERVAL, Gérard de, 93, 300, 301
NETTEMENT, Alfred, 60, 63
NEUVILLE, Alphonse de, 213
NIEUWERKERKE (comte de), 29, 82, 147, 177, 178, 179, 341, 375
NODIER, Charles, 286
NOIR, Victor, 314
NONELL, Isidre, 240
NONORE (Mlle), 299
NOURRIT, Adolphe, 286

OCTAVE (Mme), 115
ODIOT, 326
O'DOART, 207
OFFENBACH, André d', 165
OLIVIER, Fernande, 136, 295, 360, 364, 383, 385
OLIVIER, Juste, 111
OLLER, Francisco, 56
OLLIVIER, Émile, 292
OPHULS, Max, 136
ORANGE (prince d'), 137
ORFILA, Mathieu, 153, 325
ORLÉANS, Ferdinand (duc d'), 13, 79, 166, 174, 340, 341, 366
ORLÉANS, Louis-Philippe (duc d'), 324
ORLÉANS (duchesse d'), 153, 174, 175, 325, 421
ORLÉANS (princes d'), 170
OTTIN, Auguste, 50
OTTOZ, Ange, 167
OTTOZ, Jérôme, 168
OUDINÉ, Eugène-André, 74

OUDINOT, Achille, 67, 118
OUDOT, Jean-Antoine, 306
OUDOT, Julien-François (et sa famille), 42, 43
OUTIN, Pierre, 317
OVERBECK, Friedrich, 77
OZNOBICHINE, 61

PAINEL, 171
PAÏVA (la), 267, 366
PAJOU, Augustin, 90, 326
PALLAVICINI (famille), 82
PANIER, 41, 42
PAPELEU, 399
PAPETY, Dominique, 373
PARAYRE, Amélie : *voir* Mme Henri MATISSE
PARENT, Henri, 343
PÂRIS, Gaston, 310
PARTOIS (*auberge*), 117
PASCIN, Jules, 99
PASINI, Alberto, 214
PASTA, Giuditta, 286
PASTORET, Amédée-David de, 325
PATTI, Adelina, 390
PAU DE SAINT-MARTIN, Pierre Alexandre, 97
PAULINE la grande, 133
PEISSE, Louis, 149, 158
PELADAN, Joséphin (dit le sâr), 235
PELLERIN, Auguste, 13, 254, 356, 392, 399, 409
PELLETAN, Eugène, 158
PELLOQUET, Théodore, 302
PENGUILLY-L'HARIDON, Octave, 114, 188
PÉQUIGNOT, 171
PEREIRE, Émile, 10, 366, 394
PEREIRE, Eugène, 334
PEREIRE, Isaac, 10, 334, 394
PERIER, Casimir, 324, 334
PÉRIER, Paul, 153, 334, 335, 393
PÉRIGNON, Alexis-Joseph, 122, 180, 181
PERRIER, 362
PERRIN, Nicaise, 131
PERSONNAZ, Antonin, 210, 249, 318
PERTUISET, Eugène, 109, 225
PETIT (*galerie*), 231, 235, 332, 386
PETIT, Francis, 171, 182, 197, 217, 388, 399
PETIT, Georges, 113, 196, 197, 205, 209, 215, 217, 218, 219, 220, 221, 222, 244, 247, 256, 260, 344, 349, 355, 363, 394, 400, 435
PETY, Dominique, 9
PEYTEL, Joanny, 336
PHILIPPE-ÉGALITÉ, 166
PICABIA, Francis, 243, 244
PICASSO, Pablo, 98, 136, 137, 235, 237, 238, 239, 240, 241, 249, 255, 257, 258, 259, 261, 262, 263, 304, 305, 308, 319, 329, 339, 358, 360, 361, 363, 364, 382, 383, 384, 385, 406, 410, 417
PICHOT, Ramon Antonio, 241
PICON, Gaëtan, 179
PICOT, François, 17, 39, 47, 48, 49, 85, 96, 144, 179
PICOU, Henri-Pierre, 52, 111
PIERNÉ, Gabriel, 84
PIERO DELLA FRANCESCA, 34
PIGNY, 95
PILLET-WILL, 331, 363
PILS, Édouard, 48, 96
PILS, Isidore, 30, 48, 96
PINTA, Marius, 84
PIOT, René, 405
PISSARRO, Camille, 49, 56, 118, 193, 194, 197, 199, 202, 203, 204, 205, 206, 207, 208, 211, 214, 215, 219, 220, 229, 247, 248, 280, 281, 284, 285, 294, 303, 304, 306, 307, 308, 317, 318, 336, 337, 347, 354,

355, 358, 363, 386, 390, 392, 393, 395, 397, 414
PLANCHE, Gustave, 112, 158, 298, 301, 355
PLATON, 11
POCHE (le père), 132
POE, Edgar, 113
POINCARÉ, Raymond, 244, 345, 403
POIREL, Victor, 410
POIRET, Paul, 261, 296
POIRET, Paul (Mme), 296
POLIGNAC, Edmond de (princesse), 206, 329
PONSARD, François, 111
POPELIN, Gustave, 84
PORTIER, Alphonse, 206, 207, 317, 326, 338, 395
POTIER, Julien, 22
POUCHON, Charles, 39
POUGET, Émile, 307
POULET-MALASSIS, Auguste, 301
POUPIN, Victor, 207
POURTALÈS, James-Alexandre (comte de), 174, 324, 325, 328, 329, 343
POUSSIN, Nicolas, 86, 119, 335
PRADIER, James, 28, 94, 114, 115, 133, 137, 286
PRÉAULT, Auguste, 93, 149, 160, 298, 301
PROTAIS, Alexandre-Paul, 341
PROUDHON, Pierre-Joseph, 101, 298
PROUST, Antonin, 32, 109, 124, 400
PRUD'HON, Pierre-Paul, 8, 90, 91, 154, 166, 170, 328, 350
PUCCINI, Giacomo, 425
PUGET, Pierre, 330
PUJOL, Abel de, 66, 131, 144, 177
PUVIS DE CHAVANNES, Pierre, 34, 49, 63, 72, 96, 113, 138, 182, 230, 231, 291, 292, 318, 328, 347, 348, 350, 360, 389, 401, 411
PUY, Jean, 57, 251, 406
PYAT, Félix, 158

QUATREMÈRE DE QUINCY, 165
QUINET, Edgar, 111
QUOST, 352

RACHEL, 108, 133, 298
RADIGUET, Raymond, 338
RAFFAËLLI, Jean-François, 125, 126, 205, 206, 213, 214, 216, 219, 220, 230, 289, 290, 336, 387, 392
RAMBOSSON, Yvanhoé, 231
RAMBUTEAU (comte de), 150
RAMEL, Delphine (Mme INGRES), 273
RAMEY, 28
RANSON, France, 58, 316
RANSON, Paul, 58, 61, 315, 316
RAPHAËL, 11, 80, 298, 436
RAVEL, Maurice, 407
REBOUL, Jean, 115
REDON, Odilon, 33, 219, 227, 232, 243, 256, 316, 360
REDOUTÉ, Pierre-Joseph, 90
RÉGAMEY, Félix, 54, 303
REGNAULT, Henri, 82, 83, 96, 310
REGNAULT, Jean-François, 90
RÉGNIER, Henri de, 285, 291, 292
REICHENBERG, Suzanne, 188
REISET, Frédéric, 179, 273
REMBRANDT, 219, 343, 435, 436
RÉMUSAT, Charles de (comte), 290, 423
RENAN, Ernest, 124
RENOIR, Auguste, 10, 19, 28, 52, 53, 54, 91, 92, 96, 98, 102, 103, 109, 114, 116, 118, 124, 126, 136, 137, 138, 139, 179, 194, 197, 199, 202, 204, 205, 206, 207, 208, 210, 211, 212, 219, 220, 232, 241, 247, 251, 262, 272, 281, 291, 292, 293, 294,

304, 306, 311, 317, 318, 321, 328, 331, 332, 337, 347, 353, 354, 355, 356, 358, 365, 366, 367, 368, 384, 386, 387, 388, 389, 393, 397, 401, 403, 412, 414, 415, 421
RENOIR, Edmond, 96
RENOULT, Jules, 426
REVERDY, Pierre, 261, 338
REYER, Ernest, 293, 302
REYNOLDS, Joshua, 289
RIBOT, Théodule, 150, 183, 186, 389
RICARD, Gustave, 96
RICAULT D'HÉRICAULT, Charles de, 298
RICHEPIN, Jean, 309
RIOULT, Louis-Édouard, 21
RITTNER, Henry, 170
RIVERA, Diego, 262
ROBERT, Léopold, 131
ROBERT-FLEURY, Tony, 59, 60, 82, 139, 179, 223
ROBESPIERRE, Maximilien de, 105
ROCHÉ, Henri-Pierre, 383
ROCHEFORT, Henri, 109, 225, 390, 400
ROCHEGROSSE, Georges-Antoine, 137, 225
RODIN, Auguste, 15, 19, 58, 85, 89, 113, 126, 136, 215, 221, 230, 232, 244, 255, 271, 272, 307, 312, 313, 319, 328, 336, 350, 366, 389, 412
ROGER, Suzanne, 263, 316
ROGIER, Camille, 286
ROHAN (duc de), 124, 325
ROLAND, 90
ROLL, Alfred, 63, 72, 98, 219, 230, 412
ROME, Alfred, 371, 407
ROOD, Ogden, 164
ROQUEPLAN, Camille, 96, 100, 169, 348, 426
ROQUEPLAN, Nestor, 96
ROSENBERG, Alexandre, 197
ROSENBERG, Léonce, 197, 260
ROSENBERG, Paul, 197, 263
ROSENTHAL, Léon, 279
ROSNY aîné, 289
ROSSETTI, Dante Gabriel, 110
ROSSINI, Gioacchino, 79, 286, 292, 390
ROSSO, Medardo, 347
ROSTAND, Edmond, 123
ROTHSCHILD, Edmond de (baron), 322
ROTHSCHILD (famille), 401
ROTHSCHILD (*galerie*), 193
ROTHSCHILD, James de (baron), 121
ROTHSCHILD, M. de, 431
ROUART, Alexis, 293, 322, 345, 346
ROUART, Henri, 13, 193, 198, 205, 206, 293, 322, 328, 345, 346, 347, 356, 412, 421
ROUART, Jean-Marie, 434
ROUAULT, Georges, 232, 235, 252
ROUJON, Henry, 408, 414
ROUSSEAU, Henri (dit le Douanier), 237, 255, 319
ROUSSEAU, Théodore, 96, 116, 117, 144, 149, 160, 174, 176, 182, 184, 192, 193, 200, 219, 280, 333, 335, 352, 366, 373, 389, 390, 391, 394
ROUSSEL, Ker-Xavier, 58, 61, 232, 254, 308, 316, 386, 408
ROUSSELIN, Auguste, 365
ROUX, Antony, 322
ROUX, Louis, 102, 103
ROYBET, Ferdinand, 200, 332
RUBENS, Pierre-Paul, 161, 219, 289, 333
RUDE, François, 50, 92, 132
RUPF, Hermann, 259
RUSPOLI (famille), 82

RUSSELL, John, 274
RUSSELL, Marianna, 274

SABATIER (Mme), 94
SABRA fils, 56
SAGOT, Clovis, 197, 235, 236, 238, 239, 358, 383, 405
SAGOT, Clovis (Mme), 213
SAINSÈRE, Olivier, 240, 249, 259, 263, 364, 408
SAINTIN, Jules-Émile, 341
SAINT-MARCEAUX, Charles de, 93
SAINT-MARTIN, 173
SAINT-POINT, Valentine de, 313
SAINT-VICTOR, Paul de, 179
SAINTE-BEUVE, Charles-Augustin, 157, 159, 163
SALMON, André, 99, 261, 319
SALOMON, Manette, 87, 134, 315, 427
SAMAIN, Albert, 291
SAMARY, Jeanne, 188
SAND, George, 95, 108, 154, 185
SANDEAU, Jules, 111
SARCEY, Francisque, 348
SARGENT, John Singer, 412
SAUPHAR, Lucien, 254
SAUVAGEOT, Charles-Alexandre, 323
SBOROWSKI, Léopold, 99, 242
SCHANNE, Alexandre, 109, 299, 315
SCHEFFER, Ary, 89, 95, 101, 132, 135, 144, 149, 151, 153, 174, 182, 280, 286, 334, 340, 346
SCHEFFER, Henri, 122
SCHNETZ, Victor, 81, 82, 146, 177, 280
SCHOELCHER, Victor, 158
SCHOELLER, André, 222
SCHOENEWERK, Pierre-Alexandre, 50
SCHOLDERER, Otto, 103, 303
SCHOLL, Aurélien, 314
SCHROTH, Claude, 166, 167
SCHUBERT, Franz, 83
SCHUFFENECKER, Émile, 45, 275, 278, 279
SCHWARTZ, Raphaël, 126
SCRIBE, Eugène, 298
SECRÉTAN, Ernest, 394, 399
SEDELMEYER, Charles, 196, 399
SEILLIÈRE, 10
SEM, 239, 241
SEMBAT, Marcel, 410
SENEFELDER, Aloys, 165
SENN, Olivier, 229
SENONNES (Mme de), 410
SENSIER, Alfred, 193, 200
SEROV, Valentin, 361
SERT, José-Maria, 291
SÉRUSIER, Paul, 58, 61, 316, 405
SERVIN, 65
SEURAT, Georges, 19, 34, 84, 139, 140, 164, 206, 207, 216, 226, 228, 255, 262, 285, 291, 404
SÉVAUX (le père), 133
SEVERINI, Gino, 99, 262
SEYMOUR, Henry (lord), 153, 325, 333
SIEGFRIED, Ernest, 229
SIGALON, Xavier, 297
SIGNAC, Paul, 24, 199, 206, 226, 228, 229, 232, 233, 254, 255, 285, 291, 306, 307, 404
SIGNOL, Émile, 74, 93, 225, 365
SILVESTRE, Armand, 303, 318
SILVESTRE, Théophile, 298, 374
SIMON, André, 263
SIMON, Lucien, 360
SIMYAN, Julien, 408
SINEL, 133
SISLEY, Alfred, 52, 54, 56, 118, 199, 202, 204, 206, 207, 208, 219, 220, 221, 284, 317, 318, 329, 330, 336,

337, 350, 359, 365, 367, 386, 390, 392, 393, 395, 397, 414
SOCCI, 129
SOLÈNE, Henrion de, 132
SOMMARIVA, 324
SOMMERARD, Edmond du, 341
SOPHOCLE, 124
SOULIÉ, Eudore, 341
SOULIER (le père), 236, 237, 238, 405
SOUTINE, Chaïm, 99
SOUTY, 167
SOUVESTRE, Émile, 158
SPULLER, Eugène, 312, 367
STAAL, 109
STEIN, Gertrude, 233, 238, 246, 247, 259, 262, 316, 321, 327, 333, 358, 381, 382, 383, 384, 385
STEIN, Léo, 233, 238, 247, 321, 327, 333, 358, 360, 381, 382, 383, 384, 385, 386
STEIN, Michael, 382, 383, 384
STEIN, Sarah, 382, 383, 384
STEINHEIL, Louis, 93, 107
STEINLEN, Théophile-Alexandre, 336
STENDHAL, 78, 157, 280
STEUBEN, Charles de, 39, 48
STEVENS, Alfred, 66, 67, 97, 113, 138, 199, 206, 218, 219, 292, 332, 396, 399
SUÈDE, Eugène de (prince), 64
SUISSE, Charles, 39, 55, 56
SURVILLE, 189, 420
SUSSE, 168, 169, 170, 172, 173
SUTTON, James, 400
SWANN, 336

TABARANT, Adolphe, 237, 307
TACITE, 124
TAGLIONI, Marie, 95
TALLEYRAND, Charles Maurice de, 291
TANGUY, Julien (dit le père TANGUY), 197, 198, 199, 247, 317, 353, 394
TANGUY, Julien (Mme), 198
TARDIEU, 90
TASSAERT, Octave, 89, 92, 104, 354, 373, 374
TAYLOR (baron), 151, 280
TECHENER, Joseph, 150, 151
TEDESCO, 420
TEMPELAERE, Gustave, 191, 192
TEN CATE, Siebe, 235
TERSTEEG, Herman Gijsbertus, 215
TESSE, Paul, 399
THAULOW, Fritz, 221, 289
THIERS, Adolphe, 114, 157, 158, 428
THOMAS, Ambroise, 74, 390
THOMAS, Georges, 349
THOMY-THIERY, Georges, 411
THORÉ, Théophile, 173, 355
THORET (Mme), 65
THORWALDSEN, Bertel, 77
TINTORET, 161
TISSOT, James, 203, 372
TITIEN, 161, 164, 298, 379
TOKLAS, Alice, 316, 385
TOLBECQUE, Jean-Baptiste-Joseph, 154
TOOROP, Jan, 220
TORRENT, Evelio, 241
TORTONI (*café-restaurant*), 206, 303, 430
TOULMOUCHE, Auguste, 52, 93, 111
TOULOUSE-LAUTREC, Henri de, 45, 98, 113, 137, 138, 139, 216, 228, 239, 255, 256, 291, 302, 393, 411, 412
TRAPADOUX, Marc, 298, 299
TRETIAKOV, Pavel, 416, 417

TRETIAKOV, Sergueï, 416, 417
TRIMOLET, Louis, 93, 107, 117
TROYON, Constant, 45, 96, 97, 184, 188, 348, 350, 373, 388, 389, 416, 422, 426
TURPIN DE CRISSÉ, Lancelot Théodore, 325, 410
TURQUET, Edmond, 224

UCKERMANN, Gabrielle d' (Mme Ernest HÉBERT), 83
UHDE, Wilhelm, 257, 258
URVOY DE SAINT-BEDAN, 410
UTRILLO, Maurice, 237, 406
UZANNE, Octave, 322

VACQUERIE, Auguste, 362
VAILLANT (maréchal), 178
VAISSE, Pierre, 179
VALADON, Maria dite Suzanne, 138
VALADON, René, 212, 216
VALÉE (maréchal-comte), 325
VALENTINO (Mlle), 65
VALÉRY, Paul, 262, 291
VALLOTTON, Félix, 58, 60, 232, 235,239, 245,254, 291, 306, 364, 385, 406, 408
VALPINÇON, Édouard, 44
VALPINÇON, Paul, 44
VALTAT, Louis, 361
VALTESSE DE LA BIGNE (Lucie DELABIGNE, dite), 126
VAN BLOTAGNE, 169
VAN DONGEN, Kees, 98, 235, 236, 250, 255, 258, 262, 295, 296, 306, 339, 406
VAN DYCK, Antoine, 289
VAN GOGH, Theo, 206, 212, 214, 215, 216, 394
VAN GOGH, Vincent, 87, 120, 206, 214, 215, 216, 228, 254, 255, 256, 327, 328, 361, 387, 394, 406, 432
VAN GOGH, Vincent (dit « l'oncle Cent »), 171, 190, 212, 214
VAN PRAËT, Jules, 99
VAN RYSSELBERGHE, Théo, 58, 220, 254, 256, 285
VASTAPANI, 174
VAUDOYER, Léon, 76
VAUTHIER, André, 78
VAUXCELLES, Louis, 230, 233
VÉLASQUEZ, 339, 347, 435
VERDI, Giuseppe, 390
VERDIER, Marcel, 373
VERKADE, Jan, 316
VERLAINE, Paul, 285, 309
VERNET, Carle, 90, 91, 166, 286
VERNET, Horace, 28, 76, 77, 81, 89, 95, 100, 122, 144, 150, 153, 166, 167, 171, 177, 290, 325, 345, 410, 422
VERNET, Horace (Mme), 74, 290
VERNET, Louise (Mme Paul DELAROCHE), 76, 290
VÉRON (Dr), 174
VÉRON, Théodore, 180, 346
VÉRONÈSE, 298
VEVER, Henri, 322, 409
VIARDOT, Louis, 290
VIARDOT, Pauline, 95, 286
VIAU, Georges (Dr), 322, 386, 409
VIBERT, 151, 171
VICTORIA (reine), 422
VIEN, Joseph-Marie, 90, 91
VIGÉE-LEBRUN (Mme), 63, 64, 165
VIGNON, Claude, 115
VIGNON, Victor, 318, 352
VIGNY, Alfred de, 286, 424
VILLEMOT, Auguste, 185
VILLETTE, Charles, 239
VILLIERS DE L'ISLE ADAM, 293, 309
VILLON, Jacques, 98
VIRENQUE, Emmanuel, 249, 364
VITET, Ludovic, 341

VITTA, Joseph, 366
VITU, Auguste, 159
VIVANT-DENON, Dominique, 147
VLAMINCK, Maurice de, 118, 229, 233, 242, 251, 258, 259, 263, 308, 338, 406
VOGÜÉ, Eugène-Melchior de, 310
VOGÜÉ (marquis de), 187
VOLLARD, Ambroise, 99, 128, 129, 197, 198, 200, 212, 235, 236, 238, 241, 243, 246, 247, 248, 249, 250, 251, 252, 253, 256, 258, 261, 263, 275, 284, 316, 317, 318, 327, 328, 349, 356, 357, 358, 382, 386, 392, 394, 395, 398, 402, 404, 406, 411, 412, 432, 436, 437
VOLLON, Antoine, 97, 392
VON UHDE, Fritz, 219
VOS, Camille de, 22
VUAGNIAT, 132, 133
VUILLARD, Édouard, 61, 97, 232, 254, 291, 308, 316, 392, 405, 406, 408
VUILLARD, Marie, 316

WAERN, Cecilia, 198
WAGNER, Richard, 83, 326
WAGRAM (Alexandre BERTHIER, prince de), 401, 402, 403
WALDECK-ROUSSEAU, René, 312
WALEWSKI (comte), 178, 182, 183
WALLACE, Richard, 344, 394
WALLER, Henri, 63
WALLIS, Henry, 424
WALLON, Jean, 298, 299
WALTER, Jean, 415
WALTER-GUILLAUME, Marie-Thérèse, 415
WALTERS, Henry, 359
WALTERS, William, 359
WARRICK (Mlle), 240
WATTEAU, Antoine, 164, 372
WEBER, 78
WEILER, Lazare, 230
WEILL, Berthe, 197, 235, 236, 237, 239, 240, 241, 242, 243, 245, 246, 250, 256, 262, 339, 360, 405
WEY, Francis, 306
WEYL, 191, 420
WHISTLER, James, 113, 150, 178, 182, 292, 303
WICAR, Jean-Baptiste, 75
WILDE, Oscar, 289
WILDENSTEIN, Daniel, 201, 250, 252, 284
WILDENSTEIN, Georges, 197
WILDENSTEIN, Nathan, 197
WILLETTE, Adolphe-Léon, 239
WILSON, 369
WILSON, John W., 399
WINTERHALTER, Franz Xaver, 342
WOLFE, John, 416
WOLFF, Albert, 50, 112, 203, 204, 354, 355, 430
WYLLIE, Michel de, 45

YVON, Adolphe, 47

ZANDOMENEGHI, Federico, 138, 207
ZIEGLER, Jules-Claude, 147, 148
ZIEM, Félix, 392, 421
ZIMMERMANN, Juliette (Mme Édouard DUBUFE), 95
ZIMMERMANN, Pierre, 95
ZOLA, Émile, 102, 103, 110, 127, 135, 138, 196, 197, 200, 217, 292, 303, 351, 366, 370, 413, 429

Table

Introduction 7

I. Vocation et formation 15

Le rôle des écoles municipales de dessin 16

Gagner le droit de se consacrer à l'art :
le cas des jeunes bourgeois 20

La formation la plus classique :
l'École des beaux-arts 24
Accès 24
Enseignement 26
La réforme de 1863. Création des ateliers publics 29
Atmosphère 32

La vie des apprentis artistes à Paris 36
Charles Gleyre 37
Gustave Courbet 38

Ateliers privés 43

Quelques grands ateliers 46

Académies libres 55
Académie Suisse 55
Académies Camillo, Colarossi, Ranson 57
Académie Julian 58

Formation artistique des filles 64
En famille 64

Dans les ateliers privés et les académies libres 65
Dans des cours particuliers 66
À l'École des beaux-arts 67

Aller à Rome, avec ou sans prix de Rome 68

La Villa Médicis 76
La direction d'Ingres 77
Les directions d'Hébert 82

II. Au travail, dans l'atelier et sur le motif 87

I. Les ateliers 87

Locataires du roi et de l'Empereur 89

Rive droite, rive gauche 91

La représentation des ateliers 99

Images de l'artiste dans l'atelier 103

Sociabilité dans les ateliers 107

Peindre sur le motif. La nature pour atelier 115

II. Les modèles 119

Clients 120

Modèles amateurs 126

L'artiste et son marchand : Vollard pose pour Cézanne ... 128

Modèles professionnels 129

Modèles professionnels féminins 134

III. Exposer et vendre jusqu'en 1870 141

I. Dans la première moitié du siècle 141

Le Salon 141

Le bazar Bonne-Nouvelle 150

Les Sociétés des amis des arts... 155

La critique 157

Les marchands de tableaux 164

II. Après 1850 173

Les ventes aux enchères.. 173

Le Salon : tentatives de réforme 176

Autres expositions... 182
Expositions de Louis Martinet 182
Expositions organisées par un artiste 185
Expositions en province 186
Expositions des associations artistiques 187

Du côté des galeries 189

IV. Exposer et vendre sous la IIIe République 195

Les marchands au temps de l'impressionnisme 196
Un « crasseux » : le père Tanguy 197
Paul Durand-Ruel, marchand des impressionnistes 199
Les expositions impressionnistes 202
Durand-Ruel, « cet oseur impénitent » 207
La Maison Goupil et Theo Van Gogh 212
L'opulence de Georges Petit 217

Après 1880, les salons se multiplient 222
La Société des artistes français 222
Les Indépendants 226
La Société nationale des beaux-arts (dite la Nationale) 229
Le Salon d'automne 231
Expositions d'autres sociétés artistiques 234

Les marchands au début du XXe siècle 235
Les marchands pour débutants :
le père Soulier, Clovis Sagot, Berthe Weill 236

Eugène Druet 244
Ambroise Vollard 246
Les Bernheim-Jeune et Félix Fénéon 253
Daniel-Henry Kahnweiler, le marchand de la peinture cubiste 257

1914 et après 260

V. L'artiste dans la société 265

Famille 269
L'artiste doit-il rester célibataire ? 269
La structure conjugale nécessaire 272
Le poids d'une famille 274

Relations entre artistes : solidarité ? 279

Sociabilité d'artistes 285
Recevoir chez soi 286
Au café 297
Engagement politique ? 305
Reçus dans le monde ? 309
Dîners et cercles 313

VI. Amateurs et collectionneurs 321

Qui achète de l'art contemporain ? 321

Pourquoi collectionnent-ils ? 326
Par désir de posséder 326
Par désir de paraître 328
Pour se légitimer 331

Comment en vient-on à s'intéresser à l'art contemporain ? 334
Par goût pour les artistes 334
Grâce à des influences amicales 336
Sous l'influence d'un marchand 338

Figures de collectionneurs 340

Des princes proches des artistes :
le duc d'Orléans et la princesse Mathilde 340
Du contemporain à l'ancien :
les Jacquemart-André 342
Un industriel peintre et collectionneur :
Henri Rouart 345
Peintre, critique d'art, collectionneur et donateur :
Étienne Moreau-Nélaton 347
Victor Chocquet et le comte Doria, des prosélytes 351
Des Américains et des Russes 356

Les amateurs soutiennent l'artiste.................................. 362
En respectant son travail 362
En lui achetant régulièrement
des tableaux et en l'aidant à en vendre 362
En lui commandant des portraits et des décorations ... 364
En lui permettant d'exposer et de se faire des relations... 366
En le présentant à d'autres amateurs 368

Quand les amateurs ne jouent pas leur rôle..................... 369

Des relations privilégiées
entre collectionneurs et artistes...................................... 372
Alfred Bruyas et Courbet 372
Les Stein, Matisse et Picasso.. 381

Les amateurs qui revendent leurs collections 386
Revendre par lassitude.. 387
Revendre pour acheter autre chose............................... 389
Revendre par obligation. Conflits familiaux, faillites. . 392
Revendre pour spéculer... 398

Fonction sociale du collectionneur 403
Clubs d'acheteurs 403
Sociétés des amis des arts 407
Dons et legs à la collectivité 409

Conclusion 419

Le couple bourgeois-bohème... 424

L'artiste et la marginalité ... 427
La marginalité garante de l'indépendance ... 427
Le refus de la marginalité ... 429
La marginalité tragique ... 431

L'amateur d'art se revendique aussi créateur ... 433

Où mène la démocratisation ? ... 435

Chronologie ... 438

Index ... 441

COLLECTION « PLURIEL »

ACTUEL

ADLER Alexandre
J'ai vu finir le monde ancien
Au fil des jours cruels
L'Odyssée américaine
Rendez-vous avec l'Islam
ATTIAS Jean-Claude,
AUNG SAN SUU KYI
Ma Birmanie
BENBASSA Esther
Les Juifs ont-ils un avenir ?
BACHMANN Christian,
LE GUENNEC Nicole
Violences urbaines
BAECQUE (de) Antoine
Les Duels politiques
BARBER Benjamin R.
Djihad versus McWorld
L'Empire de la peur
BARLOW Maude, CLARKE Tony
L'Or bleu
BEN-AMI Shlomo
Quel avenir pour Israël ?
BERGOUGNIOUX Alain,
GRUNBERG Gérard
L'Ambition et le remords
BRETON Stéphane
Télévision
BRZEZINSKI Zbigniew
Le Grand Échiquier
BURGEL Guy
La Ville aujourd'hui
BURGORGUE-LARSEN Laurence,
LEVADE Anne,
PICOD Fabrice
La Constitution européenne expliquée au citoyen
CHALIAND Gérard
Guérillas
COHEN Daniel
La Mondialisation et ses ennemis
COHEN-TANUGI Laurent
Guerre ou paix
COLLECTIF
Le Piège de la parité
DAVIDENKOFF Emmanuel
Peut-on encore changer l'école ?
DELPECH Thérèse
L'Ensauvagement
DELUMEAU Jean
Un Christianisme pour demain
ÉTIENNE Bruno,
LIOGIER Raphaël
Être bouddhiste en France aujourd'hui
FAUROUX Roger,
SPITZ Bernard
Notre État
GLUCKSMANN André
De Gaulle, où es-tu ?
Ouest contre Ouest
Le Discours de la haine
GRESH Alain
L'Islam, la République et le monde
Israël-Palestine
GRESH Alain,
VIDAL Dominique
Les Cent Clés du Proche-Orient
GUÉNIF-SOUILAMAS Nacira
Des beurettes
JADHAV Narendra
Intouchable
JEANNENEY Jean-Noël
(sous la direction de)
L'Écho du siècle
KAGAN Robert
La Puissance et la Faiblesse
KERVASDOUÉ Jean de
Les Prêcheurs de l'apocalypse
LAÌDI Zaki
Un monde privé de sens
LAURENS Henry
L'Orient arabe à l'heure américaine
LAVILLE Jean-Louis
L'Économie solidaire
LE BONNEC Yves,
SAULOY Mylène
À qui profite la cocaïne ?
LENOIR Frédéric
Les Métamorphoses de Dieu
LEYMARIE Philippe,
PERRET Thierry
Les 100 clés de l'Afrique
MÉHAIGNERIE Laurence
Les Oubliés de l'égalité des chances
MONGIN Olivier
De quoi rions-nous ?
MOREAU Jacques
Les socialistes Français et le mythe révolutionnaire
MINCES Juliette
Le Coran et les femmes

NICOLINO Fabrice,
VEILLERETTE François
Pesticides
PROLONGEAU Hubert
Sans domicile fixe
RAMBACH Anne,
RAMBACH Marine
Les Intellos précaires
RENAUT Alain
La Libération des enfants
ROY Olivier
Généalogie de l'islamisme
La laïcité face à l'islam
ROY Olivier,
ABOU ZAHAD Mariam
Réseaux islamiques
SABEG Yazid,
SALAS Denis
Le Tiers Pouvoir
La Volonté de punir
SMITH Stephen
Négrologie
Oufkir, un destin marocain
Noir et Français
SMITH Stephen,
GLASER Antoine
Comment la France a perdu l'Afrique
STRAUSS-KAHN Dominique
La Flamme et la Cendre
TISSERON Serge
L'Intimité surexposée
TRAORÉ Aminata
Le Viol de l'imaginaire
URFALINO Philippe
L'Invention de la politique culturelle
VIROLE Benoît
L'Enchantement Harry Potter
WARSCHAWSKI Michel
Sur la frontière
WIEVIORKA Michel
La tentation antisémite

LETTRES ET ARTS

ARNAUD Claude
Qui dit je en nous ?
BADIOU Alain
Beckett
BAECQUE (de) Antoine
La Cinéphilie
BONFAND Alain
Paul Klee
BONFAND Alain,
MARION Jean-Luc
Hergé
CACHIN Françoise
Gauguin
CLARK Kenneth
Le Nu (2 vol.)
DE DUVE Thierry
Résonances du readymade
DELON Michel
Le Savoir-vivre libertin
FERRIER Jean-Louis
Brève histoire de l'art
De Picasso à Guernica. Généalogie d'un tableau
GIRARD René
Mensonge romantique, vérité romanesque
GOODMAN Nelson
Langages de l'art
GRAVES Robert
Les Mythes grecs (2 vol.)
GUILBAUT Serge
Comment New York vola l'idée d'art moderne
HASKELL Francis,
PENNY Nicholas
Pour l'amour de l'antique. La statuaire gréco-romaine et le goût européen
HURÉ Pierre-Antoine,
KNEPPER Claude
Liszt en son temps
JANOVER Louis
La Révolution surréaliste
LAZARD Madeleine
Rabelais l'humaniste
LIÉBERT Georges
L'Art du chef d'orchestre
LOYER Emmanuelle
Paris à New York
MARTIN-FUGIER Anne
La Vie d'artiste au XIXe siècle
MESCHONNIC Henri
De la langue française
MICHAUD Yves
L'Art à l'état gazeux
Critères esthétiques et jugement de goût
L'Artiste et les commissaires
PACHET Pierre
Les Baromètres de l'âme. Naissance du journal intime
RANCIÈRE Jacques
La Parole muette
Mallarmé

REWALD John
Le Post-impressionnisme
Histoire de l'impressionnisme
RICHARD Lionel
L'Art et la guerre
ROMILLY (de) Jacqueline
La Douceur dans la pensée grecque
SALLES Catherine
La Mythologie grecque et romaine
STEINER George
De la Bible à Kafka
Extraterritorialité
STEINER George,
LADJALI Cécile
Éloge de la transmission
TAPIÉ Victor L.
Baroque et classicisme
VALLIER Dora
L'Art abstrait
WEID (von der) Jean-Noël
La Musique du XXᵉ siècle

PHILOSOPHIE

ARON Raymond
Essai sur les libertés
L'Opium des intellectuels
AZOUVI François
Descartes et la France
BADIOU Alain
Deleuze
BLAIS Marie-Claude,
GAUCHET Marcel,
OTTAVI Dominique
Pour une philosophie de l'éducation
BOUVERESSE Jacques
Le Philosophe et le réel
BURKE Edmund
Réflexions sur la Révolution en France
CANTO-SPERBER Monique
Le libéralisme et la gauche
CHÂTELET François
Histoire de la philosophie
t. 1 : La Philosophie païenne (du VIᵉ siècle av. J.-C. au IIIᵉ siècle après J.-C.)
t. 2 : La Philosophie médiévale (du Iᵉʳ au XVᵉ siècle)
t. 3 : La Philosophie du monde nouveau (XVIᵉ et XVIIᵉ siècle)
t. 4 : Les Lumières (XVIIIᵉ siècle)
t. 5 : La Philosophie et l'histoire (de 1780 à 1880)
t. 6 : La Philosophie du monde scientifique et industriel (de 1860 à 1940)
t. 7 : La Philosophie des sciences sociales (de 1860 à nos jours)
t. 8 : Le XXᵉ siècle
CONSTANT Benjamin
Principes de politique
COURTINE-DENAMY Sylvie
Hannah Arendt
DESCHAVANNE Éric,
TAVOILLOT Pierre-Henri
Philosophie des âges de la vie
DESSANTI Jean-Toussaint
Le Philosophe et les pouvoirs
Un Destin philosophique
DETIENNE Marcel
Dionysos à ciel ouvert
GIRARD René
La Violence et le sacré
Celui par qui le scandale arrive
Mensonge romantique et vérité romanesque
Les origines de la culture
GLUCKSMANN André
Le Bien et le Mal
Une rage d'enfant
HABERMAS Jürgen
Après Marx
HABIB Claude
Le Consentement amoureux
HAZARD Paul
La pensée européenne au XVIIIᵉ siècle
JANICAUD Dominique
Heidegger en France (2 vol.)
JANKÉLÉVITCH Sophie,
OGILVIE Bertrand
L'Amitié
JARDIN André
Alexis de Tocqueville
JERPHAGNON Lucien
Les Dieux ne sont jamais loin
Au bonheur des sages
JOUVENEL (de) Bertrand
Du pouvoir
LA ROCHEFOUCAULD
Maximes, réflexions, lettres
LINDENBERG Daniel
Destins marranes
LÖWITH Karl
Nietzsche
MANENT Pierre
Histoire intellectuelle du libéralisme
MARZANO Michela
La Fidélité ou l'amour à vif

La Pornographie ou l'épuisement du désir
MONGIN Olivier
Face au scepticisme
NEGRI Anthony
Job, la force de l'esclave
NIETZSCHE Friedrich
Aurore
Humain, trop humain
Le Gai Savoir
Par-delà le bien et le mal
ORY Pascal
Nouvelle Histoire des idées politiques
QUINET Edgar
L'Enseignement du peuple, suivi de La Révolution religieuse au XIXe siècle
RIALS Stéphane
La Déclaration des droits de l'homme et du citoyen
RICHIR Marc
La Naissance des dieux
RICŒUR Paul
La Critique et la conviction
ROUSSEAU Jean-Jacques
Du contrat social
RUYER Raymond
La Gnose de Princeton
SAVATER Fernando
Choisir, la liberté sur l'art de vivre
Les dix commandements au XXIe siècle
SCHOLEM Gershom
Walter Benjamin, Histoire d'une amitié
SERRES Michel
Les Cinq Sens
Le Parasite
Rome
SIRINELLI Jean-François
Sartre et Aron, deux intellectuels dans le siècle
SLOTERDIJK Peter
Bulles, Sphères I
Écumes, Sphères III
L'Heure du crime et le temps de l'Œuvre d'art, suivi de Essai d'intoxication volontaire
Ni le soleil ni la mort
Les Battements du monde
SUN TZU
L'Art de la guerre
TODOROV Tzvetan
Les Morales de l'histoire

HISTOIRE

ADLER Laure
Les Maisons closes
Secrets d'alcôve
AGULHON Maurice
De Gaulle. Histoire, symbole, mythe
La République (de 1880 à nos jours)
t. 1 : L'Élan fondateur et la grande blessure (1880-1932)
t. 2 : Nouveaux drames et nouveaux espoirs (de 1932 à nos jours)
ALEXANDRE-BIDON Danièle,
LETT Didier
Les Enfants au Moyen âge
ANATI Emmanuel
La Religion des origines
ANDREU Guillemette
Les Égyptiens au temps des pharaons
BALLET Pascale
La Vie quotidienne à Alexandrie
BANCEL Nicolas,
BLANCHART Pascal,
VERGÈS Françoise
La République coloniale
BARTOV Omer
L'Armée d'Hitler
BEAUFRE Général
Introduction à la stratégie
BÉAUR Gérard
La Terre et les hommes. Angleterre et France aux XVIIe et XVIIIe siècles
BECHTEL Guy
La Chair, le diable et le confesseur
BECKER Annette
Oubliés de la Grande Guerre
BENNASSAR Bartolomé,
VINCENT Bernard
Le Temps de l'Espagne, XVIe-XVIIe siècles
BENNASSAR Bartolomé
L'Inquisition espagnole, XVe-XIXe siècles
BERCÉ Yves-Marie
Fête et révolte. Des mentalités populaires du XVIe au XVIIIe siècles
BERNAND André
Alexandrie la grande
Sorciers grecs
BLUCHE François
Le Despotisme éclairé
Louis XIV
BOLOGNE Jean Claude
Histoire de la pudeur
Histoire du mariage en Occident
BOTTÉRO Jean
Babylone et la Bible

Au commencement étaient les dieux
BOTTÉRO Jean,
HERRENSCHMIDT Clarisse,
VERNANT Jean-Pierre
L'Orient ancien et nous
BRANTHOMME Henry,
CHÉLINI Jean
Histoire des pèlerinages non-chrétiens
Les Chemins de Dieu
BREDIN Jean-Denis
Un tribunal au garde-à-vous
BROSSAT Alain
Les Tondues, un carnaval moche
BRULÉ Pierre
Les femmes grecques
CAHEN Claude
L'Islam, des origines au début de l'empire ottoman
CAMPORESI Piero
Les Baumes de l'amour
CARCOPINO Jérôme
Rome à l'apogée de l'Empire
CARRÈRE D'ENCAUSSE Hélène
Catherine II
Lénine
Nicolas II
CHAUNU Pierre
Le Temps des réformes
3 Millions d'années, 80 milliards de destins
Histoire des élites en France, du XVIe au XXe siècle
CHÉLINI Jean
Histoire religieuse de l'Occident médiéval
CHOURAQUI André
Jérusalem
CIZEK Eugen
Mentalités et institutions politiques romaines
CLOULAS Ivan
Les Châteaux de la Loire au temps de la Renaissance
DARMON Pierre
Le Médecin parisien en 1900
DAUMAS Maurice
La Tendresse amoureuse
DELUMEAU Jean
La Peur en Occident
Rome au XVIe siècle
Une histoire du paradis
t. 1 : Le Jardin des délices
t. 2 : Mille ans de bonheur
t. 3 : Que reste-t-il du paradis ?
DUBY Georges
Le Chevalier, la femme et le prêtre
Le Moyen âge (987-1460)
DUCELLIER Alain
Le Drame de Byzance. Idéal et échec d'une société chrétienne
DUCREY Pierre
Guerre et guerriers dans la Grèce antique
DUPÂQUIER Jacques,
KESSLER Denis
La Société française au XIXe siècle
DUROSELLE Jean-Baptiste
L'Europe, histoire de ses peuples
EISEN Georges
Les Enfants pendant l'Holocauste
EISENSTEIN Elizabeth L.
La Révolution de l'imprimé
EPSTEIN Simon
Histoire du peuple juif au XXe siècle
ESPRIT
Écrire contre la guerre d'Algérie (1947-1962)
ÉTIENNE Bruno
Abdelkader
FAURE Paul
Parfums et aromates dans l'Antiquité
FAVIER Jean
De l'or et des épices
FERRO Marc
Le Livre noir du colonialisme
Nazisme et communisme
Pétain
FINLEY Moses I.
On a perdu la guerre de Troie
FOURASTIÉ Jean
Les Trente Glorieuses
FROMKIN David
Le dernier été de l'Europe
FRUGONI Chiara
Saint François d'Assise
FURET François,
NOLTE Ernst
Fascisme et communisme
FURET François
La Gauche et la Révolution au XIXe siècle
La Révolution (1770-1880)
t. 1 : La Révolution française, de Turgot à Napoléon (1770-1814)
t. 2 : Terminer la Révolution, de Louis XVIII à Jules Ferry (1814-1880)
FURET François,
RICHET Denis
La Révolution française
FURET François,
JULLIARD Jacques,
ROSANVALLON Pierre
La République du centre

GARIN Eugenio
L'Éducation de l'homme moderne (1400-1600)
GERVAIS Danièle
La Ligne de démarcation
GIRARD Louis
Napoléon III
GIRARDET Raoul
Histoire de l'idée coloniale en France
GOUBERT Pierre
Initiation à l'histoire de la France
L'Avènement du Roi-Soleil
Louis XIV et vingt millions de Français
GOUBERT Jean-Pierre
Une Histoire de l'hygiène
GRANDAZZI Alexandre
La Fondation de Rome
GRAS Michel,
ROUILLARD Pierre,
TEIXIDOR Xavier
L'Univers phénicien
GRIMAL Pierre
Les Erreurs de la liberté
GUICHARD Pierre
Al-Andalus (711-1492). Une histoire de l'Andalousie arabe
GUILAINE Jean
La Mer partagée
GUILLERMAZ Jacques
Une vie pour la Chine. Mémoires, 1937-1993
GUTTON Jean-Pierre
La Sociabilité villageoise dans la France d'Ancien Régime
HALÉVY Daniel
La Fin des notables
t. 1 : La Fin des notables
t. 2 : La République des ducs
Visite aux paysans du centre
HAZARD Paul
La Pensée européenne au XVIIIe siècle
HEERS Jacques
Esclaves et domestiques au Moyen âge
Fête des fous et carnavals
La Cour pontificale au temps des Borgia et des Médicis
La Ville au Moyen âge en Occident
HOBSBAWM Eric J.
L'ère des Révolutions (1789-1848)
L'ère du Capital (1848-1875)
L'ère des Empires (1875-1914)
HORNUNG Erik
L'Esprit du temps des pharaons
HUSSEIN Mahmoud
Al-Sira, t. 1 et t. 2
JERPHAGNON Lucien
Histoire de la Rome antique
Les dieux ne sont jamais loin
JOHNSON Hugh
Une Histoire mondiale du vin
JOMINI (de) Antoine-Henri
Les Guerres de la Révolution (1792-1797)
JOXE Pierre
L'Édit de Nantes
KRIEGEL Maurice
Les Juifs à la fin du Moyen âge dans l'Europe méditerranéenne
LABY Lucien
Les Carnets de l'aspirant Laby
LACARRIÈRE Jacques
En cheminant avec Hérodote
LACORNE Denis
L'Invention de la République
LE BRIS Michel
D'or, de rêves et de sang
LEBRUN François
Histoire des catholiques en France
LE GOFF Jacques
La Bourse et la vie
LE ROY LADURIE Emmanuel
L'État royal (1460-1610)
L'Ancien Régime (1610-1770)
t. 1 : L'Absolutisme en vraie grandeur (1610-1715)
t. 2 : L'Absolutisme bien tempéré (1715-1770)
Destins marranes
MALET-ISAAC
Histoire
t. 1 : Rome et le Moyen âge (735 av. J.-C.-1492)
t. 2 : L'âge classique (1492-1789)
t. 3 : Les Révolutions (1789-1848)
t. 4 : La Naissance du monde moderne (1848-1914)
MANDROU Robert
Possession et sorcellerie au XVIIe siècle
MASSON Philippe
Histoire de l'armée allemande
MAUSS-COPEAUX Claire
Appelés en Algérie. La Parole confisquée
MELCHIOR-BONNET Sabine
Histoire du miroir
MILO Daniel
Trahir le temps
MOREAU Jacques
Les Socialistes français et le mythe révolutionnaire
MOSSE George L.
De la Grande Guerre au totalitarisme
MUCHEMBLED Robert
L'Invention de l'homme moderne

NEVEUX Hugues
Les Révoltes paysannes en Europe (XIVe-XVIIe siècle)
NOIRIEL Gérard
Réfugiés et sans-papiers
NOLTE Ernst
Les Mouvements fascistes
PELIKAN Jaroslav
Jésus au fil de l'histoire
POMEAU René
L'Europe des Lumières
POURCHER Yves
Les Jours de guerre
POZNANSKI Renée
Les Juifs en France pendant la Seconde Guerre mondiale
RANCIÈRE Jacques
La Nuit des prolétaires
RAUSCHNING Hermann
Hitler m'a dit
REVEL Jacques
Fernand Braudel et l'histoire
RICHÉ Pierre
Les Carolingiens
RIOUX Jean-Pierre
De Gaulle
La France d'un siècle à l'autre (2 vol.)
RIVET Daniel
Le Maghreb à l'épreuve de la colonisation
ROBERT Jean-Noël
Eros romain
ROTH François
La Guerre de 1870
ROUSSET David
Les Jours de notre mort
L'Univers concentrationnaire
ROUX Jean-Paul
Les Explorateurs au Moyen âge
SALLES Catherine
La Mythologie grecque et romaine
SHIRER William
La Chute de la IIIe République
SINGER Claude
Vichy, l'Université et les Juifs
SNODGRASS Anthony
La Grèce archaïque
SOLÉ Jacques
L'âge d'or de la prostitution, de 1870 à nos jours
SOLER Jean
L'Invention du monothéisme
t. 1 : Aux origines du Dieu unique
t. 2 : La Loi de Moise
t. 3 : Sacrifices et interdits alimentaires dans la Bible
SOUSTELLE Jacques
Les Aztèques à la veille de la conquête espagnole
STORA Benjamin
La dernière Génénération d'Octobre
Les trois exils. Juifs d'Algérie
STORA Benjamin,
HARBI Mohammed
La Guerre d'Algérie
STORA Benjamin
Messali Hadj
THIBAUDET Albert
La République des Professeurs suivi de Les Princes lorrains
TROCMÉ Étienne
L'Enfance du christianisme
TULARD Jean
Napoléon
VALENSI Lucette
Venise et la Sublime Porte
VALLAUD Pierre
Atlas historique du XXe siècle
VERDON Jean
La Nuit au Moyen âge
Le Plaisir au Moyen âge
VERGÈS Françoise
La Mémoire enchaînée
VERNANT Jean-Pierre
La Mort dans les yeux
VEYNE Paul
Le quotidien et l'intéressant
VIANSSON-PONTÉ Pierre
Histoire de la République gaullienne
t. 1 : La Fin d'une époque : mai 1958-juillet 1962
t. 2 : Le Temps des orphelins : août 1962-avril 1969
WEBER Eugen
L'Action française
WEIL Georges
Histoire de l'idée laïque en France au XIXe siècle
WIEVIORKA Annette
Déportation et génocide
L'ère du témoin
Auschwitz

Pour l'éditeur, le principe est d'utiliser des papiers composés de fibres naturelles, renouvelables, recyclables et fabriquées à partir de bois issus de forêts qui adoptent un système d'aménagement durable.

En outre, l'éditeur attend de ses fournisseurs de papier qu'ils s'inscrivent dans une démarche de certification environnementale reconnue.

Imprimé en Espagne, par LITOGRAFIA ROSÉS S.A. (Gava)
HACHETTE LITTÉRATURES - 31 rue de Fleurus - 75006 PARIS
Collection n° 25 - Édition 01
Dépôt légal 06/2008